20세기 이야기

1940년대

20세기 이야기 _1940년대

다시 나라를 세우다(國內) | 불타는 세계(國外)

1판 1쇄 발행일 2014년 3월 12일

지은이 김정형
발행인 한숙희
발행처 답다출판
출판등록 제2012-000343호(2012년 11월 1일)
주소 135-875 서울시 강남구 선릉로94길 7 현죽빌딩 7층
전화 02)733-9389 | **팩스** 02)6280-9387
전자우편 dabda12@naver.com

편집디자인 나모에디트(02-2263-3309)
용지 동남지류유통(02-2274-0223)
인쇄 상지사 P&B(031-955-3636)

ISBN 978-89-98451-04-2 04900
ISBN 978-89-98451-10-3(세트)

20세기 이야기

1940년대

다시 나라를 세우다(國內)
불타는 세계(國外)

답다

[일러두기]

1. 외래어 표기는 '외래어 표기법'에 따르되 일부 외래어는 관행을 따랐다. 예를 들어 '에르빈 로멜', '메릴린 먼로', '마틴 루서', '니키타 흐루쇼프'가 외래어 표기법상으로는 맞지만 오랫동안 익숙하게 사용해온 '롬멜', '마릴린', '루터', '흐루시초프'로 표기했다.
2. 중국의 지명과 인명은 중국어 원음(마오쩌둥, 베이징) 대신 한국어 원음(모택동, 북경)으로 표기했다.
3. 사진은 주로 조선일보, 동아일보, 연합뉴스에서 제공받았다. 위키피디아에서 차용한 사진과 저작권자를 확인하려 했으나 확인하지 못한 사진도 있다.

| 발간에 부쳐 |

무한질주 20세기 발자취와 대한민국의 뚝심 추적史

20세기는 무한질주의 시대였습니다. 과학과 기술이 비약적으로 발전하고, 신제품이 쏟아져 나왔습니다. 컨베이어 벨트로 상징되는 대량생산 덕에 인류는 유사 이래 처음 물질적 풍요의 시대를 경험했습니다. 불치병은 치료되고 수명은 연장되었습니다. 농업생산력도 폭발적으로 증가해 세계 대부분의 나라에서 기아가 사라졌습니다. 항공기의 발달로 세계는 지구촌이 되고 인터넷과 휴대폰의 대량 보급으로 인류는 이웃이 되었습니다.

문제는 인간의 무지와 탐욕, 야만과 광기였습니다. 여기에 과학과 기술의 옷이 입혀지면서 대량학살이 자행되었습니다. 20세기 전반기에 겪은 두 차례의 세계대전은 인류를 죽음의 구렁텅이로 몰아넣었습니다. 20세기 후반기에는 미소 냉전과 이로 인한 국지전, 민족과 종교의 이름으로 가해지는 무차별적인 학살, 독재자들의 만행, 악덕 자본가의 탐욕, 환경오염으로 인한 자연파괴 등으로 인류는 혼돈의 시대를 살아야 했습니다. 다행인 것은 이런 와중에도 문화가 꽃을 피우고 생활수준은 나아졌으며 민주주의가 세계 곳곳에서 자리를 잡아갔습니다.

20세기 초, 대한민국은 적자생존과 약육강식이 지배하는 제국주의 세계에 내던져진 한 점의 고깃덩어리에 불과했습니다. 결국 아가리를 벌리고 발톱을 세운 일본 제국주의의 먹잇감이 되고 말았습니다. 그렇게 질곡의 시대를 살아야 했던 대한민국이 비로소 명패를 내걸고 존재를 인정받은 것은 1948년입니다. 하지만 곧 전 세계를 짓누른 미소 냉전의 틈바구니 속에서 또다시 민족의 비극 6·25를 경험해야 했습니다. 모든 것은 재가 되었습니다. 우리는 그 참혹한 현실 앞에서 망연자실했습니다.

그러나 우리 국민은 참으로 위대했습니다. 끈질긴 생명력으로 다시 일어서고 가난과 폐허로부터 벗어났습니다. 도저히 따라가지 못할 것 같은 선진국과의 격차를 근소하게 좁히고 코리아의 존재를 세계에 각인시켰습니다. 정치적으로는 민주주의를 완벽하게 정착시키고 경제적으로는 절대 가난에서 벗어나 물질적 성취를 이뤄냈습니다. 식민지를 경험한 국가 중 '산업화'와 '민주화'를 모두 이룬 대표적인 모범 국가로 발돋움했습니다.

하지만 오늘이 있기까지 남북 대치와 개발 독재에 따른 인권 유린, 자본의 논리로 인한 노동자·농민의 희생이 잇따랐습니다. 민주화를 이룬 뒤에도 사회 양극화와 이념적 대립이 계속 우리 사회 전반을 짓누르고 있습니다. 압축 성장에 따른 정신적 황폐화와 상대적 박탈감, 속물 자본주의 근성도 끈질기게 우리 주변을 배회하고 있습니다.

이 책은 이런 20세기 100년(정확히는 101년)의 이야기입니다. 20세기 국내외에서 일어난 중요하고 의미가 있는 과학, 산업, 정치, 경제, 전쟁, 문화, 예술, 스포츠, 학문, 언론 등을 망라했습니다. 의미가 있는지? 후세에 영향을 미쳤는지? 선구적 업적인지? 새로운 흐름인지? 등을 수록의 기준으로 삼았습니다. 20세기 100년을 10년 단위로 구분해 총 10권으로 구성했습니다. 각 권의 연도마다 국내와 국외를 함께 수록했습니다.

자료를 찾고 원고를 정리하면서 가장 궁금했던 것은 100년 동안의 세계적인 대격변 속에서 대한민국이 어떤 과정을 거쳐 오늘에 이르렀을까 하는 의문이었습니다. 궁금증을 풀려면 국내와 국외에서 비슷한 시기에 일어난 문제를 함께 소개해야 거시적이고 상대적인 관점에서 온전한 비교가 가능하다고 판단했습니다.

현재 우리 사회는 진보와 보수 간에 도그마, 자기 합리화, 독선, 진영 논리 등에 매몰되어 있습니다. 끊임없이 계속되는 사회적인 갈등과 극단적인 이념 대립은 심각한 수준에 이르렀습니다.

그런데도 대한민국은 중심이 흔들리지 않고 꿋꿋하게 버티고 있습니다. 이것은 선대의 희생과 당대 사람들의 용기가 있었기에 가능했습니다. 일제하에서는 독립운동가, 해방 후에는 6·25 참전용사, 개발 독재 시절에는 산업화의 두 주역인 근로자와 기업가, 민주화를 열망하는 시민과 운동가 등이 오늘을 있게 한 주역들이었습니다.

그중에서도 특히 근로자의 근면과 기업가의 리더십은 오늘의 대한민국을 있게 한 원동력이었습니다. 기업가는 더 많은 부를 쌓고 싶어서, 근로자는 더 나은 삶을 위해서 함께 기업을 키워갔습니다. 이 과정에서 다수 근로자의 노력과 희생을 발판 삼아 살아남은 기업은 대기업으로 성장하고 국가는 이들 대기업 덕에 경제 규모를 키워 유엔 사무총장을 배출하는 등 지구촌의 중요한 멤버로 자리를 잡았습니다. 이런 점에서 대한민국의 중심이 흔들리지 않을 수 있었던 결정적인 이유를 꼽으라면 근로자의 땀, 기업의 성장, 국가 경제 규모의 확대 등을 들고 싶습니다.

이 책은 진보 보수 어느 한쪽의 입장에 서기보다 양쪽 모두를 긍정하는 입장을 취했습니다. 양쪽의 생각을 가급적 균형 있게 소개하려 했습니다. '사회가 건강하려면 보수와 진보라는 두 날개로 날아야 한다'는 주장에 전적으로 공감하고, 두 입장 모두 우리 사회를 지탱하는 소중한 두 축이라고 믿기 때문입니다. 그렇다고 우리 사회의 건강성을 해치는 일부 보수의 '부패'와 '탐욕', 일부 진보의 '경박'과 '독선'까지 수용하는 것은 아닙니다. 빛과 그림자는 늘 함께하는 것인데도 이 같은 사실을 애써 외면한 채 어느 한쪽 면만을 지나치게 강조하거나 부각하려는 외눈박이에 대해서도 경계합니다.

이 책이 국내 위주의 정치·사회적인 책으로 오해하는 독자가 있을지 모르겠습니다. 사실 이 책에는 정치·사회 외적인 내용들이 훨씬 더 많습니다. 세계 문제도 국내 문제 못지않게 풍부하고 다양합니다. 총론적인 역사서도 아닙니다. 하나하나가 과학사이고 문화사이고 경제사이고 생활사입니다.

풍부하지만 부실하고 잘못된 정보가 인터넷에 넘쳐나는 현실도 책을 쓰게 된 동기 가운데 하나였습니다. 물론 인터넷에는 뛰어난 고수들이 많습니다. 하지만 그들의 고급 정보를 일일이 찾는 게 쉽지 않습니다. 장시간 인터넷을 뒤져야 겨우 찾을 수 있기 때문입니다.

원고를 쓰면서 가장 신경을 쓴 부분은 '정확한 사실'이었습니다. 물론 사실이라는 것도 때로는 그것을 바라보는 사람의 관점과 해석에 따라 달리 보인다는 것을 모르지는 않습니다. 우리 사회는 아직도 자신의 입맛대로 해석하거나 특정한 의도를 갖고 사실을 취사선택하는 경향이 강합니다. 우리가 마지막 보루로 기대고 싶어하는 '상식'의 기준과 개념 역시 사람에 따라 각기 다르게 인식되는 것도 사실입니다. 따라서 이 책에서 가끔 드러나는 필자의 생각을 긍정하거나 부정하는 것은 전적으로 독자의 몫입니다.

또 하나 걱정되는 것은 혹시 있을지 모르는 오류입니다. 원고를 쓸 때부터 꼼꼼히 확인하고 몇몇 지인이 원고를 읽어주긴 했지만 그래도 작업이 방대하고 기간이 오래 걸려 어떤 오류가 어디서 튀어나올지 몰라 내심 걱정스럽습니다.

이 책은 독창적이거나 학문적인 저술이 아닙니다. 기존의 저술들을 수집·정리·소개한 것입니다. 그런 점에서 국내외의 많은 학자, 기자, 작가들이야말로 이 책의 진정한 저자입니다. 저는 대표 저자로 이름을 올렸을 뿐입니다. 그들의 책과 논문, 기사를 일일이 소개하는 것이 예의겠으나 책의 분량이 너무 늘어난다는 것을 핑계로 부득이 제외했음을 양해 바랍니다.

국내에 이런 종류의 책이 없고, 20세기를 총체적으로 이해하는 데 도움이 될 수 있겠다는 지인들의 권고에 고무되어 감히 이 책을 세상에 내놓았습니다. 관심과 격려, 질정을 바랍니다.

'20세기 이야기'(전10권) 첫 권을 내며

2012년 12월 1일

김정형

차례

20세기 이야기 _1940년대

다시 나라를 세우다(國內) | 불타는 세계(國外)

1948년

1940년

김구 중경 임시정부 주석 취임
_ *백범일지*
광복군 창설과 국내 진공 실패
창씨개명 시행
조선일보·동아일보 강제 폐간
프랑스 항복과 필리프 페탱의 '비시 정부'
_ *마지노선*
윈스턴 처칠 영국 총리 취임
영국·프랑스 연합군 뒹케르크 철수
하워드 플로리·언스트 체인, 페니실린 정제에 성공
폴란드 '카틴 숲 학살'
레온 트로츠키 피살
발터 벤야민 망명 실패 후 자살

김구 중경 임시정부 주석 취임

끝까지 임시정부를 지키고 무장군대를 창설하는 데 성공한 지도자는 김구가 유일하다.

1919년 4월 대한민국 임시정부가 수립된 후 여러 독립 운동가들이 임정의 지도자로 등장하고 중국 땅에 독자적인 우리 군대를 창설하기 위해 수차례나 시도했지만 끝까지 임시정부를 지키고 무장군대를 창설하는 데 성공한 지도자는 김구(1876~1949)가 유일하다.

김구가 문지기라도 좋다며 혈혈단신 상해 임시정부로 달려간 것은 3·1 운동 직후인 1919년 3월 말이었다. 임정의 경무국장(1919.9)을 거쳐 내무총장(1922.9)으로 활동하고 있을 무렵 임정은 개조파와 창조파로 갈려 내분에 휩싸였다. 결국 임정은 1925년 3월 초대 대통령 이승만을 탄핵하고 박은식을 후임 대통령으로 선출했다. 헌법도 대통령을 수반으로 하는 대통령제 대신 국무령을 행정수반으로 하는 의원내각제로 개정되었다.

개헌 후 1925년 9월부터 이상룡, 양기탁, 안창호, 홍진 등이 차례로 국무령이 되었으나 그때마다 임정은 무정부 상태에 빠졌다. 이런 혼란 속에 김구가 국무령으로 선임된 것은 1926년 12월이었다. 그러나 1927년 3월 임정이 국무령을 없애고 국무위원 집단지도체제를 채택하는 제3차 개헌을 단행해 김구도 국무령에서 물러나 국무위원이 되었다. 집단 국무위원제는 1940년까지 14년간 계속되었다. 김구가 1928년 3월 쓰기 시작한 '백범일지' 상권을 탈고한 것은 1929년 5월이었다.

'백범일지'에 따르면 김구는 황해도 해주에서 외아들로 태어났다. 1893년 동학에 입도하고 1894년 18세에 동학군의 선봉장으로 황해도 해주 관영을 습격했으며 19세에 의병으로 압록강 기슭과 만주에서 일본군과 싸

김구(1876~1949)

웠다. 1896년 3월 조선인으로 변장해 황해도를 활보하고 있는 일본 육군 중위 쓰치다를 살해해 사형선고를 받았으나 1898년 탈옥 후 승려로 신분을 감췄다가 1899년 환속했다. 이후 기독교에 귀의(1903)하고 신민회에 참가(1910)했으며 105인 사건(1911)에 연루되어 혹독한 고문을 받고 투옥 중 1915년 8월 가출옥했다.

집단 국무위원제 초기, 재정난의 악화로 임정 요원들이 한 명 두 명 떠나가는 상황이 벌어지자 김구는 임정에 활력을 불어넣기 위해 일본의 주요 인사를 암살할 목적으로 1931년 '한인애국단'을 결성했다. 한인애국단의 대표적인 거사는 1932년 1월과 4월에 잇따라 터뜨린 이봉창과 윤봉길의 의거였다.

임정에 활력을 불어넣기 위해 '한인애국단' 결성

두 의거로 김구의 존재는 임시정부에 확고히 뿌리를 내렸으나 일제가 포위망을 좁혀와 1932년 임시정부 요인들과 함께 상해를 벗어났다. 이후 8년 동안 항주, 진강, 장사, 광주, 유주, 기강 등 10여 곳을 전전하는 유랑 생활을 하다가 1940년 9월 중경에 정착했다.

그 가시밭길 속에서도 김구는 시종여일 임정을 지키고 발전시켰다. 1940년 5월에는 민족주의 세력을 중심으로 창당한 한국독립당의 중앙집행위원장으로 이름을 올리고 1940년 9월 임시정부를 기강에서 중경으로 옮긴 뒤에는 임시정부를 당·정·군 체제로 개편했다. 이에 따라 1940년 9월 17일 창설한 한국광복군의 통수권자가 되고 그해 10월 헌법 개정 후 임시정부 주석으로 선출되어 명실상부한 해외 독립운동의 최고지도자로 우뚝 섰다.

장개석을 설득해 카이로 회담에서 한국의 독립을 명문화한 것은 김구 외교의 진수였다. 1943년 카이로 회담 개막 4개월 전, 김구는 중국 대표 장개석을 만나 회담에서 한국의 독립 문제를 논의해 줄 것을 요청했다. 그 결과 1943년 12월 1일에 발표된 카이로 선언에 '조선 인민의 노예 상태에 유의하여 적당한 시기에 조선을 자주독립시킨다'는 조항이 포함되었다. 김구 외교의 찬연한 승리였다.

광복군이 미국의 첩보기관 OSS로부터 훈련을 받고 국내 정진을 준비하고 있던 1945년 8월 해방이 갑자기 찾아왔다. 김구는 하루라도 빨리 꿈에 그리던 고국에 돌아가고 싶었다. 고국을 떠나온 지도 27년이나 지난 터였다. 귀국하기 전인 1945년 9월 3일에는 14개 항의 임시정부 당면정책을 발표했다. 한반도에서 전국적 총선을 통해 정식 정부가 세워질 때까지 국내외 모든 세력이 망라된 과도정부를 세우되 이 과도정부가 세워질 때까지는 임정이 국내 질서와 대외관계를 주도한다는 선언이었다.

당연한 발상이었으나 해방된 조국은 그가 생각하는 조국이 아니었다. 미 군정이 임시정부 자격으로 귀국을 허용하지 않아 달리 도리가 없어진 김구는 15명의 임정 요인과 함께 1945년 11월 23일 개인 자격으로 환국했다. 그날 미군이 내준 C-47 프로펠러 두 개짜리 비행기를 타고 상해를 출발해 여의도비행장에 도착했으나 비행장에는 환영 인파가 한 명도 없어 자력으로 해방을 쟁취하지 못했음을 실감해야 했다.

해방 후 현실 정치에 적응하지 못해

김구는 국내에서 미·소의 영향력을 극복하고 우리 민족의 자주적인 역량으로 통일된 민족국가를 수립하고자 했다. 하지만 이미 냉전 체제의 최전선이 되어버린 한반도에서 미·소의 영향력을 배제하고 한국인의 자유의지로 한국인이 원하는 나라를 세운다는 것은 불가능했다. 김구가 맞닥

뜨린 국제정치의 벽은 너무 높고 두터웠다. 해방정국은 싫든 좋든 미국과의 의사소통이 필요한 상황이었기에 저항적 민족주의자에서 타협과 절충을 수용해야 하는 정치가로 변신하는 과제는 건국운동의 주도권 장악이라는 측면에서도 긴요했다. 그런 점에서 해방정국은 혁명의 시기가 아니라 정치력이 요구되는 시기였다.

특히 이승만이 마키아벨리즘에 입각한 철저한 현실 정치인이었던 것과 달리 김구는 의리와 명분을 중시한 전형적인 지사형 정치인이었다는 점에서 독립운동 시절에 보여준 혁혁한 투쟁성에도 불구하고 현실정치에 적응하는 데는 부족한 측면이 있었다. 결국 일본과의 투쟁에서 비롯된 도덕적 우월감과 자기들만이 민족적 정통성을 가진 유일한 정부라는 지나친 자신감과 자부심에 집착하다가 국내 정치세력들과 견고한 단합을 이루는 데 실패했다.

더구나 27년 동안 중국에서만 활동해온 그의 주위에는 미 군정과 교감하고 통로 역할을 할 수 있는 채널이 부재했다. 미소에 의해 한민족이 갈라져야 하는 뼈아픈 현실도 정서적으로는 받아들여지지 않았다. 민족을 위한 남북의 화해와 평화통일에 대한 확고한 신념은 어느 정치인도 갖지 못한 장점이었으나 격렬한 반탁운동과 통일을 위한 북한행(1948.4) 등의 비현실적 결정으로 그는 현실 정치로부터 멀어져 갔다. 미소 두 나라는 자국의 이익을 위해 한반도 점령을 양보하지 않았고 그 틈새에서 한국인의 통일 민족국가 건설 시도는 물거품이 되고 말았다. 김구의 꿈도 아스라이 멀어져 갔다.

백범일지 김구는 '백범일지' 상권을 1928년 3월 쓰기 시작해 1929년 5월 탈고했다. 자신이 걸어온 길과 집안의 내력을 기록한 '백범일지'는 큰아들 인과 둘째아들 신에게 남기는 유서 형식으로 기록되었다.
'백범일지' 하권은 1941년 10월 집필을 시작해 1942년 탈고했다. 하권의 집필 목적은 개인사보다는 중경 임시정부의 활동을 선전하고 기금을 확대하는 데 있었다.

'백범일지'가 책으로 출간된 것은 해방 후였다. 1947년 11월 '나의 소원'을 추가해 상·하권으로 국사원출판사에서 처음 간행되었다. 초고 원고가 한문과 고어를 섞어 쓴 국한문 혼용체이다 보니 춘원 이광수가 원문을 문학적으로 다듬는 윤문 작업을 했다. 이후 40여 년이 지나 백범의 측근이 필사한 것을 바탕으로 서문당에서 새로 편집한 '원본 백범일지'(1989)가 간행되고 유족이 소장해온 것을 집문당에서 영인한 '친필본 백범일지'(1994)가 또다시 출간되었다.

최초의 교열본인 '국사원본 백범일지'는 출간본의 시조라는 의미 말고도 백범 생존 당시 출간되었다는 점 때문에 권위를 인정받고 있다. 국사원본에는 유족이 소장한 원본에 없는 내용도 포함되어 있다. 1942년 이후 광복군과 임시정부의 활동, 귀국 후 백범의 행적과 '나의 소원'이 그것인데 백범은 출간을 앞두고 해방 전후 부분을 구술해 추가했다. 게다가 이광수가 윤문을 해 문학적으로 가장 뛰어나다는 평가를 받고 있다.

그러나 국사원본은 원본을 많이 생략했다는 약점을 지니고 있다. 윤문 과정에서 친필본에 없는 문장을 임의로 첨삭해 원전의 텍스트적 가치를 크게 훼손하고 '백범일지' 고유의 뜻과 맛을 변질시켰기 때문이다. 또 친필본에 수록된 윤봉길 의사의 거사 직후 상해 민족운동단체의 동향과 이에 대한 백범의 비난에 대해 국사원본은 언급조차 하지 않는 오류를 범하고 있다. '원본 백범일지'(1989)도 단점은 있다. 해방 직후 장덕수 암살 시 재판부에 자료용으로 제출하느라 급히 베껴 쓴 것이어서 정확도가 떨어지는데다 등장인물의 자료가 불충분해 읽기 어려운 점이 있다. 이런 이유로 3권의 백범일지 가운데 원본으로 인정받는 것은 유족이 소유한 친필본이다. 친필본은 1997년 6월 보물 제1245호로 지정되었다.

광복군 창설과 국내 진공 실패

대한민국 임시정부는 출범 21년 만에 비로소 독자적인 무장군대를 갖추게 되었다.

광복군 창설은 대한민국 임시정부의 오랜 꿈이었다. 그러나 중국 땅에서 무장군대를 창설하려니 중국 정부의 양해와 군대 유지에 들어갈 거액의 경비가 필요했다. 중국 측을 설득한 끝에 1940년 5월 장개석이 동의하고, 미주 한인사회가 재정 지원을 약속하면서 군대 창설이 구체화되었다.

김구가 공개적으로 광복군 창설을 공포한 것은 1940년 9월 15일이었다. 이로써 대한민국 임시정부는 출범 21년 만에 비로소 독자적인 무장군대를 갖추게 되었다. 창건식은 김구를 비롯해 한·중 양측 인사 200여 명이 모인 가운데 9월 17일 중경의 가릉빈관에서 거행되었다. 1907년 대한제국 군대가 해산되고 33년 만에 맞는 가슴 벅찬 감격의 순간이었다.

창설 당시의 광복군은 30여 명의 초미니 군대였다. 지청천이 총사령, 이범석이 참모장을 맡았다. 광복군은 창설 후 중국에서 활동하고 있는 각종 한인 군사조직과 통합을 추진했다. 1941년 1월에는 무정부주의 계열의 청년들이 중심이 되어 조직한 한국청년전지공작대가 광복군에 편입되고, 1942년 7월에는 김원봉의 조선의용대 제1지대가 광복군으로 재편성되었다. 이로써 광복군은 중국에서 활동하는 한인 무장부대의 통합 조직으로 발돋움했다. 광복군은 지청천 총사령 산하에 1지대(지대장 김원봉), 2지대(지대장 이범석), 3지대(지대장 김학규), 제3전구공작대, 제9전구공작대, 토교대로 편성되었다.

중국 중경의 가릉빈관에서 거행된 한국광복군 총사령부 창설 기념 사진(1940.9.17)

광복군은 1941년 12월 일본이 진주만을 공습하자 개전 하루 만인 12월 9일 김구 주석과 조소앙 외교부장 명의로 일본에 전쟁을 선포하는 기민함을 보였다. 대일 선전포고는 1951년 9월, 48개국 연합국과 일본 간의 샌프란시스코 조약이 체결될 때 이승만 대통령이 "우리도 연합국의 일원으로 조인에 참여해야 한다"고 주장하는 데 근거가 되었을 만큼 임시정부사에서 중요한 의미가 있다. 하지만 우리나라는 망명정부로 인정을 받지 못해 조약 조인에는 참여하지 못했다. 1943년 8월에는 9명의 광복군을 인도·버마 전선에 참전시켜 연합군과 함께 버마 상륙작전에 참전하는 등 미미하나마 전과를 올렸다.

광복군은 창설 초기부터 이처럼 활발하게 활동을 펼쳤으나 곧 난관에 봉착했다. 광복군을 그들의 지원군으로 삼으려 한 중국 정부가 광복군의 독자적인 활동에 제동을 걸었기 때문이다. 남의 땅에서 활동하며 자금지원까지 받는 처지의 광복군으로서는 중국의 뜻을 거스를 수 없었다. 결국 '한국 광복군 행동 9개 준승'을 맺어 중국 정부로부터 재정 지원을 약속받는 대신 중국에 지휘권을 넘겨주어야 했다. 지휘권은 1944년 8월 돌려받았다.

대한제국 군대 해산 후 33년 만에 맞는 감격의 순간

광복군의 진가는 1945년 5월 미 정보기관인 OSS와 제휴해 한반도 진입을 위한 '독수리 작전'을 수립할 때 또다시 발휘되었다. 독수리작전은 미군에게 특수훈련을 받은 일부 광복군이 국내로 잠입해 지하공작을 전개하다가, 광복군과 미군이 상륙할 때 함께 일본군을 공격한다는 계획이었다. OSS는 일본인과 외모가 비슷하고 일본어를 하고 한반도 사정에 밝은 한국인들이 선발대로서는 제격이라고 판단했다.

먼저 2지대 1기생 50여 명이 5월 21일부터 중국의 서안 근교 두곡의 비밀기지에서 OSS 교관으로부터 특수훈련을 받았다. 이들은 독도법, 무전법, 사격, 폭파, 교량 건설, 절벽 오르기 등 강도 높은 교육을 받으며 참전의 날을 기다렸다. 3지대 22명의 대원이 7월 7일부터 3개월 일정으로 훈련에 돌입한 가운데 1기 훈련은 8월 4일 끝났다. 수료자는 50명 가운데 38명이었다.

광복군이 훈련을 받고 있던 8월 7일 김구 주석, 지청천 총사령, 이범석 제2지대장은 OSS 총책임자 윌리엄 도노번 소장으로부터 "오늘부터 일본에 항거하는 비밀공작이 진행된다"는 통보를 받았다. 임정과 OSS는 8월 20일까지 4~5명씩을 한 조로 하는 8개 조의 공작반을 편성, 낙하산이나 잠수정 등을 이용해 한반도에 침투시키고 거점을 확보한다는 계획을 세웠다.

광복군은 연합군의 일원으로 참전할 그 날만 기다렸다. 그러나 출발 명령보다 일본의 항복 소식이 먼저 들려왔다. 예기치 못한 돌발 사태에 임시정부는 OSS 훈련을 받은 대원들을 '국내 정진군'으로 편성, 최대한 빨리 국내에 진입시키기로 하고 8월 13일 이범석을 국내 정진군 총사령관으로 임명했다. 광복군의 선발대 독수리팀은 8월 18일 미군 비행기를 타고 낮 12시 30분쯤 서울 여의도비행장에 착륙했다. 18명의 미군과 함께 입국한 이범석, 김준엽, 장준하 등 4명의 광복군 선발대는 해외 독립운동가 중 해방된 조국에 제일 먼저 들어왔다는 감격을 누렸으나 그것도 잠시뿐 아직 무장을 풀지 않고 있는 일본군의 방해로 이튿날 다시 중국으로 되돌아가야 했다.

이후 임시정부는 중국에서 10만 명의 광복군을 편성해 '국군' 자격으로 귀국한다는 계획을 세우고, 일본군에 소속된 한인 병사들을 편입시켜 조직을 확대했다. 서울에는 광복군 국내지구사령부를 설치하고 대전에는 한국 광복군 경비대훈련소를 개설했다. 그러나 광복군 국내 지대는 미 군정의 '사설 군사단체 해산령'에 의해 해체되는 상황에 직면했다. 조국으로 돌아갈 길이 막혀버린 광복군은 1946년 5월 16일 중국 국공내전의 혼란 속에서 지청천 총사령이 광복군 해체를 선언, 이국 땅에서 해체되는 비운을 겪었다.

창씨개명 시행

신사참배와 조선어 폐지에 이은 일제 '황민화 정책'의 완결편이었다.

1937년 7월의 중일전쟁을 분수령으로 일제는 '황국신민화'와 '내선일체'를 근간으로 하는 조선인의 일본화 정책에 총력을 기울였다. 신사참배를 강요하고 매월 하루를 '애국의 날'로 정해 일장기 게양과 기미가요 봉창을 강요했다. 1937년 10월부터는 '우리들은 대일본제국의 신민이다', '합심하여 천황 폐하께 충성을 다한다'는 내용의 '황국신민 서사'를 제창하도록 강요하고 전국의 학교에는 천황의 사진을 배포해 머리를 숙이도록 했다. 1938년 4월에는 일본어만 가르치고 조선어는 선택과목으로 하는 것을 골자로 한 '조선교육령' 개정안을 통과시켰다.

이런 정지 작업을 거쳐 시작된 '창씨개명(創氏改名)'은 신사참배와 조선어 폐지에 이은 일제 '황민화 정책'의 완결편이자 일본 혼을 주입하기 위한 조선민족 말살정책이었다. 일제가 창씨개명의 법적 근거로 삼은 것은

1939년 11월 10일 개정·공포한 조선민사령이었다. 데릴사위를 인정하되 데릴사위는 처가의 '씨(氏)'를 따르고, 결혼한 여자는 남편의 '씨'를 사용할 수 있다는 것 등도 개정안의 주요 내용이었지만 가장 핵심적인 것은 우리 민족 고유의 '성명(姓名)'을 없애고 일본식의 '씨명(氏名)'을 도입한 것이다.

일본식으로 '씨'를 만들고(創氏), '이름'을 고치는(改名) '창씨개명'의 본질을 이해하려면 먼저 한국식의 '성명'과 일본식의 '씨명'이 어떻게 다른지를 알아야 한다. 중국 고대에서 성(姓)이란 같은 혈족을 구분하기 위해 쓴 칭호였고, 나중에 나타난 씨(氏)는 하나의 성(姓)에서 갈라진 계통(지파)의 구별을 위해 새로 사용한 칭호였다. 그러나 전국시대에 가문의 전통이 약해지면서 '성'과 '씨'의 구별이 점차 사라지고 하나의 개념으로 통합되었다. 이 영향을 받아 우리나라에서는 '성'으로 확대되고 일본에서는 '씨'로 범위가 축소되었다.

일본 혼을 주입하기 위한 조선민족 말살정책

일본은 메이지유신 후 호적을 새로 편제할 때 전 국민을 친족집단으로 나눠 통치체제의 기본으로 삼았다. 이 친족집단이 '가(家)'였으며, '씨'는 '가'를 가리키는 호칭이었다. 즉 '씨'는 하나의 '가문' 개념과 비슷한 '가'를 단위로 했기 때문에 사실상 '가문의 이름'이라고 해도 무방했다. 따라서 이런 일본인들의 눈으로 보면 조선에는 '성'은 있지만 '씨'는 없었다. 그래서 존재하지 않는 '씨'를 새로 만드는 '창씨(創氏)'를 강요한 것이다.

조선인의 반발에도 불구하고 무리하게 '창씨개명'을 강요한 이유는 일본의 속셈 때문이었다. 성(姓)이라는 '종족' 단위를 씨(氏)라는 '가(家)' 단위로 바꾸고, 부인과 서양자(양자로 삼은 사위)도 같은 씨(氏)로 부르게 하는 등 조선의 가족제도 자체를 일본식으로 개편해 면면히 이어온 조선의 전통적인 부계혈통 관계를 해체시키고 천황을 종가(宗家)로 하는 일본식의

'씨' 단위 국가로 만들어 조선인의 민족의식을 흐려놓으려 한 것이다.

조선총독부는 창씨개명을 공표하면서 "내지(일본)식으로 이름을 부를 수 있는 길을 연 것은 사법상 내선일체를 구현하는 길이며 일시동인(一視同仁)의 이상을 실현하기 위한 것"이라고 선전했지만 사실은 창씨개명을 발표하기 전, 총독부 경무국은 일본인과 조선인의 식별이 불가능해진다는 이유로 창씨개명을 반대했었다. 총독부 법무국은 천황 등의 씨를 차용하면 안 되고 집안의 호주 대신 문중이나 종친회가 씨를 정해서도 안 된다고 조건을 달았다.

창씨개명 신고는 1940년 2월 11일부터 8월 10일까지 6개월간 이뤄졌다. 당연히 반발이 많았기 때문에 첫날 신고는 48건에 불과했다. 그 중에는 '근대 문학의 아버지'로 불리는 이광수도 있었다. '가야마 미쓰로(香山光郞)'로 창씨개명한 이광수의 사례는 이튿날 총독부의 기관지 경성일보에 대대적으로 실릴 정도로 총독부로서는 반가운 일이었다. 그러나 초기 3개월 동안은 '신고를 하지 않을 경우는 본령 시행 전 호주의 성을 씨로 한다'는 조항이 성을 바꾸지 않을 수도 있다는 뜻으로 해석되고, 창씨개명을 도저히 받아들일 수 없는 격앙된 민심으로 신고율이 극히 저조했다. 신고율이 0.4%(2월), 1.5%(3월), 3.9%(4월)에 그치자 총독부는 행정조직과 경찰력을 총동원해 창씨개명을 강요했다.

"짐승이 되어 사느니 차라리 죽음을 택하겠다"

일제는 창씨개명을 하지 않은 조선인은 행정기관에서 일을 볼 수 없게 하고 물자를 배급하지 않는 등 각종 불이익을 주었다. 학교에도 입학하지 못하도록 했으며 조선식 이름이 쓰인 우편물이나 화물은 배달하지 않았다. 창씨하지 않은 호주에 대해서는 '비국민', '불령선인(不逞鮮人)'의 낙인을 찍어 사찰을 하고 노무 징용의 우선 대상으로 삼거나 식량 배급의 대상에서 제외하는 등 유무형의 온갖 압력을 가했다.

그래도 전국 곳곳에서 죽음을 무릅쓴 반발이 잇따랐다. 전남 곡성의 유생 유건영은 당시 총독이던 미나미 지로에게 "짐승이 되어 사느니 차라리 죽음을 택하겠다"는 편지를 보낸 뒤 자살하고, 전북 고창의 설진영은 창씨에 불응하면 자녀를 퇴학시키겠다는 학교 측의 통보를 받고 자기 자녀를 창씨시킨 뒤 자신은 조상에게 사죄하기 위해 우물에 뛰어들어 스스로 목숨을 끊었다. 하지만 일본의 강요와 탄압으로 신고율은 12.5%(5월), 27.0%(6월), 53.7%(7월)로 급증하고 마감을 마쳤을 때는 79.3%나 되었다.

대부분의 문중은 어쩔 수 없이 창씨개명을 따르면서도 자신들의 성을 지키기 위해 온갖 묘안을 짜냈다. '본래 김씨였다'는 의미에서 '金本○○', '金原○○'으로 하거나 본관을 살려서 '金光○○'(광주 김씨), '金江○○'(강릉 김씨)로 하는 경우도 있었고, 아예 '이가(李家)'로 바꾼 문중도 있었다. 김해 김씨는 '김해(金海)'라고 하고 전주 이씨는 궁궐의 근본이라 해서 '궁본(宮本)'이라고 했으며 청주 한씨는 청주의 옛 이름인 '서원(西原)'을 씨명으로 했다.

성을 바꾸었으니 '개자식이 된 단군의 자손'이라며 '견자웅손(犬子熊孫)'으로 창씨계를 제출하거나 일왕 '유인(裕人)'이나 총독 '남차랑(南次郎)' 등의 씨명을 차용하는 식의 간접적인 항거를 하다가 퇴짜를 맞는 사람들도 있었다. '산천초목(山川草木)' '청산백수(靑山白水)' '강원야원(江原野原)' 등으로 장난삼아 짓는 사람도 있었다. 유(柳), 남(南), 임(林), 계(桂)씨 등은 일본에도 같은 씨가 있어 창씨를 하지 않아도 된다는 사실을 알고 안도의 한숨을 지었다.

조선일보·동아일보 강제 폐간

총독부가 신문 폐간의 데드라인으로 설정한 것은 창씨개명 마감일인 8월 10일이었다.

1931년 발발한 만주사변의 전선이 점차 확대되자 총독부가 '언론은 전쟁에 협조하는 것이 의무이자 사명을 완수하는 것'이란 논리로 언론의 열성적 협조를 강요했다. 1937년 중일전쟁이 임박했을 때는 통제를 더욱 강화해 적극적 친일을 강요했다. 신문은 제목 크기를 비롯해 편집의 미세한 부분까지 문제 삼아 시비를 걸었다. 언론이 침묵하면 침략전쟁 수행과 총독부의 식민지 정책에 적극 협조하지 않는다며 '소극적 불온'으로 규정해 탄압을 가했다.

결국 당시 조선의 대표적인 두 신문 조선일보와 동아일보의 논조는 점차 약화되었고 지면은 일제의 침략전쟁을 옹호하는 쪽으로 바뀌었다. 1937년부터 1940년까지 신년호 1면을 장식한 일본 천황 부부의 전신 사진은 이런 변화의 가장 상징적인 증거였다. 두 신문의 논조가 이렇게 변했는데도 총독부는 전쟁 시국에 언론의 책임감과 열의가 부족하다며 여전히 불만이었다. 일제는 신문 기사에서 '일본군'이라 써온 종래의 표기를 '아군' 또는 '황군'으로, '일본'은 '내지'로 표기하도록 강요했다. 중일전쟁에 대해서도 사설을 쓰도록 종용하면서 툭하면 정간시키겠다는 말을 무기로 삼았다.

그렇게 유무형의 압력을 가하던 일제가 마침내 신문 폐간이라는 마각을 드러낸 것은 1939년 말이었다. '극비 언론신문통제안'을 만들어 조선일보와 동아일보를 폐간시키고 한글 신문은 총독부 기관지인 매일신보 1개만 남긴다는 계획을 극비리에 세운 것이다. 이런 계획의 일환으로 총독부 경무국장이 조선일보 방응모 사장과 동아일보 백관수 사장을 관저로 불러들인 것은 1940년 1월 15일이었다. 경무국장은 두 사장에게 "2월 11

일 자진 폐간하고 매일신보와 통합하는 것이 어떠냐"며 자진 폐간을 종용했다. 2월 11일은 일본의 기원절(건국기념일)이면서 창씨개명을 신고하는 첫날이었다. 그러나 두 사장은 즉석에서 거절한 뒤 경무국에서 나와 서로 결속하며 반대 투쟁할 것을 다짐했다.

총독부가 두 신문 폐간의 데드라인으로 설정한 것은 창씨개명 마감일인 8월 10일이었다. 첫 표적은 동아일보였다. 동아일보를 옥죄기 위해, 일본 경찰 간부들이 요정 명월관에서 회식을 하다가 요리상에 덮인 흰색 갱지를 보고 주인에게 출처를 물으며 트집을 잡은 것은 1940년 6월 초였다. 주인이 동아일보에서 신문지 파지를 구입한 것이라고 말하자 경찰은 이 사실을 사건화해 동아일보를 압박했다. 당시 신문용지는 통제 물자로 배급제였다. 일본 경찰은 배급용지를 불법 처리했다는 구실로 경리장부를 압수하고 경리부장을 10여 일간 구금·협박했다. 그래도 통하지 않자 7월부터는 용지 통제권을 발동해 신문용지 배급량을 줄이고 7월 중순에는 다른 트집을 잡아 동아일보를 압박했다.

다른 트집이란 동아일보 전 사장 송진우 명의의 예금이 동아일보의 800여 지국과 분국을 통해 모금된 독립운동 자금이고 간부들이 비밀결사를 조직하려 했다고 조작해 백관수 사장을 구속한 것을 말한다. 백 사장이 구속된 지 열흘이 넘도록 폐간계 서명 날인을 거부하자 일경은 종로경찰서 유치장에서 동아일보 중역회의를 강제로 열게 해 폐간계 제출을 거부하는 백관수 사장 대신 발행인의 명의를 변경해 강제로 폐간계를 받아냈다.

일어판 경성일보와 한글판 매일신보만 남아

다음은 조선일보 차례였다. 총독부는 전국의 면사무소에 신문 구독을 거절하도록 압력을 가하는 한편 이런저런 명목으로 조선일보 간부와 기자들을 연행해 문초하고 협박했다. 더 이상 버틸 수 없다고 판단한 조선일보 방응모 사장은 8월 9일 임시주총을 열어 폐간을 결의하고 8월 10일 폐간계를 냈다. 이로써 조선에는 총독부가 내는 일어판 경성일보와 한글판 매일신보만 남게 되었다.

총독부 집계에 따르면 폐간 당시의 부수는 조선일보가 5만 9,394부, 동아일보가 5만 5,977부였다. 두 신문의 마지막 지령은 각각 6,923호(조선일보), 6,819호(동아일보)였다. 총독부는 두 신문사의 윤전기 등 시설을 인수한 대가로 조선일보에는 80만 원, 동아일보에는 50만 원을 지급했다. 두 신문사의 직원 900여 명 중 상당수는 매일신보가 승계하도록 했다. 폐간 후 조선일보는 조광사, 동아일보는 동본사를 설립해 훗날의 재기를 도모했다.

8월 11일 마지막 신문을 받아본 독자들은 그동안 자세한 사정을 알지 못했기 때문에 청천벽력으로 받아들였다. 동아일보는 폐간호를 평상시처럼 제작하면서 1면 하단에 총독부 방침에 따라 폐간된다는 사고를 싣고 3면에는 엉겨 있는 포도송이를 담은 고별 사진을 실었다. 훗날 다시 만나 포도송이처럼 뭉칠 날이 있을 것이라는 메시지였다.

조선일보 지면에는 강제 폐간의 아픔이 그대로 묻어났다. 1면 상단에는 사설 폐간사, 그 아래에는 사장 방응모의 사진과 함께 폐간의 변을 담은 '폐간에 제하여'가 실렸다. 왼쪽에는 편집국장 함상훈이 쓴 '조선일보 20년사'를 통해 폐간의 아쉬움을 전했고 아래쪽 중앙에는 폐간을 알리는 사고를 실었다.

폐간호 제작 후 고별 촬영을 하는 조선일보 기자들(1940.8.10)

한용운은 비록 신문에 실리지는 못했지만 조선일보가 폐간된 그날 강제 폐간에 울분을 느끼며 '신문이 폐간되다'라는 한시를 써내려갔다. '붓이 꺾이어 모든 일 끝나니 / 재갈 물린 사람들 뿔뿔이 흩어진 서울의 가을 / 한강물도 울음 삼켜 흐느끼며 / 연지를 외면한 채 바다로 흐르느니'. 방응모 사장으로부터 장학금을 받아 일본 조치대에서 공부하고 있던 윤석중도 폐간 소식을 전해 듣고 시를 썼다. '절벽에서 떨어져도 / 폭포물은 다시 살고 / 서로 갈린 시냇물은 / 바다에서 만난다네'. 두 신문은 폐간 5년 4개월 만인 1945년 11월 23일(조선일보), 12월 1일(동아일보) 각각 복간되었다.

프랑스 항복과 필리프 페탱의 '비시 정부'

마지노선은 독일이 서쪽의 벨기에를 우회해 프랑스로 남하하면 무용지물이었다.

독일과 프랑스 두 나라 사이에 전쟁이 벌어졌을 때, 독일이 프랑스로 진격하는 방향은 벨기에 북쪽 평야(루트1), 벨기에 남쪽 아르덴 삼림 지역(루트2), 프랑스와 맞닿은 알자스–로렌 지방(루트3) 이렇게 세 갈래였다. 그 유명한 마지노선은 루트3에 집중적으로 설치되었다.

2차대전이 발발하기 전, 프랑스는 독일 국경 쪽에 설치해놓은 마지노선이 마치 평화를 영구히 보장해줄 것 같은 착각에 빠져 있었다. 하지만 마지노선은 독일 쪽을 향해서만 난공불락의 장벽이었지 독일이 벨기에를 우회해 프랑스로 남하하면 무용지물이었다. 다행히 벨기에와 독일 국경에는 150km에 달하는 울창한 아르덴 삼림지대가 가로막고 있었다.

1940년 5월 초 독일군이 먼저 프랑스를 공격한 곳은 루트1 방향이었다. 히틀러의 유인책이었으나 프랑스·영국군 지휘부는 이 사실을 모르고 대규모 부대를 그곳으로 이동시켰다. 독일군은 루트3의 마지노선도 공격하는 듯한 제스처를 취하다가 사흘 뒤 진짜 공격을 시작했다. 루트2의 울창한 아르덴 숲이 목표지였다.

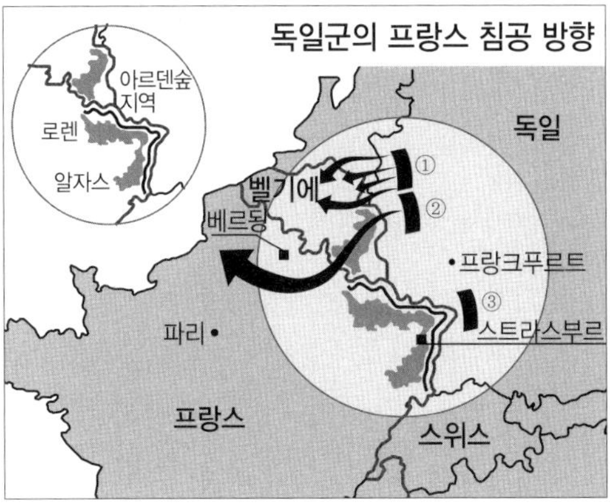

평소 프랑스는 그곳을 전차가 통과할 수 없는 불능 지형으로 판정해놓고 있었기 때문에 방어 진지는 취약했다. 또한 프랑스의 육군 전력이 독일보다 우위라는 사실에 근거해 전차를 보조 병기로 제한했다. 독일의 주력부대가 노린 곳은 바로 이 허점이었다. 하인츠 구데리안과 에르빈 롬멜이 앞장섰다. 구데리안은 전차의 단독작전 개념을 정립한 천재 지휘관이었고 롬멜은 기갑전투에 능해 훗날 '사막의 여우'로 불렸다.

1940년 5월 10일 전격전을 시작한 독일의 기갑사단과 기동사단은 아르덴 숲을 이틀 만에 돌파해 영불해협까지 진출했다. 뒤이어 프랑스 쪽 뫼즈강 방어선을 뚫고 마지노선의 북쪽 끝에 있는 스당 전선을 무너뜨렸다. 절체절명의 순간임을 직감한 레이노 프랑스 총리는 은퇴해 있던 80대 중반의 앙리 필리프 페탱(1856~1951)을 부총리로 기용했다. 1차대전 당시 '베르됭 전투의 영웅'으로 불렸던 페탱의 높은 인기를 이용하기 위해서였다. 한때 페탱의 부관으로 활동했던 샤를 드골(1890~1970)도 전쟁부 부장관으로 입각했다.

페탱은 1차대전 발발 전까지는 군인으로 뛰어난 활약을 펼치지 못해 50대 중반의 나이에도 장군으로 진급하지 못했다. 그러나 1916년 2월 시작된 베르됭 전투를 성공적으로 수행해 1차대전이 연합국의 승리로 끝나는 데 결정적으로 기여함으로써 계급이 대령에서 원수로 수직 상승했다. 1934년에는 국방장관까지 지냈다.

독일군의 공격으로 프랑스의 최후 방어선인 솜 전선이 무너진 것은 1940년 6월 6일이었다. 프랑스 정부는 6월 10일 파리를 포기하고 남쪽으로 피신해 휴전과 항전을 놓고 격론을 벌였다. 휴전을 원하는 그룹에는 페탱 원수가 있었고, 항전을 원하는 쪽에는 드골이 있었다. 페탱을 비롯한 군 상층부는 자칫하면 국가 자체가 소멸해버린 폴란드의 전철을 밟거나, 패전의 와중에서 민중 봉기로 '파리 코뮌'이라는 피비린내 나는 내란까지 겪어야 했던 1871년 보불전쟁 때의 악몽이 되풀이되는 상황을 우려했다.

마지노선이 마치 평화를 영구히 보장해줄 것 같은 착각에 빠져

6월 14일 독일군이 파리에 무혈입성하자 레이노 총리는 국민에게 신망이 높은 페탱이 휴전협정을 성사시키는 것이 낫다며 6월 16일 총리직을 사임했다. 페탱은 제3공화국의 총리 자격으로 6월 17일 라디오를 통해 국민에게는 휴전의 필요성을 역설하고 히틀러에게는 휴전을 제의했다. 당시 영국의 원조를 끌어내기 위해 런던에 가 있던 드골은 6월 18일 라디오 방송을 통해 "전투를 계속해야 한다"며 철저 항전을 호소했다.

6월 22일 페탱은 파리 근교 콩피에뉴 숲속 열차 안에서 독일과 휴전협정에 조인했다. 콩피에뉴 숲속은 1918년 11월 11일 독일이 1차대전 항복문서에 서명한 곳이었다. 히틀러는 1차대전 때 독일이 프랑스한테서 받았던 굴욕을 고스란히 되돌려주겠다는 심산으로 1차대전 정전협정 때 서명공간으로 사용했던 객차를 파리에서 콩피에뉴 숲으로 가져오게 해 서명자의 의자 위치를 맞바꾸어 누가 승자인지를 프랑스인들에게 생생히 각인시켜주었다.

독일과의 휴전조약에 따라 프랑스 국토의 5분의 3이나 되는 북서부 지역은 독일 수중에 떨어지고 나머지 남쪽 지역은 페탱이 관할하는 자유 지역이 되었다. 대서양에 면해 있는 프랑스의 해안선 전체와 파리는 독일의 점령 지역으로 편입되었다. 히틀러가 '비시 정부'를 용인한 것은 프랑스 전역을 점령하는 데 따른 피해와 직접통치로 인한 반발을 최소화하는 데 그 목적이 있었다.

필리프 페탱(1856~1951)

프랑스 영토의 5분의 2 지역을 통치하게 된 페탱은 7월 10일 중부의 전원도시 비시에서 569 대 80이라는 의회의 압도적인 지지를 얻어 행정권은 물론 프랑스 신헌법을 제정할 수 있는 전권을 위임받았다. 페탱은 제3공화정을 폐지하고 7월 11일 이른바 '비시 정부'의 국가수반에 취임했다.

페탱은 프랑스의 패배 원인을 1936년의 인민전선 정부를 비롯한 좌파의 비애국적 정책과 정치인들의 당리당략에서 찾았다. 1930년대의 프랑스 정치는 그야말로 이전투구 속에 빠져 있었다. 피에르 라발 같은 노골적인 파시즘 추종자, 레옹 블룸 같은 골수 좌파, 에두아르 달라디에 같은 중도파에 이르기까지 저마다 정권을 수립했다가 금세 퇴장하기를 반복하며 춘추전국시대를 이루었다. 경제는 대공황으로 침체했고 외교는 이리저리 휩쓸렸으며 군사력은 무기력했다.

페탱은 1930년대의 좌우 갈등과 비효율적인 정치체제가 패전의 원인이라고 판단하고 '민족혁명'을 추진했다. '자유·평등·박애' 대신 '노동·가족·조국'을 국시로 삼았으며 프랑스 혁명 이래 면면히 이어온 개인의 자유주의적 전통은 폐기하고 전체주의적 민족주의 노선을 채택했다. 언론·집회·결사의 자유와 노동3권은 크게 제약하고 영장 없이도 구속할 수 있게 하는 등 기본적 인권을 크게 약화시켰다.

'비시 정부' 평가 프랑스에서조차 엇갈려

독일과의 협정에 따라 프랑스는 중립을 보장받았기 때문에 독일군으로 병력이 차출되지는 않았다. 그러나 60여만 명의 프랑스인은 군수공장에서 일을 하고 군수물자와 식량을 독일에 제공해야 했다. 노동자들은 처음에는 지원 형식으로 독일로 보내졌으나 곧 도입된 의무노동제에 따라 독일 공장으로 강제로 끌려가는 일이 빈번하게 일어났다.

독일에 대한 비시 정부의 가장 악명 높은 협력은 레지스탕스, 공산주의자, 유대인 등의 처벌과 제거였다. 페탱 집권기에도 이런 일이 없진 않았지만 이를 적극적으로 추진한 인물은 비시 정부의 총리 라발이었다. 그는 1942년 7월부터 대대적으로 유대인을 검거해 전쟁이 끝날 때까지 약 7만여 명의 유대인을 절멸 수용소로 보냈다. 독일이 1942년 11월 비시 정부가 관할하는 자유 지역마저 독일의 직접통치 하에 두었을 때는 더욱 적극적으로 나치 독일에 협조하는 정책을 취했다. 1943년 1월에는 프랑스 민병대를 창설, 수만 명의 레지스탕스 대원과 정치범을 체포해 독일의 수용소로 보냈다.

1944년 8월 파리가 연합군에 해방되면서 비시 정부는 붕괴했다. 페탱은 독일로 압송되어 1945년 5월 전쟁이 끝날 때까지 억류되었다가 종전 후 돌아와 라발과 함께 재판에 회부되었다. 1945년 7월에 시작된 페탱의 재판은 1945년 10월 15일 사형에 처해진 라발과 달리 찬반 논란 속에서 진행되었다.

페탱을 기소한 검사는 1940년 6월의 항복(휴전)과 7월의 비시 정부 수립이 모두 불법이었다고 공격했다. 페탱과 변호인은 기존 헌법과 법률 절차에 따른 것이었다고 반박했다. 페탱 측은 휴전협정과 비시 프랑스의 확보는 프랑스 전 지역이 적에 넘어가는 상황보다 분명히 나았으며 프랑스의 식민지인 북아프리카가 보전됨으로써 연합군에도 유리한 상황이 조성되었다고 주장했다. 이에 대해 검사는 프랑스 전역이 점령되는 편이 임시정부와 레지스탕스 활동에 더 큰 힘을 부여했을 것이라고 반박했다. 페탱의 변호인은 페탱이 프랑스와 프랑스 국민을 위해 어쩔 수 없이 손을 더럽히는 동안 런던에서 편안히 지내며 처칠과 골프를 치러다닌 드골이 한 게 뭐가 있느냐고 항변했다.

페탱은 배심원 투표에서 14 대 13이라는 아슬아슬한 표차로 사형 판결을 받았다. 곧 종신형으로 감형되어 대서양 연안의 한 섬에 수감되었다가 1951년 7월 23일 영욕의 삶을 마감했다.

오늘날 비시 정부에 대한 평가는 프랑스에서조차 갈리고 있다. 긍정하는 측은 비시 정부를 1940년 7월부터 1942년 11월까지 프랑스인을 보호하는 방패 구실을 한 '페탱의 비시', 독일군이 프랑스의 자유 지역까지 완전히 점령한 1942년 11월 이후 독일과의 적극적 협력관계를 강화한 '라발 총리의 비시'를 구분해야 한다고 주장한다. 즉 페탱의 민족혁명이 비시 정부의 자율적 정책이라면 라발의 민족혁명은 프랑스를 완전히 독일의 하수인으로 전락시켰다는 것이다. 반면 비시 정부 전체를 부정하는 측은 페탱의 민족혁명이 프랑스를 구하려는 비시 정부의 의지를 표현한 게 아니라 독일 점령 초부터 진행된 대독 협력을 위한 정치 이데올로기였다며 페탱에 대한 단죄는 당연한 것이라고 주장하고 있다.

마지노선

1차대전이 끝난 뒤 프랑스는 독일의 공격에 대비해 대규모 요새선을 구축했다. 방어적 진지전으로 전개된 1차대전의 양상에서 착안한 구상이었다. 1930년 착공해 10년 만에 완성된 이 난공불락의 철옹성에는 육군장관 앙드레 마지노의 이름에서 따 '마지노선'으로 명명되었다. 마지노는 1914년 1차대전이 발발했을 때 37살의 하원의원인데도 하사관으로 자원입대해 베르됭 전투에서 다리에 중상을 입은 국민적 영웅이었다. 당시 베르됭은 독일군 33만 명, 프랑스군 30만 명이 전사한 사실상의 인간 도살장이었다.

베르됭 경험은 마지노를 방어망 구축의 주창자로 만들었다. 전후 세 차례나 육군장관을 지낸 마지노는 대규모 방어선의 장점을 이렇게 파악했다. ▲독일의 기습공격을 국경선에서 저지 ▲그 사이 2~3주 동안 군대 동원 ▲탈환한 알자스-로렌의 산업 보호 ▲인구 열세(독일 7,000만, 프랑스 3,900만 명)를 방어로 보완. 1929년 마지노는 요새 구축안을 의회에 상정해 90%의 압도적 지지를 끌어냈다. 예산은 당시 프랑스 재정으론 버거울 만큼 컸다. 결국 예산 부담은 전차부대 육성과 공군 강화에 차질을 주었다. 마지노는 마지노선의 완성(1940)을 보지 못하고 1932년 숨졌다.

독일과 프랑스의 국경을 따라 북쪽으로는 벨기에, 남쪽으로는 스위스의 국경에 닿은 총연장 750km의 마지노선 요새에는 전차의 침입을 막기 위한 이중철골벽, 보병을 막기 위한 철조망 지대, 지름 6m의 콘크리트벽 등 방어에 필요한 모든 시설이 갖춰졌다. 수천 명이 들어갈 수 있는 지하벙커, 중무장한 진지, 지하 연결터널은 물론 식당·침실·수술실이 딸린 진료실에 교회까지 있었다.

그러나 1940년 5월 10일 독일군이 마지노선을 우회해 벨기에를 짓밟고 뒤이어 마지노선의 북쪽 끝에 있는 스당을 공격하는 우회 돌파전을 감행함으로써 마지노선은 무용지물로 전락했다. 결국 마지노선은 프랑스군을 방심하게 하고 전략적 오판을 불러온 방해물이 되고 말았다.

마지노선에 맞서 독일 역시 2차대전 직전에 프랑스와의 국경에 '지크프리트선'이라는 요새선을 구축했다. 이 요새선은 전체 길이 600km로 1938년에 공사를 시작해 1년 만에 완성했다. 지크프리트선 역시 각종 방어 시설을 잘 갖추고 있었으나 1944년 가을 연합군의 전면 공격 때 제대로 방어 역할을 하지 못해 요새선은 시대에 뒤떨어진 전술이라는 평가를 받았다.

윈스턴 처칠 영국 총리 취임

"나는 여러분에게 피와 수고, 눈물 그리고 땀을 제외하고는 달리 드릴 것이 없습니다."

1938년 9월 아서 네빌 체임벌린 영국 총리가 체코슬로바키아를 히틀러에게 넘겨주는 '뮌헨 협정'에 서명했을 때 영국의 의회와 여론은 전쟁을 피했다며 체임벌린을 '평화의 사자'로 환영했다. 그러나 윈스턴 처칠(1874~1965)은 "민주주의는 히틀러의 발밑에서 전면적인 패배를 맛보았다"며 체임벌린을 강하게 비판했다. 이 같은 처칠의 판단은 1년 후 폴란드가 히틀러의 군홧발에 짓밟히고 2차대전이 발발하고서야 옳았음이 입증되었다.

결국 체임벌린은 1940년 5월 퇴진하고 처칠이 5월 10일 총리로 취임했다. 5월 13일 처칠은 의회에 출석해 "나는 여러분에게 피와 수고, 눈물 그리고 땀을 제외하고는 달리 드릴 것이 없습니다…우리의 정책은 온 힘을 다하여 바다와 땅과 하늘에서 싸우는 것입니다"라는 감동적인 연설로 비장한 각오를 밝혔다.

영국 역사상 처칠만큼 최악의 시기에 총리가 된 사람은 없었다. 그가 총리로 취임한 그날 독일군은 3개 방면군으로 나뉘어 덴마크, 벨기에, 네덜란드, 프랑스를 공격하고 파죽지세로 프랑스의 마지노선까지 돌파해 6월 14일 파리를 점령했다. 히틀러의 다음 공격 목표가 영국인 것이 분명한 상황에서 처칠은 미국이 참전할 때까지 홀로 히틀러에 맞서야 했다. 처칠은 참전 군인에게는 자신의 트레이드 마크가 된 'V' 사인으로 결전을

윈스턴 처칠(1874~1965)

독려하고 국민에게는 "만약에 대영제국이 천년을 간다면 사람들은 '그때가 가장 좋은 시대였다'고 말하게 될 것"이라고 격려하며 미국의 참전을 손꼽아 기다렸다.

당시 영국은 전쟁으로 피폐해진 탓에 전쟁 물자를 구입할 돈도 운송할 여력도 없었다. 미국에 손을 내밀었으나 당시 미국의 무기수출법은 대금 선불과 구입자 운송이 원칙이었다. 처칠은 루스벨트 미 대통령을 '보스'로 치켜세우고 자신은 '부관'이라고 낮추며 무상 무기 제공과 운송을 미국에 요청했다. 거의 2,000여 통의 전보와 편지로도 구애작전을 펼쳤다. 루스벨트는 의회를 설득한 끝에 1941년 3월 '무기대여법'을 통과시켜 전쟁물자의 대외 원조 및 대여에 관한 실질적 권한을 확보했다. 전쟁은 결국 미군의 참전 덕에 1945년 5월 연합국의 승리로 막을 내렸다.

종전 후 처칠은 노동당이 참여한 거국 내각을 해산하고 7월 5일 총선거를 단행했다. 승전의 주역이었기 때문에 당연히 승리를 자신했다. 하지만 결과는 예상과 달리 노동당 49.7%, 보수당 36.2%로 패배했다. 전쟁이 끝난 마당에 유권자들이 '요람에서 무덤까지' 구호로 전후의 복지국가를 약속하는 노동당의 선거 메시지에 더 높은 점수를 준 것이다. 처칠 내각의 한 장관은 그 순간을 "민주주의 역사상 가장 배은망덕한 사건"이라며 분통을 터뜨렸다.

선거에 패배했지만 처칠은 아직 임기가 남아 있어 7월 17일부터 베를린 교외 포츠담에서 미국의 트루먼, 소련의 스탈린과 함께 전후 처리 문제를 논의했다. 그러다가 공식적으로 임기가 끝난 7월 26일 '민주주의란 이런 것'이라는 교훈을 스탈린에게 가르쳐주며 회담 도중 영국으로 돌아왔다.

처칠은 1946년 3월 5일 미국의 웨스터민스터대에서 소련의 팽창을 경고하는 그 유명한 '철의 장막' 연설로 다시 한 번 자신의 존재를 세계에 확인시켰다. 1951년 다시 총리직에 오를 때까지 쓴 '2차대전 회고록'(전 6권)은 1953년 그에게 노벨문학상을 안겨주었다.

영국 역사상 처칠만큼 최악의 시기에 총리 된 사람 없어

처칠은 영국의 명문가에서 태어났다. 할아버지는 아일랜드 총독, 아버지는 재무장관을 지낸 정치인이었으며 어머니는 뉴욕 출신 백만장자의 딸이었다. 처칠은 조산아로 태어나 어려서부터 잔병치레를 많이 하고 혀가 짧아 말이 어눌했다. 학교에서는 말썽꾸러기에 성적도 좋지 않았다. 이 때문에 귀족 자제들이 의례적으로 입학하는 옥스퍼드대나 케임브리지대에는 입학하지 못하고 1894년 왕립 샌드허스트 육군사관학교에 입교했다. 비교적 우수한 성적으로 졸업하고 장교 임관 후 쿠바와 인도 등지의 전투에 4차례 참가했지만 전공을 세우거나 두각을 나타내지는 못했다.

처칠의 이름이 영국에 널리 알려진 것은 1899년 '모닝 포스트'지의 특파원으로 남아프리카의 보어전쟁에 종군했을 때였다. 당시 그는 포로로 잡혔으나 홀로 포로수용소를 탈출해 적진을 뚫고 480km를 걸어 남아공의 더반으로 돌아왔다. 이 극적인 탈출기가 신문에 연재되고 이것이 화제가 되어 1900년 7월 영국으로 돌아왔을 때 그는 영웅이 되어 있었다.

처칠은 덕분에 그해 치러진 선거에서 보수당 소속의 하원의원으로 당선되었다. 이후 1920년대의 2년을 제외하고는 1964년 정계에서 은퇴할 때까지 62년간 하원의원으로 활동했다. 1904년에는 보수당 정부가 보호관세 정책을 취한 것에 반발, 자유당으로 소속 정당을 바꾸었다. 1905년 식민차관으로 발탁되고 1911년부터 5년간 해군장관을 역임하면서 군함 연료를 석탄에서 석유로 바꾸고 세계 최초의 항공모함 도입을 기획하는 등 해군의 현대화를 추진했다.

1차대전이 발발했을 때는 적국인 오스만 투르크 수도 이스탄불 근처에 영국군(주로 호주·뉴질랜드 출신 부대)을 상륙시키는 갈리폴리 작전을 입안했다가 참담한 실패로 끝나 내각에서 물러났다. 하원의원인데도 현역 군인으로 복귀해 1915~1916년 부대 대대장으로 최전방에서 싸웠다. 이런 소식이 알려지면서 갈리폴리 작전 실패를 만회하고 꺼져가던 정치 생명을 되살릴 수 있었다.

1917년 다시 입각해 군수장관, 육군장관, 식민장관을 차례로 역임하며 행정 경험을 쌓았으나 1차대전 뒤 자유당의 인기가 떨어져 1922년 총선에서 패배했다. 1923년 보궐선거에서도 의회에 복귀하지 못했다. 결국 인기 없는 정당 간판으로는 더 이상 당선되기 힘들다는 현실적 이유, 자유당 정부의 지나친 친소련 정책이 못마땅해 자유당을 탈당하고 1924년 무소속으로 총선에 출마해 간신히 당선되었다.

'역사상 가장 위대한 영국인' 조사에서 당당히 1위로 꼽혀

1925년, 21년 만에 보수당으로 복당한 그는 재무장관으로 활동하면서 파운드화의 금본위제도를 부활시켜 다시 논란을 불러일으켰다. 이 정책은 심각한 디플레이션과 실업, 노동자 파업을 유발했다는 비난을 받았다. 게다가 총파업에 나선 노조를 강경 진압함으로써 격렬한 비난을 초래해 자신은 물론 보수당의 지지도까지 떨어뜨렸다. 처칠은 1차대전에 인도 병력을 참전시키는 대가로 약속했던 인도의 자치권 확대, 심프슨 부인과의 스캔들로 곤경에 빠진 국왕 에드워드 8세의 양위 등에도 반대했다.

보수당은 1929년 총선에서 노동당에 패해 야당이 되었고 처칠은 총선 책임론에 시달렸다. 이 때문에 보수당이 1935년 재집권했을 때도 처칠은 내각 기용에서 철저히 외면당해 다선 평의원으로 정치적인 황야에서 지내야 했다. 그러면서도 나치 독일의 위험성을 경고하고 언제라도 무력을 쓸 수 있는 군사력을 갖춰야 한다고 주장했다. 1939년 독일의 폴란드 침공으로 2차대전이 발발했을 때는 또다시 해군장관을 맡아 내각에 복귀하고 1940년 5월 총리로 취임했다.

처칠은 정치인으로 바쁜 일상을 보내면서도 에세이와 시사평론 등을 신문에 기고하고 소설, 전기, 역사서 등을 집필한 작가이자 저술가로 활동하며 평생 100여 권의 책을 썼다. 역사·철학서를 탐독하며 격조 높은 연설 어법을 익히고 즉석연설의 부족한 부분은 원고를 미리 암기하는 것으로 보완했다.

처칠은 1951년 총선 승리를 통해 6년 만에 총리 자리에 복귀했다. 정권을 잃었던 뼈아픈 기억을 잊지 않고 다양한 복지정책을 추진했다. 특히 매년 30만 채의 서민주택을 공급하겠다는 공약을 지켜 주택난을 상당 부분 해소했다. 공산주의 세력 확대에도 단호하게 대처했다. 1948년부터 계속되고 있는 말레이 식민지(현 말레이시아)의 공산주의 무장단체인 말레이민족해방군의 게릴라전에 맞서 대규모 병력을 증파해 소탕작전을 펼쳤다. 한반도에서 터진 6·25전쟁에도 적극 개입해 미국에 이어 두 번째로 많은 병력을 파병했다.

1955년 4월 총리와 당수 자리를 앤서니 이든에게 넘겨주고 하원 평의원으로 물러났다가 1964년 의원직에서 물러났다. 2002년 영국 BBC방송이 100만 명 이상의 영국인을 상대로 '역사상 가장 위대한 영국인'을 조사했을 때 당당히 1위에 꼽혀 국민들로부터 존경과 사랑과 신뢰를 받은 정치인이라는 사실을 확인시켜주었다.

영국·프랑스 연합군 됭케르크 철수

"독일은 히틀러가 진격 중지 명령을 내린 1940년 5월 24일에 사실상 전쟁에 졌다."

1939년 9월 독일의 폴란드 침공으로 시작된 2차대전은 1940년 4월까지 전투다운 전투가 없어 한때는 '가짜 전쟁'으로까지 불렸다. 그러던 중 1940년 4월 9일 독일군이 노르웨이로 밀고 들어가면서 대살육전이 전개되었다. 독일군이 서부전선 전역에서 공격을 개시한 것은 윈스턴 처칠이 영국의 총리로 취임한 5월 10일 새벽이었다. 독일군은 3개 방면군으로 나뉘어 덴마크, 벨기에, 네덜란드, 프랑스를 공격했다. 네덜란드와 벨기에 북쪽을 공략하는 북쪽 루트(루트1), 아르덴 삼림지대를 뚫는 중앙 루트(루트2), 마지노선을 지나는 남쪽 루트(루트3) 이렇게 세 갈래였다.

전쟁의 초기 향방은 상식을 뛰어넘는 전격전으로 아르덴 삼림지대의 험한 지형을 돌파한 A방면군(루트2) 소속의 기갑사단이 5월 20일 솜강 남쪽에 교두보를 확보하고 일부 분견대가 영불해협에까지 도달함으로써 사실상 결정되었다. 문제는 후속 보병부대의 진격이 너무 느렸다는 데 있었다. 히틀러와 수뇌부는 독일군 기갑부대의 지나치게 빠른 진격 속도와 넓어진 전선 확장을 우려했다.

독일군 수뇌부의 의지를 결정적으로 약화시킨 '아라스 전투'가 벌어진 것은 그 무렵이었다. 아라스 전투는 에르빈 롬멜의 제7기갑사단 등이 아라스로 전진하던 중 영국군 2개 보병대대, 2개 전차대대 규모와 접전을 벌인 전투로 규모는 크지 않았다. 총 74대의 마틸다 전차로 구성된 영국의 2개 전차대대는 5월 21일 독일군의 대규모 전차부대에 타격을 주었다. 하지만 독일군 기갑부대가 곧 마틸다 전차를 무력화하고 영국군을 아라스 방향으로 물러나게 함으로써 전투는 종료되었다.

그런데 이날 하루 동안 벌어진 아라스 전투에서 독일의 제7기갑사단은 89명 전사, 116명 부상, 173명 실종 등 그때까지 서부전선에서 벌어진 전투 이래 가장 큰 피해를 보았다. 롬멜조차 영국군이 4개 대대에 불과하다는 것을 알지 못하고 사단급 부대의 맹반격을 받았다고 착각할 정도였다. A방면군 지도부는 영국·프랑스 연합군이 강력한 전차를 앞세워 사단급으로 반격을 할 수 있다는 사실에 크게 놀랐다. 전선이 길어져 가뜩이나 불안해하던 독일군 수뇌부에 아라스 전투는 포위망 내의 연합군 전투력이 아직 상당한 수준이라는 판단 착오를 불러일으키고 히틀러의 판단력을 흐리게 해 불안감을 심어주었다.

됭케르크 주변 지도

'아라스 전투' 히틀러의 판단 흐리게 해

그 무렵 독일군에 포위되어 있는 영국군은 전선에서 이탈해 해상으로 철수한다는 이른바 '다이너모 작전'을 준비했다. 그것은 마지막 남은 영불해협의 주요 항구인 됭케르크를 해상 탈출의 거점으로 삼겠다는 구상이었다. 영국은 됭케르크를 표적으로 한 독일군의 공격을 분산시키기 위해 불로뉴와 칼레 등 다른 지역으로 병력을 증원했다.

한편 독일군의 A방면군 기갑사단을 총지휘하는 폰 클라이스트는 예하 기갑사단의 피해가 자꾸 늘어나는 것에 불안을 느꼈다. 막무가내로 진격만 하다가는 포위망을 좁히더라도 전투력을 계속 유지할 수 있을 것인가를 심각하게 고민한 끝에 이런 우려를 A방면군 총사령관 폰 룬트슈테트에게 보고했다. 폰 룬트슈테트는 5월 23일 밤 A방면군 예하 부대에 진격 중단 명령을 하달하고 24일 아침 히틀러를 만나 진격 중단이 바람직하다는 의견을 제시했다.

그 무렵 히틀러의 머릿속에는 공군 원수 헤르만 괴링의 주장도 입력되어 있었다. 프랑스 전역의 승리가 거의 확실해진 마당에 이런 식으로 전쟁이 끝나면 대부분의 전공이 육군의 몫이 될 것을 우려한 괴링이 "독일군 기갑부대가 피해를 볼지 모르니 마무리는 공군에 맡겨 달라"고 히틀러를 설득한 것이다.

이처럼 육군에서는 폰 룬트슈테트 A방면군 총사령관이 진격 중단을 요청하고, 공군에서는 괴링이 의욕적으로 나서자 5월 24일 오전 히틀러가 새로운 명령을 발령했다. A방면군 소속의 독일군 기갑부대는 다음 공격에 필요한 교두보 이외에는 더 이상 진격하지 말고 공군의 작전이 방해받지 않도록 작전 경계선을 준수하라는 명령이었다. 폰 룬트슈테트 사령관에게는 육군 총사령부(OKH)의 명령에 상관없이 스스로 판단해 공격을 재개하거나 정지할 것을 결정할 수 있도록 재량권을 부여했다. 이 명령은 독일군 제1기갑사단이 됭케르크 서쪽 20km 밖까지 접근한 상황에서 영국에 '됭케르크의 기적'을 선물한 최악의 결정이었다.

육군 총사령부가 히틀러의 명령에 강하게 반발했으나 히틀러는 자신의 뜻을 철회하지 않았다. 히틀러가 이때 육군 총사령부의 반발을 묵살한 것은 히틀러의 전쟁 지휘권에도 중대한 전환점이 되었다. 즉 당시까지 히틀러는 육군 총사령부를 완전히 장악하지 못하고 있었는데, 육군 총사령부를 통하지 않고 예하 부대인 A방면군 총사령관에게 직접 명령을 내리고 재량권을 부여하는 선례를 남김으로써 지휘권을 강화할 수 있었던 것이다. 공군의 괴링에게 기회를 준 것도 육군 총사령부의 주장에 마냥 끌려

다닐 수 없다는 히틀러의 복심이 반영된 결과였다.

전쟁 중에는 됭케르크 철수 중요성 깨닫지 못해

독일군 수뇌부의 판단에 변화가 생긴 것은 이틀이 지나서였다. 괴링이 호언장담한 공군이 제구실을 하지 못하고, 됭케르크에서 연합군의 조직적인 철수 움직임이 관측되었기 때문이다. 히틀러도 됭케르크를 통한 철수만은 막아야 한다는 생각에 5월 26일 폰 클라이스트 기갑 사령관에게 제한적인 전진을 승인했다. 독일군은 5월 27일 공격을 재개했다. 그런데 승리를 거의 움켜쥐었다는 생각이었는지 필사적인 공격이 아니라 이미 확정된 승리를 주워 담는 듯 가볍게 공격했다.

연합군은 5월 27일부터 본격적으로 철수작전을 전개했다. 됭케르크에서 첫날 배에 오른 병사는 7,669명이었다. 이후 영국의 공군 전투기들이 상공에서 독일의 공군 전투기들과 공중전을 벌이는 동안 구축함, 여객선, 거룻배, 범선 등으로 이뤄진 1,200여 척의 잡동사니 함대가 수십만 명의 연합군을 영국 해안으로 실어날랐다. 절망적인 상황에서 6월 4일까지 영국 원정군 19만 명, 프랑스군 14만 명 등 모두 33만 8,226명, 그리고 8만 5,000대의 차량이 무사히 영국으로 빠져나갔다.

오늘날 일부 군사 전문가들은 연합군이 됭케르크에서 철수하지 못하고 포로가 되거나 전사했다면 히틀러가 영국 본토를 공격할 때 영국이 제대로 방어할 수 없었을 것이고 1944년의 노르망디 상륙작전도 성공하지 못했을 것이라는 분석을 내놓고 있다.

됭케르크 철수 후에도 독일은 너 나 할 것 없이 프랑스를 상대로 한 대승의 전공 차지에 바빴기 때문에 됭케르크 철수가 갖는 의미를 파악하지 못했다. 당시 결정에 대한 후회가 나오고 히틀러에게 책임을 전가하기 시작한 것은 전세가 연합군 측에 기울고 나서부터였다. 전쟁이 끝났을 때 독일 장군들 중에는 "독일은 히틀러가 진격 중지 명령을 내린 5월 24일에 사실상 전쟁에 졌다"고 말하는 이도 있다.

하워드 플로리·언스트 체인, 페니실린 정제에 성공

효능은 기적에 가까웠다. 각종 질병에 효력이 있었고 부작용도 없었다.

알렉산더 플레밍(1881~1955)이 페니실린의 효과를 검증한 것은 1928년이었다. 그 후 플레밍은 순수한 페니실린을 얻으려고 노력했지만 결국 뜻을 이루지 못하고 1929년 5월 영국 실험병리학회지에 관련 논문만 발표한 채 연구에서 손을 뗐다. 플레밍의 연구가 결실을 본 것은 2차대전이 한창이던 1940년이었다. 호주 출신의 옥스퍼드대 병리학자 하워드 플로리(1898~1968)와 그 밑에서 연구하던 독일 태생의 유대계 생물학자 언스트 체인(1906~1979)이 그 주인공이었다.

두 사람은 플레밍이 1922년 밝혀낸 항생효소 '라이소자임', 1929년 발표한 페니실린 관련 논문을 참고해 1940년 3월 아주 불순한 극소량의 페니실린 분말을 정제하는 데 성공했다. 플로리와 체인은 1940년 5월 25일 생쥐를 대상으로 정제된 페니실린을 실험했다. 결과는 놀라웠다. 치명적인 연쇄구균을 주사한 10마리의 쥐 가운데 5마리에게 페니실린을 투약했는데, 페니실린을 주사하지 않은 5마리의 쥐는 16시간 이내에 죽은 반면 주사한 5마리의 쥐는 모두 멀쩡했던 것이다. 정제한 황색 분말을 2만 배로 희석해도 여전히 효력이 있었다. 항생 효과는 플레밍이 발견한 곰팡이 분비물보다 1,000배나 효과가 있었고 박테리아를 죽이는 능력은 1935년 등장한 설파제보다 10배나 뛰어났다.

두 사람은 가망이 없는 몇몇 환자에게 페니실린을 시험적으로 투여했다. 이 연구 결과를 1940년 8월 영국의 의학 전문지 '랜싯'에 '페니실린에 관한 추가적 관찰'이라는 제목의 짧은 논문으로 발표했다. 그러나 학계 반응은 냉담했다. 연구비를 대겠다는 제약회사도 나타나지 않았다. 2차대전으로 영국 전체가 혼란스러웠기 때문이다.

플레밍, 체인, 플로리(왼쪽부터)

두 사람은 뭔가 극적인 계기가 필요하다고 판단해 페니실린의 임상실험에 착수했다. 대상은 2개월 전 장미 가시에 찔려 포도상구균에 중독된 40대 경찰이었다. 균이 이미 전신에 번져 얼굴에는 온통 고름이 뒤덮였고 감염으로 왼쪽 눈을 제거한 상태에서 오른쪽 눈마저 들어내야 하는 상황이었다. 1941년 2월 12일 사실상 죽음을 눈앞에 둔 이 경찰에게 몇 시간 간격으로 페니실린을 주사하자 환자의 농양이 사라지고 체온도 정상으로 되돌아왔다.

문제는 환자의 건강이 갑작스럽게 악화됐을 때 다시 주사할 페니실린이 없다는 점이었다. 환자의 오줌에서 페니실린을 다시 채취해 이를 투여하는 식으로 마지막 안간힘을 썼지만 결국 페니실린 부족으로 환자는 한 달 정도가 지난 3월 15일 숨졌다. 페니실린 부족으로 환자는 결국 죽었지만 페니실린의 효과는 입증되었다. 연구팀은 수주일 후 14세 소년과 48세 노동자의 생명을 구한 후 자신감을 갖게 되었다.

관건은 충분한 양의 페니실린을 어떻게 확보하느냐였다. 페니실린을 정제하려면 오랜 시간이 걸릴 뿐만 아니라 얻을 수 있는 양도 적었다. 더구나 영국의 제약회사들은 전쟁물자를 생산하느라 페니실린의 대량생산에 관심을 보이지 않았다. 이런 상황에서 대량생산의 길을 열어준 것은 미국의 기업이었다.

"페니실린은 2차대전에서 연합국을 승리로 이끈 숨은 공로자"

연구팀은 1941년 6월 미국으로 건너가 제약회사의 지원을 받았다. 두 사람은 미국의 연구소에서 실험을 시작했다. 곧 플레밍의 최초 여과액보다 100만 배나 강력하고 설파제보다 1만 배나 효과적인 페니실린이 만들어졌다. 두 사람은 페니실린이 전 세계에서 자유롭게 쓰여야 한다는 생각으로 페니실린의 특허를 출원하지 않았다. 플레밍도 '페니실린'이라는 단어가 상표권으로 쓰이지 않도록 했다.

미국은 1941년 12월 2차대전 참전과 함께 페니실린을 전시 생산품의 중점 품목으로 지정했다. 1942년 미국 회사들이 페니실린을 대량생산하면서 2차대전 부상병 치료에 쓰이기 시작했다. 2차대전이 끝날 무렵에는 1년에 700만 명의 환자를 치료할 수 있는 충분한 양이 공급되었다. 효능은 기적에 가까웠다. 각종 질병에 효력이 있었고 부작용도 없었다. 이런 약은 유사 이래 처음이었다. 1차대전 때 18%였던 폐렴 사망률이 2차대전이 끝날 무렵 1% 이하로 떨어진 것은 전적으로 페니실린 덕분이었다.

페니실린은 사망률이 높은 성홍열, 디프테리아, 매독, 임질 등의 질병에도 놀라운 치유율을 보였다. 2차대전 후 윈스턴 처칠은 "페니실린이야말로 2차대전에서 연합국을 승리로 이끈 숨은 공로자"라며 치켜세웠다. 페니실린 이후에도 스트렙토마이신 등 여러 항생물질이 만들어졌지만 효과면에서 페니실린을 대적할 만한 것은 없었다. 플로리와 체인은 1945년 플레밍과 함께 노벨 생리의학상을 공동 수상했다.

그런데 1955년 플레밍 사후 그의 노벨상 수상을 둘러싸고 이런저런 말들이 많았다. 플레밍은 페니실린의 존재를 밝혀냈을 뿐인데 왜 노벨상을 주었느냐는 항변이었다. 또한 플레밍의 적극적인 언론 플레이가 '플레밍=페니실린'의 영웅신화를 구축하는 데 상당한 역할을 했다는 주장도 제기되었다. 이 지적이 맞긴 하지만 사실 플레밍 신화의 일등공신은 플레밍이 아니라 언론이었다.

당시 영국의 신문들이 "페니실린은 플로리팀의 개가"라는 내용을 톱기사로 실었을 때 세인트 메리병원 측이 페니실린의 실제 발견자는 플레밍이라는 내용의 사실을 기자에게 알려준 것이 신화의 시작이었다. 기자들이 오랫동안 잊혀져 있던 플레밍에게 달려가 취재 경쟁을 벌였을 때 플레밍은 기꺼이 인터뷰에 응하고 사진기자를 위해 자신의 실험실에서 포즈를 취할 정도로 언론에 개방적이었다. 반면 플로리와 체인은 기자들을 피해 뒷문으로 도망칠 정도로 언론에 생리적 거부감을 갖고 있었다.

폴란드 '카틴 숲 학살'

학살을 다시 끄집어낸 것은 1981년 레흐 바웬사가 이끄는 자유노동조합 '솔리대러티'였다.

1939년 9월 1일 나치 독일이 폴란드를 서쪽에서 전격 침공함으로써 2차대전이 발발했다. 소련은 기다렸다는 듯 '독소 불가침조약'을 근거로 9월 17일 동쪽에서 침공해 폴란드의 절반을 차지했다. 이때 최대 45만 명으로 추정되는 군인, 경찰, 의사, 지식인, 예술가, 성직자, 정치인 등 폴란드의 엘리트 계층이 소련군에 체포되었다. 이 가운데 군 장교와 경찰 등 4만여 명은 소련 땅으로 끌려가 소련 서부의 수용소에 분산 수용되었다.

1940년 3월 5일 소련의 비밀경찰 NKVD(KGB의 전신) 총수 라브렌티

베리야가 스탈린 공산당 서기장에게 편지를 보냈다. 붉은색으로 '일급비밀' 도장이 찍힌 편지에는 "이들은 소비에트 연방에 대한 적개심이 가득한 자들로, 풀려나는 즉시 우리에게 대항하려 들 것이니 총살형 처분을 내려주길 바랍니다"라고 쓰여 있었다. 스탈린은 편지 첫 장에 자신의 이름을 적어 처형을 승인했다. 뱌체슬라프 몰로토프, 클리멘트 보로실로프, 아나스타스 미코얀 등 정치국원 3명도 함께 서명했다. 폴란드의 군 간부와 인텔리의 씨를 말려 아예 폴란드 독립의 싹을 잘라놓으려 한 '카틴 숲 학살'은 이렇게 시작되었다.

학살이 자행된 것은 1940년 4월 3일부터였다. 1만 5,000여 명이 코젤스크, 스타로벨스크, 오스타시코프 수용소에서 숨지고 7,300여 명이 벨라루스와 우크라이나 서부 지역 등 소련 곳곳에 수감되어 있다가 살해되었다. 이 가운데 가장 규모가 큰 코젤스크 수용소 수감자들은 수용소에서 처형된 뒤 트럭에 실려 모스크바에서 서쪽으로 350km 떨어진 스몰렌스크 인근 카틴 숲에 암매장되거나 뒤로 손이 결박된 채 카틴 숲에서 처형되었다. 처형은 노동절인 5월 1일을 빼고 두 달간 하루도 거르지 않고 계속되었다.

소련이 끌고 간 폴란드 군인의 행방은 독일이 1941년 6월 소련을 공격할 무렵 제기되었다. 폴란드 망명정부가 나치 독일과 싸우기 위해 소련 땅에 폴란드군을 창설하기로 했을 때, 폴란드 망명정부가 군을 새로 조직하면서 소련이 끌고 간 폴란드 장교들의 소재를 물었던 것이다. 스탈린은 "폴란드인 모두를 석방하고 이들이 만주로 갔기 때문에 행방을 모른다"고 둘러댔다. 이렇게 묻혀질 뻔한 진실을 세상에 알린 것은 공교롭게도 독일군이었다. 1943년 4월 독일군이 스몰렌스크의 카틴 숲에서 결박당한 채 머리 뒤쪽에 총구가 난 시신 4,200여 구를 발견하면서 소련군의 만행 사실이 처음 모습을 드러낸 것이다.

"카틴 숲 학살은 폴란드의 머리를 자른 사건"

나치 독일의 괴벨스 선전장관은 '카틴 숲 학살'을 소련과 서유럽 국가 간의 밀착 관계를 벌려놓을 절호의 기회로 여겼다. 그는 발 빠르게 폴란드 언론인, 성직자, 중립국 의사 등이 현지를 방문하도록 조치했다. 독일은 1943년 4월 13일 라디오로 이 충격적인 소식을 전 세계에 알렸다. 독일군이 소련 땅 스몰렌스크 인근 카틴 숲에서 길이 28m, 폭 16m의 구덩이를 발견했는데 그곳에 4,000여 명의 시신이 12겹으로 쌓여 있다고 방송한 것이다.

1943년 9월에는 80여 장의 사진이 포함된 275쪽의 보고서를 미국·영국 등의 정부 대표 및 주요 신문사에 발송했다. 학살은 여러 곳에서 자행되었지만 나치 독일이 카틴 숲의 학살을 집중적으로 부각했기 때문에 이후 '카틴 숲의 학살'로 불렸다. 독일의 선전 공세에, 소련은 폴란드 포로들이 나치에게 붙잡혀 살해당한 것이라고 반박했다. 미국과 영국은 연합국 내의 내분을 꺼려 냉담한 태도를 취했다. 처칠 영국 총리는 영국에 있는 폴란드 망명정권의 시코르스키 장군에게 행방불명자에 대한 더 이상의 개입을 중단하라고 권고했다. 루스벨트 미국 대통령은 "독일의 음모다. 소련이 그런 일을 저지르지 않았다고 확신한다"라며 소련을 비호했다.

2차대전 후에도 '카틴 숲 학살'은 공개적으로 거론되지 못했다. 피해 당사자인 폴란드가 종전 후 소련의 지배를 받게 되고 이 때문에 자신의 비극에 침묵할 수밖에 없었던 것이 가장 큰 이유였다. 이 문제를 다시 끄집어낸 것은 사건 발생 후 40년이 지난 1981년 레흐 바웬사가 이끄는 자유노동조합 '솔리대러티'였다. 그들은 '카틴 1940년' 이라고 적은 간단한 기념물을 세워 '카틴 숲 학살' 사건을 환기시켰다. 그러나 소련의 입김이 여전한 때라 더 이상 공론화되지는 못했다. 레흐 바웬사가 '카틴 숲 학살'이 소련에 의해 저질러진 것임을 공개적으로 꺼낸 것은 1989년 정권 교체에 성공한 뒤였다.

미하일 고르바초프 소련 대통령은 구소련 정권이 붕괴된 후인 1989년 10월 수백 명의 폴란드인이 학살 현장을 방문하도록 허용하는 한편 1990년 4월 암매장지 발견 47주기를 맞아 “카틴 사건은 소련 비밀경찰의 소행”이라며 잘못을 시인했다. 1년 뒤에는 옐친 러시아 대통령이 학살을 인정하는 공식 문건을 공개함으로써 학살의 정확한 진상이 세상에 알려졌다. 공개 문서에는 소련이 카틴 숲 근처 수용소에서 살해한 폴란드인 2만 1,768명의 명단이 포함되어 있었다. 군인, 대학교수, 외교관, 공무원, 과학자, 작가, 정치인 등 폴란드의 모든 엘리트들이 망라된 명단이었다.

카틴 숲 이외의 지역 발굴은 1991년 7월 본격적으로 시작되었고 발굴 모습은 2개의 기록영화 ‘카틴의 드라마’, ‘죽음의 물결’에 자세하게 담겼다. 훗날 레흐 바웬사는 “카틴 숲의 학살은 폴란드의 머리를 자른 사건”이었다고 규정했다.

레온 트로츠키 피살

스탈린의 사냥 리스트 제1호는 당연히 트로츠키였다.

레온 트로츠키(1879~1940)는 우크라이나의 부유한 유대인 집안에서 태어나 오데사대 재학 중 마르크스주의 운동에 뛰어들었다. 그는 글솜씨와 말솜씨가 발군이었다. 통상적으로 딱딱하게 글을 쓰는 다른 사회주의 이론가들과 달리 그의 글에는 문학성이 풍부했다. 말을 할 때도 사람들을 흥분시키는 호소력이 있었다.

1898년 체포되어 이듬해 시베리아로 유배되었으나 1902년 탈출에 성공, 영국 런던으로 망명했다. 그곳에서 레닌(1870~1924)을 처음 만나 한

동안은 '레닌의 곤봉' 소리를 들어가며 레닌의 사람으로 분류되었으나 곧 볼셰비키의 레닌과 결별하고 1903년 멘셰비키에 가담했다.

1905년 1월 러시아에서 '피의 일요일' 사건이 일어나자 러시아로 돌아가 페트로그라드(상트페테르부르크) 소비에트 의장으로 활동하며 무장봉기를 일으켰다가 1906년 차르 정부에 체포되어 또다시 시베리아로 유배되었다. 유배지에서 그는 영구혁명론을 정리한 '결과와 전망'을 집필했다.

영구혁명론은 "러시아와 같은 후진국에서는 부르주아 혁명을 거치지 않고 바로 프롤레타리아 독재로 나아가야 혁명이 가능한데 유럽 프롤레타리아의 정치적 원조가 없다면 러시아 노동자 계급만으로 권력을 보전·유지하는 게 어렵고 일시적 패권을 영속적인 사회주의적 독재로 전환할 수 없다"고 보는 혁명론이다. 영구혁명론은 나중에 스탈린(1879~1953)이 주장한 "러시아만으로도 사회주의 건설이 가능하다"는 '일국 사회주의론'과 대립했다.

트로츠키는 1907년 다시 탈출에 성공한 후 멘셰비키와 볼셰비키의 통일을 도모하다가 실패하자 1914년 미국으로 망명했다. 1917년 '2월 혁명' 소식을 듣고 그해 5월 러시아로 돌아가 반전과 임시정부 타도를 외치다가 또다시 투옥되었다. 트로츠키는 감옥에서 볼셰비키에 입당, 레닌과의 관계를 새롭게 정립했다.

트로츠키는 뛰어난 지성의 소유자였지만 따르는 사람 없어

출옥 후에는 상트페테르부르크 소비에트 군사혁명위 의장으로 무장봉기를 주도해 케렌스키 임시정부를 타도하고 1917년 10월 러시아혁명을 성공시키는 데 결정적 공훈을 세웠다. 혁명 후에는 적군을 창건해 2년만에 500만 명으로 증원하고 백군과의 내전을 승리로 이끌었다. 트로츠키의 인생에서 가장 영광스러운 시기였다.

레온 트로츠키(1879~1940)

1922년 5월 레닌이 뇌졸중으로 쓰러지기 전까지 트로츠키가 레닌을 승계하는 것은 공산당 내에서 당연한 것으로 받아들여졌다. 레닌과 나란히 초상화가 걸릴 정도로 스탈린을 포함해 누구보다도 절대적 우위에 있었다. 경력과 카리스마 면에서도 동갑내기 스탈린을 압도했다. 레닌도 죽기 전 작성한 유언장에 "트로츠키는 가장 유능한 사람"이라고 적어 놓을 정도로 트로츠키를 신뢰했다. 반면 스탈린에 대해서는 유언장에 "서기장 직에서 축출"이라고 써놓아 불신감을 드러냈다.

스탈린은 불리한 상황을 뒤집기 위해 레닌이 병으로 오락가락하는 틈을 이용했다. 스탈린이 지노비예프, 카메네프와 '3두 마차'를 결성해 트로츠키를 비난하고 트로츠키가 이들 3두 마차에 맞서면서 모스크바 하늘에는 전운이 감돌았다. 트로츠키는 뛰어난 지성의 소유자였지만 오만한 데다 자신보다 열등한 사람은 경멸하기까지 해 따르는 사람이 많지 않았다. 더구나 그는 유대인이었다. 반면 지적인 능력은 떨어지지만 '강철 사나이'라는 이름이 말해주듯 스탈린은 강한 의지의 냉혈한이었으며 "회유와 공포가 사람을 끌어당기는 진정한 힘"이라는 사실을 누구보다 잘 알고 있는 무자비한 음모꾼이었다.

1924년 1월 21일 레닌이 눈을 감자 본격적으로 정적 제거에 나선 스탈린의 사냥 리스트 제1호는 당연히 트로츠키였다. 스탈린은 자신을 레닌의 충실한 추종자로 부각하는 한편 트로츠키는 과거 레닌과 대립하고 최근까지도 영구혁명론 등을 내세워 레닌의 노선을 부정했다고 공격했다.

결국 트로츠키는 1927년 11월 공산당에서 축출되고 1928년 1월 소비에트 연방에 속한 알마아타(지금의 알마티)로 강제 추방되었다. 1929년 1월에는 소비에트 연방에서도 쫓겨났다. 훗날 스탈린은 트로츠키를 자신의 영향권 밖으로 추방한 것에 대해 "최대 실수였다"고 후회했다. 트로츠키가 추방된 뒤 소련에서 트로츠키의 저작들은 사라지고 각종 사진, 그림, 영화 등에서도 얼굴이 삭제되었다.

트로츠키는 조국을 떠나 터키, 프랑스, 노르웨이를 전전하면서도 펜으로 스탈린의 심기를 건드렸다. 1935년 트로츠키가 노르웨이에서 최후의 저서 '배반당한 혁명'을 탈고하자 스탈린은 트로츠키를 제거하기로 마음먹었다. 스탈린은 먼저 트로츠키의 가족과 지노비예프, 카메네프를 차례로 처형하고 수천 명의 트로츠키주의자들도 집단 처형했다. 마지막으로 궐석재판을 열어 해외를 유랑하고 있는 트로츠키에게 사형을 언도했다.

스탈린은 강한 의지의 냉혈한이자 무자비한 음모꾼

트로츠키가 1936년 멕시코로 망명했을 때는 그를 제거하기 위해 비밀 암살 부대를 조직하고 라몬 메르카데르를 암살범으로 기용했다. 메르카데르는 멕시코에서 방탕한 생활을 하는 젊은 사업가로 행동하며 트로츠키 조직의 신임을 얻었다. 그는 자신과 연인 관계인 트로츠키의 미국인 비서 실비아를 이용해 트로츠키 주변 인물들과 안면을 트고 암살 부대가 트로츠키의 빌라를 급습하도록 했다.

1940년 5월 23일 새벽 4시 암살 부대 20여 명이 기관총을 난사하며 멕시코시티 교외 코요아칸의 빌라를 습격했다. 침실 벽에 수십 발의 총알이 박혔는데도 트로츠키는 침대 밑에 숨어 있다가 구사일생으로 살아났다. 메르카데르가 배후라는 사실을 트로츠키가 눈치채지 못한 덕에 메르카데르는 암살 실패 후에도 트로츠키의 집을 드나들며 다시 기회를 노렸다.

1940년 8월 20일 오후 5시 메르카데르는 레인코트 속에 등산용 피켈을 숨기고 트로츠키의 서재로 들어가 자신이 쓴 트로츠키주의를 수호하는 내용의 논문을 검토해 달라고 부탁했다. 그리고 잠시 후 빌라에 단말마의 비명 소리가 울려 퍼졌다. 트로츠키가 논문을 읽는 사이 메르카데르가 피켈로 트로츠키의 머리를 사정없이 내리찍은 것이다. 메르카데르는 트로츠키의 비명을 듣고 달려온 부인과 경호원들에게 붙잡혔다. 트로츠키는 이튿날 병원에서 숨졌다.

체포된 메르카데르는 경찰 조사에서 자신의 정체를 숨겼다. 경찰도 메르카데르가 트로츠키 추종자들의 자금 유용 때문에 범행을 저지른 것으로 파악했다. 그러나 메르카데르의 어머니가 소련에서 먼 친척에게 트로츠키 살해범은 소련의 공작원인 자신의 아들이라고 말하고 그의 친척이 서방으로 망명해 이 사실을 알리면서 메르카데르의 정체가 드러났다. 메르카데르는 20년간 복역하다 1960년 석방되어 모스크바로 이주했다. 영웅 메달을 받고 육군 장성급에 해당하는 연금을 받는 등 최고 대우를 받다가 1970년대 중반 쿠바로 이주해 그곳에서 죽었다.

발터 벤야민 망명 실패 후 자살

자신의 뜻을 제대로 꽃피우지 못했다는 점에서 지독히도 운이 없는 사내였다

발터 벤야민(1892~1940)의 생애 모토는 "항상 철저할 것. 하지만 매우 중요한 일들에서는 결코 수미일관한 태도를 취하지 말 것"이다. 그래서였을까 그는 문학·철학·정치학·미학·신학·영화·사진 등을 넘나들며 기록하고 메모한 저작물을 번역·논문·에세이·연설문·일기·보고문·단평·잠언·주석 등 형식과 장르에 상관없이 불쑥불쑥 세상에 내놓았다. 이처럼 분과 학문의 경계를 넘어 통합적으로 사유하는 스타일 때문에 그의 글 역시 난해하고 일관성과 연속성이 없었다.

무엇보다 자신의 뜻을 제대로 꽃피우지 못했다는 점에서 그는 지독히 운이 없는 사내였다. 경제적으로 늘 불안정하고 일정한 직업도 없었으며 일련의 프로젝트들은 좌절되기 일쑤였다. 사랑이나 연애마저도 그의 뜻대로 되지 않았다. 결국 살아 있는 동안 제대로 인정도 받지 못한 채 48살의 나이에 스스로 목숨을 끊는 것으로 삶을 마감했다.

벤야민은 독일 베를린의 부유한 유대인 집안에서 태어났다. 루트비히대, 베를린대, 막시밀리안대 등에서 대학 생활을 하고 독일 낭만주의의 예술비평 개념에 대한 연구로 1919년 6월 스위스 베른대에서 박사학위를 취득했다. 1925년에는 9년 동안 매달린 '독일 비극의 기원'을 완성해 프랑크푸르트크대 철학과 교수 자격 취득 논문 심사용으로 제출했으나 "단 한 줄도 이해할 수 없다"는 심사위원들의 혹평으로 교수 자격을 얻는 데 실패했다.

결국 학자의 길을 포기하고 유목민적 지식인으로 소속도 없이 떠돌아다니는 자유문필가의 길을 선택해야 했고 사상적 편력은 더욱 복잡해졌다. 1928년에는 '독일 비극의 기원'과 '일방통행로'를 출간했다. '일방통행로' 역시 프랑스에서 막 태동하던 초현실주의 운동의 영향을 받아 장르가 모호했다. 하지만 번뜩이는 사유와 상식을 뒤엎는 몽타주적 글쓰기로 유명해졌다.

벤야민은 1933년 1월 히틀러가 집권하자 유대인 박해를 피해 그해 3월 파리로 망명했다. 파리 생활은 출판의 길이 막히고 생계와 지적 활동에서 갖은 제한을 받아 고단과 궁핍의 연속이었다. 1936년에는 사회조사연구소(프랑크푸르트학파)의 '사회조사'지에 저술을 발표해 받은 고료와 지원금으로 근근이 생활했다. 당시 그가 쓴 글 중 대표작은 1936년 '사회조사'지 1권에 실린 프랑스어 에세이 '기술복제시대의 예술작품'이다. 에세이는 예술작품에서 흉내낼 수 없는 고고한 분위기를 뜻하는 '아우라'의 개념을 한층 더 발전시킨 것으로도 진가를 인정받았다.

파사주는 상품의 대량생산이 본격화하던 자본주의 초기를 상징

벤야민이 망명지 프랑스에서 가장 몰두한 것은 '파사겐 베르크(Passagen Werk)'였다. 독일어 '파사겐'은 프랑스어로는 '파사주', 영어로는 '아케이드'이고 '베르크'는 작업 또는 저작이라는 뜻이다. 벤야민이 죽고 43년이 지난 1983년 독일어로 처음 출간될 때의 서명은 '파사겐 베르크'였으나 1999년 '아케이드 프로젝트'로 영역되고 우리나라에서도 2005~2006년 '아케이드 프로젝트'란 제목으로 번역 출간되어 '아케이드 프로젝트'로 더 많이 알려져 있다. 벤야민 자신은 이 연구작업을 '파사주 프로젝트'로 명명했다.

'파사주'는 19세기 유럽의 문화 중심지이던 파리에서 18세기 후반 처음 생겨나 19세기 초·중반경에 건설 붐이 일기 시작하면서 도시 전역으로 확산된 대도시의 상점가(아케이드)를 가리킨다. 전 세계의 온갖 진기한 사치품을 진열하고 최상의 유흥거리를 제공하며 고객을 유혹한 일상공간으로, 상품의 대량생산이 본격화하던 19세기 중엽의 자본주의를 상징했다. 벤야민은 파사주를 '자본주의적 소비의 원풍경'이라고 표현했다.

일부 바닥을 대리석으로 깔고 천장의 유리를 날개 모양의 철로 지탱했으며 실내를 가스등과 석유램프로 비추고 있어 마치 요정의 궁전과도 같은 환상적인 모습을 띠었다. 시민들은 유리 천장 아래 복도를 거닐며 양 옆에 늘어선 가게들에 진열된 상품을 쇼윈도를 통해 두루두루 둘러보며 초기 자본주의의 각종 상품을 만끽했다. 벤야민은 대형 백화점들에 밀려나 20세기 초부터 한물간 곳 취급을 받다가 1930년대에 거의 자취를 감춘 이 파사주들의 흔적을 파리에서 더듬어 19세기의 풍경, 자본과 문화, 정치사회적 풍속을 보여주면서 19세기 역사를 재구성했다.

파사겐 베르크가 처음 기획된 것은 벤야민이 베를린에서 활동하던 1920년대 후반이었다. 벤야민은 프랑스 작가 루이 아라공이 쓴 '파리의 농부'에서 모티브를 얻어 대도시 파리를 유물론적으로 서술할 '파리의 파사주'를 구상했다. 파리의 거리, 상품, 패션, 유행, 건축, 테크놀로지 등에 마음을 빼앗긴 벤야민이 파리에서 읽은 것은 현대성의 감각이었다. 파리는 갖가지 유행, 소비주의와 소유에 대한 갈망 등이 한꺼번에 버무려진 공존의 장소였기 때문에 현대성의 사유를 펼쳐나가는 데 더없이 좋은 도시였다.

발터 벤야민(1892~1940)

벤야민은 자신의 기획안이 망명이라는 비정상적 삶과 작업 조건을 고려하지 않은 너무 방대한 작업이라는 사실을 머지않아 깨닫긴 했으나 그래도 상품, 유흥, 요리, 매춘부 등이 넘쳐나는 파사주의 전성기, 19세기 중엽의 파사주가 남긴 기억의 편린들을 집요하게 모았다. 파리 국립도서관에도 거의 매일 틀어박혀 온갖 서적을 뒤적이며 엄청난 분량을 메모로 기록했다. 메모장은 수많은 인용문과 그에 대한 자신의 논평과 촌철살인의 단상들로 채워졌다. 패션·권태·박람회·광고·매춘·도박·거울·철도·사진·증권 등의 키워드로도 자본주의적 근대의 탄생 지점을 들춰냈다.

후대 문화연구가들에게는 닳지 않는 사색의 원천

그러던 중 1940년 5월 독일 군대가 프랑스로 쳐들어왔다. 불안해진 벤야민은 원고 뭉치로 가득 찬 트렁크를 들고 미국행 여객선을 탈 수 있는 프랑스의 마르세유항으로 피신했다. 그러나 출국 비자를 내줄 수 없다는 말을 듣고 스페인을 향해 힘들게 피레네 산맥을 넘어갔다. 8월 26일 저녁, 국경을 지키고 있는 스페인 세관 역시 프랑스 정부가 발급한 신분증이 없다며 입국을 거절했다. 벤야민은 결국 8월 26일에서 27일로 넘어가는 늦은 밤에 피레네 산맥의 한 곳에서 다량의 모르핀을 삼키고 자살했다. 이로써 벤야민 필생의 역작 '파사겐 베르크'도 중단되었다.

벤야민이 남긴 것은 프로젝트의 완성을 꿈꾸며 남긴 메모 뭉치뿐이었다. 완성된 원고가 아니라 메모들의 모음이다 보니 내용이 매우 파편적이었다. 이런저런 이야기가 단락별로 불쑥불쑥 튀어나오는가 하면 상관이 있는지 없는지 모를 이야기들과 인용문이 줄줄이 나열되어 있다.

벤야민이 뒤늦게 주목을 받은 것은 1960년대 들어서였다. 68학생운동으로 프랑크푸르트학파, 신좌파 등이 부상하면서 그의 글들이 다시 발굴되어 주목을 받기 시작한 것이다. 1972년부터는 독일의 주어캄프 출판사에서 벤야민의 전집을 출간해 이른바 '벤야민 르네상스'가 서구 지식인 사회에서 붐을 이루는 데 큰 역할을 했다.

벤야민이 '파사겐 베르크' 작업을 하면서 작성한 메모와 인용문을 백과사전식으로 분류한 방대한 메모들은 1983년 주어캄프 출판사에서 '파사겐 베르크'(전5권)라는 서명으로 출판되었다. 하지만 독자들은 당황했다. 완결된 책이라기보다 메모·단상의 형태로 남겨진 메모 모음집 혹은 사유 덩어리에 불과했기 때문이다. 그러다 보니 벤야민이 성취하려 했던 것이 무엇인지에 대해서 의견이 분분했다. 자본주의 도시공간의 해부학이라는 견해, 현대성의 자기파괴적 속성에 대한 비판, 탈자본주의적 출구를 탐색하는 혁명의 문화정치학 등 해석이 구구했다. 그럼에도 불구하고 벤야민은 지금까지도 각광을 받고 있으며 문화연구가들에게는 닳지 않는 사색의 원천이 되고 있다.

1941년

일본의 진주만 기습과 태평양전쟁 발발
_ *윌리엄 프리드먼과 미·일 암호 전쟁*
미국의 2차대전 참전과 경제 회생
맨해튼 프로젝트
_ *로버트 오펜하이머*
영화 '시민 케인' 개봉과 오슨 웰스
조 디마지오 56경기 연속 안타
소련 스파이 리하르트 조르게 체포
서정주 첫 시집 '화사집' 발간

일본의 진주만 기습과 태평양전쟁 발발

미 태평양함대의 모항이던 진주만은 2시간 만에 초토화되었다.

1940년 7월에 출범한 제2차 고노에 후미마로 내각이 겨냥한 곳은 동남아였다. 일본은 먼저 독일의 괴뢰 정부인 프랑스의 '비시 정부'를 압박해 프랑스의 식민지인 북부 인도차이나에 비행 기지를 건설했다. 중일전쟁의 상대국인 중국이 외부 세계로 통하는 '버마 로드'를 폭격하기 위해서였다. 버마 로드를 통해 중국의 장개석 정부에 무기와 물자를 공급하던 미국은 그해 9월 26일 일본에 비행기 원료, 고철, 강철 판매를 전면 금지하는 것으로 응수했다.

일본은 이에 맞서 9월 27일 독일·이탈리아와 3국 동맹을 체결해 추축국의 일원이 되고 1941년 4월에는 소련과 불가침조약을 체결했다. 7월부터는 프랑스 '비시 정부'의 식민지인 남부 인도차이나를 공략했다. 비시 정부의 프랑스군은 제대로 저항 한 번 못하고 일본에 인도차이나 식민지를 빼앗겼다. 당시 일본의 계획은 동남아시아를 먼저 점령한 후 그 지역을 굳게 방어하면서 자원을 확보하고 독일의 승리를 기다리는 것이었다. 독일·이탈리아가 영국을 굴복시킨다면 일본은 장개석의 국민당 정부를 무너뜨리고 동아시아에 확보한 자국의 세력권을 미국으로부터 인정받을 심산이었다.

미국은 이런 일본에 대해 1941년 7월 25일 미국 내 일본인의 자산을 동결하고 8월 2일 대일 석유 금수조치를 취하는 등 강경책을 구사했다. 당시 일본의 석유 비축량은 2년치도 안 되었기 때문에 일본으로서는 아주 심각한 상황이었다. 미국과 전쟁을 벌여 승리하거나 아니면 타협해야 했

일본의 기습 공격에 침몰하고 있는 전함 애리조나호(1941.12.7)

다. 이도저도 아니면 2년 이내에 저절로 굴복할 수밖에 없었다.

1941년 미일 양국의 국력을 비교하면 일본의 국민총생산이 대략 90억 달러인데 비해 미국의 국민총생산은 일본의 12배인 1,100억 달러나 되었다. 철강은 20배, 석탄은 10배, 전력은 6배의 격차를 보였다. 특히 전쟁의 필수품인 석유 부문에서 미국의 비축량 14억 배럴은 일본의 700배에 달했다. 이 때문에 개전 시 미국과 직접 부딪쳐 싸워야 하는 해군으로서는 가급적 전쟁을 피하려고 했다. 반면 중국에서의 승리에 기고만장한 육군은 전쟁 불사를 각오했다.

고노에 총리는 1941년 7월 제3차 고노에 내각을 구성한 뒤, 양국 간 정상회담을 타진했으나 미국은 일본의 제안을 거부했다. 결국 10월 17일 고노에 내각이 사퇴하고 군인 출신의 도조 히데키 내각이 출범함으로써 일본은 군부 파시즘 체제로 전환했다. 도조 내각은 1941년 11월 5일 어전회의에서 외교 교섭과 전쟁 준비를 동시에 진행하되 11월 말을 미국과의 외교 교섭 시한으로 정했다.

일본, 미국과 전쟁 벌여야 하는 상황으로 내몰려

양국 간 몇 차례의 교섭이 진행되고 있던 11월 26일 미국의 코델 헐 국무장관이 일본에 대일각서를 전달했다. 이른바 '헐 노트'로 불린 각서는 중국과 인도차이나에서 무조건 철수, 3국 동맹 파기 등 일본으로서는 도저히 받아들일 수 없는 내용을 담고 있었다. '헐 노트'를 미국의 최후 통첩으로 판단한 일본은 1941년 12월 1일 어전회의에서 마침내 개전을 결정함으로써 돌이킬 수 없는 파국의 길을 선택했다.

태평양전쟁은 하와이 시간으로 1941년 12월 7일 오전 7시 49분(워싱턴 시간은 오후 1시 19분, 일본 시간은 8일 오전 3시 49분), 180여 기의 일본 항공기가 하와이제도 오아후 섬에 대규모 폭격을 감행하면서 시작되었다. 폭격에 가담한 후치다 마쓰오 중령은 오아후 섬 북쪽 320km 지점의 항공모함 아카기호에서 초조하게 결과를 기다리고 있는 일본 특별기동함대 사령관 나구모 주이치 중장에게 폭격 개시 4분 후 작전 성공을 알리는 암호 "도라! 도라! 도라!"를 타전했다. 오전 8시 54분 시작된 일본군의 2차 폭격으로 미 태평양함대의 모항이던 진주만은 2시간 만에 초토화되었다.

진주만을 기습하기 위한 일본의 기동함대는 410여 기의 항공기를 탑재한 항공모함(6척), 전함(2척), 중순양함(2척), 구축함(9척), 잠수함(3척) 등으로 편성되었다. 이 기동함대가 쿠릴열도 에토로후 섬을 출발해 하와이로 향한 것은 1941년 11월 26일이었다. 기동함대가 조용히 북태평양 항로를 통과해 12월 7일 오전 하와이 근해에 닻을 내리고 있을 때 일본 연합함대 총사령관 야마모토 이소로쿠는 미군의 시선을 따돌리기 위해 인도차이나 해역에서 태연히 기동훈련을 펼쳤다.

미국은 이미 일본군의 암호를 해독해 공격 징후는 알고 있었으나 공격 지점까지는 정확히 파악하지 못해 진주만, 파나마, 샌프란시스코, 필리핀 등에 "일본의 중대 조치가 있으니 경계 태세를 강화하라"고 타전해놓은 상태였다. 그런데도 철저히 대비하지 않아 결과적으로 기습을 막지 못했다. 당시 하와이에는 5만 9,000명의 미 지상군이 주둔하고 있었고 전함 8척, 구축함 54척, 잠수함 22척 등 수십 척의 해군 선박이 기항하고 있었다.

오전 9시 45분까지 계속된 일본군의 폭격으로 전함 애리조나호, 캘리포니아호 등 4척, 중순양함 1척, 유조선 2척 등이 침몰했으며 메릴랜드호, 테네시호 등 전함 4척과 중순양함 1척, 경순양함 6척, 구축함 3척, 유조선 3척 등은 대파되었다. 300~400기의 비행기가 파괴되고 모두 2,388명이 전사했다. 반면 일본은 29기가 귀환하지 못하고 64명의 전사자만 냈을 뿐 피해가 미미했다.

"진주만을 기억하라!" 캐치프레이즈로 미국인 단결

일본은 미 태평양함대의 주력함 대부분을 격침시키거나 전투 불능 상태로 만들었다고 판단했다. 그러나 미군이 입은 피해는 일본의 생각처럼 결정적이지는 않았다. 우선 항공모함이 진주만에 1척도 없었고, 또 대파된 군함도 일부를 제외하곤 다시 수리되어 나중에 사이판, 이오지마, 오키나와 등 해전에서 훌륭하게 전투를 수행했다. 특히 일본의 2년치 보유량에 해당하는 450만 배럴의 석유가 비축되어 있는 중유 저장탱크, 선박 수리시설, 잠수함 기지 등을 거의 파괴하지 못한 것은 일본군의 치명적인 실수였다. 미 해군이 비교적 신속하게 전열을 재정비할 수 있었던 것도 이 연료탱크나 선박 수리시설 등이 온전했기 때문이다.

미국은 일본이 선전포고도 없이 기습적으로 공격하고 1시간이 지나서야 노무라 기치사부로 주미 대사를 통해 미 국무성에 대미각서를 제출한 것에 특히 분노했다. 애초에 일본은 선전포고용의 대미각서를 진주만 기습 예정 시간 20분 전인 12월 7일 오후 1시경(워싱턴 시간)에 전달할 예정이었다. 그러나 일본에서 암호문으로 전송한 각서를 일본 대사관 직원이 늦게 정식 문서로 만드는 바람에 실제 공격이 개시된 후 1시간가량이 지난 오후 2시 20분경에야 미국에 전달했다. 그때 하와이 시간은 오전 8시 50분으로 진주만은 이미 불바다를 이루고 있었다. 더구나 대미각서는 전쟁에 대한 의사 표시가 없어 선전포고라고 보기도 힘들었다.

개전 후 미국인들은 "진주만을 기억하라!"는 캐치프레이즈와 함께 하나가 되었다. "기억하라!" 캐치프레이즈는 1836년 멕시코와의 전쟁 때 "알라모를 기억하라!", 1898년 스페인과의 전쟁 때 "메인호를 기억하라!"에서 보듯 이미 미국인을 하나로 단결시킨 전례가 있었다. 12월 8일 미국이 저넷 랭킨 의원 단 한 명을 빼고 의원 전원의 찬성으로 선전포고를 가결함으로써 바야흐로 태평양전쟁의 막이 올랐다.

윌리엄 프리드먼과 미·일 암호 전쟁

미국은 태평양전쟁 발발 전에 이미 일본군의 암호를 상당 수준 해독하고 있었다. 일본이 자랑하는 '퍼플 암호기'를 해독하는 데는 천재 암호해독가 윌리엄 프리드먼(1891~1969)의 활약이 컸다. 그는 구소련 몰도바공화국에서 태어나 갓난아기 때 가족을 따라 미국으로 이주했다. 코넬대에서 유전학을 전공하고 한 백만장자와 함께 식물 유전자를 연구했다. 당시 백만장자는 셰익스피어 희곡 가운데 상당수는 실제 저자가 프랜시스 베이컨이라며 베이컨의 글에 나타나는 일련의 암호도 연구하고 있었다. 옆에서 지켜보던 프리드먼 역시 베이컨의 암호에 빠져들었다.

그 후 프리드먼은 미 통신정보기관의 한 책임자와 연결이 되어 집중적으로 암호해독 훈련을 받았다. 1차대전 때는 독일군의 암호 코드를 해독하면서 전문 암호 세계를 경험했다. 종전 후에는 본래 전공인 유전학을 다시 연구하려 했으나 암호의 유혹을 떨치지 못했다. 그러던 어느 날 최첨단 암호작성기를 개발한 미국의 AT&T사가 자사의 암호작성기를 해

퍼플 암호기

독해보겠느냐고 제안을 해왔다. 프리드먼은 수개월 동안 매달린 끝에 암호작성기가 생성하는 메시지를 모두 풀어냈다.

이 소식을 알게 된 미 육군이 프리드먼에게 접근했고, 프리드먼은 1929년 미 육군 산하 조직인 SIS(통신정보국)의 암호 분석 책임자가 되었다. 당시 미국에는 통신 정보를 다루는 기관으로 미 육군 소속의 SIS, 미 해군 소속의 'OP-20-G', 국무부 산하의 속칭 '블랙 체임버' 등이 있었다. '블랙 체임버'는 곧 해체되어 SIS로 흡수되었다.

프리드먼은 우수한 수학자들을 영입해 암호 기술을 가르치는 한편 자신의 수제자 프랭크 로렛(1908~1998)과 함께 가장 난해하다는 일본의 암호작성기를 집중 공략했다. 프리드먼이 암호 작성기와 씨름하고 있을 때 생각지도 않은 일이 터져 프리드먼을 당혹스럽게 했다. 미국 암호 분야의 개척자로 1912년부터 '블랙 체임버' 조직을 이끌던 허버트 야들리가 해직 후 빈털터리가 되자 '블랙 체임버'에서의 경험을 살려 1931년 '미국의 블랙 체임버'라는 제목의 책을 펴낸 것이다.

암호 해독으로 공격은 예상했지만 공격 지점은 몰라

일본의 암호 전문가들은 책을 보고 경악했다. '블랙 체임버'가 1921년 워싱턴 군축회담 당시 일본의 외교 훈령을 해독해 미국의 대일 교섭을 유리하게 이끌었다는 내용 등이 수록되었기 때문이다. 일본은 같은 실수를 반복하지 않겠다며 수학적으로 풀기 어려운 새로운 암호작성기 개발에 나서 마침내 세계 최대 규모의 암호작성기를 개발하는 데 성공했다.

미국은 일본의 새로운 암호기를 '퍼플'이라고 불렀다. 일본은 퍼플 암호기의 2중 암호 체계, 불규칙한 참조표, 일본어의 난해함 때문에 미군이 암호를 해독하지 못할 것이라고 확신했다. SIS와 프리드먼은 일본의 예상대로 한동안 퍼플을 풀지 못하다가 1940년 8월에야 암호해독기를 완성했다. 암호해독기는 퍼플기에서 도청한 메시지의 90% 이상을 그 자리에서 해독했다. 미군은 퍼플 해독을 '매직 작전'으로 명명했다.

매직팀은 1941년 초 대단한 수확을 올렸다. 히틀러의 소련 침공 계획에 관한 베를린 주재 일본 무관의 보고서를 입수한 것이다. 1941년 12월 5일에는 진주만의 미국 선박 배치 상황을 상세히 보고하라는 도쿄의 긴급 전문도 포착했다. 하와이 주재 일본영사관 직원이 본국으로 진주만의 상황을 속속 전송하는 것도 암호해독기를 통해 파악했다. 또한 워싱턴을 비롯해 미국 내 일본 외교관들이 보관하고 있는 코드를 모두 태워버리라는 전문도 포착했다. 이는 일본의 침략이 임박했음을 알리는 분명한 증거였다. 그런데도 미국은 진주만이 공격 지점인 것을 확신하지 못해 기습을 당해야 했다.

2차 세계대전이 끝날 무렵 SIS 요원은 9,000여 명으로 늘어났다. 미국은 이를 토대로 1952년 대규모 통신정보조직인 국가안보국(NSA)을 설립했다. 프리드먼은 NSA의 특별고문이 되었으나 NSA가 전 세계의 모든 통신을 도·감청하자 "내가 어쩌다 이런 일에 뛰어들었을까?"라며 후회하고 NSA와 갈라섰다.

미국의 2차대전 참전과 경제 회생

전쟁은 대공황의 그늘에서 완전히 벗어나지 못하고 있는 미국에 경제 호황을 안겨 주었다.

전통적으로 고립주의를 추구해온 미국이 1차대전에 참전하면서 내건 기치는 세계평화였다. 하지만 종전 후에 체결된 '베르사유 조약'(1919.6) 내용에 세계평화 대신 유럽 각국의 복수심과 이기심이 채워지자 다시 고립주의 외교 노선으로 선회했다. 고립주의는 1929년의 대공황을 겪으면서 더욱 강화되었다. 파시스트 정권의 등장으로 유럽의 정세가 심상치 않게 돌아간 1935년에는 아예 '중립법'을 제정해 교전국에 대한 무기 판매를 금지했다.

이탈리아가 에티오피아를 침공하고 스페인에 내란이 일어나는 등 유럽에 일촉즉발의 위기가 감지된 1936년에는 무기는 물론 교전국에 어떠한 차관 제공도 금지하도록 하는 조항을 추가해 '중립법'을 더욱 강화했다. 1937년에는 중립법을 국가 간의 전쟁뿐 아니라 특정 국가의 내전에도 확대 적용했다.

미 의회는 중립법을 강화함으로써 미국의 '항구적 중립'이 달성될 수 있다고 믿었으나 프랭클린 루스벨트 대통령은 국제분쟁을 피하기 위해 미국이 강력한 행동을 취해야 한다고 생각했다. 하지만 그의 의지는 고립주의 의원들에 의해 번번이 저지당했다. 1939년 초 히틀러가 체코슬로바키아를 침공했을 때도 의회에 중립법 폐지를 요청했으나 거절당했다.

그러나 1939년 9월 2차대전이 발발하면서 미국의 고립주의에도 근본적인 변화가 불가피했다. 미국은 1939년 11월 현금과 수송선이 있으면 프랑스와 영국에 무기를 판매할 수 있도록 중립법을 개정함으로써 간접적으로나마 전쟁에 발을 들여놓았다. 그래도 고립주의자들은 여전히 강력한 세를 형성하고 있었고 그들은 영국을 지원하면 결국 전쟁에 휩쓸리게 된다고 주장했다.

1940년 6월 독일이 프랑스를 점령하고 영국을 공격하기 시작하자 미국의 여론은 참전 지지와 반대로 갈려 연일 격렬한 논쟁이 벌어졌다. 역사학자 아서 슐레진저는 훗날 "1940~1941년 극심한 논쟁 때만큼 가족과 친구 관계가 분열된 적은 없었다"고 말했다. 미국인들이 논쟁에 빠져 있는 동안 유럽의 위기 상황은 최악으로 치달았다. 루스벨트는 어떻게든 영국을 지원하고 싶었으나 문제는 1940년이 대통령 선거가 있는 해라는 점이었다.

루스벨트는 자신이 참전할 기미를 조금이라도 보이면 고립주의자들의 맹렬한 비난이 이어지리라는 것을 잘 알고 있었다. 그렇다고 영국의 절박한 외침을 외면할 수도 없어 카리브해의 영국 기지와 미국의 구축함을 맞바꾸는 협상을 벌이도록 했다. 다만 상원의 고립주의자들이 거래를 거부할 것이기 때문에 기존의 법 테두리 내에서 구축함을 인도하도록 했다.

하지만 그 거래는 루스벨트에게 선거 패배를 안겨줄 수도 있는 위험한 결정이었다. 한 신문은 "루스벨트 대통령이 오늘 전쟁 행위를 했다. 그는 미국 최초의 독재자가 되었다"며 루스벨트를 거세게 비난했다. 공화당의 대통령 후보 웬들 윌키는 의회의 승인 없이 구축함을 영국에 보낸 것은 독단적이고 독재적인 조치라고 주장했다. 루스벨트는 선거에 미칠 영향력을 최소화하기 위해 공격을 받는 경우가 아니라면 미국이 참전할 일은 없을 것이라고 누차 강조했다.

참전 지지·반대로 연일 격렬한 논쟁 벌여

루스벨트는 1940년 11월 3선에 성공했다. 그의 당선은 국민의 뜻이 참전 쪽으로 기울고 있다는 것을 의미했다. 루스벨트는 1940년 12월부터 고립주의자들에 대한 공격을 준비했다. 유명한 노변정담에서는 영국의 몰락을 방관하지 않겠다고 공언하며 "우리는 민주주의의 위대한 병기고가 되어야 한다"고 역설했다. 그리고 '무기 대여법'을 상원에 상정했다. 예상대로 고립주의자들이 격렬하게 반발했다. 이후 2개월 동안 거센 논쟁이 벌어졌으나 결국에는 1941년 3월 8일 무기 대여법이 의회를 통과하고 3월 11일 루스벨트가 서명함으로써 전쟁 물자의 대외 원조 및 대여에 관한 실질적 권한이 대통령에게 부여되었다.

비상시 무기를 임대나 차관 공여의 형식으로 외국에 판매할 수 있도록 허용한 무기 대여법 제정으로 전쟁 물자의 현금 판매 원칙을 규정한 중립법은 사실상 파기되었다. 무기 대여법에 고무된 처칠은 '마그나카르타(대헌장)'라고 환호한 반면 히틀러는 미국 때문에 전쟁 계획에 차질을 빚게 되었다며 미국을 적대국으로 간주했다.

그때까지 미국의 기본 방침은 '참전하지 않는 원조'였다. 이런 미국을 직접적인 참전국으로 만든 것은 1941년 12월 일본의 진주만 공습이었다. 미국이 일본에 선전포고하자 일본과 3국 동맹으로 묶여 있는 독일과 이탈리아도 잇달아 미국에 선전포고를 했다. 이로써 미국은 또다시 세계대전의 거대한 소용돌이 속으로 휘말려 들어갔다.

미국의 선전포고 후 3,000여만 명이 징집 대상자로 등록하고 이 가운데 1,000여만 명이 징집되었다. 전쟁은 대공황의 그늘에서 완전히 벗어나지 못하고 있는 미국에 경제 호황을 안겨 주었다. 모든 산업은 전시생산체제로 전환되었다. 자동차 제조업체와 부품 생산업체들은 비행기와 탱크를 생산하고, 전자 및 가전제품 업체들은 레이더 장치와 포탄의 신관을 만들었다.

1941년 불과 84억 달러에 지나지 않던 군수생산 총액은 1년 뒤 무려 300억 달러를 뛰어넘었다. 전쟁 덕에 실직 상태에 있던 많은 사람이 일거리를 찾았고 여성들까지 탱크와 선박의 나사를 죄고 탄환을 만드는 등 전시 노동에 투입되었다. 어머니들이 직장에서 일하는 사이 '청소년 범죄'라는 새로운 용어가 등장했다. 수많은 청년의 죽음은 미국이 20세기 초강대국의 안정적 위치를 굳히는 데 중요한 발판이 되었다.

맨해튼 프로젝트

우라늄235를 다량 확보하는 것이 간단치 않자 또 다른 핵분열 원료 플루토늄239를 찾아냈다.

이른바 '맨해튼 프로젝트'를 이해하려면 핵분열의 연쇄반응이 무엇인지 그리고 이것을 이용한 원자력 발전과 원자폭탄의 차이가 무엇인지를 알아야 한다. 핵분열의 연쇄반응은 말 그대로 원자핵이 연쇄적으로 분열하는 것이고 이 과정에서 분출하는 엄청난 에너지를 이용하는 게 원자력 발전이고 원자폭탄이다.

원자핵은 중성자와 양성자로 단단히 붙어 있다. 이것을 쪼개려면, 즉 분열시키려면 자연 상태에서는 안 되고 인위적으로 다른 중성자를 원자핵에 충돌시켜야 한다. 그러면 핵분열이 일어나고 거기서 튕겨나온 중성자가 다른 원자핵과 충돌해 또 다른 중성자를 방출한다. 이 중성자들이 다른 원자핵과 계속 충돌해 더 많은 핵분열을 일으키는 현상이 핵의 연쇄반응이다.

그런데 이런 반응을 발견하는 과정에서 질량 보존의 법칙과 어긋나는 이해할 수 현상이 벌어졌다. 즉 핵분열 후 전체 질량이 줄어드는 것이다. 예를 들어 사과 1개를 두 조각으로 나눈 뒤 다시 합치면 원래대로 한 개의 사과가 되어야 하는데 핵분열에서는 다시 합쳐도 원래보다 조금 모자라는 현상이 일어나는 것이다. 과학자들은 이유를 몰라 한동안 고민했으나 연구를 거듭한 결과 줄어든 질량만큼 에너지가 발생한다는 사실을 알게 되었다. 바로 이 지점에서 아인슈타인의 그 유명한 '질량에너지 등가원리 방정식($E=mc^2$)'이 빛을 발한다. 방정식에 따르면 에너지(E)는 질량(m) 곱하기 빛의 속도(c)의 제곱이다. 즉 아주 작은 질량도 빛의 속도로 가속하면 어마어마한 에너지로 바뀌는 것이다.

세계 과학자들의 계속된 연구 결과 우라늄이나 플루토늄처럼 무거운 원자의 핵분열에서는 한 번 핵분열을 할 때 2~3개의 중성자가 새로 생겨 핵분열이 연속적으로 일어나고 그 결과 엄청난 에너지가 분출한다는 사실이 밝혀졌다. 원자력 발전은 이처럼 우라늄과 플루토늄 원자의 핵분열 과정을 통해 엄청난 양의 에너지를 얻는 것이다. 그러나 원자력 발전을 하려면 연쇄반응을 마냥 방치해서는 안 되고 적절한 조절이 필요하다. 그냥 놔둘 경우 에너지의 양이 순간적으로 엄청나게 늘어나 폭발하기 때문이다.

원자력 발전은 순간적으로 많은 에너지 대신 지속적으로 에너지를 생겨나게 하는 것이 목적이다. 따라서 핵분열의 연쇄반응을 느리고 일정하게 유지해주면 필요한 에너지를 꾸준히 얻을 수 있게 된다. 이를 위해 원자력 발전에서는 우라늄 연료 내부에 중성자를 쉽게 흡수하는 흑연과 같은 물질을 넣어둔다. 그러면 한 번의 핵분열 과정에서 나오는 2~3개의 중성자 중에서 1~2개를 흑연이 흡수하고 나머지 하나만 핵분열을 하게 된다. 따라서 핵분열의 연쇄반응이 일정하고 느리게 유지됨으로써 원자력 발전이 가능해진다. 결국 우라늄 원자핵 연쇄반응의 빠름과 느림에 따라 원자폭탄과 원자력 발전으로 구분되는 것이다.

과학자들은 핵분열과 반대되는 핵융합이라는 현상도 찾아냈다. 수소의 동위원소인 중수소, 삼중수소와 같은 가벼운 원소들의 핵이 서로 결합해 원래보다 좀 더 무거운 원소의 핵을 만드는 핵융합이 일어나고 이 과정에서 핵분열 때와 마찬가지로 질량이 줄어들고 에너지가 생긴다는 것이다. 따라서 핵분열을 이용하면 원자폭탄이 되는 것이고 핵융합을 이용하면 수소폭탄이 되는 것이다.

핵분열 연쇄반응 속도에 따라 원자폭탄과 원자력 발전으로 구분

독일의 과학자 오토 한과 프리츠 슈트라스만이, 히틀러의 유대인 탄압을 피해 독일에서 스웨덴의 스톡홀름으로 피신해 있던 오스트리아의 유대계 여성 물리학자 리제 마이트너의 조언을 받아가며 우라늄의 핵분열에 성공한 것은 1938년 12월이었다. 이것은 독일도 원자폭탄을 개발할 수 있다는 것을 의미했다. 이 소식은 곧바로 마이트너의 조카를 통해 덴마크에 있는 닐스 보어에게 전달되었고 보어는 1939년 1월 미국으로 건너가 이 사실을 미국 과학계에 전파했다.

당시 미국에는 헝가리에서 미국으로 망명한 유대인 물리학자 레오 실라르드가 있었다. 그가 가장 우려한 것은 독일이 먼저 원자폭탄을 제조하는 것이었다. 실라르드는 1939년 7월 미국도 서둘러 원자폭탄을 개발해야 한다는 내용의 편지를 써 8월 2일 미국에 망명해 있는 알베르트 아인슈타인의 서명을 받았다. 편지는 2차대전이 발발(1939.9.1)한 후인 10월 11일 루스벨트 대통령에게 전달되었다. 곧이어 실라르드와 헝가리 출신의 물리학자 에드워드 텔러 등이 포함된 우라늄 자문위원회가 구성되었다. 그러나 루스벨트의 재가가 나지 않아 원자폭탄 개발 프로젝트는 바로 가동되지 않았다.

미국이 원자폭탄 개발을 결정하지 못하고 있는 사이 독일은 원폭 개발에 한발 한발 다가갔다. 우라늄의 핵분열에 성공한 후 독일이 점령하고 있는 노르웨이의 중수 공장에서 감속재로 쓰일 대량의 중수를 확보하고 벨기에에서는 다량의 우라늄을 확보했다. '불확정성의 원리'로 유명한 베르너 하이젠베르크를 비롯해 오토 한, 프리츠 슈트라스만, 발터 보테, 한스 가이거 등 뛰어난 물리학자들도 대거 독일의 우라늄 계획에 합류했다.

영국도 발 빠르게 움직였다. 처칠 영국 총리는 원자폭탄의 제조가 가능하다는 보고를 받고 1941년 8월 원자폭탄 개발 프로젝트를 승인했다. 당시 영국의 연구진은 10kg 정도의 우라늄235만 있으면 원자폭탄을 제조할 수 있고 원자폭탄을 항공기에서 투하할 수 있다는 연구 결과를 토대로 독일이 먼저 원자폭탄을 제조할 가능성이 높은 것으로 분석했다. 영국은 이

레슬리 그로브스(왼쪽)와 로버트 오펜하이머

런 일련의 사실들을 미국에 전달하고 원폭 개발을 모색했으나 전쟁이 한창 진행 중인 상황에서 개발 비용을 마련할 수 없었다.

루스벨트 대통령이 원자폭탄 개발을 승인한 것은 1941년 10월 9일이었다. 극비로 분류된 원자폭탄 개발의 총괄 책임자로는 레슬리 그로브스 공병대 준장이 1942년 9월 임명되었다. 그로브스는 1945년 원자폭탄이 히로시마에 투하될 때까지 3년 동안 13개 주에 걸쳐 있는 37개 시설과 12곳의 대학 부설연구소, 많을 때는 13만 명의 종사자를 연결하는 데 탁월한 능력을 발휘했다. 프로젝트명은 초기 연구가 주로 진행된 컬럼비아대의 위치에서 이름을 따 '맨해튼 관구'로 정해졌다. 20억 달러가 투입된 이른바 '맨해튼 프로젝트'가 마침내 닻을 올린 것이다.

가장 시급한 문제는 이론으로만 존재하는 우라늄의 연쇄반응을 실험하는 일이었다. 가능성은 1939년 1월 초 이탈리아에서 미국으로 망명한 천재 물리학자 엔리코 페르미가 확인시켜 주었다. 1942년 12월 2일 시카고대의 스쿼시 경기장에 설치한 파일(원자로)에서 페르미가 최초로 제어된 연쇄반응을 일으키는 데 성공함으로써 미국은 마침내 핵폭탄 제조에 한 발짝 더 다가갈 수 있었다.

원자폭탄 개발에 참여한 사실 모르는 직원도 있어

그렇더라도 그때까지 누구도 해보지 못한 원자폭탄을 제조하는 일은 또 다른 문제였다. 먼저 해결해야 할 것이 대량의 우라늄을 확보하는 일이었다. 우라늄은 지각에서 흔하게 구할 수는 있지만 1톤의 암석에 2g밖에 들어 있지 않고 농축된 원석도 없어 일일이 정제해야 하는 어려움이 있었다. 더구나 동위원소 관계에 있는 우라늄 중 핵분열 물질로 쓸 수 있는 우라늄235는 전체 우라늄 가운데 0.7%에 불과했다. 나머지는 원자폭탄 원료로 부적합한 우라늄238이었다.

전체 우라늄에서 우라늄235를 분리하는 작업은 기체 분사식 방법이 채택되었다. 이 방법은 우라늄의 혼합물을 원심분리기에 넣고 회전시키면 우라늄238보다 1.3% 정도 가벼운 우라늄235가 분리되는 현상을 이용한 것이다. 과학자들은 우라늄235 말고도 또 다른 핵분열 원료인 플루토늄239를 찾아냈다. 우라늄238은 자신은 핵에너지를 내놓지 못하지만 중성자와 섞이면 핵에너지를 내보내는 물질인 플루토늄239로 변하는 특성이 있다.

맨해튼 프로젝트팀은 우라늄235를 분리하는 공장은 테네시주의 시골마을 오크리지에, 플루토늄239를 생산하는 공장은 워싱턴주의 핸퍼드에 건설했다. 오크리지에서는 1944년 2월 우라늄235가 처음 생산되고 핸퍼드에서는 1944년 말 최초의 플루토늄이 추출되었다.

마지막 과제인 원자폭탄 제조를 담당할 로스앨러모스 연구소 소장에는 캘리포니아 공대 교수 로버트 오펜하이머가 1942년 말 임명되었다. 당시 그로브스는 "오펜하이머가 1930년대에 공산주의에 동조한 전력이 있기 때문에 고급 비밀정보를 확보하려는 소련의 시도에 핵심적인 역할을 할 수도 있다"는 육군 정보부의 보고에도 불구하고 "오펜하이머의 잠재적 가치가 그 어떤 안보 위협보다 더 중요하다"며 소장 임명을 강행했다. 오펜하이머는 미국의 내로라하는 과학자들을 연구소로 불러들였다. 나치에 쫓겨 유럽이나 미국으로 망명한 다수의 유대인 과학자에게도 문호를 개방했다.

원자폭탄을 제조할 연구소는 뉴멕시코주 샌타페이에서 북서쪽으로 56km 떨어져 있는 로스앨러모스 교외에 세워져 1943년 4월 가동되었다. 연구소 주변에는 울타리와 가시철망이 쳐지고 우편물은 검열을 받았으며 전화는 도청되거나 녹음되었다. 우편물 주소는 '사서함 1663, 샌타페이'로 통일되었다. 사람이건 물건이건 모두가 암호명을 갖고 있었고 로스앨러모스 지명은 대통령 명령에 따라 미국의 지도에서 사라졌다. 계획에 참여한 수천 명의 직원은 비밀을 지켜야 했고 옆 사람이 무슨 일을 하는지 모르게 관리되었다. 실제로 원자폭탄이 개발된 후에도 자신이 원자폭탄 개발에 참여했다는 사실을 모르는 직원들도 있었다.

이 모든 과정을 거친 끝에 1945년 7월 16일 뉴멕시코주 앨라모고도 공군기지의 외진 사막에서 인류 최초의 플루토늄 폭탄 실험이 진행되었다. 실험이 성공하자 8월 6일 새벽 2시 원자폭탄을 실은 B-29 '에놀라 게이'가 서태평양 티니언 섬 기지에서 일본의 히로시마로 날아가 인류 최초로 원자폭탄을 투하했다.

로버트 오펜하이머

"각하 제 손에 피가 흐르는 것 같습니다." 원자폭탄 제조의 주역이자 '원자폭탄의 아버지'로 불린 로버트 오펜하이머(1904~1967)가 2차대전이 끝난 후 트루먼 대통령을 만나 이렇게 호소했다. 독일계 유대인으로 태어나 라디오와 전화도 없이 학문에만 전념해 1929년의 대공황 사실도 뒤늦게 알았다는 천재 과학자 오펜하이머. 그는 과학자였으나 한편으로는 시인이었고 소설가였다. 8개국 언어를 익혀 플라톤의 '대화편'을 그리스 원어로 읽고 산스크리트어로 된 고대 인도의 영웅시 '바가바드기타'를 외울 정도로 다재다능했다. 그러나 인류 최초로 대량의 살상무기를 개발하고 그로 인해 인류가 죽어가는 것을 지켜보면서 악몽과 오욕으로 점철된 1950년대를 보내야 했다.

소련의 원폭 개발은 미국보다 4년 늦었지만 수소폭탄의 경우는 미국과 비슷하거나 일부 분야에서는 미국보다 빠르게 진행되었다. 만일 소련이 공격해 오면 미국은 그저 원자폭탄으로 대응할 수밖에 없다는 최악의 시나리오가 언론의 헤드라인으로 뽑혔다. 점점 더욱 강력한 핵무기를 개발해야 한다는 목소리가 힘을 얻었다.

사정이 이런데도 원자력위원회 자문회의 의장 오펜하이머는 공개적으로 핵전쟁이 발발하면 적어도 4,000만 명 이상의 희생자가 생길 것이라며 수소폭탄 개발을 반대했다. 더구나 오펜하이머는 1930년대 말 공산주의에 동조한 전력이 있어 맨해튼 프로젝트 개발 책임자로 임명되었을 때부터 FBI의 감시를 받고 있었다. 로스앨러모스 연구소장으로 있던 내내 전화는 도청당했고 외출할 때는 항상 미행자가 따라붙었다. 이런 전력의 그가 수소폭탄 개발을 반대하자 매카시의 광풍이 그에게 뻗쳤다.

매카시는 "여러분에게 묻고 싶습니다. 의도적으로 우리 정부에 엉터리로 자문에 응한 자가 충성스러운 미국인입니까? 반역자입니까? 원자폭탄의 영웅으로 칭송받는 이 자의 범죄를 이제야말로 조사해야 합니다."라며 오펜하이머가 미국의 존립을 위험에 빠뜨렸다고 비난했다. 더구나 매카시 눈에 오펜하이머는 거만해 보였고 지배적인 정치 논리를 거부했으며 주변에 많은 좌익 친구를 두고 있었다.

결국 오펜하이머는 위험인물로 낙인찍혀 1953년부터 모든 국가기밀문서 열람을 금지당했다. 그를 기다리고 있는 것은 재판이 아니라 정신까지 황폐화시키는 청문회였다. 문제가 된 대목은 과거 소련 및 공산당과의 연계와 수소폭탄 제조 비협조였다. 한때 공산당원이던 오펜하이머는 스탈린에 의한 대숙청과 독소 불가침조약을 보면서 공산당에서 발을 뺐으나 어쨌든 이 전력은 청문회에서 집중적으로 비난을 받았다.

4주간 계속된 청문회는 1954년 5월 6일에 끝났다. 오펜하이머에게는 정부의 비밀서류 접근 금지와 모든 공직 추방명령이 내려졌다. 오펜하이머는 그 순간을 "이것은 비극이 아니라 익살스런 광대극"이라고 꼬집었다. 1947년부터 재임해 온 프린스턴의 고등연구소 소장 자리는 그대로 유지하긴 했지만 완전한 복권은 케네디 대통령 시절에 와서야 이뤄졌다.

영화 '시민 케인' 개봉과 오슨 웰스

위대한 감독 반열에 올랐지만 생전에는 자신의 재능에 걸맞은 대접을 받지는 못했다.

일요일이던 1938년 10월 30일 밤 8시, 미국 CBS 라디오가 드라마를 방송하다 말고 갑자기 긴급 뉴스를 방송했다. "화성인이 지구를 침공했다. 화성인 군대가 뉴저지주의 한 농장에 착륙해 주요 시설을 파괴하고 있다. 도로는 피란민 행렬로 북새통이다. 미국이 혼란에 빠져들고 있다"며 기자가 흥분한 목소리로 이 사실을 전했다.

청취자들은 갑작스러운 뉴스를 전해 듣고 공포와 혼란으로 빠져들었다. 한밤중인데도 뉴욕에서는 수천 명의 시민이 피란을 떠나고 뉴저지주에서는 유독가스가 퍼졌다며 수십 가구가 탈출을 시도했다. 피츠버그에서는 절망한 여성이 독약을 먹고 자살을 기도하기도 했다. 600만 명의 청취자 중 120만 명이 피란길에 올랐다는 통계가 나중에 나올 정도로 그야말로 많은 미국인이 패닉 상태에 빠졌다.

그런데 뉴스는 실제 상황이 아니라 40년 전 영국 소설가 허버트 조지 웰스의 공상과학소설 '우주 전쟁'(1898)을 라디오 방송용으로 각색한 가상 드라마 '화성인의 습격'의 일부였다. 20세기 초 어느 날, 문어처럼 생긴 괴물 화성인들이 무시무시한 무기를 앞세워 지구를 침공하는 게 줄거리다.

긴급 뉴스를 보내기 전 드라마 제작자 오슨 웰스(1915~1985)는 성우의 목소리를 빌려 실제가 아니라 가상의 드라마라는 점을 분명히 몇 차례나 고지하고 강조했다. 그런데도 청취자들이 이 사실을 잊은 채 마치 현실에서 일어난 실제 상황으로 착각해 이런 해프닝이 빚어진 것이다. 세계 방송 사상 가장 대표적인 해프닝으로 기록된 이 사건은 곧 2차대전이 터질지도 모른다는 막연한 전쟁 공포 탓도 있었지만 무엇보다 실제 상황으로 착각하게 할 만큼 다급하고 실감나게 연출한 오슨 웰스의 능력이 빛을 발한 결과였다.

영화 '시민 케인'의 한 장면

웰스는 미국 위스콘신주 커노샤의 부유한 가정에서 태어나 어려서부터 신동으로 불렸다. 하지만 8살 때 어머니가, 몇 년 후 다시 아버지가 세상을 떠나 홀로 인생을 개척해야 했다. 웰스는 고교를 졸업한 1931년 아일랜드의 더블린으로 건너가 연극의 기초를 닦았다. 1933년 미국으로 돌아와 연극배우와 연극 연출가로 활동했다. 연극 '흑인 맥베스'(1936)의 연출로 재능을 인정받자 1937년 8월 그의 연극·영화 인생에서 빼놓을 수 없는 '머큐리 극단'을 창단하고 그해 11월 극단의 첫 작품 '줄리어스 시저'를 무대에 올렸다. 평론가들이 찬사를 보낸 덕에 '줄리어스 시저'는 수개월 동안 무대에서 내려오지 않았다.

이런 활약에 힘입어 23살이던 1938년 5월 9일자 '타임'지 표지 모델로 소개되고 그해 7월부터 12월까지 CBS에서 방송된 22편의 '머큐리 극단 방송' 시리즈를 연출했다. 시리즈는 '보물섬', '드라큘라', '제인 에어', '줄리어스 시저', '80일간의 세계 일주' 등 매주 고전작품 한 편씩을 각색해

방송했다. '화성인의 습격'도 시리즈의 일환이었다.

23살의 나이로 '화성인의 습격'을 연출해 센세이션을 불러일으키자 당시 경영난을 겪고 있는 RKO 영화사가 웰스에게 손을 내밀었다. 1939년 8월 파격적인 조건을 내걸고 영화 연출을 제안한 것이다. 웰스는 그때까지 영화를 한 번도 연출한 적이 없어 영화에서는 사실상 무명이었으나 그의 천재성을 인정한 영화사의 과감한 베팅 덕에 거금을 받고 영화사와 계약을 체결했다. 웰스는 조지프 콘래드의 소설 '어둠의 심연'(1899)을 첫 영화로 만들려고 했으나 2차대전의 발발로 무산되자 '시민 케인'을 다음 작품으로 기획했다.

세계 최고 영화를 뽑을 때마다 1~2위 다퉈

웰스는 '시민 케인'이 첫 영화 작품인데도 제작·연출·주연에 공동 각본까지 맡아 사실상 1인 4역을 수행했다. 촬영은 MGM 영화사에서 독보적인 존재로 인정받고 있는 그레그 톨런드가 맡았다. 영화 촬영은 1940년 7월 30일 제작 발표를 한 후 일사천리로 진행될 것 같았으나 의외의 복병을 만나 멈칫거렸다. 신문왕 윌리엄 랜돌프 허스트가 자신을 영화 소재로 삼았다며 영화 촬영에 유무형의 압력을 가한 것이다.

허스트는 자신이 소유하고 있는 신문 지면을 이용해 영화를 비판한 것은 물론 거의 파산 상태이던 RKO 영화사를 인수해 영화 제작 자체를 막으려고까지 했다. 이 때문에 1941년 2월 14일로 예정된 개봉일이 늦춰지고 허스트의 위협에 굴복한 극장 체인들의 외면으로 독립극장을 물색해야 했다. 그래도 비평가들이 '시민 케인'에 열광하고 웰스의 감독 데뷔를 한목소리로 칭송한 덕에 5월 1일 개봉될 수 있었다.

개봉 후 84만 달러의 제작비가 소요된 1시간 59분짜리 '시민 케인'은 비평가·언론 등으로부터 '할리우드가 만들어낸 가장 센세이셔널한 작품'(뉴욕타임스), '이제까지 본 적이 없는 최고 영화'(뉴스위크)라는 격찬을 받으며 1941년 뉴욕비평가협회상 최우수작품상과 전미비평가상에 뽑혔다. 1942년에는 아카데미상 9개 부문 후보에도 올라 공동 각본상을 차지했다. 하지만 허스트의 방해가 작용했는지 대중적으로는 인기를 끌지 못해 흥행은 15만 달러 적자라는 참패를 기록했다.

오늘날 영화 전문가들은 '시민 케인'을 20세기 최고 영화로 꼽는 데 주저하지 않는다. 지금도 세계 최고 명작을 뽑을 때마다 1~2위를 다툴 정도로 세계 영화사의 기념비적인 작품으로 평가받고 있다. 웰스는 26살 나이에 위대한 감독 반열에 올랐지만 생전에는 자신의 재능에 걸맞은 대접을 받지는 못했다. '오셀로'(1952)가 칸 영화제에서 공동 그랑프리를 차지한 것 말고는 영화사에 기록될 만한 영화는 없었다.

'시민 케인' 후 '위대한 앰버슨가'(1942), '상해에서 온 여인'(1947), '악의 손길'(1958), '심판'(1962) 등 총 15편을 감독하고 그중 12편이 일반에 공개되었으나 작품면에서는 모두 '시민 케인'에 미치지 못했고 흥행면에서도 성공하지 못했다. 배우로도 100여 편의 영화에 출연했으나 '시민 케인'(1941)과 '제3의 사나이'(1949)만 그에게 연기자의 명성과 영예를 안겨 주었다.

조 디마지오 56경기 연속 안타

데뷔 첫해부터 마지막 해까지 올스타전을 거르지 않은 선수는 디마지오뿐이다.

메이저리그 전문가들은 조 디마지오(1914~1999)의 56경기 연속 안타, 사이 영의 통산 511승, 칼 립켄 주니어의 2,632경기 연속 출장을 '메이저리그의 3대 기록'으로 꼽는다. 이 기록들은 2014년 현재까지도

조 디마지오(1914~1999)

깨지지 않고 있고 앞으로도 좀처럼 깨지지 않을 것으로 전망되고 있다.

디마지오의 통산 기록은 0.325 타율, 2,214 안타, 361 홈런, 1,537 타점, 1,390 득점이다. 기록상으로는 714 홈런 2,217 타점의 베이브 루스, 493 홈런 1,995 타점의 루 게릭, 521 홈런 1,839 타점의 테드 윌리엄스보다 떨어진다. 특히 동시대의 라이벌 윌리엄스는 타율, 홈런, 타점에서 14개의 타이틀을 따낸 반면 디마지오는 6개에 불과하다. 그런데도 '56경기 연속 안타'라는 불멸의 기록 덕분에 디마지오는 윌리엄스보다 더 위대한 야구선수로 추앙받고 있다.

디마지오는 이탈리아 이민자 출신 어부의 아들로 미국에서 태어났다. 18세이던 1932년 10월 마이너리그 격인 퍼시픽코스트리그 샌프란시스코 실즈에서 프로야구 인생을 시작했다. 마이너리그에서 1933년 61 경기 연속 안타를 치고 1935년 0.398 타율, 34 홈런, 154 타점으로 맹활약 후 1936년 뉴욕 양키스로 이적했다. 메이저리그 진출 첫해에 0.323 타율, 29 홈런, 125 타점과 함께 아메리칸리그 신인 최다 득점(132점), 최다 3루타(15개) 기록을 세우며 베이브 루스, 루 게릭과 함께 뉴욕 양키스 거포의 계보를 이었다. 그해 양키스는 4년 만에 월드시리즈 우승을 차지하고 1939년까지 4연패의 금자탑을 세웠다.

디마지오는 데뷔 2년째인 1937년에는 46 홈런으로 리그 홈런왕에 오르고 1939년엔 0.381의 타율로 리그 MVP를 차지하는 등 최고의 전성기를 보냈다. 2차대전 참전으로 3년(1943~1945)간의 공백기를 제외하고 1936년 데뷔 후 1951년 은퇴할 때까지 총 13시즌 동안 뉴욕 양키스의 중견수로 활약하면서 양키스를 10차례 월드시리즈에 진출시키고 9번의 우승을 일궈냈다.

1941년 시즌 초 디마지오의 출발은 순조롭지 못했다. 5월 들어서도 타율은 3할대를 간신히 넘는 수준이었다. 낮은 타율은 아니었지만 1년 전 0.352, 2년 전 0.381에 비하면 한참 저조했다. 그가 속한 뉴욕 양키스도 침체에 빠져 4위 주변을 맴돌았다. 그러던 1941년 5월 15일 디마지오가 안타를 쳤다. 늘 보아오던 안타였기 때문에 눈여겨보는 사람은 없었다. 그런데 안타는 이튿날에도 그 다음날에도 하루도 빠짐없이 이어졌다.

앞으로도 좀처럼 깨지지 않을 대기록

언론이 흥분하기 시작한 것은 29게임 연속 안타를 쳐 뉴욕 양키스의 자체 팀 기록을 깬 6월 중순부터였다. 이후 라디오는 디마지오가 안타를 칠 때마다 안타 소식을 주요 뉴스로 전했다. 그리고 1941년 7월 1일 디마지오가 보스턴 레드삭스전에서 45경기 안타를 치는 순간 뉴욕 양키스 팬들은 흥분의 도가니로 빠져들었다. 1897년 볼티모어 오리올스의 윌리 킬러가 수립한 44경기 연속 안타 기록을 45년 만에 경신했기 때문이다. 그것도 안타가 아닌 홈런이었다.

안타는 계속 이어졌다. 그때마다 뉴욕 양키스 팬들은 물론 미국의 모든 야구 팬들까지 신기록이 언제까지 갈 것이냐에 촉각을 곤두세웠다. 7월 17일에도 미국인들은 새로운 안타를 기대했다. 하지만 결과는 무안타였다. 6만 7,000여 명의 관중은 하루 전에 수립된 '56경기 연속 안타'에 만족하며 기립박수를 보냈다. 하지만 7월 17일의 무안타 경기는 두고두고 아쉬운 게임이었다. 그날 안타성 타구가 상대 내야진의 세 번에 걸친 호수비에 막힌 데다 연속 안타 기록이 중단된 이튿날부터 다시 17경기 연속 안타를 쳤기 때문이다. 그해 디마지오는 타율을 생애 두 번째로 높은 0.357로 끌어올리며 타점왕과 MVP를 거머쥐었다. 양키스도 월드시리즈를 제패하는 감격을 누렸다.

디마지오는 1951년 0.263 타율에 12 홈런, 71 타점으로 성적이 급락하자 구단의 재계약 제안을 뿌리치고 그해 12월 깨끗이 은퇴했다. 디마지오는 13년 동안 13번 올스타로 뽑혔다. 데뷔 첫해부터 마지막 해까지 올스타전을 거르지 않은 선수는 디마지오뿐이다. 디마지오는 어떤 경우에도 얼굴을 붉히지 않은 최고의 신사였으며 팬들을 사랑했다. 베이브 루스의 백넘버 3번, 루 게릭의 4번과 함께 디마지오의 5번은 1952년부터 양키스의 영구 결번으로 남아 뉴욕 양키스의 영광으로 기억되고 있다.

디마지오는 1954년 1월 4일 섹스 심벌 마릴린 먼로와 결혼해 세계적으로 화제를 뿌렸으나 성격 차이를 극복하지 못하고 9개월 만인 10월 27일 파국을 맞았다. 이후 디마지오는 더 이상 여자를 만나지 않았다. 먼로의 사생활도 일절 폭로하지 않았다. 1962년 먼로가 죽은 뒤에는 먼로에 대한 사랑을 잊지 못해 먼로 사후 20년 동안 매주 먼로의 무덤에 장미를 바쳤다는 일화가 전해진다. 또한 헤밍웨이의 소설 '노인과 바다'에 자주 언급되고 사이먼과 가펑클의 노래 '미시즈 로빈슨'의 가사에도 등장, 문학과 음악에까지 이름을 남기는 영광의 주인공이 되었다.

소련 스파이 리하르트 조르게 체포

일본의 정보기관은 '세기의 스파이'를 체포해 놓고도 한동안 조르게의 정체를 파악하지 못했다.

1941년 가을로 접어들자 리하르트 조르게(1895~1944)의 불안감이 더욱 가중되었다. 지난 수년 동안 그에게 고급 정보를 제공해온 핵심 요원들이 일본의 정보기관에 속속 검거되었기 때문이다. 조르게는 하루라도 빨리 일본을 빠져나가야 했지만 지난 수년 동안 정을 나눈 무희를 생각하며 망설였다. 결국 조르게는 사랑하는 여인에게 인사도 못한 채 도쿄를 떠나서는 안 된다며 그를 채근하는 가슴이 머리를 지배하도록 내버려 두었다.

리하르트 조르게(1895~1944)

조르게는 1941년 10월 18일 밤 무희가 일하는 나이트클럽에서 얼마간 시간을 보낸 뒤 그녀와 함께 그녀의 집으로 갔다. 머릿속에는 이튿날이면 자신은 일본에서 탈출할 것이고 그 후에는 중국을 거쳐 소련 땅에 무사히 귀환해 있을 것이라는 기대로 가득 차 있었다. 하지만 조르게는 몇 시간 전 결정적인 실수를 했다는 사실을 알지 못했다.

무희를 만나기 전 그는 조직원으로부터 일본의 정보기관 요원들이 가까이 접근했으니 빨리 도피해야 한다는 내용의 쪽지를 건네받고도 무희로 인한 심란한 마음에 쪽지를 태워 버리지 않고 그냥 찢어서 바닥에 버리는 실수를 저지른 것이다. 쪽지 조각들은 조르게를 쫓는 정보 요원 손에 들어갔고, 결국 조르게는 그날 밤 무희의 품에 있다가 체포되었다.

조르게는 제정 러시아의 캅카스 지방에서 독일인 유전 기술자의 아들로 태어났다. 마르크스·엥겔스의 동지였던 할아버지는 미국으로 건너가 사회주의의 뿌리를 내린 인물이고, 아버지는 미국에서 태어나 미국인으로 성장하다가 러시아령 아제르바이잔 바쿠로 이주해 사업을 하던 중 러시아 여성을 만나 조르게를 낳았다. 부모는 조르게가 세 살 때 조르게를 데리고 독일로 돌아갔다. 조르게는 1차대전 때 독일군으로 참전해 동부 전선에서 세 번이나 부상할 정도로 조국에 헌신했다.

그러나 전쟁에서 얻은 부상을 치료하기 위해 야전병원에서 치료를 받던 중 공산주의 사상을 접하고 그 무렵 일어난 러시아혁명(1917)을 목도

하면서 공산주의 이론을 지지하고 그 현실의 일부가 될 것을 결의했다. 1918년 1월 제대해 킬대에 입학하고 그해 11월에 일어난 킬 군항의 수병 반란을 계기로 독일 혁명의 소용돌이에 몸을 던졌다. 1919년 10월에는 독일 공산당에 입당하고 1924년에는 소련으로 가 소련군 첩보조직에서 스파이 훈련을 받았다.

무엇보다 정보 분석이 정확하고 뛰어나

조르게는 1930년 1월 독일 신문의 상해 특파원으로 가장해 장개석 정부와 일본의 정치·군사적 동향을 파악해 소련에 보고하는 임무를 수행했다. 애그니스 스메들리의 소개로 당시 아사히신문 특파원으로 상해에 파견된 일본의 공산주의자 오자키 호쓰미도 만나 친교를 맺었다. 스메들리는 미국에서 태어나 독일 신문의 특파원으로 중국에 파견되어 중국 혁명 현장을 보도하던 언론인이었다.

당시 조르게가 중국에서 소련으로 보낸 정보 중에는 독일이 일본과 동맹관계를 맺으려 한다는 놀라운 내용도 있었다. 그렇게 되면 소련으로서는 동서 양쪽에 독일과 일본이라는 적대국을 상대해야 했기 때문에 그냥 지나칠 수 없는 중대한 사안이었다. 소련은 더 정확한 정보를 파악하기 위해 중국에서 임무를 마치고 1933년 1월 모스크바로 귀환한 조르게를 일본에 파견했다.

조르게는 1933년 9월 일본 주재 특파원 자격으로 일본으로 건너가 첩보망을 구축했다. 조직의 핵심 멤버는 아사히 신문의 오자키 호쓰미 외에 크로아티아 출신의 아바스통신 사진기자, 독일인 무선 기술자, 오키나와 출신의 일본계 미국인 등이었다. 조르게는 독일의 열렬한 나치주의자로 자신의 경력을 세탁했기 때문에 주일본 독일 대사와도 친분을 쌓았다. 그의 요원들도 일본의 저명한 정치가들과 접촉해 일본의 대외정책에 관한 정보를 수집했다. 특히 오자키 호쓰미는 고노에 후미마로 총리의 정책보좌관이 되어 일본 정부의 기밀문서를 빼내 조르게에게 건네주었다.

조르게는 일본에서 정보를 수집해 모스크바로 전송하는 임무뿐만 아니라 정보 분석 업무도 병행했다. 혁명에 대한 열정, 뛰어난 지성으로 무장한 조르게의 정보는 전쟁의 흐름을 바꿔놓을 만큼 파괴력도 컸지만 무엇보다 분석이 정확하고 뛰어났다. 그가 보낸 정보 가운데 최고는 독일의 소련 침공이었다. 그는 독일이 1941년 6월 20일(실제로는 기상 악화로 48시간 연기) 소련을 침공할 것이라는 정보를 소련에 타전했으나 스탈린이 그의 경고를 무시하는 바람에 소련은 독일의 전격 침공을 막지 못해 무참하게 짓밟히는 처지가 되었다. 조르게는 그래도 전쟁의 향배를 바꿔놓을 결정적인 정보를 계속 소련에 타전했다.

"그보다 위대한 인간은 만나보지 못했다"

1941년 9월에는 일본이 독일과 연합해 소련을 협공한다는 계획을 취소하고 미국을 상대로 한 태평양전쟁 준비에 들어간다는 기밀을 빼내 보고했다. 소련은 1941년 10월 초 독일 군대가 모스크바 코앞까지 접근해 왔을 때 조르게의 보고를 믿고 전쟁의 흐름에 결정적인 영향을 미치게 될 대모험을 감행했다. 일본군을 방어하기 위해 동쪽에서 비상대기 중이던 대규모 부대를 서쪽 유럽으로 전격 이동시켜 모스크바 근교에서 전투를 벌이고 있는 독일군을 덮친 것이다. 이로써 소련은 독일에 최초의 패배를 안겨주는 전과를 거두었다.

일본의 정보기관은 '세기의 스파이'를 체포해 놓고도 한동안 조르게의 정체를 파악하지 못했다. 당시 일본인들이 알고 있는 것이라곤 일본에서 꽤 오랫동안 암약해온 거대 첩보조직을 그물에 가뒀다는 정도였다. 일본인들은 조르게의 국적이 독일이기 때문에 당연히 독일의 첩보기관인 '압베르'를 위해 활동했으려니 생각했으나 일본의 우방국인 독일에서는 이런 사실을 완강히 부인했다.

조르게 역시 온갖 고문에도 불구하고 소련과의 연관을 부정하고 소련도 조르게가 자국의 요원임을 부정했다. 그러다가 1942년 6월까지 검거된 30여 명의 조직원과 조르게를 취조한 결과 뜻밖의 결과를 알게 되었다. 조르게가 독일의 적국인 소련을 위해 활동한 스파이였다는 것이다.

1943년 일본은 소련이 체포한 일본의 스파이들과 조르게를 맞교환하자고 모스크바에 제의했으나 소련이 조르게의 존재를 인정하지 않아 성사되지 않았다. 조르게는 소련 혁명기념일인 1944년 11월 7일 오자키와 함께 사형에 처해져 도쿄 땅에 묻혔다. 그의 사후 조르게에 대한 찬사가 이어졌다. '007'의 저자 이언 플레밍은 "역사상 가장 위대한 첩보원"이라고 치켜세우고, 조르게를 기소한 일본인 검사는 "그보다 위대한 인간은 만나보지 못했다"고 찬탄했으며 맥아더 사령관은 "가장 빛나는 첩보원"이라고 칭송했다. 소련은 1964년 조르게에게 소비에트연방 영웅칭호를 수여하며 조르게가 자국의 요원임을 뒤늦게 인정했다.

서정주 첫 시집 '화사집' 발간

한때 교과서에 그의 시가 10편이나 실릴 정도로 국민의 사랑을 한몸에 받은 '국민 시인'이었다.

"시의 정부(政府)", "큰 시인을 다 합쳐도 미당 하나만 못하다", "그가 만지거나 느끼는 것은 모두 시", "단군 이래 최고 시인", "그의 시에 이르러 한국 현대시가 독자적인 시어를 가지게 되었다". 도대체 이런 찬사를 받는 문인이 또 있을까. 서정주(1915~2000)는 우리 민족의 정서를 가장 잘 노래한 서정시의 최고봉이자 문단의 큰 별이었다. 한때 교

서정주(1915~2000)

과서에 그의 시가 10편이나 실릴 정도로 국민의 사랑을 한몸에 받은 '국민 시인'이었다.

서정주는 전북 고창에서 태어나 고향에서 보통학교를 졸업하고 1929년 서울의 중앙고보에 입학했다. 그러나 2학년이던 1930년 광주학생운동 1주년 기념 시위를 주동한 혐의로 기소유예 처분을 받아 학교를 떠나야 했다. 1931년 고향의 고창고보에 편입했으나 그마저도 자퇴하는 등 학교 생활은 평탄치 않았다.

1933년 가을 일본의 톨스토이주의자 하마다 다쓰오가 서울 도화동에 세운 빈민굴에서 잠시 넝마주이를 하는 등 방황기를 보내고 있을 때 박한영 대종사가 그를 문하생으로 받아들였다. 박한영은 안암동 개운사 뒤 대원암에서 서정주에게 불교 경전을 가르치다가 시인이 될 재목임을 간파하고 중앙불교전문학교(동국대 전신)에 입학시켰다. 이때도 서정주는 1년 만에 학교를 그만두었다.

서정주는 1935년 '시건설'지에 '스물세 해 동안 나를 키운 건 팔할이 바람이다'로 널리 알려진 시 '자화상'을 발표함으로써 시인으로 첫발을 내디뎠다. 1936년 1월 동아일보 신춘문예에 시 '벽'이 당선되고 그해 11월 김광균, 김달진, 김동리 등과 함께 창립한 '시인부락' 동인으로 활동하면서 향토적이고 본능적인 생명력을 노래하는 시 세계를 구축했다. 대표작 '화사'가 실린 것도 시인부락 2호였다. 그의 시 작업은 1930년대를 풍미한 김기림·이상 등의 모더니즘은 물론 1920년대 감상적이고 낭만적인 시적 경향과도 일정한 거리를 두었다는 점에서 독보적이고 선구적이었다.

1941년 2월 10일 발간한 첫 시집 '화사집'은 "주체할 수 없는 젊음을 원색적 언어로 토해내고 악마적 관능의 세계를 파고들었다"는 평가를 그에게 선사하며 '한국의 보들레르'란 별칭을 안겨주었다. 문학청년 윤동주가 밤새워 베꼈다는 '화사집'에는 표제시 '화사'를 비롯해 '자화상' 등 모두 24편의 시가 수록되었다. 지금도 전 국민이 애송하는 시의 하나인 '국화 옆에서'는 1947년 11월 9일자 경향신문에 발표되었다.

해방 후 서정주는 극심한 좌우 대결 속에서 순수문학을 내걸고 당시 문단을 주도한 좌파의 조선문학가동맹과 맞섰다. 그의 시적 경향은 6·25 전쟁 후 반공 국시가 더욱 강화되면서 남한 문학사의 주류로 자리 잡았고 이후 교과서에 다수 작품이 수록됨으로써 국민의 보편적 정서에도 상당히 깊숙한 영향을 미쳤다.

도대체 이런 찬사를 받는 문인이 또 있을까

서정주는 말년까지 숱한 명시를 남긴 영원한 현역 시인이었다. 첫 시집 '화사집'으로부터 시작해 '귀촉도'(1948), '서정주 시선'(1956), '신라초'(1961), '동천'(1968), '질마재 신화'(1975) 등을 거쳐 1997년 마지막이자 15번째 시집 '80소년 떠돌이의 시'까지, 시집으로는 15권, 편수로는 미발표작까지 합쳐 1,000여 편의 시를 쓰는 등 왕성한 활동을 펼쳤다. 이 같은 다작은 국내에도 유례가 없고 외국에서도 독일의 괴테나 헤르만 헤세 정도가 있을 뿐이다.

서정주는 이렇게 시로 일가를 이뤘으나 틈만 나면 끝없이 새 길을 찾아 나섰다. '세계 문인 중에서 가장 여행을 많이 해본 사람'임을 자처할 정도로 세계 구석구석을 찾아다녔으며 70대 후반에는 러시아로 잠시 유학을 떠났다. 기억력 감퇴를 막기 위해 세계의 산 이름 1,625개를 매일 아침마다 외우기도 했다. 서정주는 지금까지 해외에 번역된 한국문학 자료 중 가장 많은 나라의 가장 많은 언어로 번역된 기록을 갖고 있다. 노벨문학상 후보로도 여러 번 추천되었다.

"소설에 김동리, 시에 서정주"라는 격찬을 들었지만 그에게는 일제와 독재 권력 주변을 맴돌며 훼절한 문인이라는 비판의 그림자도 드리워져 있다. 1943년 9월 친일 성향의 출판사인 '인문사'에 들어가 친일색이 농후한 문학지 '국민문학'의 편집 일을 도우며 모두 11편의 시, 수필, 소설, 종군기 등을 발표하고 1981년 2월에는 민정당 대통령 후보 전두환을 지지하는 TV 연설을 했다.

서정주는 1992년 월간 '시와 시학'에 "국민총동원령의 강제에 따라 징용에 끌려가지 않기 위해 친일문학을 썼다"며 친일 사실을 솔직히 인정하고 참회했으나 후배들의 따가운 비판은 멈추지 않았다. 서정주의 추천으로 등단하고 서정주를 '시의 정부'라고 치켜세우던 고은 역시 "세상에 대한 수치가 결여된 체질", "실존적 자아의식이나 근대적 역사 사고와는 동떨어져 있다"며 스승의 삶과 시를 총체적으로 비판했다.

그럼에도 불구하고 "토착 정서로 쌓아올린 그의 시적 성취는 이러한 굴절을 상쇄하고도 남는다", "친일의 흠결을 덮고도 남을 만큼 좋은 시를 남겼다"며 존경을 바치는 문인도 많다. 서정주는 2000년 12월 24일 사람들 가슴에 한 송이 국화꽃을 피워놓고 눈을 감았다. 평생을 오누이처럼 해로하던 부인이 별세한 지 두 달여 만이었다. 소설가 이문구는 이렇게 조사(弔詞)를 낭독했다. "그 이상의 무엇을 요구하는 것은 예컨대 오답을 유도하거나 위답을 기대하는 뒤틀린 심사와 무엇이 다르겠나. 어여튼 한 잔 따라 올리겠다."

1942년

조선어학회 사건

노기남 한국인 첫 주교 서품

양주동 '조선고가연구' 발간

_ *오구라 신페이*

엔리코 페르미, 핵분열 연쇄반응 실험 성공

바르바로사 작전과 스탈린그라드 전투

미드웨이 해전

버나드 몽고메리와 알 알라메인 전투

아우슈비츠 강제수용소 독가스 학살

_ *반제 회의*

알베르 카뮈 '이방인' 출간과 카뮈 · 사르트르 논쟁

안네 프랑크와 '안네의 일기'

조지프 슘페터 '자본주의, 사회주의, 민주주의' 출간

조선어학회 사건

우리 민족의 어문운동을 주도해온 조선어 연구의 마지막 보루였다.

1937년 중일전쟁이 발발하자 일제는 조선인을 천황의 백성으로 만들겠다는 이른바 '황민화' 정책을 더욱 강하게 밀어붙였다. 조선어를 선택과목으로 추방하는 제3차 조선교육령 개정(1938.4), 우리 고유의 이름을 말살하는 창씨개명 시행(1940.2), 일제의 식민 지배에 저항하는 이른바 '불령선인(不逞鮮人)'들에 대한 예비검속을 강화하는 '조선사상범 예방구금령' 제정(1941.3) 등 온갖 방법을 동원했다.

이처럼 황민화 정책이 한반도 곳곳을 유린하고 있던 어느 날 함남 홍원군 홍원읍의 한 철도역 대합실에서 친구를 기다리던 일본 메이지대 출신의 박병엽이 반시국적 옷차림을 하고 있다는 이유로 경찰의 검문을 받았다. 일경은 그가 조선말로 대꾸하는 것을 못마땅하게 생각하고 있던 차에 창씨개명까지 하지 않은 것으로 드러나자 꼬투리를 잡기 위해 그의 집을 샅샅이 뒤졌다.

그때 찾아낸 박병엽의 조카(함흥 영생여학교 4학년생 박영옥) 일기장에서 "선생님이 고쿠고(국어)를 상용하는 학생들을 처벌하셨다"는 구절이 발견되자 일경은 국어(일본어)를 사용한 학생을 교사가 벌준 것으로 간주해 한때 이 학교의 교사였던 정태진과 김학준을 배후 인물로 지목했다. 두 사람은 1942년 9월 5일 체포되었다.

김학준은 심훈의 소설 '상록수'의 여자 주인공 채영신의 실제 모델이던 최용신의 약혼자로, 최용신이 죽은 뒤 일본에서 공부하다 돌아와 학생들을 가르쳤다. 정태진은 연희전문을 졸업하고 미국 유학 후 돌아와 영생여

조선어학회 회원들

학교에서 학생들을 가르치다 일제의 조선어교육 폐지에 따라 1941년부터 조선어학회에서 사전 편찬 일을 했다. 정태진이 고문에 못 이겨 "교단에서 민족정신을 고취했다", "조선어학회는 민족주의자들의 단체이고 독립운동을 준비하고 있다"고 허위 자백하자 일제는 이를 구실로 조선어학회를 국체 변혁을 꾀하는 비밀결사 조직으로 규정한 뒤 대대적인 검거에 나섰다.

조선어학회는 1921년에 발족한 조선어연구회가 1931년에 확대 개편된 민간 조선어 연구기관으로 '가갸날' 제정(1926.11), 동인지 '한글' 창간(1927.2), '조선어사전편찬회' 결성(1929.10), '한글맞춤법 통일안' 제정(1933.10), 한글 순회강연(1931~1933), '조선표준말 모음' 발표(1936.10), '외래어표기법 통일안' 발표(1940.6) 등 다양한 활동으로 우리 민족의 어문운동을 주도해온 조선어 연구의 마지막 보루였다.

육전, 해전, 공중전 등 혹독한 고문받아

조선어학회의 이런 활동에도 불구하고 일제는 자신들이 그어놓은 선을 넘지 않는 한 조선어학회의 활동을 용인했다. 조선어사전 편찬 신청도 허가(1940.3)하는 등 크게 문제 삼지 않았다. 학회 회원들도 일경의 감시를 받고 있었기 때문에 겉으로는 조선총독부에 협조하는 듯한 인상을 주도록 애를 썼다. 강제로 실시되는 신사참배, 국방헌금, 근로봉사에도 빠지지 않았다. 그러던 중 1941년 12월 도발한 태평양전쟁으로 일본 전역이 사실상 전시 상태로 돌입하자 일본은 조선어학회에 재갈을 물리는 쪽으로 방침을 바꿨다.

일경은 정태진의 허위 자백을 근거로 조선어학회의 핵심 인물인 이극로, 최현배, 이희승, 정인승, 한징 등 11명을 1942년 10월 1일 서울에서 검거해 함흥경찰서로 압송했다. 1943년 4월까지 전국에서 이런 식으로 체포된 사람이 안재홍, 이인, 이은상, 김도연, 서민호 등 모두 33명이나 되었다. 이 가운데 몸이 아파 누워 있는 권덕규와 안호상, 이미 체포된 정태진과 김학준 등을 제외한 29명이 함흥으로 압송되었다. 사전 원고와 수십만 장의 사전 제작용 자료 카드도 함께 압수되고 백낙준, 곽상훈, 방종현 등 48명은 증인으로 끌려가 신문을 받았다.

경찰 조사 후 최종적으로 기소되어 예심에 회부된 사람은 모두 16명이었다. 일제는 이들에게 치안유지법 제1조 내란죄를 적용했다. 기소장에서 일제는 사전 원고에 수록된 태극기, 대한제국, 이왕가, 대궐, 무궁화, 단군 등에 대한 주석도 불온하고 반국가적이라고 강변했다. 심지어는 경성(서울)에 대한 주석이 일본의 수도인 도쿄보다 몇 배나 길고 자세하다는 것까지 트집을 잡았다. 따라서 이런 사전을 편찬하는 것은 독립 쟁취의 수단이자 반국가 사상의 표현이라며 내란죄 적용을 정당화했다.

검거된 회원들은 육전, 해전, 공중전으로 불리는 혹독한 고문을 받았다. 이 때문에 이윤재(1943.12.8)와 한징(1944.2.22)은 예심 결과가 나오기 전 옥사했다. 일제는 1944년 9월의 예심 후 12명을 정식 재판에 회부했다. 함흥지법은 1945년 1월 16일 이극로(징역 6년), 최현배(4년), 이희승(2년 6개월), 정인승(2년), 정태진(2년) 등 5명에게 징역형을 선고했다. 김법린, 이인, 이중화, 이우식, 김양수, 김도연, 장현식 등 7명은 집행유예로 풀려났다.

징역형이 선고된 5명 중 형기가 얼마 남지 않은 정태진(1945.7.1 석방)을 제외한 4명은 바로 항소했으나 경성고등법원이 1945년 8월 13일 항소 기각 판결을 내려 감옥에서 나오지 못했다. 이틀 후 8·15광복으로 풀려나긴 했으나 이들의 관심은 자신들의 석방이 아니라 일경이 증거물로 압수한 사전 원고의 행방이었다. 다행히 1945년 9월 8일 서울역 창고에서 원고가 발견되어 사전은 1947년 제1권을 시작으로 1957년까지 총 6권으로 출판되었다.

노기남 한국인 첫 주교 서품

"피아트 볼룬타스 투아(주여, 당신의 뜻대로 하소서)"라고 되뇌면서 마지못해 받아들였다.

노기남(1901~1984) 신부는 일제하에서 한국인 최초의 주교로 임명되어 1967년 서울대교구장에서 은퇴할 때까지 격동기 한국 천주교의 기틀을 잡은 초석이자 우리 현대사의 생생한 목격자였다. 노기남은 3대째 천주교를 믿는 집안의 11남매 중 막내로 평북 평양에서 태어났다. 서당 공부를 하던 그가 프랑스 신부가 운영하는 서울 원효로의 성심신학교에 입학한 것은 16세 때인 1917년 9월이었다. 노기남은 12년간의 교육과정을 마치고 1930년 10월 26일 사제로 서품되는 동시에 종현성당(현 명동성당)의 보좌신부로 부임했다. 그는 동기 신부들이 몇 년 동안 보좌신부를 하다가 주임신부가 되는 것과 달리 1942년까지 12년 동안 보좌신부로 봉직하며 천주교 내 각종 단체 활동을 병행했다.

당시는 신사참배 강요 등 일제의 종교 탄압이 노골화될 때였다. 조선천주교회가 신사참배를 할 것인지 말 것인지 여부로 골머리를 앓고 있을 때 1936년 5월 로마 교황청이 신사참배를 해도 좋다고 훈령을 내려 국내 천주교계의 고민을 덜어주었다. 이후 조선 천주교는 성직자와 신도의 신사참배를 허용한 것은 물론 일제의 전쟁 승리를 기원하는 미사를 거행하고 국방헌금을 걷었으며 신도를 상대로 시국강연도 했다.

노기남 보좌신부 역시 예외가 아니었다. 1940년 11월부터는 일제가 제정한 국가총동원법에 의거해 설립된 국민정신총동원 조선연맹 산하 천주교 경성대목구(代牧區)연맹 이사장으로 활동했다. 대목구란 임시 교구를 말하는 것으로 우리나라는 1831년 9월 조선교구가 설치된 후 1911년 서울과 대구가 대목구가 된 것을 시작으로 1960년대 초까지 원산, 연길(간도), 평양, 함흥, 춘천, 부산, 광주, 전주, 청주, 대전, 인천 등 모두 13곳에 대목구를 두었다.

노기남 신부(1901~1984)

일제는 1941년 12월 태평양전쟁을 도발한 후 천주교를 완전히 장악하기 위해 조선에서 활동 중인 외국인 대목구장을 모두 일본인으로 교체하는 계획에 착수했다. 그 일환으로 평양의 대목구와 춘천·광주의 지목구(知牧區·대목구보다 작은 준교구)에서 사목하던 외국인 선교사들을 적국의 국민이라는 이유로 체포·구금했다.

이런 상황에서 프랑스 출신의 라리보(한국명 원형근) 경성대목구장은 일제가 경성대목구에까지 손을 뻗치기 전 미리 조선인을 대목구장으로 임명해야 일본인을 대목구장으로 세우려는 일제의 계략을 막을 수 있다고 판단했다. 라리보가 염두에 둔 인물은 12년 동안 종현본당에서 사목을 하고 대목구장인 자신을 보좌해 경성대목구의 전반적인 상황을 누구보다도 잘 파악하고 있는 노기남이었다.

라리보는 로마 교황청에 노기남을 경성대목구장으로 임명해줄 것을 비밀리에 요청했다. 로마 교황청은 노기남을 경성대목구장 겸 평양대목구장·춘천 지목구장 서리로 임명했다. 노기남은 예상치 못한 교황의 결정을 완강하게 사양했으나 라리보의 거듭된 요청을 거절할 수 없어 라틴어로 "피아트 볼룬타스 투아(주여, 당신의 뜻대로 하소서)"라고 되뇌면서 마지못해 받아들였다.

노기남은 1942년 1월 18일 경성 대목구장 서리에 착좌하고 1942년 11월 10일 경성대목구장으로 정식 임명되어 12월 20일 취임했다. 이로써 그는 1831년 조선교구가 설정된 이래 한국인 최초이자 조선 천주교의 10번째 경성대목구장이 되었다.

격동기 한국 천주교의 기틀을 잡은 초석이자 생생한 목격자

해방 후에는 미 군정, 우익 정치 지도자들과 우호적인 관계를 형성했다. 미 군정의 의뢰를 받아 작성한 이른바 '노기남 메모랜덤'이라는 정부 보직 적격자 명단을 미 군정에 제출해 미 군정의 원활한 통치도 뒷받침했다. 신학교 시절 잠시 그를 가르친 장면에게는 1946년 2월 미 군정의 자문기관인 '민주의원', 입법기관인 '남조선 과도정부 입법의원'에 천주교 대표로 참여할 것을 적극 권유했다. 1948년 5월의 첫 총선거 때도 출마를 권유해 장면은 서울 종로을에서 제헌의원으로 당선되었다.

1946년 10월에는 공산당이 위조지폐를 찍던 조선정판사를 불하받아 경향신문을 설립하고 10월 6일 창간호를 발행했다. 경향신문은 처음 3만 부를 찍었으나 한 달도 안 되어 발행부수가 5만 부를 넘을 정도로 인기가 있었다. 경향신문은 사시로 시시비비를 표방했으나 실질적으로는 반공지를 자임했다.

1948년 8월 대한민국 정부가 수립된 후에는 반공과 친미를 공유하는 이승만과 긴밀한 관계를 맺었다. 교황 비오 12세 알현을 위해 로마 교황청을 방문할 때 일어난 6·25전쟁 때는 주불대사 교체로 공백 상태가 된 주불대사관에서 사실상 대사 역할을 하며 우방국의 참전을 끌어냈다. 1950

년 9월 귀국 후에는 "신자여! 멸공에 총궐기하라"며 천주교 신자들에게 반공 투쟁에 나설 것을 호소하고 순교 정신을 강조했다. 이런 그의 영향을 받아 천주교회는 종교단체이면서 강력한 반공단체 역할을 했다.

해방 이후 6·25 전쟁기까지 일관되게 취한 반공, 친미, 친이승만, 친유엔 태도는 천주교회의 중립적이고 초월적 태도를 약화시키고 정치 이슈에 민감한 단체로 만들었다. 다만 친이승만적 태도는 1952년 부산정치파동을 기점으로 장면과 이승만의 사이가 틀어진 후 반이승만으로 태도가 바뀌었다. 이승만 역시 노기남뿐만 아니라 천주교에 대해서도 비판적 태도를 취했다. 로마 교황청에 "노기남은 정치 주교이니 갈아치우라"고 편지를 보내기도 했다. 이 때문에 교황청으로부터 "정치에 너무 관심을 쓰지 말라"는 충고를 들어야 했다.

한국 천주교에 1962년 3월 24일은 경사스러운 날이었다. 대목구가 정식 교구로 승격되고 같은 날 서울, 대구, 광주교구가 대교구로 승격되었기 때문이다. 노기남(서울), 서정길(대구), 헤럴드 헨리(광주)도 대주교로 승품하는 겹경사를 맞았다. 노기남은 1967년 3월 서울대교구장 직을 비롯한 모든 천주교 요직을 내려놓은 뒤 성 라자로 마을에서 기거하다가 1984년 6월 25일 선종했다.

양주동 '조선고가연구' 발간

어려서는 신동, 중동학교에서는 선생을 앞지른 천재, 와세다대에서는 기인으로 통했다.

양주동(1903~1977)은 국문학자, 영문학자, 시인, 수필가, 문학평론가 등으로 이름이 널리 알려진 자칭 '인간 국보'다. "우리나라 재주를 통틀어 10섬이라면 6섬은 이광수가 가졌고 1섬은 내가 갖고 있으며 나머지 3섬은 3,000만 국민이 나눠 가졌다"고 호언장담한 그는 어려서는 신동, 중동학교에서는 선생을 앞지른 천재, 와세다대에서는 기인으로 통했다.

양주동은 경기도 개성에서 태어나 1914년 평양고보에 입학했으나 1년 만에 그만두고 5~6년간 한학과 한시를 공부했다. 1920년 입학한 서울의 중동학교에서는 1년 만에 전 과정을 마치고 1921년 일본 와세다대 불문과에 입학했다. 손진태, 이장희 등 와세다대 동문 유학생들과 한국 최초의 시지(詩誌) '금성'을 발간한 것은 대학생이던 1923년 11월이었다. 1925년 영문과로 전공을 바꿔 1928년 와세다대를 졸업한 뒤에는 평양의 숭실전문학교에서 조선어와 영문학을 가르치며 문학평론지 '문예공론'(1929), 시집 '조선의 맥박'(1930)을 간행하는 등 시와 평론에서 활발한 활동을 펼쳤다.

그러던 어느날 도서관에서 경성제국대 교수 오구라 신페이의 논문 '향가 및 이두의 연구'(1929)를 보게 되었다. '삼국유사'에 실린 향가 14수와 '균여전'의 11수 등 향가 25수 전부를 한국인도 아닌 일본인이 처음 해독했다는 사실에 양주동은 처음엔 경탄을, 다음엔 비분을 느꼈다. 오구라는 이 논문으로 일본의 학사원상과 천황상을 받았다.

양주동은 조선어에 서툰 일본인이 향가 전체 해석을 시도함으로써 고대 조선어와 조선어 방언 등 조선어학 발전에 크게 기여했다는 사실을 참을 수 없었다. 그러나 서구 문학을 연구한 양주동에게 관련 자료가 있을 리 없었다. 양주동은 1935년 숭실전문학교에서 열릴 예정인 고서 전시회를 이용했다. 전시 명목으로 장서가들로부터 자료를 빌려와 해독하거나 필사한다는 생각이었다. 양주동은 이희승, 이병기, 방종현 등 당대 석학들을 일일이 찾아가 고서 전시회 명목으로 자료들을 빌렸다. 전시회 후 자료들을 되돌려주어야 했으나 차일피일 미루면서 침식도 잊은 채 고가

(古歌) 해독에 빠졌다.

양주동은 향가 25수를 여러 장 베껴 안방, 건넛방 대청 심지어는 화장실 벽에다 붙여놓고 자나깨나 오며가며 향가 풀이에 골몰했다. 그 결과가 1937년 '청구학총' 19호에 실린 '향가 해독, 특히 원왕생가에 취하여'라는 논문이었다. 일본인 학자들이 주관하는 '청구학총'에 논문을 실었다는 것은 오구라 신페이에 대한 도전이었고, 조선어가 아닌 일본어로 논문을 썼다는 것은 일본인이 우리의 고가를 일본어로 주석한 오기에 대한 반박이었다.

양주동(1903~1977)

양주동의 해독은 정확성, 문학적 감성, 논리의 완벽성에서 오구라의 그것을 압도했다. 1937년은 양주동이 12살 때 돌아가신 어머니를 그리며 노랫말을 만든 "낳실 제 괴로움 다 잊으시고…"로 시작하는 '어머니의 마음'이 작곡가 이흥렬의 곡과 짝을 이뤄 전국으로 널리 퍼진 해이기도 했다.

"100년 뒤에 남을 책은 오직 이 한 권뿐"

1938년 숭실전문학교가 폐교되자 양주동은 1940년 서울의 경신학교로 전직하고 그해 10월 '사뇌가전주'(나중에 '조선고가연구'로 개칭) 원고를 완성했다. 워낙에 전문서적이다 보니 한동안 출판사를 찾지 못하다가 박문서관 주인의 도움을 얻어 어렵게 출판했다. 원고는 활자 숙련공도 하루 몇 면밖에 짜지 못할 정도로 복잡하고 어려웠다.

이런 과정을 거쳐 1942년 출판한 것이 '사뇌가전주' 즉 '조선고가연구'다. 이로써 양주동은 우리나라 사람으로는 최초로 향가 25수 전체를 해독한 불후의 업적을 남긴 학자로 기록되었다. 양주동은 '조선고가연구' 첫머리에 일본의 연호를 쓰지 않고 '경진(庚辰)'이라고 썼다. 또 음력 10월을

'소춘'이라고 썼는데 이는 '조선고가연구'로 우리 민족문화에 봄이 왔다는 의미였다.

최남선은 조선고가연구를 보고 "앞으로 100년 뒤에 남을 책은 오직 이 한 권뿐"이라고 극찬했다. 양주동 자신도 훗날 "키 높이에 이르는 많은 저술이 있지만 약간의 시문학을 제외하고 후세에 전할 만한 전문 저서는 조선고가연구와 여요전주"라고 술회한 바 있다. '여요전주'는 조선고가연구의 속편 격으로 1947년 을유문화사에서 발간된, 악학궤범과 악장가사에 전하는 고려가요 16편을 논증 주석한 양주동의 또 다른 명저다. 여요전주는 1939년 6월부터 1940년 7월까지 동아일보에 연재된 것으로 신문 연재 당시 "담당 기자, 문선공, 교열부원, 필자만이 읽는 연재"라는 악평이 나돌 정도로 내용이 난해했다.

양주동은 1947년 동국대 교수로 부임해 언젠가부터 스스로를 '인간 국보'로 자처했다. '인간 국보'가 널리 알려진 것은 1963년부터 장장 17년 동안 인기리에 방송된 동아방송의 라디오프로그램 '유쾌한 응접실'에 단골 손님으로 출연, 자신을 '인간 국보'라고 칭하면서였다. 그래도 그의 천재성과 재치와 유머를 누구나 다 인정했기 때문에 거부감을 드러내는 사람은 없었다.

오구라 신페이 향가는 한국 고대 문학의 백미다. 그러나 부끄럽게도 향가를 처음 해독한 연구자들은 일본인이었다. 일본인 아유가이 후사노신은 처용가, 서동요, 풍요 3편을 해독하고 1923년 '조선사강좌'에 이를 소개함으로써 향가 연구의 효시를 이뤘다. 그 뒤를 이은 인물이 오구라 신페이(1882~1944)다. 그는 일본 미야기현 센다이에서 태어나 1906년 도쿄제국대 언어학과를 졸업했다. 이후 대학원을 마치고 도쿄제국대 국어연구실에서 조수로 활동하다가 1911년 조선총독부 학무국 편집서기로 조선 땅을 처음 밟았다.

1917년부터는 경성고보 교사와 경성의학전문학교 교수로 활동하고 1919년 조선총독부의 교과서 편수관으로 임명되어 '조선어사전' 편찬에 참여했다. '조선어학사'(1920), '일본어와 조선어 발음 개설'(1923) 등을 저술해 조선어 연구에 깊숙이 발을 들여놓은 그가 특히 관심을 쏟은 분야는 조선의 방언이었다.

오구라는 스스로 유별나다고 말할 정도로 방언에 열정을 쏟아부었다. 틈틈이 조선 8도를 돌며 방언을 채집·연구했다. 그는 조선의 방언을 경기 방언(경기·강원·충청·황해), 경상 방언(경상도와 강원도 일부), 전라 방언(금산과 무주를 제외한 전라도), 제주 방언, 평안도 방언, 함경도 방언 등 6개 지역으로 구분했다. 방언 연구는 '남부조선의 방언'(1924), '영서 방언'(1928), '평안남북도 방언'(1929), '함경남도 및 황해도 방언'(1930), '제주도 방언'(1931) 등의 저서로 결실을 이뤘다. 그의 방언 연구는 향가와 이두 문자 연구로 확대되었다.

오구라는 1926년 경성제국대 법문학부 조선어 담당 교수가 되어 이희승, 이숭녕, 김사엽 등의 국어학자들을 가르치면서 1927년 향가 연구로 문학박사 학위를 취득했다. 1929년에는 그해 2월 간행된 '경성제국대 법문학부 기요(紀要)' 제1호에 '향가 및 이두 연구' 논문을 발표해 향가 연구의 개척자로 인정을 받았다.

'삼국유사' 향가 14수와 '균여전' 향가 11수 등 현전하는 향가 전체에 대한 그의 해석은 고대 조선어와 방언 등 조선어학 발전에 크게 기여했다. 그러나 오늘날의 안목에서 보면 오구라의 연구 결과에는 많은 허점과 결함이 있다. 그가 해독의 기준으로 제시한 원칙들도 잘 지켜지지 않고 있다. 그럼에도 조선어 감각이 떨어지는 외국인이 그 정도의 연구를 했다는 것은 획기적인 업적이 아닐 수 없다. 논문에는 한자의 음훈을 빌려 일본어를 표기한 일본의 '만요가나'가 "이두의 영향을 받았다"는 연구 결과도 수록되었다.

오구라는 1933년 도쿄제국대로 자리를 옮겼으나 경성제국대의 겸임교수를 유지하며 조선을 수시로 방문해 연구를 심화시켰다. 1935년 4월 향가와 이두 연구에 관한 공로를 인정받아 '제국학사원 은사상'을 받고 1943년 3월 정년 은퇴했다. 1930년대 후반 일본 정부가 황민화 정책의 일환으로 일본어 사용을 강제했을 때는 반대하는 입장을 취했다. 다만 일본과 조선의 우열 관계를 전제로 해, 우수한 문화를 가진 언어가 문화적으로 뒤처진 민족 속에 저절로 흘러들어간다는 관점은 포기하지 않았다.

엔리코 페르미, 핵분열 연쇄반응 실험 성공

느린 중성자가 핵반응에 효과적이라는 사실을 발견한 공로로 노벨 물리학상을 받았다.

어니스트 러더퍼드의 원자핵 규명(1911), 제임스 채드윅의 중성자 발견(1932), 이렌 졸리오 퀴리 부부의 인공방사능 발견(1934) 후 세계 핵물리학계는 원자핵을 연구하는 데 거침없는 행보를 보였다. 그 중 대표 주자는 이탈리아 물리학자 엔리코 페르미(1901~1954)였다.

페르미는 신동이었다. 전국에서 가장 총명한 40명의 학생만 입학할 수 있는 이탈리아 피사대의 고등사범학교를 졸업하고 1922년 피사대에서 물리학 박사학위를 취득했다. 그 후에도 독일의 괴팅겐대, 네덜란드의 레이던대에서 박사 후 연수를 통해 현대 핵물리학의 급격한 발전을 체험하고 앞선 이론을 습득했다. 1925년 전자, 중성자, 양성자, 중성미자와 같은 입자들의 속성을 계산하는 '페르미-디랙 통계'로 이름을 널리 알리고 1926년 로마대 교수로 임용되었다.

페르미는 새롭게 각광을 받고 있는 원자핵 실험 분야에 관심이 많았다. 이런 그에게 영국의 물리학자 제임스 채드윅이 중성자를 발견했다는 소식이 전해진 것은 1932년이었다. 채드윅의 이론에 따르면 중성자는 전하를 띠지 않으므로 (+) 전하를 띤 원자핵 내부를 마음대로 출입할 수 있다. 따라서 중성자는 원자핵 속에서 일어나고 있는 현상을 알아낼 수 있는 유일한 열쇠가 된다. 채드윅은 원자를 향해 열심히 중성자를 발사했지만 원자핵 속으로는 침투시키지 못했다. 대신 채드윅의 중성자 발견은 전 세계 물리학자들의 연구욕을 자극했다.

엔리코 페르미(1901~1954)

1934년 2월에도 페르미를 흥분하게 하는 소식이 전해졌다. 이렌 졸리오 퀴리 부부가 폴로늄에서 방출되는 양전하를 띤 헬륨 원자핵인 알파 입자를 원소에 충돌시켜 인공방사능을 발견했다는 발표였다. 페르미는 어떻게 하면 인공방사성 원소를 더 효율적으로 만들 수 있는지를 고민한 끝에 중성자를 원자핵과 충돌시켜 인공방사능을 만드는 실험에 착수했다.

페르미는 가장 가벼운 수소 원자를 과녁으로 삼아 중성자를 충돌시켰으나 인공방사능은 방출되지 않았다. 주기율표를 따라 차례로 더 무거운 원소를 과녁으로 삼아 실험을 해보았지만 번번이 실패했다. 그러다가 1934년 3월 중성자를 불소(원자번호 9) 원자핵에 충돌시켰을 때 불소가 방사능을 지닌 질소(원자번호 7)로 바뀌는 변화가 일어났다.

1934년 5월에는 원자번호가 92인 우라늄으로 실험했다. 가장 무거운 우라늄에 중성자를 충돌시키자 주기율표상에서 우라늄 위에 자리할 새로운 방사성 원소인 이른바 '초(超)우라늄' 원소가 하나 이상 만들어지는 것으로 나타났다. 사실 그것은 초우라늄 원소를 만든 것이 아니라 우라늄

핵을 쪼개는 것이었지만 당시 페르미는 이 사실을 알지 못했다.

인류 역사상 최초로 '원자 불' 점화에 성공

페르미의 위대한 발견은 계속 이어졌다. 그 무렵 과학자들은 중성자를 원자핵 속으로 침투시키기 위해 강한 힘으로 중성자를 발사하는 실험을 반복했다. 그러나 페르미는 1934년 10월 중성자를 파라핀에 통과시켜 감속시킨 뒤 느린 속도로 발사해야 중성자가 원자 내부를 통과할 때 머무는 시간이 길어져 그만큼 원자핵과 충돌할 가능성이 높고 충돌의 결과로 핵반응이 일어난다는 사실을 밝혀냈다. 페르미는 그것이 장차 원자폭탄 개발에 결정적인 역할을 할 거라는 것은 꿈에도 생각하지 못했다. 하지만 다른 과학자들이 중요성을 입증해 4년 뒤 노벨 물리학상을 받았다.

페르미는 1938년 12월 스웨덴 스톡홀름에서 노벨상을 받자마자 이탈리아로 돌아가지 않고 미국으로 망명을 시도해 1939년 1월 2일 미국 땅을 밟았다. 무솔리니가 히틀러의 인종차별법을 흉내내 위기에 놓인 유대인 아내를 위해 조국을 등진 것이다. 페르미가 미국으로 건너가고 있던 1938년 12월 말 독일 베를린의 카이저 빌헬름연구소에서 오토 한과 프리츠 슈트라스만, 그리고 유대인이라는 이유로 독일에서 쫓겨나 스웨덴의 스톡홀름에서 연구에 참여해온 오스트리아의 여성 물리학자 리제 마이트너가 페르미의 연구결과를 토대로 우라늄의 원자핵을 분열시키는 데 성공했다. 이 사실은 1939년 1월 6일 학계에 보고되었고 페르미는 이를 미국에서 들었다.

2차대전을 앞두고 국제 정치상황이 급박하게 돌아가는 가운데 독일이 먼저 우라늄의 핵분열에 성공했다는 소식은 서방의 과학자들을 긴장시켰다. 특히 나치즘과 파시즘을 피해 미국으로 망명한 유대인 물리학자들이 그런 가능성을 가장 우려했다. 1939년 9월 결국 2차대전이 발발하자 헝가리 출신의 망명 과학자 레오 실라르드가 작성하고 역시 미국으로 망명한 알베르트 아인슈타인이 서명한 핵무기의 위험을 경고하는 편지가 10월 11일 루스벨트 대통령에게 전달되었다. 1941년 8월 말 영국도 핵폭탄을 개발하기로 했다는 사실이 루스벨트에게 보고되자 루스벨트는 개발을 더 이상 늦출 수 없다고 판단해 1941년 10월 9일 핵무기 개발을 승인했다. 역사상 유례가 없는 '맨해튼 프로젝트'가 시작된 것이다.

"이탈리아 항해자가 방금 신세계에 상륙했습니다"

1942년 3월, 미 정부는 핵분열의 연쇄반응에 관한 모든 연구를 '야금연구소'라는 암호명 아래 통합했다. 연구는 페르미 책임하에 시카고대에서 비밀 프로젝트로 진행되었다. 점차 핵분열 물질은 우라늄238이 아니라 0.7%뿐인 우라늄235이고, 핵분열 시 나오는 중성자 속도가 너무 빨라 흑연 같은 감속재가 필요하고, 중성자를 자유롭게 제어할 흡수재가 필요하다는 점 등 많은 연구가 이뤄졌다.

이제 남은 과제는 실험으로 이것을 증명하는 것이었다. 페르미는 시카고대에 흑연 블록을 쌓아올려 핵분열 실험을 위한 대규모 '시카고 파일-1(CP-1)'을 만들었다. '원자로'라는 용어가 없을 때여서 '파일'로 불렸다. 좌우 폭이 7.5m, 높이가 6m에 달하는 'CP-1'은 시카고대 스쿼시 경기장에 세워졌다. 파일에는 감속재로 쓰일 흑연 벽돌 400톤, 카드뮴 제어봉 45톤, 우라늄 금속 6톤 등이 57층까지 쌓아올려졌다. 농축우라늄을 넣을 구멍도 2만 2,000개나 되었다.

계속된 실험 끝에 핵분열의 연쇄반응이 일어난 것은 1942년 12월 2일 오후 2시 20분이었다. 28분 만에 중단시켰지만 제어된 연쇄반응의 세계 첫 성공이었다. 이때 얻은 에너지는 0.5W에 불과했으나 인류가 새롭게 얻은 에너지원이었고, 인류 역사상 최초로 점화한 원자 불이었다. 야금연구소장이 곧 정부 최고책임자에게 전화로 보고했다. "이탈리아 항해자가 방금 신세계에 상륙했습니다." 1933년에 핵 연쇄반응이라는 개념을 처음으로 제시한 레오 실라르드는 페르미와 악수하며 이렇게 말했다. "오늘은 인류 역사상 비운의 날로 기록될 것입니다."

이후 '원자폭탄의 아버지'로 불리게 된 페르미의 이름은 곳곳에 새겨졌다. 에너지 개발과 생산에 업적을 이룬 과학자에게 주는 상에 '페르미상'이라는 이름이 붙여졌고 원자번호 100번 원소는 그를 기려 '페르뮴'으로 명명되었다. 우주를 떠도는 중성자, 양성자, 전자 등도 '페르미온'이라 불린다.

바르바로사 작전과 스탈린그라드 전투

더 이상 먹을 것이 없으면 친구라도 잡아먹어야 하는 것이 독재자들의 생리였다.

히틀러가 2차대전을 일으키기 1주일 전인 1939년 8월 23일 독일과 소련은 상호 불가침조약을 체결해 서로의 잇속을 챙겼다. 독일은 소련이 버티고 있는 동부전선을 안정시킨 뒤 서유럽을 공략할 수 있었고, 소련은 독일이 서유럽을 휩쓰는 사이 폴란드 동부지역과 발트해 연안국을 수중에 넣을 수 있었다. 하지만 더 이상 먹을 것이 없으면 친구라도 잡아먹어야 하는 것이 탐욕스러운 독재자들의 생리였다.

히틀러는 폭격으로 영국을 굴복시키려 했으나 뜻대로 되지 않자 영국을 점령하는 것은 뒤로 미루고 야망을 동쪽의 소련으로 돌렸다. 속내를 드러내기에 앞서 이탈리아·일본과 3국 동맹을 체결(1940.9.27)한 히틀러가 '바르바로사 작전'으로 명명된 소련 침공을 결심한 것은 1940년 겨울이었다. '바르바로사'는 독일인이 가장 존경하는 12세기 신성로마제국의 황제 프리드리히 바르바로사에서 땄다.

독일군의 바르바로사 작전 루트

독일군 160만 대군이 유럽 대륙을 가로질러 소련으로 진군한 것은 1941년 6월 22일이었다. 그날은 과거 나폴레옹이 러시아를 침공한 날로부터 정확히 129년이 되는 날이었다. 독일군은 남북으로 1,800km나 되는 전선을 3개 방면군으로 나누어 돌파했다. 레닌그라드(북쪽), 모스크바(중앙), 키예프를 거쳐 캅카스(남쪽) 유전지대를 향해 빠른 속도로 돌진하며 그들을 가로막는 소련군의 방어벽을 무너뜨렸다.

특히 민스크와 스몰렌스크를 거쳐 모스크바로 진군한 중앙 방면군의 활약이 눈부셨다. 7월에만 10만 명의 소련군을 생포하고 다량의 장비를 노획했다. 반면 북부 지역의 레닌그라드는 소련군의 조직적인 방어에 가로막혀 쉽게 점령하지 못했다. 남부 방면군의 진군 속도 역시 기대에 미치지 못했다. 히틀러가 갑자기 모스크바 진격을 중단시킨 것도 3개 방면군의 진격 속도를 맞추기 위해서였다. 소련군으로서는 이런 행운이 없었다. 독일군이 공격을 재개할 때까지 6주 동안 참호를 파 방어선을 구축하고 시베리아의 노련한 병력을 전선에 재배치했다.

9월 30일 재개된 독일군의 공격은 여전히 맹렬했다. 12월 1일에는 모스크바 전방 30km 앞까지 전진했다. 그러나 승리의 여신은 과거 나폴레옹을 외면했듯 이번에는 히틀러를 외면했다. 누적되는 피로와 살을 에는 듯한 혹한에 독일군이 지칠 대로 지쳐갈 즈음인 12월 6일 게오르기 주코프

대장이 지휘하는 소련군 100개 사단이 반격을 개시해 히틀러의 야망을 물거품으로 만든 것이다.

전선의 종심(縱深)과 비례해 길어지는 보급선의 길이, 그에 따른 전술 운용의 한계도 독일군을 무력화시켰다. 결론은 퇴각뿐이었다. 히틀러는 "한 치도 물러서지 말라"고 경고했으나 소련 붉은 군대의 반격에 속수무책으로 당하는 것을 인정할 수밖에 없어 결국 후퇴를 승인해야 했다. 전선이 소강상태로 접어든 1942년 5월까지 독일군의 사상자는 100만 명이나 되었다. 붉은 군대의 피해는 더 컸다. 400만 명의 사상자에 1만 5,000대의 장갑차량과 9,000기의 항공기를 잃었다.

히틀러와 스탈린 두 독재자 간의 자존심과 인내력의 대결장

소련군이 막아냈다는 사실만으로도 잠시 안도하고 있을 때 독일군의 대규모 공격이 또다시 시작되었다. 이번에는 모스크바가 아닌 남쪽의 스탈린그라드(현재 볼고그라드)가 표적이었다. 히틀러에게 결정적인 패배를 안겨준 이 전투야말로 2차대전의 전환점이자 승패를 가른 분수령이었다. 서방 국가들은 노르망디 상륙작전(1944.6)을 2차대전의 최대 승부처로 삼고 있으나 사실 노르망디 전투는 2차대전의 승리에 쐐기를 박았을 뿐 대세는 이미 스탈린그라드 전투에서 판가름이 난 상태였다.

독일의 남부 방면군이 겨냥한 곳은 소련 석유 공급량의 90% 이상을 담당하는 캅카스였다. 스탈린그라드는 그 길목에 있었다. 볼가강을 따라 30km나 뻗어 있는 인구 50만 명의 이 도시는 거대한 공장들이 즐비한 산업단지를 포함하고 있었다. 그래도 스탈린그라드는 캅카스에 비하면 전략적으로 중요하지 않아 히틀러의 당초 구상은 점령은 하지 않고 폭격으로만 산업시설을 파괴한다는 것이었다.

그러나 스탈린그라드의 방어가 허술하다는 사실을 알게 되자 스탈린의 이름을 딴 상징적인 도시를 점령하겠다는 정치적 과욕에 빠졌다. 스탈린 역시 자신의 권위를 상징하는 이 도시를 그냥 내줄 수 없어 철저 항전을 명령했다. 스탈린그라드는 이렇게 히틀러와 스탈린 두 독재자 간의 자존심과 인내력의 대결장이 되었다.

독일군은 프리드리히 파울루스 대장 지휘하에 1942년 6월 28일 대규모 공세를 감행했다. 8월 23일부터 1주일 동안은 융단폭격으로 도시를 초토화했다. 이 폭격으로 4만 명의 시민이 죽었다. 파울루스는 히틀러에게 곧 스탈린그라드가 함락될 것이라고 보고하면서도 내심 걱정되는 부분이 있었다. 그것은 스탈린그라드의 북서쪽과 남쪽을 지키는 독일군이 훈련도 부실하고 의욕도 없는 이탈리아·헝가리·루마니아 등 위성국가들의 병사들이라는 사실이었다.

독일군은 9월 13일 스탈린그라드 중심부에 진입했으나 전혀 예상치 않은 상황에 직면했다. 그때까지 한 번도 경험해보지 못한 격렬한 시가전이었다. 위아래층에서 전투가 벌어지는가 하면 보이지 않는 소련 저격병들이 창문, 고가철도, 돌더미 속 개인호에서 독일군에 총탄을 퍼부었다. 밤마다 저격병들이 도시 하수도와 지하터널을 따라 소리 없이 새로운 위치로 이동해가며 독일군을 괴롭혔다. 독일군은 이 전투를 '쥐의 전쟁'이라고 불렀다. 그래도 독일군은 막강한 화력으로 9월 말 스탈린그라드 시청사에 독일 국기를 게양하고 도시의 90%를 장악했다.

승자·패자 모두에게 참혹함으로 기록된 전투

하지만 전투가 완전히 끝난 것은 아니었다. 당시 스탈린그라드를 방어하는 소련의 지휘관은 바실리 추이코프 대장이었다. 그는 시가전으로 시간을 끌며 기회를 노렸다. 조급해진 히틀러는 파울루스에게 10월 20일까지 도시를 점령하라고 명령했다. 독일군은 10월 중순의 총공격으로 4일

동안 소련군 1만 3,000여 명을 사살했다. 그런데 그즈음 스탈린그라드에 쏟아지던 가을비가 눈으로 변하고 가혹한 소련의 겨울이 다가왔다.

11월 중순 파울루스는 또다시 대규모 공격을 감행했으나 그즈음 파울루스가 우려했던 일이 마침내 벌어졌다. 스탈린그라드 외곽에 있던 소련군이 측면에서 대규모 반격을 시작하더니 스탈린그라드 북서쪽에 있는 이탈리아군과 루마니아군 방어선을 무너뜨리고 전선의 서쪽으로 치고 들어와 독일군을 역포위한 것이다.

파울루스는 포위망을 벗어나 서쪽 160km 지점으로 철수하도록 히틀러에게 허락을 구했으나 히틀러는 "공수로 지원하겠다"며 철수 불가를 명령했다. 그러나 공수작전은 처음부터 차질을 빚었다. 매일 500톤이 필요했으나 일평균 100톤만 공수하는 데 그쳤다. 12월 초부터 독일군들이 굶어 죽기 시작하자 히틀러는 에리히 폰 만슈타인 육군 원수를 파견해 파울루스와 합류하도록 했다. 하지만 만슈타인 구원군은 소련군의 강력한 저항에 밀려 스탈린그라드로 진입하지 못하고 파울루스더러 그곳에서 탈출해 자신들이 주둔하고 있는 곳으로 오라고 요구했다.

그러나 파울루스는 포위망을 빠져나오지 못해 1943년 1월 31일 "그 보헤미안 놈(히틀러)을 위해 권총 자살할 생각은 조금도 없다"며 항복했다. 이틀 뒤인 2월 2일 마지막까지 저항하던 나머지 독일군도 전투를 포기함으로써 스탈린그라드 전투는 대단원의 막을 내렸다. 히틀러는 파울루스가 항복하기 하루 전 "독일 육군에서 이제껏 단 한 사람의 원수도 포로가 된 적이 없다"는 사실을 상기시키며 파울루스를 원수로 승진시켰으나 파울루스는 백기를 선택했다.

160일간 독일군 22개 사단과 소련군 20개 사단이 치열한 시가전을 벌인 끝에 독일군은 14만여 명의 사망자를 포함, 40만 명이 죽거나 다쳤으며 독일 동맹군은 35만 명의 사상자를 냈다. 소련군에서는 47만 명의 전사·행방불명자를 포함해 100만 명의 사상자가 나왔다. 시베리아로 끌려간 9만여 명의 독일군 포로들은 대부분 추위와 굶주림, 병으로 죽어 종전 후 고향 땅을 밟은 군인은 6,000여 명에 불과했다. 20만여 명의 독일 동맹군 포로들도 대부분 얼어 죽거나 굶어 죽었다. 워털루 전투를 승리로 이끈 웰링턴 장군이 "패배를 제외하고 세상에서 가장 비참한 것이 승전"이라고 말했듯 스탈린그라드 전투야말로 승자·패자 모두에게 참혹함으로 기록된 전투였다.

미드웨이 해전

적의 병력과 공격 위치까지 정확히 파악하고 군대가 결전에 나서는 경우는 역사상 드물었다.

일본은 1941년 12월 진주만 공습에 성공하고 이후 5개월 만에 괌, 홍콩, 필리핀, 말레이시아, 수마트라, 싱가포르, 버마 등은 물론 서태평양의 주요 도서까지 점령함으로써 북태평양 쿠릴열도에서 중부 태평양을 거쳐 버마에 이르는 방어선을 구축하는 제1단계 작전을 완료했다.

일본의 최고사령부가 다음 작전을 구상하고 있을 때 연합함대 사령관 야마모토 이소로쿠가 "시간을 끌수록 미국이 우세해지므로 하와이 북서쪽 1,600km 지점에 위치한, 일본 본토와 하와이 중간에 있는 미드웨이를 공략해 하와이와 미국 서해안에 압박을 가해야 한다"고 주장했다. 최고사령부는 야마모토의 작전 계획을 승인하지 않고 있다가 1942년 4월 18일 미국의 '둘리틀 폭격대'가 일본의 본토를 기습 공격한 것에 놀라 미드웨이 침공을 승인했다.

야마모토는 미드웨이 해전을 태평양 전체 싸움의 승부처로 간주했다. 미드웨이 섬을 점령하는 데 성공하면 1942년 7월 무패의 항공모함들을

미드웨이 해전

뉴칼레도니아와 피지로 보내고 8월에는 호주 남부의 연합군 기지들을 폭격한 뒤 하와이까지 점령한다는 작전 계획을 머릿속에 그렸다. 따라서 미드웨이 해전은 일본의 승리를 굳히기 위한 운명의 일전이었으며 태평양전쟁의 향배를 한순간에 바꿀 수 있는 중차대한 대결전이었다.

4척의 항공모함을 주력으로 하는 일본의 제1기동함대와 야마모토가 이끄는 연합함대 주력이 미드웨이 섬을 향해 출발한 것은 1942년 5월 말이었다. 연합함대는 구축함, 순양함, 수송선 등 수십 척으로 구성되었다. 미군은 일본의 암호를 이미 해독해 일본군이 미드웨이 섬으로 향한다는 것을 알고도 일본만큼 대규모 함단을 동원하지는 못했다.

미국의 태평양함대 사령관 체스터 니미츠 제독이 황급히 전함들을 끌어모았으나 항공모함 3척과 순양함 8척, 구축함 15척 등에 불과했다. 이 가운데 항공모함 요크타운호는 5월 8일의 산호해 전투에서 심각한 손상을 입어 진주만에서 막 보수작업을 마친 뒤였다. 미국의 항공모함에 탑재된 비행기 편대 역시 속도와 기동성, 탑재 무기에서 일본에 비해 뒤졌다. 더구나 미드웨이로 향한 일본 함대는 그때까지의 일본 해전 역사상 최대 규모이자 최강을 자랑했다.

미군, 일본 함대의 위치, 방향, 일정, 목표 파악하고 기다려

이런 일본군에 맞서야 하는 미군이 단 하나 우위를 보인 것은 레이더와 통신 체계뿐이었다. 미드웨이 해전 후 미군의 자유로운 사고, 자율적 판단, 개인주의 등이 천황 숭배만을 고집하는 일본의 군사문화보다 전쟁에 유리한 것으로 분석되었지만 해전이 일어나기 전에는 미국 문화가 일본 문화보다 우월하다고는 생각하지 않았다.

미드웨이 작전 지역에 도달한 일본군이 1차 공격부대를 발진시켜 미드웨이 섬을 맹렬히 공격하기 시작한 것은 1942년 6월 5일 오전 4시 30분이었다. 당시 미 태평양함대 최고사령부는 이미 암호를 해독해놓은 터라 일본 함대가 미드웨이에 도착하기 전부터 함대의 위치와 방향, 일정, 목표를 파악하고 있었다. 따라서 일본군의 첫 출격은 미드웨이 섬의 미군에 큰 타격을 주지 못했다. 미군이 일본의 작전 상황을 일찌감치 파악하고 있는 것과 달리 4척의 항공모함을 지휘하는 일본의 제1기동함대 사령관 나구모 주이치 중장은 미군의 항공모함이 미드웨이 섬 쪽으로 접근하고 있다는 사실을 알지 못했다.

나구모는 미드웨이 섬에 두 번째 타격을 주기 위해 같은날 오전 7시쯤 항공모함에 대기 중인 뇌격기에 미드웨이 섬 공격용 폭탄을 장착하라고 명령했다. 그 사이 미 함대는 일본군 항모를 겨냥해 오전 8시 100여 기의 급강하 폭격기를 발진시켰다. 뒤늦게 미 항공모함의 접근 사실을 알게 된 나구모가 전쟁의 승패를 가르는 어이없는 실수를 범한 것은 바로 그 시간이었다.

1차 출격을 마치고 귀환하는 편대를 위해 항모 갑판을 비워야 하므로 그 전에 항모에 대기 중인 뇌격기들에 출격 명령을 내려야 하는데도 뇌격기에 장착되어 있는 지상공격용 폭탄으로는 미 항공모함에 타격을 줄 수 없다고 판단해 1차 공격부대를 먼저 항모에 착함시키고 2차 출격용 뇌격기는 어뢰·대함공격용 폭탄으로 무장을 교체한 뒤 출격하라고 결정한 것이다. 결국 항공모함 갑판과 그 아래에는 급유와 재무장을 위해 온갖 항공기들이 빼곡히 들어차고 휘발유통, 폭발물, 탄약 등으로 가득했다.

태평양전쟁의 향배를 한순간에 바꾼 대결전

일본의 뇌격기들이 항모에서 발진을 준비하고 있던 10시 22분쯤, 인근에 있는 미 항모 엔터프라이즈호와 요크타운호에서 발진해 구름 속에 숨어 있던 미군 폭격기 편대가 갑자기 급강하하며 일본 항모에 폭탄을 투하하기 시작했다. 예상치 못한 폭탄 투하로 갑판에 줄지어 있던 일본 뇌격기와 전투기들은 속수무책으로 파괴되었다. 미처 치우지 못한 탄약과 연료는 연쇄폭발을 일으켰다.

일본군의 피해는 치명적이었다. 태평양전쟁 개전 후 연전연승을 자랑하던 항모 아카기호(3만 4,000톤급), 가가호(3만 3,000톤급), 소류호(1만 8,000톤급)는 불과 6분 만에 불길에 휩싸여 대파되거나 두 동강 나고, 미 항모 요크타운호를 침몰 직전까지 몰아가며 끝까지 버티던 마지막 항공모함 히류호(2만 톤급)도 오후 4시경 태평양 바닷속으로 가라앉았다. 미드웨이 해전에서 일본은 항모 4척, 순양함 1척, 항공기 330여 기가 파괴되었다. 3,500여 명의 베테랑 비행 요원과 해군 요원도 바닷속에 수장되었다. 미군 피해는 일본 잠수함의 공격을 받아 침몰한 항모 요크타운호와 구축함, 그리고 항공기 140여 기와 300여 명의 군인뿐이었다.

화염에 휩싸인 일본의 순양함 미쿠마호

진주만 공습으로 해군 전력에서 열세이던 미국은 미드웨이 해전의 승리로 일본과 대등한 수준으로 올라서고 태평양전쟁의 최종 승리를 예감했다. 체스터 니미츠 제독은 "정보전의 승리였다"며 "일본으로서는 16세기 말 조선의 이순신 장군에게 당한 패배 이후 최초의 대패로 끝났다"고 말했다. 니미츠의 지적대로 미드웨이 해전은 미국이 일본의 암호를 정확하게 읽은 데서 이미 판가름 나 있었다. 이처럼 미군이 만반의 준비를 갖추고 공격을 기다렸으니 승패는 불을 보듯 뻔했다. 적의 병력과 공격 위치까지 정확히 파악하고 군대가 결전에 나서는 경우는 역사상 드물었다.

버나드 몽고메리와 알 알라메인 전투

처칠은 "알 알라메인 전투 이후 우리는 결코 패배한 적이 없다"며 이 전투의 중요성을 역설했다.

2차대전 초기 북아프리카와 중동 지역은 유럽의 주 전투장에서 멀리 떨어져 있어 그다지 관심을 끌지 못했다. 그러나 서유럽 전체가 전쟁의 혼란에 빠진 틈을 타 이탈리아의 무솔리니가 지중해를 '이탈리아의 호수'로 만들려는 야심을 드러내면서 주요 전장으로 부상했다. 당시 지중해에 면해 있는 북아프리카 국가 중 이탈리아가 점령하고 있는 리비아를 가운데 두고 동쪽의 이집트는 영국이, 서쪽의 튀니지는 프랑스가 지배하고 있었다.

무솔리니는 1940년 6월 프랑스가 독일군에 무력하게 짓밟히는 것에 고무되어 1940년 9월 리비아 주둔 이탈리아군 5개 사단을 동원해 영국의 점령지 이집트를 침공했다. 당시 이집트에는 영국군 2개 사단만 주둔하고 있어 객관적인 전력은 영국이 불리했다. 그러나 이탈리아군은 전격전에 능한 독일군이 아니었다. 결국 3개월 동안의 소강상태 후 영국이 반격에 나서면서 이탈리아군은 패전에 패전을 거듭, 1941년 2월 사실상 리비

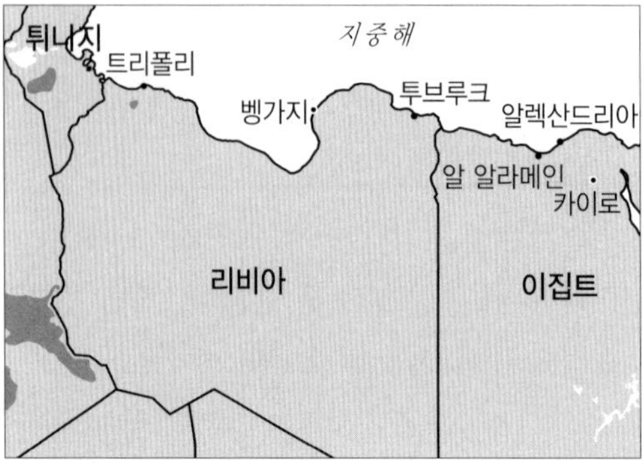

알 알라메인 위치

아까지 빼앗길 지경에 이르렀다. 무솔리니는 히틀러에게 지원을 요청했고 히틀러는 2개 기갑사단과 함께 에르빈 롬멜을 지휘관으로 파견했다.

1941년 2월 롬멜이 리비아 서쪽에 위치한 트리폴리에 상륙하면서 2차대전 전장은 북아프리카 사막으로까지 확대되었다. 롬멜은 당대의 뛰어난 전술가답게 사막 전투의 승패가 지형 변화를 적절히 이용한 기동성 발휘 여부에 달려 있음을 간파했다. 기갑부대의 기동성을 높이기 위해 전차 바퀴를 평평한 항공기 타이어로 교체하고 병사들은 하루에 한 수통의 물만으로 견딜 수 있도록 훈련시켰다. 목재로 가짜 전차를 만들어 적의 공중정찰을 속이고 낡은 트럭에는 항공기 프로펠러를 달아 모래바람을 일으켜 적을 교란시켰다. 영국군은 점차 '사막의 여우'로 불리는 롬멜에 관한 수많은 신화를 곧이곧대로 믿으며 극도의 패배주의에 빠졌다.

1942년 6월 롬멜은 리비아의 투브루크를 점령하고 국경을 넘어 이집트령인 알 알라메인 전방에 이르렀다. 그러나 알 알라메인을 둘러싼 공방전은 쉽게 승부가 나지 않았다. 그러자 영국의 처칠 총리는 북아프리카 방어를 위한 대대적인 지원과 함께 1942년 8월 버나드 몽고메리 장군을 현지 사령관으로 임명해 급파했다.

'사막의 생쥐' 몽고메리가 '사막의 여우' 롬멜을 꺾은 전투

알 알라메인에 설치한 쌍방의 방어 진지는 1차대전 때 유럽의 서부전선과 유사한 점이 많았다. 길게 늘어선 방어진지 주위에는 지뢰가 광범위하게 매설되고 수비병들은 주로 참호 속에서 지냈다. 몽고메리가 부임했을 때 롬멜 공포증에 빠진 영국군은 전반적으로 냉소적인 분위기에 빠져 있었다.

몽고메리는 장기전에 대비했다. 탄약과 식량, 음료수를 비축하고 롬멜 기갑사단에 대적할 기갑군을 편성했다. 또한 총공세에 나서라는 본국 정부의 명령에도 불구하고 모든 준비가 완료되어 확실한 승리를 담보할 때까지 섣불리 총공격에 나서지 않았다. 그런 가운데 미국의 전차들이 속속 도착하면서 독일군은 사면초가에 빠졌다.

롬멜과 몽고메리의 입장은 어느덧 뒤바뀌어 있었다. 롬멜은 지뢰를 설치하고 방어진지를 강화한 반면 몽고메리는 적의 진지를 어떻게 돌파할 것인지에 골몰했다. 몽고메리는 먼저 우세한 공군력을 이용해 길게 늘어진 독일군의 지상 보급로를 차단했다. 더구나 독일군은 연합군의 해상봉쇄로 해상을 통한 물자 보급도 할 수 없었다. 총공격에 앞서 몽고메리는 기만술을 준비했다. 주공격지점을 다른 곳인 것처럼 연막작전을 펼치고 장병들의 휴가, 외출, 외박 등을 평소대로 허용했다. D데이인 당일 아침까지도 장병들에게 아무런 언질을 주지 않았다.

그리고 1942년 10월 23일 밤, 우세한 공군력과 800여 대의 전차를 총동원해 독일군에 기습을 감행했다. 그러나 당시 롬멜은 북아프리카 전선에 있지 않았다. 병의 악화로 아프리카 군단의 지휘권을 게오르그 슈투메 장군에게 넘기고 1942년 9월 말 독일 본토로 돌아가 요양 중이었다.

슈투메는 영국군의 기습에 당황한 나머지 심장마비로 쓰러졌다. 그러자 막강한 독일의 아프리카 군단도 구심점을 잃고 무너지기 시작했다. 전투 개시 3일 뒤 급보를 받고 롬멜이 돌아왔지만 사태는 이미 기울어 있었다. 압도적으로 우세한 영국 병력에 미국의 물자와 장비 지원, 그리고 제공권을 장악한 영국군을 상대하기에는 역부족이었다. 최후 방어선은 결국 11월 4일 무너졌다.

롬멜은 "후퇴는 없다. 승리 아니면 죽음뿐"이라는 히틀러의 후퇴 불가 명령에도 불구하고 총퇴각 명령을 내렸다. 영국은 차례차례 리비아를 접수했다. 사실상 재기불능 상태가 되고 롬멜이 1943년 2월 독일로 돌아간 사이 독일군은 튀니지로 물러났다가 5월에 항복했다. 알 알라메인 전투는 '사막의 생쥐' 몽고메리가 '사막의 여우' 롬멜을 꺾어 북아프리카의 주도권을 장악한 전사에 길이 남을 중요한 전투로 기록되었다. 처칠은 "알 알라메인 전투 이후 우리는 결코 패배한 적이 없다"며 이 전투의 중요성을 역설했다.

아우슈비츠 강제수용소 독가스 학살

소련군 눈에 먼저 들어온 것은 피골이 상접한 7,650여 명의 병자와 600여 구의 시체였다.

유대인을 절멸하기 위한 강제수용소가 만들어지기까지 나치 수용소의 역사는 크게 세 단계로 나뉜다. 첫 번째 단계는 히틀러가 집권한 1933년부터 나치 독일이 본격적인 전쟁 준비에 돌입한 1936년까지로, 이 시기의 강제수용소는 주로 공산주의자, 정치적 반대파, 노동운동가들을 격리할 목적으로 지어졌다. 그중에서도 가장 먼저 세워진 수용소는 1933년 3월 뮌헨 부근에 건립된 다하우 수용소다. 1945년 미군이 진주할 때까지 20여만 명이 수감되어 이 가운데 4만 3,000여 명이 숨진 것으로 알려졌다.

두 번째 단계는 1936년부터 독일이 소련을 침공한 1941년까지로, 1단계 수용소가 나치 입장에서 주로 '공공의 적'을 격리·수용하기 위해 만들어진 것이라면 2단계에 세워진 작센하우젠(1936), 부헨발트(1937), 아우슈비츠(1940) 등의 수용소는 강제 노역과 교화가 목적이었다. 2단계 수용소는 처음에는 독일 땅에 지어졌다가 2차대전이 발발한 1939년부터는 동유럽 지역에 건립되었다. 그 중에서도 유대인이 많이 거주하는 폴란드 지역에 집중적으로 세워졌다.

3단계는 절멸수용소가 본격적으로 세워진 1942년부터로, 시발점은 1941년 말 폴란드 헤움노에 지어진 강제수용소였다. 이곳에서는 1941년 12월 8일부터 유대인을 독가스로 살해했으나 상설 가스실이 아니어서 많은 유대인을 학살하는 데는 한계가 있었다. 처음부터 유대인을 절멸할 목적으로 지어진 절멸수용소는 1942년 폴란드에 집중적으로 건립된 베우제츠(1942.3), 소비부르(1942.5), 트레블링카(1942.7) 수용소 등이다. 이 중 가장 먼저 세워진 베우제츠 수용소는 상설 가스실을 갖춘 최초의 학살수용소였다. 나치가 절멸수용소를 건립한 이유는 수백만 명의 유대인을 일일이 살해하는 데 시간이 너무 많이 걸렸기 때문이다.

절멸수용소 설치를 주도한, 인간의 탈을 쓴 악마는 나치 친위대장 하인리히 힘러였다. 그는 1936년 친위대 총사령관 겸 독일 경찰 총수 자리에 오른 뒤 독일 내 여러 곳에 섬처럼 흩어져 있는 강제수용소들을 단일 체제로 연결했다. 강제 노역과 교화를 목적으로 지어진 부헨발트와 작센하우젠 등 2단계 수용소도 1942년 봄부터 집단 학살을 단행했으나 본격적으로 대규모 학살이 이뤄진 곳은 아우슈비츠(폴란드어로는 오시비엥침) 수용소였다.

아우슈비츠에서 본격적으로 대규모 학살 이뤄져

아우슈비츠는 과거 폴란드군 기지로 사용되던 곳을 1940년 5월 강제수용소로 개조해 만들어졌다. 수용소장은 루돌프 회스였다. 당초에는 저항적인 폴란드인의 격리·수용을 목적으로 지어졌으나 1941년 나치 독일이 소련을 침공한 뒤부터는 포로수용소로 성격이 바뀌었다. 이곳에는 유대인은 물론 동성연애자, 집시, 매춘부, 여호와의 증인 신도 등도 수용되었다.

집시들은 혈통을 보존하라는 힘러의 지시에 따라 처음에는 온건한 대우를 받았으나 전쟁이 본격화하면서 아우슈비츠로 이송되었다. 여호와의 증인 신도들은 노동이 하나님께서 만든 규칙이라는 것을 굳게 믿었기 때문에 독일군이 시키는 대로 성실하게 일만 해 감시·감독이 필요 없었다. 수용자들은 각기 다른 색깔의 옷을 입었다. 정치범은 빨강, 일반 상습범죄자는 초록, 반사회분자는 검정, 유대인은 노랑, 동성연애자는 연한 자주색 옷을 입었다.

아우슈비츠 수용소장 회스가 화장장을 가스실로 개조한 것은 1941년 9월 사이클론B 가스로 사람을 효율적으로 살해하는 과학적 실험이 성공한 뒤였다. 하지만 엄청나게 밀려드는 유대인을 살해하기에는 가스실이 너무 좁다는 것을 알고 1941년 11월 아우슈비츠에서 3km 떨어진 비르케나우에 아우슈비츠 2호 수용소를 세웠다. 이곳이 우리가 알고 있는 아우슈비츠 절멸수용소다. 이곳에서 유대인을 절멸하기 위한 이른바 '홀로코스트(유대인 대학살)'가 본격적으로 시작된 것은 1942년 6월이었다.

당시 아우슈비츠 내 유대인들은 세 그룹으로 분류되었다. 어린이, 애 딸린 엄마, 노인, 병자 등은 노동을 할 수 없는 제1그룹으로 분류되어 수용소 내 아우슈비츠 기차역 플랫폼에서 바로 아우슈비츠 2호 수용소로 보내져 죽음을 맞았다. 노동을 할 수 있는 제2그룹은 수용소 내 공장 등에 투입되었으나 부실한 식사, 열악한 보건위생, 고된 노동 등에 시달리다가 죽어갔다. 쌍둥이나 난쟁이는 제3그룹으로 분류되어 '죽음의 천사'로 불린 요제프 멩겔레의 실험에 이용되었다.

유대인을 독가스실로 보낼 때는 먼저 샤워를 해야 한다며 발가벗도록 했다. 가스실에는 샤워실이라는 간판이 걸려 있었고 '옷 벗은 위치를 표시해 둬야 나중에 옷이 바뀌지 않는다'는 안내문까지 붙어 있었다. 그렇다고 유대인 모두가 독가스실을 목욕탕으로 믿은 것은 아니었다. 그런데도 큰 저항 없이 가스실로 향한 것은 심리적으로 자포자기 상태인 데다 같은 종족인 유대인 작업반이 침착하고 온화한 말씨로 겁을 먹고 있는 동족의 불안을 덜어주는 체하며 가스실로 안내했기 때문이다.

유대인들이 250명가량을 수용하는 가스실에 모두 들어가면 문이 잠기고 천장에서 독가스가 흘러나왔다. 15~20분 후 유대인들이 시체로 변하면 머리털이 잘리고 반지와 금니 등이 뽑혀 화장터 불가마로 보내졌다. 말 그대로 '홀로코스트'('완전히 불태워진다'는 뜻의 그리스어)였다. 아우슈비츠가 끔찍한 장소로 알려진 또 다른 이유는 쌍둥이와 난쟁이 등에 대한 생체실험 때문이었다.

대부분의 흔적은 독일군이 빠져나가면서 파괴되거나 빼돌려져

1945년 1월 27일 소련군이 아우슈비츠 강제수용소에 들어섰을 때 그들의 눈에 먼저 들어온 것은 피골이 상접한 7,650여 명의 병자와 600여 구의 시체였다. 수용소 곳곳에는 시체에서 수습한 7,000kg이나 되는 머리카락이 자루에 담겨 있고 사람의 골분과 의치와 안경테가 산더미처럼 쌓여 있었다. 특히 소련군을 경악케 한 것은 도처에서 발견된 사이클론B 가스를 사용한 흔적이었다. 소련의 조사 결과 5kg으로 1,000여 명을 살상할 수 있는 사이클론B가 2년 동안 수용소에서 1만kg이나 사용된 것으로 밝혀져 충격을 주었다.

그러나 소련군이 아우슈비츠에서 발견한 학살의 파편은 극히 일부분에 불과할 뿐 대부분의 흔적은 독일군이 빠져나가면서 파괴되거나 빼돌려졌다. 가장 규모가 컸던 비르케나우 수용소(아우슈비츠 2호)는 1944년 10월 나치의 완전 파괴로 만행 흔적이 모두 지워졌다. 수용자들도 환자들만 남기고 걸을 수 있는 5만 8,000여 명은 독일 내 다른 수용소로 옮겨진 상태였다.

수용소장 회스는 종전 후 전범재판에서 "독가스와 화형으로 250만 명이 처형되고 굶주림과 병으로 50만 명이 죽었다"고 말해 방청객을 전율케 했지만 가스실의 가동 능력을 감안한 각종 조사에 따르면 아우슈비츠에서만 대략 120만 명 정도가 죽은 것으로 추산되고 있다. 폴란드인, 집시, 소련군 포로, 동성애자들도 집단살해되었다.

유대인들은 아우슈비츠 외의 다른 절멸수용소에서도 몇 십만 명씩 죽어갔다. 트레블링카에서 90만 명, 베우제츠에서 60만 명, 소비부르에서 25만 명이 살해된 것으로 알려졌다. 수용소장 회스는 종전 후인 1947년 4월 16일 아우슈비츠에서 교수형에 처해져 아우슈비츠의 마지막 처형자가 되었다. 지금은 기념관으로 변한 아우슈비츠 입구에는 그때나 지금이나 회스의 좌우명 '노동이 자유롭게 하리라'가 드나드는 사람들을 내려다보고 있다.

반제 회의

독일 베를린 근교 '암 그로센 반제'라는 조용한 저택에 나치의 차관급 인사들이 모여든 것은 1942년 1월 20일 아침이었다. 훗날 '반제 회의'로 불린 조찬 회동의 주재자는 나치의 친위대 산하 제국보안국 국장 라인하르트 하이드리히였다. 그의 직위는 아돌프 히틀러, 서열 2위의 헤르만 괴링, 그리고 자신의 직속상관인 친위대 사령관 하인리히 힘러의 지시만을 받는 요직이었다.

그가 유대인 학살에 직접 관여하기 시작한 것은 1939년 제국보안국 국장 자리에 오르면서였다. 악명이 높은 비밀경찰(게슈타포)도 제국보안국의 제4국에 속할 만큼 막강한 권한을 행사하는 자리였다. 제국보안국은 친위대 내에서도 유대인 학살을 총지휘한 실질적 사령탑이었다. 하이드리히는 1941년 7월 '유대인 문제의 최종 해결'에 관한 전권을 부여받아 소련군 포로와 유대인 학살을 담당한 살인특무부대도 지휘했다.

하이드리히 역시 자신의 직속 상관 힘러처럼 광신적인 반유대주의자였다. 히틀러가 가는 곳에 항상 힘러가 있는 것처럼 힘러가 움직이는 곳에는 언제나 하이드리히가 동행했다. 이런 밀착 관계는 하이드리히가 1942년 5월 영국에서 잠입한 체코 출신 비밀 요원에게 암살될 때까지 계속되었다. 당시 런던에 본부를 둔 체코 망명정부는 체코인으로 7인의 특공대를 조직해 하이드리히 암살을 지시했다. 특공대는 1942년 5월 27일 아침 프라하성으로 출근하는 하이드리히가 탄 벤츠 오픈카에 수류탄을 던졌다. 하이드리히는 수술 끝에 6월 4일 사망했다. 이 암살을 소재로 한 영화가 '새벽의 7인'(1975)이다.

반제 회의에 참석한 사람은 모두 15명이었다. 하이드리히와 1명의 참석자를 제외한 13명은 내무부, 법무부, 외무부, 총리 비서실 등 각 부처에서 2~3번째 서열의 차관급이었다. 1명의 참석자란 회의록을 작성한 아돌프 아이히만이었다. 그는 직급으로만 따지면 보잘것없는 인물이었다. 나치가 몰락하기 전 그가 마지막으로 오른 최고 계급도 친위대 중령에 불과했다.

그럼에도 불구하고 600만 명의 유대인 희생자 가운데 어떤 방식으로든 그의 손을 거친 사람이 절반에 달한다고 할 만큼 그가 유대인 대학살에서 차지하는 비중은 컸다. 아이히만은 폴란드 동부 지역에 절멸수용소를 세우자는 아이디어를 내고, 전쟁이 끝나기 전부터 유대인 희생자가 몇 명인지를 알고 있는 나치 내 소수 사람 가운데 한 명이었다.

하이드리히는 '유대인 문제의 최종 해결' 권한이 친위대 사령관 힘러와 그의 수임자인 자신에게 있다는 말로 회의를 시작했다. 뒤이어 "정책의 일관성을 유지하기 위해 이 문제와 직접 관련된 모든 중앙부처의 긴밀한 협조가 요구된다"는 점을 강조했다. 그가 특히 강조한 것은 두 가지였다. 독일 국민의 생활공간에서 유대인을 몰아내는 것과 다양한 생활 분야에서 유대인을 배제하는 것이었다.

홀로코스트를 정권 차원에서 공식화한 회의

회의에서는 또한 "유럽 내 1,100만 유대인을 동부로 이주시켜 강제 노동시키면 상당수의 유대인이 자연도태될 것이다. 그러나 최후까지 살아남는 유대인들은 저항력이 있는 자들이므로 이들을 석방하면 유대인의 르네상스가 다시 시작될 것"이라는 말도 나왔다. 회의 분위기는 전반적으로 화기애애했다. 이의 제기와 토론도 없었다. 관계 부처의 차관급 인사들은 하이드리히의 이야기를 묵묵히 듣거나 약간의 의견만 개진한 후 그가 제기한 방향을 그대로 수용했다.

반제 회의는 인류 역사상 가장 잔인한 '유대인 절멸'이 안건으로 상정된 회의였는데도 유대인 절멸에 관한 중대한 결정은 없었다. 그런데도 반제 회의는 오늘날 독일의 교과서에 실려 참회 소재로 사용되고 있는 중요한 회의로 기억되고 있다. 그것은 유대인을 남김없이 절멸시킨다는 나치 고위층의 공식적인 결정 사항에 대해 '지휘선의 단일화'와 '독일 생활권에서 합법적인 방식으로 유대인을 청소하는 것이 대학살의 목적'이라는 것을 실무 책임자들끼리 이심전심으로 분명하게 확인한 자리였기 때문이다.

굳이 대량 학살, 독가스란 단어를 사용하지 않아도 참석자들은 나치의 언어에 익숙해 있었고, 그 말이 무엇을 뜻하는지 정확히 꿰뚫고 있었던 것이다. 따라서 반제 회의는 홀로코스트를 정권 차원에서 공식화했다는 데 역사적인 중대성이 있다.

알베르 카뮈 '이방인' 출간과 카뮈·사르트르 논쟁

"바닷가의 여름 태양이 너무 눈부셨기 때문"이라는 게 살인의 동기였다.

소설 '이방인'은 알베르 카뮈(1913~1960)에게 세계적인 명성을 안겨준 대표작이다. 문학사적으로는 20세기 프랑스 소설 가운데 세계적으로 가장 널리 읽힌 작품 가운데 하나이다.

"오늘 엄마가 죽었다. 아니 어쩌면 어제. 양로원으로부터 전보를 한 통 받았다"로 시작되는 소설의 주인공은 북아프리카 알제리에 사는 평범한 샐러리맨이다. 무더운 어느 날, 어머니의 사망 소식을 접하면서 주인공 뫼르소의 일상이 송두리째 바뀐다. 양로원에서 어머니의 장례를 치른 그는 이틀날 여자 친구와 노닥거리다 밤에는 정사를 하고, 며칠 후에는 불량배들과의 싸움에 휘말려 동료를 다치게 한 아랍인을 권총으로 살해한다. "바닷가의 여름 태양이 너무 눈부셨기 때문"이라는 게 살인의 동기였다.

뫼르소는 사형에 처해졌지만 생에 대한 그의 무관심에 지식인들이 반응했다. 인간의 삶이란 결국 뫼르소의 행동처럼 줄거리가 없는 건 아닐까? 그것은 카뮈의 문학을 관통하는 두 축 가운데 하나인 '부조리'였다. '반항'이라는 또 하나의 축은 1951년 출판된 '반항인'에서 드러났다. 1942년 1월 카뮈는 소설 '이방인', 에세이집 '시시포스의 신화', 희곡 '칼리굴라'를 파리의 한 출판사에 보냈다. 그중 앙드레 말로의 추천을 받아 1942년 6월 먼저 세상에 나온 것이 '이방인'이다. 호평이 쏟아지는 가운데 일부 평론가는 카뮈의 문학을 실존주의로 분류했다. 하지만 카뮈는 "실존주의가 끝난 데서부터 나는 출발하고 있다"며 자신의 작품이 실존주의로 규정되는 것을 거부했다.

카뮈는 프랑스인으로 알제리에서 태어났다. 1934년 알제리 공산당에

알베르 카뮈(1913~1960)

가입했다가 1937년 공산당으로부터 제명을 당했으나 스탈린식 전체주의와 화합하지만 않았을 뿐 그의 의식 속에 잠재된 공산주의로부터는 완전히 벗어나지 못했다. 당시 프랑스 지성계는 온통 공산당 세상이었다. 그들은 히틀러에 대항하기 위해서는 소련을 지지해야 한다는 입장이었다. 그런데도 카뮈는 소련을 제국주의라고 비판했다. 2차대전 중에는 알제리에서 총을 든 레지스탕스로 활동하고 파리로 건너가서는 레지스탕스 기관지 '콩바'에 가명으로 글을 써 프랑스 국민들을 감동시켰다.

카뮈가 8살 위인 장 폴 사르트르를 만난 것은 1943년이었다. 사르트르는 이미 유명 작가이자 철학자로 기반을 굳히고 있었고, 카뮈 역시 '이방인'의 성공에 힘입어 사르트르와 더불어 프랑스 지성계를 주도하는 대표적인 인물로 인정받고 있었다. 당시 두 사람은 아직 스탈린에는 경도되지 않았다. 1944년 8월 파리 해방 후 대부분의 지식인이 노골적으로 스탈린을 찬양할 때도 두 사람은 스탈린과 드골이 아닌 제3의 길을 모색했다.

카뮈 문학을 관통하는 두 축은 '부조리'와 '반항'

파리 해방 후, 과거 전시하에서 나치의 추적을 피해가며 '콩바'에 글을 쓴 이가 카뮈라는 사실이 알려지고 1947년 '페스트'까지 출간되면서 카뮈는 시대를 고민하는 대표 작가로 추앙받았다. 카뮈는 1951년 10월에 발간한 정치 에세이 '반항인'에서 공산주의에 대해 한층 더 단호한 태도를 취했다. '반항인'에서 카뮈는 "인류의 행복이라는 이름으로 혁명가들이 구금과 살육을 정당화하고 있고, 역사의 이름으로 이데올로기가 전권을 휘두르고 있다"며 그들의 횡포를 꼬집었다.

카뮈가 이처럼 "정의의 목적보다 수단의 정당성을 우선해야 한다"며 당대의 지배 이데올로기를 비판하자 예상대로 공산당과 공산당계 지성인들로부터 맹렬한 비난이 쏟아졌다. 카뮈는 1944년의 파리 해방 후, 줄곧 공산당계 지성인들로부터 공격을 받아온 터라 이들의 공격을 새삼스러워하지는 않았다. 다만 전혀 예상치도 않은 사르트르의 공격은 카뮈를 당혹스럽게 했다. 자신과 마찬가지로 레지스탕스 경험이 있고 함께 지하신문 '콩바'에 글을 썼으며 파리 해방 후에는 좌익 공산당이나 우익 드골파로부터 일정한 선을 긋고 있던 사르트르였기에 충격이 컸다.

물론 두 사람의 문학적·철학적 입장까지 같았던 것은 아니었다. 카뮈는 사르트르와의 첫 만남이 있기 전, 사르트르의 소설 '구토'(1938)에 대해 "논리 자체가 소설의 생명을 손상시키고 있다"고 비판한 적이 있다. 사르트르 역시 '이방인'(1942)과 '시시포스의 신화'(1943)에 대해 "실존철학을 제대로 이해하고 있는지 모르겠다"며 의문을 제기했다.

미·소 냉전이 시작된 1947년 무렵만 해도 두 사람은 미·소 어느 쪽에도 가담하지 않고 제3의 길을 모색했다. 1948년에 결성된, 미·소와는 별개의 '혁명적 민주연합'에도 함께 참여했다. 차이가 있다면 카뮈는 1930년대에 공산당에 입당했다가 제명된 전력이 있어 나름대로 공산주의에 대해 면역 체계를 갖추고 있었던 반면, 사르트르는 공산주의에 대한 면역 기능이 약해 공산당이 프랑스 지성계를 장악하고 있던 그 시대에 언제고 공산주의에 휘말릴 가능성이 높다는 점이었다.

예상대로 사르트르와 카뮈 사이에 문학적·철학적 간극이 조금씩 벌어지더니 1950년 6·25전쟁 발발 후에는 제자리를 지킨 카뮈와 달리 사르트르는 점점 공산당으로 기울었다. 1951년 10월 카뮈의 '반항인'이 출간되었을 때도 이미 친공으로 기운 사르트르는 서평도 쓰지 않고 아예 무시했다. 그러나 '반항인'이 넉 달 동안 6만 부 이상이나 팔릴 정도로 인기를 끌고, 르피가로와 르몽드 등 유력 언론들까지 화제의 책으로 소개해 언제까지 침묵할 수만은 없었다.

사르트르의 위세에 눌려 침묵 속으로 빠져

사르트르는 자신이 직접 나서지 않고 자신의 제자인 마르크스주의자 프랑시스 장송에게 서평을 쓰도록 했다. 장송이 쓴 '알베르 카뮈 혹은 반항한 영혼'이라는 제목의 서평은 사르트르가 창간하고 발행인을 맡고 있는 '현대'지 1952년 5월호에 실렸다. 장송은 카뮈의 철학을 "아나키즘에서 차용한 애매한 휴머니즘"이라고 규정하고 "누구든지 손쉽게 주무를 수 있는 플라스틱 사상"이라고 비하하며 인신공격을 가했다.

카뮈는 사르트르를 수신인으로 하고 '존경하는 편집장 귀하…'로 시작하는 반박문을 '현대'지에 보냈다. 수신인과 제목부터가 장송의 글이 사르트르의 의도에서 비롯된 글이라는 것을 암시했다. 카뮈의 반박문에 화가 난 사르트르는 '알베르 카뮈에게 보내는 답신'이라는 제목의 글로 카뮈의 무례를 나무랐다. 카뮈의 반박문과 사르트르의 답신은 '현대'지 1952년 8월호에 실렸다.

사르트르는 '반항인'이 원전도 읽지 않고 빈약한 지식을 토대로 쓴 조잡한 에세이에 불과하다고 혹평하면서 "친애하는 내 친구여, 나는 이제 이 우정을 유감스럽게 생각하고자 하네. 자네가 오늘 우리의 우정을 깨뜨리는 것은 아마도 이 우정이 깨뜨려지도록 되어 있었기 때문일 걸세"라며 카뮈와의 절교를 선언했다. 이것으로 카뮈와 사르트르의 10년 우정은 끝이 났다.

카뮈는 이미 프랑스 지성계를 장악하고 있는 사르트르의 적수가 되지 못했다. 좌파의 조직적인 지원을 받고 있는 사르트르의 공격은 카뮈에게 심각한 타격을 주었다. 카뮈는 사르트르의 위세에 눌려 침묵 속으로 빠져들었다. 알제리 독립전쟁(1954~1962)도 그에게는 최대 딜레마였다. 당시 카뮈는 알제리 민족해방전선이 주장하는 '알제리 민족'이란 개념에 의구심을 품고 있었다. 유대인, 터키인, 그리스인, 이탈리아인, 아랍인, 프랑스인 등 다양한 민족의 이민자들이 흘러들어와 공동체를 형성한 알제리에서 단일민족이란 성립할 수 없다는 입장이었다.

카뮈는 프랑스인과 이슬람 교도가 통합된 알제리 공화국을 수립해 프랑스 연방의 일원이 되는 제3의 해법을 제시했다. 그러나 이런 태도는 알제리의 독립을 지지하는 사르트르 등 프랑스 지성과 알제리 민족주의자 양 진영으로부터 공격을 받았다. 절망한 카뮈는 정치와 담을 쌓고 결국은 유고작이 될 자전적 소설 '최초의 인간'에 몰두했다. 1957년의 노벨문학상 수상만이 당시 그에게 주어진 유일한 위안이었다.

좌익도 우익도 아닌 소외 속에서 지내다가 1960년 1월 4일 자동차 사고로 유명을 달리했다. 평소 "어린아이의 죽음보다 더 분노할 것이 없고 자동차 사고로 죽는 것보다 더 부조리한 것이 없다"고 친구들에게 말해온 카뮈의 죽음이었다. 모든 권위에 반대하고 어떤 형태의 정치 세력도 불신하는 아나키스트와 같은 삶을 살다 생을 마감한 카뮈를 위해 사르트르가 신문에 쓴 추도문은 이랬다. "불화, 그것은 더 이상 볼 수 없는 것에 비하면, 함께 살아가는 한 방법에 불과할 뿐 아무것도 아니다."

안네 프랑크와 '안네의 일기'

"당신과 내가 처음 만난 날의 이야기부터 해 볼까요."

1942년 6월 12일은 안네 프랑크(1929~1945)의 13번째 생일이다. 안네는 아버지에게서 일기장을 생일선물로 받아 '키티'라는 애칭을 붙여준 뒤 6월 14일 첫 일기를 썼다. "당신과 내가 처음 만난 날의 이야기부터 해 볼까요. 6월 12일 금요일, 나는 아침 6시에 눈을 떴습니다." 6월 12일의 일기를 6월 14일에 쓴 것이다.

안네는 독일 프랑크푸르트의 유복한 유대인 집안에서 태어났다. 아버지 오토 프랑크는 1차대전 때 독일군 장교로 참전하고 종전 후에는 사업가로 활동했다. 1933년 1월 히틀러가 집권하자 예상되는 유대인 박해를 피해 그해 8월 가족을 데리고 네덜란드 암스테르담으로 이주했다. 그런데도 암스테르담에 향료회사를 차려 독일 군대에 물건을 납품하는 전형적인 유대인 상인의 모습을 보였다. 아버지는 1939년 2차대전 발발 직후까지 독일과 네덜란드를 오가며 사업에 전념했다. 그러나 1940년 5월 나치가 네덜란드를 침공하고 1941년 유대인을 본격적으로 박해하기 시작하자 네덜란드에 새로운 은신처를 물색했다.

그러던 중 1942년 7월 5일 안네의 3살 위 언니 마코트에게 소환장이 날아들었다. 그것이 죽음의 수용소행이라는 사실을 잘 알고 있는 안네 가족은 이튿날 미리 준비해둔 은신처에 몸을 숨겼다. 그곳은 암스테르담 프린센흐라흐트 263번지 3층 사무실 건물 책장 뒤에 숨겨진 비밀 창고였다. 안네 가족 4명과 다른 유대인 가족 3명, 치과의사 1명은 그곳에서 숨소리를 죽이며 살았다. 작은 라디오 하나와 외부에서 가끔 들러 생계에 도움을 주는 지인들만이 세상과 소통하는 유일한 통로였다.

공포와 불안, 또래 소년에 대한 호기심을 차곡차곡 기록해

안네는 그곳에서 10대 소녀가 느낀 전쟁의 공포, 극심한 불안, 또래 소년에 대한 호기심, 어머니와의 말다툼, 같이 사는 다른 가족들과의 갈등을 일기에 차곡차곡 기록했다. 안네가 '키티'라고 부른 일기장은 극도의 불안 속에서 자신의 모든 비밀들을 털어놓을 수 있는 마음의 안식처이자 친구였다.

가족의 절망은 1944년 6월 노르망디 상륙작전이 성공했다는 소식을 라디오에서 듣고난 후 희망으로 바뀌었다. 그런데 안네의 일기는 1944년 8월 1일자에서 갑자기 끝을 맺었다. 사흘 뒤인 8월 4일 누군가의 밀고로 독일 비밀경찰이 은신처에 들이닥쳤기 때문이다. 결국 안네 가족 4명을 포함해 8명 전원과 그들을 도운 네덜란드인 2명이 어디론가 끌려갔다.

안네 프랑크(1929~1945)

안네 가족은 1944년 9월 6일 다른 유대인 1,000여 명과 함께 화물차에 실려 폴란드 아우슈비츠 강제수용소로 보내졌다. 이 가운데 전쟁이 끝날 때까지 살아남은 사람은 남자 45명과 여자 82명뿐이었다. 아우슈비츠에 수용된 가족은 선별 작업을 거쳤다. 아버지는 건강이 극도로 나빠져 아우슈비츠에 남고 어머니와 안네 자매는 철로를 사이에 둔 아우슈비츠 제2수용소인 비르케나우 절멸수용소로 보내졌다. 안네와 언니는 다시 10월 28일 독일의 베르겐-벨젠 강제수용소로 보내졌고 어머니는 비르케나우에 남았다가 1945년 1월에 숨졌다. 은신처에 같이 숨어지내면서 안네가 사랑을 느꼈던 소년도 사라졌다.

안네와 언니가 수용된 베르겐-벨젠 수용소는 아우슈비츠와 같은 절멸수용소가 아니고 가스실도 없었다. 하지만 도처에서 모여든 사람들로 초만원 상태가 되면서 극심한 영양 부족, 열악한 위생 상태, 의류와 난방 부족으로 생활 조건이 극도로 좋지 않았다. 안네는 절망 속에서도 웃음을 잃지 않아 다른 수용자들로부터 귀여움을 받았다. 안네는 티푸스에 걸려 전염원인 '이'를 피해 알몸에 담요만 감고 다니면서도 혼잣말을 뇌까렸다. "내 피는 다 빨아먹어도 내 희망만은 빨아먹지 못할걸."

그러나 1945년 3월 초 티푸스에 걸린 언니가 죽으면서 안네 역시 더 이상의 희망을 잃고 3월 어느 날 15살의 나이로 세상을 떠났다. 생존자 가운데는 그 순간을 목격한 사람도 있지만 당시 수용소 안에서는 시간 개념이 없어 정확한 날짜를 기억하지 못했다.

영국군이 이 수용소를 해방한 것은 그로부터 한 달 남짓 후였다. 아버지 프랑크는 1945년 1월 27일 아우슈비츠에 들이닥친 소련군에 구출되어 가족 중 유일하게 살아남았다. 암스테르담으로 돌아온 그에게 안네와 같은 수용소에 있던 한 간호사가 안네 자매의 죽음을 알려주었다. 한때 아버지의 회사에 다니던 한 여성은 붉은색 바탕 오렌지색 무늬의 일기장을 건네주었다. 안네 가족이 체포된 이튿날 은신처에서 뒹굴던 안네의 일기장이었다.

아버지는 1947년 6월 일기를 책으로 출간했다. 하지만 사춘기 소녀였던 안네의 성에 관한 호기심, 부모에 대한 반발 등의 내용은 빼고 출간했다. 전체 분량의 4분의 1이 되는 누락 부분을 모두 살린 이른바 완전판은 안네 아버지 사후인 1991년 출간되었다.

조지프 슘페터 '자본주의, 사회주의, 민주주의' 출간

기업가는 획기적 방식으로 '새로운 결합'을 수행해 기존의 균형 상태를 뒤흔든다.

조지프 슘페터(1883~1950)는 동갑내기 존 메이너드 케인스(1883~1946)와 더불어 20세기 경제학계의 양대 거두다. 다만 전성기는 서로 달라, 케인스가 당대의 정치가들에게 조언하는 것을 좋아하고 자신의 주장과 이론이 현실 경제에 많이 수용된 덕에 생전에 각광을 받은 것과 달리 슘페터는 현실과 거리를 둔 채 냉정하게 대상을 관찰하고 연구하는 데만 힘을 쏟아 생전에는 별로 이름을 알리지 못하다가 사후에 집중적인 평가를 받았다.

슘페터는 오스트리아·헝가리 제국 모라비아(현재의 체코 동부)의 지방도시 트리치에서 부유한 직물 제조업자의 외아들로 태어났다. 4세 때 아버지가 세상을 떠나 한동안 생활이 어려웠으나 10세 때 어머니가 33살 연상의 퇴역 장군과 재혼한 덕에 귀족적인 상류층 생활을 했다. 1901년 입학한 빈대에서 법학과 경제학을 공부하고 1906년 같은 대학에서 법학박사 학위를 취득했다.

25세 때인 1908년 영국에서 '이론경제학의 본질과 주요 내용'이라는 책을 출간해 두각을 나타내고 1909년 오스트리아·헝가리 제국의 체르노비츠대와 그라츠대 교수로 부임함으로써 제국을 통틀어 최연소 경제학 교수로 기록되었다. 이 시골 대학에서 28세에 펴낸 '경제 발전의 이론'(1911)은 천재성을 유감없이 보여준 명저로 인정받아 그에게 명성을 안겨주었다. 이 책은 지금도 20세기를 빛낸 경제학 고전 가운데 한 권으로 꼽히고 있다.

책에서 그는 자본주의라는 현실 속에서 기업가가 차지하는 역할이 얼마나 중요한지를 거침없이 설명했다. 그는 책에서 그가 처음 개념화한 '창조적 파괴' 또는 '혁신'을 위해 필요한 핵심적 요인 5가지를 제시했다. '새로운 제품의 발명 또는 개발', '새로운 생산 방법의 도입 또는 새로운 기술의 개발' 등이 그것인데, 슘페터는 이런 기술 혁신 과정을 통해 자본주의가 역동적으로 계속 발전한다고 보았다.

1차대전이 끝난 후 재무장관(1919)과 민간은행장(1920)을 역임하고 독일 본대의 교수(1924)로 부임했으나 개인적인 불행이 연이어 엄습했다. 비록 빚투성이였지만 본에서 안정적 삶을 살던 그에게 찾아온 첫 번째 불행은 1926년 어머니의 죽음이었다. 어머니가 세상을 떠나고 두 달 후에는 1년 전 결혼한 20살 연하의 두 번째 부인이 출산 중 아이와 함께 숨지는 불행까지 겹쳤다.

생전에는 별로 이름을 알리지 못하다가 사후에 집중적인 평가받아

그는 큰 충격을 받고 세속에 관심을 끊은 채 경제학 연구에만 전념했다. 히틀러를 피해 1932년 건너간 미국의 하버드대에서는 유럽에서의 아픈 기억을 지워버리려는 듯 사실상 외톨이로 지내며 연구에만 몰두했다. 하지만 미국에서도 삶은 편안하지 못했다. 당시 그가 몸담고 있던 하버드대 경제학과에 케인스주의가 맹위를 떨쳐 학생들이 그를 외면했기 때문이다.

슘페터는 1942년 '자본주의, 사회주의, 민주주의'를 출판했다. 그는 책에서 자본주의의 생산자는 이윤 극대화만을 위해서가 아니라 창조적 기쁨, 정복 의지, 사적 왕국 건립의 꿈 등 다양한 동기에 의해 움직이는 존재로 파악했다. 그러한 동기가 혁신을 낳고, 부단한 창조적 파괴로 이어지면서 경기가 순환하고 자본주의가 발전한다는 것이다.

이 발전의 주체를 슘페터는 '기업가 정신'에서 찾았다. 기업가는 획기적인 방식으로 '새로운 결합'을 수행해 기존의 균형 상태를 뒤흔든다. 이 새로운 결합이 즉 혁신인데, 슘페터는 혁신을 다섯 가지 유형으로 분류했다. 그에 따르면 혁신은 과거의 지식이나 기술, 투자를 쓸모없게 만든다. 그가 강조하는 '창조적 파괴'라는 개념이 여기에서 나왔다. 슘페터는 이러한 창조적 파괴 행위가 자본주의의 역동성과 경제 발전을 가져오는 원동력이라고 강조했다.

그런데 슘페터는 '기업가 정신'이 고도로 발달하게 되면 되레 자본주의가 사회주의로 이행한다고 전망했다. 이 역설의 근거로 슘페터가 꼽는 이유는 이렇다. 첫째, 창조적 파괴에 의해 자본주의가 발전할수록 발전 자체가 기계화되고 이 같은 기계화가 발전의 원동력인 기업가의 기능 또는 기업가 정신을 무력화한다. 둘째, 창조적 파괴 과정에서 거대 기업이 생겨나는 반면 일부 기업과 근로자가 몰락함에 따라 그동안 자본주의를 옹호하던 지식계급이 반 자본주의적 성향의 정치 세력을 형성한다. 셋째, 거대 기업이 개인이나 가족에 의해 운영되지 않고 주식회사 형태를 통해 대중에 분산되면 기업가들의 기업에 대한 열정은 물론 자본주의 체제를 사수하려는 열정이 식어버린다.

조지프 슘페터(1883~1950)

20세기가 케인스의 시대라면 21세기는 슘페터의 시대

이런 이유를 들어 "자본주의는 성공하겠지만 오히려 그로 인해 스스로를 쇠퇴시키는 요인을 만들어 결국 붕괴하고 특정한 형태의 공적 통제 또는 사회주의가 자본주의를 대체할 것"이라고 전망했다. 물론 그가 말하는 사회주의는 마르크스의 사회주의와는 다른 개념이다. 슘페터의 사회주의는 '창조적 파괴'를 일으키는 '혁신적인 기업가' 집단이 소멸하면서 자본주의 사회구조가 약화하고 이에 따라 지식인들이 자본주의에 대한 비판자로 돌아서면서 사회주의로 이행하는 것을 말한다.

그는 사회주의를 위한 혁명은 경제적 혁명이지 결코 정치적 혁명이 되어서는 안 된다고 주장하고, 경제적 혁명을 장기간의 진화과정으로 보았다. 즉 자본주의를 사멸시키는 것은 계급투쟁이 아니라 자본주의의 문 앞에서 기다리는 합리주의이다. 이렇게 그는 자본주의가 자신의 실패에 의해서가 아니라 성공에 의해 사멸하고 그 자리를 사회주의에 내줄 것이라고 역설적 주장을 전개했다.

자본주의 붕괴를 예측한 슘페터의 전망은 현재까지 빗나간 것으로 평가받고 있다. 관료화된 거대 기업 아래서도 기업들의 창조적 파괴는 지속적으로 일어나고 있으며, 지식인들은 자본주의의 적대 세력이 되기는커녕 자본주의가 주는 기회에 편승하고 있기 때문이다. 그런데도 슘페터의 주장과 이론은 1990년대부터 각광을 받았다. 그것은 '창조적 파괴'에 입각한 기업가들의 끊임없는 경쟁, 혁신적인 경영 방법, 그리고 지속적인 기술 혁신이 사회 발전의 원동력이라고 본 그의 전망이 오늘날에도 여전히 유효하기 때문이다.

또한 자본주의의 위기가 지속적으로 재발하고 있는 현실도 그의 전망에 힘을 실어주고 있다. 자본주의의 위기가 반복될수록 사회질서는 자본주의를 수정·보완하는 개혁 조치들이 거듭되어 자본주의 본래의 모습을 점점 잃게 된다. 자본주의라는 이름이 남아 있더라도 체제의 내용과 방식은 변할 수밖에 없다. 오늘날 자본주의가 발달한 많은 나라에서 사회복지나 기간산업 국유화 등 사회주의적인 제도를 채택하고 있는 것이 이를 설명해주고 있다. 많은 경제학자가 "케인스가 아닌 슘페터야말로 세계화 경제 시대의 진정한 길잡이"라고 칭송을 아끼지 않는 이유가 바로 여기에 있다.

다수 전문가는 20세기가 케인스의 시대였다면 21세기는 슘페터의 시대라고 말한다. 슘페터의 저작 인용이 케인스를 넘어서기 시작한 것도 21세기 들어서였다. 그래서 그에게 붙은 수식어가 '21세기의 경제학자'다.

1943년

조선인 강제징병
김영옥 미 장교로 2차대전 참전
앨런 튜링 '콜로서스' 컴퓨터 개발
셀먼 왁스먼, 항생물질 '스트렙토마이신' 발견
바르샤바 게토 봉기
앙투안 드 생텍쥐페리 '어린 왕자' 출간
레너드 번스타인, 미 뉴욕 필 지휘자 데뷔
뮤지컬 '오클라호마' 초연
프랭크 시나트라 'All or Nothing at All' 대히트
이윤재 옥사

조선인 강제 징병

훗날 징병제에 의해 입대할 신병들을 안정적으로 통제하기 위해 먼저 학도지원병 제도를 실시했다.

일제가 식민지 조선의 인적 자원을 본격적으로 동원한 것은 1937년 중일전쟁 발발 후였다. 젊은 여성들은 근로정신대란 이름으로 마구 유린하고 남성들은 징용, 지원병, 징병 등의 형식으로 전쟁터나 광산·공장 등으로 내몰았다.

일제가 먼저 마수를 뻗친 것은 지원병이었다. 그전까지 일제는 "황군은 천황의 적자만으로 구성되는 신병(神兵)이기 때문에 조선인은 황군이 될 수 없다"는 입장이었다. 조선 청년들의 손에 총을 쥐어주면 언제 자신들에게 총부리를 겨눌지 모른다는 불안감에, 정예 황군의 규율과 명예가 떨어질지 모른다는 우려가 겹쳐 조선 청년들의 징병을 쉽게 결정하지 못했다.

그러나 1937년 7월 중일전쟁이 발발하고 전쟁이 장기화하면서 일본 청년들만으로는 병력 수요를 감당할 수 없게 되자 1938년 2월 22일 '육군특별지원병령'을 공포했다. 지원령에 이어 관련 시행규칙, 관제, 규정 등을 연이어 공포·시행함으로써 만 17세 이상, 소학교 졸업자 이상의 학력 소지자를 지원병 형식으로 충원했다.

첫 지원병 200명은 1938년 6월부터 경성제대 구내에 마련된 임시 지원병훈련소에서 훈련을 받고 6개월 뒤 입대했다. 1938년 후반에도 200여 명이 훈련을 받고 이듬해 입대했다. 점차 대상자가 늘어나 1939년 9월 임시 지원병훈련소를 지금의 태릉 육사 자리인 경기도 양주군 공덕리로 이전하고 경기 시흥, 평남 평양, 경북 대구, 함남 함흥 등지에도 새로운 지원병훈련소를 설치했다. 1943년 후반까지 지원병훈련소에서 훈련받은 지원자는 1만 7,600여 명이고 이 가운데 1만 6,800여 명이 일본군에 입대했다. 이들은 전쟁터가 확대되면서 만주와 동남아 등지로도 파병되었다.

해군은 육군보다는 소극적이었다. 육군 지원병을 모집할 때도 "소중한 군함에는 신원이 확실한 자가 아니면 태울 수 없다. 만일 조선인의 잘못으로 사고가 나면 군함과 함께 전원이 수장된다"며 조선인의 입대를 허용하지 않았다. 하지만 1941년 12월 태평양전쟁으로 인해 전선이 확대되고 병력이 부족하게 되자 1943년 7월 27일 '해군특별지원병령'을 공포했다. 1기 지원자 1,000여 명은 1943년 10월부터 경남 진해에 설치된 해군지원병훈련소에서 훈련을 받고 1944년 4월 입대했다. 1944년 2월 2,000여 명의 2기생까지 모집했으나 4월부터는 강제징병제가 시행되어 징모제로 바뀌었다.

징병·지원병·학도병으로 끌려간 조선 청년 24만 명이나 돼

일제가 지원병 제도 도입과 함께 추진한 것은 징용이었다. 일제는 징용에 앞서 근거법이 될 국가총동원법과 국민징용령을 제정했다. 국가총동원법과 국민징용령은 인적·물적 자원을 마음대로 동원하고 통제할 목적으로 각각 1938년 4월 1일과 1939년 7월 8일 공포되었다.

일제가 이 법을 근거로 조선인을 동원한 곳은 광산, 군수공장, 항만 공사장 등이었다. 처음에는 모집 형식을 취했으나 점차 관(官) 알선과 할당을 거쳐 결국에는 강제징용으로 옮아맸다. 동원된 조선인 노동자들은 늘 산업재해의 위험에 노출되었다. 장시간 노동은 기본이고 임금도 일본인에 비해 현격히 낮았다. 이 과정에서 많은 사람이 죽거나 다쳤다. 강제동원된 조선인이 몇 명인지는 관련 자료가 없어 정확히는 알 수 없지만 재일동포들의 끈질긴 추적과 일본인 학자들의 조사에 따르면 일본으로 건너간 조선인 수는 110여만 명 정도인 것으로 추산되고 있다.

학생들을 대상으로 한 학도지원병은 1943년 10월 20일 공포된 '육군특별지원병 임시채용 규칙'에 따라 운용되었다. 제1기 학도지원병은 1944년 1월 입대했다. 이들은 학교에서 고등교육과 교련을 받았기 때문에 훈련소 과정을 거치지 않고 바로 일본군에 입대했다. 학도지원병은 '지원병'이란 미명과는 달리 실상은 대상자 100% 지원을 목표로 각종 선전을 통한 회유와 경찰을 앞세운 위협을 통해 강제로 동원되었다. 조선 내 전문대 재학생 1,000명 중 959명, 일본과 만주 유학생 2,929명 중 2,150명, 각각 96%와 77%에 달하는 지원율이 그 강제성을 입증한다. 일반지원병이든 학도지원병이든 지원병 제도는 강압적인 징병제도의 시험적 단계였다.

징병제로 조선 청년 총알받이로 내몰아

일본의 각의가 일본과 조선의 젊은이를 대상으로 한 징병제를 결의한 것은 1942년 5월이었다. 이후 조선총독부는 징병제시행준비위원회를 설치하고 준비 작업에 착수했다. 훈련 과정은 학력별로 구분했다. 중등학교 이상에는 현역 장교를 배속시켜 군사훈련을 시키고 초등학교 졸업생은 청년훈련소, 무학자는 청년특별훈련소에 입소시켜 훈련을 받도록 했다.

더불어 징병제의 기초가 될 호적을 정비했다. 1942년 말 현재 조선인 무적자는 50%나 되었다. 조선총독부는 1942년 8월 "10월 1일을 기하여 전국적으로 호적 일제 조사에 착수한다"고 발표하고 9월에 '조선기류령(寄留令)'을 발표했다. 기류령은 징병 적령자의 거주 파악을 위해 90일 이상 거주할 목적으로 본적지 이외에 거주하는 자에게 기류계를 제출 신고하게 했다. 기류는 다른 지방이나 남의 집에 일시적으로 머물러 사는 것을 의미한다.

일제는 이렇게 모든 준비를 마친 후 1943년 3월 1일 조선인 징병제를 공포해 조선 청년들을 총알받이로 내몰 준비를 완료했다. 1943년 10월 1일부터 전국적으로 징병 적령 신고를 받은 결과 예정 적령자 26만 6,600여 명 중 25만 4,700여 명이 신고해 96%의 신고율을 보였다. 장정들은 1944년 4월부터 징병검사를 받고 전쟁터로 끌려갔다. 첫 징병 대상자가 1924년생(갑자생)이다 보니 이후 이들은 6·25전쟁까지 겪은 고생한 세대란 의미로 '묻지 마라 갑자생'으로 불렸다.

1945년 일제가 패망할 때까지 일본군으로 끌려간 조선인 징병자 총수는 해군병과 보충병 등을 포함해 1944년과 1945년 각각 9만 5,000명씩 모두 19만 명이나 되었다. 일반지원병과 학도지원병까지 합하면 중국과 동남아시아, 남태평양에 이르는 광범한 전장으로 끌려간 조선 청년은 약 24만 명에 달한다. 이 가운데 약 5만 명이 사망한 것으로 알려졌다.

당시 일본 군대에는 정규군 외에 군속이라는 군요원도 있었다. 이들 군속은 남방의 비행장이나 철도 공사 현장, 군이 관할하는 군수 공장의 노동자, 포로수용소의 감시요원으로 끌려가 강제 사역을 당했다. 특히 포로수용소 감시원 중 일부는 일제의 패전 후 연합군에 체포되어 포로를 학대한 전범으로 처형되는 이중의 고통을 당했다.

김영옥 미 장교로 2차대전 참전

대대장 부임은 미군 역사상 첫 아시아계 대대장이었다는 점에서 일대 사건이었다.

미국의 유명 포털사이트 'msn.com'이 2011년 6월 미국을 대표하는 전쟁 영웅 16명을 선정했다. 미국 독립전쟁의 영웅 조지 워싱턴, 남북전쟁 당시 북군 총사령관 율리시스 그랜트, 2차대전 승리의 주역 드와이트 아이젠하워, 인천상륙작전을 감행한 더글러스 맥아더 등 그야말로 영웅 일색이었다. 그런데 영웅 명단에 'Young-Oak Kim'이라는 낯선 이름도 눈에 띄었다. 유색 인종으로는 유일하게 전쟁 영웅에 포함된 한국계 김영옥(1919~2005)이었다.

김영옥(1919~2005, 오른쪽) 부부

김영옥은 미국 LA에서 이민자 2세로 태어나 로스앤젤레스 시립대를 중퇴했다. 1939년 2차대전이 발발했을 때 군에 입대하려 했으나 아시아계 유색인이라는 이유로 거부당했다. 그러나 미국도 점차 전쟁에 휘말릴 가능성이 높아지면서 연방의회가 아시아계도 징집 대상에 포함시키는 법을 제정함에 따라 김영옥도 1941년 1월 육군 사병으로 입대했다. 그러다가 그해 12월 일본이 태평양전쟁을 일으켜 장교가 부족해지자 보병장교 후보생으로 선발되었다. 1942년 11월 조지아주 포트베닝의 보병장교학교에 입교했을 때 동기생 가운데 유색인은 김영옥 혼자였다.

김영옥은 장교 교육을 마치고 1943년 1월 말 미시시피주의 '셸비 캠프'에서 훈련을 받고 있는 100대대에 배속되었다. 100대대는 일본의 진주만 공습 후 하와이 내 일본인 2세들로만 편성된 독특한 부대였다. 100대대는 훈련을 마치고 1943년 8월 북아프리카 알제리의 오랑으로 건너가 그곳에서 34사단 133연대에 배속되어 그해 9월 이탈리아 전투에 참가했다.

김영옥은 100대대에서 한국계라는 이유로 일본계 사병들로부터 한동안 따돌림을 당했으나 용감하게 전투를 벌여 곧 부대원의 신뢰를 얻었다. 1943년 11월에는 이탈리아 전투에서 허벅지에 총탄이 박히는 부상을 입었다. 이때 첫 번째 '퍼플 하트'를 받아 이후 계속될 훈장 행진을 시작했다. '퍼플 하트'는 전투 중 경상이든 중상이든 피를 흘린 군인에게 무조건 1개씩 병원장이 직권으로 주는 훈장이다. 전투 후 일본인 사병들은 김영옥을 '사무라이 김'으로 불렀다. 김영옥의 아내는 남편의 부상 소식을 미국에서 전해 듣고 간호장교로 지원해 영국 런던의 야전병원에서 근무했다. 아내의 아버지는 한국인이고 어머니는 중국인이었다.

미국을 대표하는 전쟁 영웅 16명 중 한 명으로 선정

100대대는 1944년 1월부터 2월까지 2차대전 중 가장 치열한 전투의 하나로 기록된 이탈리아 몬테카시노 전투에서 크게 패해 병력의 상당 부분을 잃었다. 너무 많은 사상자가 발생해 100대대는 '퍼플 하트 대대'라는 별명을 얻었다. 하지만 살아남은 100대대원들 사이에는 "김영옥과 함께 있으면 죽음도 피해간다"는 믿음이 퍼져 나갔다. 김영옥은 1944년 2월 미국에서 세 번째 높은 무공훈장인 은성무공훈장을 받았다.

그 무렵 연합군은 로마 해방을 목전에 두고 있었다. 그러나 로마를 해방하려면 독일군이 정예 탱크사단을 어디에 배치했는지를 먼저 파악해야 했다. 김영옥은 1944년 5월 16일 일본계 사병 1명만 데리고 심야에 적진에 침투해 2명의 독일군을 생포해 끌고 왔다. 연합군은 그가 잡아온 포로에게서 얻은 정보를 바탕으로 5월 23일 '버펄로 작전'이라는 총공격을 개시해 6월 4일 로마를 점령했다.

로마 입성 후 마크 클라크 사령관은 김영옥에게 두 번째로 높은 특별무공훈장을 수여하면서 즉석에서 자기 부관의 계급장을 떼 김영옥에게 대위 계급장을 달아주었다. 이탈리아 정부는 로마 해방 후 김영옥에게 동성무공훈장을 수여했다가 2차대전이 끝난 뒤 공훈 심사를 다시 해 최고 무공훈장인 십자무공훈장을 수여했다. 김영옥이 이끄는 부대는 로마 해방 3개월 후 벌어진 피사 해방전에서도 성공을 거뒀다.

김영옥의 부대는 1944년 10월 프랑스 동북부 보주산맥의 작은 마을 브뤼에르와 비퐁텐 지역에 투입되었다. 보주산맥을 넘으면 스트라스부르를 거쳐 곧바로 독일이었기 때문에 독일 역시 이 방어선을 지키는 데 사력을 다했다. 김영옥은 기관총탄 세 발을 맞는 큰 부상을 겪으며 그 지역을 해방한 주역으로 활약했다. 프랑스 정부는 십자무공훈장으로 감사와 위로를 표시했다가 2005년 공적을 재평가해 최고훈장인 레지옹 도뇌르를 수여했다.

김영옥은 전쟁이 사실상 끝나갈 무렵인 1945년 4월 휴가차 LA로 돌아왔다. 그때 그와 어머니가 만나는 사진이 '전쟁 영웅의 귀환'이라는 제목의 기사와 함께 LA타임스에 큼지막하게 실렸다. 김영옥은 휴가를 마치고 유럽으로 돌아갈 준비를 하던 중 종전 소식을 듣고 미국에 그대로 있다가 1946년 전역 후 LA에서 세탁소를 운영했다.

"김영옥과 함께 있으면 죽음도 피해간다"는 믿음 퍼져

그러던 중 1950년 6·25전쟁이 터졌다. 김영옥은 부모 나라를 위해 1950년 9월 자원입대했다. 1951년 3월 동부전선에 투입된 그는 정식 대대장은 아니었지만 5월 23일부터 사실상 대대장 역할을 수행했다. 그가 31연대 1대대를 맡았을 때 병사들 사이에는 패배감이 만연해 있었다. 함경도 장진호 전투에서 중공군을 만나 궤멸되다시피 해 중공군에 대한 공포감이 컸던 것이다. 김영옥은 먼저 구만산 전투와 탑골 전투를 승리로 이끌어 부대원에게 승리감을 맛보게 했다. 이 전투 승리로 두 번째 은성무공훈장을 받았다.

이후 1대대는 연전연승하며 무적의 부대로 떠올랐다. 5월 27일 유엔군이 전 전선에서 38선을 다시 넘었을 때도 그의 대대는 선두로 돌파했다. 북진 당시 다른 부대와 같은 선상에 있던 그의 대대는 1주일 만에 북쪽으로 삐죽이 올라가더니 다시 1주일 뒤에는 북으로 60km나 솟아오른 중부전선의 맨 앞에까지 진격해 있었다. 이후 전쟁은 교착상태에 빠졌고 결국 오늘날 휴전선 모양이 되었다.

당시 그의 부대는 진격 속도가 너무 빨라 아군으로부터 오인 포격을 받기도 했다. 김영옥은 오인 포격으로 중상을 당해 일본으로 후송되었으나 다리 절단의 위기를 넘기고 부상에서 어느 정도 회복되자 8월 다시 전선으로 복귀했다. 1951년 9월 소령으로 진급하고 10월 정식 1대대장으로 임명되었다. 그의 공식적인 대대장 부임은 미군 역사상 첫 아시아계 대대장이었다는 점에서 미군 역사상 일대 사건이었다.

하지만 총알과 파편이 헤집어놓은 그의 몸은 모두 11군데나 신경이 절단된 상태였다. 2차대전 때 손가락 일부를 잃고 6·25전쟁 때 입은 부상으로 그가 받은 수술만 40여 차례나 되었다. 그와 그의 대대는 전쟁 중에도 서울 용산에 있는 고아원을 정기적으로 지원해 수백 명의 고아를 돌보기도 했다. 김영옥은 1952년 9월 한국을 떠났다가 1963년 다시 방한해 1965년까지 군사고문으로 활약했다. 이후 유럽과 하와이 등에서 근무하다 1972년 대령으로 예편했다.

그는 2차대전 때 일본군계 부대를 지휘한 것이 인연이 되어 재미 일본계 참전군인협회장(1989~2004)으로 활동했다. 미국의 일본계 교육재단은 그의 일대기를 담은 '잊혀진 용맹'이라는 영화를 만들어 LA 등지에서 상영하기도 했다.

김영옥은 2006년 우리나라 최고 무공훈장인 태극무공훈장을 받음으로써 프랑스, 이탈리아, 한국 등 3개국으로부터 최고 무공훈장을 받은 유일한 한국계 인물이 되었다. 미국 정부로부터 받은 훈장도 특별무공훈장 1개, 은성무공훈장 2개, 공로무공훈장 2개, 동성무공훈장 2개, 전상훈장 3개 등 10개가 넘었다.

2009년 LA 한인타운에 그의 이름을 딴 '김영옥 중학교'가 세워지고 2010년 한국 정부가 외국에 처음 설립한 재외동포 연구소인 '김영옥 재미

동포연구소'가 미국 캘리포니아대(UCR)에서 문을 열었다. 2011년에는 우리나라 초등학교 5학년 1학기 국어 교과서에도 수록되었다.

앨런 튜링 '콜로서스' 컴퓨터 개발

1952년 동성애자라는 사실이 밝혀지면서 곤경에 빠졌다.

2차대전 발발을 전후한 시기에 영국의 뛰어난 과학자와 기술자들이 갑자기 학교와 연구실을 떠나 런던 근교 블레츨리 파크에 있는 한 농촌 저택으로 속속 모여들었다. 그들에게 부여된 '울트라' 임무를 수행하기 위해서였다. 울트라는 독일의 암호 작성기 '에니그마'를 해독하기 위한 영국 정보부의 작전명이었다.

수수께끼라는 뜻의 에니그마는 타자기와 비슷한 형태의 암호기로 초창기의 기본 구조는 알파벳이 새겨진 회전판 3개와 문자판으로 구성되었다. 문자판의 문자키를 누르면 나란히 놓인 3개의 회전판이 돌면서 매우 복잡한 체계를 거쳐 암호가 만들어지고 이렇게 만들어진 경우의 수는 인간의 머리로는 도저히 계산할 수 없을 만큼 엄청나게 많았다.

독일은 에니그마에 대해 보안을 철저히 하면서도 설사 상대국이 에니그마를 손에 넣더라도 암호 체계를 해독할 수 없을 것이라고 확신했다. 그러나 2차대전이 발발하기 전 에니그마는 이미 폴란드에 의해 부분적으로 해독되고 있었다. 당시 폴란드는 강대국인 소련과 독일 사이에 끼어 있어 어떻게든 소련과 독일의 통신문을 해독해야 하는 절박한 상황에 놓여 있었다. 폴란드가 에니그마를 해독하기 위해 집요하게 노력하고 있을 때 한 독일인이 에니그마에 대한 중요 정보를 빼돌려 폴란드에 건네주면서 폴란드는 가까스로 에니그마의 복제품을 만들 수 있었다.

결정적으로는 '폴란드의 암호 영웅' 마리안 레예프스키가 암호해독기 '봄바'를 개발함으로써 부분적으로나마 에니그마 해독이 가능해졌다. 그러나 폴란드의 역량으로는 점점 성능이 좋아지는 에니그마의 개량 속도를 따라갈 수 없었다. 독일이 1937년 말 암호 체계를 바꾸고 1938년 12월 회전판을 3개에서 5개로 늘리는 방식으로 에니그마의 보안을 강화하고부터는 더 이상 암호를 해독하지 못해 1939년 9월 사실상 무방비 상태로 독일의 침공을 맞고 말았다. 다행히 에니그마 복제기와 봄바 개발 과정에서 축적된 각종 노하우는 독일이 침공하기 2개월 전인 1939년 6월 영국으로 넘어가 있었다.

2차대전 발발을 전후한 시기에 영국 정부는 소규모로 운영해오던 에니그마 해독 연구 조직을 더욱 확대했다. 과학자와 기술자들도 블레츨리 파크로 소집해 울트라팀을 구성했다. 울트라팀에는 퍼즐 전문가, 체스 챔피언 등 다양한 경력의 소유자가 많았지만 그중에서도 가장 탁월한 인물은 당대 제일의 천재 수학자 앨런 튜링(1912~1954)이었다.

독일, 영국의 에니그마 해독 사실 모른 채 전쟁 치러

튜링은 런던의 부유한 집안에서 태어나 1934년 킹스대를 졸업하고 대학원생이던 1936년 '계산 가능한 수에 관한 연구'라는 논문을 발표해 학계의 주목을 받았다. 논문에서 그는 사람의 두뇌에 해당하는 제어장치, 데이터가 수록된 테이프, 이를 읽고 기록하는 입출력 헤드의 3부분만 있으면 모든 계산이 가능하다는 이론을 폈다. 논문은 오늘날 '현대 컴퓨터의 모델'이라고 불리는 '튜링 머신'을 수학적으로 고안한 것으로 평가받고 있다.

튜링은 1936년 미국으로 건너가 1938년 5월 미국 프린스턴대에서 수학박사 학위를 받았다. 컴퓨터의 창시자로 꼽히는 폰 노이만 교수로부터 함께 연구하자는 제의를 받았으나 이를 거절하고 2차대전의 전운이 감도는

1938년 여름 조국으로 돌아와 울트라 임무에 참여했다. 튜링은 에니그마의 암호 체계를 해독하는 부서의 책임자가 되어 폴란드의 봄바를 샅샅이 분석했다. 에니그마의 비밀을 하나둘 풀 때마다 영국군은 전술적으로 중요하지 않은 지점에 항공기를 출동시켜 그때마다 반응하는 독일 측의 암호 전문을 도청하는 형태로 암호 체계를 해독했다. 독일군이 매일 새벽 6시 직후에 일기예보를 암호로 전송한다는 사실도 암호 체계 해독에 활용했다.

앨런 튜링(1912~1954)

튜링은 이런 과정을 거쳐 1940년 에니그마의 암호화 과정을 역추적하는 해독기 '봄베'를 완성했다. 봄베는 봄바를 만든 폴란드 과학자들에 대한 경의의 표시였다. 봄베는 영국이 독일의 U보트 공격에 대비할 수 있도록 하고 1940년 5월 프랑스 북부 지방에 포위된 수십만 명의 영국군이 뒹케르크에서 무사히 철수하는 데도 기여했다.

튜링은 봄베가 자료를 기억하지 못해 앞서 작업한 정보를 재창조하거나 재사용할 수 없다는 사실을 알고, 봄베가 정보를 저장할 수만 있다면 가능한 모든 경우의 수를 기계에 저장했다가 도청한 에니그마 메시지와 비교할 경우 해독이 그만큼 쉬워질 것으로 추측했다. 그래서 이를 보완해 1943년 12월 완성한 것이 세계 최초의 연산컴퓨터 '콜로서스'였다. 콜로서스는 2,400개의 진공관으로 만들어지고 길이와 폭이 각각 5m, 높이가 3m나 되어 거대했다. 초당 5,000자의 암호문이 종이 테이프를 타고 들어가면 콜로서스는 에니그마의 암호와 일치할 때까지 암호를 비교하는 방식으로 암호를 풀었다.

콜로서스는 독일의 거의 모든 비밀통신을 도청하고 독일의 전력을 손바닥 들여다보듯 훤히 꿰뚫어 보았다. 독일 잠수함에서 발사되는 암호 전문도 완벽하게 해독해 연합군 지휘부에 넘겨졌고 1944년 6월의 노르망디 상륙작전 때도 독일이 상륙작전 예정지를 노르망디가 아니라 칼레로 예상하고 있다는 사실까지 알아내 상륙작전을 성공시키는 데 일조했다. 그런데도 독일은 전쟁이 끝날 때까지 이 사실을 모른 채 전쟁을 치렀다.

콜로서스 존재 늦게 알려져 에니악이 '세계 최초 컴퓨터' 영예 안아

종전 후 콜로서스의 존재는 비밀로 유지되었다. 그러다가 암호해독 작전에 참여했던 한 요원이 1974년 '울트라의 비밀'이란 책을 펴내고 1975년 10월 영국 정부가 어쩔 수 없이 콜로서스 사진을 공개하면서 세상에 알려졌다. 이처럼 콜로서스의 존재가 늦게 알려진 덕분에 콜로서스보다 3년 뒤에 나온 에니악이 '세계 최초의 컴퓨터'라는 영예를 누리게 되었다.

종전 후 튜링은 "기계도 생각할 수 있는가?"라는 본질적인 문제에 골몰한 끝에 1950년 '계산기계와 지능'이라는 논문을 발표했다. 논문은 1980년대에야 연구가 본격화한 인공지능 컴퓨터의 가능성을 제시한 역작으로 평가받고 있다.

튜링은 1952년 동성애자라는 사실이 밝혀지면서 곤경에 빠졌다. 당시 동성애는 마땅히 처벌받아야 할 중범죄였기 때문에 외설죄로 기소되었다. 튜링은 전쟁 중의 공로를 인정받아 징역은 면한 대신 1년 감호처분을 받았다. 그는 감호소에서 동성애 성향을 치료하기 위해 여성 호르몬을 규칙적으로 복용해야 하는 시험적 처방에 따라야 했다. 정해진 간격으로 정해진 양의 여성 호르몬이 튜링의 몸에 투입되면서 몸에서는 발기불능, 중추신경계 손상, 여성 유방증 등의 증상이 나타났다. 처방은 1953년 4월에 끝났지만 증상은 여전했다. 그러던 중 1954년 6월 7일 저녁, 동화 속의 백설공주가 독사과를 먹고 죽은 것처럼 그 역시 청산가리를 주입한 사과를 먹고 스스로 목숨을 끊었다.

그가 세상을 떠난 지 12년 뒤인 1966년 '컴퓨터 부문의 노벨상'으로 불리는 튜링상이 제정되어 해마다 컴퓨터 분야에 공헌한 사람에게 상을 주며 비극적으로 삶을 마감한 튜링의 업적을 기리고 있다. 2009년 고든 브라운 당시 총리가 영국 정부 관계자로는 처음으로 튜링이 받았던 처우에 대해 사과했다. 2013년 12월에는 스티븐 호킹 등 과학자를 포함한 3만 7,404명의 청원을 받아들여 엘리자베스 2세 여왕이 특별사면했다.

셀먼 왁스먼, 항생물질 '스트렙토마이신' 발견

똑같은 방법으로 반복된 연구에 의해 노벨상을 받은 것은 왁스먼이 유일했다.

결핵은 인류 역사상 가장 많은 생명을 앗아간 전염병이다. 그런데도 19세기 말까지는 특정 미생물이 원인일 것이라는 추정만 난무할 뿐 원인균이 무엇인지는 알지 못했다. 그러다가 1882년 로베르트 코흐가 결핵의 원인균을 발견하고 8년 뒤 결핵에 유효한 물질인 '투베르쿨린'을 분리하는 데 성공함으로써 결핵 치료에 서광이 비치는 듯했다. 그러나 투베르쿨린이 결핵균에 예방 효과는 있으나 치료 효과는 없는 것으로 판명되어 다시 실망을 안겨주었다. 이후에도 안전하고 효과적인 결핵 백신을 개발했다는 발표가 있긴 했지만 사실상 쓸모없는 것뿐이었다.

결국 결핵 환자들은 좋은 식사, 편안한 휴식, 신선한 공기, 따사로운 햇살 등에 의존하는 수밖에 없었다. 그렇다고 모두가 치료되는 것은 아니어서 존 키츠, 프레데리크 쇼팽, 이광수, 김유정, 이상 등의 문화예술인들을 비롯해 전 세계의 수많은 사람들을 사지로 몰아넣었다.

그러던 중 1928년 알렉산더 플레밍이 곰팡이에서 페니실린을 찾아냈다. 페니실린은 미생물로부터 새로운 약제를 개발하는 것이 가능하다는 희망

셀먼 왁스먼(1888~1973)

을 인류에게 심어주었다.

이후 수많은 연구자가 항생물질을 얻기 위해 미생물 연구에 뛰어들었다. 셀먼 왁스먼(1888~1973)도 그 중의 한 명이었다.

왁스먼은 우크라이나의 유대인 집안에서 태어나 1910년 미국으로 이주했다. 1915년 러트거스대를 졸업하고 1920년 러트거스대의 토양미생물학과 교수로 자리를 잡았다. 그가 모든 병원성 세균을 박멸할 수 있는 강력한 항생제 개발에 착수한 것은 1930년대 후반이었다. 1915년에 액티노마이세스 그리세우스라는 방선균주를 토양에서 분리한 적이 있어 그가 주목한 것은 방선균이었다.

그는 결핵균이나 티푸스균을 흙 속에 묻으면 죽는다는 사실에 착안했다. 흙 속에 병원성 균주와 싸워 이기거나 혹은 병원성 균주를 사멸할 수 있는 물질을 분비하는 미생물이 존재할 것이라는 가설을 세우고 이 가설을 검증하기 위한 연구를 진행했다.

왁스먼은 서로 다른 특징을 지닌 여러 가지 종류의 토양에서 흙을 채취해 각각의 흙으로부터 많은 종류의 미생물을 수집한 뒤 그 미생물에서 만들어진 물질 가운데 항생 효과를 가진 물질을 찾아내는 데 집중했다. 이런 방식의 연구는 노동력을 얼마나 투입하느냐에 따라 항생 효과를 지닌 물질을 찾아낼 확률이 높아진다는 점에서 과학적인 아이디어보다는 엄청난 끈기와 인내를 요구했다. 그것은 한강 모래사장에서 바늘을 찾는 작업과 다름없었다.

그는 실험실 조수와 대학원생 10여 명을 연구팀으로 구성해 야전부대 지휘관처럼 연구팀을 이끌었다. 그러다가 1만여 종의 토양세균을 분리하고 치유 능력을 테스트한 끝에 1,000여 종이 살균 효과를 갖고 있다는 것을 알아냈다. 이 중에서 가능성이 높은 세균 13가지를 선별했다. 이런 과정을 거쳐 1940년 토양 세균에서 항생물질 '액티노마이신'을 분리하는 데 성공했으나 동물을 대상으로 임상실험을 해보니 독성이 강해 사람에게는 쓸 수 없었다.

역사상 최초로 결핵을 물리친 항생물질 영예 안아

연구팀이 마침내 새로운 항생물질을 발견한 것은 1943년 10월 19일이었다. 흙에서 뭔가를 쪼아 먹은 병아리의 목구멍에서 자라는 한 미생물이 시험관 안의 병원균을 사멸시킨다는 사실을 앨버트 샤츠라는 연구원이 발견한 것이다. 이 방선균은 '스트렙토미세스 그리세우스'로 명명되었다. 이것은 왁스먼이 1915년 발견한 액티노마이세스 그리세우스와 동일한 항생물질이지만 종이 다르고 상대적으로 유독성도 없었다. 왁스먼은 이 항생물질을 '스트렙토마이신'으로 명명했다.

스트렙토마이신은 곧 결핵, 장티푸스, 발진티푸스, 백일해 등의 전염성 질병에 효과가 있다는 사실이 밝혀졌다. 하지만 의학자와 일반인이 특히 관심을 보인 것은 항결핵제로서의 사용 가능성이었다. 새로운 항생물질 발견 사실은 '사이언스'지 1944년 8월호에 소개되었다. 스트렙토마이신은 1944년 11월 20일 미국 메이오 병원에서 처음 사람에게 투여되었다. 대상은 죽음을 눈앞에 둔 21세의 여성 결핵 환자였다. 여성은 2년 후 회복했다.

스트렙토마이신은 대부분의 결핵에 놀라운 치료 효과를 보였다. 1945년 8월에는 미군을 대상으로 대규모 실험을 했다. 이 과정에서 궤양이 일어나고 머리카락이 빠지고 귀가 머는 등의 부작용이 일부 환자에게서 나타났다. 하지만 전체적으로는 효능이 뛰어난 것으로 확인되어 역사상 최초로 결핵을 물리친 항생물질의 영예를 안았다. 1962년 세계보건기구의 발표에 따르면 미국은 인구 10만 명당 1년 평균 결핵 사망자 수가 50명(1939)에서 7명(1958)으로 줄어들었다. 일본은 209명에서 39명, 프랑스는 118명에서 24명으로 줄어들었다.

왁스먼은 1952년 노벨 생리의학상을 수상했다. 똑같은 방법으로 반복된 연구에 의해 노벨상을 받은 것은 왁스먼이 유일했다. 플레밍과 왁스먼의 연구 모두 자연계에 존재하는 미생물로부터 다른 미생물의 증식을 억제하는 물질을 발견했다는 점에서 사실상 같은 연구 방법으로 간주되었기 때문이다. 하지만 노벨상위원회는 스트렙토마이신이 오랜 세월 불치의 병인 결핵으로부터 인류를 해방했다는 공로를 인정해 노벨상을 수여했다.

스트렙토마이신은 페니실린보다 적용 범위가 좁긴 하지만 결핵을 실질적으로 박멸했다는 점에서 의학사에 또 하나의 이정표로 기록되었다. 왁스먼은 페니실린, 스트렙토마이신 등 병원균을 선택적으로 죽이거나 번식을 억제하는 화학물질을 '항생물질'이라고 명명함으로써 의학 용어에도 중요한 족적을 남겼다.

바르샤바 게토 봉기

죽음에 이르기 전 게토의 유대인들이 동원한 방법은 저항과 투쟁이 아니라 청원과 호소였다.

유대인이 집단으로 거주하는 지역을 일컫는 '게토'가 처음 설치된 곳은 1516년 이탈리아의 베네치아였다. 이때 이후 유럽 내 모든 나라의 유대인 거주 지역을 '게토'라고 부르는 것이 일반화되었다. 게토가 전 세계적으로 유명해진 것은 히틀러가 집권한 1930년대였다. 나치 독일은 1939년 2차대전을 일으켜 폴란드를 점령한 뒤 유대인을 격리·수용하기 위해 도시에서 가장 낙후한 빈민 지역에 게토를 설치했다.

최초 게토는 1939년 10월 폴란드의 피오트르쿠프 지역에 설치되었고 두 번째 게토는 폴란드의 공업도시 우지에 세워졌다. 바르샤바에 세워진 게토는 규모가 가장 컸다. 주위에는 3m 높이의 콘크리트벽과 철조망을 세워 유대인의 자유로운 출입을 가로막았다. 또한 거주 공간에 비해 너무 많은 사람을 수용하고 위생 시설까지 엉망이어서 전염병이 창궐했다. 나치는 이런 현실을 악용해 게토 입구마다 '출입 금지! 전염병 조심!'이라는 큰 글씨의 팻말을 붙여놓고 게토 바깥의 비유대인들에게 "유대인들로부터 당신을 지키기 위해 게토를 만들었다"고 거짓 선전을 했다.

1941년 중반까지 게토는 유럽에 흩어져 있는 유대인들을 한데 모아 비유대인들과 격리하는 섬으로 기능했다. 그러나 1942년 이후 게토의 성격은 확연히 바뀌었다. 아우슈비츠 강제수용소에 가스실이 설치되고 폴란드 동부 지역 곳곳에 유대인을 절멸하기 위한 수용소가 설치된 후 게토는 그곳으로 강제 이송되기 직전 유대인들이 머물던 중간역이자 학살 대기소가 되었다.

가스실로 강제 이송되기 전 머물던 학살 대기소

1940년 4월부터 외부와 차단된 우지 게토에는 원래부터 이 구역 안에 살고 있는 6만여 명을 포함해 모두 16만여 명의 유대인이 수용되었다. 1940년 11월에 세워진, 규모가 가장 큰 바르샤바 게토에는 바르샤바 면적의 2.4%에 불과한 4㎢의 공간에 바르샤바 인구의 30%나 되는 50만 명의 유대인이 수용되었다. 식사량은 독일인 평균의 10분의 1에도 못 미쳐 굶주림이 다반사였고 집집마다 15명씩이나 거주해 위생 상태도 최악이었다. 1942년 7월까지 12만 명이 기아와 질병(특히 장티푸스) 등으로 숨져 거리는 시체들로 넘쳐났다.

바르샤바 게토에 수용되어 있던 유대인들의 강제 이주가 시작된 것은 1942년 7월 22일이었다. 목적지는 죽음의 절멸수용소 트레블링카였으나 나치는 휴양소로 보낸다고 선전했다. 영문도 모른 채 그해 9월 12일까지 50여 일 동안 트레블링카로 보내진 약 30만 명의 유대인은 수용소 가스실에서 죽음을 맞았다.

죽음에 이르기 전 게토 내 유대인들은 저항과 투쟁이 아니라 청원과 호소라는 소극적 방식으로 살길을 모색했다. 유대인들이 이런 오판을 하게 된 배경에는 2,000년 동안 유대인 특유의 '디아스포라(이산)'를 겪으면서 터득한 허황된 희망 때문이었다. 나라 없는 삶을 살아오는 동안 유대인들은 언제나 소수였고 그렇기 때문에 항상 위험에 노출되어 있었다. 압도적인 군사력을 갖고 있는 적에게 무력으로 대항하는 것은 민족 전체의 멸망을 초래할 뿐이라는 경험도 작용해 그들은 실낱같은 희망에 집착했다.

이런 이유로 대부분의 게토 지도자들은 복종을 통한 생존을 제1의 지침으로 삼았고 대중도 이 가르침을 당연한 것으로 받아들였다. 절멸수용소에 관한 흉흉한 소식이 들려와도 확증이 없으면 인정하지 않았다. 여기에 나치의 기만과 속임수도 크게 작용했다. 유대인들은 게토행 기차를 타기 전에는 '등록'과 '이주'라는 말로 기만당했고 가스실로 내몰린 삶의 마지막 순간에는 '목욕'이라는 말에 속았다. 게토 내 유대인 지도자들은 1943년에야 자신들이 겪고 있는 조직적이고 체계적인 근대적 절멸 과정이 수백 년 전에 자기 조상들이 겪었던 크고 작은 학살과는 근본적으로 다르

봉기 실패 후 강제수용소로 이송되는 유대인

다는 것을 깨달았다.

유대인이 저항하지 않은 것은 아니었다. 하지만 무장 투쟁의 규모는 작았고 횟수도 적었다. 범위도 국지적이었고 시기적으로도 절멸 과정의 후반에 등장했다. 무장 게토 봉기 가운데 가장 대표적인 것이 바르샤바 게토 봉기였다. 바르샤바 게토에서 저항운동 조직이 생겨나는 데는 오랜 시간이 걸렸다. 가장 큰 이유는 게토 주민들 스스로 자신이 죽을 운명에 처해 있다는 사실을 쉽게 받아들이려 하지 않았기 때문이었다.

어차피 죽을 목숨 당당히 맞서다 죽겠다며 결사항전 선택

바르샤바 게토 내 유대인의 강제 이송이 시작된 것은 1942년 7월이었다. 그해 9월까지 트레블링카 절멸수용소로 강제 이송된 사람은 30만 명에 달했다. 게토에서도 많은 사람이 죽다 보니 1942년 11월 현재 게토 안에 남은 사람은 6만 명 전후를 헤아렸다. 남아 있는 청년들은 더 이상 물러설 곳이 없는 것을 알고 '유대인 전투조직'을 결성해 사즉생의 투쟁을 다짐했다. 1943년 1월 18일 게토 경비대원들이 유대인을 또다시 트레블링카 절멸수용소로 강제 이송하기 위해 탱크와 장갑차를 앞세워 게토 안으로 들어왔다. 청년들은 기습 공격으로 저항했다. 그러나 시가전은 '유대인 전투 조직'의 일방적 패배로 끝났다.

'유대인 전투 조직'은 다시 조직을 확대하고 무기를 확보해 다음 진입에 대비했다. 당시 경비대는 3,000명 이상의 병력에 야포와 탱크까지 보유하고 있었다. 전투는 기원전 13세기 유대인들이 이집트에서 탈출한 것을 기념하는 유월절 하루 전인 4월 19일 새벽 6시에 재개되었다. 경비대원들은 유대인 전투 조직의 수류탄과 화염병 기습을 받아 탱크 1대가 불길에 휩싸이자 후퇴했다.

이후 밤에는 유대인들이 독일군을 기습했고 낮에는 독일군이 유대인 밀고자들을 앞세워 지하 은신처를 수색하는 방식으로 전투가 계속되었다. 그러다가 5월 8일 유대인 전투 조직 지휘부의 은신처가 발각되자 지도부는 자결하거나 살해되었다. 하수구를 통해 도망간 사람들도 있었지만 대부분은 폴란드인의 밀고로 살해되었고 일부만이 탈출하는 데 성공해 후일 당시의 참상을 증언했다.

독일군은 4주 동안 화염방사기 등으로 게토를 초토화하면서 유대인들을 닥치는 대로 학살했다. 봉기 진압 과정과 그 직후에 죽은 사람만 1만 5,000여 명에 달했다. 절멸수용소로 강제 이송된 사람은 5만 명이 넘었다. 독일 측이 입은 손실은 사망 16명과 부상 85명에 불과하다는 독일군 측의 주장을 곧이곧대로 받아들일 수는 없겠지만 피해가 크지 않았던 것만은 분명했다. 5월 16일 현장 지휘관이 하인리히 힘러 친위대 사령관에게 이렇게 보고했다. "저녁 8시 15분 상황 종료. 체포되거나 학살된 유대인은 5만 6,065명. 바르샤바 게토는 더 이상 존재하지 않는다."

앙투안 드 생텍쥐페리 '어린 왕자' 출간

비행기가 있어 소설이 가능했고 소설이 있어 비행기를 둘러싼 삶의 애환을 세상에 알릴 수 있었다.

앙투안 드 생텍쥐페리(1900~1944)에게 비행기와 소설은 삶의 전부이자 암수한몸 같은 존재다. 비행기가 있어 소설이 가능했고 소설이 있어 비행기를 둘러싼 삶의 애환을 세상에 알릴 수 있었다. 프랑스 리옹에서 태어난 생텍쥐페리가 처음 비행기 조종간을 잡은 것은 21살 때였다. 1921년 4월 스트라스부르 공군 부대에 배속되어 민간항공사 자격증(1921.12)과 군용비행사 자격증(1922.1)을 취득한 뒤 전투중대 중위로 복무했다. 1923년 6월 제대 후 사무원과 트럭 외판원 생활을 하다가 1926년 4

월 한 잡지에 자신의 첫 소설 '비행사'(단편)를 발표했다.

앙투안 드 생텍쥐페리(1900~1944)

1926년 9월 라테코에르 항공사(현재의 에어프랑스)에 들어가 프랑스의 툴루즈와 서아프리카 세네갈의 다카르 간 우편비행 업무에 종사하고 모로코 남부의 항공기지에서 근무했다. 아프리카 사막 지역에서 지낸 그때의 경험은 훗날 소설의 주요 모티브가 되었다. 1929년에는 아에로포스탈 아르헨티나 항공사로 이직해 유럽에서 대서양을 건너고 안데스 산맥을 넘어 칠레의 최남단 푼타아레나스를 잇는 항로를 개척했다.

그 시절 우편기 조종사는 추락과 조난의 위험에 노출된 매우 위험한 직업이었다. 특히 생텍쥐페리처럼 유럽과 서아프리카, 유럽과 남미를 오가는 대륙 간 우편기 조종사는 더욱 그랬다. 그때의 고된 경험은 작품 속에 그대로 녹아들었다. '남방우편기', '야간비행', '인간의 대지', '전투 조종사', '어린 왕자'에 이르기까지 그의 작품들에는 조종사가 겪어야 하는 죽음의 그림자들이 고비마다 어른거렸다.

'남방 우편기'(1929)에서는 주인공인 비행사가 사막의 모래 언덕 위에서 죽고, '야간비행'(1931)에서는 민간 항공사들이 아직 항공로가 개척되지 않은 남미로 진출하고 수많은 조종사들이 황금어장을 찾아 칠레·브라질·아르헨티나로 몰려들고 있을 때, 그 자신이 겪은 죽음을 무릅쓴 모험과 조종사들끼리의 인간적 연대감을 그렸다.

'인간의 대지'(1938)에서는 1935년 12월 파리~사이공 간의 비행 기록에 도전했다가 리비아의 사하라 사막에 불시착해 5일간 먹지도 마시지도 못하고 사막을 헤매다 원주민에게 구조되는 자신의 체험을 손에 잡힐 듯이 묘사했다. '인간의 대지'는 1939년 6월 미국에서 '바람과 모래와 별'이라는 제목으로 번역 출판되어 그에게 각종 상을 안겨주고 작가로서의 입지도 굳혀주었다.

조종사가 겪어야 하는 죽음의 그림자가 작품마다 어른거려

생텍쥐페리는 미국 여행 도중 2차대전이 임박한 것을 예감하고 1939년 8월 귀국해 공군 대위로 복무했다. 처음에는 예전 비행에서 당한 사고로 전투기 조종 불가 판정을 받았으나 1939년 말부터 고공 정찰과 촬영 임무를 수행했다. 그러다가 1940년 6월 파리가 함락되자 그해 7월 제대하고 12월 미국으로 건너갔다. 그는 독일 점령하의 조국 동포들에게 용기를 주기 위해 그가 우편기 조종사에서 전투기 조종사로 변신해 활동하던 시절을 회고하며 미국에서 소설을 썼다. 1942년 '전투 조종사'를 펴내고 1943년 4월 6일 '어린 왕자'의 영어판과 불어판을 동시에 출판했다. '어린 왕자'는 프랑스에서 1945년 11월 출간되었다.

표지 삽화와 내용 속 그림들 모두 자신이 직접 그린 '어린 왕자'의 줄거리는 단순하다. '소행성 B612호'라는 우주 속 작은 별에 장미 한 송이와 단 둘이 살던 어린 왕자는 까다롭게 구는 장미를 버리고 혼자 우주 여행길에 나선다. 지구라는 별의 사막에 추락, 마침 비행기 고장으로 사막에서 고생하던 비행사를 만나 대화가 시작된다. 그 뒤 여우도 만나고 뱀도 만나고 사업가와 허풍쟁이도 만난다. 그런 과정을 통해 자신이 버린 그 장미야말로 자기가 책임져야 할 존재란 걸 깨닫고 몸통은 사막에 버린 채 영혼만이 다시 외딴 별로 돌아간다는 줄거리이다.

'어린 왕자' 출간 직후 생텍쥐페리는 뉴욕을 떠나 1943년 7월 튀니스에 주둔 중인 자신의 옛 비행중대에 복귀했다. 그리고 1944년 7월 31일 오전 8시 30분, 미국 록히드사 쌍발기 라이트닝 P38기를 타고 고향 리옹 부근에 주둔한 독일군의 이동을 추적할 목적으로 지중해 코르시카섬 미 공군 기지를 이륙했다. 채워진 연료로는 6시간만 비행할 수 있었기 때문에 늦어도 오후 2시 반까지는 돌아와야 했다. 그러나 정찰기는 기지로 돌아오지 않았다. 결국 오후 3시 30분 "비행중대장 생텍쥐페리 실종"이라는 보고가 상부로 올라갔다.

이후 격추, 사고, 자살 등 추측만 무성한 채 정찰기 잔해는 어디에서도 발견되지 않았다. 그렇게 세월이 흐른 후 1998년 지중해 항구도시 마르세유 동남쪽 바다에 쳐놓은 그물에 생텍쥐페리와 그의 아내 콘수엘로의 이름이 새겨진 은팔찌 하나가 걸려 올라오고 2004년 4월 마르세유 근해에서 정찰기 잔해가 발견됨으로써 비록 유해는 발견되지 않았지만 공식적으로 전사 처리되었다.

레너드 번스타인, 미 뉴욕 필 지휘자 데뷔

1950년대 초 각종 고초를 겪고도 진보적 사고와 행동을 멈추지 않았다.

레너드 번스타인(1918~1990)은 헤르베르트 폰 카라얀과 더불어 20세기 최고의 마에스트로로 꼽힌다. 하지만 그는 지휘 말고도 피아니스트, 작곡가, 음악 교육가, 저술가로도 자신의 재능을 한껏 발휘했다. 작곡가로는 교향곡, 가곡, 합창곡, 뮤지컬, 오페라, 영화음악, 발레곡 등 다양한 장르의 곡을 넘나들며 컨트리, 블루스, 재즈의 리듬과 선율을 클래식에 융합해 가장 미국적인 작곡가라는 평을 들었다.

그의 트레이드 마크는 화려한 지휘 스타일이었다. 지휘할 때마다 다소 정신 사나울 정도로 지휘봉과 손을 놀려대거나 지휘대에서 발을 구르고 점프까지 하는 과장된 모습을 연출했다. 이런 지휘 방식은 청중의 환호를 끌어내는 데 효과가 있긴 했지만 "경박하다", "원숭이 같다"는 빈정거림의 원천이기도 했다. 지휘에만 집중하지 않고 다방면에 관심을 보인 것에 대해서도 "항상 물의 표면에서만 유창하게 흐를 뿐 깊은 물을 뿜어 올리는 모습을 한 번도 보여준 일이 없다"는 비판이 제기되었다. 그럼에도 불구하고 할리우드 스타 못지않은 대중적 인기를 발판으로 클래식 음악을 전파하고 대중화하는 데 탁월한 공적을 세웠다는 점은 누구도 부정하지 않는다.

번스타인은 미국으로 이주한 우크라이나 출신의 유대인 부모 사이에서 태어나 10살 때부터 피아노를 배우고 하버드대(1935~1939)를 졸업했다. 이후 커티스 음악원에서 2년 동안 피아노 연주, 작곡, 대위법, 관현악법, 지휘 등을 배웠다. 이 가운데 특히 두각을 나타낸 분야는 지휘였다. 1940년에 참가한 보스턴의 탱글우드 여름 축제에서 미국 지휘계의 선구자 세르게이 쿠세비츠키를 사사한 것을 계기로 1943년 8월 뉴욕 필하모닉 오케스트라의 보조 지휘자로 발탁되면서 본격적으로 지휘에 발을 들여놓았다.

번스타인은 1943년 11월 14일 뉴욕 필하모닉 오케스트라 측으로부터 상임지휘자 브루노 발터가 심한 감기와 고열 때문에 뉴욕 카네기홀에서 그날 저녁에 열릴 음악회의 지휘대에 오를 수 없으니 대신 지휘봉을 잡아달라는 연락을 갑자기 받았다. 그런데도 그는 단 한 번의 리허설도 없이 지휘대에 올라 발터의 프로그램을 연주하며 풍부한 음악적 지성과 감성을 유감없이 보여주어 찬사를 받았다. 공연이 마침 CBS 라디오 전파를 타고 미 전역에 생중계된 덕분에 번스타인은 이튿날 모든 일간지 문화면을 장식한 주인공이 되었다.

그가 대학생이던 1930년대 중·후반기는 진보적인 루스벨트가 대통령으로 재임하고 국가적으로도 좌파 에너지가 왕성하던 시기였다. 번스타인 역시 진보적인 젊은이였다. 그가 미 FBI의 감시 파일에 오른 것은

1939년 대학 졸업을 앞둔 무렵 하버드대가 위치한 케임브리지시가 급진적이라며 금지한 곡을 하버드대 구내 연주회장에서 연주를 강행한 뒤였다. 이후 몇몇 진보 단체에서도 공개적으로 활동하면서 FBI 파일에는 점점 그의 활동 내용이 쌓여갔고 그의 이름은 FBI 블랙리스트의 한 자리를 차지했다.

궁지에 몰려 자기를 부정하는 반공 진술서 써

번스타인은 음악과 정치 활동을 분리하지 않았다. 스페인의 프랑코 정권에 맞서는 좌익 세력 결집을 적극적으로 지지하고 진보당 창당에 참여했으며 진보시민연대에 가입했다. 1941년 6월 히틀러의 소련 침공 후 미국과 소련이 독일을 상대로 보조를 맞췄을 때는 각종 친소련 행사에도 얼굴을 내밀었다.

이런 그의 진보적 성향이 문제로 대두된 것은 2차대전 후 미소 냉전이 본격화할 때였다. 1950년 2월 시작된 매카시즘 광풍이 미 전역에 몰아치고 그 무렵 일부 우익 잡지들이 그를 '위험한 빨갱이', '불순분자'로 낙인찍으면서 번스타인의 이름도 라디오, TV, 영화사 등의 블랙리스트에 오르내렸다.

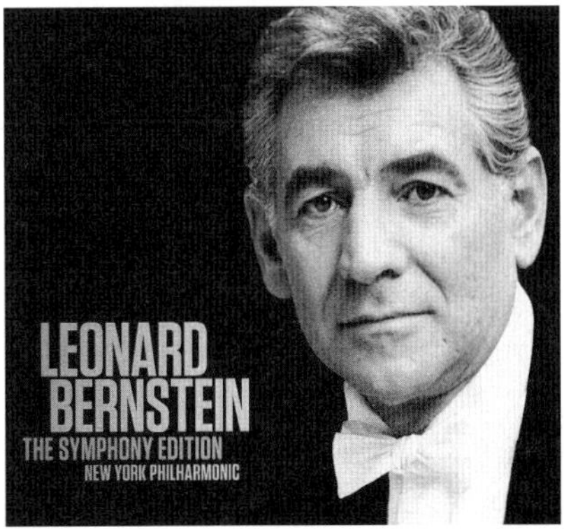

레너드 번스타인(1918~1990)

결국 1951년 4월에는 FBI가 작성한 안보 요주의 인물 명단에 포함되고 1953년 7월에는 국무부의 여권 갱신 거부로 인해 그해 12월 계획된 이탈리아 공연이 취소될 지경에 이르렀다.

궁지에 몰린 번스타인은 여권심사국에서 반공적 진술서를 썼다. 자신은 공산주의자가 아니며 좌파 단체와 특별한 교류도 갖지 않았다고 극구 발뺌해야 하는 치욕적인 진술서였다. 여권은 번스타인의 이런 자기 부정 후 1953년 8월 발급되었고, 번스타인은 그해 12월 이탈리아 밀라노 스칼라좌에서 오페라 '메데아'를 지휘할 수 있었다.

한동안 공백기를 보내던 번스타인은 1957년 뉴욕 필하모닉 공동 상임 지휘자, 1958년 단독 지휘자 겸 음악감독으로 부임해 뉴욕 필의 실질적인 책임자가 되었다. 당시 미국은 음악적으로는 유럽에 비해 후진국이었다. 뉴욕 필 역시 유럽의 악단에 비하면 보잘것없었다. 번스타인은 음악 역사가 짧은 미국에선 정통 음악을 고수하는 유럽과 달리 명쾌하고 대중적인 운동이 필요하다고 생각했다.

그가 지휘하는 동안 뉴욕 필 황금기 구가해

뉴욕 필을 기반으로 삼아 '음악의 계몽자', '음악의 전도사'를 자처한 그가 특히 주목한 것은 TV의 영향력이었다. 1955년 TV 프로그램 '옴니버스' 시리즈에 출연한 것을 계기로 음악 팬들과 폭넓게 접촉해온 그가 결정적으로 자신의 존재감을 드러낸 것은 1958년 1월 18일 해설자 겸 지휘자로 출연하고 이후 50여 차례나 미 전역에 방송된 CBS TV 프로그램 '젊은이를 위한 콘서트'였다. 이후 번스타인은 대중 스타로 부상하고, '젊은이를 위한 콘서트'는 청소년 대상의 각종 교육용 콘서트나 TV의 교양 클래식 프로그램의 교과서 대접을 받았다.

번스타인이 지휘하는 동안 뉴욕 필은 황금기를 구가했다. 세계적인 베를린 필, 빈 필과도 어깨를 나란히 하는 세계 굴지의 오케스트라로 성장했다. 번스타인은 1969년까지 11년간 939회의 연주회와 순회공연을 열면서 '미국 클래식 음악의 자존심', '신세계의 지휘자'라는 명성을 얻었다. 1969년 뉴욕 필을 떠난 그의 새로운 공략 무대는 유럽이었다. 순수 미국 출신의 지휘자가 유럽에서 두각을 나타낸다는 것은 결코 간단한 일이 아니었다. 그런데도 그는 빈 필의 주요 객원지휘자로 이름을 날렸다.

번스타인은 지휘 말고도 너무 많은 음악적 재능을 갖고 태어나 지휘에만 만족할 수 없었었다. 3편의 교향곡을 비롯해 관현악곡과 실내악을 다수 작곡했으며 1957년에는 뮤지컬 '웨스트 사이드 스토리'를 작곡해 명성을 떨쳤다. 단막 오페라는 물론 엘리아 카잔이 감독한 '워터프론트'(1954)의 영화음악도 작곡하는 등 음악에 관한 한 모든 영역에 발을 걸쳤다. 1959년에는 베스트셀러 '음악의 즐거움'도 출간했다.

1950년대 초의 고초를 겪고도 그는 진보적 사고와 행동을 포기하지 않았다. 뚜렷하게 진보적 입장에 서는 것은 피했지만 진보 정치인을 후원하고 베트남전 반전운동에 열심히 참여했다. 1979년 6월 한국을 처음 방문했을 때는 쇼스타코비치가 볼셰비키 혁명 20주년을 기념해 만든 '교향곡 제5번'을 연주해 당시 공산권 음악이 금지되고 있던 국내 음악계에 파란을 일으켰다. 1980년대에는 레이건 행정부를 비판하고 반핵 평화운동에 가담했으며 1989년에는 부시 행정부의 국가예술훈장 수여 제의를 거부했다.

말년에는 자신이 가장 사랑한 뉴욕 필(1989.10), 빈 필(1990.3)을 지휘하고 1990년 8월 19일 자신이 지휘자로 첫걸음을 내디딘 탱글우드 축제에서 보스턴 심포니 오케스트라와 일생의 마지막이 될 음악회를 연 뒤 1990년 10월 14일 뉴욕에서 생을 마감했다.

뮤지컬 '오클라호마' 초연

오클라호마 이후 미국의 뮤지컬은 새롭게 변모했다.

뮤지컬 작곡가 리처드 로저스(1902~1979)가 작사가인 오스카 해머스타인 2세(1895~1960)를 만나 20세기 최고의 명콤비를 이룬 것은 1942년이었다. 그 전까지 둘은 각기 다른 작사가·작곡가와 콤비를 이뤘다. 로저스는 어려서 피아노를 배우고 14살에 '캠프파이어 소녀'라는 곡을 발표한 후 전문 작곡가로 활동하다가 10대 후반에 작사가 로렌츠 하트를 만나 콤비가 되었다. 하트는 당시 쇼비즈니스계에서는 보기 드문 고학력(컬럼비아대)에 박학다식하고 섬세한 작사가였다.

1919년부터 호흡을 맞춘 두 사람은 점차 히트곡을 양산하며 1930년대 미국 뮤지컬의 대표 주자로 부상했다. 작품마다 성공을 거둔 것은 아니지만 미국적인 소재와 언어를 개발하는 데 뛰어나, 다른 뮤지컬 작품에 많은 영향을 미쳤다. 그러나 하트가 알코올 중독에 빠져 더 이상 작사를 하지 못하게 되자 두 사람은 1942년 '바이 주피터'를 마지막으로 공동 작업의 인연을 끊었다. 하트와 로저스가 24년간 함께 활동하며 29편의 작품에서 보여준 다양한 시도들은 뮤지컬 역사의 큰 자산으로 남아 있다.

해머스타인 2세는 1920~1930년대 '미국 뮤지컬의 대부'로 일컬어지는 제롬 컨(1885~1945)과 단짝이었다. 미국 현대 뮤지컬의 기점으로 평가받고 있는 '쇼 보트'(1927)도 제롬 컨과 오스카 해머스타인 2세의 합작품이었다. 컨과 해머스타인의 결별은 작품 선정 과정에서 드러난 이견에서 비롯되었다. 린 릭의 희곡 '푸르게 자라는 라일락(Green Grow the Lilacs)'(1931)을 뮤지컬로 만들자는 해머스타인 2세의 제안을 제롬 컨이 거절한 것이 결별하게 된 이유였다.

해머스타인 2세가 리처드 로저스와 의기투합한 것은 1942년이었다. 두 사람은 작곡보다 작사가 더 중요하다는 데 의견을 같이했다. 작곡을 먼저 하고 뒤이어 가사를 쓰는 과거 방식에서 탈피해 해머스타인 2세가 먼저 가사를 쓰면 로저스가 가사에 맞춰 곡을 만들었다. 또한 해머스타인 2세는 클래시컬한 음악이 자유로운 스타일의 재즈보다 완결성 있는 드라마를 이끌어가는 데 더 적합하다고 생각했다. 로저스가 그동안 하트와 해온 음악은 대부분 멜로디가 감미롭고 선명한 재즈였다. 그런 점에서 해머스타인 2세의 시도는 재즈가 대중음악계를 휩쓸고 있는 당시 상황에서는 매우 모험적인 것이었다. 하지만 로저스는 장중한 오케스트레이션을 지향하는 서사극 안에서 세미 클래식을 기본으로 깔고 극의 흐름과 해당 장면에 맞는 재즈 등 다양한 장르의 음악을 배치하는 것으로 해머스타인 2세의 뜻에 맞춰주었다.

브로드웨이 뮤지컬의 새로운 지평을 열었다는 찬사 쏟아져

둘이 합작한 최초이자 최고 뮤지컬은 1943년 3월 31일 뉴욕의 세인트제임스 극장에서 초연된 '오클라호마'였다. 1906년 오클라호마의 농촌을 무대로 목동과 농부와 처녀들의 사랑을 그린 향토색 짙은 '오클라호마'의 막이 오르자 관객 사이에는 신선함과 당혹감이 교차했다. 오프닝에 으레 등장하는 코러스 걸들의 화려한 춤과 노래가 사라진 대신 카우보이가 혼자 '아름다운 아침'을 불렀기 때문이다.

그동안 뮤지컬은 스타와 개그와 코러스 걸 위주로 만들어지는 게 일반적이었다. 노래와 춤도 줄거리와는 상관이 없었다. 이런 뮤지컬에 익숙해 있는 관객에게 '오클라호마'는 낯설었다. 인종차별, 도시 빈민, 소작농들의 아픔 등을 다룬 소재도 특이했고 노래를 잘하는 배우 중심의 기존 뮤지컬과는 달리 연기를 잘하는 가수를 캐스팅했다는 점에서도 신선했다. 노래를 하면서도 스토리가 진행되는, 새로운 뮤지컬이 탄생한 것이다.

리처드 로저스(왼쪽)와 오스카 해머스타인 2세

막이 내려갔을 때 박수갈채가 쏟아졌다. 그것은 1948년 5월 29일까지 2,212회의 장기 공연으로 이어질 열화와 같은 반응의 예고편이었다. 이 기록은 '마이 페어 레이디'가 2,717회 연속 공연할 때까지 브로드웨이 뮤지컬 사상 최고기록이었다. 또한 현대 브로드웨이 역사에 처음 일어난 일대 사건이기도 했다. 4년 후인 1947년 4월 런던에서도 개막되어 3년 동안 1,543회나 공연되었고 지방 순회공연도 7년 동안 계속되어 로저스와 해머스타인 2세를 돈방석 위에 올려놓았다. 두 사람에게는 오락 수준에 머물던 뮤지컬을 예술의 반열에 올려놓아 브로드웨이 뮤지컬의 새로운 지평을 열었다는 찬사가 쏟아졌고 '오클라호마'에는 퓰리처상이 주어졌다.

'오클라호마' 이후 미국의 뮤지컬은 새롭게 변모했다. 좋은 노래나 유명 스타 위주로 작품을 만들던 과거 방식에서 벗어나 작사가와 작곡가가 드라마를 꾸미고 인물의 성격을 만들었다. '오클라호마'가 초연된 그해 로저스의 파트너였던 작사가 로렌츠 하트가 사망하고, 1945년 해머스타인 2세의 파트너였던 작곡가 제롬 컨까지 죽어 해머스타인 2세와 로저스는 이른바 뮤지컬 황금기의 쌍두마차가 되었다. '오클라호마'의 빅 히트 후 이들 콤비가 내놓은 두 번째 작품은 프랑스 연극 '릴리옴'을 각색한 '회전목마'(1945)였다.

이후 두 사람은 '남태평양'(1949), 율 브린너를 최고 스타로 만들어준 '왕과 나'(1951), 영화로 더 유명해진 '사운드 오브 뮤직'(1959) 같은 명작들을 잇따라 내놓으며 전성기를 구가했다. 1949년 4월 7일에 초연된 '남태평양'도 1,925회나 공연될 정도로 인기를 끌어 퓰리처상과 토니상 뮤지컬 부문에서 9개 상을 휩쓸었다. '사운드 오브 뮤직'은 1959년 11월 뉴욕에서 개막되어 총 1,443회나 무대를 달구며 토니상의 7개 부문을 거머쥐었다. 1965년에 제작된 동명의 영화도 아카데미의 작품·감독·편곡상 등 5개 부문에서 상을 받았다. 누가 뭐래도 20세기 중엽의 뮤지컬계는 이 황금 콤비의 시대였다.

프랭크 시내트라 'All or Nothing at All' 대히트

1960년대 말까지 활동하며 50대의 나이에도 식지 않는 인기를 이어갔다.

프랭크 시내트라(1915~1998)는 20세기 중반 로큰롤이 등장하기 전까지 '스탠더드 팝'이라는 발라드로 일세를 풍미한 20세기 최고 스타 중 한 명이었다. 시내트라는 미국 뉴저지주 호보컨의 이탈리아 이민자 집안에서 태어났다. 15세에 라디오 프로그램 노래 경연대회에서 1등상을 받은 것을 계기로 지방순회 밴드의 아마추어 계약 가수로 연예계 경력을 시작했다. 그러나 그것은 잠시뿐 대부분은 운전사 등 아르바이트를 하면서 고된 신인 시절을 보냈다.

그가 본격적으로 가수의 길을 걷기 시작한 것은 해리 제임스 밴드의 싱어로 발탁된 1939년 6월이었다. 그해 7월 '프롬 더 바텀 오브 마이 하트(From the Bottom of My Heart)' 등 10곡을 발표하고 8월에는 마이너 싱글 앨범 '올 오어 낫싱 앳 올(All or Nothing at All)'을 발표했으나 자신의 존재를 과시하기에는 역부족이었다. 하지만 그는 1940년 1월 당대 최고의 인기 밴드 가운데 하나인 토미 도로시 밴드에 스카우트되어 서정적 분위기를 자아내는 창법으로 인기 폭을 넓혀나갔다.

1941년 5월에는 '빌보드'와 '다운 비트'지의 인기투표에서 그의 오랜 우상이자 줄곧 이 분야에서 부동의 1위를 지켜온 빙 크로스비를 끌어내리고 자신이 남성 가수 인기 부문의 톱에 랭크될 정도로 시내트라의 인기가 급상승했다.

1942년 9월 솔로로 독립하고 1943년 컬럼비아와 계약을 맺어 스타덤을 목전에 두고 있었다. 하지만 그 무렵 음악가 노조가 파업을 일으켜 시내트라와 컬럼비아는 새로운 노래를 녹음하지 못했다. 그 대신 그들이 선택한 것은 1939년 발표했으나 별로 호평을 받지 못한 스탠더드 팝 스타일의 'All or Nothing at All'의 재발매였다. 노래는 대히트를 쳤다. 무려 18주 동안 베스트셀러 리스트에 오르고 1943년 6월에는 판매량 2위까지 치고 올라갔다.

시내트라는 달콤하고 낭만적인 목소리, 전형적인 백인 스타 외모, 개인적 농담을 서슴지 않는 즉흥적 무대 매너로 10대 소녀 팬들을 매혹시켰다. 1944년 10월의 '콜럼버스 데이' 공연 때는 뉴욕 패러마운트 극장으로 몰려든 2만 5,000여 명의 소녀 팬들이 고함을 지르고 흥분하다 졸도하는 소동이 벌어졌다. 환호하고 아우성치다 졸도하는 이른바 '팝 히스테리' 현상이 세계 공연 사상 처음 일어난 것이다.

'팝 히스테리' 현상 세계 공연 사상 처음 일어나

이처럼 1940년대 중후반은 시내트라의 시대였다. 그러나 1950년대 초에 등장한 로큰롤은 그의 인기를 시들하게 만들었다. 10대들은 스윙과 스탠더드 팝을 버리고 젊은 피가 수혈된 로큰롤로 몰려들었다. 엘비스 프레슬리는 그에게서 미국 대중문화 최고의 스타 자리를 빼앗아갔다. 시내트라를 나락으로 떨어뜨린 것은 이뿐만이 아니었다. 1949년 마피아와 공산당 문제로 비미행위조사위에서 조사를 받아 집중적으로 비난을 받았다. 그 후 소속 에이전시로부터 해고 통지가 날아들고 출연이 예정되어 있던 라디오쇼는 취소되었다. MGM사와도 영화 계약이 파기되었다.

프랭크 시내트라(1915~1998)

고통의 세월을 보내던 그에게 구원의 동아줄이 던져진 것은 1953년이었다. 영화 '지상에서 영원으로'에 출연해 1954년 아카데미 남우조연상을 받아 화려하게 재기하는 데 성공한 것이다. 이후에도 '황금팔을 가진 사나이'(1955), '상류사회'(1956) 등 다수 영화에 출연, 다시 최고 연예인으로 복귀했다. 그가 출연한 영화는 60여 편에 달했다.

가수로도 1960년대 말까지 활동하며 50대의 나이에도 식지 않는 인기를 이어갔다. 특히 1969년 발표한 '마이 웨이'는 원곡이 프랑스 샹송이었으나 1968년 가수 겸 작곡가 폴 앵카가 편곡을 하고 시내트라의 자전적 내용이 가사로 만들어져 시내트라를 세계적인 가수로 만들어 주었다.

1975년에는 자전적 영화 '마이 웨이'에 출연, 팬들에게 감동을 선사하고 1980년 싱글 차트 32위까지 오른 '뉴욕 뉴욕'을 발표했다. 1993년에는 78세 나이로 라이자 미넬리, 바브라 스트라이샌드, 훌리오 이글레시아스 등 후배 음악인들과 함께 '듀엣'이라는 제목의 앨범을 내 노익장을 과시했다. '듀엣'은 1993년 11월 빌보드200 앨범 차트 2위에 진입하고 더블 플래티넘을 획득했으며 그래미상에 뽑혔다.

하지만 나이는 어쩔 수 없어 1994년 공연 중 폐렴과 심장 질환으로 쓰러져 1998년 5월 14일 사망했다. 시내트라는 생전에 FBI의 감시를 받았다. 시내트라가 범죄 조직과 깊숙이 관련되어 있다고 믿은 FBI는 집과 호텔방 등에 도청 장치를 설치했다. 이런 과정을 통해 밝혀진, 시내트라가 마피아와 긴밀히 관련되어 있다는 내용들은 FBI 파일로 기록되어 시내트라 사후 1998년 12월 공개되었다.

이윤재 옥사

조선어학회 관련자 전부에게 각종 고문과 악형을 가하면서도 이윤재에게는 특히 가혹하게 대했다.

이윤재(1888~1943)의 호는 '환산' 또는 '한뫼'다. 이희승은 호의 의미를 "환인·환웅의 후예라는 것을 골수에 새겨넣은 것"이라고 풀이했다. 이윤재는 경남 김해에서 태어나 어려서 신동 소리를 들으며 서당에서 한학을 공부했다. 1908년 20세의 늦은 나이로 김해보통학교를 졸업하고 1909년부터 대구의 계성학교와 춘잠학교를 1년씩 이수했다. 계성학교에서는 성경과 신학문을 배워 자유주의와 민족주의를 깨우쳤다.

1913년에는 마산의 창신학교에 교원으로 부임해 민족교육을 고취했다. 창신학교는 의열단 단장으로 유명한 김원봉의 고모부 황상규가 설립한 학교로 김원봉과 이극로도 이 학교를 졸업했다. 이윤재가 주시경의 사상과 학문을 접한 것도 1913년 창신학교 교원으로 부임한 서울 상동청년학교 출신의 김윤경을 통해서였다.

이윤재는 1915년부터 1917년까지 일본에서 머물다 돌아와 마산의 의신여학교에서 학생들을 가르쳤다. 1919년 평북 영변의 숭덕학교 재직 중 일어난 3·1운동 때는 만세 시위를 주도하다 1년 6개월 동안 평양감옥에 갇혔다. 1921년 출옥 후 중국으로 건너가 북경대 사학과에서 3년간 공부하고 1924년 3월 졸업했다. 북경대 시절에는 중국에서 일어난 문자 개혁 및 백화운동을 접하고 어문운동이 문화운동의 핵심임을 알게 되었다. 문자개혁과 백화운동은 한자의 영향력을 최소화하고 고전 문어를 탈피한 언문일치적 글쓰기를 통해 지식을 대중에게 널리 보급하려 한 중국 개화세력의 문화혁신운동이었다. 이윤재는 국내에서 발행되는 시사주간지 '동명'과 '시대일보'에 지속적으로 중국의 문화운동을 소개했다.

1924년 9월 귀국 후에는 평북의 오산학교에서 학생들을 가르치기 시작해 1935년 7월까지 경신학교, 동덕여고보, 연희전문, 중앙고보, 배재고보 등에서 교원으로 활동했다. 학교 밖에서는 최남선, 정인보, 변영로 등과 함께 계명구락부가 주도한 조선어사전 편찬에 참여하고, 1929년 10월 결성된 조선어사전편찬위원회에서는 신명균, 이극로, 최현배 등과 함께 국어와 한글 보급에 앞장섰다.

이윤재(1888~1943)

1930년부터는 우리 역사와 관련된 글들을 지속적으로 지상에 발표했다. 동아일보에는 '대성인 세종대왕'과 '성웅 이순신'을 발표하고 '신생'지에는 '동방의 위인 이이 소전'(1931.2), '신동아'에는 '충의 의인 민충정공'(1931.11), '강감찬의 귀주대첩과 권율의 행주대첩'(1932.3) 등을 연이어 발표했다. 국난극복의 영웅들과 민족문화 창조의 위인들을 소개함으로써 당시 팽배해 있는 패배주의를 극복하고 독립의 희망을 주고자 함이었다. 무엇보다 민족주의 역사학자로서 일본인들의 식민사관에 의해 한국사가 왜곡되는 현실을 그대로 지나치지 못했다.

조선어사전 편찬 작업 차근차근 진행해

1932년 1월부터는 조선어연구회가 개명(1931.1)한 조선어학회의 기관지 '한글'의 편집과 발행을 주관하고 1934년 7월에는 이병도, 이희승, 손진태, 조윤제 등과 함께 순수 학술단체인 '진단학회'를 창립하는 데 참여했다. 1937년 6월에는 수양동우회 사건으로 체포되어 1938년 10월까지 1년 4개월 동안 또다시 서대문형무소에서 갖은 고초를 겪었다.

출옥 후에는 본격적으로 사전 편찬에 매진했다. 1940년 4월 한글맞춤법통일안 개정을 발표하고 그해 6월 '외래어 표기법 통일안' 결정에 참여함으로써 조선어사전 편찬의 준비 작업을 차근차근 진행했다. 하지만 사전 편찬은 1942년 10월 일어난 조선어학회 사건으로 무기한 연기되었다. 일제는 조선어학회 관련자 전부에게 각종 고문과 악형을 가하면서도 이윤재에게는 특히 가혹하게 대했다. 3·1운동과 수양동우회 사건으로 옥고를 치른 전력이 있는데다 한국사와 관련된 글을 지속적으로 발표하고 사전 편찬의 실무 책임자로 상해에서 독립운동가인 김두봉을 만나는 등 일거수일투족이 못마땅했기 때문이다.

이윤재는 결국 일제의 잔혹한 고문을 버티지 못하고 1943년 12월 8일 함흥형무소의 차가운 시멘트 독방에서 55세로 옥사했다. 함께 투옥된 한징도 1944년 2월 22일 옥사했다. 이윤재가 생전에 못다 한 사전 편찬은 그의 제자이자 사위인 김병제가 1948년 4월 '표준조선말사전'을 펴냄으로써 대신했다. 당시 조선어사전은 1947년 10월 조선어학회가 펴낸 '조선말큰사전' 제1권이 전부였는데 이 큰사전은 너무 방대해 일반인이 사용하기에는 불편했다. 이런 상황에서 발간된 이윤재·김병제의 표준조선말사전은 조선말큰사전이 완성되기까지 실질적인 규범 사전의 역할을 했다.

1944년

V 로켓 발사와 베르너 폰 브라운

노르망디 상륙작전

_ *드와이트 아이젠하워*

드골 정부, 나치 협력자 대숙청

오스카 쉰들러 '쉰들러 리스트' 작성

가미카제 등장

_ *제로센 전투기*

_ *B-29 폭격기*

에르빈 롬멜 자살

_ *발퀴레 작전*

에르빈 슈뢰딩거 '생명이란 무엇인가?' 출간

호르헤 보르헤스 단편소설집 '픽션들' 출간

이육사 옥사

주기철 목사 순교

V 로켓 발사와 베르너 폰 브라운

긍정적 평가와 함께 악마에게 영혼을 판 '20세기의 파우스트'라는 비판이 함께 쏟아졌다.

1944년 6월 6일 감행된 노르망디 상륙작전의 성공으로 연합국은 한시름 놓고 있었다. 그런데 1주일 만인 6월 13일 발사지를 알 수 없는 괴비행체들이 날아와 영국 런던 곳곳에서 폭발해 시민들을 충격에 빠뜨렸다. 기이한 것은 상공에서 폭탄을 투하했을 법한 폭격기가 단 한 대도 보이지 않는다는 점이었다. 곧 밝혀지지만 그것은 '보복 무기'라는 뜻의 독일어 'vergeltungs waffe'의 이니셜에서 이름을 딴 'V-1' 미사일이었다.

독일이 순항미사일의 원조격인 V-1을 개발·생산한 데는 몇 가지 이유가 있었다. 폭격기 한 기를 생산할 수 있는 비용이면 몇십 기의 V-1을 만들 수 있고 또 대공 포화에 맞아 노련한 조종사가 숨지는 피해도 줄일 수 있다는 장점 때문이었다.

V-1 시제품이 완성된 것은 1944년 2월이었다. 제원은 길이 8.32m, 최대 직경 1.42m, 발사중량 2,150kg, 탄두중량 850kg이었으며 항속거리는 250km, 순항속도는 시속 600km이었다. 문제라면 기술적인 한계로 정밀폭격이 불가능하다는 점이었다. 독일은 부정확한 폭격 효과를 물량으로 상쇄했다. V-1이 처음 런던에 떨어지고 이틀 뒤인 6월 15일 200여 발의 V-1을 발사한 것을 비롯해 1944년 10월까지 모두 8,500여 발을 영국으로 발사했다.

영국은 한동안 V-1의 발사지를 알지 못했다. 그러다가 발사 추정지를 알아내 맹폭을 가하고 레이더와 방어 장치 개선으로 요격률이 높아지면

페네뮌데 기지에서 V-2 로켓이 발사되고 있다.

서 조금씩 공포 상태에서 벗어났다. V-1의 순항속도도 시속 600km에 불과해 전투기들이 따라잡지 못할 정도는 아니었다. 영국의 전투기들은 상공을 초계 비행하다가 날아오는 V-1을 발견하면 바로 요격했다. 또는 방공 기구들을 수백 개 공중에 띄워놓고 V-1을 막았으며 북프랑스에 집중되어 있는 V-1 발사 기지들을 직접 폭격해 아예 미사일을 발사하지 못하도록 했다. 결국 영국으로 발사된 8,500여 발 중 전체적으로 72%가 추락하고 28%만이 영국에 도달했다. 그중 런던에 다다른 것은 9%에 불과했다. 그래도 V-1으로 인한 영국 민간인의 인명 피해는 사망자 6,100여 명, 중상자 1만 7,900여 명에 달했다.

V 로켓 런던 시민 공포에 빠뜨려

영국이 비로소 V-1의 위협으로부터 벗어났다고 안도하고 있던 1944년 9월 8일, 이번에는 요격조차 할 수 없을 정도로 빠르게 바다를 건너온 대형 미사일이 런던 땅을 초토화해 또다시 런던 시민을 공포에 빠뜨렸다. 영국인이 '악마의 사자'라고 부른 장거리 로켓 V-2가 실전에 투입된 것이다. 갑작스러운 V-2의 공격으로 이날 하루 동안 런던에서만 38채의 가옥이 부서지고 20여 명이 죽거나 다쳤다.

V-2의 발사지를 알았다고 한들 음속의 4배에 가까운 시속 5,760km의 속도로 프랑스에서 3~4분 만에 날아와 떨어지는 데는 영국의 방어망도 당해낼 재간이 없었다. 한 가지 다행이라면 명중률이 낮아 실전 병기로서

의 가치가 높지 않았다는 점이었다. 유도장치가 정밀하지 못해 대부분 목표 지점의 수킬로미터 밖에 떨어지거나 바다에 떨어진 것도 많았다. 그런데도 1945년 3월까지 독일이 발사한 3,000여 발의 V-2 로켓으로 영국에서만 2,700여 명이 죽고 6,500여 명이 다쳤다.

오늘날의 개념으로 본다면 V-2는 로켓을 이용한 탄도미사일이고 V-1은 순항미사일이다. 탄도미사일은 발사 후 관성의 법칙에 따라 포물선 궤도를 그리며 비행한 뒤 목표물에 떨어지는 미사일이고 순항미사일은 발사 후 일정 고도를 유지하며 비행한 뒤 떨어지는 미사일이다. 현대 미사일의 양대 산맥인 탄도미사일과 순항미사일이 모두 1940년대 중반 독일에서 태동한 셈이다.

미사일과 로켓은 지구의 중력을 이기고 날아오르는 우주속도를 낼 수 있느냐 없냐에 따라 구분된다. 즉 로켓은 우주속도를 내는 것이고 순수 미사일은 내지 못하는 것이다. 그런 점에서 엄밀히 말하면 V는 로켓이 아니라 미사일이다.

베르너 폰 브라운(1912~1977)은 V-2 성공의 1등 공신이었다. 그는 독일의 귀족 집안에서 태어나 1929년 독일우주여행협회에 가입하고 1930년 입학한 베를린공대에서 액체연료 로켓을 연구하는 등 10대 때부터 로켓 개발에 남다른 관심을 보였다. 독일우주여행협회는 헤르만 오베르트를 중심으로 1927년 6월에 설립된 협회로 수많은 로켓 실험을 거쳐 1933년 'A-1'이라는 액체 로켓을 개발했으나 발사에는 실패했다.

당시 독일우주여행협회에서 열정적으로 활동하는 브라운을 눈여겨보는 사람이 있었다. 1932년 11월 설립된 독일군 산하 로켓연구소 소장 발터 도른베르거 대위였다. 브라운은 그의 요청을 받아들여 로켓연구소 연구원으로도 활동했다. 1934년 12월에는 연구원들과 함께 알코올과 액체 산소를 추진제로 하는 'A-2' 로켓의 비행 실험에 성공하고 1936년 'A-3'

와 'A-4' 개발에 착수했다.

이처럼 로켓 개발에 탄력이 붙자 히틀러는 실험 규모를 확대하고 실험 사실을 은폐하기 위해 1936년 8월 발트해 연안의 작은 섬 페네뮌데에 대규모 로켓연구소와 공장을 건립했다. 이 과정에서 독일 안팎의 강제수용소 등에서 끌려온 폴란드인, 프랑스인 노동자 중 1만 명이 과로와 굶주림으로 사망한 것으로 훗날 밝혀졌다.

브라운 개발 로켓, 익스플로러 1호와 아폴로 11호 발사 성공시켜

브라운과 로켓연구소는 1937년 12월 A-3 로켓을 개발했으나 발사 실험은 모두 실패했다. A-4 로켓은 두 번의 실패 끝에 1942년 10월 3일 시험 발사에 성공했다. A-4 로켓은 그때까지 인류가 도달한 최고 높이인 84km까지 치솟았다가 193km를 날아 목표 지점 부근에 떨어졌다. 길이 14m, 무게 13톤의 A-4 로켓은 사거리가 360km나 되고, 탄두에 최대 1톤의 폭약을 탑재했다. A-4 로켓이 1943년부터 생산되고 있다는 정보를 알아낸 영국군이 1943년 8월 17일 페네뮌데를 공습했으나 로켓의 제작·시험 시설을 파괴하는 데는 실패했다. 오히려 수십 기의 폭격기가 격추되고 수백 명의 공군이 전사했다.

1944년 6월 노르망디 상륙작전으로 전황이 독일에 불리하게 전개되자 히틀러는 A-4 로켓의 이름을 V-2로 바꿔 사실상 개발을 완료한 V-1과 함께 연합군을 한 방에 날려줄 것으로 기대했다. V-1은 1944년 6월 13일, V-2는 3개월 뒤인 9월 8일 런던을 향해 처음 발사되었다. 이후 독일은 V-2 로켓을 대량생산해 1945년 3월까지 3,000여 발을 발사했다. 이 중 대부분은 벨기에의 안트베르펜(앤트워프)과 영국의 런던으로 집중 발사되었다.

노르망디 상륙작전 후 전쟁 승리를 확신한 미국과 소련은 V-2 로켓 개발 연구원과 발사되지 않은 V-2 로켓 확보 경쟁에 나섰다. 브라운은 페네뮌데 연구소가 소련에 점령되거나 독일군에 의해 파괴될지 모른다는 생각에 1945년 3월 관련 장비와 시설을 뜯어내 다음달 독일의 남부 지역으로 옮겨놓았다. 어마어마한 양의 서류와 도면, 각종 문서들도 산속 동굴로 옮겨졌다.

베르너 폰 브라운(1912~1977)

그리고 1945년 5월 초 브라운의 동생이 미군을 만나 독일의 1급 로켓 기술자 120여 명이 미국에서 연구를 계속하고 싶다고 의사를 타진했다. 마침 미국은 로켓 과학자, 관련 자료, 로켓 부품을 확보하기 위해 '페이퍼 클립(오버캐스트) 작전'을 세워놓은 터라 수백 대의 차량을 동원해 로켓 과학자들과 가족들, V-2 관련 각종 기록과 장비, 수백 발 분의 로켓 부품 등을 입수해 미국으로 가져갔다.

브라운은 종전 후인 1945년 9월 미국으로 건너가 1946년 4월 첫 V-2 발사 실험을 성공시켰다. 이후에도 수십 기의 실험에 성공한 끝에 '레드스톤 로켓'을 제작했다. 레드스톤은 나중에 주피터C 로켓으로 개량되어 1958년 1월 31일 무게 13.97kg, 직경 15cm 크기의 미 최초의 인공위성 익스플로러 1호를 성공적으로 발사하는 데 사용되었다. 주피터C 로켓은 1961년 앨런 셰퍼드가 머큐리 캡슐을 타고 미국 최초의 우주비행을 할 때도 사용되었다.

브라운은 1960년 NASA 내 마셜우주센터 소장으로 부임해 달 착륙에 필요한 초대형 새턴 로켓을 제작하고 1969년 아폴로 11호의 달 착륙을 성공시켰다. 그가 만든 15기의 새턴 로켓은 단 한 명의 인명 손실도 없이 총 45명의 미국인을 우주로 날려 보냈다.

1977년 6월 그가 죽자 과거 V-2 생산기지를 짓는 과정에서 그가 보인 비인간적인 처사가 뒤늦게 드러났다. 이 때문에 미국의 우주 개발에 기여했다는 긍정적 평가와 함께 악마에게 영혼을 판 '20세기의 파우스트'라는 비판이 함께 쏟아졌다.

노르망디 상륙작전

독일군은 연합군의 반격에 대비해 이른바 '대서양의 벽'을 쌓아 놓고 있었다.

2차대전이 한창이던 1943년 8월 미국의 루스벨트 대통령과 영국의 처칠 총리가 캐나다의 퀘벡에서 만나 양국의 군 지도부가 5개월 동안 준비한 끝에 완성한 북부 유럽 공격작전 '오버로드'를 승인했다. 자칫 위험한 도박이 될 수도 있는 오버로드 작전은 1943년 11월 루스벨트, 처칠, 스탈린이 회동한 테헤란 정상회담에서 재차 확정되었다. 회담에서 3국 정상은 1944년 5월 이전에 북프랑스에서 상륙작전을 전개하기로 의견을 모았다.

당시 독일군은 연합군의 반격에 대비해 2년 전부터 노르웨이에서 스페인까지 5,000km의 해변에 8,500여 개의 콘크리트 요새를 구축, 이른바 '대서양의 벽'을 쌓아 놓고 있었다. 1944년 들어서는 영국 남부 해안에 수십만 명의 연합군이 몰려들고 다량의 무기와 탄약, 보급품 등이 쌓이고 있다는 정보를 입수했으나 상륙 지점은 알지 못했다.

연합군은 역정보를 흘려 상륙 지점이 노르웨이인지 덴마크인지 프랑스인지 독일이 헷갈리도록 했다. 때로는 영국과 프랑스의 최단 거리에 위치한 프랑스 북부 도버해협의 칼레 지역으로 출동하는 제스처를 취했다. 결국 히틀러는 칼레를 상륙 지점으로 예상하고 그곳에 철벽 방어 체제를 구축했다.

연합군이 당초 정한 상륙일은 6월 5일이었으나 25년 이래 최악의 악천후로 하루 연기되었다. D-데이로 확정된 6월 6일의 상륙 지점은 프랑스 코탕탱 반도의 센강 하구 서쪽에 위치한 95km의 노르망디 해안이었다. 연합군 총사령관은 미국의 드와이트 아이젠하워 장군이 맡고 상륙작전은 버나드 몽고메리 영국군 총사령관이 지휘했다.

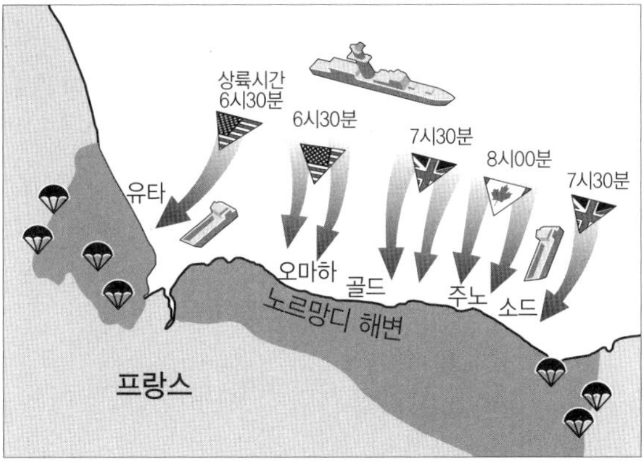

노르망디 상륙작전 상황도

독일군 방어사령관은 프랑스 주둔 총사령관인 게르트 폰 룬트슈테드 장군이었고 대서양 해안 방어는 '사막의 여우' 에르빈 롬멜 장군이 맡았다. 그러나 롬멜은 연합군의 상륙이 임박했는데도 "악천후로 연합군이 1주일 안에는 상륙할 수 없다"며 전선을 비우고 생일을 맞은 아내 곁으로 달려갔다. 다른 고위 장교들도 경계를 풀고 임지에서 벗어나 있었다.

노르망디 상륙작전으로 2차대전도 종착점을 향해 달려

연합군은 노르망디 상륙작전 첫날에만 1만 3,000여 기의 항공기와 6,000여 척의 함선·상륙주정을 동원해 15만 6,000여 명의 병력을 노르망디 해안에 상륙시켰다. 이 가운데 13만 2,500여 명은 함정을 이용해 바다를 건너갔고 2만 3,500여 명은 항공기로 낙하했다. 연합군은 미군(7만 3,000명), 영국군(6만 1,700여 명), 캐나다군(2만 1,400명)이 주축을 이루고 자유 프랑스, 호주, 폴란드, 노르웨이 군대가 일부 참가했다.

6월 6일 새벽 0시 20분, 적의 후방을 교란하기 위해 미군과 영국군으로 구성된 공수사단이 C−47 수송기를 타고 노르망디 해안 뒤쪽에 낙하했다. 공수사단은 독일군 부대의 통신선을 절단하고 후방 지역에 혼란을 일으킴으로써 독일군의 방어 태세를 흩트려 놓았다.

새벽 5시 30분 함포 사격이 시작되고 오전 6시 20분 노르망디 해안에서 상륙전이 전개되었다. 5곳의 상륙 구역에는 유타, 오마하, 골드, 주노, 소드라는 작전 명칭이 부여되었다. 유타·오마하 해변에는 미군, 소드 해변에는 영국군, 골드·주노 해변에는 영국·캐나다 연합군이 상륙했다.

영국군과 캐나다군이 3개 해변에 성공적으로 상륙을 마치고 미군도 유타에서 신속하게 교두보를 확보했지만 스티븐 스필버그 감독의 영화 '라이언 일병 구하기'에서 보듯 오마하 해변에서만은 독일군의 대대적인 포화로 총 병력 5만 명 중 1,100여 명의 전사자를 포함해 5천 명의 사상자를 내는 큰 피해를 보았다.

첫날 하루 동안 노르망디 전 해안에서 연합군 2,500여 명이 전사하고 9,000여 명이 부상했다. 해안선에서 벌어진 치열한 공방전은 오후 9시가 되어서야 끝나 연합군은 비로소 독일군 점령 지역에 발판을 마련했다. 6월 11일 상륙 지점들이 서로 연결되어 하나의 연속적인 전선을 형성하자 병력과 차량들이 본격적으로 상륙했다. 7월 2일까지 상륙을 완료한 병력은 100만 명에 차량은 18만 대나 되었다. 상륙 후 3주 동안 연합군은 공식적으로 8,975명이 사망하고 5만 1,796명이 부상했으며 4만 1000여 명의 독일군을 포로로 잡았다.

연합군이 셰르부르(6.27), 캉(7.9)을 거쳐 8월 25일 파리에 당당하게 입성함으로써 '오버로드' 작전은 끝이 났다. 이때까지 연합군은 3만 7,000여 명의 전사자를 포함해 21만 명의 사상자를 냈으며 독일군은 30만~40만 명이 죽거나 다쳤다. 9월 11일 마침내 미군 정찰대가 프랑스에서 독일 국경을 넘어섬으로써 2차대전도 종착지를 향해 달렸다.

드와이트 아이젠하워 드와이트 아이젠하워(1890~1969)는 미국 텍사스주 데니슨에서 태어나 1915년 웨스트포인트를 졸업했다. 1차대전 때는 훈련 교관을 담당하고 1922~1924년 파나마 운하 주둔군으로 활약했다. 그가 두각을 나타낸 것은 1930년 초 필리핀 주둔군 사령관 더글러스 맥아더 장군의 보좌관으로 발탁되면서였다. 그래도 미국이 2차대전에 참전하기 전까지는 여전히 음지에서 활동했다.

1941년 12월 미국이 2차대전에 참전했을 때는 전쟁부 태평양 지역 전략담당관으로 활약했다. 그래도 여전히 무명의 장군이었다. 하지만 곧 육군참모총장인 조지 마셜의 눈에 들어 1943년 유럽 주둔 미군사령관이 되고 1944년 6월 연합군 총사령관으로 '지상 최대의 작전'으로 불리는 노르망디 상륙작전을 성공시켜 미국인의 가슴 속에 아이젠하워 이름을 각인시켰다.

1945년 6월 개선장군이 되어 미국으로 돌아왔을 때 아이젠하워는 세계적인 영웅으로 부상해 있었다. 이후 미 육군 참모총장, 컬럼비아대 총장, 나토 최고사령관을 거쳐 1952년 미국의 제34대 대통령에 당선되었다. 당시 아이젠하워가 37년간의 군인 생활을 접고 정치인의 길로 들어섰을 때 공화당과 민주당 양당 모두 그를 향해 손짓했으나 아이젠하워는 공화당을 선택했고 민주당 집권 20년에 종지부를 찍었다.

당시 민주당의 애들레이 스티븐슨은 풍부한 행정력과 세련된 언변을 갖춘 뛰어난 정치인이었지만 2차대전을 승리로 이끈 전쟁 영웅 아이젠하워의 인기를 넘어서지는 못했다. 당시 선거에서 최대 이슈는 수많은 미군 사상자를 낸 채 교착 상태에 빠져 있는 6·25전쟁의 종식이었다.

아이젠하워는 "당선되면 한국을 방문해 6·25전쟁을 종식시키겠다"고

드와이트 아이젠하워(1890~1969)

선거공약을 내걸었고 당선 후 1952년 12월 당선자 자격으로 한국을 방문했다.

아이젠하워는 8년간의 재임 기간 중 6·25전쟁의 휴전을 성사시키고 미군의 베트남전 참전을 반대했다. 원자력의 평화적 이용을 역설해 국제원자력위원회(IAEA)의 발족에 중요한 역할을 하고 군산복합체의 급격한 성장을 경고했다. 사회복지 문제에도 관심을 기울여 보건부, 교육부, 복지부 등의 부서를 창설하고 흑백차별에 단호하게 대처했다.

본인은 출마하지 않은 차기 대통령 선거가 한창이던 1960년 6월 19일 아이젠하워는 또다시 한국을 방문했다. 미국 대통령 자격으로는 1882년 한미수호통상조약 이후 78년 만에 처음이었다. 필리핀(6.14), 대만(6.18), 일본(6.19)을 거쳐 한국을 방문할 예정이었으나 일본 내 좌익 세력의 극렬한 반대로 방일을 포기하고 한국을 앞당겨 찾았다.

용산 미군기지에서부터 카퍼레이드를 벌이며 숙소인 덕수궁 뒤 미 대사관저로 가려 했으나 "아이크! 아이크!"를 연호하며 서울역부터 시청 앞까지 가득 메운 수십만의 인파로 결국 샛길을 이용해야 할 만큼 그를 맞는 한국인들의 관심은 뜨거웠다. 신문들도 1면 전체를 도배하다시피 하며 대대적으로 보도했다. 1면에 'Dear Ike, Welcome to New Korea'라는 장문의 영문 기사를 쓴 신문도 있었고, 조병화 시인은 '세기의 날개'라는 제목의 시를 신문에 기고했다.

드골 정부, 나치 협력자 대숙청

언론인과 작가들에 대한 단죄가 특히 엄정했다.

1944년 8월 말 프랑스가 나치 독일에서 해방되었을 때 드골의 임시정부가 바로 착수한 것은 나치 협력자 처단이었다. 드골은 파리가 해방되기 1년 전인 1943년 8월 북아프리카의 망명정부에서 나치 협력자 숙청 방침을 밝히면서 "애국적 국민에게는 상을 주고 배반자에게는 벌을 줘야만 비로소 국민들을 단결시킬 수 있다"고 역설한 바 있다.

파리가 해방되자 법적·제도적 장치가 아직 마련되지 않았는데도 레지스탕스 대원들과 공산당원들이 주축이 된 재판 없는 약식 처형이 프랑스 곳곳에서 자행되었다. 이렇게 재판 없이 약식으로 처형된 사람만 1만 명에 달하고 강제로 삭발당한 여성 부역자도 2만 명이나 되었다.

드골은 나치 협력자를 심판하기 위해 최고재판소, 공민재판부, 부역자재판소를 설치했다. 1944년 6월 설치한 부역자재판소는 대독 협력 행위 여부를 가리기 위해 만들어졌고 2개월 뒤 사법기구로 설치한 공민재판부는 유무죄를 가리고 유죄일 경우 형량을 선고했다. 최고재판소는 독일의 감시를 받으며 프랑스 남쪽 지역에서 4년 동안 유지된 '비시 정부'의 국가수반, 총리, 장관 등 주역들을 처벌하기 위해 1944년 11월 설치되었다.

재판은 가혹하고 철저했다. 미국의 루스벨트 대통령과 영국의 처칠 총리는 비시 정권을 공식 승인했기 때문에 드골의 나치 협력자 숙청을 말렸지만 드골의 숙청 의지를 꺾지는 못했다. 비시 정부의 국가수반이던 페탱은 사형 선고를 받았다가 종신형으로 감형되어 1951년 7월 옥사했으며 페탱과 함께 4년간 비시 정부를 통치한 라발 총리는 최고재판소에서 사형 선고를 받아 1945년 10월 처형되었다.

파리고등사범 총장과 비시 정부의 교육장관을 역임한 카르코피노는 연행되자마자 교도관들의 몽둥이 찜질을 받았고, 당대 최고 여배우 사샤 기트리의 무릎은 "더러운 나치 협력자 기트리"라는 군중의 야유 속에 교도관들의 구둣발에 짓이겨졌다. 에어프랑스와 르노그룹 등 나치에 협력한 기업들은 국유화되고 르노 회장은 감옥에서 뇌출혈로 최후를 맞았다.

언론인과 작가들에 대한 단죄가 특히 엄정했다. 이들은 글이나 책, 기사가 인쇄물로 남아 있어 증거로 제시하기 쉽다는 현실적인 이유 말고도 잘못된 생각과 신념을 퍼뜨리는 글은 후세에 더 큰 영향을 미친다는 이유로 다른 부역자들보다 더한 중형을 선고받았다. 독일의 점령 기간 신문을 발행한 신문사는 모두 나치에 협력한 것으로 간주되어 발행이 금지되었으며 신문사의 재산은 국유화되었다.

나치 협력자 처단, 우리나라의 과거사 청산과 자주 비교돼

이 과정에서 숙청에 대한 논쟁도 치열했다. 1944년 9월부터 1945년 2월까지 알베르 카뮈의 '정의론'과 레지스탕스 작가인 프랑수아 모리아크의 '관용론'이 충돌해 격렬한 논쟁으로 번졌다. 전형적인 가톨릭 신자이며 부르주아 작가이던 프랑수아 모리아크는 전쟁 중에는 지하신문 '프랑스 문예'에서 카뮈, 사르트르, 아라공 등과 함께 활동했지만 전후에는 프랑스 우익을 대표하는 '르피가로'지의 사설을 통해 "죽음의 쳇바퀴를 돌리는 대신 그리스도의 자비를 베풀자"고 주장했다. 반면 반나치 저항신문인 콩바(투쟁)의 주필이던 카뮈는 모리아크의 자비론을 강력히 비판하며 콩바 논설을 통해 "누가 감히 용서를 말할 수 있는가"라며 민족 반역자의 응징을 통해 정의를 세울 것을 주장했다.

재판 과정을 비판하는 목소리도 적지 않았다. 혹자는 과정이 너무 허술하고 미진하다며 비난하고 또 다른 사람은 너무 난폭하고 과도하다고 지적했다.

이용우 저 '프랑스의 과거사 청산'(2008)에 따르면, 해방 전후부터 10년 동안 이어진 숙청 기간에 대독협력 혐의자 35만 명 가운데 9만 8,000여 명이 유죄를 선고받고 3만 8,000여 명이 징역이나 금고형을 받았으며 6,700여 명이 사형선고를 받아 이 가운데 1,500명이 처형되었다. 드골은 자신의 '전쟁회고록'에서 "1만 842명이 희생되었다"고 기록했다. 이는 전쟁을 제외하고 프랑스에서 가장 많은 사람이 목숨을 잃은 사건으로 1만 7,000여 명이 희생된 프랑스 대혁명에 이어 두 번째로 많은 숫자다.

나치에 협력했던 두 여성이 강제로 삭발당한 채 끌려다니고 있다.

프랑스의 과거 청산은 1950년대 초 사실상 마무리되었다. 유죄 선고를 받고 감옥에 갇힌 사람들 대부분은 형기의 일부만을 채우고 석방되어 1964년경에는 부역죄로 감옥에 남은 사람이 한 명도 없었다. 그러자 프랑스 의회는 1964년 반인도적 범죄에 대한 공소시효를 없앴다. 이에 따라 1차 숙청을 모면한 고령의 전범들이 법적 처벌을 받았다. 과거 청산은 1980년대 이후 다시 불거졌다. 비시 정부 치하에서 잔혹한 학살 등을 주도한 간부들이 뒤늦게 재판에 회부되기 시작한 것이다. 과거와 달라진 것은 '반민족범죄'에서 '반인륜범죄'로 처벌의 근거가 바뀐 점이다.

프랑스의 나치 협력자 처단은 우리나라의 과거사 청산과 자주 비교되곤 한다. 해방 후 우리의 일제 청산이 프랑스에 비해 철저하지 못했다는 이유에서다. 실제로 우리의 일제 청산은 미흡했고 친일 세력에 의해 철저히 유린당했다. 반면 우리나라와 프랑스를 단순 비교하는 것은 적절치 않다는 반론도 있다. 일본은 조선을 36년 동안 식민지로 지배한 반면 독일은 프랑스를 4년 동안 군사적으로만 점령했기 때문에 동화의 정도, 체념과 순응의 정도가 다를 수밖에 없다는 것이다.

오스카 쉰들러 '쉰들러 리스트' 작성

쉰들러가 브뤼리츠로 데려갈 1,000여 명의 쉰들러 리스트는 1944년 10~11월 사이에 작성되었다.

오스카 쉰들러(1908~1974)는 체코슬로바키아에 거주하던 부유한 독일인 집안에서 태어났다. 젊어서부터 돈을 버는 일이라면 물불을 가리지 않았으며 사치를 일삼고 여자와 술과 도박을 좋아한 난봉꾼이었다. 그에게 삶의 전환점이 된 것은 1939년 9월 나치 독일의 폴란드 침공이었다.

나치당원으로 활동해온 쉰들러는 전쟁을 이용해 한밑천을 잡겠다며 1939년 10월 폴란드 남부의 크라쿠프로 갔다. 그곳에서 친위대원들에게 뇌물을 주고 암시장에서 물건을 사고팔아 부를 축적했다. 그 돈으로 유대인 소유의 에나멜 그릇 공장을 헐값으로 인수해 공장에서 생산한 그릇과 냄비들을 군용으로 납품했다.

공장에는 100여 명의 노동자가 있었고 일부는 유대인이었다. 유대인의 노동력은 사실상 공짜나 다름없어 유대인 노동자의 숫자가 늘어날수록 쉰들러의 사업도 번창했다. 1942년에는 800여 명의 노동자 중 유대인이 370명이나 되었다. 이들 유대인들은 공장과 가까이에 있는 크라쿠프 게토에서 조달했다.

당시 공장의 유대인들은 쉰들러를 폴란드 점령으로 부당한 이익을 취하는 또 한 명의 나치 이상으로 생각하지 않았다. 그러나 시간이 지날수록 그들은 낙원에 살고 있다는 사실을 알게 되었다. 유대인을 모욕하거나 구타하거나 총으로 죽이는 나치 친위대가 쉰들러의 공장에는 한 명도 없었기 때문이다.

오스카 쉰들러(1908~1974)

그러자 점점 많은 공장 내 유대인이 공장 밖에 있는 자신의 가족과 친척을 공장에서 일하게 해달라고 쉰들러에게 간청했다. 쉰들러는 청을 들어주었다. 배려는 여기서 끝나지 않았다. 노인들의 나이는 서류상으로 적게 기입하고 아이들은 성인인 것처럼 나이를 올려 기입했다. 변호사, 의사, 예술가들은 금속 노동자와 기술자라고 허위 기재했다. 독일의 군수 경제와 산업에 필요한 인물이라고 강변해야 그들의 목숨을 부지시킬 수 있기 때문이었다.

1942년 10월 나치가 '크라쿠프 작전'으로 명명한 잔혹한 게토 소탕 작전을 전개했다. 1943년 3월까지 계속된 '크라쿠프 소탕 작전'으로 2,000여 명의 유대인이 게토에서 죽고 2,000여 명이 아우슈비츠 가스실로 끌려갔으며 4,000여 명은 플라주프 강제수용소로 보내졌다. 플라주프 수용소장이자 친위대 대위인 아몬 괴트는 폭력, 예측 불허, 사디즘으로 악명을 떨쳤다. 그는 수용자들의 노동력을 이용해 군수품을 생산하거나 건물을 짓기보다는 그들을 괴롭히는 데 더 관심이 많았다. 괴트로 인해 많은 유대인이 죽거나 다치자 쉰들러는 대책을 세워야 했다. 괴트의 무자비한 성격 탓에 자칫 자신의 유대인 노동자들까지 죽을지도 모른다는 우려 때문이었다.

죽음으로 내몰린 1,098명의 유대인 빼내

쉰들러는 괴트가 여자와 술과 돈을 좋아한다는 사실을 알고 그의 욕구를 충족시켜주며 가깝게 지냈다. 그러면서 자신의 공장을 크게 확장할 계획이라고 떠벌리고 다녔다. 이렇게 괴트에게 공을 들이고 평소 뿌려놓은 뇌물의 힘이 작용해 쉰들러는 본인이 직접 관리·운영하는 수용소를 설립해도 좋다는 허가를 받아냈다. 쉰들러는 공장 인근에 수용소를 만들어 나치의 감시병들이 공장 안으로 들어오거나 노동자들을 부당하게 대우하지 못하도록 했다. 그러면서 수시로 성대한 파티를 열어 괴트와의 우호적인 관계를 유지하는 일도 게을리하지 않았다.

독일의 패전이 임박한 1944년 여름 강제수용소 소장들에게 "건강한 수용자들은 서부 독일로 보내고 노동 능력이 없다고 판단되는 수용자들은 말살하라"는 지시가 떨어졌다. 플라주프 강제수용소와 쉰들러의 수용소에서도 5,000여 명이 멀리 마우트하우젠 수용소로 끌려갔다. 쉰들러는 그중에 자기 수용소의 유대인이 400명이나 포함된 사실을 알고 낙담했다. 이를 계기로 더 대담한 계획이 필요하다는 것을 깨달았다.

쉰들러는 평소 쌓아둔 인맥을 총동원해 자기 공장을 체코슬로바키아 수데텐란트의 브륀리츠로 이전해 군수품 생산에 집중할 수 있게 해달라고 베를린에 청원했다. 그러면서 자신의 공장이 전쟁 수행에 매우 중요하고 공장에서 일하는 숙련된 유대인 노동자들이 공장 운영에 필수적인 존재라는 사실을 강조해 허락을 받아냈다.

쉰들러가 브륀리츠로 데려갈 1,000여 명의 리스트는 1944년 10~11월 사이에 작성되었다. 브륀리츠로 가는 여정에도 위기의 순간이 있었다. 쉰들러 리스트의 유대인 남자 700명을 태운 열차가 브륀리츠로 가지 않고 300km 떨어진 다른 강제수용소로 방향을 바꾼 것이다. 그들을 빼내 브륀리츠로 데려가기 위해 쉰들러는 또다시 강제수용소 소장에게 온갖 뇌물을 바쳤다.

여자 300명은 더 끔찍한 일을 겪었다. 그들을 태운 열차가 다른 유대인들과 함께 아우슈비츠로 직행했던 것이다. 그들 역시 쉰들러가 보낸 다이아몬드가 위력을 발휘해 아우슈비츠에서 빼내졌다. 이렇게 해서 쉰들러 리스트에 올라 있는 모두 1,098명의 유대인이 살아날 수 있었다. 쉰들러는 브륀리츠 공장과 인근에 공장 부속 수용소를 건립하는 데 많은 돈을 쏟아부었다. 유대인 노동자들을 보살피고 먹여 살리는 데도 많은 자금이 들어갔다. 나치 친위대는 물론 공장 감시병들이나 관료들에도 엄청난 뇌물이 들어갔다.

말년에는 '쉰들러 생존자'들의 도움받으며 살아

1945년 4월 30일 히틀러의 자살로 전쟁이 사실상 끝나고 소련군이 수데텐란트로 밀려들어 왔다. 쉰들러 공장의 유대인 1,098명은 자유의 몸이 되었지만 쉰들러 부부는 나치당의 일원이면서 전쟁의 특혜를 입은 사람이었기 때문에 도망자 신세가 되었다. 쉰들러 부부는 미국으로 가고 싶었지만 나치당원이라는 전력 때문에 거부당해 아르헨티나로 건너갔다. 그곳에서 가축농장 등을 운영했으나 실패하자 1957년 부인은 현지에 남고 쉰들러만 독일로 돌아왔다. 부부는 이후 다시 만나지 못했다. 쉰들러는 독일에서 이런저런 사업에 손을 댔으나 그때마다 실패했다.

그러던 중 1961년 이스라엘 대법원이 쉰들러를 '열방(列邦)의 의인'으로 선정했다며 이스라엘로 초청했다. '열방의 의인'은 이스라엘의 국립기념관이 나치의 지배 아래서 절멸의 위협에 놓인 유대인들의 생명을 구하기 위해 헌신한 비유대인들에게 부여하는 호칭이다. 쉰들러는 이스라엘에 거주하는 '쉰들러 생존자'들의 열렬한 환영을 받았다. 예루살렘에 있는 '의인의 길'에는 자신의 이름을 딴 나무를 심었다.

쉰들러가 '열방의 의인'이라는 칭송을 듣고 독일로 돌아오자 독일인들이 차가운 반응을 보였다. 그의 집에는 돌이 날아들었고 일부 언론은 "아무것도 하지 않았으면서 무언가를 한 것처럼 행세하는" 사악한 양심의 소유자로 매도했다. 말년의 쉰들러는 '쉰들러 생존자'들의 도움을 받으며 살았다. 1974년 눈을 감은 후 시신은 유언에 따라 예루살렘으로 옮겨져 시온산의 가톨릭 묘지에 묻혔다.

'쉰들러 리스트' 안에는 레오폴드 페이지라는 유대인도 있었다. 페이지는 종전 후 미국 로스앤젤레스에서 가죽 제품 장사를 하며 사람들에게 쉰들러 이야기를 들려주었다. 그러나 귀담아듣는 사람들이 없었다. 그러다가 1980년 호주인 소설가 토머스 커널리가 그의 이야기를 듣고 2년 후 '쉰들러의 방주'라는 제목의 소설을 출간해 세상에 알려졌다. 유대인 영화감독 스티븐 스필버그도 1993년 영화 '쉰들러 리스트'를 만들어 전 세계에 쉰들러 열풍을 불러일으켰다.

가미카제 등장

패망 때까지 죽어간 일본의 젊은 청춘은 모두 1만 4,000여 명이나 되었다.

1944년 7월과 8월 일본군이 점령하고 있는 남태평양의 사이판과 괌을 미군이 함락함으로써 미군은 B-29 폭격기로 일본의 본토까지 직접 폭격할 수 있게 되었다. 미군은 내친김에 일본 본토 공격의 발판으로 삼기 위해 필리핀 중동부의 군사 요충지 레이테섬 탈환을 시도했다. 전투는 더글러스 맥아더가 지휘했다.

레이테만에서 전투가 벌어진 것은 1944년 10월 20일부터 7일간이었다. 해전은 양국의 항공모함 등 100척 이상의 함정과 2,000기에 달하는 전투기가 투입되어 사상 최대 규모로 전개되었다. 일본은 필리핀을 잃으면 석유를 공급받는 남방 보급망을 상실하는 것이어서 방어에 필사적이었다.

전투는 특히 10월 23일부터 26일까지 레이테만의 하늘과 바다에서 치열하게 전개되어 섬 주변을 불바다로 만들었다. 일본은 레이테만 전투에서 3척의 전함과 4척의 항공모함 등 28척을 잃었다. 미군도 항공모함 1척, 호위함 2척, 구축함 3척 등이 침몰하는 피해를 입었지만 일본군에 비해서는 피해 규모가 작았다. 해전에서 승리한 미군이 레이테섬에 상륙하면서 일본은 육상에서만 8만 명 이상이 전사했다. 이로써 태평양전쟁의 전세도 역전되었다.

제로센 가미카제 전투기(왼쪽 위)가 오키나와 전투에서 미국의 전함 미주리호를 향해 돌진하고 있다(1945.4.11).

레이테만 전투는 불나방처럼 달려드는 '가미카제(神風) 특공대'로도 유명했다. 가미카제는 1274년과 1281년 몽골·고려 연합함대가 일본을 침공했을 때 이 연합함대를 침몰시킨 계절풍을 일본인들이 '신의 바람(神風)'이라고 붙인 데서 연유한다. 일본 해군이 세계 전쟁사에 유례가 없는 가미카제 편성에 착수한 것은 1944년 7월이었다. 주력 전투기는 제로센이었다. 가미카제는 8월 20일 일본의 기타큐슈 상공을 비행하던 미국의 B-29 폭격기와 충돌하면서 첫 전사자를 냈다.

필리핀에 주둔하고 있는 제1항공함대 사령관 오니시 다키지로 중장이 '가미카제 특공대' 편성을 명령한 것은 1944년 10월 17일이었다. 폭탄을 실은 전투기를 그대로 적함에 부딪치게 하는 옥쇄작전이었다. 첫 특공대원은 24명이었다. 4개 조의 공격대로 나뉜 특공대는 각각 시키시마(敷島)대, 야마토(大和)대, 아사히(朝日)대, 야마자쿠라(山櫻)대로 명명되었다. 이는 일본의 유명한 화가(和歌) '야마토 다마시(大和魂)'에서 딴 이름이다. 모토오리 노리나가가 18세기에 쓴 '야마토 다마시'는 "일본의 마음(敷島의

大和心)을 사람들이 묻는다면 그것은 아침(朝日) 햇살에 빛나는 벚꽃(山櫻花)"이라는 내용의 시다.

가미카제는 10월 21일 처음 출격했으나 별다른 전과를 거두지 못했다. 그러자 10월 25일 각각 250kg의 폭탄을 적재한 6기의 '제로센 전투기'가 또다시 출격했다. 제로센은 3,000m 이상의 높은 고도를 유지하다가 갑자기 구름 속을 뚫고 나와 최고 시속 600km로 미 항공모함을 향해 수직으로 내리꽂히듯 급강하했다. 가미카제가 처음 세상에 모습을 드러내는 순간이었다.

대부분은 목표물에 접근도 못한 채 허무하게 바다로 침몰

미군은 전혀 예상치 못한 사태에 당황했다. 수직 하강으로 돌진하는 전투기 몇 기를 대공 포화로 격추했지만 일부 전투기는 대공 포화를 피해 그대로 미군 함정에 내리꽂혔다. 이 무지막지한 공격으로 미 호위항모 세인트로호는 격납 갑판의 폭탄과 어뢰가 연쇄 폭발해 끝내 침몰했다. 다른 함선도 큰 피해를 보았다. 일본은 해군에 이어 육군도 가미카제 특공대를 편성해 11월 7일 첫 번째 부대를 출격했다.

군부는 가미카제 대원들을 '피어 있는 사쿠라 꽃'에 비유하며 죽음을 독려했다. 이들이 타는 비행기에 사쿠라 꽃을 새기거나 또 출격 때는 여학생들이 사쿠라 가지를 들고 나와 전송하기도 했다. 이들의 전사를 '산화(散華)'라고 한 것도 '사쿠라 꽃(華)이 지(散)듯' 나라를 위해 목숨을 바쳤다는 의미였다. 오니시는 일제 패망 이튿날인 1945년 8월 16일 가미카제 영령들에 대한 사죄를 담은 유서를 쓰고 자살했다.

초기의 가미카제 공격은 상당한 전과를 거뒀다. 그러나 곧 미군 전함의 방공 능력이 개선되고, 폭탄을 너무 많이 탑재해 속도가 느려진 일본의 전투기를 미 전투기들이 쉽게 격추하면서 점차 위력을 잃었다. 성공 확률도 6%밖에 안 되었다. 그런데도 일본은 1945년 4월부터 전개된 오키나와 전투에 가미카제 전투기를 대거 출전시켰다. 물론 대부분의 가미카제는 소낙비처럼 쏟아지는 대공포나 미군 전투기의 기총소사로 목표물에 접근도 못한 채 허무하게 바다로 침몰했다. 패망 때까지 이렇게 죽어간 일본의 청춘은 모두 1만 4,000여 명이나 되었다.

일본은 전투기를 이용한 가미카제 말고도 인간어뢰 '가이텐(回天)', 자폭용 고속정 '신요(震洋)', 인간폭탄 '사쿠라바나(櫻花)' 등의 변종 가미카제로 자살 공격대를 만들어 끊임없이 젊은이들을 사지로 내몰았다. 천황은 초기에 가미카제 공격의 소식을 접하고는 "그렇게까지 하지 않으면 안 되었는가? 그러나 정말 장하다"라는 격려의 메시지를 군부에 내려보냈다.

가미카제 특공대에는 조선인도 있었다. 알려진 바로는 필리핀 전투에서 5명, 오키나와 전투에서 12명, 후지산 근처에서 B-29를 향해 자살 공격을 감행한 수를 포함하면 18명이나 된다. 그중에는 강제로 끌려갔다가 이륙 후 편대 편성을 거부한 채 비행기에 장착되어 있던 폭탄을 터뜨려 자폭한 조선인도 있었다. "출격은 하되 미군은 공격하지 않겠다"는 통렬한 항거였다.

제로센 전투기

'제로센(零戰)'은 일본이 1941년 12월 태평양전쟁을 일으키면서 태양처럼 떠오르고 다시 그 태양이 가마카제와 함께 태평양 바닷속으로 곤두박질칠 때까지 일본과 명운을 함께 한 일본의 대표적인 함상 전투기였다. 독일의 메서슈미트 BF109, 영국의 스핏파이어와 함께 2차대전 때 가장 우수한 전투기로 꼽힐 만큼 성능이 뛰어나 태평양전쟁 발발 초기에는 미군의 간담을 서늘케 했다.

일본 해군이 신개념의 함상 전투기 'A6M1'을 개발해 첫 시험비행에 들어간 것은 1939년 4월이었다. 하지만 기대만큼 만족스럽지 않아 실전에

제로센(零戰) 전투기

는 투입하지 않고 곧 중단했다. 그 후 기능을 보완하고 새로운 엔진을 장착한 'A6M2'를 1940년 1월 생산했다.

'A6M2' 전투기는 시속 535km에 세 날 프로펠러를 달고 7.7mm 기관총과 20mm 기관포를 장착했다. 지상 공격도 가능하도록 60kg 폭탄 2개를 날개 밑에 달았다. 전투기는 1940년에 해당하는 일본의 기원이 2,600년인 것에 착안해 '영식(零式) 함상 전투기' 즉 '제로센((零戰)'으로 명명되어 1940년 7월 24일 일본 해군의 함상 전투기로 정식 채택되었다.

제로센이 소련제 중국기와 중경 하늘에서 처음 조우한 것은 1940년 9월 13일이었다. 제로센은 고속의 선회 기능을 적절히 활용해 수적으로 우세한 소련제 중국기 대부분을 격추해 중경 상공의 제공권을 장악했다.

제로센이 중국 하늘에 자주 등장하자 관련 보고서가 미 정보부에 전달되었다. 그러나 미 정부가 황색인에 대한 편견과 고정관념에 사로잡혀 보고를 무시하거나 묵살해 이듬해 12월 진주만 기습 때 피로 대가를 지불해야 했다. 당시 미국은 일본제 전투기를 어린애들 장난감에 기관총을 얹은 정도의 유치하고 조잡한 물건 정도로 여겼다.

그렇다고 미국의 전투기가 수준이 높았던 것도 아니었다. 당시 미국은 지리적인 이유로 전투기 부문에서는 후진국이었다. 미 본토가 유럽이나 일본 등 적국으로부터 먼 거리에 떨어져 있었기 때문에 적의 전투기가 당시의 기술 수준으로 미국을 공격한다는 걸 꿈에도 생각하지 않았던 것이다. 미군은 긴 항속거리가 보장되는 폭격기만으로도 적의 공격을 원거리에서 차단할 수 있다고 믿었다.

베일에 가려 있던 제로센이 본격적으로 모습을 드러낸 것은 1941년 12월 태평양전쟁 발발 후였다. 개전 초기 제로센 앞에서 미 전투기들은 사냥감에 불과했다. 속도, 상승력, 회전성에 조종사들의 풍부한 실전 경험까지 더해져 제로센은 무적의 신화가 되었다. 무게를 최대한 줄인 제로센은 한 번의 연료공급으로 미 전투기보다 3배 이상 긴 거리인 최대 3,000km까지 비행했다. 1대 1로 공중전이 벌어져도 미국의 P-40기가 몸놀림이 민첩한 제로센을 잡는 것은 거의 불가능했다.

하지만 제로센에도 약점은 있었다. 기체를 너무 가볍게 만들어 조종사를 보호할 장갑판이 없고 연료통 피격시에 누출을 막아주는 장치가 없다는 게 약점이었다. 이후 'A6M3'가 제로센의 후속모델로 개발되는 등 개량이 거듭되긴 했지만 1942년 6월 미드웨이 해전에서 대패하고 태평양전쟁이 중반으로 넘어서면서 제로센에도 강력한 적들이 등장했다. 결정적으로는 1942년 6월 제로센의 연료 탱크가 망가져 어느 섬에 불시착했다가 멀쩡한 채로 미군의 손에 넘어가면서 약점이 드러났다.

미군은 제로센을 손쉽게 격추하기 위해 다양한 방법을 모색했다. 그 결과 주력 전투기인 F4F 와일드캣의 튼튼한 내구성과 뛰어난 급강하 능력에서 실마리를 찾았다. 와일드캣은 조종석과 엔진에 장갑판을 설치해 제로센의 공격으로 격추되더라도 조종사는 무사히 탈출할 수 있었다. 반면 제로센은 피격 때는 기체가 추락하기도 전에 조종사가 전사하는 경우가 많아 우수한 조종사의 피해가 컸다.

태평양전쟁이 중반기로 접어들 무렵 헬캣이나 코르세어와 같은 뛰어난 성능을 지닌 연합군의 전투기들이 등장하면서 제로센은 더 이상 무적의 전투기가 아니었다. 1942년에는 와일드캣 1기가 격추되는 동안 제로센은 5.9기가 격추되었다. 그래도 전쟁이 끝날 때까지 1만여 기가 생산되어 미군에게는 여전히 위협적인 존재였다.

B-29 폭격기

미국은 전통적으로 전투기보다는 폭격기 개발에 주력했다. 유럽과 멀리 떨어져 있어 단거리의 전투기보다는 장거리 작전이 가능한 대형 폭격기가 전술에 유용하다고 판단했기 때문이다. 2차대전 발발 전까지 미국이 자랑하는 폭격기는 4발 엔진을 장착한 B-17 플라잉 포트리스였다. 독일 역시 B-17보다는 성능이 떨어지지만 Ju-87 슈트카, 하인켈 He-111 등 만만치 않은 성능의 폭격기를 보유하고 있었다.

2차대전 발발 후 미국은 유럽 전역이 독일에 점령될 경우 전폭기가 미국에서 이륙해야 하는 상황을 가정해 B-17의 성능을 능가하고 장거리 운용이 가능한 대형 폭격기를 구상했다. 하지만 금방 개발할 수 있는 게 아니어서 전쟁 중에는 B-17을 개량한 B-17A 모델을 시작으로 B, C, D, E, F, G 등으로 진화한 폭격기를 잇따라 생산해 유럽 전선의 주력 폭격기로 삼았다.

새로운 대형 폭격기는 1940년 2월 미 육군항공대가 사양을 제시하고 1941년 보잉이 생산자로 결정되면서 구체화되었다. 개발 작업은 순조롭게 진행되어 1942년 9월 21일 B-29의 시험 모델인 XB-29 슈퍼 포트리스가 처음 시애틀 상공을 비행하는 데 성공했다. 이후 추가 테스트를 거쳐 문제가 없는 것으로 확인되자 미 육군항공대는 12개월 이내, 1,500기 납품을 보잉사에 주문했다.

1943년 2월 실험기가 추락해 납품이 예정보다 다소 늦어지긴 했으나 그해 7월 시제품이 군에 납품되었다. 사양은 당시로서는 최대 크기인 길이 30.2m, 너비 43.1m, 최대 항속거리 9,650km, 최대 시속 576km였다. 64톤 무게의 폭격기에는 10톤의 폭탄이 탑재되고 20mm 기관포 6문과 13mm 기관총 16문이 장착되었다.

방어 효과를 극대화하기 위해 조종석 후반 상부와 하부에 기관총좌를 배치하고 20mm 기관포를 설치해 전투기에 맞먹는 무장을 갖추었다. 전투기가 접근하기 어려운 9,000m 고도에서도 비행이 가능해 천하무적을 자랑했다. 새롭게 개발된 여압장치는 승무원들이 산소마스크와 방한복 없이 평상복 차림으로 편안하게 근무할 수 있게 해주었으며 비행기록을 기록하는 블랙박스 장치도 처음 선보였다. B-29는 유럽 전선에는 배치되지 않고 태평양 전선에만 투입되었다. 독일의 패전이 가시화되면서 기존의 B-17 개량기종만으로도 충분히 작전수행이 가능했기 때문이다.

B-29 폭격기

B-29가 처음 폭격에 투입된 것은 1944년 6월 5일 일본군이 점령하고 있는 태국의 방콕이었다. B-29는 남태평양 마리아나 군도에서 이륙해 1944년 11월 24일 첫 도쿄 공습을 시작으로 일본의 주요 도시를 불바다로 만들며 일본 상공을 유유히 날아다녔다.

당시는 대공미사일도 없고 지상에서 기관포나 기관총을 쏘아대는 시절이었기 때문에 대공포가 미치지 못하는 고공에서 B-29가 폭탄을 떨어뜨리면 속수무책이었다. 더구나 일본의 전투기들은 B-29의 비행 상공까지 올라가지 못해 요격 자체가 불가능했다. 여기에 물량 공세까지 더해지면서 일본으로서는 당해낼 재간이 없었다. 늘씬한 비행기가 편대를 지어 하얀 네 줄기의 꼬리구름을 길게 휘날리며 높은 하늘을 덮다시피 날아가는 모습은 그야말로 장관이었다. 일본인들이 폭격당하는 것도 잊은 채 하늘을 쳐다보며 구경할 정도였다.

1945년 7월 히로시마와 나가사키에 원자폭탄을 투하한 에놀라 게이와 복스카 역시 B-29였다. 덕분에 태평양전쟁을 마무리 지은 1등 공신이라는 격찬을 들었다. 6·25전쟁 때 2만 번이나 출격해 엄청난 폭탄을 떨어뜨려 북한을 초토화한 것도 B-29였다. 퇴역할 때까지 총 3,970기가 생산되어 실전에 투입되었으나 4개의 프로펠러 엔진으로는 새로이 등장한 제트 엔진을 당해낼 수 없었다. 엔진 고장도 잦고 조종하기도 어려워 결국 제트 엔진을 장착한 매머드 B-36에 '하늘의 왕자' 자리를 내주고 1960년 6월에 퇴역했다.

에르빈 롬멜 자살

열악한 조건을 이겨내고 연전연승하는 놀라운 지도력을 보였다.

1944년 10월 14일 한 무리의 게슈타포가 에르빈 롬멜(1891~1944) 원수의 집 주위를 둘러쌌다. 롬멜은 3개월 전 연합군의 공습으로 부상을 당해 집에서 요양 중이었다. 이윽고 2명의 게슈타포 요원이 집 안으로 들어갔다. 그들은 롬멜이 3개월 전 히틀러 암살 미수 사건에 연루되었다며 특별재판에 회부되든지 명예롭게 자결하든지 하나를 선택하라고 요구했다. 자결하면 부인과 아들의 안전은 보장하겠다는 말도 덧붙였다.

롬멜은 가족과 작별 인사를 나누고 승용차로 그들을 따라나섰다. 그리고 집에서 500m 떨어진 작은 숲의 승용차 안에서 독약을 먹고 자살했다. 나치는 국민적 영웅을 극형에 처했다는 사실이 알려지면 국민들이 어떻게 반발할지 몰라 공식 사인을 '서부전선에서 복무 중 얻은 부상 악화에 따른 심장마비'라고 발표하고 국장으로 장례식을 치렀다. 20세기 역사상 가장 뛰어난 야전사령관 중 한 명으로 꼽히던 롬멜은 이렇게 비극적인 최후를 마쳤다.

에르빈 롬멜(1891~1944)

롬멜이 군사학교를 졸업하고 초급장교로 군에 입문한 것은 1912년 1월이었다. 1차대전 때는 2번이나 중상을 입고 철십자훈장도 1급, 2급 모두 받을 정도로 용맹하게 싸웠다. 그러나 독일군 장교단의 핵심인 프로이센 귀족 출신의 군 엘리트에 속하지 않아 1차대전 후에는 주로 한직을 전전했다. 이런 롬멜을 기용한 것은 히틀러였다. 1933년 10월 히틀러에게 발탁되지 않았더라면 롬멜은 평범한 군인으로 평생을 보냈을지도 모른다.

롬멜은 히틀러의 총애를 받아 승승장구했다. 1939년 8월 서열을 뛰어넘어 소장으로 진급하고 다음달 히틀러의 경호대장을 맡아 지근거리에서 히틀러를 보좌했다. 1940년 2월에는 기갑전투 경험이 없는데도 제7기갑사단의 지휘관으로 임명되었다. 1940년 5월 독일군의 프랑스 침공 때 롬멜의 기갑부대가 보여준 눈부신 진격 속도는 독일군조차 놀랄 정도였다.

롬멜의 신조는 "공격 아니면 맹공격"이었다. '롬멜의 신화'는 1941년 2월 롬멜이 북아프리카 전선에 투입되면서 시작되었다. 동맹국 이탈리아의 무솔리니가 영국이 점령하고 있는 이집트를 섣불리 공격했다가 패전에 패전을 거듭, 결국 이탈리아가 점령하고 있던 리비아마저 영국에 내주게 되자 히틀러가 무솔리니의 지원요청을 받고 롬멜에게 출동명령을 내린 것이 신화의 시작이었다.

북아프리카 전선은 유럽 전선과는 환경이 완전히 달랐다. 그런데도 롬멜은 보급과 장비 부족이라는 열악한 조건을 이겨내고 연전연승하는 놀라운 지도력을 보였다. 롬멜은 적보다 한 발 앞서 유리한 기회를 포착하는 '선제공격' 전술을 구사했다. 1941년 2월부터 1942년 10월 '알 알라메인 전투'로 영국의 몽고메리에게 대패할 때까지 그가 이끄는 기갑부대가 리비아를 비롯 북부 아프리카를 누비며 영국군을 격파해 '사막의 여우'라는 별명을 얻었다.

히틀러는 이런 그의 공로를 인정해 1942년 1월 육군 대장, 6월 육군 원수로 진급시켰다. 그러나 북아프리카 전선에서 제공권과 제해권을 빼앗기고 이로 인해 군수물자를 지원받지 못하게 되자 롬멜의 활약도 한계에 봉착했다. 더욱이 독일군의 암호가 영국 정보부에 의해 속속 해독되고 있었다.

히틀러를 경외하며 전쟁에 충실한 모순된 삶을 살아

1942년 10월 23일 군사 요충지 알 알라메인을 점령하기 위한 영국군의 총공세가 시작되었다. 롬멜은 1개월 전 병이 악화되어 독일로 요양을 떠났다가 급보를 받고 급거 북아프리카로 달려가 현장을 지휘했으나 전황은 이미 기울어 있었다.

"승리 아니면 죽음뿐"이라며 후퇴 불가를 외치는 히틀러의 명령에도 불구하고 롬멜은 부하 장병들을 후퇴시키는 결단을 내렸다. 1943년 2월 사실상 재기 불능 상태에 빠진 독일 아프리카군단을 뒤로하고 롬멜이 다시 독일로 돌아간 사이 그해 5월 독일군이 영국군에 항복함으로써 북아프리카 전쟁도 막을 내렸다.

1943년 11월 롬멜에게 새롭게 맡겨진 임무는 '대서양 방벽'을 수비하는 일이었다. 그 무렵 동부전선에서는 소련군이 승기를 잡고 있었고 이탈리아 반도에 상륙한 연합군은 독일을 향해 북상하고 있었다. 1944년 6월 마침내 연합군의 노르망디 상륙작전마저 허용함으로써 독일은 막바지로 내몰리는 상황이 되었다. 롬멜은 동서 양방향에서 두 진영의 적을 상대로 싸우면 승산이 없다고 판단해 "서방 측과 강화를 맺어 승산 없는 전쟁은 그만두고 볼셰비키의 유럽 침입을 막아야 한다"고 주장했으나 히틀러의 묵살로 실현되지 않았다.

롬멜은 히틀러의 총애를 받으면서도 나치당에 입당하지 않았다. 1943년 말 유대인 학살 소식을 들었을 때는 "국가의 기본 토대는 정의이며 학살은 크나큰 범죄 행위"라고 괴로운 심경을 토로하기도 했다. 그러나 롬멜은 히틀러를 부정하지 않았고 죽는 날까지 히틀러를 경외하며 전쟁에 충실한 모순된 삶을 살았다.

연합군이 노르망디 상륙작전에 성공한 후인 1944년 7월 9일 롬멜은 히틀러를 암살하려는 조직원의 방문을 받았다. 조직원은 암살 계획을 롬멜에게 숨김없이 털어놓은 뒤 도움을 요청했다. 이때 롬멜이 이른바 '발퀴레 작전'에 어떤 반응을 보였는지는 알려지지 않았다. 롬멜이 암살 음모에 어느 정도로 가담했는지도 명확지 않다.

롬멜은 암살 계획을 듣고 전선으로 돌아가다가 7월 17일 연합국의 공습을 받고 입원한 병원에서 7월 20일 히틀러 암살 기도 실패 소식을 들었다. 그 후 3개월 동안 집에서 고립되어 있다가 자결 명령을 받았다.

발퀴레 작전

1944년 6월이 되면서 히틀러를 암살하려는 음모자들의 움직임이 분주해졌다. 비밀경찰의 감시망이 더욱 강화되고 연합군의 노르망디 상륙작전으로 전황이 빠르게 변해갔기 때문이다. 음모단의 일원인 클라우스 폰 슈타우펜베르크(1907~1944) 대령이 독일 예비군 사령관의 참모장에 임명된 것은 그 무렵이었다. 그것은 히틀러를 암살할 수 있는 위치에 더욱 가까이 다가가고 그만큼 암살의 가능성이 높아진다는 것을 의미했다.

슈타우펜베르크는 한때 음악가를 꿈꾸다가 군인이 된 균형 잡힌 정신의 소유자였다. 히틀러가 정권을 잡았을 때 대다수 독일인이 그랬던 것처럼 그 역시 현실을 받아들였다. 독일이 당면한 문제들을 극복하려면 히틀러 정권이 최선은 아니어도 차선은 된다는 게 당시 그의 판단이었다.

그가 히틀러의 통치 방식에 회의를 품기 시작한 것은 1938년 11월의 '수정의 밤' 때, 유대인들이 대량으로 학살되는 것을 목격하고부터였다. 하지만 1939년 9월 2차대전이 일어나자 군인 본연의 임무에 충실했다. 그는 18개월 동안 근무한 소련 전선에서 독일군과 SS(나치 친위대)가 저지른 전쟁 범죄를 목격하면서 히틀러 정권에 본격적으로 환멸을 느꼈다.

암살단은 히틀러를 암살하고 유리한 조건으로 서방과 전쟁을 끝내는 것을 목표로 삼았다. 슈타우펜베르크는 1943년 북아프리카 전선에서 연합군의 공습으로 한쪽 눈과 오른손, 그리고 왼쪽 손가락 두 개를 잃었는데도 히틀러가 암살되는 그날을 꿈꾸며 전역하지 않았다. '발퀴레 작전'으로 명명된 암살 시도는 1944년 7월 20일 슈타우펜베르크가 지금의 폴란드 라슈텐부르크 야전사령부에서 히틀러가 주재하는 회의에 참석하라는 지시를 받으면서 시작되었다.

슈타우펜베르크는 시한폭탄을 서류 가방에 챙겨 히틀러가 주재하는 회의에 참석했다가 폭발 5분 전 서류 가방을 히틀러 가까이에 있는 테이블 밑에 놓고 회의실을 빠져나왔다. 폭탄은 정확히 12시 42분에 터졌다. 히틀러가 살아있으리라고 누구도 의심할 수 없을 만큼 강력한 폭발이었다. 슈타우펜베르크는 함께 암살을 모의한 야전사령부 내 통신대장 사무실에서 섬광과 불길이 치솟는 것을 확인했다. 당연히 히틀러가 죽었을 것으로 판단하고 조심스럽게 야전사령부를 빠져나와 베를린행 비행기에 몸을 실었다.

암살 시도 후 우왕좌왕하며 시간만 흘려보내

그러나 히틀러는 죽지 않았다. 슈타우펜베르크가 회의실을 빠져나간 후 한 회의 참석자가 테이블 밑의 서류 가방이 걸리적거린다며 테이블 받침대 바깥쪽으로 밀어낸 덕분에 4명의 장교가 현장에서 즉사했는데도 히틀러는 머리카락이 그슬리고 양쪽 고막이 터지고 팔에 타박상만을 입은 채 살아남을 수 있었던 것이다.

클라우스 폰 슈타우펜베르크
(1907~1944)

슈타우펜베르크와 함께 자신의 사무실에서 폭발 현장을 지켜본 통신대장 역시 히틀러가 죽었다고 단정했다. 그는 슈타우펜베르크가 베를린으로 떠난 뒤 바로 베를린의 음모자들에게 거사 성공을 알리고, 히틀러의 측근들이 후속 조치를 취하지 못하도록 사령부 내 통신망을 두절했다.

결과적으로 이게 문제였다. 히틀러가 죽었다는 확실한 추가 정보를 알고 싶어하는 베를린의 음모자들까지 통신 두절로 전후 사정을 알지 못해 우왕좌왕하며 시간만 흘려보냈던 것이다. 음모자들은 군대를 동원하지도 않고 방송국도 접수하지 않은 채 중요한 시간을 허송했다.

슈타우펜베르크가 베를린에 도착했을 때, 베를린은 그가 생각했던 것과 달리 조용하기만 했다. 예비군을 동원해 베를린을 장악하기로 사전에 모의한 올브리히트 장군 등은 히틀러의 생사가 분명치 않다는 이유로 병력을 동원하지 않고 있었다. 슈타우펜베르크에게서 히틀러의 사망 소식을 직접 전해 듣고서야 그들은 "히틀러가 암살되었다"며 베를린 치안 확보 명목으로 정부 청사 등을 차례로 점거하고 나치당 간부들을 체포했다.

하지만 이미 실기한 뒤였다. 히틀러가 죽지 않았다는 소식이 속속 베를린으로 전해졌고 오후 6시에는 히틀러가 살아 있다는 사실이 방송 전파를 탔다. 음모자들은 역전된 상황 전개에 패닉상태에 빠졌다. 곧 음모자들이 하나둘 체포되었다. 슈타우펜베르크를 포함한 몇 명은 현장에서 사살되었다.

반란 실패의 결과는 참담했다. 7,000여 명이 체포되어 200여 명이 처형되었고 나머지는 모진 고문에 시달렸다. 암살이 성공했더라면 전쟁이 바로 끝났을 것이고 그러면 1945년 5월 전쟁이 끝날 때까지 10개월 동안 죽어간 400만 명의 독일군과 일반 시민, 150만 명의 소련군과 10만 명의 미영 연합군, 그리고 유대인 등 수백만 명도 살아남을 수 있었을 것이다.

에르빈 슈뢰딩거 '생명이란 무엇인가?' 출간

"우리는 언제나 얻을 수 없는 완전성과 이웃의 아내를 갈망한다."

에르빈 슈뢰딩거(1887~1961)는 파동역학이라는 양자역학의 큰 기둥을 세우고 생명체를 물리·화학 법칙으로 설명할 수 있다는 획기적인 주장을 펼친 현대 물리학계의 기린아였다. 고대 문법과 시에도 재능이 있었으며 절반은 철학자라고 할 만큼 평생 철학적인 탐구에도 몰두했다. 영어는 물론 스페인어와 프랑스어로도 강의를 할 정도로 다른 나라 언어도 능숙하게 구사했다.

슈뢰딩거는 오스트리아 빈에서 태어나 빈대에서 물리학을 전공했다. 1차대전 때는 포병장교로 복무하면서도 아인슈타인의 일반상대성 이론이 지닌 중요성을 간파해 중력이론을 연구 과제로 삼았다. 종전 후 심취한 고대 인도 철학은 훗날 파동역학을 창안하고 생명과 정신의 문제에 관심을 갖게 하는 데 영향을 미쳤다. 종전 후에는 1921년 10월 취리히대의 이론물리학 교수로 부임했다.

당시 물리학계를 가장 혼란스럽게 한 것은 빛의 실험 결과에 따라 각기 다른 결과를 보이는 파동과 입자의 이중성이었다. 20세기 초까지 빛은 파동, 전자는 입자로 생각되고 있었다. 연속적이고 공간에 퍼지는 특성을 갖고 있는 파동에는 빛, 전파, 파도, 소리가 대표적이다. 입자는 불연속적인 단위를 가지고 특정한 지점에 에너지가 집중되는 특성을 갖고 있다.

에르빈 슈뢰딩거(1887~1961)

이처럼 파동과 입자는 성질이 상반되기 때문에 20세기 초까지는 어떤 사물이 입자이면서 동시에 파동일 수 없다는 인식이 지배적이었다. 그런데 파동-입자 이중성은 단순하게 말하면 파동인 줄 알았던 빛이 입자성을 갖고, 입자인 줄 알았던 물질이 파동성을 갖는다는 내용이다. 거시 세계에서는 파동과 입자를 분명하게 구분할 수 있기 때문에 누가 보아도 얼토당토않게 느껴지지만 원자나 전자 같은 미시 세계에서는 사정이 다르다.

파동-입자 이중성 연구에 가장 적극적으로 도전한 학자의 선두에는 아인슈타인이 있었다. 아인슈타인은 1905년 광양자 이론을 제안하면서 그때까지 파동으로 인식하고 있던 빛이 입자로서의 일면도 지니고 있음을 보여 주었다. 아인슈타인에 이어 파동-입자 수수께끼에 도전한 연구자 중에는 프랑스 물리학자 루이 드브로이도 있었다.

그는 1924년 물질을 구성하는 전자와 같은 입자들이 파동적인 성질을 나타낸다는 물질파 이론을 제안했다. 아인슈타인은 드브로이의 연구 결과를 신뢰했으나 당시 물리학계의 흐름을 주도하고 있는 코펜하겐학파는 시큰둥한 반응을 보였다. 하지만 드브로이가 예견한 전자 파동은 1927년 미국의 물리학자들에 의해 실험적으로 밝혀졌다.

파동역학 '20세기 최대 발견 중 하나'로 꼽혀

슈뢰딩거는 고전역학의 토대 위에 드브로이의 물질파 개념을 도입해 원자핵을 도는 전자들의 움직임을 연구했다. 그 결과 파동이론, 즉 전자가 원자의 핵 둘레에 산재한 점(입자)이 아니라 파동 형태로 존재한다는 파동방정식을 1926년 창안함으로써 20세기 물리학에 큰 획을 그었다. 이 파동방정식은 1925년 하이젠베르크 등이 창안한 행렬역학과는 다른 각도에서 양자역학에 도달하는 접근법으로 인정을 받아 오늘날 원자·핵·고체물리 분야에서 널리 활용되고 있다.

슈뢰딩거는 자신의 파동방정식을 기초로 1926년 파동역학을 창안했다. 이 파동역학 체계는 오늘날 첨단 과학 분야에서 가장 근본적인 이론으로 평가를 받고 있으며 '20세기 최대 발견 중 하나'로도 꼽힌다. 파동역학 체계는 오늘날 양자화학, 고체물리학, 양자통계역학, 양자광학 등에서 광범위하게 쓰이면서 일반성을 인정받고 있고 적용 영역 또한 계속 확장되고 있다. 행렬역학과 파동역학은 한동안 다른 것으로 인식되었으나 영국의 폴 디랙에 의해 본질적으로 같다는 것이 입증되어 슈뢰딩거는 1933년 디랙과 함께 노벨물리학상을 수상했다.

슈뢰딩거는 1927년 은퇴하는 막스 플랑크의 추천으로 베를린대의 이론물리학 교수가 되어 활발하게 연구 활동을 펼쳤으나 1933년 히틀러의 집권 후 나치즘에 염증을 느껴 외국으로 망명했다. 영국 옥스퍼드대 교수로 활동하다가 1936년 고국 오스트리아의 그라츠대로 옮겼으나 1938년 오스트리아가 독일에 합병되자 또다시 망명길에 올라 아일랜드의 더블린대에 자리를 잡았다.

1943년 2월에는 더블린 고등학술연구소의 후원을 받아 일반 대중을 상대로 생명에 대한 강연을 했는데, 이 강연 내용을 모아 1944년 발간한 책이 그 유명한 '생명은 무엇인가?'라는 100쪽짜리 소책자다. 슈뢰딩거는 책에서 살아 있는 유기체, 즉 생명체라는 공간적 경계 안에서 일어나는 시·공간상의 사건들을 물리·화학 법칙으로 설명할 수 있다는 획기적인 주장을 폈다. 즉 인간을 포함한 모든 생명체의 비밀을, 물질을 탐구하는 방법으로 밝혀낼 수 있다는 것이다. 이런 점에서 물리학과 생물학의 '지적 잡종화'를 성공시키고, 오늘날까지 과학의 여러 분야에 생명에 대한 통합적 연구를 할 수 있는 기폭제가 되었다는 평가를 받고 있다.

생명체를 물리·화학 법칙으로 설명할 수 있다는 획기적 주장 펼쳐

'유전자는 왜 변하지 않는가', '유전자는 어떻게 복제될 수 있는가', '생명체는 어떻게 그 자체가 붕괴하려는 경향에 맞서는가' 등 과학적이면서 철학적인 질문에 대한 근본적인 성찰을 제공해 '생명현상도 물리 법칙으로 설명될 수 있다'는 신념을 동시대 과학자들에게 전파했다. 인간 염색체가 48개라는 등 오류가 적지 않은데도 책이 여전히 과학의 고전으로 받아들여지고 있는 것은 생명에 관한 근본적인 질문을 던졌기 때문이다.

슈뢰딩거는 생명체가 분자구조 속에 생물학적 정보를 저장하고 전달하는 것으로 보았다. 그는 생명을 이해하기 위해 이 분자들의 암호를 풀어 당시 물리학 법칙의 수준을 넘보고자 했다. 슈뢰딩거에 의하면 유전자의 핵심은 정보이고 생물학자들의 임무는 유전자에 프로그램화된 정보를 해독하는 것이다. 생명 현상에 대한 슈뢰딩거의 설명 덕에 1950년대 분자생물학과 신경생리학은 눈부시게 발전했다. 분자생물학의 새 장을 개척한 수많은 과학자가 이 책에서 영감을 얻은 것은 슈뢰딩거가 유전자를 논하면서 이를 '유전적 암호'와 결부시킴으로써 유전 정보의 개념을 제시했기 때문이다.

책은 여러 젊은 과학자의 진로도 바꿔놓았다. 고체물리학을 연구하던 모리스 윌킨스는 이 책을 읽고 생물학으로 전공을 바꿔 훗날 제임스 왓슨, 프랜시스 크릭과 함께 DNA의 이중나선 구조를 밝혀 노벨상을 받았다. 제임스 왓슨 역시 '생명은 무엇인가'를 읽은 뒤 유전자를 연구하기로 결심했다.

슈뢰딩거는 학문적 업적 못지않게 수많은 여인과 사랑을 나눈 것으로도 유명하다. 그에게서 연애와 과학적 탐구는 따로 떼어놓을 수 없는 존재였다. 독일의 물리학자 막스 보른에게 보낸 편지에는 이런 내용이 있다. "우리는 언제나 얻을 수 없는 완전성과 이웃의 아내를 갈망한다."

교육을 별로 받지 못한 평범한 아내는 그가 수많은 여인과 염문을 뿌리며 여러 명의 사생아를 낳아도 남편의 외모, 성격, 지적 능력을 열정적으로 존경하며 문제 삼지 않았다. 자식이 없던 그녀는 남편의 모든 혼외정사를 참아주었고 남편의 외도가 끝날 때마다 반갑게 맞아주며 끝내 이혼을 하지 않고 평생을 함께 살았다.

호르헤 보르헤스 단편소설집 '픽션들' 출간

직접 경험보다는 독서를 통해 다양하고 보편적인 관점을 습득했다.

호르헤 보르헤스(1899~1986)는 현실과 허구의 경계가 모호한 '환상 문학'으로 20세기 소설의 새 지평을 연 중남미 문학의 대부다. '돈키호테' 작가 세르반테스 이후 스페인어권 최고 작가로 추앙받는 그의 문학은 가브리엘 마르케스, 파블로 네루다, 옥타비오 파스 등 노벨문학상을 수상한 중남미 거장들의 정신적 젖줄이자 창작의 원천이었다. 다만 위대한 작가들의 격정적인 삶과 달리 그의 삶은 단조로웠다. 인생의 부침을 심하게 겪지도 않고 사랑의 열병을 앓지도 않았다. 작품에서도 고통이나 사랑에 대한 묘사보다는 주로 시간, 미로, 거울, 도서관, 백과사전 등의 형이상학적 주제로 일관했다.

보르헤스가 아르헨티나 부에노스아이레스에서 변호사의 아들로 태어났을 때 아버지가 먼저 살핀 것은 신생아의 눈이었다. 6대째 내려오는 집안의 유전병인 실명 때문이었다. 다행히 신생아의 눈은 정상처럼 보였다. 그러나 성인이 된 후 점점 시력이 나빠져 결국 시각장애인의 운명을 피하지는 못했다.

보르헤스는 유년기 시절부터 각종 장서로 채워진 아버지 서재의 책 속에 파묻혀 지냈다. 그 덕에 부분적이고 편향될 수 있는 직접 경험보다는 독서를 통해 다양하고 보편적인 관점을 습득했다. 어려서부터 인류의 지식이 집약된 백과사전을 끼고 살았으며 한 인터뷰에선 "외부의 세상과 백과사전 속의 세계 중에서 하나를 택하라면 기꺼이 후자를 택하겠다"라며 백과사전의 중요성을 강조했다.

보르헤스가 가족을 따라 스위스 제네바로 이주한 것은 15살이던 1914년이었다. 아버지가 자식들에게 유럽식 선진 교육을 시키려 한 것이 주목적이었으나 점차 자신에게 나타나고 있는 실명을 치료하는 것도 한 목적이었다. 보르헤스는 수년간의 유럽 체류를 통해 중남미 특유의 끈질기고 국수적인 아메리카니즘을 벗어나 세계시민으로서 자유로운 사고를 경험했다. 여러 외국어를 습득한 것도 큰 소득이었다. 모국어인 스페인어, 어려서부터 영국인 할머니에게서 익힌 영어, 여기에 프랑스어, 독일어, 이탈리아어까지 구사할 수 있게 된 덕에 영문학, 불문학, 독문학 등 서구 문학 전반을 섭렵할 수 있었다.

'환상 문학'으로 20세기 소설의 새 지평 열어

보르헤스는 스위스에서 고교를 졸업한 뒤 1921년 귀국해 잡지 '프리즘'을 창간하고 첫 시집 '부에노스 아이레스의 열기'를 발표해 문단에 발을 들여놓았다. 1930년대에는 '아르헨티나 신진 작가선'의 제1권으로 출판된 산문집 '토론'(1932), 첫 단편소설집 '불한당들의 세계사'(1935)가 평단의 시선을 끌어 그의 이름도 대중에 익숙해졌다.

호르헤 보르헤스(1899~1986)

1938년은 각별한 해였다. 그해 2월 정신적 지주이던 아버지가 죽고 같은 해 12월 자신도 죽었다가 다시 살아나는 경험을 했기 때문이다. 그는 1938년 크리스마스 이브에 아파트 계단을 뛰어오르다가 창틀에 부딪혀 생긴 머리 상처가 덧나면서 한 달 넘게 패혈증으로 사경을 헤맸다. 회복기에 접어들었을 때 그는 혹시 지적 능력을 상실한 것이 아닌가 하는 두려움에 빠져 시험 삼아 단편소설을 썼다.

이후 그는 평소 써 오던 시와 평론을 중단하고 주로 단편소설을 썼다. 소설은 난해했다. 줄거리가 있는 일반적인 소설이 아니라 도무지 이해할 수 없는 형이상학적이고 미학적인 '환상적 사실주의'에 천착했기 때문이다. 당시 쓴 단편 가운데 33편은 보르헤스 문학의 본령으로 간주되는 단편소설집 '픽션들'(1944)과 '알렙'(1949)에 수록되었다. '픽션들'은 200쪽밖에 안 되는 적은 분량의 문고판이지만 서구에 알려지면서 예기치 못한 폭발력으로 20세기 후반의 서구 지성계를 흔들어 놓았다. 정치, 문화, 사회, 과학, 철학 등에 걸쳐 기존의 패러다임을 바꾸는 데도 큰 역할을 했다. '알렙'은 형이상학적 환상과 신비 체험을 형상화해 보르헤스 환상 문학의 결정판으로 평가받았다.

보르헤스는 1937년 생계를 위해 시립도서관에 취직했다. 업무는 단순하고 업무량은 적었다. 덕분에 책을 실컷 볼 수 있게 되자 지루한 일상에서 벗어나 꿈과 상상의 세계로 환상 여행을 떠나곤 했다. 그는 "만일 천국이 있다면 틀림없이 도서관의 모습일 것"이라고 믿었다.

후안 페론이 1943년 쿠데타를 일으켜 정계에 진출했을 때는 전체주의 노선에 반대하는 칼럼을 꾸준히 발표하고 반페론 선언에 서명했다. 이 때문에 1946년 출범한 페론 정부에 의해 동물 검사관으로 쫓겨났다. 보르헤스는 곧 검사관을 그만두었으나 먹고살 일이 막막했다. 그때 누군가 문학 강연을 요청했다. 보르헤스는 몇 년도 안 되어 깊이 있는 지성의 소유자로 명성을 얻었다. 강연을 준비하기 위해 썼던 글들도 세련된 에세이로 인정받아 서서히 라틴아메리카를 대표하는 작가로 이름이 알려졌다.

'보는(見)' 세계에서 '꿰뚫어보는(觀)' 세계로 나아가

보르헤스는 1955년 페론이 실각한 뒤 국립도서관장으로 임명되었으나 그 무렵 그는 거의 실명 상태였다. 타인의 도움을 받아야 움직일 수 있었고 혼자서는 책을 읽고 쓸 수도 없었다. 글을 쓰고 싶을 땐 구술해 받아 적게 했다. 하지만 실명은 오히려 제한된 시각적 체험 속에서 신비로운 연상과 환상의 세계를 펼쳐 보이며 자신만의 독특한 문학 세계를 꽃피우게 했다. '보는(見)' 세계에서 '꿰뚫어보는(觀)' 세계로 나아간 것이다. 사실상 눈이 멀었는데도 1957년 부에노스아이레스대 교수로 임명되고 1973년까지 도서관장 업무를 수행했다.

그의 문학이 스페인어권 밖에서 주목받기 시작한 것은 1960년대 이후였다. 1961년 극작가 사뮈엘 베케트와 공동으로 유럽 출판인상인 포르멘토르상을 받고 같은 해 영역판 '미궁'을 발표하면서 국제적으로 명성이 퍼지기 시작한 것이다. 점차 평론가와 출판인들 사이에 카프카, 조이스, 프루스트, 나보코프에 이어 그의 이름이 오르내렸다. 특히 프랑스 후기구조주의 철학을 이끈 데리다, 푸코 등의 사상가를 비롯해 미국의 포스트모더니즘 소설가와 이론가들이, 현실과 허구의 경계를 허물고 우주를 거대한 도서관으로 보아 모든 것을 텍스트로 삼는 그의 소설에 열광했다.

"보르헤스의 글은 지금까지 간직해온 내 사고의 전 지평을 산산이 부숴버렸다"(미셸 푸코), "보르헤스의 작품을 처음 읽었을 때 마치 경이로운 현관에 서 있는 것 같았으나 둘러보니 집이 없었다"(블라디미르 나보코프), "20세기 문학의 스승"(존 바스) 등 찬사를 아끼지 않았다.

보르헤스는 평생 글을 썼는데도 총 원고 분량은 많지 않다. 7편의 단편 소설집, 13편의 시집, 15편의 에세이집을 출판해 사후 그가 남긴 글을 모은 전집은 3권 분량에 불과하다. 평생 독신으로 살다가 68살 때인 1967년 결혼했으나 3년 뒤 이혼하고 1986년 4월, 38살 연하의 일본계 아르헨티나 비서와 재혼해 모든 지적 재산권을 부인에게 물려주었다. 그리고 2개월 후 스위스에서 눈을 감아 제네바의 묘지에 묻혔다.

이육사 옥사

자신을 포함해 3형제가 조선일보 기자라는 각별한 인연도 있었다.

이육사(1904~1944)의 본명은 이원록이다. 경북 안동에서 태어난 그의 투철한 항일 의식은 친가·외가 모두 창씨개명과 신사참배를 거부한 가풍의 영향을 받아 어릴 적부터 자연스럽게 길러졌다. 1927년 10월 대구 전체를 진동시킨 이른바 '장진홍 의거'가 일어나기 전까지 이육사는 배움과 모색의 기간을 보냈다. 1924년 4월 일본으로 유학을 떠났다가 1925년 1월 귀국하고 다시 1926년 중국으로 건너가 중산대에서 1년간 공부하고 1927년 귀국했다. 바로 그해 장진홍 의거가 일어나면서 육사의 인생은 전환점을 맞았다.

장진홍 의거는 장진홍이 여관 종업원을 시켜 조선은행 대구지점에 보낸 폭탄이 1927년 10월 18일 11시 40분쯤 터져 일본인 경찰 4명과 은행원 1명 등 5명이 부상하고 은행 유리창 70여 장이 깨진 사건이다. 일경은 범인의 단서조차 잡지 못한 채 애꿎은 사람들만 잡아들여 각종 고문을 가하며 자백을 강요했다. 원기, 원록(육사), 원일, 원조, 원창, 원홍 등 이육사의 6형제 가운데 위로부터 내리 4형제도 이때 주모자로 몰려 일경으로부터 모진 고문을 당했다. 육사 개인으로는 이후 17번으로 이어질 투옥의 시작이었다.

육사 형제가 의거에 연루되지 않았다는 사실은 사건 후 1년 4개월이 지난 1929년 2월 14일 장진홍이 일본 오사카에서 체포되면서 밝혀졌다. 이육사는 무혐의로 밝혀져 투옥 2년 6개월 만인 1929년 5월 풀려났다. 수인번호 264(혹은 64)는 이후 육사의 아호 '이육사'가 되었다.

1930년 11월 대구 거리에 일본을 배척하는 내용의 격문이 전봇대에 나붙고 거리에 뿌려졌을 때도 육사는 사건의 배후 조종자로 지목되어 1931년 1월 동생(원일)과 함께 2개월간 옥살이를 했다. 이 사건은 '장진홍 의거'와 달리 육사가 신문배달원을 시켜 격문을 거리에 붙이게 했다는 증인이 있는 것으로 미루어 육사가 직접 연루되었을 가능성이 높다.

육사는 출옥 후 중외일보 대구지국에서 기자 생활을 하다가 1931년 8월 조선일보 대구지국으로 자리를 옮겼다. 육사는 조선일보와 인연이 깊다. 자신의 10행시 '말(馬)'이 처음 활자화된 것도 1930년 1월 3일자 조선일보였고, 자신을 포함해 3형제가 조선일보 기자라는 각별한 인연도 있었다. 육사가 '이활' 혹은 '육사생'이라는 필명으로 기사를 쓰고 있을 때 조선일보 신춘문예에 2년 연속 시와 소설로 당선되고 당대 최고의 평론가로 이름을 날린 동생 원조는 학예부 기자로 활약했다. 다섯째 원창도 1940년 조선일보가 폐간될 때까지 조선일보 인천지국 주재기자로 활동했다.

일제하에서 17번이나 투옥돼

육사는 1932년 중국으로 건너가 그해 10월 조선혁명군사정치간부학교 제1기생으로 입교하고 1933년 4월 26명의 동기생과 함께 졸업했다. 조선

이육사(1904~1944)

혁명군사정치간부학교는 1919년 의열단을 결성한 김원봉이 중국 남경에 설립한 군사학교였다. 따라서 이 학교에 입교했다는 사실로 미루어 육사도 의열단원이었을 것으로 추정되지만 육사 자신은 의열단에 가입하지 않았다고 말했다는 기록이 있다. 육사는 1933년 7월 귀국 후 그해 가을 '신조선'지에 시 '황혼'을 발표하면서 늦깎이로 문단의 말석에 명함을 내밀었다. 이후 짧은 삶을 살면서 '광야', '꽃', '청포도' 등 시 34편, 평론 11편, 수필 13편, 번역물 2편 등 60편가량을 남겼다.

육사는 멋쟁이였다. 늘 양복에 넥타이를 매고 다녔으며 술을 많이 마시고 늦게 들어와도 이불 밑에 양복을 깔고 자야 마음이 놓였다. 육사는 프로문학 계열의 신석초를 만나고 김광균과 최정희 등의 문인을 사귀는 등 문단에 깊숙이 발을 들여놓았다. 본명인 원록 대신 '활' 혹은 '이육사'라는 필명으로 시와 논설을 쓰고 노신의 소설 '고향'을 번역하는 등 문인의 길을 성큼성큼 걸어갔다.

1934년에는 조선혁명군사정치간부학교 출신자 일제 검속에 걸려 또다시 여러 달 동안 투옥되었다가 풀려났다. 몸이 쇠약해져 포항 송도(1937)와 경주(1938)에서 요양 생활을 하면서도 '강 건너간 노래', '해조사' 등 빼어난 시들을 연이어 발표했다. 특히 1939년과 1940년 '문장'에 발표한 '청포도', '절정'은 육사의 문학적 생애의 한 절정을 이뤘다. 그러던 중 1942년 4월 모친상을 당하고 그해 7월 형 원기마저 죽어 실의의 나날을 보냈다. 그 무렵 시 '계절의 표정'(조광), '광인의 태양'(조선일보) 등을 발표하지만 이미 창작의 샘은 고갈될 대로 고갈된 상태였다.

1943년 4월 정신적 위기를 타개하기 위해 중국을 떠돌다 7월 모친과 형의 소상(小祥)에 참석하러 귀국했다가 그해 늦가을 또다시 17번째로 검거되어 북경으로 압송되었다. 그리고 1944년 1월 16일 끝내 광복을 보지 못하고 북경 땅 차가운 감옥에서 눈을 감았다. 해방 후 그의 유고를 정리한 아우 원조에 의해 1946년 10월 20일 서울출판사에서 발간된 것이 '육사시집'이다.

주기철 목사 순교

"내 영혼의 하나님이시여, 나를 붙들어 주시옵소서." 그것으로 끝이었다.

1930년대 후반부터 본격화한 일제의 신사참배 강요는 신앙을 지키기 위한 한국 개신교의 피눈물로 이어졌다. 일제가 일본의 고유 신앙인 신도(神道) 사원을 전국 각지에 세워 조선인들의 참배를 강요하면서 많은 교회와 목회자가 하나님 대신 폭력 앞에 무릎을 꿇어야 했고, 신사참배를 거부하는 과정에서 50여 명이 순교하고 2,000여 명이 옥고를 치르는 수난을 당했다. 이 신사참배 반대운동에 앞장선 대표적인 인물이 주기철 목사(1897~1944)다. 그는 신앙의 순수성을 지키기 위해 죽음까지 불사한 한국 개신교의 상징이다.

주기철은 경남 창원에서 태어났다. 보통학교를 마칠 무렵 우연히 고향에서 이광수의 강연을 듣고 1913년 평북 정주의 오산학교로 진학했다. 1915년 오산학교에서 세례를 받고 1916년 연희전문 상과에 입학했지만 건강 때문에 그해 여름 학업을 중단하고 낙향했다. 고향에서 교회 활동과 청년운동에 종사하던 그는 1920년 9월 유명 부흥사 김익두 목사의 '성령을 받으라'는 설교를 듣다가 갑자기 자신의 죄를 깨닫고 1922년 3월 평양 신학교에 입학했다.

1925년 12월 신학교를 졸업하고 1926년부터 부산 초량교회에서 5년, 1931년부터 마산 문창교회에서 5년간 담임목사로 봉직했다. 한때 그의 설교 내용은 물론 음성과 태도까지 모방하는 주기철 붐이 전국 교회에 번질 정도로 그는 유력 목사가 되었다. 일제가 신사참배로 한국 교회의 목을 조여오던 1935년 12월 주기철은 그 유명한 '일사각오' 연설로 교인들의 마음을 바로잡아 주었다. "예수를 버리고 사는 것은 정말 죽는 것이요 예수를 따라 죽는 것은 정말 사는 것이다.… 피로써 전하여 온 부활의 복음을 우리 또한 피로 지키고 피로 전하자. 오늘 우리에게도 부활의 복음을 위한 일사각오!"

주기철 목사가 평양 산정현교회 담임목사로 초빙된 것은 1936년 7월이었다. 오산교장을 지낸 조만식 장로가 친히 주기철을 맞으러 마산까지 달려가 "우리는 산정현교회의 주인 목사를 환영하는 것이 아니라 평양교회의 주인 목사를 환영하는 것이요 조선의 주인 목사를 환영하는 것입니다."라고 환영 인사를 할 정도로 주기철은 목회자로서 좋은 평판을 얻고 있었다.

신앙의 순수성을 지키기 위해 죽음까지 불사한 한국 개신교의 상징

주기철은 부임 후 첫 설교에서 "신사참배는 십계명의 제1계명과 같이 여호와의 이름에 대한 범죄요, 하나님께 대한 배신"이라며 더욱 옥죄어 오고 있는 신사참배를 강하게 부정했다. 그러나 천주교, 성결교, 구세군, 성공회 등은 1936년부터 하나둘 신사참배를 결정했다. 끝까지 신사참배를 거부해온 장로회 평북노회마저 1938년 2월 신사참배로 돌아섰다. 그러자 평북노회의 신사참배에 격분한 평양신학생 장홍련이 1938년 2월 8일 신학교 뜰에 있는 평북노회장 김일선 목사의 기념식수를 뽑아버리고 그 앞의 비석을 부숴버리는 일이 벌어졌다.

일경은 주기철을 주모자로 몰아 투옥했다. 주기철은 5월에 석방되었으나 농촌 재건 신앙운동과 관련된 의성농우회 사건에 연루되었다는 혐의를 받아 1938년 8월 멀리 경북 의성경찰서에 또다시 수감되었다. 그러나 진짜 구속 이유는 1938년 9월 평양 서문밖교회에서 전국 17개 노회 대표가 참석한 가운데 열릴 예정인 조선예수교장로회 총회 때문이었다. 여기서 다뤄질 "신사참배는 종교가 아니라 국가의식"이라는 신사참배 결정이 주기철의 개입으로 무산되는 것을 막기 위한 사전 정지작업이었다.

주기철 목사(1897~1944)

주기철은 1939년 2월 5일 주일 새벽에 풀려났다. 그는 바로 산정현교회로 달려가 유언과도 같은 '다섯가지 나의 기도'라는 제목의 설교를 했다. 1.죽음의 권세를 이기게 하여 주옵소서 2.장기간 고난을 견디게 하여 주옵소서 3.노모와 처자를 주님께 부탁합니다 4.의에 살고 의에 죽도록 하여 주옵소서 5.내 영혼을 주님께 부탁합니다.

주기철은 1939년 8월 세 번째로 구속되었다. 이번에도 표면적인 이유는 신사참배 반대였으나 실은 그가 없는 사이 그의 목사직을 파직하고 산정현교회를 폐쇄할 계략의 일환이었다. 실제로 주기철이 1940년 4월 가석방되었을 때 목사직은 1939년 12월 19일에 파직당하고 산정현교회는 1940년 3월 24일 폐쇄되어 있었다.

주기철이 네 번째로 투옥된 것은 1940년 6월이었다. 일제의 가혹한 고문이 이어졌고 그로 인한 후유증으로 심한 육체적 고통을 겪었다. 그래도 신사참배를 거부하자 일제는 주기철을 굴복시키기 위해 아내와 노모, 그리고 열 살의 막내아들을 지하 취조실로 불렀다. 그들은 가족이 보는 앞에서 주기철의 손을 뒤로 묶어 공중에 매달고서 발길로 차고 목검으로 내리쳤다. 주기철은 공중에서 그네처럼 흔들리며 괴로워했다. 노모는 그 자리에서 혼절했고 부인은 엎드려 기도했다. 막내아들은 이후 실어증에 걸려 3~4년 동안 심하게 말을 더듬었다.

모두 5년 4개월에 걸친 투옥과 고문으로 몸과 마음이 만신창이가 되어버린 1944년 4월 21일 밤 9시, 주기철은 하나님의 부름을 알았는지 마지막 기도를 했다. "내 영혼의 하나님이시여, 나를 붙들어 주시옵소서." 그것으로 끝이었다. 한국 교회사에 영원히 빛날 위대한 순교자가 하나님 곁으로 떠난 것이다. 주기철을 파직한 대한예수교장로회 평양노회는 2006년 4월 16일 주기철 목사에 대한 노회원 자격을 복권시키며 참회예배를 올렸다.

1945년

8·15 해방
미·소군 진주와 남북 분단
김일성 등장
_ *김일성 가짜 논쟁*
모스크바 3상회의와 찬·반탁 정국
여운형 '조선건국준비위원회' 결성
윤동주 옥사
정진숙 '을유문화사' 설립
나치 독일 항복
히틀러, 에바 브라운과 결혼 후 동반 자살
뉘른베르크 국제군사재판
얄타 회담과 포츠담 회담
이오지마·오키나와 전투
원자폭탄 히로시마 투하
일본의 항복
히로히토, 맥아더 방문
브레턴우즈 체제 발효
유엔 발족
베트남민주공화국 수립
장 폴 사르트르 '레탕모데른(현대)'지 창간
칼 포퍼 '열린 사회와 그 적들' 출간
디트리히 본회퍼, 나치 수용소에서 처형

8·15 해방

우리가 맞이한 해방은 연합국의 승리에 따른 '주어진 해방'일 뿐이었다.

1945년 8월 15일 아침 우리말 신문으로는 단 하나밖에 없는 총독부 기관지 매일신보가 조간인데도 사무실과 가정에 배달되지 않았다. 오전 8시 40분쯤 경성방송국에 일본 헌병대로부터 모든 것을 불태우라는 전화가 걸려 오고 곧 총칼로 무장한 헌병들이 방송국에 들이닥쳤다. 그로부터 얼마 지나지 않아 '본일 정오 중대 방송, 1억 국민 필청'이라는 벽보가 서울 시내에 나붙었다.

낮 12시, 좀처럼 알아듣기 어려운 40대 중년 남성의 떨리는 목소리가 라디오에서 흘러나왔다. 일본 NHK 방송에서 발사한 전파를 받아 경성방송국에서 중계한 히로히토 일본 천황의 육성 방송이었다. 그러나 라디오가 워낙 귀한 시대여서 방송을 청취한 조선인은 많지 않았다. 들었다 한들 히로히토의 코맹맹이 소리와 심한 잡음 때문에 잘 알아들을 수 없었다. 사정은 일본도 마찬가지였다.

NHK '50년 방송사'는 "방송에 잡음이 많고 내용 청취가 쉽지 않았던 것은 중계선의 감쇄에 의한 것"이었다고 기술적 이유를 대고 있지만 비슷한 시기에 방송된 전황 뉴스 등은 별 잡음 없이 전달되었다는 점에서 설득력이 약하다. 그래서 당시 천황의 항복 방송을 수치스럽게 생각한 방송국 관계자가 의도적으로 잡음을 넣었다는 설이 훗날 강하게 제기되었다. 잡음도 잡음이지만 천황의 육성이 황실용 문어체여서 일반인으로서는 해득이 쉽지 않았다. 일본인과 조선인 아나운서의 요약 해설이 있긴 했지만 어렵기는 마찬가지였다.

해방된 날 오후 서대문형무소에서 석방된 미결수들이 거리에서 독립 만세를 외치고 있다(1945.8.15).

천황의 방송 내용 중 패전을 암시한 대목은 "짐은 제국 정부로 하여금 미·영·중·소 4국에 대하여 공동선언을 수락한다는 뜻을 통고하게 하였노라"라는 단 한 줄뿐이었다. 방송 어디에도 패전이나 항복을 나타낸 부분은 없었다. 공동선언이 일본의 무조건 항복을 요구한 포츠담 선언이었다는 사실을 뚜렷이 인식한 조선인은 극소수에 불과했다.

그러나 천황의 발표 내용이 무엇이든 그것은 분명 해방이었다. 36년 질곡에서 벗어나는 감격의 순간이었다. 그런데도 거리로 뛰쳐나와 부둥켜안고 감격의 만세를 부른 군중은 없었다. 삼천리 방방곡곡에서 만세 소리가 울려 퍼지고 태극기가 물결쳤으며 환호의 아우성이 터져 나왔다는 훗날의 증언은 모두 사실이 아니다. 그날 서울의 큰 거리에서는 아무 일도 일어나지 않았다.

해방의 그날 감격의 만세 소리 극히 일부 지역에서만 들려

매일신보는 오후에 배달되었다. 당시는 전시였기 때문에 신문은 2면뿐이었다. 그런데도 1면에만 기사가 실리고 2면은 백지상태였다. '평화 재건(平和再建)에 대조환발(大詔渙發)', 제목만으로는 무엇을 뜻하는지 알 수 없었다. 오히려 '경거를 엄계하야 냉정·침착하라'는 아베 총독의 발표문이 더 눈에 들어왔다. 천황의 육성은 오후 2시 또다시 방송으로 흘러나왔다.

해방이 되었다는 사실이 조금씩 알려지기 시작한 것은 그날 저녁 무렵이었다. 하지만 36년 동안 서슬 퍼런 일제의 강압에 억눌려온 조선인들은 선뜻 거리로 나설 용기가 없었다. 거리에는 여전히 총칼로 무장한 일본군이 활보했다. 그래도 그날 저녁 서대문형무소에서 풀려나온 미결수 60여 명이 독립문 쪽으로 내려오면서 외친 만세 소리가 서울 저녁 하늘에 메아리쳤다. 하지만 그들도 곧 헤어졌고 그 이상의 소요는 없었다.

그날 밤 경기 개성에서는 군중이 시내에서 기물을 파괴하고 불을 질렀다. 일본의 앞잡이 노릇을 하던 조선인들의 집이 공격 대상이었다. 일부 지방에서는 조선인에게 겁을 주기 위해 밤하늘을 향해 기관총을 쏘아댄 일본군도 있었다.

나중에 밝혀지지만 그날 오전부터 한 인물이 분주하게 움직였다. 여운형이었다. 그는 오전 8시 정무총감 엔도 류사쿠로부터 치안권을 이양받았다. 12시에 있을 천황의 방송 사실도 전해 들었다. 여운형은 서대문형무소에 수감된 정치범과 사상범들을 오후 4시까지 석방해 주겠다는 엔도 총감의 언질을 믿고 서대문형무소로 달려갔다. 그러나 형무소장은 "법적 절차가 끝나지 않아 기결수는 8월 16일 오전 10시에 석방할 예정"이라며 유치장에 억류되어 있는 미결수들만 풀어주었다. 미결수들은 석방 후 독립문 거리에서 만세 삼창을 외치며 해방의 기쁨을 만끽했다.

여운형은 그날 저녁 6시 조선건국준비위원회(건준)를 발족시켰다. 8월 16일 오전 10시 예정대로 서대문형무소에 수감되어 있는 정치범, 사상범, 경제범이 석방되었다. 이날 전국에서 풀려난 출감자들은 모두 1만여 명에 달했던 것으로 미군 자료는 전하고 있다.

서울에서는 서대문형무소를 나온 출감자들이 독립문, 광화문, 종로, 남대문 등으로 행진하며 소리 높여 만세를 불렀다. 일반 시민도 용기백배하여 만세 대열에 동참했다. 사람들이 거리로 쏟아져 나왔고 곧 나라 전체가 발칵 뒤집혔다. 누구랄 것도 없이 전부 거리로 쏟아져 나와 급조된 태극기를 흔들며 만세를 불렀다. 36년 동안의 일제 통치가 막을 내린 것을 비로소 실감하는 순간이었다.

그러나 그날의 해방은 진정한 일제 통치의 종식이 아니었다. 일부 지역에서 파출소를 습격하고 무기를 탈취하는 사건이 벌어지는 등 사태가 걷잡을 수 없게 되자 위협감을 느낀 총독부가 일본인들의 생명과 재산을 보호하기 위해 치안권을 다시 강화하는 반동적 행동을 취했기 때문이다.

종전 기념일 나라마다 달라

8월 17일 일본군 사령부는 "민심을 교란하고 치안을 해치는 일이 발생한다면 군은 단호한 조치를 취하지 않을 수 없다"는 경고문을 발표하고 탱크와 장갑차 등으로 도심에서 무력시위를 벌였다. 여운형에게도 "접수는 연합국의 몫이니 건준 활동은 치안 유지 협력에 국한하도록 자제해 달라"고 요청했다. 결국 조선인이 해방의 자유를 누린 것은 수감자들이 석방된 8월 16일 단 하루뿐이었다. 거리는 다시 해방 이전의 상태로 돌아갔다. 만세 소리와 태극기도 사라졌다.

조선인이 다시 집회와 시위를 할 수 있게 된 것은 미군이 진주한 9월 9일부터였다. 오늘날 8·15해방 자료로 많이 이용되는 대부분의 사진들은 해방의 그날을 촬영한 것이 아니라 8월 16일 혹은 미군 진주 후 촬영된 것들이다. 아베 총독은 9월 9일 오후 4시 8분 총독부 회의실에서 항복 문서에 서명했다. 오후 4시 35분, 총독부 청사 마당에 걸려 있던 일장기가 내려가고 성조기가 게양되었다. 이처럼 우리가 맞이한 해방은 연합국의 승리에 따른 '주어진 해방'일 뿐이었다.

자력으로 쟁취하지 못한 해방은 우리에게 아무런 결정권이 없음을 일깨워주었다. 치안은 일본군에서 미군으로 넘어갔고 태극기는 게양되지 못했다. 해방은 우리에게 새로운 가능성을 열어준 것 말고는 우리를 지배하는 세력이 일본에서 미국과 소련으로 넘어간 것에 불과했다. 남한으로서는 소련이 아닌 미군이 주둔했다는 것에 그나마 안도할 뿐이었다.

우리의 광복절은 8월 15일이다. 일본 역시 이날을 종전기념일로 삼고 있다. 반면 태평양전쟁에 직간접적으로 연루된 국가들은 각기 다른 날을 기념하고 있다. 미국의 대일전승기념일은 일본이 항복문서에 서명한 9월 2일이고 구 소련의 대일전승기념일과 중국의 항일투쟁승리기념일은 그 이튿날인 9월 3일이다. 동남아 국가들은 일본군이 항복하거나 무장해제된 날을 종전일로 기념한다. 필리핀은 9월 3일, 싱가포르·말레이시아는 9월 12일, 태국과 미얀마는 9월 13일이다. 대만은 일제의 통치가 끝난 날인 10월 25일을 광복절로 기념한다.

미·소군 진주와 남북 분단

소련이 '38선 저쪽'에 숨어있어 남쪽에서는 소련의 실체를 알지 못했다.

1945년 해방과 함께 한반도는 남북으로 갈라졌다. 미군과 소련군이 남북에 각각 별개의 정권을 세워 남북은 분단국이 되었다. 분단의 기원은 1943년 11월 27일 회담을 시작해 12월 1일 발표한 '카이로 선언'으로 거슬러 올라간다. 선언에서 미국, 영국, 중국 3대 강국은 "조선 인민들의 노예 상태에 유의하여 '적당한 시기'를 거쳐 조선을 자유롭고 독립된 나라로 만들기로 결정했다"고 발표했다. '적당한 시기'가 언제인지 또 어떤 과정을 거쳐 한반도가 독립된다는 것인지 구체적인 언급은 없었지만 연합국이 조선의 독립을 약속한 최초의 국제공약이고 일본의 여러 식민지 가운데 유독 조선만 언급했다는 점에서 의미가 크다.

조선을 어떤 식으로 독립시킬 것인지는 1945년 2월에 열린 얄타 회담에서 논의되었다. 문서로 합의하지 않고 루스벨트와 스탈린이 대화하는 과정에서 구두로만 언급해 공식적으로는 공표되지 않았지만 신탁통치가 논의되었다는 점에서 한민족에게는 날벼락과 같은 회담이었다. 루스벨트가 "미·영·소 3국이 조선에 신탁통치를 실시하자"고 제안하고 스탈린이 원칙적으로 찬동함으로써 신탁통치안은 조선의 운명으로 다가왔다.

당시 루스벨트의 관심은 소련을 대일전에 참전시켜 미군의 희생을 줄이고 전쟁을 빨리 승리로 끝내는 데 있었다. 일본이 조선을 식민지로 삼은 후 조선과 아무런 인연이 없던 미국의 눈에 조선은 소련의 확장을 막는 데 필요한 방패막이고 한낱 피지배 민족일 뿐이었다. 종전을 앞둔 1945년 4월 루스벨트가 죽었다고 해서 미국의 조선 정책에 변화가 생기지는 않았다. 후임 대통령 트루먼 역시 조선에 대한 미·영·소·중 4개국의 신탁통치를 지지했다.

스탈린 역시 장차 한반도 전체를 소비에트화할 계획을 갖고 있었기 때문에 마다할 이유가 없었다. 1945년 7월의 포츠담 선언에서도 미소 양국 정상이 카이로 회담과 얄타 회담을 재확인함으로써 신탁통치안은 사실상 확정되었다.

포츠담 회담 무렵 38선 사실상 획정돼

38선은 어떻게 획정된 것일까. 소련은 8월 8일 대일 선전포고를 하고 파죽지세로 만주로 쳐들어갔다. 조속한 종전을 위해 오래전부터 소련의 대일 참전을 요청해온 미국으로서는 소련의 참전을 반대할 입장이 아니었다. 일본의 항복 시점을 정확히 예상했더라면 소련에 참전을 요청하지 않았겠지만 원자폭탄은 7월에야 개발되었고 8월 초에야 히로시마에 투하되었다.

원했던 참전이지만 막상 소련이 속전속결로 남하하자 미국으로서는 뒷짐만 지고 있을 수 없었다. 소련이 일본까지야 넘보지는 않겠지만 한반도가 문제였다. 막연히 4개국 신탁통치안을 합의만 했지 구체적인 세부 조항은 아직 결정되지 않은 상태였다. 초조해진 미국은 소련의 남하 저지선이 필요했다. 검토는 전쟁부 작전국 산하 정책전략단 소속 실무급 대령들에게 맡겨졌다. 딘 러스크 대령과 찰스 본스틸 대령 등 실무자들이 내셔널지오그래픽 소사이어티 지도 위에 38선을 남북 경계선으로 그은 것은 8월 11일 새벽이었다.

이것이 38선 획정을 둘러싼 국내 학계의 정설이라면 다른 주장도 있다. 미국이 즉흥적으로 38선을 획정한 것이 아니라 7월 25일 무렵 포츠담에서 미 전쟁부 작전국장 존 헐 중장이 38선을 획정했다는 것이다. 근거는 러스크 대령의 상관인 존 헐 중장이 1949년 6월 미군 관계자 해리스 대령과 전화로 한 인터뷰 녹취록이다.

헐은 포츠담 회담 당시를 회고하는 이 인터뷰에서 "38선은 포츠담에서 마련되었다"면서 "우리 전략가들은 3개의 주요 항구를 주목했고, 그 가운데 2개의 항구(인천과 부산)는 우리 지역에 포함해야 하며 서울 바로 북쪽에 선을 그어야 한다고 생각했다. 따라서 38선이 가장 좋은 위치라고 판단했다"고 회고했다. 결국 작전국 최고책임자이던 헐 중장의 지시가 지휘계통을 따라 실무자에게 하달되어 8월 11일 38선이 최종 획정되었다는 것이다.

트루먼 대통령이 38선을 승인하자 8월 11일 미 태평양사령부가 오키나와 주둔 미 제24군단 사령관 존 하지 중장에게 급전을 보냈다. 소련군은 어느새 한반도까지 밀고 내려와 8월 9일에는 경흥, 10일에는 함흥까지 점령한 상태였다. 한반도에서 무려 1,600km나 떨어진 오키나와 주둔 24군단에 "38도선 이남을 접수하라"는 임무가 내려진 것은 단지 다른 부대에 비해 한반도와 가장 가까웠기 때문이다.

24군단이 아직 한반도에 도착도 하기 전에 8월 15일 일본이 항복하자 미국은 부랴부랴 38도선을 경계로 남에서는 미군이 북에서는 소련군이 항복을 받는다는 '일반명령 제1호'를 스탈린에게 통고했다. 스탈린이 이의를 달지 않음으로써 38도선은 남북의 경계선으로 확정되었다. 만일 소련 군대가 일반명령 제1호를 무시하고 그대로 남하했다면 미군이 한반도에 상륙하기 전 조선의 최남단까지 장악할 수도 있는 상황이었다.

그러나 소련으로서는 세계 유일의 원자탄 보유국인 미국을 의식하지 않을 수 없었고 미국이 일본의 사할린과 쿠릴 열도의 영유를 소련에 허용한 마당에 무리할 필요가 없었다. 이처럼 38선은 미소 양국의 군사편의주의의 산물이었다. 소련의 제1극동방면군 제25군은 웅기·원산·나진(8.15)을 거쳐 나남(8.17)을 점령한 뒤 8월 24일 평양에 입성했다. 제25군 총사령관은 치스차코프 대장이었으나 실권자는 연해주 군사위원 스티코프 중장이었다.

하지 중장, 식민지 경험한 조선인의 고민 뭔지 몰라

존 하지의 24군단은 9월 8일 인천 월미도에 상륙했다. 그에 앞서 9월 2일에는 '남한 민중 각위에게 고함'이라는 하지 중장의 포고문이 서울 상공에 뿌려졌다. 하지가 도착하기 전, 아베 노부유키 조선 총독은 일본에 있는 맥아더에게 "공산주의자와 선동가들이 질서를 교란하고 있다"는 보고를 올려 미군 상륙 전까지 치안 유지 권한을 위임받았다.

새로 진주한 미군은, 한국인으로서는 실로 40년 만에 맞은 해방군이었다. 여운형이 보낸 건준 대표와 조병옥·정일형 등 한민당계가 출영했지만 이들에게는 대표권이 주어지지 않았다. 오히려 질서 유지라는 이유로 일본군으로부터 날아든 총탄이 한국인들을 쓰러뜨렸다. 해방군의 입성을 눈으로 확인하기 위해 몰려든 군중 가운데 2명을 현장에서 실수로 사살한 것이다.

하지는 9월 9일 일본군으로부터 항복문서를 받았다. 그러나 이후 계획은 백지상태였다. 하지는 과달카날 전투와 오키나와 전투를 승리로 이끌어 '군인 중의 군인', '태평양의 패튼 장군'이라고 불렸으나 주변에는 조선 문제 전문가는 물론이고 조선말을 제대로 할 줄 아는 미국인이 단 한 명도 없었다. 그들은 식민지를 경험한 조선인들의 고민이 무엇인지도 몰랐고 구체적인 정책도 수립하지 못했다.

맥아더는 9월 9일 미국 태평양방면 육군 총사령관 자격으로 '조선 인민에게 고함'이라는 포고문 제1호, 2호, 3호를 발표했다. 1호에는 "9일부로 북위 38도선 이남의 조선 영토를 점령한다"고 쓰여 있었고, 2호에는 "연합군에 적의 있는 행위를 한 자는 재판을 통해 사형 혹은 그 법정이 결정하는 기타의 처벌을 당한다"고 명시되어 있었다. 이처럼 미군의 포고문에는 남한 내의 소요만을 우려해 관례적인 법규만을 강조하다 보니 조선인이 느끼고 있는 해방의 감격과 희열에 공감하는 문구는 어디에서도 찾아볼 수 없었다. 멋대가리도 없었고 위압적이기까지 했다.

반면 소련군 포고문의 수사는 화끈했다. 8월 20일자 소련군 사령관 치스차코프의 포고문은 "조선 인민들이여! 붉은 군대와 동맹국 군대들이 조선에서 일본 약탈자들을 구축했다. 조선은 자유국이 되었다"로 시작해 "해방된 조선 인민 만세!"로 끝을 맺었다. 소련의 복심까지 이렇지는 않았을 텐데도 소련이 '38선 저쪽'에 숨어 있다 보니 남쪽에서는 소련의 실체를 알지 못했다.

소련은 남쪽에서 직접 체험할 수 없는 '상상의 세계'에만 존재한 데 비해 점령자 미국은 '38선 이쪽'에서 우리가 직접 체험하게 되는 '일상의 세계', 혼란스러운 '현실의 세계'에 존재하다 보니 미군은 일방적으로 덤터기를 써야 했다. 스탈린의 진짜 속내도 1991년 소련 붕괴 후에야 밝혀져 그동안은 1946년 6월 정읍 발언에서 단독정부 수립을 주장한 이승만만이 '분단의 원흉'으로 지목받아 왔다.

김일성 등장

말을 타고 신출귀몰하며 만주 벌판을 누벼온 항일 독립운동의 영웅이 겨우 33세의 젊은이라니….

1945년 10월 14일 '소련 해방군 환영 평양시민 군중대회'가 평양공설운동장에서 열렸다. 조만식 선생의 환영사에 이어 소련 제25군 군사위원 레베데프 소장이 답사를 하며 한 젊은이를 가리켜 "조선 인민의 영웅 김일성 장군"이라고 소개했다. 8만여 평양 시민은 한결같이 의아하다는 반응을 보였다. 말을 타고 신출귀몰하며 만주 벌판을 누벼온 항일 독립운동의 영웅 김일성 장군이 겨우 33세의 젊은이라는 발표가 믿기지 않았기 때문이다.

군중의 이런 반응을 아는지 모르는지 김일성은 연단에 올라 중국 공산당이 1935년 8월 1일 전국적 항일전쟁을 호소한 '8·1선언'의 한 구절을 인용해 "돈 있는 자는 돈으로, 지식 있는 자는 지식으로, 노력을 가진 자는 노력으로, 전 민족이 대동단결하여 민주주의 자주 독립국가를 건설하자"고 외쳤다. 그러나 평양 시민은 여전히 반신반의했고 남한에서는 '가짜 김일성' 주장이 제기되었다. 이후 6·25전쟁을 거쳐 남북 간 체제 경쟁이 첨예해지면서 '가짜 김일성'은 반공으로 무장된 남한에서 기정사실로 받아들여졌다. 공식적으로 이의를 제기하는 연구자도 없었다.

그러나 1980년대 들어 독립운동가 김일성이 북한의 김일성과 동일 인물이라는 진보학계의 연구 결과가 속속 발표되고 '가짜 김일성'을 주장하는 측에서 더 이상 진전된 연구 결과를 내놓지 않아 '김일성 가짜설'은 위축된 상황이다. 우리 정부 역시 최근에는 독립운동가 김일성과 북한의 김일성을 동일 인물로 보고 있어 이 글은 '진짜 김일성' 측의 주장을 근거로 기술한다.

'소련 해방군 환영 평양시민 군중대회'에 처음 모습을 드러낸 김일성(1945.10.14)

김일성(1912~1994)은 평남 대동군 지금의 평양 만경대에서 태어나 7세 때 부모를 따라 남만주로 이주했다. 1923년 홀로 평양으로 돌아와 외가에서 소학교에 다니다가 1925년 아버지의 체포 소식을 듣고 다시 만주로 건너갔다. 북한에선 김일성이 1926년 조선 최초의 혁명적 청년조직인 'ㅌ·ㄷ(타도제국주의동맹)'를 만주에서 결성했다고 주장한다. 김일성은 1982년 10월 17일 "조선노동당은 영광스러운 'ㅌ·ㄷ'의 전통을 계승한 주체형의 혁명적 당"이라는 논문을 발표해 이를 공식화했다. 그러나 'ㅌ·ㄷ'가 조직되거나 활동했다는 구체적 근거는 없다. 또한 14살의 김일성이 독자적으로 공산주의 조직을 결성했다는 것도 설득력이 약하다.

보천보 전투는 '김일성 신화'의 시작

김일성은 1929년 5월 육문중학생 신분으로 남만공산청년동맹이라는 단체에 가입했다가 감옥에 갇히고 학교에서 쫓겨났다. 1930년 5월 석방되고 1932년 중국 공산당 소속 왕청 유격대에 합류했다. 1933년 왕청 유격대 100여 명과 함께 소왕청 전투에서 일본군과 3일간 전투를 벌이는 등 중국 공산당과 밀접한 관계를 맺었으나 이른바 '민생단 사건'으로 관계가 소원해졌다.

민생단 사건은 일제가 중국 공산당 내에 조선인 첩자를 침투시켰다는 의심이 퍼지면서 중국 공산당원이 500여 명의 조선인을 살해한 사건이다. 김일성도 의심을 받았으나 그의 중국인 상관 주보중의 보증으로 살아남았다. 민생단 사건으로 김일성의 선배급인 많은 조선인 항일 투쟁가가 희생되면서 20대의 젊은 김일성은 곧 상급자로 부상했다.

1935년 만주 지역의 항일 무장세력은 소련이 주도한 국제공산당(코민테른)의 결정과 중국 공산당의 지시로 결성된 '동북항일연군'이라는 대규모 부대로 재편되었다. 조중(朝中) 연합 형태의 이 부대는 나름의 편제를 갖추어 곳곳에서 일제에 타격을 가했다. 김일성은 동북항일연군에 소속되어 주로 유격 빨치산 활동에 주력했다. 처음에는 병사로 출발했지만 점차 두각을 나타내 동북항일연군 제1로군 2군 6사장으로 승격해 독립적인 단위 부대장으로 군사 활동을 펼쳤다.

김일성의 존재가 국내에 널리 알려진 것은 그의 나이 25세 때였다. 1937년 6월 4일 일어난 보천보 전투의 주역이 김일성이라는 사실이 국내 신문에 대대적으로 보도되면서 '김일성 신화'가 시작된 것이다. 북한은 오늘날 보천보 전투를 항일유격대 사상 최대의 성과를 올린 조선 혁명의 분수령을 이룬 사건으로 묘사하며 김일성의 위대성을 부각하는 소재로 사용하고 있다.

북한 주장에 따르면 김일성은 1940년 3월에도 백두산록 홍기하에서 일본 특경대와 전투를 벌여 특경대장 마에다 다케시를 비롯한 토벌대 120명을 전멸시키는 전과를 올렸다. 그러나 곧 반격을 시작한 일제의 대규모 토벌로 동북항일연군은 쇠락의 길로 접어들었다. 유격대원 상당수가 사살되거나 투항하고 살아남은 자들은 소련·만주 국경을 넘어 소련 영내로 피신했다.

김일성도 일본군 토벌대의 추격을 피해 1940년 10월 23일 소련령으로 피신했다. 동북항일연군은 '88특별저격여단'이란 이름으로 소련 적군에 편입되었다. 88여단은 단위 부대로 4개의 교도영을 설치했는데 김일성은 과거 동북항일연군 제1로군을 기초로 편성된 제1교도영(제1대대)의 영장이 되었다. 김일성은 직속 부하가 많고 제1로군 지도부 상당수가 일본군에게 체포되거나 죽어 직책이 높은 축에 속했다.

소련, 각종 무장세력 미리 무력화해 김일성 도와

당시 88여단의 조선인은 많을 경우 300명에 달했다. 이 가운데 180명가량이 김일성 부대원이거나 김일성 부대와 합동 군사작전을 자주 폈던 1로군 소속이었다. 그러나 소련에서의 항일 활동은 소련과 일본이 1941년 체결한 불가침조약에 따라 중단될 수밖에 없어 김일성은 주로 소일하며 지냈다. 북한은 오랫동안 김일성의 소련 체류 사실을 인정하지 않다가 나중에 발간된 김일성 회고록에서부터 인정하기 시작했다.

1945년 8월 일본이 항복하자 김일성은 블라디보스토크에서 88여단 부하들과 함께 소련 군함 푸가초프호를 타고 1945년 9월 19일 원산을 거쳐 9월 22일 평양에 도착했다. 그에 앞서 소련은 김원봉의 지휘로 압록강을 건넌 2,000여 명의 조선의용군(연안파)을 무장해제했다. 김일성에게 도전할 수 있는 강력한 무장 세력을 미리 무력화해 불씨를 제거한 것이다.

10월 10일 조선공산당 북조선분국이 설치되었을 때 김일성은 17명의 집행위원 중 한 명으로 임명되었다. 박헌영을 비롯한 국내파의 저항도 있었지만 김일성을 전면으로 내세우기에는 아직 때가 이르다는 소련의 판단 때문이었다. 그러나 곧 정면 돌파를 시도해 1945년 10월 14일 평양공설운동장의 군중집회에 모습을 드러내게 하고 12월 17일 열린 북조선분국 제3차 확대집행위에서 책임비서로 내세웠다.

김일성은 1946년 2월 8일 입법·행정부 역할을 한 북조선임시인민위원회 위원장 자리를 차지하면서 북한의 최고지도자로 부상했다. 1948년 9월 9일 조선민주주의인민공화국 수립과 함께 초대 수상이 되고 1949년 6월 남로당·북로당을 합친 조선노동당의 위원장직까지 거머쥐면서 김일성은 명실상부한 북한의 제1인자가 되었다.

김일성 가짜 논쟁 북한은 해방 후 줄곧 김일성이 1930년대 만주를 거점으로 항일 무장투쟁을 전개한 항일 독립투사라고 선전했다. 그러나 남한은 '김일성 가짜설'을 제기하며 북한의 주장을 인정하지 않았다. 해방 후 '김일성 가짜설'의 첫 문제 제기는 '해방 전후의 조선 진상'(1945), '김일성 위조사'(1950) 등의 책들이 주도했다. 이후 '김일성 가짜설'을 본격적으로 제기한 사람은 전 성균관대 교수 이명영이었다. 그는 1974년 발간한 '김일성 열전'에서 "중국 공산당 유격대장 김일성과 북한의 김일성이 다른 인물"이라고 주장했다. 이명영에 따르면 동명이인의 김일성은 4명이나 된다.

본명이 김성주(金成柱)인 1대 김일성은 모스크바 공산대학 출신으로 동북항일연군 제6사장을 지내고 보천보 전투를 지휘한 후 1937년 무송현에서 전사했다. 2대 김일성은 1930년 5·30 간도폭동 사건 때 행동대장으로 활약하고 1938년 1월 간도 지방의 제2방면 군장으로 활동하다가 1944년을 전후해 소련에서 죽었다. 본명이 김성주(金聖柱)인 3대 김일성은 1930년 조선혁명군 길강 지휘부 소속 대원으로 1932년 이후 소식이 끊겼다가 2대 김일성이 사망한 후 자신의 이름을 김일성으로 바꾸고 광복 후 평양에 나타났다. 4대이면서 전설의 김일성 장군은 일본 육사를 나온 김광서로 오래전에 소련에서 사망했다.

재일동포로 조총련 전문가인 허동찬 전 고려대 연구 교수도 항일 유격대에 2명의 김일성이 있었다고 주장한다. 북한의 김일성은 반만 항일군으로 활동하다 1934년 동북인민혁명군에 합류해 훈춘 4단 3연장이 되고 이후 소련에 의해 북한의 지도자가 되었다는 것이고, 진짜 김일성은 왕청 출신의 김일선으로 1932년 이전 유격대에 합류해 동북항일연군 6사장까지 올랐다가 보천보 전투 후 1937년 11월 무송현에서 사망했다는 것이다. 일제 말 김일성 장군 전설의 주인공이 바로 이 사람이라는 것이다.

남로당 조직 총책이었고 북한의 외무성 국장까지 지낸 박갑동도 북한의 김일성이 가짜라고 주장한다. 그는 보천보 전투 후 혜산 사건으로 구속되어 서대문형무소에서 복역 중이던 박달과 박금철에게 해방 후 평양의 김일성 장군 환영식 사진을 보여주었더니 김일성 장군이 아니라고 증언했다는 것이다.

'북한의 김일성은 진짜' 주장에 무게 실려

그러나 1980년대 들어 내재적 접근론을 중시한 일군의 소장 학자들이 "김일성 가짜설은 반공주의적인 관점에서 의도적으로 기술된 것"이라는 주장을 펴면서 '김일성 가짜 논쟁'이 쟁점으로 떠올랐다. 여기에 일본 도쿄대 교수 와다 하루키의 논문 '김일성과 만주에서의 항일 무장투쟁'이 1988년 국내에 소개되고, 1989년 하와이대 서대숙 교수가 '북한 지도자 김일성'을 발간하면서 김일성 진위 논쟁에 불이 붙었다. 서대숙은 "이명영이 상당한 연구를 한 것은 인정하지만 김일성이 가짜라는 정치적 의도가 담긴 결론을 입증하기 위한 자료만을 수집했다"고 공세를 취했다. 그러자 이명영은 "서대숙이야말로 북한의 김일성이 가짜일 수 있다는 의심을 해본 적이 없는 사람"이라고 반박했다.

오늘날 학계에서는 김일성의 진위에 대한 중요한 문서상의 기록으로 1939년 9월 조선총독부 고등법원 검사국에서 간행한 '사상휘보'를 꼽는다. 문서에는 '동북항일연군 제6사장인 김일성은 평남 대동군 고평면 출신으로 본명이 김성주(金成柱)이고 29세'라고 기록되어 있다. 일제 때 총독부의 군수와 경시 등을 거쳐 일제의 괴뢰국인 만주국에서 항일운동가들의 귀순 공작 및 토벌 책임자로 활동했던 김창영은 해방 후 반민특위에 체포되어 조사를 받고 있을 때 자신이 과거 김일성 부대를 귀순시키기 위해 공작 활동을 벌였는데 그 김일성이 1949년 당시 평양에 있던 김일성이라고 증언했다.

이처럼 북한의 김일성이 진짜인지 가짜인지를 둘러싸고 오랫동안 논란이 있었지만 오늘날에는 '가짜 김일성' 주장이 사실상 힘을 잃고 있다. '김일성 가짜설'을 뒷받침하려면 소장 학자의 연구가 계속 이어져야 하는데 더 이상의 진전된 연구 결과가 나오지 않기 때문이다. 오늘날 김일성의 항일 빨치산 투쟁 활동은 역사적 사실로 학계에서 인정받고 있는 분위기다. 북한이 김일성 우상화 정책의 일환으로 항일운동 경력을 지나치게 과장하고 왜곡하긴 했지만 전반적으로 항일운동 경력이 있다는 것은 틀림없는 사실이라는 것이다. 게다가 우리 통일부가 발간한 '북한 주요 인물 자료집'에서도 북한의 김일성을 '진짜'로 받아들이고 있다.

'진짜 김일성'을 옹호하는 학자들은 김일성이 '축지법을 쓰고 신출귀몰한 장군'이라는 소문은 일본군 토벌대와 항일 빨치산이 만든 말이라고 주장한다. 1940년 3월 백두산 부근 안도현에서 마에다 토벌대가 김일성을 뒤쫓다 120여 명이 전멸하는 등 잦은 전투 패배에 대한 '변명'의 일환으로 일본군 토벌대가 이 같은 수식어를 붙였고 동시에 빨치산 대원들도 작전상 김일성을 신비화하는 것이 유리해 이 같은 신화를 유포했다는 것이다.

모스크바 3상회의와 찬·반탁 정국

신탁통치안에 가장 강력하게 저항한 세력은 김구를 중심으로 한 임시정부 세력이었다.

'워싱턴 25일 발(發) 합동 지급보(至急報)'라는 설명과 함께 '소련은 신탁통치 주장. 소련의 구실은 38선 분할 점령. 미국은 즉시 독립 주장'이라는 기사가 실린 것은 1945년 12월 27일자 동아일보 1면이었다. 수개월 전부터 모락모락 피어오르던 신탁통치설이 마침내 그 실체를 드러낸 것이다. 그러나 소련보다 미국이 신탁통치를 먼저 구상하고 언급했다는 점에서 이 기사는 오보였다. 정확히 말하면 동아일보가 오보를 냈다기보다 외국의 뉴스통신사가 오보를 낸 것을 동아일보가 그대로 받아 기사화한 것이다. 기사는 당시 모스크바에서 열리고 있는 미·영·소 3국의 외무장관 회담 결과가 발표되기 이틀 전의 기사였기 때문에 회담의 공식 발표라기보다 전형적인 '~했다더라' 식의 풍문 기사였다.

흔히 '모스크바 3상회의'로 알려져 있는 3개국 외무장관 회담은 1945년 12월 16일부터 27일까지 미국의 번스 국무장관, 소련의 몰로토프 외무장관, 영국의 베빈 외무장관 등 3명이 미진한 전후 문제를 처리하기 위해 모스크바에서 회동한 회담이었다. 유럽과 아시아 국가들에 대한 처리 방안도 함께 논의된 이 회담에서 조선에 관한 내용은 7개 항의 협정문 중 제6항의 4개 조항에서 다뤄졌다. 12월 27일 발표된 요지는 조선에 민주주의 임시정부 수립, 미소 공동위 구성, 5년 이내 신탁통치 실시, 2주 내 남북 주둔 군사령부 대표자회의 개최였다.

미·영·소·중에 의한 한반도 신탁통치안이 12월 28일 라디오를 통해 국내에 알려지자 한반도의 남쪽에는 걷잡을 수 없는 소용돌이가 쳤다. 좌·우 할 것 없이 실망과 비분강개로 들끓었고 광복의 환희는 4개월 만에 비탄과 공분으로 바뀌었다. 극소수를 제외한 대부분의 사람은 해방이든 통

1945년 12월 말 열린 우파 정치 세력의 반탁 집회(왼쪽)와
1946년 1월 3일 열린 좌파 정치 세력의 찬탁 집회

일 독립국가이든 결국 국제 정치의 산물이라는 점을 알지 못했기 때문에 신탁통치안을 납득할 수도 받아들일 수도 없었다.

신탁통치안에 가장 강력하게 저항한 세력은 김구를 중심으로 한 임시정부 세력이었다. 그들에게 신탁통치는 일제에 이은 미·영·소 3국에 의한 재식민지화와 다름없었다. 임정 측은 12월 28일 국무회의를 긴급 소집해 4개 항의 반탁 결의문을 4개국 원수에게 보내고 '신탁통치 반대 국민총동원위원회'를 결성하기로 의결했다.

12월 31일 시작된 대규모 반탁운동에 따라 시내 상점은 철시하고 파업과 반대 시위가 이어졌으며 시위는 전국으로 확산되었다. 좌·우 구분 없이 모두가 한목소리였다. 김구는 한 발 더 나아갔다. 12월 31일 임시정부 내무부를 통해 발표한 포고문에서 "현재 미 군정에 속해 있는 모든 관리는 앞으로 임시정부에 예속된다"고 선언했다. 미 군정은 이를 쿠데타 음모로 받아들였다. '주한미군사'에 따르면 미 군정 책임자 존 하지 중장은 이튿날 김구를 미 군정청으로 호출해 "나를 속이면 죽여 버리겠다"고 협박했다. 치열한 기싸움 끝에 파업을 중단하기로 합의했지만 둘 사이의 관계는 쉽게 회복되지 않았다.

반탁 대회가 갑자기 찬탁 대회로 둔갑하는 해프닝 벌어져

이처럼 온 겨레가 한목소리로 반탁을 외치고 있을 때 1946년 1월 2일

평양의 조선공산당 북조선분국과 그 산하단체들이 '모스크바 3상회의 결정 지지 공동성명서'를 통해 돌연 반탁에서 찬탁으로 태도를 바꾸면서 해방정국에 거센 소용돌이가 일어났다. 이 때문에 1월 3일 서울운동장에서 열릴 예정이던 좌익계의 반탁 시민대회가 갑자기 찬탁 시민대회로 둔갑하는 해프닝이 벌어졌다.

공산당의 갑작스러운 태도 변화는 소련 정부가 급거 모스크바로 불러들인 북한 주둔 소련군 민정책임자 로마넨코가 평양으로 돌아와 12월 31일 조선공산당 북조선분국 집행위원들에게 3상회의 결정을 받아들일 것을 지시하면서 표면화되었다. 38선을 넘어 평양으로 갔던 박헌영은 북한에서 소련의 의중을 확인한 뒤 1월 2일 서울로 귀환했다. 그러나 대중의 반탁 열기를 무시한 공산당의 결정은 해방 공간의 질서에 급격한 변화를 불러왔고 좌우 대결을 심화했다.

신탁통치 사실이 알려지기 전까지는 남한의 모든 정치 세력은 좌우로 확연히 갈라지진 않았다. 좌파와 우파 각각의 내부에서도 갈등이 있었고 쟁점에 따라서는 좌우를 가로질러 입장이 갈리기도 했다. 그런데 신탁통치 문제가 등장하면서 모든 정치 세력은 일거에 좌우로 갈리게 되었고 한국 현대사에서 좌우 간 분열과 대립이 첨예화하는 계기가 되었다.

결과적으로 입장을 바꾼 좌파는 "민족의 이익을 저버린 배신자"라는 낙인이 찍히면서 정국의 주도권을 우파에 넘겨주고 말았다. 반면 북에서는 반탁을 주장하던 우파가 몰락해 남북의 전체 정치 지형에 냉전구도가 만들어졌다. 이처럼 신탁통치 논쟁은 미소 냉전이라는 국제적 분단 상황에 좌우 갈등이라는 또 하나의 내쟁적 요소를 가미했고 이후 6·25전쟁과 남북 체제 대결 등 좌우가 치열한 싸움을 벌이게 되었다.

처음 반탁에 소극적이었다가 김구가 반탁 운동을 주도하자 반탁 정국에 뛰어든 이승만과 한민당은 자주독립이란 막연한 민족적 열망을 정치적 기반으로 활용하면서 입지를 넓혀나갔다. 한민당에게 반탁은 친일파 정당이라는 태생적 이미지로 인해 제약된 입지를 넓혀줄 수 있는 절호의 정치적 기회이기도 했다.

미국이 원치 않는 좌익의 신탁통치 찬성은 역설

1980년대 들어 반탁 논리가 반드시 옳다고만 볼 수 없다는 주장이 일부에서 제기되었다. 국제 정세를 외면한 채 민족적 감정만을 앞세워 반탁을 주장하다가 결과적으로 분단으로까지 이어졌다는 주장이었다. '분단은 악이고 통일은 무조건 선'이라는 통일지상주의자들에게서 특히 이런 주장이 많이 나왔다. 신탁통치 기간을 잘만 활용했더라면 최소한 분단만은 피할 수 있었다는 것이다.

그러나 당시 소련이 사실상의 위성 정권을 북한에 세워놓은 상태였다는 점을 감안하면 분단의 원인이 찬·반탁 정국에 있다기보다 이미 소련의 계산 속에 있었다고 보는 편이 타당하다. 따라서 이 주장은 설득력이 약하다. 미소는 물론 좌우익 모두 동상이몽에 사로잡혀 있었다는 점을 고려하면 상황은 더욱 분명해진다.

당시 미국은 전후 세계 질서 재편의 한 방안으로 한반도를 비롯한 여러 식민지 국가를 신탁통치로 전환한다는 계획을 세우고 있었다. 한국에 4개국 신탁통치가 실시되면 영국·중국과 손을 잡고 소련을 견제함으로써 조선을 미국의 세력권으로 끌어들일 수 있다고 판단했다. 소련 역시 북한의 통치 구조를 자신의 입맛대로 고친 뒤 신탁통치를 하면 한반도를 공산화할 수 있다는 확신에 사로잡혀 있었다. 남쪽에도 좌익 세력이 만만치 않아 대세를 장악할 수 있다고 판단한 것이다.

결국 한반도에 들어설 정부를 자국 세력권으로 확보하는 것이 미소 양국의 목표였고 그 전략으로 일시적인 신탁통치가 양국의 입맛에 들어맞았을 뿐이다. 이 때문에 한반도는 미소 양국 어느 쪽도 양보할 수 없는 경계선에 머물러야 했다.

미국은 예상치도 않은 찬탁·반탁 정국이 곤혹스러웠다. 미국이 제휴하려 한 우익은 반탁운동을 전개함으로써 미국의 정책을 정면으로 배격한 데 반해 좌익은 미국이 원하는 대로 신탁통치를 지지했으니 미국으로서는 당혹스럽지 않을 수 없었다. 이는 해방 정국에서 나타난 가장 역설적인 현상이었다. 따라서 미국은 미소 공동위를 통해 신탁통치를 실현함으로써 통일된 임시정부를 수립하려 한 기존의 정책을 대폭 수정해야 했다. 미국의 입장에서 볼 때 신탁통치는 한반도 전체가 소련의 영향력 아래 편입되는 좌익 정권의 수립을 의미했기에 결국 신탁통치 구상을 철회할 수밖에 없었다.

여운형 '조선건국준비위원회' 결성

미소 냉전이 현실화한 상황에서 그의 몸짓은 이상론에 그칠 수밖에 없는 한계가 있었다.

여운형(1886~1947)의 정치 노선을 한마디로 규정하기란 쉽지 않다. '당파성'이 생존의 조건이던 해방 공간에서 극우·극좌 세력들로부터 12차례나 되는 각종 테러와 암살 기도에 시달린 것도 그의 사상적 모호성과 불명확성 때문이었다. 여운형은 경기도 양평에서 양반 지주의 아들로 태어나 1900년 입학한 배재학당을 중도에 그만두고 사립 흥화학교와 관립 우체학교에서 수학했다. 1909년에는 양친의 3년상을 치른 뒤 집안에 모신 신주를 버리고 노비를 해방하는 혁신적 행동을 감행했다.

1918년 상해에서 신한청년당을 조직하고 1919년 파리강화회의에 김규식을 파견하는 등 본격적으로 독립운동에 투신했다. 1919년 상해 임

여운형(1886~1947)

정 수립에 참여하고 1921년 모스크바에서 열린 극동 인민대표자대회에 참석, 레닌 등을 면담했다. 1929년 상해에서 일제 경찰에 체포되어 한국에서 3년간 징역을 살았다. 출감 후에는 1933년부터 1936년까지 조선중앙일보 사장을 지내고 1934년 조선체육회장에 취임했다.

1936년부터 1942년까지는 독립운동 전선에서 이탈해 도쿄를 왕래하면서 일본의 유력층과 관계를 맺었으나 1942년 도쿄에서 조선 독립을 선전했다는 혐의로 체포되어 또다시 1년간 투옥되었다. 1944년 8월 10일에는 일본의 패전에 대비해 비밀단체인 '건국동맹'을 조직했다. 그러다가 갑작스럽게 맞은 1945년 8월의 해방 공간에서 한국인 중 가장 먼저 일본으로부터 비밀 협조 요청을 받았다.

천황의 항복 방송이 있기 4시간 전인 1945년 8월 15일 오전 8시, 조선총독부 엔도 류사쿠 정무총감이 여운형에게 곧 있을 일본의 패망 소식을 전하며 치안을 부탁했다. 여운형은 국내 정치범 석방, 치안 유지 불간섭 등 5가지 조건을 내걸고 치안권을 이양받았다. 그리고 그날 저녁 '조선건국준비위원회(건준)'를 발족시켜 위원장이 되었다.

발족 당시 건준은 좌우익이 고르게 망라되고 8월 말경에는 지방에 145개 지부가 설치되어 형식상으로는 조선인이 세운 첫 자치 정부 구색을 갖췄다. 그러나 송진우 등 우익이 불참하고 부위원장인 안재홍도 탈퇴함으로써 점차 좌파 중심의 조직으로 바뀌었다. 건준의 노선이 결정적으로 틀어진 것은 박헌영이 등장하고부터였다. 9월 6일 건준의 중심 세력인 1,000여 명의 좌익이 '전국인민대표자대회'를 열어 형식상 좌우를 망라한 '조선인민공화국'(인공) 수립을 선포함으로써 건준의 헤게모니는 여운형에게서 박헌영 중심의 조선공산당 재건파로 넘어갔다. 그러나 '인공' 역시 우익 진영이 참가를 거부하고 미 군정의 불인정으로 곧 유명무실한 존재가 되었다.

미소 양측으로부터 정치적 유혹을 받은 유일한 정치인

여운형은 1945년 11월 12일 건준 조직을 모체로 '조선인민당'을 창당하고 1946년 1월 좌익의 집결체인 '민주주의 민족전선' 결성에 참여했다. 그러던 중 모스크바 3상회의를 계기로 점화된 찬반탁 논쟁에서 중간노선을 취해 좌우 양쪽으로부터 비판을 받았다.

1946년 5월 제1차 미소공동위가 결렬되자 미 군정은 여운형을 박헌영 세력으로부터 분리하여 진보적인 개혁을 실현하고 이를 통해 혁명적 열기를 개량화해 공산화를 방지하겠다는 구상을 했다. 그리고 그해 여름 여운형에게 좌우합작을 제의했다. 여운형은 평소 좌우합작과 남북연합을 통한 민주적 통일정부 수립을 목표로 하고 있던 터라 미 군정의 제안을 받아들였다. 당시 여운형은 미소 양측으로부터 정치적 유혹을 받은 유일한 정치인이었다. 여운형은 1946년에만 5차례 방북해 남북을 통튼 좌우합작을 실현하고자 했으나 소련이 미국의 지원을 받는 좌우합작에 비판적이었기 때문에 사실상 성사될 가능성은 없었다.

여운형은 1946년 11월 박헌영 세력을 중심으로 결성된 '남조선노동당'(남로당)에 참여하지 않고 1947년 5월 중도 좌파 정당인 '근로인민당'을 결성했다. 여운형이 투쟁적이고 배타적인 공산당과 분명하게 선을 그은 데는 젊은 시절 국내에서 5년간, 중국 상해에서 3년간 총 8년간 전도사로 시무한 경험과 신앙도 작용했다.

여운형은 이렇듯 좌우합작과 남북통일을 지향하는 건국 노선을 견지했으나 이미 미소 냉전이 현실화한 상황에서 그의 몸짓은 이상론에 그칠 수밖에 없었다. 그러다가 맞은 그의 죽음은 좌우합작 운동의 중단이자 온건 좌파의 존립과 발전을 위한 모든 가능성의 종말을 의미했다. 그가 창당한 근로인민당까지 와해되면서 남한의 혁신·진보세력은 남로당 외에 다른 대안을 찾을 수 없게 되었다.

구심점을 잃은 여운형계 인사들은 지지 기반을 유지하는 데 실패해 대다수가 월북을 선택했다. 따라서 여운형 측 인사 중 대한민국 건국에 직접 참여한 사람은 거의 없었으며 결국 여운형의 목소리는 남쪽에서 반영되지 못하고 잊혔다.

1947년 7월 19일 오후 1시쯤, 여운형이 타고 있는 자동차가 서울 혜화동 로터리를 돌던 중 앞을 가로막는 트럭 때문에 잠시 정지해 있을 때 갑자기 차 밖에서 2발의 총탄이 여운형을 향해 발사되었다. 여운형은 현장에서 즉사했다. 경찰은 사건 발생 77시간 만인 7월 23일 한지근을 범인으로 체포했다. 그리고 평양에서 월남한 한지근이 평소 여운형을 국론분열자로 지목해 기회를 보고 있다가 범행을 저질렀다고 발표했다. 그러나 사람들은 암살에 쓰인 권총이 극우단체인 '백의사' 단장 염동진으로부터 건네받은 것이라는 한지근의 자백에 따라 극우단체 비호 아래 암살이 진행된 것으로 추정했다.

윤동주 옥사

최현배에게는 조선어를 배우고 손진태에게는 역사 강의를 들으며 민족 문화의 소중함을 깨쳤다.

윤동주(1917~1945)가 이승에 머문 기간은 28년에 불과하다. 그나마 조국 땅을 밟은 기간은 평양 숭실중 1년과 연희전문 4년을 합쳐 5년뿐이다. 28년의 생애 중 절반의 체취는 태를 자르고 묻은 중국의 북간도에 남아 있다. 윤동주는 중국 길림성 화룡현 명동촌에서 태어나 일찍이 신학문과 기독교를 받아들인 그곳에서 시인의 감수성을 키웠다. 기독교는 윤동주의 성장기에서 빼놓을 수 없는 요소였다. 온 가족이 기독교로 입교한 뒤에 태어나 기독교적 분위기에서 성장했기 때문이다.

윤동주(1917~1945)

윤동주에게 특히 영향을 미친 인물은 북간도 한인 사회의 정신적 지주 역할을 한 외삼촌 김약연이었다. 그는 자신이 설립한 명동학교에서 많은 애국지사를 길러내며 '북간도의 대통령'으로까지 불렸던 선각자였다. 윤동주가 일찍부터 민족의식에 눈을 뜬 것도 김약연의 영향이 컸다. 윤동주는 1925년 명동소학교에 입학했다. 동갑내기 고종사촌 송몽규와 문익환이 같은 해에 입학했다. 윤동주가 명동소학교를 졸업한 1931년, 윤동주의 부모는 명동에서 북쪽으로 30리쯤 떨어진 해란강 하류의 소도시 용정으로 이사했다. 윤동주는 1932년 4월 캐나다 장로회 선교회가 운영하는 용정의 은진중학교에 송몽규·문익환과 함께 진학했다.

중학생 시절 윤동주는 축구를 하거나 밤늦게까지 교내 잡지를 내는 등 활기차게 생활했다. 그러던 중 1935년 4월 송몽규가 멀리 남경에 있는 중국 중앙육군군관학교 한인특별반 2기생으로 입교하기 위해 은진중학교를 중퇴했다. 한인특별반은 독립군 군사 간부를 양성하려는 김구의 요청을 받아들여 중국 국민당 주석 장개석이 중국의 군사학교 안에 설치한 한인 군사교육기관이다.

송몽규는 교육과정을 마친 후 산동성 제남에서 독립 활동을 펼치다가 1936년 3월 일본 경찰에 붙잡혀 조사를 받고 8월에 석방되었다. 송몽규에 이어 문익환까지 용정을 떠나 평양 숭실중학교로 전학하자 윤동주도

1935년 9월 숭실중학교 3학년으로 편입했다.

숭실중 7개월 동안 윤동주는 15편의 시를 썼다. 이 가운데 최초로 활자화된 작품은 숭실중 학생회에서 발행하는 '숭실활천'(1935.10)에 실린 '공상'이다. 윤동주의 숭실중 생활은 오래가지 못했다. 1936년 1월 숭실중의 외국인 교장이 신사참배 명령을 거부하다가 일제에 의해 교장직에서 파면당하고, 이에 학생들이 항의 시위를 벌이자 일제가 이것을 문제 삼아 무기 휴교령을 내린 것이다. 윤동주는 상급학교 진학을 위해 어쩔 수 없이 일본인이 운영하는 용정의 광명중학교로 편입(1936.4)해 졸업(1938.2)했다.

윤동주는 대성중학교를 졸업한 송몽규와 함께 1938년 4월 서울의 연희전문 문과에 입학했다. 연희전문에서는 '흥업구락부 사건'으로 교수직을 박탈당해 도서관의 촉탁으로 있는 한글학자 최현배에게서 조선어를 배우고, 손진태 교수로부터는 역사 강의를 들으며 민족 문화의 소중함을 깨쳤다. 영문학자 이양하 교수에게는 문학 강의를 들으며 자신의 문학관을 정립해나갔다. 일제가 한민족 전체를 전시 총동원 체제의 수렁으로 몰아넣고 있던 대학 시절, 윤동주는 산책과 독서, 고뇌와 갈등으로 암울한 식민지 시대를 이겨나갔다.

잎새에 이는 바람에도 괴로워한 아름다운 청년

졸업을 앞둔 1941년 11월 윤동주는 그때까지 써놓은 시 19편을 묶어 필사본 시집 3부를 만들었다. 대학 은사인 이양하 교수와 후배 정병욱에게 1부씩 건네고 자신도 1부를 보관했다. 졸업 기념으로 출판하고 싶었으나 일제의 탄압을 우려한 은사의 만류로 출판하지는 못했다. 1941년 12월 연희전문을 졸업하고 1942년 3월 일본으로 유학을 떠났다. 이번에도 단짝 친구 송몽규가 함께했다. 윤동주가 처음 입학한 곳은 릿교대였으나 곧 송몽규의 교토제국대가 있는 교토의 도시샤대 영문과로 적을 옮겼다.

1943년 7월 윤동주는 방학을 맞아 고향으로 돌아갈 채비를 했다. 그런데 갑자기 들이닥친 일경이 7월 14일 경찰서로 끌고 갔다. 송몽규는 7월 10일 이미 끌려와 있었다. 조선인 유학생들에게 조선의 독립과 민족문화 수호를 선동했다는 죄목이 두 사람에게 씌어졌다.

윤동주는 송몽규와 함께 1944년 3월 치안유지법 위반으로 각각 징역 2년형을 선고받고 후쿠오카 형무소에 수감되었다. 그런데 1년이 채 지나지도 않은 1945년 2월 16일 원인 불명의 사인으로 형무소에서 28년의 짧은 생을 마감했다. "2월 16일 동주 사망. 시체 가지러 오라"는 전보를 받고 시신을 수습하기 위해 일본으로 달려간 윤동주의 아버지에게 피골이 상접한 송몽규가 "매일 이름 모를 주사를 맞는데, 동주도…"라며 흐느꼈다. 송몽규 역시 3월 10일 옥중에서 죽음을 맞았다.

훗날 일본의 한 문학평론가는 윤동주와 송몽규가 맞은 주사 내용물에 대해 당시 규슈제국대에서 실험하고 있는 혈장 대용 생리식염수라고 주장했다. 전쟁에서 피를 흘린 병사에게 귀한 혈장 대신 값싼 생리식염수를 주입해 살리는 방법을 연구하는 생체실험이었다는 것이다. 윤동주와 송몽규의 시신은 간도 용정 동산에 묻혔다.

해방 무렵 윤동주의 유시는 몇몇 사람의 손에 나뉘어 있었다. 후배 정병욱은 1941년 윤동주가 건네준 19편의 필사본 시집을 갖고 있었고, 연희전문 시절 절친한 벗이던 강처중은 윤동주가 일본 유학길에 오르면서 그에게 맡긴 '참회록' 등의 시 몇 편과 윤동주가 일본에서 보낸 편지에 적혀 있는 5편의 시를 갖고 있었다. 해방 후 강처중은 자신과 정병욱이 보관하고 있는 총 31편의 시를 모아 정음사에서 시집을 냈다. 1948년 1월 정지용이 서문을 쓰고 강처중이 발문을 붙인, 윤동주 최초·유일의 시집 '하늘과 바람과 별과 시'는 이렇게 세상에 태어났다. 1955년 중판을 내면서 수록작이 93편으로 늘어나고 1976년에는 모두 116편으로 늘어나 새로운 시집으로 발간되었다.

정진숙 '을유문화사' 설립

출판계의 버팀목 노릇을 한 그에 대한 후배 출판인들의 헌사가 은석교에 투영된 것이다.

경기 파주출판단지 샛강에는 출판인들이 건너다니는 '은석교'가 있다. 대한민국 출판의 초석을 다진 정진숙(1912~2008)의 아호 '은석'에서 딴 이름이다. 세 차례나 대한출판문화협회 회장을 지내면서 출판계의 버팀목 노릇을 한 그에 대한 후배 출판인들의 헌사가 은석교에 투영된 것이다.

정진숙은 경기 화성에서 태어나 휘문고보를 졸업하고 1935년 10월 보성전문을 중퇴했다. 1936년 동일은행(조흥은행 전신)에 입행, 은행원으로 근무했으나 1944년 12월 치안유지법 위반으로 감옥에 갇혔다가 1945년 8월 해방 이튿날 풀려났다. 석방 후 동일은행에 사직서를 내고 뭔가 새로운 일을 모색하고 있던 정진숙에게 1945년 11월 어느 날 수필가 조풍연과 아동문학가 윤석중이 찾아왔다.

출판업을 하기로 의기투합한 두 사람은 훗날 한국은행 총재가 될 민병도로부터 재정 지원을 약속받고 정진숙을 찾아와 출판업을 함께 하자고 권유했다. 정진숙은 출판에 무지했을 뿐 아니라 전망도 밝아 보이지 않아 완곡하게 거절했다. 며칠 후 집안 어른인 역사학자 정인보에게 자문하니 "출판업이야말로 민족문화의 밑거름"이라며 출판업을 강력히 권유했다.

정진숙은 출판업에 동참하기로 결심하고 1945년 12월 1일 조풍연·윤석중과 함께 서울 종로2가 영보빌딩 4층에 작은 출판사를 열었다. 출판사 이름은 해방되던 해의 간지인 '을유'에서 따 '을유문화사'로 정했다. 사장 민병도, 주간 윤석중, 편집국장 조풍연의 진용을 갖춘 출판사에서 정진숙이 맡은 직함은 업무 담당 전무이사였다.

정진숙(1912~2008)

책을 쓸 사람도 책을 찍어낼 시설도 책을 구입할 독자도 빈약하기 이를 데 없는 해방공간에서 을유문화사가 처음 펴낸 책은 1946년 2월 1일 발간한 26쪽짜리 한글 연습책 '가정글씨체첩'(이각경 저)이었다. 사라진 모국어를 되살리고 어린 세대가 한글을 익히는 데 도움을 주기 위해 만든 책이었다. 뒤이어 정지용의 '지용시선', 박목월·조지훈·박두진의 '청록집', 신응식의 '석초 시집'을 출판했다. 이 3권의 시집은 해방 이후 6·25에 이르는 시기에 현대시의 주요 흐름을 대변했다는 문학사적 평가를 듣고 있다.

1946년에는 염상섭의 '삼대', 채만식의 '당랑의 전설', 김동리의 '무녀도' 등을 잇달아 내며 소설 문단에도 적지 않은 영향을 끼쳤다. 홍명희가 일제하 조선일보에 연재한 소설 '임꺽정'의 의형제편 3권과 연재되지 않은 화적편 3권을 1948년 3월부터 11월까지 낸 후 나머지 4권도 추가해 10권으로 완간할 계획이었으나 홍명희가 1948년 4월 월북하는 바람에 완간은 커녕 이미 출판된 6권까지 금서로 묶여 재정적으로 피해가 컸다.

을유문화사는 6·25전쟁의 와중에도 출판의 길을 벗어나지 않았다. 전쟁이 한창인데도 주요섭의 '사랑손님과 어머니'를 비롯해 11종의 책을 냈다. 하지만 전쟁은 결국 출판사 동업자들을 흩어지게 했고 을유문화사는 1인 대표 체제로 전환했다. 정진숙이 을유문화사의 사장으로 취임해 '정진숙 시대'를 연 것은 1952년 10월이었다.

국학 1세대 학자들 을유문화사를 사랑방으로 이용해

1947년 어느 날 이극로와 김병제 두 사람이 일제하 조선어학회에서 어렵게 만든 사전 원고 뭉치를 들고 찾아와 사전 발간을 요청했다. 당시 경제 사정으로는 그 엄청난 원고를 출판하는 게 불가능할 것 같아 거절했더니 이극로가 '물불'이라는 별명답게 원고 뭉치를 내던지며 "그럼 일본 놈들한테 내달라고 할까요"라고 목소리를 높였다. 그는 정신이 버쩍 들어 서울 시내를 샅샅이 뒤져 귀하디 귀한 모조지를 그러모았다. 이런 우여곡절을 거쳐 '조선말 큰사전' 첫 권이 발간된 것은 1947년 10월 9일이었다. B5판형에 564쪽 분량이었다.

하지만 다음 권을 발간하기에는 자금과 용지가 부족해 당시 문교부 고문으로 와 있는 미국인 앤더슨에게 부탁했다. 하버드대에서 언어학을 전공한 그는 한글 체계를 전해 듣고 놀랍다는 반응을 보이며 록펠러 재단을 연결해줬다. 록펠러 재단은 4만 5,000달러어치의 종이를 보내왔다. '조선말 큰사전'은 이후 10여년의 고투 끝에 1957년 10월 총 3,558쪽, 전 6권으로 완간되었다.

한국 사학계의 연구 성과를 집대성해 1959~1965년 을유문화사에서 출판된 진단학회의 '한국사'(전 7권)도 국학사에 길이 남을 기념비적인 책으로 기록되고 있다. 이 한국사는 1970년 최초의 영문 한국사 서적인 '더 히스토리 오브 코리아'로도 발간되었다.

을유문화사는 1948년 박태원의 '성탄제'부터 시작해 1988년까지 총 267권을 발간, 국내 문고본 시대를 연 것을 비롯해 동서양의 명작을 한글로 완역한 '세계문학전집'(100권), 대형 기획물의 전범을 보여준 '한국문화총서'(27권) 등을 선보이며 한국 출판계의 중심축으로 자리매김했다. 출판에 대한 이런 열정은 당대의 내로라하는 지식인들을 그 주변으로 끌어들였다. 이상백, 이병도, 박종화, 이희승, 김재원, 양주동, 조윤제, 이숭녕 등

국학 1세대 학자들은 을유문화사를 사랑방으로 이용하던 단골 필자였다.

이렇게 우리 학계의 결실을 거둬들이고 새로운 해외 지식을 보급해온 1960~1970년대 을유문화사의 책들은 현재 우리 사회를 이끄는 중장년들에게 중요한 지식의 젖줄 역할을 했다. 정진숙이 눈을 감는 날까지 을유문화사가 발간한 책은 7,000여 종이나 되었다. 1주일에 평균 2권씩 펴낸 셈이다.

나치 독일 항복

히틀러의 선택은 죽음뿐이었다. 4월 30일 그의 자살과 함께 그토록 자랑하던 제3제국도 무너졌다.

2차대전의 승패는 1943년 1월의 스탈린그라드 전투, 그해 5월의 북부 아프리카 전투로 사실상 결판이 난 상태였다. 히틀러는 두 전투에서 패한 뒤 더 이상 대규모 공세를 취하지 못했다. 1944년 6월의 노르망디 상륙작전은 허공에 대고 마구 주먹질을 해대는 히틀러에게 연합국이 가한 회심의 결정타였다.

연합군은 1945년 2월 독일의 라인강을 향해 일제 공격을 개시했다. 3월에는 공습을 강화해 독일의 도시와 공장과 철도 등을 초토화했다. 미군과 영국군은 독일의 서쪽에서 공격해 들어가고 소련의 붉은 군대는 동쪽에서 독일을 압박했다. 소련군은 2월 말 베를린에서 동쪽으로 64km 떨어진 오데르-나이세강까지 도달하고 4월 중순에는 베를린 총공세를 감행했다. 미군과 소련군은 1945년 4월 25일 동부 독일의 엘베강 유역 토르가우에서 감격적인 상봉의 기쁨을 나눴다.

히틀러의 선택은 죽음뿐이었다. 4월 30일 그의 자살과 함께 그토록 자랑하던 제3제국도 무너졌다. 히틀러는 "독일 대통령 및 국방군 최고사령관은 칼 데니츠 해군 제독에게 넘기고, 파울 괴벨스를 총리로 임명한다"는 유언장을 남겼다. 괴벨스는 히틀러의 유언을 데니츠 해군 제독에게 전달한 뒤 6명의 아이에게 청산가리를 먹였다. 자신도 부인과 함께 5월 1일 밤 자살했다. 괴벨스는 죽기 전 "내가 총리로 있는 동안 항복문서에 서명하지는 않겠다"며 항복을 거부했다. 그러나 괴벨스의 의사와는 무관하게 베를린 방어사령관은 5월 1일 저녁 독단으로 자신의 부대에 전투 중지를 명령했다. 자정 무렵에는 소련군에게 포격 중지를 요청했다. 사실상의 항복이었다.

5월 2일 오후 3시 붉은 군대가 이렇다 할 저항도 받지 않고 베를린의 총리 관저에 무혈입성했다. 베를린에서 전투는 중단되었다. 독일 북서쪽, 덴마크, 네덜란드에 있는 독일군은 5월 4일 영국의 버나드 몽고메리 장군에게 항복했다. 5월 5일 알프스 북방의 독일군마저 투항함으로써 전쟁은 사실상 막을 내렸다. 공식적으로 독일이 항복문서에 서명한 것은 5월 7일 새벽 2시 41분이었다.

독일의 작전참모장 알프레드 요들이 서명한 항복식은 미·영 연합군 총사령관이 본영으로 삼고 있는 프랑스 랑스의 조그마한 초등학교 교사에서 거행되었다. 그러나 소련은 나치 독일을 패망시키는 데 결정적 역할을 한 자국을 의도적으로 무시했다고 반발했다. 결국 5월 8일 베를린의 소련군영에서 게오르기 주코프 원수가 참석한 가운데 독일의 빌헬름 카이텔 원수가 항복문서에 서명하는 2차 항복식이 열렸다.

오늘날 서방과 소련이 승전기념일을 다르게 기념하는 것은 이 때문이다. 서방은 "5월 8일 0시부터 전쟁 행위를 중지한다"는 항복문서에 서명했기 때문에 5월 8일을 종전일로 기념하는 반면 소련은 2차 항복문서 서명일이 모스크바 시간으로 5월 9일 0시 43분인 것을 근거로 5월 9일을 승전기념일로 삼고 있다.

2차대전, 6,000만~8,000만 명 목숨 앗아가

전쟁은 5년 8개월 만에 끝이 났다. 낯설긴 했지만 반가운 정적이 1939년 9월 2차대전 개전 이래 처음으로 대륙을 덮었다. 아직 일본과의 태평양전쟁이 끝나려면 3개월이나 남았지만 유럽, 아시아, 북아프리카, 태평양, 대서양에서 동시에 펼쳐진 세기의 전쟁은 약 6,000만~8,000만 명의 목숨을 앗아갔다.

가장 큰 피해를 본 나라는 소련이었다. 군인과 민간인이 2,100만~2,800만 명이나 죽었다. 독일군은 165만 명이 죽고 160만 명이 행방불명되었다. 1,120만 명의 독일군 포로 가운데 또 수백만 명이 숨졌다. 종전 후 포츠담 회담에 따라 폴란드 땅이 된 동부 독일(동프로이센)에서 독일로 이주하는 동안에도 200만~250만 명의 독일인이 목숨을 잃었다. 독일에 남은 것이라고는 파괴된 잔해, 굶주림과 빈곤, 혼란뿐이었다. 이 모든 것이 히틀러의 무모한 야망이 초래한 결과였다.

미국·영국·소련·프랑스 4국은 6월 5일 '독일 패배와 독일의 최고 권한 인수에 관한 선언'(베를린 선언)에 합의했다. 이로써 독일의 모든 권리는 전승 연합국으로 넘어갔다. 4개국 정상은 1945년 7월의 포츠담 회담에서 탈군사화, 군수산업 해체, 탈나치화, 민주화를 독일에 실현하기로 합의했다.

또한 폴란드 서쪽의 오데르-나이세강을 독일과 폴란드의 국경으로 삼고, 폴란드를 사이에 두고 독일 본토와 떨어져 있는 동부 독일(동프로이센)은 폴란드 영토로 귀속시켰다. 폴란드로 편입된 동쪽의 독일 영토는 1938년

독일의 빌헬름 카이텔 원수가 베를린의 소련 군영에서 항복문서에 서명하고 있다(1945.5.8).

당시의 독일 국경선을 기준으로 할 때 독일 전체 면적의 24%나 되는 광대한 곳이었다. 연합국의 강제 이주 명령에 따라 1950년까지 5년 동안 동프로이센에서 독일로 강제 이주한 독일인은 약 1,248만 명이었다. 이 가운데 서독으로는 약 798만 명, 동독 지역으로는 약 450만 명이 이주했다.

또 독일을 4개 지역으로 나누어 연합국이 통치하기로 결정함에 따라 독일의 행정권은 물론 사법권과 경제권 등 모든 권한이 연합국으로 넘어갔다. 독일이 다시는 전쟁을 일으키지 못하도록 전쟁에 이용될 수 있는 산업 시설이나 공장 시설은 철거되거나 파괴되었다. 1945년 7월 30일에는 4개국 점령군 사령관으로 구성된 '연합국 통제위원회'가 베를린에 설치되었다. 그러나 소련은 공동 통치를 거부하고 소련 점령 지역인 동부 지역에 소련식 국가를 세우기 위한 준비를 은밀히 추진했다. 서방 3국과 소련의 대립은 갈수록 뚜렷해졌다.

서방 연합국은 독일을 약화시키기보다는 경제를 회복시켜 장차 통제위주의 점령지 정책에서 보호 정책으로 전환하겠다는 입장이었다. 미국과 영국은 1947년 1월 두 나라 점령 지역에서 공동의 경제 정책을 실시하기 위해 미·영 경제통합 지역을 결성했다. 1947년 미국이 트루먼 독트린(3월)과 마셜 플랜(6월)을 발표했을 때 소련이 "마셜 플랜은 소련을 겨냥한 것"이라고 반발하면서 미소 갈등은 더욱 심각한 국면으로 치달았다.

마셜 플랜은 서유럽의 경제 재건에 크게 기여하고 전후 서독 경제 성장의 밑거름이 되었다. 서독은 마셜 플랜에 의해 1948년 5억 980만 달러, 1949년 3억 4,820만 달러 상당의 원조를 받아 '라인강의 기적'을 이뤄냈다. 그러나 미소 관계는 더욱 악화되어 하나의 독일 국가를 세우는 것이 무망해졌다.

히틀러, 에바 브라운과 결혼 후 동반 자살

히틀러는 최후의 이별을 고하고 자기 방으로 들어갔다. 이윽고 한 발의 총소리가 울렸다.

전쟁은 사실상 끝나 있었다. 히틀러(1889~1945)만 그 사실을 인정하지 않은 채 베를린 총통 관저 지하실 벙커에서 최후의 반격을 외치며 속절없이 무너지고 있는 군대를 지휘할 뿐이었다. 전장의 부하들이 명령을 따르지 않아도 확인할 방법이 없어 허공에 대고 소리치는 격이었다. 마구 남발되는 명령은 지켜지지도 않고 지켜질 수도 없는 것들뿐이었다. 지하 12m의 벙커에서 히틀러는 흰머리, 떨리는 사지, 굽은 등의 모습으로 발을 질질 끌고 걸어다녔다. 면도는 빼먹기 일쑤였고 제복은 얼룩져 있었다. 눈은 충혈되고 입가에는 자주 침이 흘러내렸다.

15년 이상이나 히틀러의 정부였던 에바 브라운(1912~1945)이 이런 히틀러를 만나기 위해 베를린에 도착한 것은 1945년 4월 15일이었다. 결혼과 죽음의 의식을 한꺼번에 치르기 위해 총통 관저를 찾아온 것이다. 히틀러가 23살이나 어린 에바 브라운을 처음 만난 것은 1929년이었다. 나치당의 전속 사진사가 뮌헨의 한 사진점에서 일하고 있는 브라운을 히틀러에게 소개한 것이 첫 만남이었다. 그러나 브라운의 아버지가 히틀러와의 교제를 반대하고 히틀러 역시 그의 생애에서 단 한 번의 정열적인 애정을 바쳤던 조카딸 겔리 라우발을 의식해 둘의 관계는 순탄하지 않았다.

라우발은 히틀러의 이복동생 안젤라의 딸이었다. 1928년 히틀러는 안젤라에게 뮌헨에 있는 자신의 살림을 돌봐줄 것을 요청했다. 안젤라는 20살의 딸 라우발과 함께 뮌헨으로 갔다. 얼마 지나지 않아 히틀러와 라우발이 공공장소에까지 모습을 드러내자 사람들이 둘의 관계를 두고 쑥덕거렸다. 성적 관계까지 갔는지는 확실히 알려지진 않았지만 당시 히틀러는 라우발에게 깊이 빠져 있었다. 히틀러의 생애에서 처음이자 단 한 번

히틀러와 에바 브라운

의 사랑이었다. 히틀러는 라우발이 가는 곳마다 따라다니며 심하게 간섭했다. 1931년 9월 라우발이 유대인 음악가와 사랑에 빠져 히틀러의 곁을 떠나려고 했으나 히틀러는 라우발을 보내주지 않았다. 결국 라우발은 9월 18일 히틀러가 없는 아파트에서 권총으로 자살했다.

'순수한 아리안 혈통으로 유전 질환이 없음' 선언하고 결혼 마쳐

그녀의 죽음 후 히틀러는 심한 우울증에 빠져있다가 브라운과 본격적으로 만났다. 브라운은 날씬하고 우아했다. 내성적이고 신중하며 품위도 있었다. 지나치리만큼 겸손했고 사람들 앞에 나서지도 않았다. 히틀러는 이처럼 모든 일에 조심성 있고 경망스럽지 않은 브라운을 마음의 안식처로 삼았다. 그러면서도 공적인 자리에는 그녀를 동행시키지 않아 전쟁이 끝날 때까지 독일인 가운데 그녀의 존재를 아는 사람은 많지 않았다.

히틀러는 브라운이 그의 본영에 찾아오는 것도 허락하지 않았다. 대신 매일 전화를 걸어 위로해주었다. 브라운은 이런 자신의 현실을 불만스러워하면서 히틀러가 마련해준 산장에 틀어박혀 수영과 스키를 즐기거나 대중소설이나 영화를 보며 소일했다. 아내도 아니고 애인도 아닌 애매한 지위에 있다 보니 1932년과 1935년 두 차례 자살을 기도했다.

브라운이 베를린에 도착하고 5일이 지난 4월 20일 히틀러가 가장 신뢰해온 친위대 사령관 하인리히 힘러와 공군 사령관 헤르만 괴링이 베를린을 벗어나 도주했다. 히틀러는 분을 참을 수 없었으나 이미 엎질러진 물이었다. 히틀러는 선전상 괴벨스에게 부인과 6남매를 자신이 있는 지하 방공호로 옮기도록 했다. 자신에게 충실한 괴벨스 가족만이라도 브라운과 함께 마지막까지 그의 옆에 남아 있어 주기를 바라는 마음으로 볼 수도 있겠지만 사실은 괴벨스가 배신하지 못하도록 묶어두기 위한 인질용이었다.

4월 25일 미군과 소련군이 엘베강 토르가우에서 감격의 악수를 나누고 있을 때 탈출했던 괴링이 히틀러에게 편지를 보내 또다시 부아를 돋우었다. '히틀러가 죽으면 괴링이 뒤를 잇고 또 총통이 통치 능력을 잃게 되면 괴링이 그 대리를 감당할 것'이라는 4년 전 총통 명령에 근거해 지하 벙커에 갇혀 있어 사실상 지휘권을 행사하지 못하는 히틀러 대신 괴링 자신이 히틀러를 대리해도 되겠느냐는 내용이었다. 히틀러는 괴링을 체포하라고 명령했지만 어차피 지켜질 수 없는 명령이었다.

4월 28일에는 로이터통신의 한 뉴스가 히틀러를 또다시 분노케 했다. 힘러가 히틀러 대신 서부 독일군의 항복을 아이젠하워에게 제의했다는 보도였다. 이 소식은 히틀러에게 결정적인 타격을 가했다. 평소 "충성이 아리안 게르만 친위대의 최고 강령"이라고 늘 입에 달고 살던 힘러였기에 그의 배신은 히틀러를 충격에 빠뜨렸다. 소련군은 어느덧 총통 관저에서 한 블록밖에 떨어지지 않은 곳에 다가와 있었다. 이런 현실은 히틀러에게 최후의 선택을 강요했다.

히틀러는 입속에 총을 쏘고 브라운은 독약을 입에 넣어

히틀러는 4월 28일 자정에 브라운과 결혼식을 올렸다. 선전상 괴벨스와 비서 마르틴 보어가 증인이 된 이 결혼에서 두 사람은 '순수한 아리안 혈통으로 유전 질환이 없음'을 선언했다. 결혼식이 끝난 후 히틀러는 최후의 유언서를 써 여비서에게 건넸다. 유언장에는 독일 U보트 작전의 설계자 칼 데니츠 해군 제독을 후계자로 지명한다고 씌어 있었다.

4월 29일 오후 외부 세계에서 방공호 속으로 또다시 우울한 뉴스가 전해졌다. 침략의 길동무였던 무솔리니가 그의 애인과 함께 최후를 마쳤다는 뉴스였다. 히틀러는 모든 걸 체념했다. 먼저 자신의 애견 블론디에게 독약을 먹여 즉사시켰다. 4월 30일 아침 소련군이 이미 벙커 100m 전방까지 진출했다는 보고를 받고 최후를 준비했다. 무솔리니의 시체가 광장에 거꾸로 매달려 군중 앞에 공개된 것을 알고 자신도 그 꼴이 되는 게 싫어 부관에게 자신의 시체를 태워주도록 요청했다.

그리고 마지막 이별을 고한 뒤 자기 방으로 들어갔다. 이윽고 한 발의 총소리가 울렸다. 두 번째 총소리는 없었다. 히틀러는 입속에 총을 쏘았고 브라운은 독약을 입에 넣었다. 1945년 4월 30일 월요일 오후 3시 30분이었다. 56번째 생일을 맞은 지 열흘 만이었고 독일의 총리가 되어 제3제국을 건설하기 시작한 때로부터 12년 3개월이 흐른 뒤였다. 화장은 관저 뜰에서 집행되었다. 불길이 타오르는 곳을 향해 괴벨스는 오른손을 뻗어 나치스식의 고별 경례를 했다. 소련군의 집중적인 포화로 히틀러의 유골은 끝내 발견되지 않았다.

뉘른베르크 국제군사재판

즉결 처형을 하자는 국가, 재판을 열어 처벌하자는 국가로 의견이 나뉘었다.

독일 바이에른주 제2의 도시 뉘른베르크는 히틀러가 자랑하는 '제3제국'의 상징이다. 대규모의 나치 전당대회를 여러 차례 열어 자신의 권력을 대내외에 과시한 곳도 뉘른베르크였고, 수백만 명의 유대인을 조직적으로 말살하기 위해 제정한 인종법의 이름도 '뉘른베르크법'이었다. 2차대전이 끝나고 전쟁범죄자를 처단하려 할 때 전승국들은 이런 점을 의식해 20세기 최악의 범죄를 단죄하는 역사상 첫 국제군사재판을 뉘른베르크에서 열었다.

2차대전은 세계사에 일찍이 유례가 없는 대재앙이었다. 이 미증유의 대참사를 겪고난 후 나치 지도자와 군부 요인 등에 대한 처리를 논의할 때 연합국 사이에는 즉결 처형을 하자는 국가와 재판을 열어 처벌하자는 국가로 의견이 나뉘었다. 영국은 재판 없는 즉결 처형을 주장한 반면 미국은 재판 없는 처형은 미국의 법 정의에 반한다며 반대했다. 미국은 단지 가해자에 대한 사법적 처벌로만 끝나지 않고 일반인에게도 경고와 교훈을 남길 수 있다는 점에서 재판을 거쳐야 한다고 주장했다.

이런 논의 끝에 1945년 8월 미국·영국·프랑스·소련 4개국이 체결한 런던 협정에서 '국제군사재판 협정과 조례'가 만들어졌다. 협정에 따라 재판부는 4개 전승국의 판·검사로 구성되고 전쟁범죄는 3가지로 분류되었다. ▲A항, 반(反) 평화 범죄(침략전쟁을 계획, 준비, 개시, 수행했거나 이에 가담) ▶B항, 통상의 전쟁범죄(포로나 민간인 살해, 학대, 약탈 등 전시 국제법 위반 행위) ▶C항, 반 인도 범죄(인종적 이유 등으로 대량 학살, 혹사, 노예화하는 등의 반 인도적 행위) 이렇게 3가지였다.

A·B·C급 전범이라는 개념은 바로 이 분류에 연유한다. A급 전범이 B·C급 전범보다 더 악랄한 전쟁범죄를 저지른 것처럼 인식되고 있지만, 사실은 죄의 경중이 아닌 죄의 종류에 따른 분류일 뿐이다. 즉 A항을 위반한 전범이 A급 전범인 것이다. 전쟁범죄를 3가지로 구분한 것은 전쟁범죄의 책임을 국가가 아닌 개인에게까지 묻겠다는 의미로 오늘날 국제법 발전에 큰 공헌을 했다는 평가를 받고 있다.

재판에 앞서 독일인들로 구성된 변호인 측은 "재판은 '범죄행위 이전에 범죄와 형벌을 미리 법률로써 규정해야 한다'는 죄형법정주의 원칙에 반한다"며 재판이 부당하다고 주장했다. 또한 당사국과 제3국으로 이뤄져야 마땅한 국제재판소가 4개 전승국에 의해 일방적으로 구성되고 게다가 승자가 저지른 범죄에 대해서는 처벌하지 않고 패전국의 죄상만 논했다는 점에서 공정하지 않다고 항변했다. 영국이 저지른 독일 드레스덴의 무차별 폭격과 미국의 원자폭탄 투하로 수많은 민간인이 죽고, 소련이 발트해 연안 국가들과 폴란드 일부를 점령한 것 역시 전쟁범죄 행위나 침략 행위로 보아야 하는데도 뉘른베르크 재판에서는 연합국이 일방적으로 심판자로 등장했다는 것이다.

독일인 변호인 "죄형 법정주의 원칙에 반한다"고 주장

변호인단이 특히 문제를 삼은 나라는 소련이었다. 소련의 일본 침략도 소련이 런던 헌장, 즉 뉘른베르크 헌장(1945.8.8 공포)에 조인하고 난 후에 한 것이기 때문에 명백히 전쟁범죄라는 것이다. 그러나 전쟁은 역사적으로 이성과 합치되는 법이 없고 전리품은 늘 전승국의 몫이었다. 사실 진짜 문제는 전쟁범죄자를 처단하려 해도 히틀러를 비롯해 선전장관 파울 괴벨스, 나치 친위대장 하인리히 힘러 등 전범자들이 이미 죽고 없다는 점이었다. 결국 죽지 않고 살아 있는 제3제국의 2인자 헤르만 괴링, 히틀러의 전 보좌관 루돌프 헤스, 외무장관 요하임 폰 리벤트로프, 히틀러 자살 후 후계자로 지명된 칼 데니츠 해군 제독 등 24명의 나치 고위 관료·장성들만 기소되었다.

재판은 1945년 11월 20일 개정되어 1946년 8월 31일까지 10개월 동안 진행되었다. 재판에서 괴링은 "나는 단지 히틀러의 명령만 따랐을 뿐"이라고 항변하며 모든 죄상을 히틀러에게 뒤집어씌우는 뻔뻔함을 보였다. 그러면서 "전쟁 승자는 재판장이 되고 패자는 피고석에 선다. 재판은 승자들이 정의라고 포장해 꾸미는 각본"이라고 주장했다.

4개 연합국으로 구성된 재판부는 1946년 10월 1일의 최종 판결에서 구금 중 자살하거나 정신병에 걸린 2명을 제외한 22명 가운데 마르틴 보르만(행방불명으로 궐석재판)과 헤르만 괴링 등 12명에게는 사형을 선고했다. 루돌프 헤스 등 3명에게는 무기징역, 4명에게는 10~20년형, 3명에게는 무죄를 선고했다. 종적을 알 수 없어 생사가 확인되지 않은 보르만은 1973년 사망자로 처리되었다.

뉘른베르크 재판

사형은 1946년 10월 16일 새벽, 요하임 폰 리벤트로프부터 집행되었다. 그는 "세계 평화를 빈다"는 마지막 말을 남기고 사라졌다. 인종학의 대가 알프레드 로젠베르크는 죽는 순간까지도 말이 없었다. 내무장관 빌헬름 프리크는 교수대에 오르지 않으려고 발버둥치다가 처형되었고, 괴링은 총살해달라는 탄원서를 올렸다가 거절당하자 형 집행 하루 전인 15일 밀반입한 청산가리를 먹고 자살했다. "200만 명 이상의 젊은이가 아버지 나라를 위해 죽었다! 이제 아들들을 뒤따른다!"고 말한 자도 있었고 "하일 히틀러!"를 외친 자도 있었다.

4개 전승국은 뉘른베르크 재판 후에도 독일 내 각각의 점령지에서 별도의 재판을 열어 나머지 전쟁범죄자들을 처단했다. 미국의 경우 1946년부터 1949년까지 199명에 대한 후속 재판을 열어 36명에게 사형, 23명에게 무기형을 선고했다.

그러면 뉘른베르크 재판으로 나치의 유산이 독일에서 완전히 청산된 것일까? 대답은 회의적이다. 재판이 진행 중이던 당시 여론조사에 따르면 독일인들은 대체로 재판에 우호적이었다. 초기에는 응답자의 78%가 나치에 대한 재판이 공정하다고 보았으며 4~6%만이 공정하지 않다고 평가했다. 그러던 것이 재판 후 실시된 1950년 가을의 여론조사에서는 재판이 공정하지 않다는 의견이 30%로 늘어나고 공정하다는 의견이 38%로 줄어들었다.

이런 분위기를 반영하듯 1950년대 서독에서는 '재(再) 나치화'라는 말이 생겨날 정도로 나치 청산이 후퇴했다. 1950년대 초 서독 정부의 고위 관료나 법조인 가운데 나치당원 출신자가 다수였을 뿐 아니라 뉘른베르크 후속 재판 등에서 판결을 받은 많은 사람이 사면과 복권의 혜택을 받아 다시 사회에 복귀했기 때문이다. 그런데도 서방 연합국이 이를 묵과한 이유는 냉전이라는 국제 정세 때문이었다. 과거 청산보다 소련 공산주의의 위협을 막는 게 더 급했던 것이다.

얄타 회담과 포츠담 회담

"스탈린의 보드카 축배와 요설에 홀려 동북아시아와 동구를 소련에 헌납했다"고 비난했다.

동유럽 대부분이 소련의 수중에 떨어지고 2차대전도 사실상 종전을 향해 가고 있던 1945년 2월 4일 흑해 연안 크림반도의 얄타에서 미·영·소 세 나라의 정상이 회동했다. 프랭클린 루스벨트 미국 대통령, 윈스턴 처칠 영국 총리, 이오시프 스탈린 소련 공산당 서기장이 주인공으로 전쟁 조기 종결과 전후 문제 처리가 회동의 목적이었다. 세 정상은 2월 11일까지 8일 동안 리바디아궁에서 매일 만나 의견을 조율했다.

루스벨트의 머릿속은 종전 후 유엔을 창립하는 것과 소련을 가급적 빨리 대일본전에 참전시켜 태평양전쟁을 조기 종식시켜야 된다는 생각으로 복잡했다. 영국의 처칠은 프랑스가 비록 패전국이지만 미·영·소 세 강대국과 같은 자격을 부여받도록 노력을 기울이는 한편 소련이 폴란드를 지배하는 것과 독일에 가혹한 배상금을 부과하는 것에 반대했다. 1차대전 후 체결한 베르사유 조약에 따라 독일에 과도한 배상금을 부과하고 지나치게 영토를 침탈한 결과 히틀러라는 괴물을 낳았다는 반성에서 나온 것이다. 스탈린은 폴란드를 비롯해 동유럽을 확실히 수중에 넣고 대일본전 참전을 미끼로 극동 지역에서 가능한 많은 이권을 확보하는 것을 목표로 삼았다.

얄타 회담장의 처칠, 루스벨트, 스탈린(왼쪽부터)

세 정상의 계산은 이처럼 각기 달랐지만 협상의 주도권을 쥔 것은 스탈린이었다. 당시 소련군이 동유럽을 평정하고 독일을 지척에 두고 있었기 때문이다. 소련이 목소리를 높일 수 있었던 또 다른 이유는 미·영보다 훨씬 심각한 피해 규모였다. 소련군 전사자 수는 760만 명으로 미군 전사자의 26배, 영국 전사자의 19배나 되었다. 따라서 비극의 덩치와 승리의 크기에 맞게 대가와 전리품이 분배되어야 한다는 게 스탈린의 주장이었다.

회담 결과 루스벨트는 스탈린에게서 유엔 창립을 지지한다는 동의를 받아냈다. 소련의 대일전 참전은 비밀협정에서 다뤄졌다. 예상대로 얄타 회담의 최대 수혜자는 스탈린의 소련이었다. 스탈린은 미·영의 반대로 비록 폴란드를 당장에는 손에 쥐지 못했지만 실질적으로는 폴란드를 손에 넣는 성과를 거두었다.

회담 결과 폴란드 내 친소 임시정부에 폴란드 안팎에서 활동하고 있는 민주 인사들을 참여시켜 정부를 재조직하고 빠른 시일 내에 자유롭고 구속 없는 총선을 실시하기로 미·영과 합의했다. 그러나 이것은 종전 후 약속을 지키지 않아도 미·영이 이를 제어할 수 있는 카드가 없다는 점에서 형식적인 약속에 불과했다. 처칠은 폴란드를 넘기는 대가로 프랑스의 승전국 대우와 그리스를 확보하는 것에 만족해야 했다. 독일의 영토는 프랑스를 포함해 4개국이 분할 점령하되 하나의 국가로 유지한다는 원칙이 정해졌다.

미소 냉전체제 사실상 이때 시작되었다는 게 학계의 정설

세 정상은 비밀협정도 체결했다. 독일의 항복 후 3개월 이내에 소련이 대일본전에 참전하면 대가로 외몽골은 물론 쿠릴 열도와 사할린 영유권을 소련에 보장해주고 만주철도 운영 참여권과 대련·여순항의 영유권을 넘겨주기로 했다. 비밀협정은 당시 소련과 일본이 불가침조약을 맺고 있었기 때문에 비밀에 부쳐졌다. 전후 한국에서 5년간 신탁통치를 실시한다는 루스벨트의 구상도 이 비밀협정 때 언급되었다. 비밀협정은 1년 뒤인 1946년 2월 알려졌고 얄타 회담의 전모는 10년 뒤인 1955년 공개되었다.

얄타 회담 후 루스벨트와 처칠은 회담을 성공작이라고 자평했다. 스탈린에 대해서도 믿을 만한 인물이라고 후한 점수를 주었다. 하지만 두 정상과 달리 얄타 회담을 비난하는 목소리도 적지 않았다. 드골의 프랑스는 "유럽을 동서 양 진영으로 분리했다"고 혹평했다. 미국의 공화당 우파는 "정신을 제대로 가누지 못한 루스벨트가 스탈린의 보드카 축배와 요설에 홀려 동북아시아와 동구를 소련에 헌납했다"고 비난했다. 하지만 이런 비난은 현실을 도외시한 일방적 주장이라는 반대 목소리도 적지 않다. 소련이 사실상 동유럽 전체를 장악하고 일본이 여전히 옥쇄작전을 펼치며 항복할 기미를 보이지 않는 상황에서 달리 선택의 여지가 없었다는 것이다.

이후 반세기 동안 지속된 미소 냉전체제는 사실상 이때 시작되었다는 게 학계의 정설이다. 1차대전 이후를 '베르사유 체제'라 부르듯 2차대전 이후는 '얄타 체제'로 불렸다. 얄타에서 시작된 냉전체제는 1989년 조지 부시 대통령과 미하일 고르바초프 소련 대통령이 지중해 몰타에서 동유럽의 개혁운동을 자결 원칙에 따라 처리하기로 합의함에 따라 종말을 고했다.

얄타회담이 열린 소련의 얄타 위치

얄타 회담 후 3개월이 지난 1945년 5월 히틀러의 자살과 독일의 항복으로 유럽에는 평화가 찾아왔다. 그러나 전후 처리 문제는 완전히 해결되지 않고 있었고 일본은 여전히 결사항전의 자세로 저항했다. 이 문제를 확실히 매듭짓기 위해 마련한 자리가 7월 17일부터 8월 2일까지 독일의 베를린 교외 포츠담의 체칠리엔호프성에서 열린 포츠담 회담이었다.

영국과 소련은 얄타 회담 때와 마찬가지로 처칠과 스탈린이 대표로 참석했으나 미국은 루스벨트 대통령의 서거(1945.4.12)로 해리 트루먼 후임 대통령이 회담장에 나왔다. 처칠 역시 회담 개막 열흘 전 치러진 총선에서 패해 일단 회담장에 나왔다가 임기가 만료된 7월 26일 클레멘트 애틀리 노동당 당수에게 대표 자리를 내주고 물러났다. 트루먼은 회담이 시작되기 하루 전인 7월 16일 원자폭탄 실험이 성공했다는 사실을 보고받고 내심 의기양양한 마음으로 7월 17일 회담장에 들어섰다.

3국의 주요 관심사는 얄타 회담에서 논의한 패전국 독일의 분할 통치와 전쟁 배상금, 폴란드 국경 획정, 소련의 동유럽 점령과 대일본전 참전이었다. 회담 결과 폴란드 서쪽의 오데르-나이세강을 독일과 폴란드의 국경으로 삼고, 폴란드를 사이에 두고 독일 본토와 떨어져 있는 동부 독일(동프로이센)은 폴란드 영토로 귀속시켰다.

일본, 포츠담 선언 무시했다가 엄청난 대가 치러

소련과 폴란드 국경선은 폴란드 안쪽의 커즌 라인으로 옮겨졌다. 이로써 2차대전 이전인 1937년에 비하면 폴란드 영토는 동쪽 국경에서 약 200km 밀려난 반면 서쪽(독일 쪽)으로는 약 100km를 전진하는 모양새가 되었다. 또한 프랑스를 포함한 4개국이 독일을 분할 점령하기로 하고 배상금은 점령국이 독자적으로 징수하기로 했다.

3국은 소련의 대일 참전과 일본의 항복도 논의했다. 처칠은 미국이 이미 원자폭탄 실험에 성공하고 일본의 패색이 짙은 마당에 굳이 소련을 대일전쟁에 참전시킬 필요가 없다고 생각했으나 트루먼은 여전히 일본과 싸워야 하는 미군의 피해를 조금이라도 줄이려면 소련의 대일 참전이 필요하다고 판단했다. 이런 논의를 거쳐 7월 26일 최후통첩을 담은 13개 항의 포츠담 선언이 발표되었다.

선언문은 중국 장개석을 포함시켜 미·영·중 3개국 명의로 발표되었다. 스탈린의 서명이 빠진 것은 소련이 1941년 일본과 체결한 상호 불가침조약에 따라 그때까지 일본과 비교전국이었기 때문이다. 스탈린은 8월 8일 대일 선전포고를 한 뒤 서명했다. 회담에 따라 미국은 얄타 회담의 비밀협정에서 약속한 대로 쿠릴 열도와 사할린의 영유권 등을 소련에 넘겨주었다. 홋카이도 분할은 인정하지 않은 대신 한반도를 분할의 제물로 삼았다.

선언은 일본의 무조건 항복(12조)을 요구하고 일본 영토를 혼슈, 홋카이도, 규슈, 시코쿠 등 4개 섬과 전승국들이 정하는 작은 섬들로 제한(제8조)한다고 못박았다. 전범자 처벌(제10조), 전쟁 등 주도 세력 제거(제6조) 등에 대한 내용도 담았다. 하지만 천황에게는 전쟁 책임을 묻지 않았다. 일본은 포츠담 선언이 발표되고 이틀 후 스즈키 간타로 총리가 "묵살한다"고 답해 거부 의사를 분명히 했다. 포츠담 선언을 무시한 대가는 컸다. 두 발의 원자폭탄으로 히로시마와 나가사키가 초토화되었다.

이오지마·오키나와 전투

일본 군부는 '황토'를 지켜야 한다는 일념으로 오키나와를 사석(捨石)으로 삼아 3개월 동안 버텼다.

이오지마(유황도)는 일본 도쿄 남쪽 약 1,200km 지점에 위치한 오가사와라 열도 중 작은 화산섬이다. 이곳에 피비린내가 진동하기 시작한 것은 태평양전쟁이 막바지에 다다른 1945년 2월 19일이었다. 수십 척의 미 태평양함대가 맹렬하게 함포 사격을 하고 함재기가 융단폭격을 가하는 가운데 미 해병대 6만 1,000여 명이 상륙하면서 이오지마는 죽음의 땅으로 변모했다. 미군은 이오지마에 전투기 기지를 건설하면 마리아나 제도를 기지로 하는 B-29 폭격기가 일본을 공습할 때 전투기가 호위할 수 있다는 구상하에 이오지마를 목표로 삼았다. 이오지마를 방어하는 일본군은 육군 1만 5,000명, 해군 7,500명에 불과했다. 그런데도 일본군의 결사항전으로 전투는 좀처럼 끝나지 않았다.

이오지마·오키나와 위치

4일간의 공방전이 지나고 태평양전쟁 중에서도 최악의 날로 기록된 2월 23일, 산의 모습을 바꿔놓을 정도의 맹폭으로 마침내 스리바치산 정상이 미군에 함락되면서 승패는

성조기를 이오지마의 스리바치산 정상에 힘차게 꽂는 미군 병사들. 그러나 이 사진은 사진기자가 연출한 것으로 훗날 밝혀졌다.

사실상 갈렸다. 그런데도 일본군이 길이 18km의 갱도를 방어막으로 삼아 산발적으로 저항하는 바람에 전투는 40일 동안이나 계속되었다.

결국 전투는 일본군 중 90%에 가까운 2만 명이 옥쇄하고 3월 27일 일본군 사령관이 자결한 후에야 끝이 났다. 투항한 일본군은 수백 명에 불과했다. 미군도 6,800여 명이 전사하고 2만 2,000여 명이 부상했다. 이오지마 함락으로 일본은 태평양전쟁 개전 후 처음 식민지가 아닌 자신의 영토를 빼앗기는 수모를 당했다. 반면 미국인들은 곧 전쟁이 끝날 것이라는 기대감에 부풀었다.

성조기를 스리바치산 정상에 힘차게 꽂는 병사들의 모습이 사진으로 찍혀 AP통신을 타고 미 언론에 보도되면서 감동과 환희의 물결이 전국으로 퍼져갔다. 미 정부는 잔혹한 전투 장면보다 이 영웅적인 모습의 사진이 국채 판매에 도움을 줄 것으로 기대하며 7번째 전시 국채를 발행했다. 사진은 사진기자에게 퓰리처상을 안겨주며 우표와 아이스크림 등에도 사용될 만큼 선풍적인 인기를 끌었다. 그러나 나중에 알려지지만 사진 속의 주인공들은 진짜 영웅이 아니었다. 뒤늦게 산에 올라 함락 순간을 놓친 사진기자가 연출한 영웅일 뿐이었다.

이오지마에 이어 미군의 다음 목표는 일본 본토에서 남서쪽으로 1,000km 떨어진 오키나와였다. 이곳은 12세기 말부터 '류큐(琉球) 왕국'으로 불리며 한국, 중국, 일본, 동남아를 연결해 온 해상무역의 중심지였으나 1879년 일본의 침략을 받아 오키나와현으로 강제 편입된 곳이다. 미군이 본토 상륙의 교두보를 확보하기 위해 전함 1,500척, 항공기 1,700기, 전투원 18만 명을 동원해 오키나와에 대한 총공격을 감행한 것은 1945년 4월 1일이었다. 미군은 제해권과 제공권은 물론 일본의 본토를 제외한 대부분의 지역을 이미 장악하고 있었다.

일본은 본토 정규군 8만 명, 오키나와 출신 의용군, 전투 협력자 등 20만 명의 병력으로 미군에 맞섰다. 미국은 1개월이면 전투가 끝날 것으로 예상했으나 전투는 세계 전사에 유례를 찾아보기 힘든 대혈전으로 발전했다. 남북 120km에 불과한 이 작은 섬에서 전투가 3개월 동안이나 계속된 것은 미군의 본토 진격을 하루라도 더 늦추기 위한 일본 군부의 옥쇄 작전 때문이었다. 일본 군부는 '황토(천황이 사는 본토)'를 지켜야 한다는 일념으로 오키나와를 사석(捨石)으로 삼아 3개월 동안 버텼다.

일본은 태평양전쟁 개전 후 처음 영토를 빼앗기는 수모 당해

일본군은 패색이 짙어지자 "미군은 피도 눈물도 없는 잔혹한 동물", "포로가 되면 여자는 능욕당하고 남자들은 사지가 찢겨 죽는다"고 선전·선동을 하며 "항복하느니 차라리 집단자살할 것"을 군인과 주민에게 강요했다. 이 때문에 전쟁이 끝나갈 무렵 동굴에 숨어 있던 주민들은 칼, 낫, 끈, 돌 등으로 서로를 죽이며 집단자살했다. 소녀들로 구성된 '히메유리 간호부대'도 자폭으로 생을 마감했다.

일본군이 주민들에게 "천황 폐하 만세"를 삼창한 후 자결하도록 수류탄을 나눠주었을 때는 곳곳에서 폭음과 비명, 통곡 소리가 뒤섞이는 아비규환을 이뤘다. 일본은 당시 세계 최대 규모를 자랑하는 전함 야마토함으로 지원에 나섰으나 오키나와에 도달하기도 전에 격침되는 바람에 3,300명의 일본 군인이 한꺼번에 수장되는 참사를 빚기도 했다.

전투 결과 일본은 정규군 6만 6,000명, 오키나와 출신 방위대 2만 8,000

명, 히메유리 부대 등 전투 협력자 5만 5,000명, 주민 3만 8,000명 등이 죽은 것으로 집계되었다. 미군은 1만 5,000명의 전사·행방불명자를 포함해 7만여 명이 죽거나 다쳤다. 치열했던 전투는 6월 23일 새벽 오키나와 주둔군 사령관 우시지마 중장이 자결로 생을 마감하고 섬의 남단에 포위되어 있는 잔존 부대가 항복함으로써 끝이 났다.

미국은 비록 전투에서는 승리했지만 일본 본토를 점령하려면 상상을 초월하는 엄청난 대가를 치러야 한다는 사실을 새삼 깨닫고 단기간에 승부를 결정지을 수 있는 원자폭탄으로 승부수를 띄웠다. 오키나와 전투는 일본군의 선전·선동에 속은 10만 명 이상의 섬 주민이 총알받이로 희생되었다는 점에서 오키나와 주민에게는 씻을 수 없는 상처를 남겼다. 일본 정부의 이중적 태도는 여기서 끝나지 않았다. 패전 후에도 본토의 평화 유지를 위해 오키나와를 흥정의 대상으로 삼은 것이다.

오키나와의 전략적 가치에 주목한 미국이 1949년 오키나와에 미군 기지 건설을 강행한 것은 일본이 패전국이고 당시 상황이 미 군정기였다는 점에서 어쩔 수 없는 측면이 있긴 하지만 1951년 9월 미일 안보조약을 체결할 때조차 일본 본토는 군정에서 벗어나 독립하는 대신 오키나와는 미국의 신탁통치로 그대로 남겨 두었다는 점에서 오키나와 주민은 또 한 번 쓰라린 배신감을 맛보아야 했다.

원자폭탄 히로시마 투하

인구 34만 명의 도시는 잿더미가 되었고 도시의 60%가 파괴되었다.

1942년 12월 2일 엔리코 페르미가 시카고대의 스쿼시 경기장에 설치한 파일(원자로)에서 핵분열 연쇄반응 실험에 성공한 후 다음 과제는 원자폭탄을 제조하고 실험하는 일이었다. 원자폭탄 개발 임무를 맡은 로스앨러모스 연구소는 뉴멕시코주 샌타페이에서 북서쪽으로 56km 떨어진 곳에 건설되어 1943년 4월 가동되었다.

핵분열 연쇄반응에 적당한 우라늄235와 플로토늄239가 추출된 상황에서 연구소는 플루토늄 원소가 자연에는 존재하지 않는 불안정한 물질이기 때문에 실전에 사용하기 전에 꼭 실험을 해봐야 한다는 판단에 따라 플루토늄탄을 실험해보기로 했다. 실험은 로스앨러모스 연구소 남쪽 330km에 위치한 앨라모고도 공군기지 관내 외진 곳에서 이뤄졌다. 암호명은 로스앨러모스 소장 로버트 오펜하이머가 명명한 '트리니티(삼위일체)'였다.

연구소는 플루토늄239로 제조한 원자폭탄을 1945년 7월 14일 '그라운드 제로'라고 명명된 곳에서 30m 높이의 강철탑 위에 설치하고 7월 16일 오전 5시 30분 인류 최초로 폭발 실험을 진행했다. 실험 결과 플루토늄은 4.5kg에 불과했는데도 위력은 TNT 2만 톤에 맞먹었다. 불룩한 모양을 하고 있어 '패트맨(뚱보)'으로 불린 폭탄은 모든 면에서 예상을 뛰어넘는 성능을 보였다. 대낮보다 밝은 빛이 비춰 3마일 떨어진 산맥이 선명하게 보였고 몇 마일 떨어진 곳에 있던 장님 소녀는 폭음이 들리기도 전에 그 빛이 무엇인가를 물었다.

무서운 폭음과 함께 강렬한 폭풍도 불었다. 높이 1만 2,000m, 폭 1만 5,000m에 달하는 버섯 모양의 거대한 구름이 대지를 뒤덮었다. 철탑은 흔적도 없이 사라졌으며 탑 아래의 모래는 녹아서 유리가 되었고 땅에는 깊이 2m, 지름이 400m에 이르는 구덩이가 파였다.

멀리서 이를 지켜본 영국의 물리학자 제임스 채드윅은 "마치 신께서 나타나신 것 같았다"고 했고 또 다른 목격자는 "마치 누군가 태양의 스위치를 켠 것만 같았다"고 증언했다. 원폭 개발을 진두지휘한 오펜하이머는

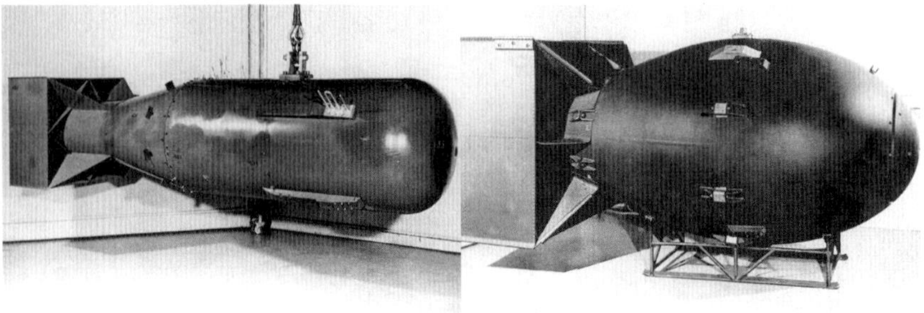

우라늄 원자폭탄 '리틀 보이'(왼쪽)'와 플루토늄 원자폭탄 '패트맨'

힌두교 경전 '바가바드기타'에 있는 "이제 나는 세상의 파괴자인 죽음의 신이 되었다"는 구절을 떠올렸다. 실험 사실은 철저하게 숨겨졌다. 인근 주민의 관심을 돌리기 위해 이튿날 신문에는 미군의 탄약 창고가 폭발했다는 작은 기사가 실렸다.

"이제 나는 세상의 파괴자인 죽음의 신이 되었다"

폭발 실험에 앞서 1945년 6월 백악관에서 열린 최고 군사회의에서 일본군이 끝까지 저항할 경우 미군이 일본 본토에 상륙할 때 100만 명 이상의 사상자가 나올 수 있다는 최악의 전망이 나왔다. 원폭 실험을 하기 전이었지만 이처럼 엄청난 희생을 피하려면 원폭 사용이 불가피한 것으로 의견이 모아졌다. 6월 21일 잠정위원회는 원자폭탄의 무경고 투하를 결정하면서 투하 대상 도시를 검토했다. 도쿄는 일본의 재건에 필요한 천황이 살고 있다는 이유로, 교토는 예술과 문화의 고도라는 이유로 제외되어 최종적으로 고쿠라, 히로시마, 니가타, 나가사키가 후보지로 꼽혔다.

미국은 7월 16일 앨라모고도 공군기지 관내에서 원폭 실험을 하고 몇 시간 후 원자폭탄 핵심 부품을 순양함 인디애나폴리스호에 실어 서태평양의 티니언 섬으로 보냈다. 인디애나폴리스호는 7월 26일 티니언 섬에 도착해 '죽음의 폭탄'을 내려놓고 괌으로 향하던 중 7월 30일 일본 잠수함의 어뢰를 맞고 침몰하는 비운의 주인공이 되었다. 1,169명의 선원 가운데 318명만이 살아남은 침몰 사건은 2차대전 중 미국의 마지막 주전함의 침몰이었고 미 해군 역사상 바다에서 일어난 최악의 인명 손실이었다.

7월 16일의 원폭 실험 성공은 당시 포츠담 회담에 참석하고 있는 트루먼 대통령에게 전해졌다. 미·영·중 3개국 정상은 7월 26일 발표된 포츠담 선언으로 일본에 무조건 항복을 권고했다. 일본이 항복하지 않을 경우 즉각적이고 완전한 파괴에 직면할 것이라고 경고했다. 일본 외무부가 포츠담 선언 수락을 검토하던 중 7월 28일 스즈키 간타로 총리의 "오직 묵살할 뿐이다"라는 기자회견 발표가 신문에 게재되었다. 일본은 소련에 종전 중재를 요청하고 있는 중이라 지연전술을 쓴 것이지만 미국은 이 반응을 일본의 전면 거부로 받아들여 원자폭탄 투하를 결심했다.

1945년 8월 6일 오전 8시가 막 지났을 무렵 히로시마 9,600m 상공에 3기의 대형 비행기가 나타났다. 그날 오전 2시 45분 티니언 섬 기지를 이륙한 B-29 폭격기였다. 그중 한 기의 이름은 조종사 폴 티베츠 대령의 어머니 이름에서 딴 '에놀라 게이'였다. 오전 8시 15분쯤 한 기에서 폭파 기록장치를 실은 3개의 낙하산이 떨어지고 뒤이어 550m 상공에서 폭발하도록 조절된 길이 3m, 무게 4톤의 폭탄이 에놀라 게이에서 떨어졌다. 우라늄 원자폭탄 '리틀 보이'였다.

"오, 하느님, 우리가 지금 무슨 일을 저질렀나이까?"

폭탄은 강한 섬광을 발하며 폭발했다. 뒤이어 고열의 불덩이가 퍼져나갔다. 시속 900km의 충격을 동반한 폭풍이 불면서 반경 3km가 넘는 지역 안의 거의 모든 것이 쓰러졌다. 폭심지 주변 병원의 돌기둥은 땅 속으로 깊이 박혔고 폭심지를 중심으로 13㎢ 이내의 건물은 모두 파괴되었다. 1만 5,000m 상공으로는 버섯처럼 솟아오른 구름으로부터 죽음의 검은 비

리틀 보이가 폭발한 히로시마(왼쪽)와 패트맨이 폭발한 나가사키

가 내려 나머지 생존자의 목숨을 앗아갔다.

부조종사가 "하느님, 우리가 지금 무슨 일을 저질렀나이까?"라며 안타까워했다지만 이미 수많은 사람이 방사능과 고열로 죽어가고 있었다. 인류가 처음 경험하는 대참사에 인구 34만 명의 도시는 잿더미가 되고 도시의 60%가 파괴되었다. 시민 7만 명이 죽고 13만 명이 부상했으며 7만 호의 집이 파괴되었다. 사망자는 1945년 말 14만 명으로 늘어났다.

원폭 투하 후 16시간이 지나 트루먼이 성명을 발표했다. "그것은 원자폭탄이다. 일본이 우리의 요구를 거부하면 하늘로부터 역사상 가장 유례가 없는 파괴의 소나기를 맞을 것이다." 이 발표는 전 세계로 타전되었고 곧 일본이 항복할 것이라는 기대를 낳았다. 그러나 일본은 아무런 반응을 보이지 않았다. 일본의 군부와 내각이 항복의 전제 조건을 놓고 갑론을박하고 있을 때 두 번째 원자폭탄 '패트맨'을 실은 B-29 폭격기가 또다시 일본을 향해 날아갔다. 찰스 스위니가 조종하고 '복스 카'로 명명된 폭격기였다.

패트맨은 20일 전 미국의 앨라모고도에서 실험한 것과 같은 플루토늄 폭탄이었다. 패트맨은 8월 9일 오전 11시 2분 나가사키의 우라카미 상공에 떨어졌다. 폭발 지점은 목표지로부터 5km 정도 빗나갔지만 시가지의 45%가 파괴되고 4만 명이 죽었으며 5만 명이 부상했다. 나가사키 원폭 투하에는 우연적인 요소가 크게 작용했다. 처음에는 8월 11일로 예정되었으나 기술적 이유로 하루 앞당겨지고, 다시 기상예보가 9일을 넘기면 일본 열도의 일기가 계속 나쁠 것이라고 해 하루 더 앞당겨졌다.

목표 도시도 당초에는 나가사키가 아니고 고쿠라였다. 그런데 고쿠라 상공에 도착했을 때 짙은 구름이 시가를 덮고 있어서 3번이나 선회해도 투하 지점이 눈에 들어오지 않았다. 결국 두 번째 목표지인 나가사키로 목표 도시가 바뀌었다. 천황은 히로시마 원폭 때만 해도 항복에 대한 자신의 의견을 밝히지 않았으나 나가사키에서 또 원폭이 폭발하자 항복의 불가피성을 피력하며 일부 군부의 항복 반대 의견을 잠재웠다.

일본의 항복

광기의 극치로밖에 볼 수 없는 군부의 집요한 저항이었다.

오키나와섬까지 미군에 함락되면서 일본의 항복은 사실상 초읽기에 들어갔다. 그러나 군부는 연료, 무기, 원자재 등이 사실상 고갈 상태라는 것을 알고 있으면서도 항복보다는 결사항전을 포기하지 않았다. 그런 가운데 1945년 7월 26일 일본의 무조건 항복을 요구하는 포츠담 선언이 발표되었다. 도고 시게노리 외무장관은 포츠담 선언에 천황의 전쟁 책임 문제가 언급되지 않은 것에 안도하며 전범자 처벌(10조)과 영토 축소(8조) 등은 감수해야 한다고 생각했다. 도고가 소련에 '조건부 화평 중재'를 의뢰하자고 천황에게 상주했을 때 천황이라고 달리 방도가 없어 수락하는 수밖에 없었다.

그러나 군부는 포츠담 선언의 중요성을 이해하지 못했다. 도고 장관과 요나이 미쓰마사 해군장관 정도만이 선언을 수락하는 것에 찬성하고 나머지는 유보하거나 항복 대신 명예롭게 종전할 수 있는 방안을 찾자고 주장했다. 특히 육군이 장악하고 있는 군부의 반발이 컸다. 7월 28일 "포츠담 선언을 묵살한다"는 스즈키 간타로 총리의 공식적인 기자회견 내용이 신문에 보도되자 미국은 이를 포츠담 선언에 대한 거부로 받아들여 원폭 투하를 결심했다.

도고는 소련의 중재에 희망을 걸고 소련 주재 일본대사 사토 나오타케에게 소련과의 교섭을 독촉하는 훈령을 계속 타전했다. 그러나 소련은 미적미적하기만 할 뿐 만나주질 않았다. 주소 일본 대사는 소련이 거부하고 있다고 판단해 본국에 포츠담 선언을 수락하는 것만이 전쟁을 종결하는 지름길이라고 보고했다. 일본 정부는 그때까지도 소련이 포츠담 회담에서 대일 참전을 약속해놓고 시기만 저울질하고 있다는 사실을 알지 못했다.

귀중한 시간은 이렇게 흘러갔고 결국 8월 6일 히로시마에 원자폭탄이 투하되었다. 일본이 포츠담 선언을 수락했다면 원자폭탄은 투하되지 않았을 것이고 또 소련의 참전도 없어 결국 남북분단도 없었을 것이라는 점을 생각하면 우리로서는 피가 끓는 대목이 아닐 수 없다.

항복 지연으로 애꿎은 국민만 죽어가

8월 8일 오후 5시(일본시간 8월 9일 오전 9시), 몰로토프 소련 외무장관이 1941년에 체결한 일·소 불가침조약 파기와 함께 선전포고문을 사토 일본 대사에게 전달했다. 이후 소련군이 노도와 같이 만주로 진격했다. 일본의 전쟁 지휘부는 이 사실을 보고받고 즉각 회의를 열었다. 스즈키 총리, 도고 외무장관, 요나이 해군장관, 아나미 육군장관, 우메즈 육군 참모총장, 도요타 군령부총장 등 6명이 참석한 회의에서 요나이 해군장관이 전쟁을 빨리 끝내야 한다고 주장하고 다른 참석자들도 이에 동의했으나 아나미 육군장관만이 유일하게 반대했다. 갑론을박하던 오전 11시를 조금 지나 나가사키에 또다시 원폭이 떨어졌다. 정부가 꾸물거리고 늑장을 부리는 사이 애꿎은 국민들만 이렇게 죽어갔다.

사정이 이런데도 아나미는 오후 회의와 늦은 밤 어전회의에서 계속 항복 불가를 외쳐댔다. 어전회의는 도고·요나이와 아나미로 갈렸다. 도고는 일본의 국체 유지를 전제로 한 포츠담 선언의 수락을 주장했다. 반면 아나미는 국체 유지, 연합국의 점령 지역 최소화, 무장해제와 전범 처리 문제 일본에 위임 등 세 가지 조건을 요구했다. 광기의 극치로밖에 볼 수 없는 군부의 집요한 저항이었다. 천황이 마지막으로 입을 열었다. "참으로 힘든 일이지만 전쟁을 중단하기로 결심했다." 이처럼 천황의 늦은 결단 때문에 히로시마와 나가사키가 폐허화되고 소련의 침공을 불렀으면서도 일본인은 이 천황의 결정을 '성단(聖斷)'이라며 치켜세우고 있다.

일본 외무대신 시게미쓰 마모루가 미국의 미주리함에서 항복 문서에 서명하고 있다(1945.9.2).

천황의 결정으로 군부의 반대는 진정되었다. 8월 10일 오전, 천황의 국체 유지를 전제로 한 포츠담 선언 수락문이 미국, 영국, 중국, 소련 등 연합국에 전달되었다. "천황 문제는 일본 국민이 나중에 결정하고 우선 포츠담 선언에 따라 무조건 항복하라"는 미국의 성명이 일본에 전달된 것은 8월 12일 새벽이었다. 그러자 군부는 "국가 통치권은 최고사령관에게 종속된다"는 성명서의 표현을 문제 삼으며 다시 선언수락불가 입장으로 돌아섰다. 최종 결정이 내려지지 않는 가운데 천황은 오후 3시 황족회의를 열어 전쟁 종결에 대한 의견을 들었다. 영친왕과 그의 장인인 나시모토 모리마사도 참석한 회의에서 황족 전원은 천황의 결정에 지지 의사를 표명했다.

주전파와 주화파의 대립이 계속되고 있던 8월 14일 아침, 천황이 참석한 어전회의가 지하 벙커에서 열렸다. 아나미, 우메즈, 도요타가 전쟁을 재개하자고 호소했으나 천황은 "전쟁을 계속하는 것은 일본을 파괴할 뿐"이라며 전쟁 중단 결정을 내렸다. 오후 7시 30분 항복문서인 '종전 칙서'가 연합국 측에 전달되었다. 그리고 그날 늦은 밤 천황은 815자 분량의 종전 조서를 녹음했다.

천황, 반성이나 사과 대신 구구한 자기변명만 늘어놔

1945년 8월 15일 낮 12시, 5,000만 명의 일본 국민이 라디오에 귀를 기울였다. 정오를 알리는 시보가 울리자 "지금부터 중대 방송이 있겠습니다. 전국의 청취자 여러분은 기립하시기 바랍니다"라는 한 아나운서의 목소리가 흘러나왔다. 뒤이어 "짐은 세계의 대세와 제국의 현 상황을 감안하여 비상조치로써 시국을 수습코자 충량한 너희 신민에게 고한다"로 시작되는 4분 37초짜리 종전 방송이 시작되었다. 대동아공영권을 부르짖던 일본에는 패전을, 식민지 조선에는 해방을 알리는 방송이었다.

그러나 천황은 종전 칙서를 통해 침략전쟁에 대한 구체적인 반성이나 사과 대신 구구한 자기변명만을 늘어놓았다. 더구나 생활 용어가 아닌 황실 용어이다 보니 국민은 좀처럼 그 내용을 알아들을 수 없었다. 연설 후 해설이 있고서야 일본 국민들은 항복 사실을 알게 되었다.

전국에 울음소리가 울려퍼졌다. 전범들의 자결이 줄을 이었다. 아나미는 8월 14일 밤 종전 칙서에 서명을 마친 후 할복자살했고, 가미카제의 아버지 오니시 다키지로는 8월 16일 새벽 할복자살했다. 스기야마 하지메 전 육군참모총장도 9월 12일 부인과 함께 자살했다. 장교들도 집단적으로 죽음의 길을 선택했다. 해군의 일부 전투기가 도쿄 상공을 날면서 "항복하지 마라. 천황의 조서는 가짜다"라는 전단을 뿌렸으나 마지막 발악일 뿐이었다.

항복 조인식은 1945년 9월 2일 도쿄만에 정박하고 있는 미국의 초대형 군함 미주리호 선상에서 열렸다. 갑판 위에 설치된 탁자를 중심으로 한쪽에는 연합군 장성 120명, 다른 한쪽에는 신문기자 240명이 역사적인 순간을 지켜보았다. 항복문서에 서명할 일본 측 대표는 1932년 4월 상해 주재 총영사 시절 상해 홍구공원에서 윤봉길 의사가 던진 폭탄에 오른쪽 다리를 잃은 전 외무장관 시게미쓰 마모루였다.

선글라스에 누런색 4성장군 제복을 입고 등장한 맥아더는 엄숙하게 항복 명령서를 낭독하고 포츠담 선언의 기본 내용을 거듭 천명한 뒤 항복문서에 서명할 것을 명령했다. 시게미쓰에 이어 육군 참모총장 우메즈 요시지로 등이 항복문서에 서명했다. 맥아더의 서명을 시작으로 각국 대표가 서명을 마친 시간은 9시 18분이었다. 이로써 태평양전쟁은 끝이 났다. 그 순간을 자축하듯 수백 기의 B-29와 1,000기가 넘는 함재기가 도쿄만 상공을 비행했다.

히로히토, 맥아더 방문

히로히토는 황실 고무도장이나 서류에 찍는 무기력한 인물이 아니었다.

태평양전쟁이 아시아의 수많은 사람을 죽음으로 내몰았는데도 종전 후 히로히토 천황은 전쟁에 대한 책임을 철저히 외면하고 반성도 하지 않았다. 천황은 일본이 항복을 선언한 1945년 8월 15일 815자의 '대동아전쟁 종결 조서 선언문'에서부터 자기변명으로 일관했다. "미·영 2개국에 선전포고를 한 것은 실로 제국의 자존과 동아시아의 안정을 간절히 바라는 데서 나온 것이며 타국의 주권을 배격하고 영토를 침략하는 행위는 본디 짐의 뜻이 아니었다."

일본 내각도 이런 천황을 옹호했다. 1945년 8월 28일 미군 제1진이 상륙했을 때 히가시쿠니노미야 나루히코 당시 총리는 기자회견에서 "전쟁은 모두가 나빴기 때문으로 천황에게 책임을 물어서는 안 된다"는 논리로 '일억 총 참회론'을 펼쳤다.

천황은 정말 책임이 없는 것일까. 패전 때까지 일본은 '일본 제국헌법' 테두리 안에서 움직였다. '대일본제국은 만세일계의 천황이 통치한다'는 제국헌법 1조에 따라 문무관의 임명, 육해군의 통수권, 선전·강화 및 조약 체결 등 군사 외교와 관련된 광범위한 권한 등이 모두 천황의 손에 쥐어져 있었다.

히로히토 자신도 통수권을 적극 행사했다. 1932년 1월 관동군의 만주 침략을 자위전쟁이라고 옹호하는 칙어를 내리고 1941년 12월 태평양전쟁을 도발하며 미국과 영국에 전쟁을 선포하는 선전 조서에 서명했다. 또한 중일전쟁에서 화학무기와 최루탄 사용을 375차례 허가했고 식민지 국민과 전쟁포로를 상대로 생체실험을 한 731부대 창설을 재가했다. 따라서 히로히토는 명목상의 인물, 소극적인 방관자, 문서에 황실 고무도장이나 찍는 무기력한 인물이 아니었던 것이다.

미국에서도 천황 처벌 여론 압도적으로 높아

전쟁이 끝났을 때 모든 연합국 정부의 입장은 같았다. 히로히토 천황을 전범으로 처벌해야 한다는 것이었다. 호주는 전쟁 당시 호주 포로들을 대거 처형하고 수만 명의 전쟁포로들을 학대한 장본인으로 천황을 지목했다. 갖은 학대를 받았던 연합국 포로들은 천황에게 진저리를 쳤고 중국의 분노는 더 이상 말할 것도 없었다. 미국인 사이에도 히로히토를 처벌해야 한다는 여론이 압도적으로 높았다. 1945년 6월 갤럽 여론조사에 따르면 천황에 대한 처리로 처형 33%, 재판에서 결정 17%, 종신형 11%, 추방 9% 등 미국민 70%가 천황을 처벌해야 한다고 답했다. 9월 18일에는 히로히토를 전쟁범죄자로 기소해야 한다는 내용의 결의안이 미 상원에 제출되기도 했다.

1945년 9월에 일본 주둔 연합군 최고사령관으로 부임한 더글러스 맥아더 역시 히로히토 천황을 전범으로 처리해야 한다고 생각했다. "천황이라는 직위를 없애 버리면 일본의 사회구조도 자연스럽게 변화할 것"이라는 게 맥아더의 생각이었다. 그런데 맥아더의 생각에 변화가 생겨 연합국을 당혹케 하는 일이 벌어졌다. 일본의 각료들로부터 "천황이 그대로 자리를 지켜야 일본을 통치하는 게 더 쉬워질 것", "천황은 일본 내 좌익혁명 세력을 억제하는 데 20개 사단의 힘을 갖고 있다"는 등의 보고를 받은 후 생각에 변화가 나타나기 시작한 것이다.

맥아더가 히로히토를 직접 만날 필요성을 느끼고 있던 차에 맥아더의 한 참모가 히로히토에게 맥아더를 방문할 것을 제안했다. 히로히토는 자신을 전범으로 처리해야 한다는 목소리가 연합국 내에 높고, 맥아더가 자신을 어떻게 생각하느냐에 따라 자신의 운명이 달라진다는 것을 잘 알고 있었기 때문에 전전긍긍하며 맥아더를 방문했다.

히로히토 천황이 미 대사관을 방문, 부동자세로 맥아더와 사진을 찍었다(1945.9.27).

히로히토가 도쿄 미국 대사관의 맥아더를 찾아간 것은 1945년 9월 27일 오전 10시였다. "방문을 영광스럽게 생각한다"는 맥아더의 첫 반응에 히로히토는 안도하면서도 맥아더가 시가를 권했을 때 손이 떨려 불을 붙이지 못할 정도로 긴장했다. 맥아더는 과거 메이지 천황 때 필리핀 주둔 사령관이던 아버지를 따라 일본에 왔을 때의 기억 중 일부를 꺼내는 것으로 히로히토의 긴장을 풀어주었다. 잠시 후 히로히토가 "내가 책임을 모두 지기 위해 이렇게 왔습니다"라며 생전 처음 '짐'이란 호칭 대신 '나'라는 단어를 썼다.

히로히토가 자신을 전쟁범죄자로 기소하지 말아 달라고 호소할 것으로 예상했던 맥아더는 히로히토 스스로 전쟁 수행에 대한 모든 책임을 지겠다는 말을 듣고 감동을 받았다. 비교적 우호적인 분위기 속에서 35분간의 회의가 끝났을 때 히로히토의 얼굴에는 안도하는 표정이 역력했다.

두 사람은 대사관의 큰 거실에서 나란히 선 채 사진을 찍었다. 맥아더는 황갈색 군복 상의에 넥타이도 매지 않은 채 양손을 뒷주머니에 찔러 넣은 모습이었고, 히로히토는 모닝코트와 줄무늬 바지를 입고 넥타이를 단정하게 맨 채 초췌한 표정으로 차렷 자세를 취했다. 히로히토의 작은 키는 맥아더의 어깨에도 못 미쳤다. 일본 언론은 거대한 맥아더와 왜소한 히토히토의 사진에 질겁하여 사진 게재를 거부했으나 연합군 최고사령부의 명령에 따라 보도할 수밖에 없었다. 그렇게 세상에 공개된 사진은 일본 국민에게 큰 충격을 주었다.

"짐은 현인신 아니다" 인간 선언으로 허리 낮춰

맥아더는 히로히토를 만난 후 보고서에 이렇게 적었다. "히로히토는 전쟁을 시작할 수도, 끝낼 수도 없던 완벽한 꼭두각시에 불과한 인물이다. 그를 기소하는 것은 논리에 맞지 않는다. 전쟁의 시작도 내각의 결정에 따른 것이었고 종전도 내각이 결정했다." 상황이 점차 호전되어가는 것을 알았는지 히로히토는 1946년 1월 1일 "짐은 현인신(現人神)이 아니다"라는 이른바 인간 선언으로 허리를 더 낮췄다.

맥아더는 1946년 1월 미 정부에 보내는 전보에서 천황 불기소 방침을 보고했다. "천황을 전범으로 기소할 경우 일본인들 사이에서 엄청난 혼란이 일어날 것이다. 천황은 일본인 통합의 상징이다. 천황을 망가뜨리면 (폭동을 제압하는 데)군대 100만 명이 필요할 것이며 그 군대를 무기한 유지해야 할 것이다."

맥아더의 생각 변화에는 일본인들이 천황을 구명하기 위해 보낸 수많은 편지도 영향을 미쳤다. 한 일본인은 "천황 폐하를 법정에 세우는 일이 있다면 나 자신은 물론이고 많은 일본인이 각하(맥아더) 개인뿐만 아니라 미국인 모두에 대해서 앞으로 영원히 무시무시한 증오심을 안게 될 겁니다"라고 맥아더에게 편지를 썼다. 한 초등학생은 서툰 글씨로 두 줄짜리 짧은 편지를 보냈다. "천황 폐하를 재판하지 마세요. 천황 폐하는 잘못이 없어요."

미 의회와 트루먼 대통령은 맥아더의 보고를 받아들여 "전범 체포 작업은 지속적으로 진행한다. 그러나 천황을 해치는 어떠한 행위도 용납하지 않는다"라는 미국의 대일본 정책을 수정·하달했다. 트루먼은 일본으로 떠나는 조지프 키넌 도쿄 국제전범재판소의 수석검사에게 "히로히토를 전범 대상에서 제외하라"는 지시를 내렸다. 천황이 절체절명의 위기 상황에서 벗어나 부활하는 순간이었다.

미 정부의 이런 돌변과 달리 1946년 5월에 개정된 국제전범재판소의 윌리엄 웹 재판장(호주)을 비롯한 각국의 조사담당관들은 여전히 히로히토를 전범으로 기소해야 한다고 주장했다. 그런데도 키넌 검사는 미 정부의 뜻을 받들어 히로히토를 기소하지 않았다. 심지어 히로히토가 11세 때부터 써온 일기가 히로히토의 범죄나 결백을 증명해 줄 수 있는 충분한 근거가 될 수 있는데도 일기가 증거로 채택되는 것을 막았다.

히로히토가 가장 총애했으나 결국 전범으로 사형당한 도조 히데키조차 죽기 전 법정에서 "일본 사람 누구도 천황이 시키지 않은 일을 하는 사람은 없다"며 천황의 전쟁 책임을 암시하는 진실을 토해냈지만 맥아더와 키넌은 귀를 막았다. 결국 히로히토는 1948년 11월까지 열린 도쿄 전범재판에 끝내 기소되지 않았고 이후 88세까지 장수했다.

브레턴우즈 체제 발효

케인스는 학자로서 명성은 높았으나 등에 업은 국력으로는 미국 화이트의 상대가 되지 못했다.

2차대전 중 독일과 일본의 패배가 확실해지자 연합국은 전후 세계경제 질서 재편에 관심을 집중했다. 피폐한 세계경제를 부흥시키고 교역을 확대하는 게 연합국의 일차 관심사였다. 이를 위해 1944년 7월 1일부터 22일까지 세계 45개국 대표가 미국 뉴햄프셔주의 브레턴우즈에 모여 머리를 맞댄 회의가 '연합국 통화금융회의'다.

전쟁 전까지 세계 경제는 미국의 달러권과 영국의 파운드권으로 양분되어 있었다. 이 때문에 미국과 영국은 회의가 있기 수년 전부터 전후 세계경제 질서가 자국에 유리해지도록 온갖 신경전을 벌였다. 시작은 2차대전 발발 후 미국이 곤경에 처한 영국을 지원한다는 명목으로 제정한 무기대여법(1941.3)이었다. 지원에 앞서 미국은 종전 후 세계경제의 주도권을 쥐기 위해 영국에 까다로운 조건을 제시했다. "무기대여법에 따라 지원을 할 테니 전후에 영국의 특혜관세 제도를 철폐하라"는 요구였다.

달러권과 파운드권으로 양분된 상황에서 상대 블록에 더 높은 관세가 부과되는 당시의 차별 대우(특혜관세제도)가 전후 자유로운 세계경제를 확대하는 데 방해가 된다는 게 당시 미국의 시각이었다. 물론 종전 후 미국의 영향력을 확대하기 위한 포석이었다. 영국은 사실상 파운드권의 해체를 의미하는 미국의 안을 거부하고 싶었지만 전쟁이 한창인 상황에서 미국의 원조가 절실했던 터라 받아들일 수밖에 없었다. 미국은 이런 내용이 삽입된 상호원조협정을 영국과 체결(1942.2)함으로써 주도권 싸움의 1막을 승리로 장식했다.

2막은 전후의 세계 통화 체제를 어떤 방식으로 할 것이냐의 문제였다. 달러를 중심으로 한 금본위 체제를 전후의 경제 질서로 삼으려는 미국의 '화이트안(案)'과 파운드의 지위를 유지하려는 영국의 '케인스안'을 놓고 양국 간에 격렬한 논쟁이 벌어졌다. 영국과 미국은 1943년 3월과 4월 각각 '국제청산동맹 설립안'(케인스안), '연합국의 국제안정기금안'(화이트안)을 제시했다.

영국의 케인스안은 세계중앙은행을 설립하는 안이었다. 모든 국가에 중앙은행이 있듯 국제경제의 움직임에 따라 유동성 부족을 겪고 있는 국가에 구제금융을 제공하는 세계중앙은행을 만들자는 것이다. 영국과 미국 등 연합국이 차등 분담한 예치금을 기반으로 '방코'라는 국제금융 지불통화를 발행해 운영하는 방식이었다. 케인스는 이것을 '국제청산동맹'이라고 명명했다.

미국의 화이트안은 '국제안정기금'이라는 국제적 금융기관을 만들어 가맹국으로부터 금과 가맹국의 통화 등의 투자를 받아 그 자금으로 국제수지가 일시적 위기에 빠진 국가에 단기적으로 융자해 위기를 회피하자는 안이었다. 이를 위해 '유니타스'라는 국제화폐를 발행해 1유니타스를 각각 금 8.88671g, 10달러로 설정했다. 이렇게 되면 유니타스는 일정액의 달러나 일정량의 금 대신 통용되는 교환권과 같은 역할을 하게 된다.

두 안은 비슷한 점이 많았다. 자유무역을 촉진하고 외환통제를 반대한다는 점에서도 그렇고 금본위제 복귀를 반대하고 각국의 통화정책과 재정정책의 독립성을 보장한다는 점에도 유사했다. 하지만 양국의 상반된 이해관계를 반영했다는 점에서는 차이가 컸다. 케인스안은 대영제국의 영광을 연장하려는 의도가 숨어 있었고, 화이트안은 미국이 주도하는 통화금융체제를 구축해 미국 중심의 자본주의 세계경제 질서를 수립하려는 패권적 의도가 숨어 있었다. 이 두 가지 안을 놓고 최종 결론을 내리기 위해 각국 대표가 미국의 브레턴우즈에 모인 것이다.

미국의 야심은 금 평가에 입각한 달러의 고정환율 관철

회의에 앞서 1944년 6월 미국의 애틀랜틱시티에서 미국, 영국, 소련, 중국 등 16개국이 '사전협의기초회의'를 열어 새로 창립할 국제금융기구 기금의 분담액을 확정했다. 미국이 29억 달러, 영국이 그 절반을 분담하는 등 분담액은 총 100억 달러 규모였다. 분담액이 많을수록 국제금융기구에 대한 지배력이 커진다는 점에서 미국의 위상이 반영된 결과였다.

뒤이어 열린 브레턴우즈의 연합국 통화금융회의에서 미국의 화이트는 각국의 금 보유량과 국민소득의 다과에 따라 출자액을 정해야 한다고 했고, 영국의 케인스는 전전(戰前)의 무역액을 기준으로 해야 한다고 주장하는 등 막판까지 신경전을 벌였다. 학자로서의 명성이야 케인스가 미국 대표 화이트에 비해 월등히 앞섰지만 등에 업은 국력으로는 화이트의 상대가 되지 못했다. 둘 다 자존심이 강해 사사건건 부딪쳤으나 사실상 2차대전 승리의 주역은 미국이었다.

결국 회의는 미국의 뜻대로 세계 금의 74%를 보유하고 있는 미국의 달러를 세계의 중심 통화로 삼고 각국의 통화를 달러에 고정시키는 고정환율제를 채택했다. 금 1온스(28.3495g)당 35달러의 금 평가를 유지하고 회원국들은 자국의 통화를 기축통화인 미 달러화에 대해 기준환율을 일정하게 설정하고 유지하되 시장환율이 기준환율의 상하 1%를 초과하지 않도록 했다.

브레턴우즈 회의에서는 'IMF(국제통화기금)'와 'IBRD(국제부흥개발은행)'의 창설도 결정되었다. 환율을 안정시켜 자유무역을 성장시키기 위해서는 IMF가, 경제부흥과 개발을 촉진하기 위해서는 IBRD가 필요하다는 데 인식을 같이한 것이다. 이른바 '브레턴우즈 체제'의 시작이었다. 금융통화회의에 참가한 나라는 소련을 포함해 45개국이었다. 소련은 브레턴우즈 협정문에는 서명했으나 미국이 주도하는 자본주의 질서에 휘둘릴 것을 우려해 협정 비준은 거부했다.

파운드 시대 가고 달러 시대 도래해

영국은 종전 후 경제 파탄에 직면하자 "미국이 차관을 주어야 브레턴우즈 체제를 비준하겠다"며 어깃장을 놓았다. 미국은 영국에 차관을 주면서 또다시 조건을 달았다. "브레턴우즈 체제를 비준하고 파운드권을 해체하라"는 조건이었다. 결국 미국은 막강한 경제력을 이용해 사실상 영국의 무장해제를 관철했다. 영국의 비준으로 할당액의 80%가 모이고 35개국의 비준을 거친 끝에 1945년 12월 27일 마침내 브레턴우즈 체제가 발효되었다. 이로써 파운드 시대는 가고 달러 시대가 도래했다.

미국은 브레턴우즈협정이 체결되자 27개국 대표를 스위스 제네바로 초청해 보호무역을 폐지하고 자유무역을 실현하기 위한 다자간 무역협상을 시작했다. 그 결과 1947년 10월 관세 및 무역에 관한 일반협정(GATT)이 체결되었다. GATT는 "합의된 낮은 관세율은 회의에 참가한 모든 국가들에게 예외 없이 적용한다"는 원칙을 확인하고 다자간 무역협상 시대가 개막되었음을 선포했다. 이로써 자본주의의 새로운 패자 미국은 한 손에는 총을 들고, 다른 한 손에는 달러를 쥐고 세계를 호령하게 되었다.

국제무역 거래나 대외 채무에 대비한 준비통화로서 달러의 위상은 크게 강화되었다. 미국 경제는 풍부한 달러를 기반으로 국제무역을 좌지우

지하고 세계경제는 호황을 구가했다. 미국은 국내통화이면서 동시에 유일한 국제통화인 달러를 마구 찍어 국내 투자에 충당하는 것은 물론 공산화를 막기 위해 개도국을 지원했다. 베트남전 군사비로도 달러를 아낌없이 사용하고 세계 각지에서 싼 물건을 사와 미국의 인플레를 막았다.

그러나 과유불급이었다. 달러를 너무 많이 찍은 탓에 호황기가 끝나가는 1960년대 후반부터 문제가 불거졌다. 성장은 더딘데 실업이 늘고 물가가 오르는 '스태그플레이션'이라는 새로운 현상이 나타난 것이다. 흑자에서 적자로 곤두박질친 무역수지도 주요 원인이었다. 올 것이 왔다고 판단한 각국은 달러를 시장에 쏟아냈다. 1971년 4~6월 사이에 140억 달러가 시장에 나와 달러가 폭락했다. 금값은 더욱 심하게 요동쳤다. 영국은 한꺼번에 30억 달러를 금으로 바꿔 달라고 미국에 요구했다.

적자 누적에 달러 유출과 금 준비고의 감소로까지 이어지면서 더 이상 견딜 수 없게 된 미국은 결국 달러와 금의 연결 고리를 떼어놓을 수밖에 없어 기축통화인 달러화를 마치 실 끊어진 연처럼 세계 환시장에 내던져 버렸다. 1971년 8월 15일 닉슨 미 대통령이 "달러를 금으로 바꿔줄 수 없다"고 선언함으로써 세계를 걷잡을 수 없는 혼란에 빠뜨린 것은 이런 이유 때문이었다. 이른바 '닉슨 쇼크'로 '브레턴우즈 체제'도 막을 내렸다.

유엔 발족

국제연맹의 유명무실한 운영은 유엔 설립의 반면교사가 되었다.

유엔(국제연합)은 1920년 창설된 '국제연맹'이라는 국제조직이 있는데도 2차대전이라는 미증유의 참사를 피하지 못한 연합국의 반성에서 출발했다. 국제연맹의 유명무실한 운영이 유엔 설립의 반면교사가 된 것이다. 1차대전 후 국제연맹이 출범할 때 미국은 윌슨 대통령의 적극적인 동참 의지에도 불구하고 미 의회의 반대로 국제연맹에 가입하지 못했다. 러시아는 1차대전 중 독일과의 '브레스트 리토프스크 조약'으로 전쟁에서 발을 빼 가입이 허락되지 않았으며 독일은 패전 국가라 가입할 수 없었다.

이처럼 반쪽 국제기구로 출범한 상황에서 일본이 1931년 만주를 점령하고 1934년 국제연맹을 탈퇴함으로써 국제연맹은 사실상 식물인간 상태가 되었다. 그러다 보니 1935년 이탈리아가 에티오피아를 침략하고 1938년 독일이 오스트리아를 병합해도 국제연맹은 항의에 그쳐야 했다.

유엔 창설은 태평양전쟁이 발발하기 전인 1941년 8월 루스벨트 미 대통령과 처칠 영국 총리가 발표한 8개 항의 '대서양헌장'에 뿌리를 두고 있다. '유엔(United Nations)' 명칭은 1942년 1월 1일 26개국 대표가 모여 서명한 '연합국 공동선언'에 처음 등장한 후 정식 명칭이 되었다. 유엔 설립의 원칙은 1943년 10월 모스크바에서 열린 미국, 영국, 소련 외무장관 회의에서 결정되었다.

유엔헌장 초안은 1944년 8~10월 워싱턴 교외의 덤버턴오크스 박물관 겸 도서관에서 열린 미국, 영국, 중국, 소련 4개국 대표 회의에서 작성되어 1945년 4월 25일 샌프란시스코에서 개막된 연합국 전체회의에서 2개월 동안의 심의 끝에 6월 26일 50개국이 조인함으로써 확정되었다. 폴란드는 회의에 참석하지 않았으나 나중에 서명해 실제 서명 국가는 51개국이었다.

유엔은 1945년 10월 24일 정식으로 발족했다. 10월 24일은 샌프란시스코에서 50개국이 조인(6.26)한 유엔헌장을 비준한 국가 수가 과반인 26개국을 넘긴 날이다. 26번째 비준 국가는 소련이었다. 51개국 대표가 참석한 유엔의 첫 총회는 1946년 1월 10일 영국 런던에서 열렸다.

첫 총회에서는 노르웨이 외무장관 출신의 트뤼그베 리가 초대 사무총장으로 선출된 가운데 이란의 일부 지역을 계속 점령하고 있는 소련, 그리스를 점령하고 있는 영국에 비난이 쏟아졌다. 유엔 본부는 한동안 뉴욕의 대학 캠퍼스나 근교 도시를 전전하다가 록펠러 2세가 뉴욕 맨해튼의 부지를 제공하고 프랑스의 세계적인 건축가 르코르뷔지에가 설계해 1951년 1월 준공되었다.

미증유의 참사 피하지 못한 반성에서 출발

전문을 포함해 19장 111개조로 구성된 유엔헌장에 따르면 유엔의 주요 임무는 국제평화 및 안전 유지이고 경제적·사회적 국제협력과 신탁통치다. 유엔 조직은 총회, 안전보장이사회, 신탁통치이사회, 경제사회이사회, 국제사법재판소, 사무국의 6개 주요 기관으로 구성되어 있다. 유엔 산하에 16개의 전문기구(국제통화기금, 국제원자력기구, 유네스코 등) 및 2개의 독립기구 등 38개의 관련 기구가 있고 총회는 전 회원국으로 구성된다.

총회는 국력·면적·인구 등에 관계없이 1국 1표주의에 의거해 의사결정을 하지만 법적 구속력이 약하다. 이에 비해 5개 상임이사국(미국, 영국, 프랑스, 중국, 러시아)과 10개 비상임이사국 등 15개국으로 구성된 유엔 안보리의 결정은 법적 구속력이 있다. 특히 5개 상임이사국은 거부권을 가짐으로써 안보리의 합의를 무력화할 수 있는 절대적 권한을 쥐고 있다.

국제분쟁에 개입하려면 안보리 회원국 전원 일치를 얻어야 하는데 이 때문에 5개 상임이사국에 부여된 거부권에 의해 국제분쟁 타개가 자주 암초에 부딪혔다. 무엇보다 유엔 창설 후 40여 년간 계속된 동서 냉전의 갈등이야말로 유엔을 무력화한 가장 큰 원인이었다. 미국과 소련을 정점으로 한 이른바 냉전의 양극체제에서 세계는 이념적, 정치적, 군사적으로 대립하고 유엔은 갈등과 대결의 장으로 변모했다.

특히 유엔의 최고 핵심기관인 안보리는 미국과 소련의 자동반사적인 거부권 행사로 기능이 거의 마비되었다. 국제 평화와 안전에 관련된 중요한 문제라 하더라도 5개 상임이사국의 이해관계가 엇갈리면 아무런 역할도 할 수 없었다. 1946~1949년 계속된 그리스 전쟁에서 소련의 거부권 행사로 유엔의 군사행동이 봉쇄되고 1956년 소련 군대가 헝가리의 민중 봉기를 압살했을 때도 유엔은 두 손을 놓은 채 지켜보아야 했다.

상황이 이렇다 보니 '유엔'이란 이름으로 국제 질서를 바로잡는 일이 과연 '절대선'인가 하는 물음이 끊이지 않았다. 5개 상임이사국의 이해관계가 맞아떨어지는 일은 반드시 선한 행동인가라는 당연한 문제제기였다. 이들 강대국이 합의했다고 해서 그 행동이 인도주의나 세계평화와 합치한다는 보장이 어디에도 없었기 때문이다. 결국 유엔은 평화 유지를 위한 논의의 장이라기보다는 강대국들의 이해가 첨예하게 대립하는 각축장이 되고 말았다.

"유엔은 절대선인가" 물음 끊이지 않아

그렇다고 성공 사례가 없지는 않았다. 4차례의 중동전 때 영향력을 행사했고 콩고(1960~1962)와 키프로스(1964~1974) 등지에서 평화 유지 임무를 성공적으로 수행했다. 특히 6·25전쟁이 발발했을 때 유엔군의 참전 결의로 한국이 공산권에서 벗어나도록 한 것은 유엔군의 최대 공로로 인정된다.

공교롭게도 유엔의 6·25 참전은 소련의 안보리 불참의 산물이었다. 유엔 창설 초기 소련은 서방 중심의 권력 지형을 못마땅하게 여겨 1949년 대만으로 후퇴한 장개석의 국민당 정부 대신 새로 수립된 중국 본토의 공산당 정부를 유엔 회원국으로 참여시키는 안건을 논의에 붙였으나 미국의 주도로 부결되자 안보리에 협력하지 않겠다고 선언했다. 결국 소련은 북한의 남침에 맞설 유엔군을 파병하는 논의에 참여하지 않았고 덕분에 유엔의 6·25참전이 성사될 수 있었다.

유엔 창설 후 가장 큰 변화는 회원국이 대폭 증가하고 제3세계의 입김이 커진 것이다. 창설 당시 51개국에 불과하던 회원국은 1961년 100개국을 돌파했다. 새로 회원국이 된 대부분의 나라는 식민지에서 벗어난 신생국들이었다. 우리나라는 1991년 북한과 함께 유엔에 가입했다. 2011년에는 남수단이 193번째 회원국으로 이름을 올려 2014년 현재 회원 국가 수는 193개국이다.

베트남민주공화국 수립

1954년 디엔비엔푸에서 완패할 때까지 프랑스는 서서히 패배의 늪 속에 빠져들었다.

1945년 4월 30일 미 OSS(CIA 전신) 소속 패티 소령이 중국 남쪽 국경 마을의 허름한 찻집에서 극비리에 호찌민을 만났다. 당시 베트남을 점령하고 있는 일본을 축출하는 것이 두 사람의 공통된 목표였다. 그러나 호찌민은 또 다른 문제로 머리가 복잡했다. 미국의 입장과 달리 프랑스로부터 독립하는 것도 일본을 쫓아내는 것 못지않게 중요했기 때문이다.

베트남은 19세기 중반부터 프랑스의 식민지였으나 2차대전 때 프랑스를 점령한 나치 독일이 프랑스에 독일의 괴뢰정권인 비시 정부를 세우고 이에 따라 베트남도 비시 정부의 영향력 아래 놓이면서 어떤 형태로든 변화가 예상되었다. 가장 결정적인 변화는 베트남을 지배하고 있는 프랑스 식민정부가 1940년 일본군에 굴복, 일본이 베트남에 군대를 주둔시키고 3개 비행장을 건설하는 것을 허용한 것이다. 당시 일본과 독일은 추축동맹을 맺고 있었다.

호찌민(1890~1969)

베트남 영토에 프랑스가 아닌 일본이라는 새로운 군사 강국이 들어섰다는 것은 베트남인에게 충격이었다. 일본이 야욕을 드러낸 것은 사실상 나치의 패망을 눈앞에 둔 1945년 3월이었다. 프랑스와의 공존 관계를 4년 만에 끊어버리고 무력으로 프랑스군을 베트남 땅에서 쫓아낸 것이다. 이것으로 프랑스의 식민 통치도 종지부를 찍었다. 이처럼 일본이 실질적으로 베트남을 장악한 시기에 호찌민과 패티가 만난 것이다.

패티는 워싱턴에 "호찌민은 무례한 공산주의자가 아니고 베트남 독립을 최우선 당면 과제로 삼고 싸우는 민족주의자"라고 보고했다. 이후 미국은 일본이라는 공통의 적을 상대로 호찌민과 공동전선을 펼쳤다. 베트남은 일본군의 정보를 미국에 제공했고, 미국은 무기와 의약품을 공급하는 한편 1941년에 결성된 베트민(베트남독립동맹)의 부대원을 훈련시켰다. 보응우옌잡 장군이 지휘하는 베트민 부대는 OSS 부대와 함께 군사작전을 펼치며 패색이 짙은 일본군을 몰아세웠다.

1945년 8월 15일 일본은 항복했고 베트민은 북부의 하노이(8.19)와 남부의 사이공(8.25)을 장악했다. 8월 30일엔 꼭두각시 바오다이 황제가 20년 만에 퇴위함으로써 베트남의 응우옌 왕조도 143년 만에 막을 내렸다.

호찌민은 1945년 9월 2일 국가주석의 자격으로 하노이 바딘 광장에 모인 50만 명의 군중을 향해 베트남민주공화국의 수립을 선포했다. 미국은 독립기념식장의 본부석에 초대된 유일한 국가였다. 하지만 미국과의 관계는 그때가 최고 우호기였다. 진정한 독립은 그로부터 30년, 무려 1만 일 뒤에나 이뤄졌기 때문이다.

베트남의 독립을 가로막은 첫 장애물은 1945년 7월의 포츠담 선언이었다. 16도선 남쪽은 영국이, 북쪽은 중국 국민당 정부가 지배한다는 선언에 따라 16도선 남쪽에 영국군이 들어오긴 했으나 영국은 오랜 식민 종주국 프랑스를 대신할 생각은 없었다. 프랑스군은 9월 말 영국의 양해하에 다시 베트남에 진주했다.

진정한 독립은 30년을 더 기다려야 해

1946년 3월 영국군이 완전히 철수한 16도선 남쪽은 다시 프랑스가 지배했다. 중국 국민당 군대는 16도 북쪽 베트남을 약탈하고 황폐화했다. OSS가 '호찌민을 옹호하는 특별성명서 발표'를 워싱턴에 요청할 정도로 폐해가 심각했다. 그러나 워싱턴은 일본이 물러난 마당에 프랑스의 반대를 무릅쓰고 '잠재적인 아시아의 티토' 호찌민을 지원할 생각이 없었다. 이미 냉전기의 조짐이 보이는 상황에서 베트남 전체가 공산화될 수 있다는 사실도 고려했다.

호찌민은 상황이 불리하게 전개되는 것을 알고 프랑스와 중국 국민당 정부가 체결한 '중국군이 철수하고 16도선 북쪽도 프랑스가 지배한다'는 내용의 협정을 받아들였다. 자칫 베트남 땅에 영원히 주둔할 수도 있는 중국보다는 잠시 프랑스를 받아들이는 것이 독립에 더 유리할 수 있다는 차악의 선택이었다.

중국군이 물러난 후 프랑스와 호찌민은 '베트남민주공화국은 프랑스연합 내 인도차이나 연방의 일원 자유국가'라는 예비협정을 체결했다. 그러자 호찌민에게 타협적 온건주의자라는 비난이 쏟아졌다. 호찌민은 "5년만 지나면 교섭에 의해 독립을 달성할 수 있는데 지금 어떻게 5만~10만 명의 목숨을 희생시킬 수 있단 말인가"라며 눈물로 호소했다.

양측은 1946년 6월 파리에서 2차 협상을 벌였다. 호찌민이 직접 파리에서 협상한 조약은 9월 14일 체결되었다. 프랑스의 이권을 보장해주는 대신 베트남에서 두 나라 사이의 무력 충돌을 방지한다는 합의였다. 그러나 합의는 곧 무너졌다. 1946년 11월 하이퐁에서 일어난 우발적인 사고로 두 나라 군대가 충돌한 것이다. 이 사고로 6,000여 명의 베트남인이 죽고 12월부터 전쟁이 본격화했다. 제1차 인도차이나 전쟁의 시작이었다.

베트남군은 특유의 후방 교란작전으로 맞섰다. 이 과정에서 만들어진 수많은 거점과 은신처가 그 유명한 '호찌민 루트'다. 그 무렵 동서 냉전을 고착화한 '트루먼 독트린'이 발표(1947.3)되면서 상황은 더욱 어렵게 전개되었다. 더구나 1949년 10월 중국에 공산 정권이 들어서고 중국 공산당과 소련이 베트남을 세계 최초로 공식 인정하자 불안해진 미국은 프랑스의 비호를 받고 있는 바오다이 전 황제가 이끄는 남쪽의 사이공 정부를 승인했다. 베트남의 분단화가 시작된 것이다.

그러나 보응우옌잡 장군은 1950년 6월의 한국전쟁으로 미국의 관심이 인도차이나에서 멀어진 틈을 타 1950년 10월 대규모 공세를 펼쳤다. 1만 6,000여 명의 프랑스군이 전사하거나 포로로 잡혔다. 미국의 전폭적인 지원이 시작되었지만 1954년 디엔비엔푸에서 완패할 때까지 프랑스는 서서히 패배의 늪 속으로 빠져들었다.

장 폴 사르트르 '레탕모데른(현대)'지 창간

6·25전쟁이 발발할 무렵부터 급격하게 친공산당으로 기울었다.

1943년 6월 장 폴 사르트르(1905~1980)가 실존주의 철학서 '존재와 무'를 출판했다. 당시는 2차대전 중이라 대중의 관심을 크게 끌지는 못했으나 종전이 되면서 상황이 달라졌다. 실존주의가 프랑스인들의 마음을 사로잡더니 불과 몇 년 만에 전염병처럼 전 세계로 번져갔기 때문이다. 한국도 예외가 아니었다.

실존주의와 사르트르에 대한 대중의 열광은 우연이 아니었다. 전쟁 전부터 세계는 정치적 광기와 억압을 겪어왔고 전쟁 중에는 잔혹한 파괴와 대량 학살을 체험했다. 희망을 잃은 채 망연자실하고 있을 때 실존주의가 홀연히 나타나 황폐한 삶에 불을 지핀 것이다. 실존주의는 당시 사람들에게 철학적 계시이자 은총이었다.

사르트르가 실존주의의 교주로 인식되고 또 20세기를 대표하는 지성인으로 추앙받은 것은 1945년 10월에 일어난 일련의 두 가지 사건에서 비롯되었다. 1945년 10월에 창간된 '레탕모데른(현대)'지의 등장은 '사르트르 신화'의 시작이었다. 사르트르가 발행인으로 이름을 올리고 레몽 아롱, 모리스 메를로퐁티, 시몬 드 보부아르 등 당대 대표적인 지성인들이 편집위원으로 참여한 것만으로도 '현대'지는 언론의 관심을 끌기에 충분했다.

'현대'지 창간이 프랑스 지성사에 특히 중요한 사건으로 기록된 것은 사르트르가 '창간호에 부치는 글'에서 "작가는 자기 시대에 책임을 져야 하는 지성인이 되어야 한다"고 역설한 데 있었다. 이를테면 "참여문학이 시대적 사명"이라는 주장이었는데 이것은 사르트르에게 중요한 변화였다.

기존 질서를 생래적으로 긍정하지 못하는 '반항적 지식인'

사르트르는 전쟁 전까지 사회 현실보다는 개인의 문학적·철학적 작업에 더 많은 노력을 기울였었다. 이런 사르트르가 현실 참여로 선회한 것은 2차대전 때 포로 생활을 경험하고 석방 후에는 소극적으로나마 레지스탕스로 나치에 저항한 경험이 크게 작용했기 때문이다.

1945년 10월 29일 저녁 파리의 상트로 강당에서 열린 '실존주의는 휴머니즘'이라는 사르트르의 강연회도 사르트르의 붐을 조성하는 계기가 되었다. 그날 저녁 상트로 강당에는 파리 시민들이 구름처럼 몰려들어 수십 명이 부상할 정도로 대성황을 이뤘다. 그날의 강연이 있기 전부터 가톨릭은 실존주의에 대해 "인간의 상스러움을 강조하고 추함을 과시하는 철학"이라고 공격했다. 공산주의자들은 "사색 철학, 사치 철학, 부르주아 철학"이라고 비난했다.

장 폴 사르트르(1905~1980)

사르트르는 강연에서 "실존주의란 인간의 삶을 가능케 해 주는 독트린", "실존주의는 인간을 행동으로 판단하고, 희망은 오직 행동에 있고, 실천 행위만이 인간에게 삶을 가능케 하는 유일한 것"이라며 반박했다. 이른바 '실존주의의 역공'이라 불리는 강연은 이튿날 모든 일간지에 대서특필되고 실존주의 철학이 유행처럼 번지는 계기가 되었다. 사르트르는 이듬해 '실존주의는 휴머니즘이다'라는 저서에서 "실존은 본질에 선행한다"고 실존주의를 분명하게 정의했다. 이처럼 1945년은 사르트르가 재탄생하고 '사르트르 시대'를 연 첫 해였다.

사르트르는 마르크시스트 친구가 많고 1948년에는 '혁명적 민주주의연합'이라는 좌익정당을 창당하는 데 가담하기는 했으나 공산당과는 일정하게 거리를 두었다. 그러다가 1950년 6·25전쟁이 발발할 무렵부터 급격하게 친 공산당으로 기울었다. 함께 '현대'지를 창간한 메를로퐁티와도 결별했다. 메를로퐁티는 한때 '진보적 폭력'이란 이론을 만들어 공산당의 폭력을 정당화하고 사르트르가 자신의 자리를 "메를로퐁티의 오른쪽, 카뮈의 왼쪽"이라고 술회케 했던 골수 공산주의자였다. 그러나 퐁티는 6·25전쟁 후 소련에 실망하며 공산당을 떠났다.

사르트르는 메를로퐁티와 달리 "미국의 꼭두각시에 의한 북침설"을 내

세우며 "6·25전쟁은 미 제국주의에 맞서는 사회운동일 뿐이고, 중요한 것은 공산당을 중심으로 좌파 지식인이 뭉치는 것"이라고 주장했다. 심지어 "나의 세계관이 바뀌었다. 반공주의자는 개(犬)다. 나는 죽을 때까지 부르주아에 대해 증오를 품을 것이다"라고 강변했다.

사후에는 "전체주의자, 오류의 철학자" 비판 들어

그 무렵은 소련의 강제수용소 존재가 대부분 알려져, 적지 않은 지성인이 공산당을 떠나던 시점이었다. 그런데도 사르트르는 소련을 방문(1954)하고 중공을 여행(1955)하는 등 소련과의 관계를 밀착시켰다. 소련에서 돌아와서도 "소련에는 완전한 비판의 자유가 있다", "소련 시민들이 여행하지 않는 것은 훌륭한 나라를 떠날 욕구가 없기 때문"이라는 시대착오적인 발언을 서슴지 않았다.

그러나 공산당과의 밀월은 1956년 소련의 헝가리 봉기 탄압 사건과 함께 막을 내렸다. 헝가리 사태는 사르트르를 뒤늦게 마르크시즘의 환각에서 깨어나게 했을 뿐만 아니라 많은 공산당계 지성인이 공산당을 떠나도록 했다.

사르트르의 친공·친소 활동은 그가 체질적으로 반골인 데서 기인한 측면이 크다. 그 때문에 철학자, 소설가, 희곡작가, 문학비평가, 사회운동가 그 어느 하나로 환원될 수 없는 집합명사로서의 그의 천재성은 기성의 권위를 부정하고 무너뜨리는 데 사용되었다. 그 덕에 역사의 흐름에 시시콜콜히 간섭하고 참여하는 '실천적 지식인' 혹은 '비판적 지식인'이라는 소리를 들었으나 이는 뒤집어 말하면 기존의 질서를 생래적으로 긍정하지 못하는 '반항적 지식인'이라는 해석도 가능하다.

공산당과 결별한 후에도 기존 체제를 변화시키려는 곳에서는 언제 어디서고 작은 체구에서 찢어지는 듯한 그의 성난 목소리가 들려왔다. 알제리 독립전쟁을 반대하는 선봉에 섰고, 1968년의 5월 학생운동 때는 학생들을 선동·격려했으며, 베트남전쟁 때는 반미를 외쳤다. 1964년에는 노벨문학상을 거부하고 말년에는 길거리 현장에도 자주 모습을 드러냈다.

이 때문에 비록 "철학자로서는 메를로퐁티, 역사를 내다보는 안목에 있어서는 레몽 아롱, 작가로서는 카뮈보다 못하다"라는 평가를 받으면서도 "20세기 최고의 지성인"이라는 당대 평가가 주를 이뤘다. 그러나 1980년 사후에는 "전체주의자, 오류의 철학자"라는 비판의 목소리도 적지 않았다.

칼 포퍼 '열린 사회와 그 적들' 출간

포퍼가 특히 실망한 것은 당시 마르크스주의자들의 경직된 사고와 역사주의적 관점이었다.

칼 포퍼(1902~1994)는 인간의 이성에 대한 맹신이나 독단을 거부하고 열린 가능성을 추구한 20세기의 대표적인 사회철학자다. 그는 이렇게 설파했다. 인간은 항상 틀릴 수 있다. 보통 사람들의 판단은 물론 과학자의 이론이든, 재판관의 판결이든, 철학자의 주장이든 틀릴 수 있다. 우리가 절대적 진리에 도달하는 건 불가능하다. 그렇다고 어떤 지식도 불가능하다는 회의주의에 빠질 필요는 없다. 계속적인 비판적 논의를 통해 점진적으로 진리에 다가갈 수 있기 때문이다.

포퍼는 개신교로 개종한 유대인 변호사의 아들로 오스트리아에서 태어났다. 독일·오스트리아의 패전으로 끝난 1차대전 후, 오스트리아에는 굶주린 시민들이 폭동을 일으키고 때로는 총격전까지 벌이는 암울한 상황이 계속되었다. 공산주의 혁명의 불길이 휩쓰는가 하면 이에 대항해서 나치즘의 광풍이 몰아쳤다. 포퍼는 이런 상황을 지켜보면서 사회민주당 당

칼 포퍼(1902~1994)

원으로 활동하는 등 마르크스주의에서 한동안 답을 구하다가 실상을 알고 나서는 공산주의와 결별했다.

오스트리아 빈대에 다닐 때는 마르크스주의와 정신분석학이 열병처럼 번지고 있었지만 냉정을 잃지 않고 차분히 그들의 허구를 짚어나갔다. 포퍼가 특히 실망한 것은 당시 마르크스주의자들의 경직된 사고와 역사주의적 관점이었다. 인간 심리에 대한 통찰력 있는 분석에도 불구하고 '무엇이든 설명할 수 있다는' 정신분석학 이론의 모호함도 그를 실망시켰다.

포퍼는 1934년 출간한 첫 번째 저서 '탐구의 논리'로 학계의 주목을 받았다. 책에서 포퍼는 빈학파를 구성하고 있는 1920년대 논리실증주의자들에 반박했다. 논리실증주의자들은 경험에 의해서 검증될 수 있는 것만이 유의미하고 과학적이라고 주장했다. 따라서 형이상학적 개념들은 경험적 방식으로 검증될 수 없기 때문에 과학적이지 않다는 주장을 폈다.

포퍼는 이에 맞서 과학을 과학으로 만드는 것은 검증이 아니라 '반증 가능성'이라는 이론을 주창했다. 어떤 이론이 과학적이려면 그 이론이 경험에 의해 반증되고 반박될 수 있는 가능성을 지니고 있어야 한다는 것이다. 그런 점에서 반증 가능성이 닫혀 있는 마르크시즘이나 정신분석학은 과학이 아니라 점성술이거나 원시적 신화일 뿐이다. 반면 아인슈타인의 상대성 이론은 비판의 가능성과 반증 가능성을 언제나 열어놓고 있기 때문에 참된 과학적 가설이 된다. 이것이 포퍼의 유명한 반증주의 과학관이다.

이런 생각은 당시 서구 지성계를 지배하던 러셀과 비트겐슈타인의 영향을 받아 성립된 빈학파에 대한 중대한 도전이었다. 이처럼 과학연구 과정에서 아무리 오랫동안 대표 이론으로 간주되던 것이라도 '반증 가능성'이 없으면 포퍼 앞에서는 여지없이 부정되었다. 만약 어떤 이론이 오랜 기간 반증과 반박을 이겨낸다면 그 이론은 좋은 이론이라 할 수 있지만, 그렇다고 영원한 것은 아니고 '잠정적인 진리'에 머물게 된다. 과학의 법칙과 이론은 형이상학적 이론이나 사이비 과학처럼 항상 진(眞)임을 주장하는 것이 아니라 현재까지 합리적 비판에 의해 반증되지 않았으므로 잠정적으로 채택한 데 불과한 가설일 따름이다.

과학을 과학으로 만드는 것은 검증이 아니라 '반증 가능성'

포퍼의 이러한 과학관은 토론과 비판을 허용하는 분위기가 전제되어야 한다. 인간은 항상 틀릴 수 있는 가능성을 지닌 불완전한 존재이기 때문에 누구나 비판받아야 한다. 이렇게 인간의 유한함에 대한 자각적 인식, 즉 '우리 모두는 틀릴 수 있다'는 사실을 인정하는 사회가 포퍼가 말하는 '열린 사회'다. 포퍼의 이론은 한동안 변방 학자 취급을 받았으나 파시즘과 마르크스주의가 기승을 부리면서 비로소 진가를 인정받았다.

히틀러의 반유대적 파시스트 성향이 노골화할 무렵이던 1937년 3월 포퍼는 오스트리아를 떠나 뉴질랜드에 정착했다. 그곳의 켄터베리대에서 2차대전이 끝날 때까지 과학철학을 가르쳤다. 1938년 3월 히틀러가 그의 조국 오스트리아를 침공하고 1939년 9월 마침내 2차대전을 일으켰을 때는 세계를 비극으로 몰아넣은 파시즘에 대해서, 그리고 세계 젊은이들에게 파시즘을 대체할 수 있는 체제로 인식되고 있는 마르크스주의에 대해서 무엇인가를 해야 한다는 의무감을 느꼈다. 그 구체적 실천으로 대표작 '열린 사회와 그 적들', '역사주의의 빈곤'을 썼다.

포퍼는 1945년 런던에서 2권으로 출간된 '열린 사회와 그 적들'에서 마르크스주의와 파시즘을 통렬하게 비판하고 바람직한 사회의 모델로 '열린 사회'를 주창했다. 그는 마르크스 이론은 반증될 수 있는 가능성이 없고 점쟁이의 예언에 가깝기 때문에 과학이 아니라고 주장했다. 또한 역사에 일정한 법칙이 있어서 한 개인의 의지나 노력과는 별 상관없이 정반합의 원리에 따라 흘러간다고 본 헤겔의 변증법적 역사관도 신랄히 비판했다. 포퍼는 마르크스주의와 파시즘, 그리고 그것의 시조가 되는 플라톤과 헤겔을 묶어서 '열린 사회의 적들'로 규정했다.

"나이 들어서도 마르크스주의자로 남아 있는 자는 더욱 바보"

포퍼가 말하는 '열린 사회'는 어떤 것일까? 비판을 수용하고 전체주의와 대립하는 개인주의를 원리로 삼는 사회이며 한꺼번에 무리한 전체적인 개혁을 강압적으로 내세우기보다 합의에 기초해 부분적인 개혁을 추진함으로써 점진적으로 개량해 나가는 사회다. 또한 인간은 항상 틀릴 가능성이 있으므로 이를 보완해주는 사회가 '열린 사회'다. 그렇다고 좋은 사회를 만든다며 '사회 전체'를 재구성하려는 시도에 대해서는 경계했다. 포퍼는 그런 식의 노력을 '유토피아적 사회공학'이라고 불렀는데 그것이 필연적으로 폭력을 수반한다는 점을 우려했다.

'열린 사회'를 위해 우리가 할 일은 무엇일까? 포퍼는 '유토피아적 사회공학'에 대비해 '비판적 합리주의' 즉 '점진적 사회공학'을 제시했다. '비판적 합리주의'는 인간의 오류 가능성 원리를 출발점으로 삼는다. 과학자의 학설, 법관의 판결, 정치인의 정책, 신학자 등의 교설 등 모두가 사람이 하는 일이므로 잘못될 수 있기 때문에 사람은 항상 비판을 받아야 한다는 것이다. 이런 포퍼에 대해 비판이 없는 것은 아니다. '점진적 사회공학'은 기존의 체제를 무조건 그대로 긍정하고 언제나 그 체제 속에서 단편적인 수선이나 일삼는 보수주의자가 될 가능성이 높다는 것이다.

그래도 그 시대 포퍼의 사회철학은 공산주의에 대한 가장 강력한 경고였다. '열린 사회와 그 적들'이 세상에 나왔을 때 이미 파시즘은 무덤 속으로 들어가고 있었지만 공산주의는 '역사적 필연'을 내세우며 냉전의 한 축을 이루고 있었다. 이때 출간된 포퍼의 책은 공산주의권 지식인들조차 몰래 읽을 정도로 인기를 끌었고 포퍼는 영국 철학계의 스타가 되었다.

"젊어서 마르크스주의자가 되어 보지 않은 자는 바보다. 그러나 나이 들어서도 마르크스주의자로 남아 있는 자는 더욱 바보다"라는 명언도 그가 남긴 말이다. 평생을 전체주의와 공산주의에 맞서 싸우다 마침내 공산주의의 몰락까지 지켜본 행복한 철학자였다.

디트리히 본회퍼, 나치 수용소에서 처형

히틀러와 히틀러의 유대인 정책에 반대하는 발언을 거침없이 했다.

디트리히 본회퍼(1906~1945)는 '행동하는 신학자'요 '정치신학의 선구자'였다. 사회의 구원을 도외시한 채 개인적 구원에만 몰입하는 신학을 비판하고, 세속 세계에 적극 개입하는 것이 교회의 역할이라는 점을 강조한 그의 정치신학은 2차대전 후 남미의 해방신학, 미국의 여성신학과 흑인신학 등으로 가지를 쳤고 우리나라의 민중신학에도 큰 영향을 미쳤다.

본회퍼는 독일 브레슬라우(현재 폴란드의 브로츠와프)의 명문가에서 태어났다. 그를 신학으로 인도한 것은 1차대전에 참전한 둘째 형과 사촌 형들의 죽음이었다. 1923년 입학한 튀빙겐대에서 신학을 공부하고 1927년 베를린대에서 신학박사 학위를 취득했으며 1929년부터 베를린대에서 조직신학을 강의했다.

그러면서도 눈길은 언제나 소외당하는 사람에게 머물렀다. 베를린의

디트리히 본회퍼(1906~1945)

가난한 지역 교회 어린이들을 돌보고 1930년 9월 건너간 미국에서는 뉴욕의 유니언 신학교에서 신학을 공부하는 한편 흑인들의 할렘 교회에 참여했다. 1931년 10월 베를린공대의 학생 담당 사역자로 부임하고 11월 복음주의 교회 목사 안수를 받았다.

1933년 1월 히틀러가 정권을 장악했을 때 본회퍼는 라디오 생방송 연설을 통해 "자신을 신성화하는 지도자는 신을 모독하는 자", "직책이 아닌 인물에 매여 지도자를 세우는 것은 우상숭배로 이어질 뿐"이라고 비판했다. 당국은 연설이 끝나기도 전에 방송을 중단시켰다. 본회퍼는 이렇게 나치 정권 시작부터 반동분자로 낙인찍혔다.

본회퍼는 히틀러만 비판하지 않았다. 히틀러의 시대를 낳고 묵과해온 당시 독일의 신학과 교회의 현실도 신랄하게 비판했다. 그가 보기에 보수적이고 사변적인 신학자들은 추상적이고 낡은 교리 체계, 종교개혁 이후 정통주의에 의해 만들어져 이미 화석화한 신학을 반복하고 있었다. 특히 '독일 크리스천 연맹'에 속한 목사들은 1933년 4월 '독일 크리스천 제국회의'를 열어 히틀러의 반유대주의 활동을 지지했다.

히틀러는 독일 교회가 제3제국에 걸맞은 '독일제국교회'로 변신하도록 강권하는 한편 국민에게는 교회에 다니도록 독려했다. 히틀러와 교회의 관계는 더욱 긴밀해졌고 일부 목회자는 "그리스도가 히틀러를 통해 오셨다"며 히틀러를 우상화하기까지했다. 심지어 "히틀러가 그리스도"라고 궤변을 늘어놓는 목회자도 있었다. 독일 크리스천 연맹 목사들은 히틀러의 지원을 받아 1933년 7월 교회의 요직을 두루 차지했다.

당시 교회는 나치 정부를 전적으로 지지하는 독일 크리스천 연맹, 히틀러에 반대하는 젊은 개혁자들, 중립적이거나 양측 어디에도 속하지 않는 목회자들, 이렇게 세 집단으로 나뉘어 있었다. 본회퍼는 히틀러가 결국에는 국가와 동포를 파멸시킬 사람으로 예견하고 고난의 길을 선택했다. 평소 좋아한 '너는 벙어리와 고독한 자의 송사를 위하여 입을 열지니라'(잠언 31장 8절)라는 성경구절처럼 시대가 아파할 때는 과감히 입을 열었다. 1933년 9월 6,000여 명의 목사가 결성한 '목사 비상동맹'과 '고백교회'에도 주도적으로 참여했다.

남미의 해방신학과 한국의 민중신학에 큰 영향 미쳐

고백교회는 루터파, 개혁파, 연합교회 등이 참석한 가운데 1934년 5월 29일 개막된 제1차 전국회의에서 칼 바르트가 초안한 '바르멘 선언'을 5월 31일 승인·발표했다. 성서·신앙 중시, 정치적 목적 및 지도자 원리에 대한 교회의 불복종, 전체주의 국가에 대한 반대 등 6개 항으로 된 선언이었다. 본회퍼는 1934년 8월 덴마크의 파뇌에서 개최된 세계교회연맹 회의에도 참석, 8월 28일 '교회와 열방의 세계'라는 제목의 평화설교를 통해 "내일 전쟁의 나팔이 울려 퍼질지 모릅니다. 지금 우리는 무엇을 기다리고 있습니까?"라며 2차대전을 예고했다.

한편 고백교회 지도자들은 독일 크리스천 연맹이 모든 공식적인 신학교들을 장악한 상황에서 자체적으로 목회자를 길러낼 신학교를 설립하기로 하고 본회퍼에게 교장직을 의뢰했다. 본회퍼는 1935년 발트해 해변에 위치한 낡은 교회용 시설에서 23명의 학생을 상대로 신학교를 개설했다가 곧 핑켄발데(현재 폴란드령)로 장소를 옮겨 고백교회 신학을 가르쳤다.

하지만 고백교회 신학교는 1935년 12월 "모든 목회자는 독일제국교회의 승인을 받아야 한다"는 히틀러의 훈령에 따라 불법으로 규정되었다. 그래도 체포와 투옥을 각오하고 한동안 운영되었으나 결국 1937년 9월 영구히 폐쇄되고 1937년 한 해 동안 800명이 넘는 고백교회 성직자가 체포되었다. 1938년 11월 9일 이른바 '수정의 밤'을 신호탄으로 나치가 본격적으로 유대인에 대한 박해를 시작한 것도 본회퍼를 괴롭게 했다. 쌍둥이 여동생의 남편과 자신의 절친한 친구가 유대계였기 때문에 나치의 유대인 탄압은 그를 적극적 정치 저항운동으로 이끌었다.

"이것이 마지막이군요. 그러나 내게 이것은 삶의 시작입니다"

본회퍼는 히틀러와 히틀러의 유대인 정책에 반대하는 발언을 거침없이 쏟아냈다. 한 모임에서는 "미친 운전사가 인도로 차를 몰아 사람들이 죽어갈 때는 그 미친 운전사를 먼저 끌어내야 합니다"라며 히틀러를 미친 운전사로 비유했다. 1939년 6월 지인의 초청을 받아 미국으로 건너갔으나 곧 혼자만 살려고 발버둥치는 자신의 모습을 반성하고 독일로 돌아와 순교를 각오했다.

그 무렵 독일에서는 압베르(독일군 정보기관)의 책임자 빌헬름 카나리스 제독과 그의 참모장 오스터 소장 등이 나치의 전복을 꾀하는 모종의 음모를 꾀하고 있었다. 법무부에 근무하는 본회퍼의 매형 한스 폰 도흐나니 변호사도 그 조직과 연계되어 있었다. 매형은 당시 히틀러가 저지른 죄악상을 '수치의 연대기'라는 이름으로 상세히 기록해 놓았다. 본회퍼는 그들의 도움을 받아 1939년 8월 압베르의 요원으로 이름을 올려놓은 덕분에 군 복무를 피하고 게슈타포의 감시에서 벗어났으며 비밀리에 유대인의 탈출을 도울 수 있었다.

1939년 9월 히틀러가 2차대전을 일으키자 히틀러에 대한 암살 음모가 차근차근 진행되었다. 본회퍼는 점점 약해지는 고백교회 운동에서 떠나 이 적극적인 정치적 저항운동에 가담했다. 히틀러 암살은 1943년 3월에만 두 차례 시도되었으나 모두 실패했다. 본회퍼는 1943년 4월 5일 체포되었다. 형 클라우스와 2명의 매형도 투옥되었으며 압베르의 관련자들도 모두 체포되었다.

2년 동안 수감되어 있던 본회퍼는 독일의 패망이 눈앞에 보이던 1945년 4월 9일 "이것이 마지막이군요. 그러나 내게 이것은 삶의 시작입니다"라는 마지막을 말을 남기고 총살되었다. 나머지 관련자도 모두 처형되었다. 그로부터 한 달도 안 되어 히틀러는 자살하고 전쟁은 끝이 났다.

본회퍼가 강제수용소에서 친구와 가족에게 보낸 편지들은 1953년 '옥중서간'이라는 제목의 책으로 출판되었다. '옥중 서간'은 한국에서도 출간되어 군사독재 시절 민주화운동으로 감옥에 갇힌 젊은이들에게 용기와 위안을 주었다. 본회퍼는 미국의 마틴 루터 킹 목사, 엘살바도르의 오스카 로메로 대주교와 함께 영국 성공회가 꼽은 20세기의 성자로 추앙받았다.

1946년

미·소공동위원회 개최와 결렬

김규식·여운형 주도의 좌우합작 운동

_ *남조선 과도입법의원*

이승만의 '정읍 발언'

9월 총파업과 대구 폭동

남조선 국방경비대 창설

_ *육군사관학교*

청록파 세 시인, '청록집' 발간

_ *박목월, 조지훈, 박두진*

임원식 '고려교향악단' 상임지휘자 취임

경성부, 서울특별자유시로 개칭

세계 최초 컴퓨터 '에니악' 탄생

_ *존 폰 노이만*

도쿄재판(극동국제군사재판) 개정

_ *야스쿠니 신사*

에바 페론과 후안 페론 아르헨티나 대통령 취임

에디트 피아프 '장밋빛 인생' 발표

_ *이브 몽탕*

니코스 카잔차키스 '그리스인 조르바' 출간

제1회 칸 영화제 개막

혼다 소이치로 '혼다 자동차' 창업

미국의 첫 공개 원폭 실험과 비키니 수영복

조지 케넌의 '장문의 전보'

미·소공동위원회 개최와 결렬

이승만과 김구 세력만 참가를 거부하고 대부분의 정당·사회 단체는 공위에 참가했다.

1945년 12월의 '모스크바 3상회의' 결과 한국에 대한 5년간의 신탁통치안이 확정되었다. 이에 따라 신탁통치 이행을 논의하기 위한 제1차 미·소공동위원회가 1946년 3월 20일 덕수궁 석조전에서 열렸다. 미국의 존 하지 중장과 소련의 테렌티 스티코프 중장이 양국의 대표로 테이블에 앉았으나 하지는 평생 군대에서만 잔뼈가 굵어 정치 공작에는 사실상 문외한이었던 반면 스티코프는 당 활동과 군사 경험이 풍부해 정치 공작에 관한 한 베테랑이었다. 당시 소련은 미소공위에 참여하면서도 북한 내부에 친소 정권을 구축하는 작업을 병행했기 때문에 미소공위 참여는 결과적이건 의도적이건 시간 벌기용 성격이 강했다.

미소공위 회의는 예상대로 난항의 연속이었다. 미국은 모스크바 3상회의에서 신탁통치를 먼저 제창했던 탓에 "신탁통치를 반대하는 정당 및 사회단체들의 행위는 모스크바 3상회의 결정을 반대하는 것이므로 이들을 공위에서 배제해야 한다"는 소련의 주장에 동의하면서도 소련의 주장대로 반탁을 주장하는 우익과 민족 진영을 모두 배제할 경우 자칫 찬탁을 지지하는 좌익들만 공위에 참가하게 된다는 점에서 소련의 주장을 선뜻 받아들일 수 없었다.

옥신각신한 끝에 소련이 "과거에 반탁을 했어도 지금이라도 신탁에 동의하고 미소공위가 결정하는 결론에 협력한다면 협의 대상 자격을 부여할 수 있다"는 타협안을 제시했다. 이에 따라 미소 양측은 4월 16일 한국의 개인이나 정당이 미소공위와 협의하려면 이 같은 타협안에 서명할 것

미국의 존 하지 중장(왼쪽)과 소련의 테렌티 스티코프 중장이 미소 공동위원회에서 대화를 나누고 있다.

을 명시한 '공동성명 제5호'를 발표했다.

좌익은 예상대로 즉각 지지를 표명했으나 우익은 "서명은 곧 신탁통치에 동의하는 것"이라며 거부했다. 다급해진 하지는 우익의 참여를 끌어내기 위해 4월 23일 "공동성명 5호에서 규정한 서명이 신탁에 찬동하거나 지지할 의무를 부과하는 게 아니다"라고 발을 뺐다. 그러자 스티코프가 "선언에 서명하고도 모스크바 3상회의 결정에 반대할 권리를 갖고 있다고 주장하는 것은 기만"이라며 하지의 해석에 제동을 걸었다. 그래도 미국이 "의사 표시는 언론자유 보장의 원칙"이라는 주장을 굽히지 않자 결국 양측은 5월 6일 무기 휴회를 선언했다.

양국은 미소공위 결렬의 책임을 지지 않기 위해 1년이 지난 1947년 5월 21일 제2차 미소공위를 재개했다. 여전히 최대 쟁점은 반탁 진영을 미소공위와 협의할 자격이 있는 단체로 규정할 것인가 배제할 것인가 하는 문제였다. 이는 한반도에 대한 영향력 확대라는 점에서 양국으로서는 양보할 수 없는 사안이었다. 결국 1차 공위의 연장선에서 "과거 3상회의 결정 중 신탁통치 조항을 거부했더라도 앞으로 그것을 반대하거나 반대를 선동하지 않는 한 그들을 협의 대상으로 수락한다"는 선에서 타협을 보았다.

결렬의 근본 원인은 미·소의 동상이몽

신탁통치를 반대해온 이승만과 김구는 여전히 공위 참가를 거부했으나 다른 우파 진영이 공위 참가로 선회함에 따라 미소공위에 대한 이승만과 김구의 영향력은 생각만큼 크지는 않았다. 한민당은 미소공위와의 협의를 통해 먼저 임시정부를 세운 뒤 나중에 신탁통치를 반대한다는 논리를 내세워 공위 참가에 찬성했고 한독당 국내파도 공위 참가로 기울었다.

이 때문에 한독당의 중심축인 김구의 임정파는 국내파를 제명하는 초강수로 맞서 한독당의 분열을 자초했다. 김규식·여운형의 좌우합작파는 장차 독립국가를 세운다는 전제로 일정 기간 신탁통치도 감수할 수 있다는 입장이었다. 이처럼 이승만과 김구의 추종 세력만이 참가를 거부하고 남한 내 대부분의 정당·사회 단체는 공위 참가에 찬성했다. 참가를 신청한 단체와 회원 수는 북한의 38개를 합쳐 463개에 7,500만 명이나 되었다. 이는 당시 인구의 2배를 넘어서는 숫자로, 회원 부풀리기가 얼마나 극심했는지를 보여주고 있다.

이후 2차 공위는 남북한의 정당 및 사회단체와 합동회의를 열어 비교적 순조롭게 진행되는 듯했다. 그러나 1947년은 미소 간에 냉전적 대결 구도의 골이 깊어지던 시기였다. 따라서 2차 공위에 임하는 미국의 입장은 1차 공위 때와 완전히 달라져 있었다. 미국은 1947년 봄부터 소련에 대한 봉쇄정책을 공개적으로 추진하고 있었고 한국 문제도 그 연장선에서 다뤘다.

우려한 대로 1947년 8월 들어 소련 측의 '모스크바 3상회의 결정 고수'와 미국 측의 '의사 표시의 자유' 주장이 다시 부딪쳤다. 이에 더해 미 군정이 남로당 및 좌익계 인사들을 대대적으로 검거하면서 순항할 것 같던 미소공위가 또다시 결렬의 수순을 밟았다.

비난과 책임 전가, 같은 주장의 지루한 반복, 자기 측 입장에 대한 완강한 변호 등으로 공위가 제 기능을 발휘하지 못하게 되자 결국 미국의 조지 마셜 국무장관은 한국에 대한 신탁통치안을 포기하고 9월 17일 한국 문제를 유엔으로 이관했다. 유엔 총회가 "신탁통치를 거치지 않고 한국을 독립시키는 수단이 강구되기를 바란다"는 마셜의 제안을 받아들임에 따라 미국은 10월 18일 소련에 미소공위 중단을 요청했다. 소련이 이에 호응해 10월 21일 대표단을 평양으로 철수함으로써 2차 공위 역시 5개월간의 우여곡절 끝에 아무런 성과 없이 막을 내렸다.

명분과 과정이 무엇이든 결렬의 근본 원인은 친소적인 국가나 위성국가의 수립을 원한 소련, 친미적 혹은 친서방적인 민주국가의 수립을 원했던 미국의 동상이몽 때문이었다. 결국 두 차례의 미소공위는 자국의 세력 확대를 꾀할 목적으로 만들었다가 여의치 않자 명분 쌓기로 전환한 임시 가설무대였음이 확인되었다.

김규식·여운형 주도의 좌우합작 운동

두 사람은 통일 임시정부 수립이 가장 현실적인 방안이라는 데 뜻을 같이했다.

1946년 5월 제1차 미소공위가 결렬되자 중도우파의 김규식과 중도좌파의 여운형은 좌우파가 먼저 합작한 뒤 이를 바탕으로 남·북의 정파가 통합해 통일정부를 세우자는 좌우합작론을 폈다. 당시 김규식은 미 군정의 자문기관인 남조선대한민국대표민주의원(민주의원) 의장이었고, 여운형은 좌파 연합체인 민주주의민족전선(민전) 의장단이었다. 두 사람은 1945년 12월 모스크바 3상회의에서 결정한 통일 임시정부 수립이 가장 현실적인 방안이라는 데 뜻을 같이했다.

1946년 7월 25일 덕수궁 석조전에서 열린 좌우합작위 1차 회담에는 김규식, 원세훈, 안재홍, 최동오, 김붕준 등 5명의 중도우파와 여운형, 성주식, 정노식, 이강국 등 4명의 중도좌파가 참석했다. 1차 회담에서 양측은 합작의 기본원칙으로 3개 항에 합의했으나 합작위의 좌파 파트너인 민전이 박헌영의 사주를 받아 합의사항을 무시한 채 7월 26일 일방적으로 '합작 5원칙'을 발표해 초반부터 난항을 겪었다.

김규식, 서재필, 여운형(왼쪽부터)

모스크바 3상회의 지지, 무상몰수 무상분배 토지개혁, 친일파 완전 배제, 투옥된 애국자 석방, 미 군정 권한 인민위원회 이양 등 도저히 받아들일 수 없는 좌파의 5원칙에 우파는 7월 29일 '합작 8원칙'으로 맞불작전을 펼쳤다. 좌우합작에 따른 민주주의 임시정부 수립, 미소공위 재개 요청 등을 담은 8원칙은 5원칙에 비하면 온당하고 합리적이었다.

그러나 박헌영과 여운형의 갈등으로 좌파가 7월 29일의 좌우합작위 2차 회담에 불참한 후부터 좌우 양측은 5원칙과 8원칙을 놓고 서로를 비난하는 성명전을 주고받았다. 게다가 조선공산당이 9월 총파업과 10월 폭동을 잇따라 일으키고 박헌영 등의 방해까지 겹치면서 합작운동은 물 건너가는 듯했다.

그런 가운데 여운형과 김규식은 10월 7일 좌우합작 '7대 원칙'을 공동명의로 발표해 꺼져가는 불씨를 되살리려 했다. 김구 주도의 한독당은 7원칙을 크게 환영한 반면 좌우파의 대표 정당 격인 조선공산당과 한민당 그리고 이승만 진영은 거부 의사를 분명히 했다. 결국 불씨는 살아나지 못하고 사그라들었다. 다수 세력이 합작운동을 반대한 것도 실패의 한 원인이었지만 좌우합작파를 남조선과도입법의원(입법의원)에 참여시킨 미 군정의 깊숙한 개입과 1947년 시작된 미국의 세계전략 변화도 합작운동을 무산시킨 중요한 원인이었다.

좌우합작 실패는 해방공간의 중요한 교훈

그동안 미 군정은 좌파를 입법의원에 참여시켜 좌우가 조화를 이루는 임시정부를 수립할 목적으로 합작위에 입법의원 참여를 권고했고, 합작위는 역으로 입법의원을 활용할 수 있다는 계산으로 내부의 거센 찬반 논쟁을 거쳐 미 군정의 제안을 받아들였다. 결국 이 과정에서 합작운동에 참여한 여러 정파가 떨어져나갔다. 또한 입법의원으로 참여한 합작파도 주로 우파들로 구성된 입법의원 대부분이 합작운동보다는 남한의 단독정부 수립에 관심이 있다보니 제대로 된 목소리를 내지 못했다.

1947년 1월 입법의원이 '신탁통치 반대 긴급결의안'을 채택하고 단독정부 수립을 촉구함에 따라 입법의원직을 합작운동에 활용하려던 좌우합작파는 결국 터전을 잃고 물러나야 했다. 1947년 7월 여운형이 피살되고, 같은 해 12월 홍명희·이극로 등 중도파 정당 및 사회단체가 김규식을 위원장으로 한 민족자주연맹을 결성함으로써 좌우합작 운동은 뜻도 제대로 펴보지 못한 채 간판을 내려야 했다.

사실 좌우합작 운동은 미국의 의지가 분명할 때만 지속될 수 있었다. 미국이 신탁통치가 더 이상 유효한 대안이 아닌 것으로 판단하면 좌우합작 역시 추동력을 잃을 가능성이 높았다. 1946년 말까지 미국의 세계전략 기조는 국제주의였다. 그러나 1947년 3월 트루먼 독트린이 발표되면서 미국의 세계전략은 국제주의에서 봉쇄정책으로 바뀌었다. 봉쇄정책이란 미국이 자본주의 국가들하고만 호혜적이고 우호적인 교류 및 교역관계를 유지하고 사회주의권과는 더 이상 그런 관계를 갖지 않겠다는 것이다.

미국의 세계전략이 국제주의였을 때 미국의 한반도 정책은 4개국 신탁통치였다. 그러나 세계전략이 봉쇄정책으로 바뀌면서 대한(對韓) 정책 역시 변화가 불가피했다. 한반도에서도 소련을 배제하고 그들의 확장을 봉쇄하는 정책이 필요해진 것이다. 그것은 남한만의 단독정부 수립이었다.

이처럼 미국의 세계전략이 급변하고 있는데도 김규식은 민족주의 열정에 사로잡혀 1948년 봄, 김구와 함께 평양의 남북연석회의에 참석했다가 김일성에게 이용당하는 수모를 겪어야 했다. 남북연석회의의 실패와 함께 합작운동은 완전히 무위로 끝났고 역사에는 실패한 운동으로 기록되었다. 이승만·김구는 물론 김일성·박헌영이 모두 참가하지 않는 한, 특히 미·소의 지원 없이는 합작이고 뭐고 간에 절대로 성공할 수 없다는 것을 확인시켜준 해방공간의 중요한 교훈이었다.

남조선 과도입법의원 1946년 5월 제1차 미소공위가 결렬되자 미 군정은 혼미한 정국을 더 이상 수수방관할 수 없었다. 북한이 1946년 2월에 이미 북조선임시인민위원회를 조직하고 11월 3일을 선거일로 정해 사실상 북한 단독정권 수립에 박차를 가하고 있는 상황이라 더욱 그랬다. 미 군정 역시 모스크바 3상회의에 의한 통일임시정부가 수립될 때까지 정치·경제·사회적 개혁의 기초로 사용될 법령 초안을 만들 입법의원이 필요했다.

이런 목적으로 1946년 8월 24일 '남조선과도입법의원(입법의원)' 창설을 발표했으나 군정 연장설, 남조선 단독정부 수립설 등 입법의원 창설을 반대하는 목소리가 곳곳에서 터져나왔다. 미 군정은 아랑곳하지 않고 10월 12일 군정법령 제118호로 입법의원 창설을 공포했다. 90명의 의원 중 절반인 45명은 전국에서 간접선거로 선출하는 민선의원이었고, 나머지 45명은 미 군정 장관이 직접 임명하는 관선의원이었다. 민선의원은 일정 납세액 이상인 자 중 선출했고 관선의원은 좌우합작위의 심사를 거쳐 하지 사령관이 임명했다.

이승만과 김구가 입법의원에 들어가지 않고, 관선의원으로 발표된 여운형, 장건상, 홍명희, 조완구, 엄항섭 등 5명이 각기 다른 이유로 사퇴해 입법의원 창설이 처음부터 순탄하지는 않았다. 당초 개원 예정일은 11월 4일이었으나 좌우합작위에서 부정선거와 친일인사 등장 등을 문제 삼아 서울과 강원도에서 재선거를 치르는 바람에 12월 12일로 늦어졌다.

정식 개원을 하루 앞두고 열린 예비회의도 재선거에 불만을 표시한 한민당 출신 의원들의 출석 거부로 파행이 빚어지긴 했으나 예비회의에 모인 53명으로 지도부를 구성해 김규식을 의장, 최동오와 윤기섭을 각각 부의장으로 선출해 의장단을 구성했다. 입법의원은 1946년 12월 12일 미 군정청 회의실에서 개원했다. 이로써 한국 근대사상 최초의 대의정치기관이 탄생했다. 등록의원 74명 중 57명과 각계 인사 500여 명이 참석한 가운데 열린 개원식은 김규식 의장의 선창으로 "조선독립만세"를 외친 후 1시간 30분 만에 폐회했다.

한국 역사상 최초로 구성된 입법의원에 대해 일부에서는 미 군정의 관할하에 있다는 이유로 '모의국회'라고 비아냥대기도 했지만 사실 입법의원의 활약상은 모의국회로 폄하될 만큼 허술하지 않았다. 의원들은 미 군정 당국의 독단적 처사에도 불구하고 나름대로 애를 써 '민족반역자, 부일협력자, 간상배에 대한 특별법' 등 11개 법률을 공포하고 50여 건의 법률을 심의했다. 미 군정이 법령으로 공포한 80여 건의 법률에 비하면 적었지만 과도 입법기관으로의 역할은 충실히 수행한 셈이다.

1947년 1월 20일에는 미 군정의 의사에 반하는 신탁통치 반대 결의안을 압도적 다수로 채택해 하지를 당혹하게 했다. 또한 소련의 꼭두각시에 지나지 않던 북조선인민회의와는 본질적으로 다르다는 것을 확인시켜 주었다. 입법의원은 1948년 5월 19일 즉 5·10선거 후 구성된 대한민국 국회가 개원하기 며칠 전 해산되었다. 이로써 파란으로 점철된 미 군정 과도기도 끝이 났지만 입법의원 가운데 15명이 제헌국회에 진출하고 개원에도 깊숙이 관여함으로써 입법의원 때 쌓은 경험을 살려나갔다.

이승만의 '정읍 발언'

해방공간에서 소련이 실리를 챙겼다면 미국은 명분에 집착했다.

갑작스럽게 찾아온 해방공간은 이념을 달리하는 국내외 제 정파 간 동상이몽의 각축장이었다. 국내 좌우익 사이에 모스크바 3상회의(1945.12) 지지를 둘러싸고 찬탁·반탁 시위가 난무하는 가운데 미소 양국은 자신의 세력 확대에 부심했다. 소련은 북한을 사실상 자기 세력권으로 완전히 편입한 뒤 남한을 넘보고 있었고, 미국은 북한 지역을 포기한 채 남한에서만이라도 경영의 주도권을 잡으려 했다. 소련이 실리를 챙겼다면 미국은 명분에 집착했다.

소련이 북한 지역에 북조선 인민위원회를 구성(1946.2)하고 토지개혁을 실시(1946.3)하는 등 사실상 북한의 소비에트화를 차근차근 진행해나가는 동안 미국은 남한에서 좌우합작과 남북협상을 성공시켜 남북을 통튼 조선 임시정부를 세우는 데 진력했다. 이를 위해 남한 내 제 정파의 입장을 수용하고 통합할 목적으로 미소공위와 좌우합작위를 추진했다. 그러나 남한에만 한정했다는 점에서 한계가 분명했다. 남한 내 정치 세력의 통합에만 신경을 곤두세우고 있는 이 같은 미 군정의 태도가 철저한 반공주의자 이승만의 눈에 옳게 비칠 리 없었다.

이승만은 남한 내 공산주의자들이 모두 소련 공산당의 추종자인 것으로 간주하고 이 세력을 그대로 두면 결국 남한까지 소련의 소비에트화 정책에 이용될 가능성을 경계했다. 뚜렷한 전망도 없는 미소공위나 좌우합작위에 남한의 정권 수립 권한을 무작정 넘겨줄 수 없다는 게 현실정치가 이승만의 판단이었다. 그는 소련 통치하에 있는 북한의 공산화가 사실상 기정사실화된 상황에서 "통일민족국가 건설론은 민족적 당위론이기는 하나 동시에 관념적인 비현실적 주장"이라고 믿었다.

이승만이 마침내 복심을 드러낸 것은 제1차 미소공위가 결렬된 후였다. 1946년 6월 3일 이승만은 전북 정읍에서 행한 연설에서 "무기 휴회된 미소공위가 재개될 기색도 보이지 않으며, 통일정부를 고대하나 여의케 되지 않으니, 남방만이라도 임시정부 혹은 위원회 같은 것을 조직하여 38 이북에서 소련이 철퇴하도록 세계 공론에 호소하여야 할 것"이라고 주장했다. 이른바 '정읍 발언'이었다. 아무도 감히 '분단'을 입 밖에 꺼내지 못하고 있을 때 한국의 주요 지도자로서 분단 문제를 공식적으로 제기했으니 다른 정파의 반발은 불을 보듯 뻔한 일이었다. 이승만은 정읍 발언을 시발로 이리, 서울, 개성에서 연속적으로 남한만의 단독정부 수립을 주장했다.

국내 지도자 중 분단 문제 공식적으로 처음 제기해

정읍 발언은 수십 년이 지난 지금까지도 이승만을 '분단의 원흉'으로 몰아세우는 사람들의 주요 비난 소재로 활용되고 있다. 그들은 이승만의 단독정부론(단정론)을 "조급한 냉전의식의 발로이자 이승만 권력 의지의 표출"이라며 비난한다. 반면 이승만을 긍정하는 사람들은 국제정세에 해박한 이승만이 미소 간의 냉전이 날로 악화되어가는 현실을 직시하고 자칫 소련에 의해 미국의 한반도 정책이 표류할 경우 남한의 정치·경제가 혼돈 상태에 빠질지도 모른다는 혜안에서 비롯된 것이라는 점을 강조하고 있다.

1990년 들어서는 "이승만의 단정 주장이 있기도 전에 소련이 사실상 분단을 획책하는 일련의 프로그램을 가동했다"는 연구 결과가 속속 발표되면서 이승만을 분단의 원흉으로 몰아가려는 세력을 난처하게 하고 있다. 1945년 9월 20일 스탈린이 극동군 총사령관 등에게 암호로 보낸 비밀지령서에는 "북조선에 부르주아 민주주의 정권을 수립할 것"이라고 명시되어 있다. 1945년 12월 소련군 총정치국장 쉬킨 대장이 몰로토프 당시 외무상에게 보낸 보고서에도 "북한에서만이라도 소련의 이익을 영구히 지킬 인물들로 구성된 부르주아 민주주의 정권을 수립해야 한다"라고 기록되어 있다. 이들 문서로 미루어 소련이 해방 직후 북한에 진주할 때부터 북한에 친소 사회주의 단독정권을 수립하려 했음을 알 수 있다.

게다가 소련은 북한의 독자적인 경제 정책을 추진하기 위해 1945년 10월 '북조선 5도 인민위원회 연합회의'를 열어 '북조선 중앙은행' 설립을 결정하고 1946년 2월 사실상의 정부인 '북조선 임시인민위원회'를 설치했다. 미소공위 활동 등 남쪽과의 협상은 협상대로 진행하면서 동시에 별도로 단독정부를 만드는 일을 추진한 것이다. 이 사실은 이승만에 비판적인 세력들이 그동안 "이승만의 정읍 발언이 남한만의 단독정부를 먼저 세우려 한 것이기 때문에 이에 따른 분단의 책임을 져야 한다"고 주장을 펼쳐온 것과 정면으로 배치된다.

이승만의 예상대로 1947년은 '차가운 전쟁' 즉 냉전이 세계를 향해 선전포고된 해였다. 트루먼 독트린(3월)과 마셜 플랜(6월)이 발표되면서 동서양 진영의 구분이 뚜렷해졌고 세계는 차가운 전쟁의 길을 걸었다.

9월 총파업과 대구 폭동

폭력에 호소하는 새로운 전술을 들고 나왔다. "테러는 테러, 피는 피로 갚자"는 신전술이었다.

1946년 5월 6일 제1차 미소공위가 결렬되자 그동안 조선공산당의 활동을 주시해오던 미 군정이 칼을 빼들었다. 위조지폐를 발행해온 조선정판사를 5월 7일 급습한 것을 신호탄으로 조선공산당의 기관지 해방일보를 정간시키고 38선의 무허가 월경을 금지했다. 조선공산당은 미 군정의 이러한 조치를 분단의 영구화, 좌익의 분열과 조선공산당의 고립화, 단독정부 수립 음모라며 반발했다.

그래도 미 군정이 일부 노동자들의 파업을 단호하게 진압하고 좌익계의 전국노동조합전국평의회(전평) 산하 노동조합을 부인하는 등 강경책을 구사하자 폭력에 호소하는 새로운 전술을 들고 나왔다. "테러는 테러, 피는 피로 갚자"는 신전술이었다.

조선공산당이 전평을 전면에 내세워 총파업을 예정한 시기는 10월이었다. 그러나 미 군정 운수부가 적자 타개와 노동자 관리의 합리화를 내세워 운수부 종업원의 25%를 감원하고 월급제를 일급제로 바꾼다고 발표하자 총파업 시기를 9월로 앞당겼다. 부산철도 노조가 미 군정 운수부를 상대로 임금 인상 등 6개 조항의 요구조건을 제시하고 1주일간의 시한부 총파업을 예고한 것은 9월 16일이었다. 미 군정이 미온적으로 반응하자 9월 23일 0시를 기해 7,000여 명이 파업에 돌입했다. 파업은 9월 24일 전국으로 확대되어 1987년 노동자대투쟁이 일어나기 전까지 노동운동 사상 최대 규모의 '9월 총파업'으로 전개되었다.

파업에는 서울 지역 노동자 3,700여 명을 포함해 전국 철도노동조합 18개 지부 4만여 명이 참가했다. 전국의 수송망이 마비된 가운데 9월 25일에는 경성출판노조, 26일엔 경성전철노조가 동조파업에 돌입함으로써 파업은 각 부문으로 확대되었다. 그러던 중 9월 30일 새벽, 파업 중인 용산철도 기관구를 둘러싸고 8시간 동안 전개된 전평과 우익 간의 공방전이 우익의 승리로 끝나 1,700여 명의 파업 가담자들이 검거되고 경전과 총파업본부가 설치된 영등포의 조선피혁공장이 우익에 점령되면서 총파업은 점차 수그러들었다.

그러나 10월 1일 대구에서 불을 지핀 '10월 폭동'으로 전국은 또다시 혼란에 빠져들었다. 어차피 한 번은 겪어야 할 진통이었다. 당시 북한의 소련 군정청 총사령관인 스티코프도 9월 총파업 때와 10월 폭동 때 거액의 자금을 지원해 남한의 혼란을 부추기는 데 혈안이었다.

1946년 9월의 대구는 해방 후 계속되는 고질적인 식량난과 1,200여 명의 목숨을 빼앗아간 콜레라 만연, 여기에 미 군정에 대한 불만까지 겹치면서 민심이 흉흉했다. 이럴 때 내려진 전평의 '9월 총파업' 결정은 건초더미에 불을 붙인 격이 되었다.

9월 24일 대구역 철도 노동자 1,000여 명이 시작한 파업을 신호탄으로 26일 대구 우편국 직원을 비롯해 3개 공장 노동자들이 동조 파업에 돌입하면서 파업은 대구 전역으로 확산되었다. 출판노조 소속 신문사 노조원들도 27일 일손을 놓기 시작해 29일 파업을 벌이고 30일에는 신문 제작을 거부했다. 이에 고무된 전평 대구지방평의회는 27일 '남조선총파업대구시투쟁위원회(대구투위)' 현판을 정식으로 내걸었다.

대구 폭동은 3·1운동 이래 최대 규모의 군중 투쟁

파업 노동자들의 기세가 한층 고조되던 10월 1일 "시청에 가면 쌀을 준다"는 유언비어를 듣고 1,000여 명의 부녀자가 아침부터 대구시청으로 몰려들었다. 비슷한 시각 '대구투위' 현판을 떼려는 경찰과 이를 막으려는 전평 간부들 사이에 옥신각신 몸싸움이 벌어졌다. 이를 본 일반 시민들도 흥분하기 시작했다. 오후 들어 군중이 늘어나면서 시위 장소는 시내 중심가로 바뀌었고 학생과 노동자가 주축을 이룬 시위대는 어느덧 7,000여 명을 헤아렸다.

시위대가 태평로 일대와 대구역 광장을 가득 메운 채 구호를 외치는 등 사태가 악화되자 경찰은 밤 11시쯤 이들을 해산하기 위해 위협사격을 가했다. 이 와중에 시위를 하던 노동자 1명이 사망하고 시위대는 해산했다. 시위는 이튿날인 10월 2일 아침 재개되었다. 대구 소재 3개 대학 학생들은 경찰 발포로 사망한 노동자의 사체를 들것에 싣고 "경찰이 노동자를 총으로 쏴 죽였다"며 대구경찰서까지 가두시위를 벌였다.

오전 10시경 3개 대학 학생들과 중학생 수천 명이 대구경찰서를 포위하고 발포 중지, 무장해제, 체포자 석방을 요구했다. 노동자와 시민이 가세해 차도를 막고 연좌데모를 벌였을 때 시위대는 1만 명을 훌쩍 넘어섰다. 정오를 지날 무렵 시위대에서 던진 돌이 한 경찰관의 얼굴에 맞았다. 그 순간 경찰관이 본능적으로 방아쇠를 당겼다. 그것을 신호탄으로 다른 경찰관들도 일제히 사격을 시작했다.

흥분한 군중은 대구경찰서 안으로 돌진해 유치장을 부수고 100여 명을 석방하고 무기를 탈취했다. 달아나다 붙잡힌 경찰은 현장에서 살해되었다. 박헌영이 쓴 '10월 인민항쟁'에 따르면 이때의 총격으로 18명의 시위대가 사망하고 노동자의 보복 총격으로 경찰관도 4명이 사망했다. 시위 군중은 뒤이어 도지사 관저와 파출소를 습격하고 공무원을 살해하거나 공무원 가족을 구타했다.

미군 진압부대가 대구경찰서에 도착한 것은 오후 1시쯤이었다. 오후 3시쯤 2대의 탱크까지 투입해 적극적으로 해산작전에 나섰다. 미 군정은 저녁 6시를 기해 대구시 일원에 계엄령을 선포했다. 좌익 시위대는 곧 자취를 감추었고 군중은 해산했다. 그러나 여파는 3일부터 대구를 벗어나 인근 읍면으로 번졌다.

미군의 G-2(정보기관) 보고서에 따르면 경북 영천군에서는 경찰관이 15명 살해되고 46명이 실종되었으며 우체국이 전소되었다. 경찰 무기고, 법원 등 많은 공공기관과 가옥도 불에 탔다. 칠곡군에서도 다수의 공공건물이 파괴되었다. 특히 선산군의 봉기는 두 가지 점에서 주목을 받았다. 대구에서 내려온 지원 인력이 선동을 하지 않았는데도 군민들이 자발적으로 봉기를 일으키고, 박정희에게 정신적으로 큰 영향을 미친 그의 형

박상희가 활약한 게 선산군 봉기였기 때문이다. 박상희는 10월 6일 오전 도주하다가 사살되었다. 동료들의 참극을 목격한 경찰과 우익 청년들의 반격은 가혹한 앙갚음으로 나타났다.

G-2 보고서에 따르면 경북에서만 경찰과 지원병력을 포함해 80명이 사망하고 145명이 행방불명 및 납치되었으며 96명이 다쳤다. 시위대 피해는 사망 48명, 부상 63명, 체포 1,503명이고 우익 민간인 사상자 수는 사망 24명, 부상 41명, 납치 21명으로 집계되었다. 대구에서 시작된 폭동은 경북·경남 등 영남지방에 이어 전라, 경기, 충청, 강원 등 남한 전역으로 파급되었다. 12월 초순까지 전국의 73개 시·군을 휩쓸고 지나갔으며 연인원 230만 명이 들고 일어나 3·1운동 이래 최대 규모의 군중 투쟁으로 기록되었다.

남조선 국방경비대 창설

군사영어학교 출신자 중 78명이 별을 달고 13명이 참모총장, 7명이 합참의장에 올랐다.

대한민국 국군은 1945년 11월 13일 미 군정이 공포한 군정법령 제28호에 따라 미 군정청 내에 설치된 '국방사령부'에 뿌리를 두고 있다. 국방사령부는 군 조직을 통괄하는 군사국과 경찰 조직을 관할하는 경무국을 두 축으로 삼아 해방공간의 무질서를 바로잡았다. 미 군정은 국방사령부 설치 후 바로 군대를 창설하려 했으나 한·미 간 언어 소통이 선결 과제로 대두되었다. 이를 해결하기 위해 1945년 12월 5일 서울 서대문구 냉천동 감리교신학교 자리에 '군사영어학교'를 설립했다.

군사영어학교는 당초 설립 목적이 기초적인 군사영어를 가르쳐 미군 통역관을 양성하는 것이었기 때문에 광복군, 일본군, 만주군 출신을 적절히 배합하려 했다. 그러나 광복군 출신들은 "우리들이 광복군의 법통을 이어받아 장차 국군의 모체가 되어야 한다"며 입교를 거부했다.

60명으로 시작한 학생은 한때 200명까지 늘어났으나 졸업 후의 진로가 분명치 않아 자퇴하는 이가 적지 않았다. 결국 1946년 4월 30일 폐교될 때까지 순차적으로 109명만이 졸업했다. 초기 졸업생 가운데 21명은 40여일 간의 군사교육을 받고 1946년 1월 15일 대한민국 국군 첫 장교로 부임했다. 이형근, 채병덕, 유재흥, 장석윤, 정일권이 군번 1번부터 5번까지를 부여받은 영광의 주인공들이었다. 뒤이어 며칠 간격으로 109명 모두 임관했다.

군사영어학교 출신자 중 78명이 훗날 별을 달고 그 가운데 13명이 참모총장, 7명이 합참의장에 오를 정도로 군사영어학교는 창군기에 중추 역할을 했다. 군사영어학교의 폐교로 미처 졸업하지 못한 60명은 1946년 5월 1일 창설된 '조선경비대 사관학교'(육사 전신)로 편입되어 임관했다.

대한민국 국군의 모체가 된 '남조선 국방경비대'는 1946년 1월 15일 창설되었다. 이날 경기도 양주군 노해면 공덕리 태릉(지금의 육사 자리)에 위치한 구 일본군 특별지원병훈련소에서 제1연대 제1대대 A중대가 편성됨으로써 1907년 8월 대한제국군이 해산된 후 39년 만에 우리 민족의 정식 군대가 탄생했다. 초대 총사령관으로 존 마셜 중령, 보좌관으로 원용덕 소령이 임명된 국방경비대는 주로 군사영어학교 출신들로 장교를 채운 뒤 병사 225명을 선발하겠다고 공고했다. 그러자 1,000여 명이 지원해 성황을 이뤘다.

대한제국군 해산 후 39년 만에 탄생한 정식 군대

국방경비대 창설은 제1연대 창설이라는 거창한 이름으로 시작했으나 실제로 처음 창설된 부대는 A중대(중대장 채병덕) 1개 중대뿐이었다. 187

명으로 구성된 A중대는 1월 17일 편성이 완료되었다. 뒤이어 본부중대(중대장 장석윤)와 B중대(중대장 정일권)가 편성되고 3개 중대를 지휘할 1대대장에는 A중대장이던 채병덕이 임명되었다.

국방경비대 창설 후 미 군정의 다음 수순은 사설 군사단체를 정리하는 것이었다. 국방사령부가 정식으로 설치된 이상 다른 사설 군사기관은 인정할 수 없었고 명분과 이념의 차이 때문에 대립과 분열, 충돌과 유혈 사태가 끊이지 않았기 때문이다. 미 군정은 1946년 1월 21일 일본군, 만주군, 광복군, 중국군 출신자들이 국내에 세운 국군준비대, 건국치안대, 학병동맹 등 30여 개 사설 군사단체에 해산령을 내렸다.

제1대대 발족 후 제2대대와 제3대대까지 편성한 국방경비대가 제1연대 편성을 완료한 것은 1946년 9월 18일이었다. 뒤이어 2연대(대전), 3연대(전북 이리), 4연대(광주), 5연대(부산), 6연대(대구), 7연대(충북 청주), 8연대(강원 춘천) 등 7개 연대가 각 도에 창설되었다. 제주도의 9연대는 제주가 1946년 8월 도로 승격된 후 11월에 창설 작업을 시작해 1948년 7월에 완료했다.

말이 연대 창설이지 병력이 제대로 갖춰지지 않아 처음에는 200명 규모의 1개 중대를 먼저 편성하고 현지 모병으로 인원이 차는 대로 대대에서 연대로 확대 개편했다. 국방경비대는 이들 각 도의 경비대를 총괄지휘하기 위한 경비대 총사령부를 설치해 송호근 대령을 사령관으로 임명했다.

국방경비대는 국가의 초석이 된다는 자부심이 대단했으나 한편으로는 좌익세력의 온상이기도 했다. 미 군정이 모병 시 신원조회를 하지 않아 좌익사건에 연루된 사람들까지도 얼마든지 국방경비대에 입대할 수 있었고 일단 국방경비대원이 되면 경찰도 손을 댈 수 없었기 때문이다. 일부 지방에서는 남로당 도당부가 계획적으로 청년당원을 경비대 사병으로 투입하거나 부대 내에 세포조직을 만드는 일도 있었다.

국방사령부는 1946년 3월 29일 국방부로 개칭되었다. 하지만 그 무렵 서울에서 열리고 있는 제1차 미소공위에 참석한 소련 대표가 "독립정부에나 있는 국방부를 왜 두느냐"고 항의하는 바람에 1946년 6월 15일 '통위부'로 개칭되었다. 더불어 남조선 국방경비대는 조선경비대로, 해방병단(1945.11.11. 창설)은 조선해안경비대로 이름이 바뀌었다.

자부심 대단했으나 한편으로는 좌익세력의 온상

비록 떳떳한 국군의 명칭을 쓰지는 못했지만 경비대가 창설된 이상 계급과 복제 등의 제정이 시급했다. 계급 호칭은 처음에는 구한국 시대의 계급제도를 참조했다. 장교는 정령(대령) 부령(중령) 참령(소령) 정위(대위) 부위(중위) 참위(소위), 하사관은 대특무정교(준위와 유사) 특무정교(상사) 정교(중사) 특무부교(하사) 부교(병장) 참교(상등병), 병졸은 일등병사(일등병) 이등병사(이등병)로 호칭했다.

그러나 호칭이 적당하지 않다는 의견이 많아 1년도 사용하지 못하고 1946년 12월 1일 계급호칭을 다시 제정했다. 하사관과 병졸은 이등병 일등병 하사 이등중사 일등중사 이등상사 일등상사 특무상사로, 장교는 소위 중위 대위 소령 중령 대령으로 바뀌었다. 장군 계급도 신설해 준장 소장 중장 대장으로 구분했다.

경비대 발족 당시 복제는 규정이 없었다. 따라서 장교는 일본군의 장교 복장에 승마용 장화를 신었고 정모는 일본군 장교 모자에 무궁화 모표를 달았다. 이 같은 복장에 일본도를 패용해 일본 장교와 흡사했다. 경비대 복제는 1946년 3월 임시로 제정되어 일본군 복장을 개조해 입도록 했다.

각 도마다 연대가 발족됨에 따라 1947년 12월 1일, 제1·7·8연대를 주축으로 38선 전역을 관할하는 제1여단이 서울에 창설되었다. 뒤이어 제2여단과 제3여단도 각각 대전과 부산에 창설됨으로써 국군은 비로소 제대로 된 진용을 갖추게 되었다. 대한민국 정부가 수립되기 바로 전인 1948년 7월 현재 우리 군은 5개 여단 15개 연대로 성장하고 장교와 사병은 각각 1,403명, 4만 9,087명으로 증가했다.

대한민국 정부 수립 후인 1948년 9월 1일 조선경비대의 지휘권은 정식으로 미 군정청에서 한국 측에 넘어왔고 9월 5일 조선경비대는 육군으로, 조선해안경비대는 해군으로 개칭되어 국군이 정식으로 출범했다. 1949년 4월 15일 해군 안에 해병대가 창설되고, 통위부 항공부대(1948.5.5 창설)가 육군 항공부대를 거쳐 1949년 10월 공군으로 독립함으로써 국군은 비로소 육해공 3군 체제의 기틀을 갖추게 되었다.

육군사관학교

육군사관학교는 조선경비대 사관학교(1~7기), 단기 육군사관학교(8~10기), 4년제 육군사관학교(11기~현재), 여생도 모집(58기~현재)이라는 4단계의 큰 변화를 겪으며 현재에 이르고 있다. 오늘날 육사의 모체가 되는 조선경비대 사관학교가 창설된 것은 1946년 5월 1일이다.

태릉에서 문을 연 조선경비대 사관학교에는 군사영어학교 폐교(1946.4.30)로 미처 임관하지 못한 교육생 60명을 포함해 80여 명이 입교했으나 1개월 보름 뒤인 6월 15일에 졸업한 학생은 40명에 불과했다. 이들이 육사 1기다. 박정희 전 대통령은 1946년 9월 24일 제2기생으로 입교했다. 만주의 신경군관학교와 일본 육사에 이어 세 번째 사관학교였다. 박정희는 나이(29세)로나 경력면에서나 군 고위층에 속해야 했으나 늦은 입대로 8~9세 어린 중대장 밑에서 훈련을 받았다.

1948년 8월 대한민국 정부 수립 전까지 1기부터 7기까지 1,800여 명의 생도들이 짧게는 45일, 길게는 수개월의 단기 교육을 받고 군에 뛰어들었다. 이 기간에 입교한 사관후보생들은 대부분 광복군, 일본군, 만주군 등에서 군사 경험이 있는 사람이어서 짧은 교육기간에도 불구하고 높은 숙련도를 보였다. 교육 기간은 정부 수립 후인 1948년 9월 5일 국군 창설과 더불어 육군사관학교로 개칭되면서 다소 연장되었다. 1948년 12월에 입교한 육사 8기는 22주, 9기는 23주의 교육훈련을 받았다. 1949년에 선발된 10기(생도 1기)는 2년제 과정으로 입교했으나 교육 기간이 1년으로 줄었다가 그마저도 졸업을 1주일 앞두고 6·25가 터져 졸업도 못하고 전장으로 내몰렸다.

1950년 6월 1일 첫 4년제 정규과정으로 모집한 생도 2기생이 입교해 대망의 정규 사관학교 교육이 시작되는 듯했으나 25일 만에 발발한 6·25전쟁으로 교육도 받기 전 생도 신분으로 전선에 투입되었다. 육군사관학교는 전쟁 발발 3일 만인 6월 28일 휴교에 들어갔다. 생도 2기는 입학하자마자 전투에 투입되어 86명이 전사하고 12명이 실종되었는데도 생도 1기가 육사 10기로 인정받은 것과 달리 정규 육사 기수에 포함되지 않고 지금껏 그냥 '생도 2기'로만 불린다.

5·16쿠데타 후 '육사 = 출세 가도' 공식 생겨

이후 생도 2기생 대부분은 전시 장교 양성소인 육군종합학교에 편입되어 6주간 단기 교육을 받은 뒤 종합 1기와 2기로 임관했다. 생도 2기 출신들은 장교로 임관한 뒤에도 휴전 때까지 45명이 전사했다. 생도 2기생들은 1996년 육사 개교 50주년을 맞아 전원이 명예 졸업장을 받고 육사 졸업생 명부에 이름을 올렸다. 생도 2기는 1기와 더불어 여러 전투에서 격전을 치르며 죽어가 "한국군 현대사의 비극을 상징하는 비운의 기수"로 불린다. 육사 생도들은 1기부터 10기까지 배출된 5,735명의 장교 가운데 1,310명이 6·25 때 전사했다. 세계적으로도 육사 출신이 한 전쟁에서 3년 만에 이렇게 많은 피를 흘린 사례는 없었다.

육사는 전쟁의 와중에도 1951년 10월 31일 경남 진해에서 4년제 사관학교로 다시 개교하고 1952년 1월 20일 개교식을 거행함으로써 정규 사관학교로서의 위상을 확보했다. 그때 입학한 생도들이 전두환·노태우 두 대통령을 배출한 그 유명한 육사 11기다. 이들은 1955년 소위로 임관해 25년 뒤 한국 정치의 핵심세력으로 급부상했다. 육사는 휴전 직후인 1954년 6월 23일 현재의 태릉으로 복귀해 옛 화랑의 얼과 정신을 이어받고자 '화랑대'로 개명했다. 1998년 3월에는 개교 이래 처음으로 여생도(58기)가 입교함으로써 '금녀지대'라는 성역을 깼다.

육사 졸업자 중 1,620여 명은 6·25와 베트남전 등 각종 전투에서 전사했다. 이처럼 육사 출신들은 남북 군사대치의 현장에서 안보의 핵심 역할을 맡았으나 5·16쿠데타 이후에는 '최대 파워 엘리트'로 부상, '육사=출세가도'라는 공식을 남겼다. 육사 출신의 엘리트들은 일사불란한 군사문화로 우리 경제가 빠르게 성장하는 데 일조했다는 긍정적 평가와 함께 한국 정치를 굴절과 파행으로 몰아갔다는 부정적 평가도 동시에 받고 있다.

청록파 세 시인, '청록집' 발간

남북 간 이념이 격심하게 대립하던 해방공간에서 세 시인은 과감하게 현실에 뛰어들었다.

1939년 초 시인 정지용이 '문장'의 시 추천위원으로 위촉된다. '문장'은 그해 2월 1일 창간한 월간 문학지로 이태준을 소설, 이병기를 시조 추천위원으로 위촉해놓고 있었다. 정지용은 그해 4월 조지훈(1920~1968)의 '고풍의상'을 시작으로 6월에는 박두진(1916~1998)의 '향현'과 '묘지송', 9월에는 박목월(1916~1978)의 '길처럼'과 '그것은 연륜이다' 등 신예작가 3명의 시를 2~3개월 간격으로 추천했다. 훗날 '청록파'로 불릴 3인의 신예 시인은 이렇게 자신들의 문재를 발휘할 기회를 얻었다.

그러나 청록파는 곧 시작된 일제의 조선어와 조선 문화 말살정책으로 몇 편의 시를 추가로 발표한 것 말고는 우리말로 된 시를 더 이상 발표하지 못했다. 조선일보와 동아일보가 1940년 8월, '문장'이 1941년 4월호를 마지막으로 폐간되어 발표 지면이 사라졌기 때문이다.

이로써 우리말 문학은 지하로 들어가거나 끊어지는 암흑의 동면기로 접어들었다. 시인들은 골방에서 몰래 우리말로 시를 썼고 그 시들은 감춰졌다. 그렇게 세월은 흘러 해방이 되었다. 해방 후 이들의 시에 주목한 것은 을유문화사의 조풍연이었다. 그의 눈에 세 시인의 시풍은 다른 듯하면서도 닮아 보였다.

1946년 3월 당시 을유문화사에 근무하는 박두진이 경주의 박목월에게 "급히 상경해 달라"는 전보를 쳤다. 두 시인은 곧바로 조지훈의 집을 찾아가 공동시집 발간을 모색했다. 조지훈과 박목월은 구면이었다. 그냥 안면이 있는 정도가 아니라 시를 주고받으며 정감을 나누던 사이였다. 1942년 조지훈이 경주의 박목월을 찾아갔을 때 박목월은 경주역에서 '조지훈 환영'이라는 플래카드를 흔들며 맞았고, 두 사람은 경주 인근의 옥산서원에서 여러 날을 함께 묵으며 가슴을 텄다. 헤어진 후 조지훈이 경주의 감흥을 시로 쓴 '완화삼'을 '목월에게'라는 부제를 붙여 편지로 보냈고 박목월은 '술 익는 강마을의 저녁노을이여-지훈'이라는 부제가 붙은, 교과서에 실려 유명해진 '나그네'로 화답했다.

세 시인의 첫 만남이 있고 3개월이 지난 1946년 6월 6일 한 권의 시집이 을유문화사에서 출간되었다. '한국 서정시의 본향', '순수 자연시의 발원'으로 평가받는 '청록집'이었다. 시집은 당시 유행하던 좌우 이데올로기를 배격하고 오직 바르게 문학을 하자는 시 정신에 입각해 꾸며졌다.

시집 제목 '청록집'은 박목월의 원고 중 하나인 '청노루'에서 땄다. 대표

저자로는 가장 연장인 박두진의 이름을 올리고 작품은 박목월 편, 조지훈 편, 박두진 편의 순서로 배열했다. 작품 수는 박목월이 15편으로 가장 많았으며 조지훈과 박두진이 각각 12편을 실었다. 우리말을 말살하려던 일제 말기에 숨어서 쓴 이 청록집이 있었기에 우리나라 암흑기의 시문학사는 명맥을 온전하게 유지할 수 있었다. 청록집은 당시에는 흔치 않은 재판(1949)을 찍을 만큼 인기를 끌었다.

"우리 고유의 심성을 담아낸 기념비적 시집"

세 시인의 시풍을 구체적으로 파고 들어가면 공통점보다는 다른 점이 눈에 띈다. 하지만 시 세계 외적인 면에서는 공통점이 많았다. 1939년 정지용의 추천으로 등단하고, 일제 말기의 암흑기와 해방공간의 혼란기에 현실에서 초연한 태도로 자연을 소재로 시를 썼으며, 자연을 메시지 전달의 수단이 아닌 대상 그 자체의 의미로 파악한 최초의 시인들이라는 점이 그랬다. 해방 후 세 시인 모두 연세대, 고려대, 한양대에서 교수로 재직한 것도 닮은 점이었다.

시풍에서는 차이가 있었다. 박목월은 향토적 서정을 간결하고 선명한 이미지로 노래하고, 조지훈은 전통문화를 소재로 민족 정서를 형상화했으며, 박두진은 기독교적 세계관에 기반한 자연과 인간의 이상적 조화라는 개성 있는 시풍을 보여줬다는 평가다.

그 후 청록집에는 "민족 말살 정책으로 모든 예술 활동이 억압받는 와중에 우리말 시를 고집하며 우리 고유의 심성을 담아낸 기념비적 시집", "해방공간의 좌우 소용돌이 속에서 한국 서정시의 본향이 무엇인지를 보여주는 순수 서정시"라는 평가가 쏟아졌다. 하지만 일각에서는 "일제시대의 암울한 현실을 외면", "행동하지 않고 침묵"했다고 비판한다.

남북 간 이념이 격심하게 대립하던 해방공간에서 세 시인은 과감하게 현실에 뛰어들었다. 해방 후의 문단은 친일 잔재의 냉엄한 현실보다도 양분된 이데올로기 청산이 과제였다. 세 시인은 '청록집' 발간을 준비하고 있던 1946년 4월에 결성된 '조선청년문학가협회'에도 함께 이름을 올려 연대를 과시했다.

조선청년문학가협회는 해방 직후 좌익계 문인들이 발 빠르게 결성한 '조선문학가동맹'에 맞선 민족문학 진영의 전위 세력이었다. 소설가 김동리가 초대 회장으로 활약하고 청록파의 세 시인, 정지용, 서정주, 유치환, 최태웅, 조연현 등도 회원으로 활동했다. '청록집' 발간 후 세 시인의 문학적 재결합 시도는 없었다. 서로 다른 곳을 지향한 것이 주요 이유였다. 그래도 그들은 '영원한 청록파'로 기억되고 있다.

박목월

박목월(1916~1978)은 경북 경주가 고향이다. 대구 계성중을 졸업하고 경주금융조합에 재직하던 1939년 9월 정지용의 추천을 받아 시인으로 데뷔했다. 영종이라는 본명 대신 목월을 쓴 이유에 대해 "어느 날 밤 나무에 걸린 달이 너무 고와 목월(木月)이라는 이름을 쓰게 되었다"고 말한 바 있다. 정지용은 박목월을 '문장'에 추천하면서 "북쪽에는 소월, 남쪽에는 목월이 있다"며 극찬했다.

박목월의 시에는 민요 가락의 향토색 짙은 서정, 소시민의 생활 속 소박함과 담담함, 토속적 시어에서 묻어나는 영혼이 느껴진다. 청록파 세 시인의 시 세계가 자연을 소재로 삼아 인간의 본성과 가치를 추구했다는 공통점이 있긴 하지만 박목월의 시에는 특히 전통적인 민요조의 세계가 제대로 살아 있다. 그래서 박목월에게는 "자연을 소재로 향토적 서정을 개성 있는 민요조에 담아내고 자연과의 교감을 맑은 운율로 노래한 한국의 대표적인 서정시인"이라는 평가가 주를 이룬다.

박목월의 시가 현실을 외면했다며 "사회적 진공상태"라고 폄하하는 비판이 없지는 않지만 박목월이야말로 일제 말기의 민족 말살 정책하에서도 시 창작을 통해 국어와 민족혼을 지키려고 노력하고 해방 후 순수문학 쪽의 중심인물로 남쪽 문단의 대표적인 위치를 지켜온 시인이다. 박목월의 시는 해방 후 좌우 갈등을 겪으면서 자연시에서 인생시로 변모했다. 사회적으로는 해방과 6·25로 이어지는 굴곡진 역사, 가정적으로는 동생의 죽음 등이 영향을 미쳤다. 후기에 이르러서는 존재의 본질을 '무'라고 인식하고 인간 존재의 유한성과 한계성을 절감하며 주로 신앙시를 썼다.

박목월(1916~1978)

1954년 첫 개인 시집 '산도화'를 출간하고 1961년 한양대 교수로 부임했다. 박목월은 가곡 '떠나가는 배'의 주인공이기도 하다. 1953년 휴전 무렵 유부남이던 박목월은 젊은 여자와 피란 겸 사랑의 도피를 위해 제주도를 찾아갔다. 어느 날 여인의 아버지가 제주도로 찾아와 여인을 데려가는 이별의 순간, 두 사람은 제주부두에서 아무런 말도 없이 처연히 돌아섰다. 두 사람의 이별 장면을 본 제주도 시인이자 제주제일중 교사 양중해는 두 정인의 부두에서의 이별을 시로 옮겼고 같은 학교 음악교사인 변훈에게 음을 붙이도록 해 탄생한 것이 가곡 '떠나가는 배'이다.

조지훈 경북 영양에서 태어난 조지훈(1920~1968)의 본명은 동탁이다. '풀 내음 속에 순수한 삶을 살고 싶다'는 생각으로 '지훈(芝薰)'을 스스로 아호이자 필명으로 썼다. 그는 지사적 풍모를 지닌 민족시인이면서도 국문학, 민속학, 한국사 등 각 분야의 전통문학을 두루 섭렵한 국학 연구가였다. 일제강점기, 자유당 정부, 박정희의 독재정치 때마다 불의에 저항하는 지조의 삶을 살았으며 그 격랑 속에서 민족과 시대의 아픔

조지훈(1920~1968)

에 기꺼이 동참했다. 그에게는 멋과 풍류, 기품이 서려 있었고 번뜩이는 재능과 막힘없는 교양, 추상같은 기개가 넘쳐흘렀다.

그의 올곧은 선비 정신은 가계에서 비롯되었다. 의병장을 지내다 한일합방 때 자결한 증조부, 고향 주민들에게 신학문을 가르치다 6·25 때 북한군이 마을을 점령하자 스스로 목숨을 끊은 조부, 신간회 총무간사를 지내고 국회의원으로 활동하던 아버지의 납북은 그대로 그의 삶에 투영되었다. 조지훈은 시대적 변화와 요청에 따라 시 세계를 바꾸면서도 선비 정신만은 일관되게 실천했다.

그는 10대 초부터 시인을 꿈꿨다. 1931년 마을 소년들의 문집 '꽃답'을 엮어내고 1935년 본격적으로 습작을 시작했다. 1937년 상경해 문예잡지 '시원'사에 머물다 1939년 4월 혜화전문학교(동국대 전신)에 입학했다. 1939년 4월 '고풍의상', 11월 '승무', 1940년 2월 '봉황수'가 정지용에 의해 '문장'에 추천되어 문단에 나왔다. 정지용은 추천사에서 "당신의 시적 방황은 참담하구료"라고 평했다. '고풍의상'과 '승무' 등은 한학적 교양과 불교적 가치관에 뛰어난 언어 기교를 보탠 작품이라는 평가를 들었다.

1941년 3월 혜화전문학교를 졸업한 후에는 오대산 월정사 불교강원의 강사로 활동하면서 불교계의 거봉인 방한암 스님에게서 가르침을 받았다. 1942년 조선어학회가 기획한 큰사전 편찬위원으로 일하다 조선어학회 사건으로 잡혀가 문초를 받았고 이후 월정사와 고향에서 지내며 꾸준히 시를 썼다.

해방 후에는 1946년 2월 경기여고 교사로 부임해 교가(김순애 작곡)를 작사했다. 1946년 9월 서울여의전 교수, 1947년 4월 동국대 강사를 거쳐

1948년 10월 고려대 교수로 부임해 고려대 교가(윤이상 작곡)를 작사하고 1952년 첫 시집 '풀잎단장'을 출판했다. '사상계' 편집위원을 역임하고 자유당 독재를 규탄하는 데 앞장섰다. 4·19혁명 때는 한국교수협의회 시국선언문을 집필하는 등 개혁을 외치는 지식인·교수 그룹에 앞장섰으며 '혁명', '잠언' 등의 시를 발표했다. 양심의 소리에 따라 불의에 항거한 민족의 대표적 지성이었고 한국 근대정신사의 거목이었다.

박두진

박두진(1916~1998)은 경기도 안성에서 태어나 1934년 서울로 올라왔다. 정신없이 바쁜 와중에도 내면에서는 언젠가 반드시 공부를 하겠다는 열망이 꿈틀거렸다. 측량사무소, 경성부청, 금융조합 등을 전전하던 박두진이 교회 문을 두드린 것은 19살 때였다. 이후 신앙은 일제강점기의 절망과 열 살 때부터 고민하던 실존 등 모든 문제를 해결할 수 있는 유일한 구원의 길이 되었다. 문학에 눈을 뜬 것도 그 무렵이었다. 습작 초기에는 주로 민요조에 도취하고 민족의 애수를 노래했다. 그런 그에게 '문장'의 출현은 충격이자 경이였다.

1939년 6월 '향현'과 '묘지송'이 정지용에 의해 추천되어 '문장'에 실린 것을 포함해 1940년 1월까지 '낙엽송', '의', '들국화' 등 모두 5편이 세 번에 걸쳐서 추천되었다. 박두진은 훗날 데뷔 때의 감정을 이렇게 밝혔다. "가슴이 벅차 메어지는 것 같아 나도 모르게 흐느껴 울었습니다…. 하나님, 하나님 하고 기도밖에는 더 나를 누를 수 있는 것이 없었어요."

그러나 기쁨과 감동도 잠시뿐 '문장'은 1941년 4월호를 마지막으로 폐간되었고 그의 시는 지면을 찾지 못했다. 박두진은 '문장' 폐간 후 아무 곳에도 발표하지 못한 20편의 시를 쓰며 조용히 해방을 기다렸다. 1946년 '청록집' 발간에 이어 1949년 5월 첫 시집 '해'를 출판했다. 박두진이 생전에 회고했듯이 "일제의 강압 검열하에서 받는 온갖 제약을 타개하기 위한

박두진(1916~1998)

시의 유일한 혈로는 정치나 사회 세계가 아닌 자연"이었다. 이런 박두진을 가리켜 정지용은 "삼림에서 풍기는 식물성을 가진 신자연의 시인"이라고 평가했다. 광복 후에는 투철한 현실 인식이 드러나는 작품을 많이 발표했고 관심도 자연에서 인간으로 옮아갔다. 1960년대 이후에는 주로 기독교적 이상과 윤리 의식을 바탕으로 한 시들을 썼다. 그렇다고 기독교의 테두리에만 머무르지 않고 우주의 생명과 질서에까지 자신의 시 세계를 확장했다.

그는 보통학교 졸업이 학력의 전부였는데도 1955년 연세대 교수로 임명되었다. 그 역시 고비 때마다 사회문제에 발언해온 대쪽 같은 지식인이었다. 청록파 시인 중 가장 치열하게 현실을 인식하고 저항 정신을 표출했다. 4·19혁명 때는 선두에 서서 중앙청까지 행진했고 5·16쿠데타 때는 이를 공격하는 글을 신문에 기고해 곤욕을 치렀다. 담시 '오적' 재판 땐 법정에서 김지하를 옹호했으며 노년에는 "오늘 우리 문학의 병은 사상적 도피 현상과 비평 의식의 결여, 무내용한 언어유희와 말초"라고 질타했다. 1998년 9월 16일 그의 죽음으로 '청록파'도 역사의 뒤안길로 사라졌다.

임원식 '고려교향악단' 상임지휘자 취임

피란지 부산에서 이화예고(서울예고)를 설립하는 데 주도적인 역할을 했다.

임원식(1919~2002)은 '한국 현대음악의 증인'이자 '한국 지휘계의 1세대'다. 무엇보다 해방 후 지휘계와 교육계 두 분야 모두에서 큰 족적을 남겼다. 그는 평북 의주에서 태어나 독실한 기독교 집안의 영향을 받아 어려서부터 음악과 친숙한 환경 속에서 자랐다. 6살 때 만주의 봉천(심양)으로 이사해 그곳에서 어린 시절을 보내고 1939년 하얼빈 음악학원을 졸업했다. 1942년 입학한 도쿄고등음악학교 시절 작곡한 가곡이 지금도 널리 애창되고 있는 '아무도 모르라고'(김동환의 시)다.

1944년 다시 하얼빈으로 돌아가 하얼빈 관현악단에서 편곡을 하고 일본 지휘계의 거목인 아사히나 다카시를 사사했다. 1945년 8월 일본이 패망하자 하얼빈 관현악단에서 활동하던 일본인 단원들은 모두 적성국으로 분류되었다. 상임지휘자 역시 발이 묶여 일본으로 돌아가지 못했다. 그때 임원식이 지휘자에게 은신처를 제공하고 무사히 일본 땅으로 돌아갈 수 있게 도움을 준 것이 인연이 되어 두 사람은 평생 사제의 정을 나눴다.

임원식은 1945년 11월 스승이 떠나고 없는 하얼빈 관현악단의 정기연주회를 지휘함으로써 지휘자로 데뷔했다. 1946년 귀국 후에는 '고려교향악단'의 상임지휘자로 위촉되었다. 1945년 9월 창단된 고려교향악단은 해방 후 창립된 우리나라 최초의 교향악단으로 현제명이 협회 이사장을 맡고 계정식이 지휘자, 김생려가 악장 및 총무로 활동했다.

창단 기념 연주회는 계정식의 지휘로 1945년 10월 수도극장(스카라극장)에서 열렸다. 10월 한 달 동안 미군 환영 대연주회, 연합군 및 임시정부 환영 연주회, 해방 기념 대음악회 등 비정기 연주회 위주로 활동하다가 1946년 2월 16일 계정식의 지휘로 수도극장에서 첫 정기 연주회를 열었다. 계정식은 이후 6회까지 지휘하고 1946년 6월의 7회 연주회 때는 김성태가 지휘했다.

1946년 9월 29~30일 국제극장에서 열린 고려교향악단의 제8회 정기연주회는 임원식이 지휘했다. 그의 국내 데뷔 무대 연주곡은 베토벤의 '교향곡 3번', '피아노협주곡 a단조', 오베르의 '포르티치의 벙어리 처녀'였다. 임원식은 1948년 1월 16일 국내 최초로 무대에 올려진 베르디의 '라

미 군정사령관 존 하지 중장이 서울 시공관에서 열린 음악회에 참석, 고려교향악단의 지휘자 임원식(오른쪽)에게 미국인들이 구입·기증한 악기를 건네고 있다(1948.4.25).

트라비아타'(춘희) 초연도 지휘해 한국의 대표적인 지휘자 반열에 올랐다.

임원식의 등장 후 고려교향악단의 중흥기가 시작되는 듯했으나 사실 당시 고려교향악단의 위상은 안으로부터 흔들리고 있었다. 고려교향악단의 악장 겸 총무 김생려가 1946년 3월 탈단한 것이 발단이었다. 김생려는 일본에서 활동하던 바이올리니스트 문학준이 악장으로 기용되자 탈단해 서울관현악단을 창단했다. 이후 두 악단은 알력과 불화를 빚었다.

이런 와중에 자금난까지 겹치자 고려교향악단은 경성전기회사(한국전력) 사장 독고선을 이사장으로 옹립해 위기에서 탈출하려 했다. 그러나 이미 시작된 하락세는 멈출 수 없었다. 1947년 김생려의 서울관혁악단이 고려교향악단 단원 일부를 흡수해 단원을 40여 명으로 늘리고 1948년 1월 '서울교향악단'으로 이름을 바꿔 1948년 2월 28일 수도극장에서 창단 기념 공연을 연 것도 고려교향악단의 위축을 초래했다.

한국 현대음악의 증인이자 한국 지휘계의 1세대

이처럼 미묘한 시기에 1948년 6월 고려교향악단 제24회 정기연주회 지휘를 마지막으로 임원식이 미국으로 유학을 떠난 것은 고려교향악단에 치명타가 되었다. 고려교향악단은 김인수의 지휘로 25~26회 공연을 치르긴 했지만 이미 둑이 무너진 상태라 더 이상 어쩌지 못해 1948년 10월 문을 닫았다. 서울교향악단 역시 1950년 6·25 발발과 더불어 문을 닫았다.

임원식은 해방 후 한국인으로는 처음으로 줄리아드에 입학했으나 1949

년 잠시 귀국했을 때 음악계가 그를 놓아주지 않아 미국으로 돌아가지 못하고 이화여대 교수로 부임하는 한편 서울교향악단 지휘를 맡았다. 해방 후 공연된 두 번째 오페라 비제의 '카르멘'도 1950년 임원식이 지휘했다.

1953년 3월에는 피란지 부산에서 이화예고를 설립하는 데 주도적인 역할을 했다. 이화예고는 그해 11월 서울예고로 개칭되었고 임원식은 초대 교장 신봉조에 이어 1962년부터 1975년까지 2대 교장으로 활약했다. 이처럼 음악 교육에도 관심이 많았지만 그래도 그의 본령은 지휘였다. 6·25 전쟁 때인 1951년 육군교향악단의 상임지휘자로 활약하고 1956년 KBS 교향악단 초대 상임지휘자로 임명되어 1970년까지 활동했다. KBS교향악단은 국립교향악단(1969) → KBS교향악단(1971) → 국립교향악단(1972)을 거쳐 1981년 다시 KBS교향악단으로 바뀌어 오늘에 이르고 있다. 임원식은 1984년에도 65세의 나이로 인천시향의 초대 상임지휘자가 되어 1992년까지 노익장을 과시하는 등 칠순을 넘겨서도 뜨거운 음악적 열정으로 국내외 무대를 누볐다.

1967년 동백림 사건이 일어나 독일에서 활동하던 작곡가 윤이상이 국내에서 재판을 받을 때는 모두가 외면하는 중에도 임원식만은 증인으로 나와 용감하게 변론을 펼쳤다. 1978년에는 국제청소년음악연맹 세계총회를 유치해 한국 음악계에서는 처음으로 큰 국제행사를 치르고 1997년 서울국제음악제에서도 조직위원장을 맡아 80세에 가까운 나이에도 지휘를 멈추지 않았다.

그는 스포츠에도 관심이 많아 1974년 이래 한 번도 빼놓지 않고 월드컵을 참관했으며 2002년 한일월드컵을 위한 문화행사협의회 위원장으로 활동했다. 2002년 6월 한일월드컵 기념공연으로 열린 도쿄 필하모니 연주회에서 객원 지휘한 것을 마지막으로 모든 음악 활동을 접은 뒤 2002년 8월 26일 눈을 감았다.

경성부, 서울특별자유시로 개칭

이성계가 천도한 이유는 강력한 왕권 희구와 풍수도참설이다.

서울에 공식적으로 '서울'이라는 명패가 달린 것은 해방 후였다. 일제 때도 서울로 불리긴 했지만 정식 명칭이 아니어서 대중적으로 널리 통용되지는 않았다. 일제 때 발간된 조선일보 기사(1920~1940) 제목을 검색해 보면 '경성'으로 표기한 경우가 1만 4,581건인 데 비해 서울은 678건에 불과하다. 서울이 공식적으로 '서울' 이름을 갖게 된 것은 미 군정장관 A. L. 러치 소장이 미국의 도시자치헌장을 본떠 만든 7장 58조의 '서울시 헌장'을 1946년 8월 14일 공표하고부터였다. 일제 때 명칭 '경성부'를 '서울특별자유시'로 개칭하고 서울을 경기도 관할에서 독립시켜 도 수준으로 승격한다는 게 골자였다.

서울특별자유시는 그해 9월 18일 미 군정 법령 제106호가 공표되고 9월 28일 발효되면서 공식 명칭으로 확정되었다. 일본식의 지명 정(町), 정목(丁目), 통(通)도 그해 10월부터 현재의 동(洞), 가(街), 로(路)로 바뀌었다. 다만 1943년 일제가 획정한 '구(區)'만은 사라지지 않고 오늘날까지 그대로 이어지고 있다. 당시 서울의 인구는 120만 명을 헤아렸다. 면적은 현재의 5분의 1수준이어서 수도로서는 초라했다. 서울특별자유시가 서울특별시로 정착된 것은 1949년 8월부터다.

'서울'이란 말은 어디에서 연유한 것일까. 그에 대해선 몇 개의 이설이 있다. 그 중 대표적인 것으로는 처용가 앞머리의 '새벌(東京)'에서 유래했다는 설, 서벌(徐伐)·서나벌(徐那伐)·서라벌(徐羅伐)·서야벌(徐耶伐) 등의 변천 과정을 거쳤다는 설이 있다. 외국에 'Seoul'로 알려지게 된 것은 19세기 후반 조선에 온 서양인들을 통해서였다. 1896년 창간된 독립신문이 발행지를 '서울'로 표기한 것은 영문판의 'Seoul' 표시와 짝을 맞춘 것으로 추정되고 있다.

서울의 역사는 멀리 삼국시대로 거슬러 올라간다. 삼국시대 초기 백제의 수도 위례성이 자리를 잡은 이래 한산주(통일신라), 양주(고려)로 개칭되어 지방 군현으로 존속해오다가 고려 문종 때인 1067년 남경으로 승격하고 1104년 지금의 청와대 부근에 궁궐을 지어 1308년 한양부로 칭했다. 서울을 수도로 삼은 것은 조선조 태조 이성계였다.

이성계는 1392년 7월 17일 개경에서 조선왕조를 창건하고 즉위 한 달도 안 되어 천도(遷都)를 지시했다. 천도를 서둔 이유는 몇 갈래로 추정된다. 첫째는 강력한 왕권의 희구다. 고려 왕조를 흠모하는 귀족세력의 정치적 기반이 개경인 데 반해 지방(함북 영흥)의 무인 출신인 그는 개경에 특별한 연계가 없었다. 따라서 그는 개경을 기반으로 한 구귀족들의 경제적·군사적 힘을 무력화할 필요가 있었다. '송도의 지기(地氣)가 쇠했다', '송도는 신하가 임금을 폐출하는 곳'이라는 등의 풍수도참설도 영향을 미쳤으며 건국과정에서 개경 사람들이 흘린 피도 마음을 불편하게 했다.

'서울'로 공식 개칭된 것은 1946년 8월

태조실록에 따르면 태조의 천도 지시로부터 1394년 서울이 도읍지로 결정되기까지 2년간 후보지로 등장한 곳은 한양을 포함해 계룡산, 모악 등 모두 9군데였다. 그중 제1후보지는 한양이었다. 그러나 기득권 포기를 싫어한 신하들이 "한양에는 마땅한 궁궐이 없고 성곽도 안전하지 않아 백성에게 피해를 준다"는 이유로 천도를 반대해 결국 태조는 한양 천도를 중단하고 새로운 후보지를 물색했다.

계룡산 신도읍을 첫 후보지로 선정해 10개월이나 공사를 진행했으나 "너무 남쪽에 치우쳐 있고 풍수지리적으로도 쇠약한 땅"이라는 신하들의 주장이 잇따라 다시 건설을 중단시키고 다른 후보지를 찾도록 했다. 그래서 모악(연희동·신촌 일대)이 대안으로 떠올랐으나 도읍지로는 부적절한 것으로 결론이 났다. 결국 태조는 1394년 8월 24일(음력) 한양을 도읍지로 확정해 천도 논쟁에 종지부를 찍었다.

태조는 1394년 10월 25일(양력 11월 26일) 개경을 출발해 10월 28일(양력 11월 29일) 한양에 도착, 지금의 청와대 부근에 위치한 궁궐을 이궁으로 삼고 이듬해 한양을 한성부로 개칭했다. 그러나 제1차 왕자의 난(1398)으로 이성계의 계비 아들인 세자 방석과 방번이 죽는 등 혼란스러운 상황이 계속되고 왕위를 물려받은 정종도 한양에 마음을 두지 못해 1399년 3월 개경으로 돌아갔다. 그러다가 1405년(태종 5년) 10월 다시 환도해 500여 년 동안 한성부 명칭으로 수도 역할을 했다.

한성부 명칭이 또다시 바뀐 것은 일제가 조선을 합병하고 2개월이 지난 1910년 10월이었다. 일제는 한성부를 경성부로 개칭하고 행정구역과 기능을 축소해 경기도 관할로 격하했다. 동명과 지명의 우리말 명칭도 일본식으로 한자화했다.

경성부는 해방 후에도 그대로 유지되다가 1946년 8월 미 군정이 제정한 군정법령에 따라 서울특별자유시로 공식 개칭되었다. 다음의 표를 보면 알 수 있듯이 서울시는 1946년 특별시가 될 때 일제가 1943년부터 시행한 '구제(區制)'를 적용, 8개 구(종로구·중구·동대문구·서대문구·용산구·성동구·영등포구·마포구)로 첫 살림을 시작했다.

1949년 8월에는 경기도 고양군의 숭인면, 뚝도면, 은평면과 시흥군 동면의 일부를 서울로 편입시키면서 면적은 광복 직후의 2배인 268㎢, 인구는 162만 명으로 늘어났다. 이때 구(區)는 성북구가 추가되어 9개 구로 늘어나고 은평·뚝도·숭인 등 3개 출장소가 신설되었다. 1963년 1월에는 5개 군의 7개 면 전부와 5개 면 일부를 합친 90개 리까지 흡수되면서 3개이던 출장소가 13개로 늘어나고, 인구도 325만 명으로 증가해 명실상부한 국제적 대도시로 탈바꿈했다.

서울시는 1962년 2월 내무부 직속에서 국무총리 직속으로 지위가 격상되고 1991년 5월 '수도로서의 특수한 지위를 갖는다'는 특별조치법이 제정되면서 대한민국의 대표성을 띄기 시작했다. 첫 '서울 시민의 날'이 제정된 것은 1994년 10월 28일이다. 태조가 한양에 입성한 음력 10월 28일을 양력으로 환산하면 11월 29일이지만 날씨가 추워 행사를 치르는 데 부적합하다고 판단해 그냥 10월 28일을 서울 시민의 날로 삼은 것이다. '한성' 명칭은 일제 통치와 더불어 우리나라에서는 사라졌으나 중국에서 계속 사용되다가 2005년 10월 중국이 한성을 공식적으로 '서우얼(首尔)'로 바꾸면서 역사 속으로 사라졌다.

▶ 서울시 구 지정 변천사

연도	구 지정 (괄호는 분구 전)	출장소 지정	구수(區數)
1943	종로 중 동대문 서대문 용산 성동 영등포		7개
1944	마포(서대문 · 용산)		8개
1949	성북	은평 뚝도 숭인	9개 3개 출장소
1963		천호 송파 망우 관악 은평 오류 등 10개	9개 13개 출장소
1973	도봉(성북) 관악(영등포)		11개 13개 출장소
1975	강남(성동)		12개 13개 출장소
1977	강서(영등포)		13개 13개 출장소
1979	은평(서대문) 강동(강남)	※출장소 폐지	15개
1980	구로(영등포) 동작(관악)		17개
1988	송파(강동) 중랑(동대문) 노원(도봉) 서초(강남) 양천(강서)		22개
1995	광진(성동) 강북(도봉) 금천(구로)		25개

세계 최초 컴퓨터 '에니악' 탄생

에니악은 당시로서는 믿기지 않을 정도로 엄청난 처리 능력을 과시했다.

1946년 2월 14일 저녁 미 국방부 관계자 등 200여 명이 펜실베이니아대로 모여들었다. 그들이 찾아간 곳은 넓이 28㎡, 높이 3m, 무게 30톤의 거대한 기계가 설치된 대형 공간이었다. 이윽고 전원 스위치가 올라가자 130km나 되는 긴 전선으로 연결된 기계 부속품들이 깜빡거리며 분주하게 움직였다. 세계 최초 컴퓨터 '에니악'이 탄생하는 순간이었다. 그때까지 망원경이 눈을, 자동차가 발을, 원자폭탄이 주먹을 확장했다면 컴퓨터는 인간의 뇌를 연장했다는 점에서 의미가 각별했다.

이 위대한 발명품의 두 주역은 펜실베이니아대 존 모클리(1907~1980) 교수와 대학원생 프레스퍼 에커트(1919~1995)였다. 모클리는 존스홉킨스대 전기공학과를 졸업하고 같은 대학원에서 물리학 석·박사 학위를 취득했다. 1932년 펜실베이니아주 어시너스대의 물리학과 교수로 임용되어 학생들을 가르쳤으며 1941년 펜실베이니아대의 무어스쿨에서 전자공학을 연구했다. 에커트는 당시 무어스쿨의 조교였다.

두 사람은 궁합이 잘 맞았다. 모클리가 거대한 진공관 계산기를 만들겠다고 했을 때도 에커트는 진심으로 믿고 따랐다. 당시 진공관식 계산기가 없었던 것은 아니었다. 아이오와주립대 교수인 존 빈센트 아타나소프가 대학원생 클리퍼드 베리의 도움을 받아 1939년 11월 IBM의 천공카드를 개조한 'ABC'라는 진공관 계산기를 내놓았기 때문이다. 그런데도 오늘날 에니악이 세계 최초 컴퓨터로 인정받는 이유는 ABC가 개발만 되었을 뿐 실제로 현장에서는 사용되지 않았기 때문이다. 성능과 크기도 비교할 수 없을 정도로 차이가 났다.

모클리는 1941년 6월 아이오와주립대에서 ABC를 눈여겨보고 ABC보다 훨씬 성능이 좋은 최신 계산기를 만들겠다고 결심했다. 기회가 찾아온 것은 2차대전이 한창이던 1943년이었다. 미 국방부가 야포나 미사일 발사 시 탄도 계산을 할 수 있는 고성능의 계산기를 개발하는 '프로젝트 PX'를 구상하면서 무어스쿨에 개발 의사를 타진한 것이다.

세계 최초 컴퓨터 에니악

당시는 때와 장소에 따라 변하는 대기 온도, 풍속 등에 따른 사거리를 포수들에게 알려주는 탄도 하나를 계산하려면 200여 단계를 거쳐야 했다. 노련한 수학자가 가장 정교한 탁상 계산기를 이용하더라도 7~20시간이나 걸렸다. 미 국방부가 진공관 컴퓨터의 개발 계획을 승인한 것은 1943년 4월이었다. 수십 명의 과학자가 투입된 프로젝트에서 모클리는 최고 자문역, 에커트는 수석 엔지니어를 맡았다.

에니악은 전쟁이 끝난 1946년 2월 완성되어 당초 목적인 군사용으로는 사용하지 못했다. 대신 당시로서는 믿기지 않을 정도로 엄청난 처리 능력을 과시했다. 7~20시간이나 매달려야 했던 복잡한 탄도 계산을 3초 만에 끝내고 1초에 10자리의 덧셈과 뺄셈을 5,400회, 10자리의 곱셈을 350회나 처리했다.

언론은 '총알보다 빠른 계산기', '거인 두뇌'라는 찬사를 쏟아내면서도 진공관식 계산기는 ABC가 최초였기에 에니악에 '최초' 수식어를 붙이는 대신 '최초의 다목적용 전자식 컴퓨터'란 수식어로 ABC의 위신을 세워주었다. 사실 엄밀히 말하면 에니악보다 먼저 개발된 다목적용 컴퓨터는 또 있었다. 1943년 12월 영국의 튜링이 개발해 현장에서 사용된 '콜로서스'

가 있었기 때문이다. 그러나 콜로서스는 세계 최초의 컴퓨터임에도 불구하고 30년간 비밀에 붙여지다가 1975년에야 실체가 공개되어 '최초' 영예를 에니악에 양보해야 했다.

'총알보다 빠른 계산기' '거인 두뇌' 찬사 쏟아져

에니악은 비록 군사적으로는 사용하지 못했지만 1947년 7월 29일 본격적으로 작동을 시작하면서 풍동 설계, 우주선 연구, 기상예보, 수소폭탄 설계용 계산 등 이전까지는 생각하지 못한 다양한 분야의 컴퓨팅에 사용되었다. 그러나 에니악에도 문제가 많았다. 가장 큰 문제는 진공관이었다. 1.5kg 무게의 진공관 1만 8,800개를 가동하려면 전력 소모가 엄청나고 수명이 짧았다. 공간도 너무 많이 차지했다. 10진법을 채택해 2진법을 채택한 후발 컴퓨터보다 속도가 느린 것도 문제로 대두되었다. 컴퓨터사에서 10진법 문제를 해결하는 데 결정적인 역할을 한 사람은 1944년 6월 뒤늦게 에니악 개발팀에 합류한 천재 수학자 존 폰 노이만이었다. 그는 2진법과 내장 프로그램을 제안했다.

1946년 에니악이 세상에 공표된 후 펜실베이니아대는 모클리와 에커트에게 특허권 포기를 요구했다. 두 사람은 이를 일축한 뒤 에니악이 공개된 지 한 달만에 대학을 떠나 회사를 설립했다. 회사는 1949년 8월 미사일을 유도하는 소형 컴퓨터 '바이낙'을 완성하는 등 기술력을 인정받았으나 재정은 어려웠다. 결국 두 사람은 특허권 양도 비용과 별도의 연봉을 받기로 하고 스페리 랜드사로 옮겼다.

그곳에서 두 사람은 1944년 가을부터 에니악 개발과 병행해온 '유니박'을 완성해 1951년 6월 미국의 인구통계국에 납품함으로써 컴퓨터가 군사 이외의 목적에 이용되고 상품화될 수 있다는 것을 보여주었다. 유니박은 진공관이 5,200개 들어가고 길이 4.3m, 폭 2.4m, 높이 2.6m에 무게도 13

톤이나 되었다. 에니악과 견주면 작긴 했으나 계산의 모든 과정을 2진법으로 통일해 처리 속도를 높여 성능은 뛰어났다. 1952년 11월 4일 밤에는 아이젠하워와 스티븐슨 후보 간의 대통령 선거 결과를 실제와 거의 비슷하게 예측해 세상을 깜짝 놀라게 했다.

에니악은 1955년 10월 2일 벼락을 맞고 9년간의 활동에 종지부를 찍었다. 이후 진공관 크기의 220분의 1에 불과한 트랜지스터(2세대), 집적회로(3세대), 마이크로 프로세서(제4세대)가 등장하면서 컴퓨터는 덩치를 획기적으로 줄여나갔다.

존 폰 노이만

존 폰 노이만(1903~1957)은 컴퓨터 프로그램을 메모리에 불러온 뒤 중앙처리장치(CPU)가 명령어를 하나씩 처리하는, 현대 컴퓨터의 작동 원리가 된 '프로그램 내장 방식'의 개척자다. 헝가리 부다페스트의 부유한 유대인 은행가의 아들로 태어난 그에게는 어려서부터 천재에게 따라다니는 일화들이 많이 전해진다. 6살 때 8자리 나눗셈을 해결하고 8살 때 미적분을 풀고 12살 때 대학원 수준의 논문을 읽었다는 등의 일화다.

천재성은 수학에만 한정되지 않았다. 6살 때는 아버지와 고대 그리스어로 농담을 주고받았으며 10살 때는 이탈리아어, 영어, 불어, 라틴어, 그리스어 등 7개 언어를 구사했다. 성인이 되었을 때는 20년 전에 읽은 찰스 디킨스의 소설 '두 도시 이야기'를 한 자도 틀리지 않고 모두 기억하고 셰익스피어의 한 희곡을 원문 그대로 외우기도 했다.

1918년 1차대전 종전 후 헝가리가 잦은 정변에 시달리다가 1919년 4월 공산 정권이 들어서자 노이만의 가족은 오스트리아로 빠져나왔다. 다행히 공산 정권이 무너져 4개월 만에 부다페스트로 돌아왔으나 10대 시절 겪었던 이때의 공포가 뼛속 깊이 파고들어 노이만은 평생 지독한 반공적 삶을 살았다.

노이만은 부다페스트대 수학과에 입학했으나 교수도 인정하는 실력이었기에 강의는 형식적으로 듣고 많은 시간을 아인슈타인이 있는 베를린대에서 보냈다. 1926년 부다페스트대에서 박사학위를 받고 베를린대에서 수학 강사(1927~1929)로 활동하며 각종 수학 이론과 체계를 다진 세계적인 논문 10여 편을 발표했다. 그러자 그의 천재성을 인정한 미국의 고등연구소가 그를 초빙했고 그는 1933년 최연소 종신 교수가 되었다.

고등연구소는 뉴저지주의 소도시 프린스턴에 있어 흔히 프린스턴대의 부설기관으로 알고 있지만 사실 프린스턴대와 고등연구소는 전혀 별개의 기관이다. 다만 지리적으로 가까워 학술적 교류는 비교적 활발한 편이다. 고등연구소는 알베르트 아인슈타인, 헤르만 바일(물리학자·수학자) 등 원숙한 학자와 젊은 노이만 등 6명을 교수진으로 구성해 1933년 발족했다.

노이만은 고등연구소에서 22년간 적을 두고 순수수학, 응용수학, 물리학, 컴퓨터 이론 등 다양한 분야에서 활동했다. 여느 천재와는 달리 사람들과 어울리는 것을 좋아해 항상 떠들썩한 파티를 주최하고 연구소 외부 활동에도 활발하게 참여했다. 2차대전이 발발했을 때는 미 육군탄도연구소에 도움을 주고 1943년 말에는 '맨해튼 프로젝트'에도 참여했다.

'노이만 방식' 디지털 컴퓨터의 표준 구조로 자리잡아

노이만이 컴퓨터에 발을 들여놓은 것은 펜실베이니아대 무어스쿨에서 한창 진행 중이던 '에니악' 개발에 합류한 1944년 9월이었다. 노이만은 에니악 개발에 깊이 관여하지는 않았지만 에니악의 후속 프로젝트인 '에드박' 개발에는 적극 참여했다. 에니악 개발이 막바지를 향해가던 즈음인 1945년 6월 30일 노이만이 '에드박에 관한 보고서'라는 101쪽 짜리 논문을 발표했다. 연산장치, 중앙제어장치, 기억장치, 입력장치, 출력장치 등 프로그램 내장 컴퓨터의 구성과 논리를 설명한 보고서였다.

'초고속 자동 디지털 컴퓨터 시스템'이라는 제목의 이 보고서는 훗날 '현대 컴퓨터의 청사진'이라는 평을 들었으나 당시에는 한 육군 장교가 이 보고서를 미국은 물론 영국의 과학자들에게도 보내는 바람에 에드박을 개발하던 모클리와 에커트를 분노하게 했다. '에드박 프로젝트를 발설해서는 안 된다'는 규정을 어긴 것은 물론 자신들이 특허를 얻을 수 있는 가능성을 위태롭게 만들었기 때문이다. 두 사람은 문서가 노이만의 이름으로 정리된 것도 불쾌하게 생각했다.

존 폰 노이만(1903~1957)

결국 세계 최초의 프로그램 내장 컴퓨터는 1949년 5월 공개된 영국 케임브리지대의 모리스 윌크스 팀의 '에드삭'에 빼앗겼지만 노이만의 보고서 공개는 결과적으로 몇몇 과학자만 구상해온 컴퓨터의 상업화 시대를 앞당기는 결과를 낳았다.

이후 노이만은 1946년 '전자계산기의 논리 설계와 예비적 토론'이라는 제목의 논문을 공저로 펴냈다. 컴퓨터 설계를 명확히 해석한 이 논문은 한동안 대학 교재로 이용될 만큼 권위를 인정받았다. 1948년에는 컴퓨터 이론의 기본인 플로차트가 처음 등장하고 프로그래밍의 정의와 방법이 자세히 소개된 '전자계산기를 위한 문제의 계획과 코딩'이라는 책도 발간했다.

노이만이 개발에 관여하고 모클리와 에커트가 완성한 에드박은 1951년 모습을 드러냈다. 에드박은 컴퓨터가 처리하는 모든 프로그램 형태의 명령어를 메모리로 불러와 CPU가 하나씩 처리하는 프로그램 내장 방식을 채택했다. 중앙처리장치, 기억장치, 프로그램, 데이터로 구성되고 기억장치에서 프로그램과 데이터를 차례로 불러내 처리하는 이른바 '노이만 방식'은 이후 디지털 컴퓨터의 표준 구조가 되었다. 에드박은 노이만에게 '현대 컴퓨터의 아버지'라는 영예를 안겨주었고 프로그램 내장 컴퓨터의 전성기를 열어주었다.

노이만은 원자폭탄을 사용하는 것에 지나치게 적극적이라는 이유로 비난을 사기도 했다. 태평양전쟁 때는 일본에 원자폭탄을 투하해야 한다고 강력하게 주장했다. 종전 후 많은 과학자가 히로시마의 참극에 충격을 받아 원자폭탄 반대론자로 돌아섰지만 그만은 "필요하면 언제든지 원자탄을 이용해야 한다"며 적극적 찬성의 입장을 바꾸지 않았다. 6·25 때 소련에 원폭을 투하하자고 주장한 것은 물론 1957년 임종 직전까지도 이른바 '예방전쟁'이라는 이름으로 소련에 대한 핵폭탄 선제공격을 주장했다.

노이만은 핵무기 개발 과정에서 노출된 방사능으로 인해 골수암에 걸려 한창 일할 나이인 1957년 2월 8일 숨을 거뒀다. 미 국방장관, 합참의장, 각 군 참모총장 등 군 주요 인사들이 그가 미 국방에 기여한 것에 대한 존경과 감사의 마음으로 그의 죽음을 지켜보았다.

도쿄재판(극동국제군사재판) 개정

체포된 100여 명의 전범 용의자도 이런저런 이유로 대부분 석방되고 28명만 기소되었다.

46만 명의 미군을 이끌고 일본에 진주한 더글러스 맥아더 연합군 최고사령관에게 부여된 임무는 크게 2가지였다. 최단시간 내에 봉건적 천황제를 미국식 정치체제로 바꾸고 태평양전쟁의 전범들을 신속하게 재판대에 올리는 것이었다.

맥아더가 전범 용의자를 체포하도록 명령한 것은 1945년 9월 11일이었다. 이후 2~3개월 사이에 100여 명의 전범 용의자가 체포되었다. 가장 먼저 체포된 인물은 1941년 진주만 공격을 명령한 도조 히데키 전 총리였다. 총리를 3번이나 지낸 고노에 후미마로는 자신이 전범 혐의로 조사받는다는 소식을 듣고 그해 12월 자살했다. 그러나 100여 명의 전범 용의자들은 이런저런 이유로 대부분 석방되고 28명만 기소되었다.

도쿄 재판

전범을 처단하기 위한 전범 재판소의 설치 근거는 '연합국 포로를 학대한 자를 포함하는 모든 전쟁범죄자에 대해 엄중한 처벌을 내린다'는 포츠담 선언 제10조였다. 재판을 담당할 판·검사는 미국, 영국, 중국, 소련, 프랑스, 네덜란드, 캐나다, 호주, 뉴질랜드, 인도, 필리핀 등 11개국에서 파견된 11명으로 각각 구성되었다. 호주의 고등법원장을 지낸 윌리엄 웹이 재판장을 맡고 미국의 조지프 키넌이 수석 검사로 활동했다.

일명 '도쿄 재판'으로 불린 '극동국제군사재판'이 도쿄의 전 대본영 대강당에서 개정된 것은 1946년 5월 3일이었다. 전범들은 크게 '반평화 범죄', '통상의 전쟁범죄', '반인도 범죄' 등 3가지로 분류되었다. 전범 기간은 1928년부터 태평양전쟁이 끝난 1945년까지로 제한했다.

문제는 대표적 전범인 히로히토 천황을 기소하지 않았다는 점이었다. 종전 후 일본을 공산주의의 확산을 막는 '아시아의 방패'로 활용하기 위해 히로히토에게 전쟁 책임을 묻지 않으려는 미 정부의 계산 때문이었다. 미 정부의 이런 생각과 달리 당시 미국의 여론은 70%의 국민이 어떤 형태로든 천황의 처벌을 찬성했다. 1945년 6월 실시한 갤럽 여론조사에 따르면 처형 33%, 재판에서 결정 17%, 종신형 11%, 추방 9% 등으로 나타날 만큼 천황에 대해 거부감이 컸다. 재판에 참여한 일부 국가도 천황의 퇴위와 기소를 요구했다.

그러나 재판은 철저하게 미국의 이익에 부합하는 방향으로 진행되었다. 맥아더는 히로히토의 처벌을 막는 수호신 역을 자처했고, 키넌 검사는 재판 도중 히로히토의 관련성이 부각될 때마다 질문을 생략하거나 히로히토의 면책을 위해 전범들의 증언을 조작하는 방식으로 미 정부의 뜻에 따랐다.

철저하게 미국의 이익에 부합하는 방향으로 재판 진행

도쿄 재판에 대표단을 보낸 나머지 10개 나라는 미국의 이런 태도에 반발했다. 10개국에서 파견된 검사들은 독일 전범을 심판하는 뉘른베르크 재판에 미국·소련·영국·프랑스가 동등한 권리로 참여했다는 사실을 상기시켰다. 하지만 모든 재판은 맥아더의 완강한 태도에 가로막혀 끝까지 미국 주도로 진행되었다.

도조 히데키가 1947년 12월 무심코 "일본의 신민이 폐하의 의사에 반하여 이러쿵저러쿵하는 것은 있을 수 없다. 하물며 일본의 고관이라면 더욱 그렇다"라며 군부가 천황의 뜻에 따라 침략전쟁에 나선 것을 인정했을 때도 키넌은 다른 전범자들을 시켜 도조가 증언을 철회하도록 설득했다. 결국 도조는 이듬해 1월 "천황이 군부의 진언에 마지못해 동의함으로써 개전에 이르렀다"고 증언을 번복했다.

재판은 2년 6개월간 818차례 열렸다. 연 2만 명의 방청객이 지켜보았고 이등병에서부터 과거 만주국의 황제 부의까지 모두 4,000여 명의 증인이 법정에 섰다. 그러나 히로히토는 단 한 번도 증인으로 출석하지 않았다.

재판은 1948년 11월 12일 웹 재판장의 선고 후 종결되었다.

웹 재판장은 28명 중 7명의 전범에게 교수형 판결을 내리고 16명에게는 종신형, 2명에게는 각각 20년과 7년의 유기징역을 선고했다. 2명이 재판 도중 사망하고, 1명이 정신착란을 일으켜 실제 실형 선고를 받은 전범은 25명이었다. 28명의 전범 말고도 또 다른 전범들은 일본의 요코하마나 실제 전쟁터였던 해당 국가에서 재판을 받아 984명이 사형, 475명이 무기징역을 선고받았다.

오늘날 도쿄 재판은 '실패한 재판'이라는 목소리가 높다. 최고 통수권자로 전쟁을 이끈 히로히토를 법정에 세우지 않아 오히려 히로히토에게 면죄부만 쥐어준 꼴이 되었다는 게 첫째 이유였다. 일본이 아시아 각국 국민에게 가한 잔혹한 학살 행위에 대한 형사적 책임조차 묻지 않은 것도, 생체실험으로 악명이 높은 731부대의 책임자 이시이 시로가 미국의 국익을 위해 재판 개시 직전 석방된 것도 비판을 받았다. 이는 뉘른베르크 재판이 나치당과 게슈타포 등을 범죄집단으로 낙인찍고 유대인 학살에 관여한 전범들을 처벌한 것과 극명하게 대비되었다.

히로히토 천황 기소하지 않아 '실패한 재판'

7명의 전범은 1948년 12월 23일 새벽 도쿄 스가모 형무소에서 교수형에 처해졌다. 도조 히데키를 비롯해 히로타 고키(총리), 도이하라 겐지(봉천 특무기관장), 이타가키 세이시로(관동군 참모), 기무라 헤이타로(육군 참모차장), 마쓰이 이와네(상해파견군 사령관), 무토 아키라(제14방면군 참모장) 등이 단죄된 7명의 이름이다. 억울한 죽음이라며 30만 명이 탄원한 히로타 고키를 제외하고 6명의 육군 출신 전원은 천황에 대한 마지막 존경의 뜻으로 "천황 폐하 만세"를 외치며 죽었다. 자살이 실패로 끝나 결국 교수대에 오른 도조 히데키는 "욕망의 이승을 오늘 하직하고 미타 곁으로

가는 기쁨이여!"라는 유언시를 남겼다.

전쟁과 식민과 점령의 가혹한 정책에 관여했던 수많은 책임자들은 재판을 통해 대부분 면죄부를 받고 전후 일본 건설의 주역으로 다시 등장했다. 결국 그들의 죄악상이 추궁되지 않은 채 역사의 장으로 넘어가고 만 것이다. 히로히토는 냉전시대의 전략적 가치를 우선한 미국의 배려로 '신'에서 '인간'으로 격하되어 패전 뒤에도 44년 동안 천수를 누렸다.

뉘른베르크 재판과 도쿄 재판의 가장 큰 차이는 재판 이후 두 국가의 역사 청산 과정에 큰 영향을 미쳤다는 점이다. 독일의 경우 재판 과정에서 낱낱이 드러난 나치의 반인도 범죄는 그 자체로 독일 국민에 대한 교육적 역할을 했다. 특히 독일은 뉘른베르크 재판 정신을 잇기 위한 후속 조치로 특별법을 제정하고, 반인도 범죄 처단을 국내 형법 규정으로 계승했다. 독일이 지금도 국내에서 전범 처벌 재판을 계속할 수 있는 근거다.

하지만 도쿄 재판에서는 일본의 침략 행위가 주된 단죄 대상이 되다 보니 이후 개인의 잔혹 행위보다는 인간을 극단적 상황으로 몰아가는 전쟁의 광기를 탓하는 분위기가 형성되었다. 도쿄 재판 후 후속법 제정 등의 노력을 소홀히 한 것도, 사면된 전범들이 복귀해 큰 영향력을 행사할 수 있었던 것도 이 같은 배경에서다.

야스쿠니 신사

야스쿠니 신사의 전신은 메이지 유신 후 쇼군을 정점으로 하는 막부와의 내전에서 메이지 천황을 위해 숨진 사람들을 기리기 위해 1869년 6월에 지은 초혼사(招魂社)다. 천황은 에도(도쿄)에 사당을 지어 사망한 정부군 병사 3,500여 명을 위해 제사를 지내게 했다. 그 후 각종 전몰자의 영령은 모두 초혼사에 안치되었다.

1879년 6월에는 '국가(國)를 평안(靖)하게 한다'는 의미의 야스쿠니(靖國) 신사로 개칭했다. 역대 천황들의 관심은 각별했다. 메이지(1867~1912) 천황은 1874년 1월을 시작으로 모두 11회 참배했고 요시히토(1912~1926)는 5회, 히로히토(1926~1989)는 54회 참배했다. 아키히토(1989~현재)는 2014년 현재까지 한 번도 하지 않았다.

2013년 9월 현재 야스쿠니가 받드는 전몰자는 246만 6,532명이다. 이 중 213만 3,000여 명은 태평양전쟁 전사자이고 중일전쟁(19만 1,000여 명), 러일전쟁(8만 8,000여 명), 만주사변(1만 7,000여 명), 청일전쟁(1만 3,000여 명) 전사자가 그 뒤를 잇고 있다. 합사 대상자는 군인과 군속뿐만 아니라 패전 후 소련·만주·중국 등에 억류되어 있다가 사망한 사람, 징용되었다가 사망한 사람, 오키나와 전투에서 사망한 일반 주민 등이다.

오늘날 야스쿠니 신사 참배가 한·중 양국으로부터 거센 반발을 사는 것은 이곳에 위패가 합사된 A급 전범자 14명 때문이다. 패전 후 도쿄재판에서 사형선고를 받아 교수형에 처해진 7명, 수감 중 옥사한 7명을 포함한 14명의 위패가 야스쿠니 신사에 합사된 것은 1978년 10월 17일이다. 당초 이들 14명에겐 무덤이라는 것이 없었다. 미 군정이 군국주의 부활의 불씨가 될 것을 우려해 이들의 시체를 화장했기 때문이다.

그러나 전범 재판에 참여한 한 변호사가 화장장 직원을 매수해 유골을 수거한 후 산속에 있는 불상 밑에 숨겨 보관했다는 사실이 나중에 밝혀져 유골은 1960년 8월 우익들이 아이치현의 산가네산에 조성한 '순국 7사묘'에 안치되었다. 그러다가 1978년 10월 이들 7명에 옥사한 7명을 더한 14명의 위패를 합사한 것이다.

한·중 양국이 반발하는 것은 A급 전범 위폐 합사와 총리 참배 때문

야스쿠니 신사가 한국과 중국의 반발을 사는 또 다른 이유는 총리의 참배 때문이다. 총리 가운데 처음 야스쿠니를 참배한 것은 1975년 8월 미키 다케오 총리였다. 야권이 반발하자 미키는 "참배 방명록에 총리 직함을 기재하지 않았다, 총리 관용차를 사용하지 않았다, 공식 수행원을 동행하지 않았다, 공물(供物)을 공적인 비용으로 하지 않았다" 등 4가지 이유를 들어 공식 참배가 아니라고 주장해 논란을 잠재웠다.

그러자 후임 총리들도 매년 8월 15일이 되면 하나둘 야스쿠니 신사를 참배했다. 애초에는 '개인 자격'을 강조하다가 점차 '공식 자격'으로 접근했다. 1985년 8월에는 나카소네 야스히로 총리가 사상 처음으로 총리 자격임을 밝히고 종전기념일에 야스쿠니 신사를 참배했다.

'나카소네 공식 참배' 이전까지만 해도 한국과 중국은 총리 참배에 별 관심을 기울이지 않았다. 하지만 총리가 공식 자격으로 참배하자 거세게 항의했다. 그 후 하시모토 류타로 총리가 1번, 고이즈미 준이치로 총리가 6번을 참배했다. 아베 신조 총리도 2013년 12월 전격 참배해 한·중 양국의 거센 반발을 불렀다.

야스쿠니에는 강제로 끌려가 목숨을 잃은 한국인도 2만 1,000여 명이나 합사되어 있다. 신사 측은 "당시는 일본인이었기 때문에 당연한 것"이라고 말하지만 한국인 유족들은 치욕이라며 2001년과 2007년 일본 법원에 한국인 합사에 대한 일본 정부의 책임을 묻고 합사 철폐를 요구하는 소송을 냈다. 그러나 2001년 소송은 지방법원, 고등법원, 대법원에서 모두 기각되었다. 2007년 소송은 2014년 현재 재판이 진행 중이다.

그동안 야스쿠니 신사 문제 해결을 위한 방안들은 여러 차례 나왔다. 1985년 8월 나카소네 총리의 공식 참배 이후 국제사회의 비판이 일자 'A급 전범 분사론'이 자민당과 유족 일부에서 제기되었다. 하지만 야스쿠니 신사 측은 교리상 A급 전범만 따로 떼어내 모시는 것은 불가능하다며 거부했다. 새로운 국립 추도시설을 짓자는 논의도 있었다. 고이즈미 총리가 2001년 8월 참배에 대한 비판을 무마하기 위해 야스쿠니 신사 및 전몰자 묘원과 다른 새로운 추도시설을 만드는 방안을 논의할 필요가 있다는 담화문을 발표했으나 일본유족회와 야스쿠니 신사 측의 반대로 논의가 진전되지 않고 있다.

에바 페론과 후안 페론 아르헨티나 대통령 취임

에바는 타고난 미모에 사람의 마음을 움직일 줄 아는 힘이 있었다.

시골 농장주의 사생아로 태어난 에바 두아르테(1919~1952)가 어린 시절을 가난 속에서 보내다가 성공을 꿈꾸며 가방 하나만 달랑 들고 아르헨티나의 수도 부에노스아이레스 역에 내린 것은 16살 때이던 1935년이었다. 그녀는 유랑극단의 3류 배우와 나이트클럽의 무명 댄서를 전전하면서도 뛰어난 외모에 진줏빛 피부를 무기로 신분 상승의 기회를 노렸다. 스스로 '꼬마 에바'라는 뜻의 '에비타'로 부르며 영화배우, 성우 등으로 영역을 넓혀나갔다.

그녀가 48살의 노동부 장관 후안 페론(1895~1974)을 알게 된 것은 24살이던 1943년이었다. 당시 페론은 이탈리아 주재 무관으로 근무하다가 귀국한 뒤 1943년 6월 통일장교단이 이끄는 군사 쿠데타의 주역으로 참여해 차세대 지도자로 스포트라이트를 받고 있었다. 첫 번째 부인과 사별 후 독신으로 살고 있던 후안 페론은 에바 두아르테의 젊음과 미모에 빠지고, 에바 두아르테는 후안 페론의 부와 명예를 기대하며 동거를 시작했다.

페론은 노동부 장관직을 활용해 노동자들에게 유리한 노동 정책을 펼치고 임금을 대폭 인상해 노동자들로부터 열광적인 지지를 받았다. 그러나 그의 지나친 친노동자 정책이 정적들로부터 반발을 사 1945년 10월에 일어난 또 다른 쿠데타로 구금되었다. 에바 두아르테의 진가가 발휘된 것

에바 페론(왼쪽)과 후안 페론

은 바로 그 무렵이었다.

에바는 타고난 미모에 사람의 마음을 움직일 줄 아는 힘이 있었다. 열정적이고 헌신적인 연설로 민중의 마음을 사로잡으며 노동운동 지도자들을 매수하고 사주해 페론의 석방을 요구하는 총파업을 벌이도록 유도했다. 노동자들은 페론의 실각이 자신들의 권리 상실로 이어질 것을 우려해 10월 17일 대통령 관저 앞 광장에서 에바 두아르테와 함께 대규모 시위를 벌여 페론의 석방을 요구했다. 군부 정권의 반페론파는 수십만 명에 달하는 대규모 데모에 어쩔 수 없이 페론을 10일 만에 풀어주었다.

에바 두아르테는 1945년 10월 18일 후안 페론과 결혼함으로써 에바 페론이 되었다. 후안 페론은 히틀러의 국가사회주의를 본뜬 '페론주의'를 내걸고 1946년 대통령선거에 출마했다. 에바 페론은 남편의 선거 유세장을 따라다니며 빼어난 외모와 확신에 찬 연설로 국민의 마음을 사로잡았다. '에비타'라는 애칭이 전 국민에게 알려진 것도 그 무렵이었다. 에바 페론의 인기에 힘입어 후안 페론은 1946년 대통령에 당선되었다. 지지율은 56%였다.

1946년 6월 4일 대통령에 취임한 페론은 자신의 페론주의를 모토로 외국자본은 몰아내고 철도 등 국가기간산업은 국유화했다. 노동법을 개정해 노동자들의 임금을 수십 퍼센트씩 인상하고 남녀평등을 헌법으로 보장했다. 하층민에게는 병원, 고아원, 학교를 지어주었으며 에비타의 이름을 딴 병원 기차가 의료장비를 싣고 전국을 누비며 무료 진료에 나섰다.

노동자, 여성, 빈민들은 이런 그녀에게 열광하며 성녀로 떠받들었다.

집권 초기 페론 부부가 이렇듯 선심성 정책을 펼칠 수 있었던 것은 당시 아르헨티나의 경제 사정이 좋았기 때문이다. 에바는 자신과 남편을 우상화하는 작업도 병행했다. 초등학생들은 매주 페론 부부를 찬양하는 숙제를 하고 에바의 날조된 자서전을 읽어야 했다.

빼어난 외모와 확신에 찬 연설로 국민 마음 사로잡아

페론은 자신의 정치 이념을 '정의주의'라고 포장하면서 1949년 헌법 개정을 통해 대통령의 권한을 강화하고 임기를 6년으로 연장했다. 반발이 거세지자 반대파를 투옥할 수 있는 법을 제정했다. 이후 언론은 탄압을 받았고 정치적 반대자들은 소리 없이 체포되거나 사라졌다. 후안 페론은 1951년 12월 대선에서도 유권자 67%의 지지를 얻어 대통령에 재선되었다. 그러나 아르헨티아 경제를 떠받쳐주던 농축산물 수출이 각국의 보호주의 무역정책에 따라 한계에 봉착하고 수입 증가로 인해 외환 사정까지 급격히 나빠지면서 경제가 내리막길을 걸었다. 이 때문에 포퓰리즘의 원조이던 페론주의도 근저에서부터 흔들렸다.

이런 와중에 성녀와 악녀라는 상반된 평가를 듣고 있던 에바 페론이 1952년 7월 26일 33살의 나이에 척수백혈병과 자궁암으로 죽었다. 장례식은 아르헨티나 역사상 최대 규모의 국장으로 한 달간 성대히 치러졌고 시신은 미라로 만들어져 보관되었다. 국민은 에바 페론의 죽음을 광적으로 애도했다.

그러나 그녀의 죽음 후 그동안 숨겨졌던 페론 정권의 문제점들이 하나둘 드러나 아르헨티나는 큰 혼란에 빠졌다. 곪았던 환부도 하나둘 터져나왔다. 국민이 인플레이션과 부정부패, 선전·선동과 탄압 등에 염증을 느끼기 시작하던 1955년 9월 후안 페론은 군부의 쿠데타로 쫓겨나 파라과이를 거쳐 스페인으로 망명했다. 페론주의가 되살아날 것을 두려워한 군부는 에바의 시신을 탈취해 이탈리아로 보냈다. 이 사실을 알게 된 에비타 추종자들은 스페인 마드리드에 망명 중이던 후안 페론에게 시신을 넘기도록 군부에 압력을 가해 성사시켰다.

정권이 바뀌었어도 하층민의 생활은 나아지지 않았다. 잦은 정권 교체, 악성 인플레이션, 높은 실업률 등으로 힘든 생활이 계속되자 대중은 다시 '에비타 시절'을 그리워했다. 에바를 정신적 지주로 삼는 무장 집단이 생겨나고 유혈극과 총파업이 일어난 덕에 후안 페론은 1972년 11월 수십만 지지자의 열렬한 환호를 받으며 귀국했다. 그리고 1973년 9월 치러진 대통령선거에서 죽은 에바 페론의 인기에 힘입어 대통령에 당선되었다.

소요와 폭동이 계속되는 가운데 페론은 세 번째 부인 이사벨 페론을 부통령에 앉혀 집무를 시작했으나 10개월이 지난 1974년 7월 심장마비로 죽었다. 이사벨은 졸지에 세계 최초의 여성 대통령 자리에 오르는 행운의 주인공이 되었다. 이사벨은 자신의 지지를 확대하기 위해 에바의 관을 대통령궁에 안치했으나 결국 그녀도 1975년 12월 군부 쿠데타로 쫓겨나면서 페론주의의 직접 통치 시대가 막을 내렸다.

에디트 피아프 '장밋빛 인생' 발표

피아프는 늘 남자를 그리워하고 남자를 향해 미친 듯한 열정과 욕망을 보였다.

에디트 피아프(1915~1963)가 파리의 거리에서 태어났을 때 서커스 곡예를 하던 아버지는 1차대전에 징집되고 없었다. 3류 가수로 활동하던 어머니는 태어난 지 두 달밖에 안 된 딸을 자신의 어머니에게 맡기고 어디론가 사라졌다. 아버지는 종전 후 돌아왔으나 창녀촌을 운영하는 피아프의 친할머니에게 아이를 맡긴 채 떠나버려 피아프는 천애 고아

같은 신세가 되어 학교 교육을 받지 못하고 성장했다.

불행은 겹쳐 왔다. 각막염을 앓아 몇 년 동안 앞이 보이지 않았고 철없던 17살 때 동거 중 낳은 딸은 두 살 때 죽었다. 어려서부터 윤락녀들이 왁자한 거리에서 노래를 부르고 행인들이 던져주는 동전으로 연명해야 했던, 도대체 끝을 알 수 없는 불행과 절망의 나날이었다.

이런 그녀에게 한 줄기 환희의 빛이 비친 것은 1935년 스무 살 때였다. 한 카바레 주인이 그녀의 재능을 알아보는 순간, 피아프 앞에는 새로운 운명이 꿈틀거렸다. 카바레 주인은 에디트 가시옹이라는 원래 이름을 '작은 참새'라는 뜻의 '피아프'로 바꿔 무대에 세웠다. 피아프의 노래는 이내 사람들을 매료시켰다.

그가 출연한 무대는 항상 만석이었고 카바레는 일약 명소로 탈바꿈했다. 그러나 '샹송의 여왕'을 향한 걸음마를 제대로 떼기도 전에 카바레 주인이 피아프의 과거 불량배 친구들에게 살해되면서 모처럼 주어진 기회는 1년 만에 물거품이 되었다. 피아프는 다시 거리로 나가 취객들을 상대로 노래를 불렀다.

그러던 어느 날 작사가인 레몽 아소가 구원의 손을 내밀었다. 아소는 피아프를 위해 노랫말을 만들고 무대 매너를 가르친 뒤 무대 위로 올려보냈다. 피아프는 사력을 다해 혼을 토해내며 노래를 불렀다. 머리 숱이 별로 없고 뻐드렁니에 키도 147cm밖에 안 되는 외모인데도 관객은 가슴 깊숙한 곳에서 울려나오는 피아프의 절절한 노래에 공감했다. 피아프는 자신에게 길게 드리워진 불행의 그림자를 떨쳐냈다.

1944년 파리가 독일의 점령에서 벗어날 무렵, 한창 인기를 구가하던 29살의 피아프는 파리의 명물 '물랭 루즈'에서 6살 연하의 애송이 가수 이브 몽탕을 만나 연인이 되었다. 1946년 이브 몽탕을 생각하며 만들고 부른 '장밋빛 인생'이 공전의 히트를 치고 둘의 사랑도 순조로웠다. 그러나 어

에디트 피아프(1915~1963)

느덧 대중의 우상으로 부쩍 커버린 이브 몽탕은 1947년 피아프와의 결별을 선언했다.

배신감에 몸서리를 치며 뉴욕으로 건너갔을 때 한 남자가 운명처럼 다가왔다. '모로코의 폭격기'로 불리며 미국 정벌에 나선 세계 미들급 챔피언 복서 마르셀 세르당이었다. 그는 세 아들을 둔 기혼남이었다. 하지만 두 사람은 불같은 사랑을 멈추지 못해 주변의 시선을 아랑곳하지 않고 미국에 보금자리를 차렸다.

짐승같이 울면서 죽은 연인 위해 노래 불러

1949년 6월 세르당이 미국 선수에게 챔피언 벨트를 빼앗겨 파리로 떠나고 없던 10월 어느 날, 피아프는 세르당에게 "보고 싶으니 빨리 오라"고 전화를 걸었다. 당시 세르당은 미국에서 챔피언과 리턴 매치가 예정되어 있어서 배편을 예약해 둔 상태였으나 피아프의 성화에 못 이겨 배편을 취소하고 비행기로 바꿔탔다.

그것은 죽음의 결정이었다. 1949년 10월 28일 세르당이 탄 비행기가 대서양 상공에서 다른 비행기와 충돌한 것이다. 이로써 117전 113승(66KO승) 4패라는 세르당의 대기록도 마침표를 찍었다. 피아프는 짐승같이 울면서 죽은 연인을 위해 노래를 불렀다. 2~3일 동안 방에만 처박혀 있다가 삭발하고 나와 부른 노래가 불후의 샹송곡 '사랑의 찬가'다.

피아프는 다시 남자를 찾았다. 적지 않은 무명의 연인에게 노래를 가르치고 함께 무대에 올랐으며 그중 일부는 스타가 되었다. 카바레를 전전하던 조르주 무스타키도 그런 스타 중의 한 명이었다. 피아프는 늘 남자를 그리워하고 미친 듯한 열정과 욕망으로 남자에게 다가갔다. 첫 번째 정열은 침대이고 두 번째 정열이 무대일 만큼 그는 잘생긴 남자에게 쉽게 빠졌다. 남자가 숨도 제대로 쉬지 못하도록 옭아맸다가 남자가 지쳐 떠나버리면 심한 우울증에 시달리곤 했다. 그의 노래에서는 늘 이런 사랑의 상처가 묻어나왔다. 1952년 프랑스 샹송가수 자크 필스와 생애 첫 결혼을 했으나 피아프가 약물 과다복용으로 병적인 히스테리를 보여 결혼 4년 만에 파경을 맞았다.

피아프는 술과 약물에 의지해 하루하루를 보냈다. 건강은 급격히 나빠졌다. 알코올 중독에 모르핀 상습 복용까지 겹쳐 자신의 나이보다 훨씬 늙어 보이고 웃음도 사라졌다. 1962년 10월, 21살 연하인 미용사와 생애 마지막으로 결혼을 했으나 과거에 겪은 두 번의 자동차 사고와 멈추지 않는 마약 복용으로 몸은 망가지고 있었고 생명의 불꽃은 사그라들고 있었다. 그래도 피아프는 노래를 불렀다. 무대에서 노래하다 쓰러져 스태프가 무대 밖으로 끌고 나오려고 할 때도 피아노를 붙잡고 "노래는 마쳐야 한다!"며 고집을 부려 노래를 끝까지 부른 적도 있었다. 피아프는 1963년 10월 11일 48세로 눈을 감았다. 장례식에는 4만 명의 애도객이 몰려와 그녀와의 작별을 슬퍼했다.

이브 몽탕

이브 몽탕(1921~1991)은 수많은 샹송을 히트시키고 60여 편의 영화에 출연한 프랑스의 대중 스타였다. 한편으로는 반전평화운동에 가담하고 전 세계의 전체주의에 맞서 싸운 전형적인 '폴리테이너'(정치 활동에 참여하는 연예인)였다. 그는 이탈리아 밀라노 근교에서 가난한 농부의 아들로 태어나 2살 때 부모 품에 안겨 프랑스 마르세유의 빈민가로 이사했다. 가난한 집안 형편 때문에 11살 때 초등학교를 중퇴하고 노동자 생활을 전전하다가 17살 때 마르세유의 한 지방극장에 들어가 '바람잡이'로 노래를 불렀다.

노래가 인기를 끌자 극장주의 권유를 받아들여 이탈리아어 냄새가 물씬 나는 '이보 리비'라는 본명 대신 '이브 몽탕'이라는 예명을 지어 사용했다. 1939년 2차대전 발발 후에는 징집을 피해 파리로 옮겨 노래를 부르다가 1944년 파리 최고의 카바레 '물랭 루즈'에서 6살 연상의 에디트 피아프를 만나 사랑에 빠졌다. 피아프는 188cm의 훤칠한 키를 가진 몽탕을 보고 한눈에 반하고, 몽탕은 피아프의 매력에 빠져 2년 반 동안 동거하다가 1946년 심한 말다툼 끝에 헤어졌다.

몽탕은 1946년 영화 '밤의 문'에 출연, 영화배우로 데뷔했다. 그러나 영화 흥행은 참담하게 실패하고 몽탕의 연기는 혹평을 받았다. 하지만 몽탕이 부른 영화 삽입곡 '고엽'이 전국적으로 인기를 끈 덕에 새로운 스타로 각광을 받았다. 원래 '고엽'은 1945년 6월 초연된 발레 '랑데부'를 위해 시인 자크 프레베르가 작사하고 조제프 코스마가 작곡한 발레곡이었지만 영화 '밤의 문' 삽입곡으로 편곡·소개된 후 '파리의 지붕 밑', '장밋빛 인생', '샹젤리제' 등과 함께 프랑스 샹송의 대표곡으로 인기를 끌었다.

몽탕은 1950년 프랑스 공산당에 입당한 후 파블로 피카소와 함께 프랑스 공산당이 자랑하는 대표적인 좌파 예술가로 활동했다. 그가 공산당원이 된 것은 지극히 자연스러운 일이었다. 아버지와 형이 열렬한 공산주의자이기도 했지만 그 자신이 어려서 지독한 가난으로 궁핍과 배고픔을 겪었기 때문이다. 몽탕은 공산당 신문에 자금을 대고 파업 중인 광부들을 위해 공연을 했다. 1956년에는 소련을 비롯해 동독, 체코슬로바키아, 루마니아, 불가리아 등 동유럽에서 순회공연을 펼쳤다. 하지만 점차 공산주의에 대해 회의가 생기고 1968년 소련이 체코를 침공한 '프라하의 봄'에 충격을 받아 공산당을 탈당했다.

이후에는 좌우를 가리지 않고 전체주의에 맞서 싸웠다. 1980년 초 폴란드 자유노조가 반공 투쟁을 시작했을 때는 그단스크의 레닌조선소로 달려가 자유노조 배지를 달고 샹송을 불렀다. 피노체트가 철권통치를 하던 칠레에서는 민주세력을 지지하는 공연을 하고 칠레의 레지스탕스 지원을 위한 모금운동에 앞장섰다. 몽탕에게 영화는 인권운동의 수단이기도 했다. 영화 '전쟁은 끝났다'(1966), '제트'(1969), '계엄령'(1972) 등에 출연해 인권운동의 메시지를 전달했다. 이처럼 그는 샹송 가수나 명배우의 경지를 뛰어넘어 자유와 정의를 실천하는 삶으로 일관했다.

세기적 스타들과 숱한 염문 뿌려

몽탕은 피아프와 동거한 것 말고도 세기적 스타들과 숱한 로맨스를 남겼다. 영화배우 시몬 시뇨레도 그중의 한 명이었다. 둘이 처음 만났을 때 시뇨레는 16살 연상의 영화감독과 결혼한 상태였으나 이혼 후 딸을 데리고 몽탕에게 달려와 1951년 결혼했다. 몽탕은 결혼 후에도 마릴린 먼로, 셜리 매클레인, 카트린 드뇌브, 이자벨 아자니 등 많은 여성과 염문을 뿌렸다. 하지만 끝까지 함께 한 유일한 사람은 34년 동안 해로하다 1985년 암으로 사망한 시뇨레 뿐이었다. 몽탕은 시뇨레가 죽은 후인 1987년 30세의 젊은 부인 캐롤 아미엘과 결혼해 유일한 혈육을 얻었다.

이브 몽탕(1921~1991)

몽탕은 자신의 마지막 영화 'IP5' 촬영을 마친 날인 1991년 11월 9일 심장마비로 사망했다. 공교롭게도 이 영화의 마지막 장면에서 그는 심장마비로 죽는 장면을 연기했다. 그날 프랑스의 모든 TV방송은 정규 프로그램을 중단하고 '고엽'을 방송했다. 시신은 쇼팽, 도데, 프루스트 등 세계 예술사를 빛낸 거장들이 묻히고 그의 연인이었던 에디트 피아프와 부인 시몬 시뇨레가 영면해 있는 파리 시내 페르라세즈 묘지에 묻혔다.

니코스 카잔차키스 '그리스인 조르바' 출간

'그리스인 조르바'의 성공 덕에 단번에 20세기 그리스 문학을 대표하는 작가로 부상했다.

니코스 카잔차키스(1883~1957)는 '20세기 문학의 구도자', '74년 생애를 바람처럼 세계를 떠돌아다닌 꿈과 여행의 작가'라는 평을 듣고 있다. 그의 삶은 신과 인간, 천사와 악마, 보이는 존재와 보이지 않는 존재, 육체와 영혼, 물질과 정신, 사색과 행동 등 영원히 모순되는 반대 개념에서 하나의 조화를 끌어내려는 내적 투쟁의 연속이었다.

카잔차키스는 지중해의 크레타 섬에서 태어났다. 크레타는 지금은 그리스 땅이지만 그가 태어날 당시에는 오스만 투르크의 지배를 받았다. 따라서 크레타는 삶에 대한 그의 비극적 인식의 출발점이었고 그는 어려서부터 죽음, 용기, 전쟁, 자유, 해방 같은 말들을 들으며 자랐다. 크레타는 1897~1898년 주민들이 반란을 일으켜 자치권을 얻는 데 성공했다.

카잔차키스는 1902년 그리스 아테네의 법대에 입학했다. 대학 시절 그리스 본토를 순례함으로써 평생에 걸친 여행의 첫발을 내디뎠다. 말년의 자서전 '영혼의 고백'(1956)에서 "내 삶을 풍부하게 해준 것은 여행과 꿈이었다"고 고백했듯이 여행은 그에게 사색의 샘이자 사고의 실천이었다.

카잔차키스는 1907년 10월 프랑스 파리로 유학을 떠나 소르본대에서 '생의 철학자' 앙리 베르그송의 강의를 듣고 그에게 경도되었다. 인간이란 신이 어떤 목적에 따라 창조한 것이 아니라 인간이 신을 창조한 것일지도 모른다는 자신의 예감을 베르그송의 생철학에서 확인했기 때문이다. 기독교와 인연을 끊고 삶과 외로운 싸움을 벌이기로 마음먹은 이 호전적인 청년에게 베르그송과의 만남은 충격적인 체험이었다. 카잔차키스는 자서전에서 "내 영혼에 깊은 골을 남긴 사람은 호메로스, 베르그송, 니체, 조르바"라고 소개했다.

카잔차키스는 1차대전이 한창이던 1917년 뜨내기 노동자인 조르바를 만나 함께 탄광 사업을 했다. 자서전에서는 조르바를 이렇게 회고했다. "주린 영혼을 채우기 위해 오랜 세월 책으로부터 빨아들인 영양분의 질량과, 겨우 몇 달 사이에 조르바로부터 느낀 자유의 질량을 돌이켜 볼 때 책으로 보낸 세월이 억울해 나는 격분과 마음의 쓰라림을 견디지 못한다."

"나는 아무것도 바라지 않는다… 나는 자유다"

카잔차키스는 아테네의 일간지 특파원 자격으로 1925년부터 세계 각지를 돌아다녔다. 프랑스, 영국, 독일, 오스트리아, 이탈리아, 러시아, 중국, 일본, 팔레스타인, 이집트 땅을 누비고 다닌 그의 생애는 그리스 신화의 영웅 '오디세우스'를 연상시켰다. 그 여행과 방황의 여정은 3만 3,333행으로 된 방대한 분량의 대서사시 '오디세이아'에 장엄하게 그려졌다. 1925년부터 쓰기 시작해 1938년 12월 출간한 '오디세이아'는 기원전 9세기의 그리스 시인 호메로스가 쓴 '오디세이'의 현대판 속편 격이다.

카잔차키스는 1940년대 초부터 자신의 대표작 '그리스인 조르바'를 쓰기 시작해 1943년 탈고하고 1946년 그리스어로 출간했다. '그리스인 조르바'는 실제 인물 조르바를 등장시킨 1인칭 소설로, 카잔차키스는 과거 조르바와 함께 지내던 날들을 기억하며 자유에 관한 실존적 질문을 소설에 자세히 기록했다.

소설은 500쪽 가까운 장편이지만 플롯은 단순하다. 35살의 청년 작가

니코스 카잔차키스(1883~1957)

가 크레타 섬의 갈탄 광산을 개발하러 떠나기 전날 밤 우연히 항구에서 65살의 조르바를 만나 함께 크레타 섬으로 가 몇 개월간 광산업을 하면서 벌어지는 이야기다. 조르바는 과거 게릴라와 광부 등 안 해본 게 없지만 세상 일은 몽땅 내려놓고 사는 호쾌하고 농탕한 기인이다. 여자만 보면 앞뒤 재지 않고 미쳐 날뛰는 남자, 도자기를 빚는 데 걸리적거린다고 도끼로 새끼손가락을 잘라버린 그런 사내다. 윤리, 도덕, 규범 같은 잣대는 훌쩍 뛰어넘은 채 자기 내면에서 울려나오는 진솔한 삶의 소리에 귀를 기울이며 살아가는 그야말로 '멸종 위기의 잡놈'이다.

카잔차키스는 '그리스인 조르바'의 성공 덕에 단번에 20세기 그리스 문학을 대표하는 작가로 부상했다. 조르바는 자유로운 삶을 뜻하는 순수한 영혼의 상징이자 현대문학이 창조해낸 가장 분방하고 원기 왕성한 캐릭터로 자리 잡은 것은 물론 "살아 있는 심장, 거대한 게걸스러운 입, 아직 어머니 대지에서 완전히 분리되지 않은 위대한 야수의 영혼"으로 회자되었다.

소설은 1964년 앤서니 퀸이 주연한 동명의 영화로도 만들어져 영화 역시 고전 반열에 올랐다. 카잔차키스는 1946년과 1956년 두 차례에 걸쳐 노벨문학상 후보로 지명되었으나 두 번 모두 인연이 닿지 않았다. 이를 두고 영국의 문예평론가 콜린 윌슨은 이렇게 말했다. "카잔차키스가 그리스인이라는 것은 비극이다. 이름이 '카잔초프스키'이고 러시아어로 작품을 썼더라면 그는 톨스토이, 도스토옙스키와 어깨를 나란히 할 수 있었을 것이다."

카잔차키스의 주요 소설에서는 예수의 삶이 극히 세속적으로 그려진다. 이 때문에 그리스 정교회가 1953년 '그리스인 조르바', '미할리스 대장', '최후의 유혹' 등이 신성을 모독했다며 그를 파문했다. 교황청은 1954년 '최후의 유혹'을 가톨릭교회의 금서로 지정했다. 1957년 독일에서 눈을 감고 고향 크레타에 묻힌 그의 묘비에는 이렇게 씌어 있다. "나는 아무것도 바라지 않는다. 나는 아무것도 두려워하지 않는다. 나는 자유다."

제1회 칸 영화제 개막

개최 첫날 2차대전이 발발하는 바람에 기약도 없이 연기되었다.

칸 영화제, 베니스 영화제, 베를린 영화제는 세계 3대 영화제로 꼽힌다. 예술영화를 높이 평가하는 이탈리아 베니스 영화제는 1932년 5월 무솔리니의 지시로 시작된 세계에서 가장 오래된 영화제다. 1987년 강수연이 임권택 감독의 '씨받이'로 여우주연상을 받고 2002년 '오아시스'로 이창동 감독과 문소리가 감독상과 신인배우상을 각각 받아 우리와 친숙하다.

1951년 서베를린에서 시작된 베를린 영화제는 정치·사회적 이슈를 다룬 영화를 중요시한다. 우리나라는 1961년 강대진 감독의 '마부'가 특별은곰상을 수상하고, 1994년 장선우 감독의 '화엄경'이 특별상을 수상했다. 김기덕 감독은 '섬'(2000), '수취인 불명'(2001), '나쁜 남자'(2002)로 3년 연속 경쟁부문에 초청받는 기록을 세웠다.

칸 영화제는 베니스 영화제가 무솔리니의 정치적 선전 도구로 전락한 것을 기화로 새로운 영화제 창설을 모색하는 과정에서 탄생했다. 1939년 장 제 프랑스 교육예술장관이 국제영화제를 제안했을 때 여러 도시가 후보지로 신청했으나 맑은 하늘, 따사로운 햇빛, 쪽빛 바다 등 주변 환경

제1회 칸 영화제 포스터

이 매력적인 지중해 연안의 휴양도시 칸이 후보지로 선정되었다. 영화제 기간은 1939년 9월 1일부터 9월 30일까지로 예정되었으나 개최 첫날 독일군의 폴란드 침공으로 2차대전이 발발해 기약도 없이 연기되었다.

제1회 영화제는 종전 후인 1946년 9월 20일부터 10월 5일까지 칸 해변에 위치한 옛 카지노 건물에서 열렸다. 시인 겸 영화감독인 장 콕토가 직접 제작한 '미녀와 야수'를 비롯해 18개국의 영화가 출품되었다. 초창기의 칸 영화제는 수상을 위한 경쟁보다는 축제에 의미를 두었기 때문에 참가국들이 골고루 상을 나눠 가졌다. 1회 때도 경쟁이 아닌 축제 형식으로 치러져 빌리 와일더의 '잃어버린 주말', 데이비드 린의 '밀회', 로베르토 로셀리니의 '무방비 도시' 등 프랑스, 미국, 소련, 체코, 인도, 멕시코 등 대륙별 11개국 작품이 공동으로 그랑프리를 받았다. 그래도 영화인들은 심사위원 대상과 감독상에 뽑힌 프랑스 르네 클레망 감독의 '철로의 투쟁'을 사실상의 그랑프리로 꼽고 있다.

초창기에는 수상을 위한 경쟁보다는 축제에 의미 둬

칸 영화제가 오늘날처럼 권위 있는 영화제로 자리 잡기까지에는 우여곡절도 많았다. 1948년과 1950년은 재정문제로 영화제가 무산되었고 1968년은 개최는 했지만 프랑스 5월 혁명의 여파로 고다르를 비롯한 젊은 누벨바그 영화감독들이 "부르주아 영화제"라고 규탄하며 대회장을 점령하는 바람에 수상작을 내지 못한 채 1주일 만에 문을 닫았다.

1979년에는 "그랑프리 선정에 뒷거래가 있었다"는 심사위원장이자 작가 프랑수아즈 사강의 폭로 발언이 영화제를 긴장시켰다. 심사 결과는 '양철북'과 '지옥의 묵시록'이 8 대 2였는데 어찌된 영문인지 발표 때 5 대 5로 둔갑, 최고상인 황금종려상을 공동수상했다는 것이다. 이처럼 칸 영화제는 숱한 화제를 불러일으키며 변신에 변신을 거듭, 오늘에 이르고 있다.

1951년부터 영화제 기간이 9월에서 5월로 앞당겨지고 처음에는 최고상을 그랑프리(대상)라고 했으나 1955년부터 그랑프리란 이름은 2등격인 심사위원대상에 넘겨주고 최고상은 황금종려상이란 이름으로 시상하고 있다. 종려나무 잎사귀는 장 콕토가 디자인했다. 20세기 후반기의 가장 중요한 영화사적 사건인 프랑스 '누벨바그' 운동이 자신의 존재를 알린 것도 1959년 칸 영화제를 통해서였다. 누벨바그의 시작이자 정점으로 평가받고 있는 프랑수아 트뤼포의 '400번의 구타'는 그해 칸 영화제에서 감독상을 받았다. 1959년은 영화 필름마켓인 '마르세 두 필름'이 영화 거래 시장을 제공하며 세계적인 필름마켓으로 성장한 첫해였다는 점에서도 각별하다.

1980년대로 접어들어 칸 영화제는 서유럽과 미국 영화 일색이던 수상작 명단에 제3세계 영화를 끼워넣었다. 일본 구로사와 아키라 감독의 '가케무샤'(1980), 터키 영화 '욜'(1981) 등이 각광을 받았고 1993년에는 중국 천 카이거 감독의 '패왕별희'가 황금종려상을 수상했다.

우리나라는 1984년 이두용 감독의 '물레야 물레야'가 특별부문상을 수상하고 1999년 송일곤 감독의 단편영화 '소풍'이 한국 영화사상 최초로 심사위원상을 차지했다. 2002년에는 임권택 감독이 '취화선'으로 감독상을 거머쥐었다. 박찬욱 감독은 2004년 '올드보이'로 심사위원대상, 2009년 '박쥐'로 심사위원상을 받았다. 2007년에는 배우 전도연이 이창동 감독의

'밀양'으로 여우주연상까지 수상해 칸 영화제는 우리와 인연이 깊은 영화제로 인식되고 있다.

혼다 소이치로 '혼다 자동차' 창업

공장에서 종업원들과 함께 뒹굴며 제품 개발을 좋아했던 영원한 기술자였다.

혼다 소이치로(1906~1991)는 일본인이 가장 존경하는 기업인이다. 그는 기업의 오너인데도 사무실을 지키기보다는 공장에서 종업원들과 함께 뒹굴며 제품 개발을 좋아했던 영원한 기술자였다. 시즈오카현의 작은 마을에서 대장장이의 장남으로 태어난 혼다가 도쿄의 자동차 수리공장에 취업하기 위해 고향을 떠난 것은 16살이던 1922년이었다. 혼다는 도쿄의 정비공장에서 성실성과 능력을 인정받아 고향을 떠난 지 6년 만인 1928년 고향에 정비 분공장을 차렸다. 정비 기술이 금방 입소문을 타면서 정비공장은 고향에서 가장 큰 공장으로 성장했다.

그러나 혼다의 가슴 속에는 카레이서가 되고 싶은 욕구가 꿈틀거렸다. 그래서 1936년 4기통 포드 엔진을 장착한 레이스용 차를 직접 제작해 도쿄에서 열린 레이싱 이벤트에 출전했다. 하지만 사고로 크게 다쳐 18개월간 병원 신세를 져야 했다. 결국 카레이서의 꿈을 접고 본래의 기술자로 돌아가 피스톤링을 제작하는 '동해정기'를 1937년 설립했다.

회사는 혼다가 시즈오카대 청강생으로 들어가 금속 가공의 기초를 다지는 등의 노력 끝에 피스톤링을 도요타자동차에 대량으로 납품할 만큼 질적으로 성장했다. 그러나 태평양전쟁의 발발로 공장 시설 대부분이 파괴되자 혼다는 1945년 동해정기를 도요타자동차에 매각하고 자신은 자칭 '인간 휴업'의 기간을 가졌다.

혼다는 1946년 10월 혼다자동차의 뿌리인 '혼다기술연구소'를 설립했다. 1948년 9월에는 자동차 사업 진출을 염두에 두고 회사 이름을 혼다기연공업주식회사로 바꿨다. 회사를 키울 경영자가 필요하자 당시 일본 최고 자동차 회사인 GM재팬의 관리부장이던 후지사와 다케오를 만나 삼고초려했다. 이후 혼다는 엔진 개발에만 매달리고 재무·인사는 후지사와에게 일임했다. 지금도 혼다는 연구소 출신이 사장을 맡아 신차 개발과 미래 전략을 맡고, 부사장이 관리를 도맡아 한다

혼다기연의 첫 사업은 자전거에 보조 엔진을 단 오토바이 제작이었다. 당시 일본에 난립하고 있던 오토바이 회사들 대부분은 엔진이나 부속품을 미국이나 독일에서 들여와 조립하는 게 고작이었다. 그러나 혼다는 독자 기술을 고집하며 50cc짜리 공랭식 소형 엔진을 개발했다. 이 엔진을 장착한 '컵'은 물론 후속 모델 '드림'과 '벤리'도 연달아 히트를 쳤다. 1958년 출시된 '슈퍼컵'은 이후 세계에서 가장 많이 팔린 오토바이 가운데 하나라는 영예를 안았다. 1961년에는 자사의 오토바이를 영국의 오토바이 레이스에 출전시켜 1위에서 5위까지를 휩쓸며 기염을 토했다.

'1천 년 동안 가장 뛰어난 경제인 2위'로 선정

혼다의 다음 목표는 자동차였다. 1962년 10월 포드 엔진을 장착한 소형 스포츠카 S500과 S360을 도쿄모터쇼에 출품해 자동차산업 진출의 포문을 열었다. 1968년 생산을 시작한 N360은 1969년 한 해에만 20만 대나 팔리는 초베스트셀러가 되었다. 혼다는 1972년 자체 개발한 CVCC 수냉식 엔진을 장착한 '시빅'을 발표했다. CVCC 엔진은 당시 가장 엄격한 배기가스 규제기준인 미국의 머스키법을 세계에서 처음 통과할 정도로 저공해이면서 멀리 달리는 혁신적인 엔진이었다. 시빅은 미국 시장에서 일대 선풍을 불러일으켜 혼다자동차의 명성을 굳건히 해주었다.

혼다는 일에서만큼은 엄격했지만 사무실이든 현장이든 어디서나 떠드는 것을 좋아했다. 일을 잘 해야 잘 놀 수 있다는 신념에 따라 종업원들에게도 잘 노는 것을 권장했다. 혼다의 열린 문화는 직함이 없는 호칭에서도 잘 드러났다. 술자리에서 부하 직원들의 직위를 부르기보다는 'OO씨, OO군'으로 대하면서 술잔을 주고받았고, 혼다 역시 사장으로 불리는 것보다 '오야지(아버지)'라는 친근한 호칭을 선호했다.

혼다는 실패를 장려할 만큼 패기를 중시했다. 실패 장려금을 둘 정도로 혼다의 기업문화는 도전지향적이었다. 덕분에 혼다는 '세계 최초'를 양산했다. 혼다는 "실수가 없는 사람은 그저 위에서 시키는 대로 일하는 사람이다. 그런 사람은 혼다에 필요치 않다"라고 입버릇처럼 말했다. 학력 차별 철폐도 파격적이었다. 대학원 졸업이든 고졸이든 공장에서는 같은 임금체계에서 시작했다. 싸고 좋은 제품을 만드는 것이 기술자의 책임이라고 늘 강조하고 정치권과는 일절 교류하지 않았다.

혼다는 1973년 가을, 느닷없이 "우리의 역할은 끝났다"며 최고 고문이라는 명예뿐인 지위를 지닌 채 평생동지 후지사와 부사장과 나란히 일선에서 물러났다. 주식은 대부분 회사에 무상 증여하고 자신의 혈육도 기업으로 불러들이지 않았다. 가업이 일상화된 일본의 풍토에서 그것은 여간 돋보이는 고집이 아니었다. 이후 그는 단 한 번도 경영에 간섭하지 않았고 때가 되면 물러나는 것이 혼다의 전통으로 이어졌다.

혼다자동차가 '시빅'에 이어 1976년 개발한 '어코드'는 미 언론이 '제2의 진주만 기습'이라고 대서특필할 정도로 1980년대 중반 미국 시장을 강타했다. 1989년 혼다는 동양인 최초로 미국 자동차 명예의 전당에 입성하는 쾌거를 이뤄냈다. 1991년 간암으로 세상을 떠나면서 "거창한 장례식으로 교통 체증을 일으키는 어리석음을 피하고 싶다"며 조용한 장례식을 당부한 유언은 유명한 일화다. 결국 조문은 외부 조문객을 들여보내지 않은 가운데 도쿄 저택에서 가족끼리만 치러졌다.

혼다 소이치로(1906~1991)

혼다는 떠났지만 '남의 흉내를 내지 마라', '관공서에 의지하자 마라', '세계를 겨냥하라'는 이른바 혼다이즘은 혼다의 창사 이념으로 남았다. 오늘날 일본 자동차 업계에서는 '판매의 도요타, 기술의 혼다'라는 말이 일상적으로 표현되고 있다. 혼다가 판매는 도요타의 절반 정도에 불과한데도 신기술 개발에서는 도요타보다 역동적이기 때문이다. 회사 이름만 해도 그렇다. 해외에 나가면 '혼다자동차'이지만 일본 국내에서는 창업 때 간판 그대로 '혼다기켄코교(혼다기연공업)'이다. 기술 연구로 먹고사는 기업이란 뜻이다.

2000년 아사히 신문이 '지난 1천 년 동안 일본 열도를 풍미했던 일본인 가운데 가장 뛰어난 경제인'을 선정했을 때 혼다는 2위로 뽑혔다. 1위는 최말단 점원에서 출발해 일본 제1의 갑부 자리에 10번이나 오른 '경영의 신' 마쓰시타 고노스케가 차지했다. 2003년 니혼게이자이 신문이 조사한 '가장 존경할 만한 일본의 경영자'에서는 마쓰시타 고노스케와 함께 공동 1위에 올랐다. 이처럼 그는 일본 언론이 뽑는 역대 '존경받는 기업 경영자' 조사에서 늘 마쓰시타 고노스케와 함께 1, 2위를 다툰다.

미국의 첫 공개 원폭 실험과 비키니 수영복

비키니 환초에서는 1958년 원폭 실험을 중단할 때까지 23번 실험을 했다.

1946년 1월의 제1차 유엔총회에서 설치가 결정된 '원자력위원회'가 뉴욕에서 첫 회의를 연 것은 1946년 6월 24일이었다. 그러나 회의는 명칭만 '국제원자력개발기관(IADA)'으로 바꾸었을 뿐 당면 과제인 '원자력 관리'에 대해서는 합의를 보지 못했다. 당시 유일하게 원자폭탄을 보유하고 있던 미국은 "세계 각국이 원자력을 무기로 사용하지 않는다면 미국은 보유하고 있는 원폭을 파기할 용의가 있고, 원자력 개발에 관한 전 세계의 모든 과정을 IADA 관리하에 두자"고 주장했다. 그러나 한창 원폭을 개발하고 있던 소련은 "미국이 사찰 명목으로 소련의 원폭 제조 상황을 파악하려 한다"며 미국의 안을 거부했다.

그러자 미국은 1주일 뒤 남태평양 비키니섬에서 세계 최초의 공개 원폭 실험을 감행해 원폭을 보유하지 못한 소련을 상대로 엄포용 시위를 했다. 미국이 남태평양 마셜군도의 평화로운 산호섬 '비키니'에서 기자들이 지켜보는 가운데 공개적으로 원폭 실험을 한 것은 1946년 7월 1일이었다. B−29 폭격기에서 투하된 원자폭탄은 20여 개의 산호섬 가운데 비키니섬 등 3개의 섬을 산산조각 내고 동서 35km, 남북 28km의 아름답던 비키니 환초를 순식간에 불바다로 만들었다.

실험에 앞서 섬주민 170여 명은 강제로 소개되었고 생체반응 실험을 위해 염소, 돼지, 쥐 등 수백 마리의 동물이 섬에 풀어졌다. 파괴력 실험을 위해서는 미국의 항공모함 새러토가와 패전국인 일본·독일의 군함 수십 척을 그러모아 표적으로 삼았다. 일본이 항복할 때 유일하게 남아 있던 마지막 전함 나가토함도 실험의 제물이 되었다. 새러토가는 1925년 진수되어 태평양전쟁에서 살아남은 항모 3척 중 하나였으나 전쟁이 끝났을 때 구식으로 분류되어 퇴역하는 것으로 결정되었다.

루이 레아가 처음 선보인 비키니를 입고 한 모델이 포즈를 취하고 있다(1946.7.5).

7월 25일에도 바닷속 30m 지점에서 또 한 번 원자폭탄을 실험하는 등 비키니섬 주변은 미국의 대표적인 원폭·수폭 실험장이 되었고 1958년 원폭 실험을 중단할 때까지 23번이나 실험을 했다. 섬에서 쫓겨난 원주민들은 1968년 고향으로 돌아갔으나 각종 환자가 생기고 급기야 기형아까지 태어나 1974년 또다시 고향을 등져야 했다.

원자폭탄의 대폭발을 연상해 수영복에 '비키니' 이름 붙여

1946년 7월 1일의 공개 원폭 실험이 있고 나흘이 지난 7월 5일 전쟁 후 자유로운 분위기가 충만하던 프랑스 파리에서도 원폭 실험에 못지않은 강력한 대폭발이 있었다. 파리의 수영장에서 열린 수영복 대회에 한 여성 모델이 가슴과 아랫도리만 조그만 천으로 가린 채 알몸을 드러낸 수영복을 입고 나온 것이다. 패션의 혁명으로 불리게 될 비키니 수영복이 세상과 첫 대면하는 순간이었다. 여성의 다리를 노출하는 것 자체가 외설로 치부되던 때이던 만큼 대회장을 가득 메운 구경꾼들은 노란 물방울 무늬에 상하의 투피스로 된 이 해괴한 수영복에 놀라움을 금치 못했다.

수영복을 만든 디자이너는 루이 레아였다. 그는 원폭의 대폭발을 연상하며 자신이 만든 수영복에 '비키니'라는 이름을 붙이고 상표로도 등록했다. 그러나 선뜻 비키니를 입으려는 모델이 나타나지 않아 카바레 스트립 댄서에게 옷을 입혀 대회에 내보내야 했다. 더 큰 문제는 수영복 대회 다음에 일어났다. 바티칸은 부도덕하다고 비난했고 이탈리아·스페인 등에서는 법적으로 수영복 사용을 금지했다. 소련은 "퇴폐적 자본주의의 또 다른 샘플"이라며 매도했다. 때문에 비키니의 앞날은 순탄하지 않았고 10년 동안 잠수의 시기를 보내야 했다.

그런 가운데 1955년 영국 여배우 다이애나 도어스가 베니스 영화제에 밍크로 만든 비키니를 입고 나타나고 1956년 프랑스 여배우 브리지트 바르도가 영화 '신은 여자를 창조했다'에 비키니 차림으로 등장하면서 비키니에 대한 관심이 조금씩 높아졌다. 결정적으로는 마릴린 먼로가 비키니를 입은 섹시한 모습으로 영화에 출연, 비키니에 대한 관심을 고조시켰다. 1960년 미국 가수 브라이언 하이랜드가 비키니를 주제로 부른 노래가 히트를 치고 1962년 007 시리즈 제1탄 '살인번호(Dr. No)'에 출연한 본드걸이 아슬아슬한 비키니 차림으로 등장하면서 비키니는 서서히 대중에게 친숙한 수영복이 되었다.

조지 케넌의 '장문의 전보'

자신이 수립한 정책이 수십 년간 자유세계의 한 축을 이뤘다는 점에서 그는 행운아였다.

2차대전이 끝났을 때 미국은 전후의 세계가 소련과의 치열한 갈등으로 얼룩질 것이라고 예상하지 못했다. 소련과 더불어 세계 평화를 쉽게 유지할 수 있으리라는 것이 미 정부의 생각이었다. 당시 해리 트루먼 미 대통령에게 소련은 함께 파시스트를 물리친 동지였고 전우였다. 종전 후, 동구권과 한반도에서 부딪쳐 생기는 마찰음에 대해서도 상호 이해 부족이나 문화 차이에서 비롯된 것으로 보았다. 확장욕을 불태우는 소련의 실체를 빨리 간파해야 했으나 트루먼의 통찰력은 아직 그에 미치지 못했다.

그 무렵 소련의 본질을 정확히 파악해 냉철하게 대처해야 한다고 주장하는 사람이 있었다. 주소련 대리대사 조지 케넌(1904~2005)이었다. 그는 1929년부터 독일에서 소련의 정세를 관찰·분석하고 미국과 소련이 국교를 수립한 1933년부터는 모스크바 주재 미 대사관에서 근무하며 소련의 내밀한 속사정을 들여다본 소련통이었다. 2차대전 발발 전 소련을 떠났다가 전쟁 막바지 무렵인 1944년 7월부터 주소련 대리대사로 근무해 누구보다 소련의 실상을 정확히 꿰뚫고 있었다.

조지 케넌(1904~2005)

그의 연구와 경험은 1946년 2월 22일 미 국무장관 제임스 번스에게 보낸 한 통의 전보를 통해 워싱턴에 전달되었다. 전후 미국 봉쇄정책의 이론적 기반이자 냉전시대의 서막을 연 것으로 평가받고 있는 '장문의 전보(Long Telegram)'였다. 내용은 5,300자로 길었으나 요지는 간명했다. "대소 정책은 러시아인들의 팽창주의적 경향에 경각심을 갖고 봉쇄하는 정책이어야 한다"며 "미국의 봉쇄정책으로 결국 소련은 붕괴하거나 점점 힘을 잃게 될 것"이라는 주장이었다.

케넌의 전보는 당시 트루먼 정부의 내부 문건으로 회람되면서 일대 센세이션을 불러일으켰다. 트루먼은 1947년 3월 12일 이른바 '트루먼 독트린'을 발표할 때 케넌의 주장을 인용함으로써 케넌의 주장에 동조하고 있음을 드러냈다.

'장문의 전보'로 능력을 인정받은 케넌은 1947년 4월 조지 마셜 미 국무장관이 국무부에 신설한 정책기획실장으로 발탁되었다. 그해 6월에 발표된 '마셜 플랜'의 입안에도 참여했다. 1947년 7월에는 'Mr. X'라는 필명으로 미 외교전문지 '포린 어페어스'지 7월호에 '소련 행동의 연원'이라는 논문을 발표했다. 논문은 4개월 전 발표된 '트루먼 독트린'을 정당화한 것이었다. 케넌은 "스탈린의 외교정책이 팽창주의로 갈 수밖에 없는 태생적 연유가 있으므로 미국이 소련의 팽창정책을 철저하게 봉쇄·저지하면 공존의 토대를 마련하거나 궁극적으로는 소련의 내부 붕괴를 가져올 수 있다"고 주장했다.

"외교관 보고서가 워싱턴의 눈을 이렇게까지 결정지은 전례가 없다"

미·소 간의 갈등이 고조되던 시점에 발표된 케넌의 논문은 미국 정책 결정 집단의 구미에 딱 맞아떨어졌다. 유명 저널리스트 월터 리프먼 등이 격렬하게 반대하긴 했으나 'Mr. X'가 조지 케넌이라는 사실이 알려지면서 전 세계 외교가는 트루먼 정부의 외교정책을 분명하게 알 수 있었다. 그것은 본격적인 냉전의 시작을 의미했다. 케넌은 자신을 신뢰하고 자신의 말에 힘을 실어준 조지 마셜이 국무장관직을 떠날 때인 1948년 12월까지 전성기를 누렸다. 1949년 1월 딘 애치슨이 새 국무장관이 되고 애치슨의 정책이 케넌의 봉쇄이론과 엇박자를 놓으면서 케넌은 1949년 12월 정책기획실장에서 물러났다.

1951년 12월 소련 주재 대사를 거쳐 1952년 9월 학계로 돌아간 뒤에는 미 행정부의 군사적 봉쇄정책이 자신의 구상을 벗어나 냉전 대결을 부당하게 장기화했다며 비판했다. 이로 인해 그는 워싱턴 주류 사회에서 소외되었다. 케넌은 "미국의 대소 정책이 자신의 생각과는 달리 너무 군사적인 측면에 치우쳐 있다"고 비판하면서 "미국이 채택해야 할 정책 대안을 'X 논문'에서 분명하게 밝히지 못했다"고 후회했다.

그러나 당시 상황에서 애치슨이 군사적으로 치우칠 수밖에 없었던 이유는 분명했다. 소련의 베를린 봉쇄(1948.6)와 원폭 실험 성공(1949.8), 여기에 1949년 10월 중국에 모택동 정권까지 들어선 마당에 군사적 선택은 피할 수 없었다. 냉전이 깊어지자 미국은 국가안전보장법을 제정해 중앙정보국(CIA)과 백악관 국가안전보장회의(NSC)를 창설하고 1950년 4월에는 미국의 군사전략 지침으로 'NSC-68' 보고서를 완성했다. 이런 준비가 있어 1950년 6월 한국전쟁이 발발했을 때 소련의 팽창을 저지할 수 있었다.

그럼에도 케넌은 "나의 봉쇄이론은 소련 체제가 내부 분열로 인해 자체 붕괴되도록 사방을 차단하자는 뜻이었지 공산주의 전복을 기도한 것이 아니었다"며 "'NSC-68' 보고서가 미국의 정책을 지나치게 경직화, 단순화했다"고 비판했다. 그러나 냉전의 시대에 그의 주장은 공허했다. 그래도 자신의 아이디어가 국가의 기본 정책으로 채택되고 자신이 수립한 정책이 수십 년간 자유세계의 한 축을 이뤘다는 점에서 그는 행운아였다.

헨리 키신저 전 미 국무장관은 "외교관의 보고서가 워싱턴의 눈을 이렇게까지 결정지은 전례가 없었다"고 평가했다. 콜린 파월 전 미 국무장관은 "어떤 사람은 역사의 목격자로, 어떤 사람은 역사의 창조자로, 또 어떤 사람은 역사 통찰과 해석으로 명성과 영예를 얻었지만 케넌은 이 세 가지를 모두 가졌다"며 케넌의 역사적 역할을 부러워했다.

1947년

정주영 현대건설 설립
구인회 락희화학 설립
유엔한국임시위원단 설치·활동
현대 한국불교의 기틀 '봉암사 결사'
김기창·박래현 첫 부부 전시회
현인 '신라의 달밤' 발표
쇼클리·바딘·브래튼, 트랜지스터 개발
트루먼 독트린과 마셜 플랜
GATT 창설
인도·파키스탄 분리 독립
자와할랄 네루, 인도 초대 총리 취임
사해문서 발견
_ 나그함마디 문서
크리스티앙 디오르 '뉴룩' 발표
잭슨 폴록 '액션 페인팅' 정립
마리아 칼라스, 이탈리아 오페라 무대 데뷔
재키 로빈슨 흑인 최초로 미 메이저리그 데뷔
테오도어 아도르노 '계몽의 변증법' 출간
_ 프랑크푸르트학파
윌러드 리비, 탄소14 연대측정법 개발
로즈웰 UFO 추락 사건

정주영 현대건설 설립

아이디어가 톡톡 튀고 운용 능력이 비상했으며 추진력이 뛰어났다.

정주영(1915~2001)은 자본도 기술도 없는 황무지에서 '우리도 하면 할 수 있다'는 집념과 도전 정신 하나로 5대양 6대주를 누비며 '한강의 기적'을 이룩한 주역이었다. 타고난 근면성과 "해보기나 해봤어?"로 압축되는 자신감은 정주영을 한국의 대표적인 기업가로 우뚝 서게 한 원동력이었다. 86년 그의 삶은 '시련은 있어도 실패는 없다'는 좌우명처럼 도전과 극복의 여정이었다.

정주영은 강원도 통천에서 빈농 집안의 장남으로 태어났다. 배움은 조부로부터 배운 한학과 소학교 졸업이 전부였다. 그러나 가슴속에는 가난에서 벗어나 더 넓은 세상으로 나아가겠다는 꿈이 꿈틀거렸다. 1930년 소학교 졸업 후 3차례나 가출해 철도 공사판과 엿공장을 전전했으나 그때마다 아버지의 손에 이끌려 고향으로 내려갔다. 그렇다고 주저앉을 정주영이 아니었다. 19살 때 아버지가 소를 판 돈 70원을 훔쳐 4번째이자 마지막 가출을 시도해 무작정 서울로 상경했다.

정주영은 노동판을 전전하다 쌀가게 점원으로 들어갔다. 특유의 근면과 성실성을 인정받아 1937년 쌀가게를 인수, 자수성가의 꿈을 키웠다. 그러나 한창 뻗어가던 쌀 도매상은 일제의 곡물 유통 제한에 걸려 문을 닫아야 했다. 정주영은 1940년 자동차 수리공장인 '아도(art)서비스'를 인수해 적자에 허덕이던 공장을 흑자로 돌려놓는 사업 수완을 발휘했다. 그러나 이번에는 2개월도 안 되어 불이 나고 이듬해 일제의 기업 정비령에 따라 또다시 공장 문을 닫아야 했다.

정주영이 자동차 수리공장인 '현대자동차공업사' 간판을 내걸어 20세기 개발 연대의 상징이 될 '현대' 상호를 세상에 내놓은 것은 해방 후인 1946년 4월이었다. 1947년 5월 25일에는 현대토건사를 설립해 건설 분야로 영역을 넓히고 1950년 1월 10일에는 현대토건과 현대자동차공업사를 합병한 '현대건설'을 설립함으로써 본격적으로 건설업에 뛰어들었다.

창립 5개월 만에 6·25전쟁이 터졌으나 전쟁은 그에게 위기이자 기회였다. 정주영은 미군 공사를 맡아 초기 자본을 축적하고 전후 복구기를 최대한 활용해 성장 기반을 굳혀나갔다. 1953년 전후 복구 사업인 낙동강 고령교 공사, 1957년 전후 최대의 단일공사인 한강인도교 공사를 따내는 등 승승장구하며 1962년에는 마침내 국내 도급 한도액 1위 업체로 부상했다. 이후 경부고속도로를 비롯해 전 국토의 주요 동맥, 전국의 강을 가로지르는 교량, 주요 항만 시설에는 현대건설의 열정과 땀이 오롯이 스며들었다.

1968년 2월 첫 발파로 시작된 경부고속도로 공사에서 현대건설이 차지한 비중은 절대적이었다. 현대건설은 고속도로 공사비를 산정하는 기획 단계부터 참여해 전체 428km 가운데 30%나 되는 128km를 시공했다. 경부고속도로 첫 구간이자 시범구간인 서울~수원 간 공구도 현대건설이 맡았다. 고속도로 경험이 전무한 다른 기업에 시범을 보이라는 뜻이었다.

100년에 한 명 나올까 말까 한 위대한 기업가

정주영에게 도전은 선택이 아니라 운명이었다. 자동차산업 진출도 일사천리로 진행했다. 1968년 5월 포드자동차와 제휴해 공장 건설을 시작, 6개월 만에 첫 조립차인 코티나를 생산하고 1976년 2월 우리나라 최초의 독자 모델 1호인 포니를 탄생시켰다. 1974년 6월 70만 톤의 건조능력을 갖춘 국제 규모의 울산조선소를 최단 기간 내에 준공한 것도 세계 조선사에 길이 남을 위대한 업적이었지만 조선소 완공과 함께 26만 톤급의 유조선 2척을 진수한 것은 세계 조선소 사상 전무후무한 일이었다. 이후 5대양을 휘젓고 다닐 대형 선박이 울산조선소에서 건조되고 6대주 도로 위를 달릴 자동차가 쏟아져 나오는 등 경이와 기적의 한복판에는 언제나 정주영이 버티고 있었다.

정주영(1915~2001)

정주영에게도 세계는 넓고 할 일은 많았다. 1965년 태국의 파타니~나라티왓 고속도로 공구 공사를 수주해 1968년 5월 준공한 것은 국내 건설업계 최초의 해외 진출이자 한국 기업의 지평을 넓힌 기념비적인 사건으로 기록되었다. 이는 뒷날 사막의 모래바람 속에 코리안 돌풍을 일으킨 중동 붐으로 이어졌다. 1976년에는 당시 20세기 최대 공사로 일컬어지던 사우디의 주베일 신항 공사를 수주함으로써 세계 굴지의 건설회사로 입지를 구축했다. 1981년 서울올림픽 유치위원장을 맡아 모두가 불가능할 것이라는 예상을 뒤집고 '바덴바덴의 기적'을 연출한 것도 정주영이 있었기 때문에 가능한 일이었다.

정주영은 아이디어가 톡톡 튀고 운용 능력이 비상했으며 추진력이 뛰어났다. 1967년 4월 기공한 소양강댐을 사력댐으로 바꾼 것도 현장을 중시하는 정주영이 즉석에서 생각해낸 아이디어였다. 1984년 2월 서해안 서산 간척지의 물막이 공사는 정주영의 진가가 유감없이 발휘된 또 하나의 쾌거였다. 양쪽에서 쌓아온 방조제의 끝 사이를 막아 조류를 차단하는 물막이 공사는 유속이 빠르고 조수간만의 차가 커 난공사 중 난공사였다. 20만 톤 이상의 돌로 매립해야 물막이가 가능한 곳이었으나 정주영은 외국에서 들여온 대형 고물 유조선 한 척을 가라앉혀 조수를 막는 기상천외한 발상으로 물막이 공사를 완벽하게 해냈다.

조선소도 제대로 갖추지 못한 상태에서 거북선이 그려져 있는 500원짜리 지폐와 울산 미포만 지도 한 장을 달랑 들고 이탈리아 선주로부터 선박을 수주한 것도 정주영만이 할 수 있는 아이디어이자 추진력이었다.

그러나 정주영이 이룬 성공의 이면에는 짙은 그늘도 있었다. 그 역시 기업가의 탐욕이 넘쳤고 그로 인해 피눈물을 흘린 사람도 적지 않았다. 재벌 체제의 무분별한 확장, 정경유착, 황제적 경영 등은 그의 영광 뒷면에 남겨진 부정적 유산이었다. 1992년 현대의 자금력을 활용해 출마한 대통령의 꿈도 정주영이기 때문에 가능한 일이었으나 결과는 씁쓸했다. 그의 인생에서 가장 쓰라린 실패로 기록된 이 사건으로 그는 현대그룹 일선에서 물러났고 건강이 극도로 악화되는 이중고를 겪어야 했다.

이런 그가 화려하게 재기한 것은 대북 사업이었다. 1998년 6월 정주영은 65년 만에 아버지의 소 판 돈을 갚는 형식으로 소 500마리의 소몰이 방북을 감행해 50년간 닫혔던 금강산 뱃길을 열고 남북 해빙의 새 시대를 열었다. 소떼를 이끌고 판문점을 넘어가는 분단 이후 초유의 이벤트는 전 세계의 주목을 끌었다.

하지만 말년은 평생의 경쟁자인 삼성의 이병철과 달리 평온하지 못했다. 무엇보다 말년의 그를 지치고 힘들게 한 것은 자식 간의 불화였다. 조기에 후계 구도를 명확하게 정리하지 못해 2000년 결국 2세들끼리 벌인 '왕자의 난'까지 발생하게 한 것도 지나친 자신감이 부른 화였다. 무리하게 시작한 금강산 사업도 현대 계열사에 재정 압박을 가하고 몇 년 후 5남 정몽헌까지 자살로 몰아가는 원인으로 작용했다.

그럼에도 불구하고 그가 한반도의 지도를 바꿔놓을 만큼 경제 발전과 근대화를 이루는 데 견인차 역할을 하고, 조선시대 500년간 한국인의 의식 속에 뿌리 깊게 박혀 있던 사농공상의 서열을 바꾸는 데 지대한 공헌을 했다는 점에서 그는 100년에 한 명 나올까 말까 한 위대한 기업가였다. 정주영은 2001년 3월 21일 눈을 감았다. 그의 죽음은 한국 경제 성장의 견인차 역할을 하며 개발 연대를 이끌어온 창업세대의 물리적인 퇴장일 뿐만 아니라 영광과 시련, 빛과 그림자로 점철된 한국 재계의 한 시대의 폐막을 상징했다.

구인회 락희화학 설립

가전제품을 잇따라 국내 최초로 생산, 국산 가전제품 시대 열고 '가전 금성'의 이미지를 심어 나갔다.

LG그룹의 역사는 1931년 구인회(1907~1969)가 경남 진주에서 문을 연 '구인회 포목상점'으로 거슬러 올라간다. 하지만 LG그룹은 1947년 1월에 설립된 '락희화학'을 그룹의 공식적인 출발점으로 삼는다. 경남 진양군 지수면에서 태어난 구인회는 1920년 결혼을 하고 1921년 지수보통학교 2학년에 편입해 이병철 전 삼성회장, 조홍제 전 효성회장과 동문이 된다. 서울로 유학을 떠나 중앙고보에 입학했으나 2년만 수료하고 1926년 낙향해 지수협동조합에서 근무하며 사업을 준비했다.

24세 때이던 1931년 7월 구인회는 아버지가 건네준 2,000원에 첫째 동생 철회의 사업자금 1,800원을 보태 '구인회 포목상점'이라는 간판을 내걸고 장사를 시작했다. 그러나 사업은 첫해에 500원의 적자를 냈다. 이듬해에는 장마로 포목이 물에 잠기고 1936년에는 대홍수로 가게가 떠내려가는 등 크고 작은 수난이 계속되었다. 그래도 구인회는 포기하지 않고 계속 사업을 펼쳐 1940년 여름 '구인회 포목상점'을 '주식회사 구인상회'로 확대해 진주에서 제일가는 잡화점으로 키워냈다.

구인회는 광복 후인 1945년 9월 부산으로 본거지를 옮기고 1945년 11

구인회(1907~1969)

월 미 군정청의 무역업 허가 1호 업체로 등록된 '조선흥업사'를 차렸다. 그러나 사업 운이 따르지 않아 마음고생을 하며 몇 달을 허송했다. 그러던 중 1946년 1월 허만정이 도쿄 유학생 출신의 셋째 아들 허준구(1923~2002)를 데리고 와 사업자금을 내놓으며 아들의 경영 수업을 부탁했다. 허만정은 구인회의 장인 허만식과 6촌 관계이고 허준구는 구인회의 첫째 동생인 구철회의 맏사위라 구인회와 허만정은 사돈 관계였다.

두 가문의 인연은 구인회의 8대조인 구반공 시절로 거슬러 올라간다. 구반공의 부친이 현풍 현감으로 재임할 때 경남 진주의 만석꾼인 허씨 집안으로 장가를 간 것이 첫 인연이었다. 구씨네도 원래는 천석꾼 소리를 듣던 집안이었으나 구인회의 조부가 청렴한 관직 생활을 하면서 가산이 줄어들어 구인회가 태어날 무렵엔 300~400석 규모로 줄어 있었다. 이후 구씨·허씨가(家) 양가는 같은 집성촌에서 대대로 겹사돈을 맺으며 끈끈한 인연을 쌓았다. 구인회 역시 담 하나를 사이에 둔 허만식의 장녀 허을수와 1920년 혼례를 올렸다.

구인회는 허만정이 투자한 돈을 보태 1946년 봄 '아마스 구리무'라는 화장 크림 판매업에 뛰어들었다. 다행히 사업이 번창해 구인회는 크림 제조에까지 사업 영역을 넓혔다. 1947년 1월 5일 '락희화학공업사'를 설립하고 '럭키' 상표를 단 크림을 생산했다. '럭키크림'은 불티나게 팔렸으나 크림통 뚜껑이 자꾸 깨진다는 항의가 빗발쳤다. 구인회는 아예 플라스틱 뚜껑을 만들겠다며 새로운 도전장을 내밀었다. 인력 보강을 위해 셋째 동생 구태회와 교사로 근무하고 있는 장남 구자경도 1950년 4월 락희화학에 합류시켰다.

그룹이 질적으로 성장한 계기는 국내 최초로 생산된 라디오

1952년 9월 미국에서 수입한 플라스틱 사출성형기가 설치되고 1952년 10월 락희화학의 첫 플라스틱 제품인 빗이 '오리엔탈'이라는 상표로 생산되었다. 빗이라고 하면 대나무로 만든 게 전부이던 시절이었다. '럭키크림'도 뚜껑을 플라스틱으로 만든 후 더욱 불티나게 팔려나갔다. 6·25전쟁 후 판매망이 전국적으로 확대되면서 세숫대야, 식기, 칫솔 등 플라스틱 제품은 각 가정의 부엌에 없어서는 안 될 필수 살림살이가 되었다.

1954년 10월 락희화학은 국내 최초로 튜브 타입의 '럭키치약'을 개발해 큰 성공을 거뒀다. 일부 부유층만 치약의 대명사로 불리던 미제 콜게이트 치약을 사용하고 대다수 국민은 소금으로 이를 닦던 시절에 '럭키치약'은 선풍적인 인기를 끌었다.

구인회를 재계의 거물로 만들어준 것은 1958년 10월의 금성사 설립과 1959년 11월 15일 국내 최초로 생산된 진공관식 라디오 'A-501'이었다. 라디오의 국산화 성공에서 가장 중요한 것은 60%에 달하는 부품 국산화율이었다. 라디오 몸체를 비롯한 부품의 상당수가 락희화학이 축적해온 플라스틱 금형기술을 토대로 만들어졌다는 점에서 락희화학도 국내 첫 라디오 생산의 공동 주역이었다. 금성사는 선풍기(1960), 전화기(1961), 냉장고(1965), 흑백TV(1966), 에어컨(1968), 세탁기(1969)를 각각 국내 최초로 생산해 1960년대 국산 가전제품 시대를 열고 '가전 금성'의 이미지를 심어나갔다.

그 날이 있기까지 구인회 동생들의 활약도 뛰어났다. 첫째 동생 구철회는 '구인회 포목상점'의 창업 멤버였고 둘째 동생 구정회는 락희화학이 처음 만든 크림 이름을 '럭키'로 지어 '럭키그룹'의 기반을 닦은 주역이었다. 셋째 동생 구태회는 깨지지 않는 크림통 뚜껑을 만들고 LG가 플라스틱 사업에 진출하는 데 결정적으로 기여했으며 넷째 동생 구평회는 럭키치약 제조 기법을 알아내는 데 공을 세웠다. 특히 구평회는 5·16쿠데타 직후인 1961년 '부정축재 기업인' 처벌 때 맏형인 구인회를 대신해 6개월간 옥살이를 했다.

구인회는 럭키그룹을 단단한 반석 위에 올려 놓고 대망의 1970년대를 맞을 준비를 하고 있던 1969년 12월 31일 눈을 감았다. 그룹의 경영권은 1970년 1월 9일 구인회의 맏아들 구자경이 물려받았다. 이후 럭키그룹은 기존의 화학산업과 전자산업을 쌍두마차로 내세우고 유통, 증권, 보험 등 금융·서비스 산업으로 급속히 사업 영역을 넓혀나갔다. 구자경은 1984년 1월 그룹 이름을 '럭키'에서 '럭키금성'으로, 1995년 1월 '럭키금성'을 다시 'LG'로 바꾼 뒤 회장 자리를 장남 구본무에게 물려주고 경영 일선에서 물러났다.

그룹 버팀목은 구씨·허씨 양가의 인화

LG그룹은 이처럼 구인회–구자경–구본무 대로 이어지지만 허만정으로 시작되는 허씨가도 초창기부터 그룹의 발전에 크게 기여했다는 것은 공지의 사실이다. 한 지붕 밑에 두 가문이 함께 일하게 되면 불화가 생길 법도 한데 별 잡음 없이 경영권이 순조롭게 이양되는 과정을 거쳤다는 것은 그만큼 구인회 때부터 표방해온 '인화'라는 독특한 경영 철학이 그룹 내에 뿌리 깊게 자리 잡았기 때문이라는 게 일반적인 분석이다.

1946년 24세 때 구인회의 사업체에 처음 동참한 허준구는 이후 LG건설, LG전선 회장 등을 역임하며 LG 역사를 함께 썼다. 그의 아들 허창수는 LG그룹의 경영에 깊숙이 관여하다가 2005년 LG그룹으로부터 독립, GS그룹의 회장이 되었다. GS그룹으로 독립하기 수십 년 동안 허만정의 직계 상당수가 LG그룹의 CEO나 임원으로 활동했지만 누구 하나 큰 목소리를 내지 않았다.

허씨 집안은 거의 대등한 동업자 관계임에도 불구하고 구씨 집안에서 구인회, 구자경, 구본무 3대가 그룹의 법통을 잇고 주류를 이루는 현실을 담담하게 받아들였다. 통상 한 집안에서 경영을 해도 규모가 커지고 대를 넘기면 크고 작은 분란이 불거지게 마련인데 LG는 두 핏줄이 기업을 이끌면서도 좀처럼 잡음이 새나오지 않았다. 이는 여러 가지 배경으로 설명할 수 있겠지만 무엇보다 허씨가의 '안분지족'에 있다는 것이 일반적인 평가다. 특히 허만정이 자손들에게 "경영은 구씨 집안이 알아서 한다. 처신을 잘해서 돕는 일에만 충실하라"고 했던 당부는 허씨 가문의 불문율이 되었다.

양가의 인화는 창업 1·2세대를 거쳐 3대로 내려오면서도 변함없이 LG를 지탱하는 버팀목이 되었다. 구씨 가문은 대개 사업 확장과 공장 건설 등 바깥일을 담당했고 숫자에 밝은 허씨 가문은 재무·영업 등 안살림에 주력하는 역할 분담의 미학을 지켰다.

구자경과 허준구는 50년을 한 직장에서 부대낀 둘도 없는 동지요 친구였지만 회사에서 허준구는 구자경에게 더없이 깍듯했다. 나이는 허준구 회장이 두 살 위고 LG에 몸담은 것도 4년 먼저였지만 한 발짝도 구자경 앞에 나서는 법이 없었다. 구본무 LG 회장에 대한 허창수 회장의 태도도 마찬가지였다. 구본무 회장 역시 허창수 회장을 예우하는 데 소홀함이 없었다.

두 가문이 오랫동안 동업을 유지해온 비결에 대해 LG그룹 내부에서는 크게 5가지를 꼽는다. 합리적인 원칙에 바탕을 둔 인화, 유교적 가풍의 엄격한 위계질서, 창업 초기부터 지켜온 양가의 지분율(65 대 35)과 역할 분담, 오너 가족이라도 철저한 능력 검증을 거쳐 경영자로 육성하는 시스템 등이다.

구인회가(家)와 함께 2인 3각 경기를 펼치던 허만정가(家)는 구본무 회장이 경영권을 승계한 뒤인 2005년 GS그룹으로 별도 독립했다. 락희화학을 모체로 한 그룹은 현재 전자·화학 등 제조업을 중심으로 한 구씨 가문의 LG그룹(구인회→구자경→구본무), 2003년 전선과 금속 부문을 그룹으로부터 떼내 독립한 구태회 자손의 LS그룹(구자홍→구자열), 유통·에너지·건설 등을 중심으로 한 허씨 가문 후손들의 GS그룹(허준구→허창수)으로 분리·운영되고 있다.

유엔한국임시위원단 설치·활동

유엔 소총회는 선거 실시 권한을 유엔한국임시위원단에 부여하는 결의안을 채택했다.

1947년 5월에 재개된 제2차 미소공위마저 난항을 겪자 1947년 8월 미국의 로버트 러빗 국무장관 대리가 소련, 영국, 중국의 외무장관에게 4개국 회담 개최를 제안했다. 안건은 1945년 12월에 체결된 모스크바 협정에 의한 한국의 신탁통치안을 재검토하고 유엔의 관리하에 남북한 양 지역에서 총선거를 실시할 것을 논의하자는 것이었다.

예상대로 소련은 "미국의 제안은 모스크바 협정의 근본 취지를 벗어나는 것이며 미국이 미소공위의 실현을 위한 노력을 기울이지 않겠다는 것"이라며 회담을 거부했다. 결국 조지 마셜 미 국무장관은 1947년 9월 17일 제2차 유엔총회에 한국의 독립 문제 안건을 일방적으로 제출했다.

마셜은 유엔총회에서 "미소공위를 통해 한국 문제를 해결하려고 시도하는 것은 독립된 통일 한국의 건설을 지연시킬 뿐이라는 게 명백해졌다"는 입장을 밝혔다. 그러자 소련의 그로미코 외무장관은 미국을 지지하는 회원국이 압도적 다수를 차지하고 있는 유엔총회에 한국 문제가 상정되면 표결에서 패할 것이 뻔한 것을 알고 "한국 문제를 유엔총회에 상정하는 것은 위법"이라며 반대 입장을 분명히 했다.

당시는 미소 간에 냉전적 대결 관계의 골이 점차 깊어지고 있었기 때문에 미국의 전략은 유엔을 통해 한반도의 소비에트화를 저지하는 것이었고, 소련의 전략은 한국 문제를 유엔과 국제적 관심으로부터 격리해 한국 전체를 소비에트화하려는 것이었다.

미국의 기대대로 유엔총회 운영위원회는 1947년 9월 23일 12 대 2로 한국 문제를 유엔총회에 상정했고, 유엔총회는 찬성 41, 반대 6, 기권 7, 불참 1의 압도적 다수로 한국 문제를 소총회(정치위원회)에서 토의하도록 했다. 사태가 불리하게 돌아가자 그로미코는 "만약 모스크바 협정의 이행이 불가능하다면 1948년 초에 미소 양군이 동시에 철수하자"고 제안했다. 이에 대해 미국은 1948년 3월 31일 이전에 양 점령 지구에서 점령군 주관 아래 선거를 실시할 것과 유엔한국임시위원단(UNTCOK)을 발족시켜 이 임시위원단이 선거를 감시해 총회에 보고하자는 수정안을 제시했다.

결국 유엔총회는 11월 14일 유엔 감시하의 남북 총선거안 결의안을 찬성 43, 반대 0, 기권 6으로 채택하고 소련 측 안은 34 대 7로 부결했다. 총회 결의안의 주요 내용은 1948년 3월 31일 이전에 인구 비례에 따른 비밀투표 선거 실시, 제헌의회 구성과 헌법 제정, 유엔한국임시위원단 설치 등이었다.

"5·10총선은 유권자 자유의사의 표현이었다"

유엔총회 결정에 따라 설치된 유엔한국임시위원단은 중화민국, 필리핀, 엘살바도르, 프랑스, 시리아, 인도, 캐나다, 호주, 우크라이나공화국 등 9개국으로 구성되었으나 우크라이나는 구성원들의 친미적 성격을 이유로 불참했다. 유엔한국임시위원단은 1948년 1월 9일 서울로 들어와 크리슈나 메논 인도 대표를 의장으로 선출하고 활동을 개시했다.

북한의 소련군에도 방문 의사를 통보했으나 북한과 소련은 위원단이 38도선 이북으로 들어오는 것을 거부했다. 이후 타개책을 둘러싸고 위원들 사이에 의견 대립이 팽팽했다. 한쪽에서는 접근 가능한 지역에서만이라도 정부를 수립하는 것이 급선무라고 주장한 반면 다른 한쪽에서는 그런 조치가 남북의 적대 관계를 심화시켜 결국 영구 분단을 초래하게 될 것이라며 반대했다.

여기에 국내 일부 정치세력의 단독선거 반대, 좌익의 총파업위원회 조직 등이 겹쳐 결정이 쉽지 않게 되자 메논 의장을 유엔 소총회에 보내 의견을 구하기로 했다. 메논 의장은 1948년 2월 20일 유엔 소총회에서 "북한이 가로막고 있기 때문에 입국 가능한 남한만이라도 단독선거를 고려해야 할 것"이라고 보고했다.

미국이 이에 맞추어 남한만의 총선거를 실시하자는 결의안 초안을 유엔 소총회에 제출하자 소총회는 2월 26일 '유엔한국임시위원단의 입국이 가능한 지역만의 선거' 실시 권한을 유엔한국임시위원단에 부여하는 결의안을 찬성 31, 반대2, 기권 11표로 채택했다. 소련 진영의 국가들은 회의를 보이콧하고 표결에 불참했다.

유엔 소총회 결의에 따라 유엔한국임시위원단은 남한만의 선거 실시를 결정하고, 미 군정은 5월 10일을 선거일로 정한 국회의원 선거법을 공포했다. 선거를 앞두고 이승만과 한민당은 여전히 단독선거 실시를 주장한 반면 김구와 김규식 그리고 좌익은 "남한만의 선거는 민족의 영구 분열을 초래할 것"이라면서 남북 정치 요인들이 먼저 회담을 열고 통일선거를 실시해 남북 통일정부를 수립하자고 주장했다. 이른바 남북정치연석회의였다.

하지만 총선은 결국 1948년 5월 10일 실시되었고 임시위원단은 6월 25일 "선거는 위원단이 접근할 수 있었고 전체 한국민의 3분의 2를 점하는 지역에서 이루어진 유권자 자유의사의 표현이었다"는 공식적인 입장을 밝혔다.

1948년 8월 대한민국 정부가 수립되자 유엔은 1948년 12월 12일 찬성 48, 반대 6, 기권 1로 대한민국을 정식 승인하고 유엔한국임시위원단의 임무를 계승할 유엔한국위원단(UNCOK)의 설립을 결의했다. 한국위원단은 1949년 1월 한국으로 들어와 활동을 시작했으나 소련과 북한은 여전히 그들의 입북을 가로막았다.

1949년 내전 위험이 증가하고, 예견되는 미군의 조기 철수로 인해 한국민의 불안감이 커지자 미국, 호주, 중국, 필리핀 등이 유엔한국위원단에 새로운 임무를 부여하는 결의안을 4차 유엔총회에 제출해 채택되도록 했다. 내용은 38도선 경계를 비롯해 한국에서 군사 충돌을 초래할 사태 발전을 감시하고 보고할 권한과, 이러한 목적을 수행할 감시원 임명 권한을 한국위원단에 부여한다는 것이었다. 실제로 1950년 6월 북한이 남침했을 때 유엔한국위원단의 활동과 보고 덕에 유엔의 즉각 대응이 가능했다.

유엔한국위원단은 6·25전쟁 직후 남한의 구호와 재건을 위해 1950년 10월 유엔이 설치를 결의한 유엔한국통일부흥위원회(UNCURK)가 출범하면서 해체되었다. 유엔한국통일부흥위원회는 1973년 12월 제28차 유엔총회의 결의에 따라 공식적으로 해체되었다.

현대 한국불교의 기틀 '봉암사 결사'

봉암사에 젊은 스님들이 모여든 것은 "철저하게 부처님 법대로 살자"는 일념 때문이었다.

1945년 해방이 되었으나 여전히 우리 불교계를 지배하고 있는 것은 일본식 잔재와 대처승이었다. 30~40대의 소장 스님들은 해방된 나라에서 잘못된 불교를 바로잡기 위해 지혜를 모았다. 해방 전부터 함께 수행해온 성철과 청담이 불교의 기풍을 새롭게 할 장소로 선택한 곳은 경북 문경의 봉암사였다. 봉암사는 백두대간의 단전에 해당하는 해발 998m의 희양산 남쪽 기슭에 자리 잡고 있어 수행 도량에는 걸맞은 '사격(寺格)'을 갖추고 있었다. 게다가 당시 대부분의 절이 대처승 차지였던 것과 달리 봉암사는 워낙 오지여서 대처승이 없었다.

성철, 청담, 자운, 우봉 등 4명의 20~40대 스님이 봉암사로 모여든 것은 1947년 10월이었다. 이른바 '봉암사 결사'의 출발이었다. '결사(結社)'는 '뜻을 같이하는 스님들이 모인 수행 모임'으로 고려 후기에 있었던 '정혜결사'가 가장 유명하다. 정혜결사는 고려 불교가 지나치게 세속화되어 승려들이 도는 닦지 않고 돈과 권력을 좋아하는 흐름을 차단하기 위해 승려들이 정(定)과 혜(慧)를 같이 닦아야 한다는 취지로 1188년 보조 지눌의 주도하에 시작된 결사였다. 봉암사 결사는 삽시간에 전국의 스님들 사이에 퍼져 보안, 법웅 스님이 그해에 가세하고 향곡, 월산, 법전, 성수, 혜암, 종수, 도우 스님 등이 이듬해 합류함으로써 20여 명으로 불어났다.

봉암사에 젊은 스님들이 모여든 것은 "철저하게 부처님 법대로 살자"는 일념 때문이었다. 일제의 영향, 토착 기복 신앙 등으로 혼탁해진 불교계를 바로잡으려면 올곧게 참선 수행하는 방법밖에 없다는 게 결사 참가자들의 일치된 생각이었다. 봉암사 결사에 대중 스님들의 참여가 늘어나자 결사의 이론적 기초와 방향, 그리고 지켜야 할 원칙을 담은 '공주규약(共住規約)'이 제정되었다. 기존의 안이한 삶으로는 도저히 버틸 수 없는 전혀 새로운 생활이 시작된 것이다.

스님들은 밥을 해주는 공양주, 땔나무를 구해다 주는 부목(負木) 처사부터 내보냈다. '일일부작 일일불식(一日不作 一日不食)' 즉 '일하지 않으면 먹지도 않는다'는 정신에 따라 하루 2시간 이상 직접 물을 긷고 나무를 하고 밭일을 했다. 이뿐만이 아니었다. 일제 시대를 거치면서 뒤죽박죽이

되어버린 가사, 장삼, 발우를 새로 만들어 사용했고 비단으로 만들던 가사도 삼베나 면으로 바꾸었다. 도반(함께 도를 닦는 벗) 앞에서 스스로 죄를 자백하는 '포살', 괴색(검붉은 자목련색) 승복, 신도들이 스님에게 삼배를 올리는 예법 등도 이때 만들어졌다. 방 안에서는 늘 면벽좌선하고 잡담을 금했으며 법당에서는 부처님과 제자들의 상(像)만 남기고 토착신앙과 결합된 요소들은 모두 없애 버렸다. 18가지의 공주규약을 지킬 자신이 없는 스님은 받지 않았고 참가자들도 규칙을 어기면 쫓겨났다.

오늘날 조계종의 뿌리는 봉암사 결사

성철은 이 고된 결사의 중심이었다. 성철은 스님들이 오로지 참선에만 매진토록 하기 위해 공포 분위기를 조성했다. 정진 중인 스님들에게 "밥값을 내놓으라"고 호통을 치거나 뺨을 후려치는가 하면 아침 세숫물로 떠놓은 양철통의 물을 다른 스님의 머리 위에 끼얹기도 했다. 한겨울에 물벼락을 맞거나 성철이 던진 놋쇠 향로를 머리에 뒤집어쓴 스님도 있었다. 성철 때문에 유명해진 3,000배도 이곳에서 시작되었다. 이는 성철 자신보다 먼저 부처님을 찾으라는 가르침이었다.

스님들의 치열한 정진 소식을 전해듣고 찾아온 신도들에게는 "스님을 만나면 꼭 세 번씩 절을 하라"며 반드시 3배를 시켰다. 이것은 한국 불교계에 엄청난 변화였다. 그전까지 스님들은 조선시대 억불정책의 결과로 천민 취급을 받았다. 사대부나 사대부 아녀자가 찾아오면 승려들은 가마를 메고 등짐을 메는 등 종노릇을 했다. 극히 일부 스님만이 '대사'로 불렸을 뿐이다. 이런 인식이 깊이 박혀 있는 신도들에게 엎드려 3배를 하라는 명령은 천지개벽의 변화였다. 이후 불교계엔 스님들에게 3배의 예를 취하는 것이 관행으로 굳어졌다.

봉암사 결사는 그러나 빨치산 공비들의 잦은 출몰로 인해 스님들이 차분하게 수행할 수 없게 되고 신변의 위협마저 느껴 1950년 3월 동안거 해제 직후 해체되었다. 봉암사 결사 참가자 중에서만 성철, 청담, 혜암, 법전 스님 등 4명의 종정과 청담, 월산, 자운, 성수, 지관, 법전 등 6명의 총무원장이 배출되었다는 점에서 오늘날 조계종의 뿌리는 이 봉암사 결사에 있다고 보아야 한다. 또한 봉암사 결사는 불교 정화운동과 종단 재건으로 이어졌고 내용적으로는 의식, 의례, 규칙 등이 조계종단의 관례로 정착되었다.

오늘날 봉암사는 1982년 종립 특별선원으로 지정된 후 1년에 딱 한 번, '부처님 오신 날'에만 산문을 열어 일반 신도들의 방문을 허용하고 있다. 그 외의 기간엔 오로지 수행 정진뿐 일반 신도의 등록도 받지 않는다. 천주교의 제2차 바티칸 공의회(1962)가 현재 세계 천주교의 준거를 만들었다면 봉암사 결사는 현대 한국불교의 기틀을 마련한 셈이다.

김기창·박래현 첫 부부 전시회

박래현은 생각지도 못한 미남 청년의 등장에 호감을 가졌고, 김기창은 박래현의 미모에 연정을 품었다.

김기창(1913~2001)은 청각 장애를 딛고 피나는 노력으로 전통 회화를 현대 감각으로 계승·발전시켜 독보적 경지를 이룩한 인간 승리의 표본이다. 무엇보다 그는 끊임없는 실험 정신으로 구상과 추상, 동양화와 서양화의 경계를 넘나들며 자유롭고 해학적인 화풍을 보여준 한국화의 거장이었다. 김기창은 서울에서 태어나 7세 때까지는 여느 집 아이와 똑같은 성장 과정을 거쳤다. 그러나 1920년 보통학교 입학 며칠 후 장티푸스에 걸려 1년 동안 병마와 싸우다가 1921년 여름 청각 장애를 얻으면서 무거운 침묵의 심연으로 빠져들었다.

10세에 보통학교 1학년에 다시 입학했으나 선생님의 말소리가 들리지 않자 교과서 여백에 새, 꽃, 사람, 개 등을 그리며 정신적 혼란기를 버텨냈다. 당시 그의 유일한 구원자는 진명여고를 졸업하고 경기 개성에서 교사 경험이 있는 어머니였다. 한글, 한자, 산수를 가르친 것도 어머니였고 보통학교를 졸업한 1930년 겨울 김기창을 마지막 어진(御眞)화가이자 한국화의 대가 김은호의 휘하로 밀어넣은 것도 어머니였다.

김기창(1913~2001)과 박래현(1920~1976)

김기창은 6개월 만인 1931년 5월 18세의 나이에 널뛰기를 소재로 한 '판상도무'를 조선미술전람회(선전)에 출품해 입선함으로써 화단에 데뷔했다. 그때 어머니는 아들에게 '운포(雲圃)'라는 아호를 내려주었다. 그러나 어머니는 1932년 10월 37세로 세상을 떠났다. 김기창은 경제적·정신적으로 큰 어려움에 봉착했으나 어려움 속에서도 1936년까지 선전에서 내리 입선을 하고 1937년의 선전에서는 '고담'으로 선전 최고상인 창덕궁상을 차지했다. 1938년에는 '여름날'로 총독상을 수상해 중진 화가로서의 입지를 굳혔다. 김기창은 1939년(18회)과 1940년(19회) 선전에서도 연거푸 특선을 거머쥐어 이듬해 추천작가가 되었다.

그에게 여류 화가 박래현(1920~1976)이 운명처럼 다가온 것은 1943년이었다. 그해 선전에서 '장(粧)'이란 작품으로 특선(총독상)한 박래현은 당시 선전의 추천작가이던 김기창이 나이 지긋한 노대가인 것으로 알고 인사차 김기창의 집을 불쑥 찾아온 것이다. 박래현은 생각지도 못한 미남 청년의 등장에 호감을 가졌고, 김기창은 박래현의 미모에 연정을 품었다.

당시 박래현은 경성여자사범을 졸업하고 초등학교 교사 생활을 거쳐 일본에서 미술 공부를 하던 도쿄여자미술전문학교 3년생이었다.

해방 후 미술계의 가장 절실한 과제는 일본색의 탈피와 민족미술의 건설이었다. 김기창에게도 해방은 화풍의 전환점이자 분기점이었다. 김기창이 자신의 그림에 원래의 호인 '운포(雲圃)'의 '포(圃)'자에서 굴레를 벗는다는 의미로 '구(口)'자를 벗겨내고 그냥 '보(甫)'로 서명하기 시작한 것도 새로이 변신하겠다는 '탈각'의 상징적 의미였다. 구체적으로는 일체의 선입견을 배제하고, 고정관념에서 헤어나며 표현 양식 및 형식에 구애받지 않는 자유로운 조형 의식에 철저하겠다는 의지의 표명이었다.

김기창은 1946년 2월 17일 남산의 민속박물관에서 박래현과 결혼식을 올렸다. 부부는 결혼 전 약속대로 1947년 4월 26일부터 5월 2일까지 동화백화점(현재의 신세계백화점) 화랑에서 국내 최초로 첫 부부 전시회를 열었다. 이후 두 사람의 부부 전시회는 1971년까지 17회나 계속되었다. 이런 활동과는 별개로 네 아이를 둔 어머니 박래현에게는 말 못할 고민이 있었다. 아버지와 자식 간의 대화가 불가능한 현실에 마음이 아팠던 것이다.

박래현은 남편과의 대화를 '구화(口話)'로 바꾸기 위해 김기창에게 말을 가르쳤다. 박래현은 일부러 부부 싸움을 걸기도 했다. 청각 장애로 말을 하지 못해 필담이 유일한 소통 수단이던 김기창의 화를 돋워 입이 트이게 하기 위함이었다. 그 덕에 김기창은 아내의 입 모양을 보며 말을 배울 수 있었고 어눌하나마 말로 어느 정도 의사소통이 가능하게 되었다.

구상과 추상, 동양화와 서양화의 경계를 넘나든 한국화의 거장

김기창의 예술적 성장과 성공에도 박래현의 후원과 자극은 절대적으로 영향을 미쳤다. 그런 바쁜 일상 속에서도 박래현은 여성의 자아실현이라는 끈을 한순간도 놓지 않았다. 1956년 미협전에서는 '이른 아침'으로, 같은 해 국전에서는 '노점'이라는 반추상 작품으로 대통령상을 차지해 선도적인 여성 화가로 자리매김했다. 김기창은 1947년 자유신문사의 문화부 촉탁기자로 활동했다. 우리나라 최초이자 마지막 귀머거리 기자 생활은 2년 동안 이어졌다.

김기창은 6·25가 한창이던 1951년부터 이듬해까지 피란지 전북 군산에서 30점의 연작으로 된 '예수의 생애'를 완성했다. 그런데 그림은 예수가 처한 시대와 환경을 2000년 전의 팔레스타인으로 설정하지 않아 눈길을 끌었다. 화폭에 등장한 인물은 모두 한복을 입고 있었고 배경은 조선시대의 우리 땅이었다.

1952년에는 전통적인 동양화의 조형 개념에서 탈피해 한국화에 입체주의의 기법을 도입한 '구멍가게', '노점', '복덕방' 등 일련의 작품을 선보였다. 1955년에는 대작 '군마도'를 비롯해 가면극을 소재로 한 '탈춤' 시리즈와 문자도(文字圖)를 그리기 시작했다. 1955년 홍익대 미대 강사로 부임, 10년 동안 재직하다가 수도여사대 정교수로 자리를 옮겨 1974년 은퇴했다.

박래현은 김기창을 벗어나 1968년부터 홀로 미국에서 그림을 그렸다. 간암에 걸려 1975년 11월 귀국했다가 1976년 1월 2일 눈을 감았다. 박래현의 죽음은 김기창에게 청각 장애 못지않은 정신적 충격을 주었다. 그 실의에서 빠져나오기 위해 김기창은 '바보 산수'를 시도했다. 김기창은 민화를 자신의 방법으로 변형해내는 일련의 작화를 '바보 산수'라는 유머러스한 개념으로 명명했다.

'바보 산수'는 호방한 필치와 조형 감각, 그리고 파격적인 구도를 보여주는 김기창 특유의 힘의 미학이 명쾌하게 반영되고 있는 새로운 표현 기법이었다. 김기창은 초상화에도 일가견이 있었다. 1975년 1만 원짜리 지폐에 새겨진 김기창의 세종대왕 초상은 지금도 1만 원권 지폐에 그대로 살아 있으며 이 세종대왕을 비롯해 을지문덕, 태종 무열왕 등 6명의 초상은 문화관광부에 의해 표준영정으로 지정되었다.

오늘날 김기창에게는 친일화가란 '업'이 따라다닌다. 반도총후미술전(1942-1944)의 일본화부 추천작가로 발탁된 것을 비롯해 1943년 8월 7일자 매일신보의 칼럼 '님의 부르심을 받들고서'에 실린 삽화, 1944년 4월 식산은행 사보 '회심'에 실린 '총후병사', 1944년 3월 경성일보사가 주최한 '결전 미술전'에 출품했다가 어린이 잡지 '소국민' 1944년 5월호에 실린 '적진육박' 등이 친일 활동을 증언하고 있기 때문이다. 김기창은 훗날 "사상적인 친일 활동은 하지 않았다. 역사와 민족 앞에 사죄한다"며 용서를 구했다.

현인 '신라의 달밤' 발표

헌칠한 키와 외모, 바이브레이션 창법 덕분에 숱한 여성과 염문을 뿌린 것으로 유명하다.

현인(1919~2002)은 해방 후 서양의 대중음악을 국내에 도입하고 전파한 선구자였다. 노래로 서민의 아픔과 향수를 달래주고 희망을 안겨준 당대 최고의 스타였다. 그는 부산 영도의 부유한 집안에서 태어나 초등학교 5학년 때 가족과 함께 서울로 올라왔다. 1935년 경성제2고보(경복고)를 졸업하고 아버지의 뜻에 따라 일본 육사 시험을 치르기 위해 일본으로 건너갔으나 아버지의 뜻을 거역하고 우에노 음악학교 성악과에 입학함으로써 인생의 진로를 군인에서 음악가로 바꾸었다.

1937년 NHK 합창단에 입단하고 1942년 음악학교를 졸업한 후에는 서울의 성보악극단에서 음악을 지도했다. 1943년 징용을 피해 박단마·진방일·황해 등과 함께 '신태양악극단'을 조직, 중국 천진과 상해 등에서 샹송과 칸초네를 불렀다. 1945년 12월 해방된 조국을 향해 귀국선을 타려 했으나 중국 순회공연 때 일본군을 위해 위문공연을 했다는 이유로 6개월 동안 감옥 생활을 했다.

현인(1919~2002)

1946년 6월 귀국 후에는 '19번가 악단', '고향경음악단' 등 소규모 악단을 이끌고 미군 부대를 비롯해 국내 최초의 나이트클럽 '뉴스맨스클럽 무대', 국내 최초의 극장식 맥주홀 '은성살롱' 등을 전전하며 노래를 불렀다. 당시 그가 즐겨 부른 노래들은 국내에 생소한 샹송, 칸초네, 탱고, 맘보 등이었고 '베사메무초', '고엽' 등은 그의 목소리를 통해 국내에 알려졌다.

제법 밤무대에 이름이 알려졌을 때 당대 최고의 작곡가 박시춘에게서 자신의 신곡 '신라의 달밤'을 불러보지 않겠느냐는 제의가 들어왔다. 평소 샹송이나 탱고 등은 불러도 국내 가요는 않겠다는 마음을 갖고 있었지만 박시춘이 작곡하고 유호가 가사를 붙인 '신라의 달밤'을 받아든 순간 심경에 변화가 생겼다.

'신라의 달밤'은 영화 '자유만세'가 상영되는 명동 국제극장(1947.12 시공관으로 개칭)에서 영화 상영 전 공연의 일환으로 발표되었다. 현인이 국제극장 무대에서 특유의 바이브레이션으로 "아~~ 신라의 바아암이이이여/부울국사의 조옹소오리 들리어 오온다…"를 처음 부른 것은 1947년 초 어느 날이었다. 관객이 이전의 가요와는 전혀 다른 스타일의 멜로디와 독특한 창법에 거듭 앙코르를 요청하자 현인은 그날 하루에만 9번이나 불렀다. 이후 국제극장은 '자유만세'를 보고 '신라의 달밤'을 들으려는 인파로 대성황을 이뤘다. 해방 후 첫 스타가 탄생하는 순간이었다.

현인의 목소리는 원래 굵직한 하이 바리톤이었다. 그런데 가요를 노래할 때 굵은 목소리로 높은 음의 가는 소리를 내려면 어쩔 수 없이 목구멍을 좁혀야 하는데 그러다 보니 바이브레이션이 생겨 떨린 것이다. '신라의 달밤'으로 일약 스타덤에 오른 그의 첫 트로트 취입곡인 '비 내리는 고모령'도 '신라의 달밤'을 능가하는 공전의 히트를 기록했다.

새로운 스타일의 멜로디와 독특한 창법

이후 현인은 '서울야곡', '꿈속의 사랑' 등 발표하는 노래마다 히트 퍼레이드를 벌였다. 1948년 8월에는 한국 최초의 뮤지컬 영화 '푸른 언덕'에 주인공으로 출연, '신라의 달밤'을 열창했다. '신라의 달밤'은 1949년 4월 럭키레코드에서 음반으로 발매되었다.

민족의 비극 6·25는 현인의 진가를 다시 한 번 확인시켜준 무대가 되었다. 박시춘과 유호가 작곡·작사한 진중가요 '전우여 잘 자라', 1·4후퇴를 배경으로 한 '굳세어라 금순아', 전쟁으로 폐허가 된 서울을 희망이 넘치는 도시로 재건하자는 '럭키 서울' 등이 현인의 목소리에 실려 전국으로 울려퍼졌다.

6·25 직후 펼쳐진 '남인수 대 현인–가요대항전 15회전'은 당대 최고의 빅 이벤트였다. 국내 가요계를 양분하고 있던 남인수와 함께 전국을 돌며 노래 대결을 펼친 가요대항전은 흰색 양복에 백구두를 한 남인수가 '이별의 부산정거장'을 부르면 검은색 양복에 검은 구두를 신은 현인이 '굳세어라 금순아'를 부르는 식으로 진행되었다. 이런 인기에 힘입어 1957년 잡지 '삼천리'가 가수들을 상대로 대대적인 인기투표를 실시했을 때 현인은 당당히 인기 가수 1위로 선정되었다.

현인은 헌칠한 키와 외모, 바이브레이션 창법 덕분에 숱한 여성과 염문을 뿌린 것으로도 유명하다. 1948년 뮤지컬 영화 '푸른 언덕'의 상대역이던 신인 여가수와 한동안 동거하고 다른 여성과 1957년 결혼한 후에는 3

남매를 두었다가 5년 후 헤어졌으며 1968년 15년 연하의 팬과 동거했다. 1974년엔 미국으로 이민을 떠나 그곳에서 미스코리아 출신과 결혼함으로써 비로소 마지막 안식처를 찾았다.

현인의 자취는 지금도 전국 곳곳에 남아있다. 대구에는 '비 내리는 고모령' 노래비(1991), 경주에는 '신라의 달밤' 노래비(2000)가 그를 기억하고 있으며 부산에는 노래비(2003)와 광장(2007)이 세워지고, 2005년부터는 '현인 가요제'가 부산에서 열리고 있다.

쇼클리·바딘·브래튼, 트랜지스터 개발

"진공관을 사용하지 않고 반도체를 사용해 증폭기를 만드는 게 원리상 가능하다."

전화가 등장했으나 진공관을 사용한 교환기로는 신호 증폭에 한계가 있어 통화 서비스가 안정적이지 않았다. 진공관의 성능이 계속 개선되긴 했어도 근본적인 한계는 좀처럼 해결되지 않았다. 진공관은 조금만 잘못 건드리면 깨지기 일쑤였고 필라멘트는 자주 끊어졌다. 전력 소모와 부피도 커 유지 관리에 애를 먹였다.

미국 최대 통신회사인 AT&T의 벨연구소도 이 문제로 골머리를 앓았다. 벨연구소는 초기에 여성 교환원을 두고 전화 교환 서비스를 제공하다가 인건비가 오르자 자동식 교환기를 도입했다. 하지만 진공관을 사용한 교환기는 잦은 통화 단절로 폭증하는 통화량을 따라가지 못했다. 벨연구소는 이를 해결하기 위해 1945년 8월 반도체 응용연구팀을 신설해 윌리엄 쇼클리(1910~1989)를 팀장으로 임명했다.

쇼클리는 영국 런던에서 미국인 광산 기술자의 아들로 태어났다. 3살 때 미국으로 이주해 훗날 실리콘밸리의 심장부가 될 캘리포니아주 팰로

바딘, 쇼클리, 브래튼(왼쪽부터)

앨토에서 성장했다. 캘리포니아공대를 졸업하고 1936년 MIT에서 박사학위를 받은 그가 선택한 첫 일터는 벨연구소였다.

당시 그의 관심 분야는 '증폭'이었다. 그는 증폭을 이렇게 설명했다. "당나귀 꼬리에 성냥을 그어봐라. 성냥을 켜는 데 소모한 에너지와 꼬리에 불이 붙은 당나귀가 뛰는 힘의 차이가 바로 증폭이다." 쇼클리는 1939년 12월 자신의 머리에 떠오른 생각을 실험 노트에 이렇게 기록했다. "진공관을 사용하지 않고 반도체를 사용해 증폭기를 만드는 게 원리상 가능하다."

반도체 응용연구팀에는 내로라하는 연구진이 포진했다. 그 중 프린스턴대에서 박사학위를 받은 존 바딘(1908~1991)은 이론에 정통하고 미네소타대 박사 출신의 월터 브래튼(1902~1987)은 실험에 강했다. 아이디어가 출중한 쇼클리, 실험 기법 개발에 뛰어난 브래튼, 이론 개발에 남다른 재능이 있는 바딘, 이렇게 세 사람은 한 연구팀에서 자신들의 재능을 발휘했다. 게르마늄과 실리콘이 제한적으로 전류를 흐르게 한다는 사실이 다른 과학자들의 연구를 통해 밝혀진 상태에서 세 연구자는 상대적으로 다루기 쉬운 게르마늄을 연구 대상으로 삼았다.

트랜지스터를 이용한 첫 상품은 보청기

연구팀은 처음에는 쇼클리가 고안한 방법으로 실험을 시작했다. 쇼클리의 실험 방식은 논리적으로 완벽했으나 초기 실험 단계에서 계속 실패했다. 결국 바딘과 브래튼이 제기한 방식으로 새로운 실험을 진행한 끝에

1947년 12월 16일 마침내 전류를 증폭하는 실험에 성공했다.

세 사람은 1947년 12월 23일 벨연구소 경영진 앞에서 이 새로운 장치를 선보였다. 출력된 소리는 입력된 소리보다 100배나 컸다. 20세기 기술혁명의 단초가 된 '트랜지스터'가 탄생하는 역사적인 순간이었다. 이처럼 초기에는 쇼클리가 트랜지스터 연구를 주도했지만 마침표는 바딘과 브래튼이 찍었다.

벨연구소는 특허 획득을 위해 함구하다 1948년 6월 30일 트랜지스터 개발 사실을 세상에 공개했다. 손톱 크기의 조그만 원통에 다리 3개가 달린 보잘것없는 물건이어서 그런지 기자들은 세기적인 발명품의 중요성을 알지 못했다. 전문가들도 "진공관을 220분의 1 크기로 줄였다"는 발표를 믿으려 하지 않았다.

그러나 세상이 인정하든 말든 진공관보다 에너지 소비가 적고 수명은 몇 배나 길며 덩치도 작은 '마법의 돌' 트랜지스터의 등장은 곧 진공관 시대의 막을 내리게 했다. 인류도 비로소 아날로그에서 디지털로, 전기에서 전자로 거듭났다. 이후 세상은 증기기관이 발명되어 농경사회에서 산업사회로 변화한 1차 산업혁명보다 더 급격한 변화를 경험했다.

트랜지스터를 이용한 첫 상품은 1953년 출시된 보청기였다. 전화기를 발명하고 벨 재단을 창립한 알렉산더 그레이엄 벨이 청각 장애를 가졌기 때문인데 벨연구소는 트랜지스터 보청기에 대한 모든 특허를 무상으로 제공했다. 뒤이어 1955년 일본 소니가 세계 최초의 트랜지스터 라디오 'TR-55'를 시장에 내놓았고 1958년 IBM이 트랜지스터를 이용한 2세대 컴퓨터 '7000 시리즈'를 발표했다.

이후 여러 개의 트랜지스터를 하나의 기판에 모아놓은 집적회로(IC)가 개발되고 마이크로프로세서가 등장하면서 전자제품은 작아지고 가벼워지고 똑똑해졌다. 안정성이 낮은 게르마늄은 실리콘으로 대체되었다. 세 사람은 이 업적으로 1956년 노벨 물리학상을 수상했다.

1차 산업혁명보다 더 급격한 변화 불러

트랜지스터 개발 후 회사가 특허권을 행사해 큰돈을 벌자 평소 "과학자들이 하는 일만큼 사회에서 대접받지 못한다"고 생각해온 쇼클리는 회사에 특별대우를 요구했다. 그러나 회사가 요구를 거부하자 1956년 팰로앨토 근처 마운틴뷰에 '쇼클리반도체연구소'를 세웠다. 뒤이어 20여 명의 연구진이 쇼클리 사단에 합류했다.

문제는 쇼클리가 과학적 재능은 뛰어나지만 자기중심적이고 오만한 탓에 조직을 이끌 만한 위인이 못 된다는 점이었다. 그는 연구원들의 지능을 검사하고 경쟁을 부추긴다며 벽에 봉급 일람표를 붙였다. 회사에 불미스러운 일이 생겼을 때는 범인을 색출한다며 부하 직원에게 거짓말 탐지기를 들이댔다. 쇼클리의 이런 독선적인 경영 스타일은 많은 직원의 불만을 샀고 직원들은 하나둘 짐을 쌌다. 1957년 9월 18일에는 로버트 노이스와 고든 무어를 비롯한 8명의 핵심 연구원마저 연구소를 떠났다. 결국 쇼클리반도체는 타격을 입어 1960년 다른 회사로 흡수되었다가 1968년 문을 닫았다.

1963년 3월 쇼클리는 한 엽기적인 사건을 보고 우생학에 관심을 갖게 되었다. 식품점 가게 주인이 지능이 떨어지는 10대 흑인 소년이 뿌린 염산에 시력을 잃었는데 그 흑인 어머니의 지능지수(IQ)가 55밖에 되지 않는다는 사실을 알고 "잘못된 인간의 출산이 인류의 퇴보를 초래한다"고 결론을 내린 것이다. 이후 그는 "IQ가 100 이하인 사람들은 스스로 불임시술을 받아야 한다"는 극언을 서슴지 않았다. '우생학과 열생학에 대한 연구 및 교육재단'을 설립·운영하기까지 했다. 1982년 6월에는 '열성 인간 추방, 우성 인간 양성'이란 단 하나의 공약을 내세워 상원의원 선거에 출마했으나 8위로 낙선했다.

쇼클리반도체연구소를 떠난 노이스와 무어는 페어차일드 반도체를 거쳐 1968년 인텔을 창업, 컴퓨터 CPU 시대의 견인차가 되었다. 존 바딘은 초전도 이론을 세운 업적으로 1972년에도 노벨 물리학상을 수상해 노벨 물리학상을 두 번이나 수상한 최초의 물리학자가 되었다.

트루먼 독트린과 마셜 플랜

요지는 '유럽의 경제 부흥을 위해 미국이 원조해야 한다는 것'이었다.

2차대전 후 유럽의 질서가 재편되는 과정에서 미·영 연합국과 소련의 이해관계가 가장 첨예하게 대립한 지역은 발칸반도와 폴란드였다. 미국과 영국은 전쟁이 끝나기 전 이미 소련군이 점령한 동유럽에 대해서는 소련의 기득권을 인정했으나 동부 지중해에 연한 발칸반도만은 양보할 수 없었다. 발칸반도는 2차대전이 한창이던 1944년 가을 독일군이 이곳에서 철수한 후 사실상 진공 지대나 다름없었다.

친 공산당 계열의 레지스탕스 부대가 이런 틈을 이용해 이곳을 차지하려 하자 다급해진 처칠이 급거 소련으로 날아가 1944년 10월 이른바 '사악한 문서'로 불리는 합의서를 주고받았다. 5개 발칸 국가 중 불가리아와 루마니아는 소련 권에, 그리스는 영국 권에, 유고와 헝가리는 영국과 소련이 공동으로 관할하는 완충지대로 둔다는 데 합의한 것이다.

영국은 이렇게 그리스에 대해서만은 배타적 권리를 인정받았으나 종전 후 그리스에서 영국이 지원하는 아테네 반공 정권과 그리스 북부의 친공 레지스탕스 부대 사이에 내전이 벌어지면서 고전을 면치 못했다.

미·영과 소련은 폴란드에서도 이해관계가 충돌했다. 폴란드는 다른 동유럽 국가가 사실상 소련의 위성국가가 되어버린 것과 달리 미·영이 지원하는 런던의 망명정부와 소련군이 후원하는 폴란드 임시정부 사이에 정통성을 둘러싼 분쟁으로 대립이 첨예했다. 미국은 1945년 2월 얄타 회담에서 폴란드 망명정부와 임시정부의 교섭을 거쳐 신정부를 수립하기로 소련과 합의했으나 소련이 일방적으로 폴란드를 점령하자 분통을 터뜨렸다.

이처럼 미·소 양국이 폴란드를 둘러싼 신경전을 벌이고 있고 그리스에서도 내전이 장기화할 조짐을 보이는 가운데 1947년 2월 영국이 더 이상 해외 경비 지출을 감당할 수 없다며 그리스 주둔 영국군을 1947년 3월 말까지 철수하겠다고 미국에 통보했다. 그 틈을 이용해 소련의 지원을 등에 업은 공산주의 세력이 내전을 일으켰다. 여기에 터키마저 소련의 팽창 정책에 위협받게 되자 미국의 위기감은 극에 달했다.

그리스의 아테네 반공 정권이 고립무원의 상태에 놓이게 되자 1947년 3월 12일 트루먼 미 대통령이 상·하 양원 합동회의에서 '트루먼 독트린'으로 알려진 특별교서를 발표했다. 공산주의의 위험이 매우 높은 그리스에 3억 달러, 터키에 1억 달러 등 총 4억 달러의 군사원조를 제공하고 군사고문단을 파견하겠다고 발표한 것이다.

미국은 유럽의 전후 복구와 경제부흥을 지원한 구세주

미국의 구상은 한 걸음 더 나아가 서유럽에 대한 경제원조로 이어졌다. 당시 유럽의 경제 사정은 '콘스탄티노플 함락 이후 유럽 최대의 비극'이라고 할 만큼 극도로 악화되어 있었다. 물자 부족, 재정 압박, 살인적인 인플레이션이라는 경제 한파가 유럽 곳곳에 몰아치고 설상가상으로 1946년 겨울 유럽 전역에 유례없는 한파가 몰아닥쳐 수많은 동사자와 아사자가 속출했다.

그러자 이탈리아, 벨기에, 프랑스에서 공산당을 비롯한 좌익 세력이 영향력을 확대했다. 유럽의 좌익 세력은 전후 경제 회복의 부진에 따른 대중적인 좌절과 불만을 토대로 세력을 키워나갔다. 이런 추세대로라면 서유럽에서도 사회주의 국가가 등장하지 않을 것이라고 장담하기 어려웠다. 미국은 소련의 항구적인 동유럽 지배와 공산당의 서유럽 집권을 우려했다. 이 같은 위기 상황에서 전후 복구와 경제 부흥을 지원할 수 있는 구세주는 오직 미국뿐이었다.

해리 트루먼(1884~1972)

미국이 유럽의 경제 부흥책인 '마셜 플랜'을 발표한 것은 1947년 6월이었다. 조지 마셜 미 국무장관이 6월 5일 하버드대 졸업식에서 "시장경제 체제를 채택하는 나라들이 그들의 국내 경제를 부흥시키기 위해 집행하는 계획에 대하여 미국은 대규모로 재정 지원을 하겠다"고 연설한 것이다. 원조는 미국을 위해서도 필요했다. 유럽이 경제적으로 살아나야 전쟁 중 빌려준 빚을 되돌려 받을 수 있고 장기적으로 미국의 상품 시장이 될 가능성이 높아 보였기 때문이다.

6월 27일부터 7월 2일까지 영국, 프랑스, 소련의 외무장관이 만나 마셜 플랜을 수용할 것인지를 논의했으나 "미국의 제국주의적 내정 간섭이고 유럽 제국의 경제적 독립과 주권을 위태롭게 하는 것"이라는 소련의 반대로 의견 통일을 보지 못했다. 하지만 영국과 프랑스는 유럽 내 22개국에 참가의사를 물었고 그 결과 16개국 대표가 파리에 모였다. 당초 참가 의사를 표명했던 폴란드와 체코는 소련의 압력으로 최종 단계에서 참가를 거부했다. 결국 그 시점부터 동서 유럽이 다른 길을 걸었다는 점에서 파리 회의는 동서 냉전의 출발점이었다.

유럽이 마셜 플랜을 수용할 뜻을 보이자 미국은 경제협력법을 제정했다. 1948년 4월 3일 트루먼 대통령의 서명과 함께 경제협력법이 발효되자 미국은 마셜 플랜을 관장할 경제협력국(ECA)을 설립했다. 서유럽 국가들도 마셜 플랜의 원활한 집행을 위해 유럽경제협력기구(OEEC)를 발족했다. 유럽의 16개국은 유럽경제협력기구에 4년간 224억 달러의 원조를 요청했다. 미국은 1952년 6월까지 4년 3개월 동안 서유럽 16개국에 130억 달러를 원조했다.

미·소 간, 동·서 유럽 간에 메울 수 없는 틈 벌어져

4년 동안 시행된 마셜 플랜의 성과는 괄목했다. 몇몇 서유럽 국가들의 국민총생산은 15~25%까지 증가하고 화학·기계·철강 산업이 빠르게 성장했다. 미국 경제 역시 가파르게 성장했다. 서유럽 국가들이 마셜 플랜의 원조액 70%를 미국의 잉여농산물과 생활필수품을 수입하는 데 사용했기 때문이다. 그 결과 미국의 수출시장은 확대되었고 서유럽 국가들의 대미 의존도는 더욱 높아졌다.

이런 가운데 미국의 원조가 군사원조의 색채를 띠기 시작했다. 1949년 4월 북대서양조약기구(NATO)의 결성을 계기로 마셜 플랜은 소련을 비롯한 동구 사회주의권과 정치군사적 대결을 뒷받침하기 위한 것으로 탈바꿈했다. 미국은 1952년 마셜 플랜이 종료되자 상호안전보장법을 제정해 원조를 계속 이어갔다.

서유럽의 생활수준이 점차 높아지고 유럽의 통합을 촉진하는 결과를 낳았다는 점에서 마셜 플랜은 성공적이었다. 또한 서유럽 국가들이 원조금의 대부분을 미국의 생산 설비와 물품을 사들이는 데 사용하고 그 덕분에 미국 경제가 전례 없는 호황을 누렸다는 점에서도 윈윈 게임이었다.

그러나 마셜 플랜을 기점으로 미·소 간 그리고 동·서 유럽 간에는 경제·정치적으로 메울 수 없는 틈이 벌어졌다. 1947년 7월에는 동유럽의 부흥 계획 '몰로토프 플랜'이 발표되고 1947년 9월에는 서유럽의 움직임에 대응한 공산주의 국제조직 '코민포름'이 결성되었다. 그때부터 미소 간에 '냉전'이라는 유령이 배회하기 시작했다.

2000년 미국에서 450명의 역사학자와 정치학자를 상대로 '지난 50년간 미국 행정부가 이룩한 가장 큰 업적은 무엇인가'라고 물었을 때 마셜 플랜을 제1로 꼽았을 만큼 마셜 플랜이 서구 사회에 끼친 영향은 컸다.

GATT 창설

글로벌리즘과 내셔널리즘이 충돌해 많은 예외적인 조항을 두었다.

1930년대 대공황이 전 세계를 강타했다. 세계 각국은 자국의 산업을 보호·육성하기 위해 경쟁적으로 자국의 통화를 평가절하하고 각종 보호무역 조치를 취했다. 각국의 이런 이기적인 통상정책은 결국 세계경제를 폐쇄적이고 배타적으로 만들어 경제 질서를 붕괴시키고 궁극적으로는 2차대전의 중요한 원인의 하나로 작용했다. 보호무역으로부터 벗어나자는 논의가 구체적으로 시작된 것은 2차대전 종전 후였다.

논의는, 1945년 12월 미국이 '세계 무역과 고용에 관한 제안'을 발표하고 유엔 경제사회이사회가 1946년 2월 'ITO(국제무역기구)' 창설 문제를 협의하기 위한 '무역과 고용에 관한 19개국 준비위원회' 설치 결의안을 통과시키면서 본격적으로 이뤄졌다. 1946년 10월 영국 런던에서 열린 준비위원회 1차 회의에서는 주요국들이 장기적 관점에서 ITO 설립을 추진하되 단기적으로는 관세 인하와 무역 장벽의 완화 등을 실현하기 위한 관세협상을 열기로 합의했다. 이에 따라 1947년 4월 스위스 제네바에서 열린 제1차 관세 협상에서 '관세 및 무역에 관한 일반협정(GATT)'안이 마련되었다. 1947년 10월 30일 23개국 대표들이 GATT에 서명(1948.1.1 발효)함으로써 이른바 'GATT 체제'가 구축되었다.

ITO 설립은 1948년 3월 준비위가 쿠바의 아바나에서 채택한 '아바나 헌장'에서 구체화되었다. 그러나 헌장이 전후 현실보다는 이상에 치우치고 피폐해진 경제 환경에서 국익 우선의 내셔널리즘을 앞세우는 바람에 헌장에 조인한 52개국 중에서 극히 일부 국가만 자국 의회의 비준 동의를 받았을 뿐 제안국인 미국에서조차 비준하지 않아 ITO 설립은 1950년 12월 사실상 무산되었다. 사정이 이렇다 보니 GATT는 ITO를 설립할 때까지의 잠정적인 협정으로 만든 것인데도 관세 인하, 수입 제한 완화, 차별 대우 폐지 등 당초 ITO가 수행하기로 되어 있던 중책을 짊어져야 했다.

이후 GATT는 1944년 브레턴우즈 협정에 의해 설립된 국제통화기금(IMF)과 함께 전후 세계경제 및 무역 질서 유지의 양대 축으로 자리잡게 되었다. GATT의 기본 이념은 상호주의와 무차별적 무역 자유화다. '무차별 원칙'이란 모든 계약 당사국이 관세 및 다른 무역 조치상 서로 동등하게 대우해야 한다는 것이며, '상호주의'란 한 국가가 특정 품목의 관세를 양허하면 이해 당사국들도 그에 상응하는 조치를 취해야 한다는 것이다.

또 하나 중요한 원칙은 GATT 설립 이전부터 적용해왔던 영연방 내 특혜관세와 같은 경우를 제외하고는 회원국 모두에게 동등한 '최혜국 대우'를 부여해야 한다는 의무다. '최혜국 대우'란 한 나라가 어떤 외국에 부여하고 있는 가장 유리한 대우를 다른 상대국에도 부여하는 것을 말한다.

GATT는 그러나 무역 장벽의 철폐를 원칙으로 삼으면서도 글로벌리즘과 내셔널리즘의 충돌로 인해 많은 예외적인 조항을 두었다. 수출입에 관한 수량 제한을 신설·유지하는 것은 원칙적으로는 금했지만 수입을 제한할 수 있는 몇 가지 경우는 예외적으로 인정했다. 예를 들면 식료품 등 필수 불가결한 상품의 위급한 부족을 방지하거나 제거하기 위해 일시적으로 수출 금지나 수출 제한을 할 수 있게 한 것이다. 국제수지가 급격히 악화되어 국가 경제가 위급하다고 판단될 때도 회원국은 세이프가드 조치로서 국제수지 방어를 위한 수입 제한 조치를 도입할 수 있게 했다.

전후 세계경제와 무역 질서 유지의 한 축

회원국들은 GATT 창설 후 의제가 생길 때마다 인명이나 지명 뒤에 '라운드'를 붙인 다자간 통상 협상을 총 8차례 벌였다. 1947년 시작된 제1차 제네바 라운드를 비롯 1949년 제2차 안시 라운드(프랑스), 1950년 제3차 토키 라운드(영국), 1956년 제4차 제네바 라운드, 1960년 제5차 딜런 라운드(스위스)를 벌여 국가별·품목별 관세 인하를 집중적으로 협의했다. 그러나 5차례의 관세 협상은 수천 개 품목밖에 관세를 인하하지 못했다. 그러자 국가별·품목별 관세 인하 교섭만으로는 관세 인하 실현 폭이 작다고 판단하게 되었고, 이를 시정하기 위해 미국의 케네디 대통령이 '관세 일괄 인하 방식'을 제창했다.

이를 논의하기 위해 마련된 제6차 케네디 라운드는 1964년 5월부터 1967년 6월까지 총 55개국이 참가한 가운데 제네바에서 열려 일괄적으로 평균 35%의 관세를 인하하는 것에 합의했다. 또한 선진국이 개도국에 대해 동등한 상호주의를 요구하지 않는다는 원칙을 채택함으로써 우리나라를 비롯한 많은 개도국이 1966~1967년 사이에 GATT에 참여할 수 있는 길을 터주었다. 우리나라는 1967년 3월 15일 GATT에 가입하고 1967년 4월 14일 효력이 발생함에 따라 72번째 정식 회원국의 자격을 얻었다.

GATT 출범 후 세계경제는 1973년 10월 제1차 오일쇼크가 일어날 때까지 25년 동안 자본주의 사상 유례를 찾아볼 수 없는 호황을 누렸다. 그런데 1970년대 들어서면서부터 선진국 중심의 세계경제 사정이 나빠지기 시작했다. 무역 현장에서도 불안이 가중되었다. 그래서 이를 해결하기 위해 시작한 라운드가 제7차 도쿄 라운드다.

1973년 9월 100여 개국이 참가한 도쿄 라운드는 상호주의 원칙에 따라 관세 및 비관세 장벽을 망라한 무역 장벽의 경감 내지 철폐를 달성하자는 포괄적인 협상 목표를 중심으로 장장 74개월 동안 진행되어 선진국의 전 공산품에 대한 평균 관세를 33~38% 인하하는 결과를 도출했다.

문제는 모두 7차례의 라운드에도 불구하고 GATT 계약서가 참가국들의 상품 무역 관련 법규, 절차 및 제도를 규율할 수 있는 통일 규칙이 되기에는 불충분하고 사법적 권한이 없어 세계시장 통합을 성취해 나가는 틀을 만들기에는 역부족이라는 점이었다. 이런 이유로 GATT를 '외발자전거'나 '낙태금지법'에 비유하는 학자도 있다. 더구나 GATT는 체약국이 지키지 않으면 유명무실했다.

결국 1986년 9월부터 시작되어 1993년 12월에 종료된 8차 우루과이 라운드(UR)에서 이 문제가 심도 있게 논의되고 1994년 4월 GATT 특별각료회의에서 125개국이 WTO(세계무역기구)의 출범을 알리는 UR 최종의정서에 서명함으로써 전후 50년간 세계경제 질서를 지탱해온 GATT 체제는 종언을 고하고 다자간 무역기구 WTO 시대가 열리게 되었다.

인도·파키스탄 분리 독립

1947년 8월 15일 결국 영국령 인도는 인도와 파키스탄 2개 국가로 분리 독립했다.

1947년 6월 3일, 영국의 루이스 마운트배튼 인도 총독이 세포이 항쟁(1857) 후 90년간 영국의 식민지였던 인도를 힌두교 지역과 무슬림 지역으로 나눠 각각 제헌의회를 세운다는 독립안(案)을 발표했다. 뒤

이어 두 종교 세력을 대표하는 국민회의파와 무슬림연맹이 독립안을 받아들임으로써 인도는 힌두교의 인도와 무슬림의 파키스탄으로 분리 독립되는 운명에 처했다.

2차대전 후 힌두교의 국민회의파를 중심으로 순조롭게 진행되던 독립 일정이 이렇게 차질을 빚은 것은 '파키스탄 독립의 아버지' 무함마드 알리 진나가 이끄는 무슬림연맹이 분리 독립을 요구하면서였다. 진나는 영국 런던에서 교육을 받은 변호사 출신으로 한때는 힌두·회교도의 단결을 강조했으나 1920년 간디가 국민회의의 지도자가 되자 국민회의에서 탈퇴하고 무슬림의 세력화를 꾀했다. 그는 평소 간디가 제의한 도매금식 민주화가 무슬림의 권리를 희생시키고 힌두교의 지배를 초래할 것이라며 "이슬람이 위기에 처했다"는 슬로건으로 무슬림의 결속을 주창했다.

1937년 영국이 "국민회의와 무슬림연맹이 연립 조직을 구성하라"고 제의했을 때도 진나가 거부함으로써 힌두·회교도의 대립이 격화되었다. 게다가 당시 국민회의 의장이던 자와할랄 네루가 "인도에는 오직 영국 제국주의와 국민회의가 대표하는 인도 민족주의만이 있을 뿐"이라며 9,000만 명으로 추산되는 무슬림의 정치적 실체를 의도적으로 무시하는 듯한 발언을 함으로써 갈등을 부채질했다. 진나는 네루의 발언이 국민회의 집권과 함께 닥칠 힌두교도들의 배반과 종교적 공민권 박탈의 확고한 증거라고 반박했다.

이런 와중에 1942년 국민회의가 "영국은 즉각 인도에서 철수하라"고 결의하고 전국적인 시민 저항운동을 펼치다가 주요 지도자들이 투옥되는 일이 벌어졌다. 덕분에 정치적 위상이 상대적으로 높아진 진나는 그 기회를 이용해 회교도가 거주하는 각 주의 권력을 장악하고 회교국 창건 주장을 한층 강화했다.

2차대전 후, 지난 수십년에 걸친 인도인들의 완강한 저항에 지치고 2차대전으로 쇠약해진 영국은 힌두교와 회교도의 동수 대표로 이루어진 연립정부 구성을 제의했으나 국민회의가 진나를 인정할 수 없다는 뜻을 내비치고 진나 역시 연립정부 제의를 거절하면서 양측은 공존과는 거리가 먼 길을 가야 했다.

"파키스탄이 아니면 파멸" 강경한 태도 고수해

화약고가 발화점에 도달한 것은 1946년 9월 16일이었다. 이날은 무슬림이 분노를 과시하는 직접 행동일이었다. 거의 모든 곳에서 검은 깃발이 나부끼고 데모대가 거리를 휩쓸고 다녔다. 콜카타에서만 5,000명의 사망자를 낸 4일간의 유혈 참사가 일어나자 벵골 등 무슬림이 다수를 차지하는 지역에서는 보복의 불길이 치솟았다. "피에는 피"라는 구호가 양측에서 흘러나왔고 진나의 추종자들은 "파키스탄이 아니면 파멸"이라는 강경한 태도를 고수했다. 1946년 당시의 인구 분포는 힌두교 2억 9,600만 명, 회교도 9,300만 명이었다.

인도 · 파키스탄 지도

결국 내전과 분단 중 하나를 선택해야 하는 상황에 직면한 영국은 1947년 6월 결국 인도를 힌두교 지역과 무슬림 지역으로 나눠 각각 제헌의회를 세운다는 독립안을 발표해야 했다. 네루와 국민회의파도 곳곳에서 진행되고 있는 종교 갈등과 이에 따른 살육을 마냥 모른 체할 수 없어 마지못해 동의했다.

이후 무슬림이 다수인 지역을 결정하는 국민투표가 실시되어 두 지역이 무슬림이 다수 거주하는 지역으로 확인되었다. 한 곳은 인도의 동북부에 다른 한 곳은 서북부에 있었다. 인도를 가운데 두고 양쪽으로 분리된 형태였다. 간디는 인도의 분리를 "생체 해부하는 것"이라며 강하게 반대했다. 그러나 1947년 8월 15일 결국 영국령 인도는 인도와 파키스탄 2개 국가로 분리 독립했다. 이 과정에서 또다시 대규모 학살이 자행되었다.

힌두교도와 시크교도는 파키스탄에서 인도로, 무슬림은 인도에서 파키스탄으로 쫓겨났으나 이 가운데 일부 무슬림은 인도에 그대로 눌러앉았다. 특히 인도 서북부 펀자브 지역에 살고 있는 550만 시크교도의 의사는 철저하게 무시되어 이들은 이후 테러로 자신의 분노를 폭발시켰다. 이때의 분단으로 양측에서 1,400만 명의 난민이 발생하고 100만 명이 살해되었다.

그러나 분단으로 모든 게 끝난 게 아니었다. 분리 후 두 국가는 양국의 경계 지역인 카슈미르를 둘러싸고 3차례나 대규모 전쟁을 치렀고 지금도 긴장이 해소되지 않고 있다. 분리 당시 인도를 가운데 두고 동서로 나뉘었던 파키스탄은 1971년 동파키스탄이 떨어져 나가 방글라데시로 독립해 결과적으로 영국령 인도는 세 나라로 쪼개졌다.

자와할랄 네루, 인도 초대 총리 취임

자신을 "인도를 통치하는 마지막 영국인"이라고 표현했을 만큼 기질과 정신에서는 자유주의자였다.

자와할랄 네루(1889~1964)는 마하트마 간디(1869~1948)와 함께 20세기 인도를 대표하는 두 거인이다. 간디가 종교적 이상주의자였다면 네루는 인도의 특수성을 감안해 제3의 길을 모색한 현실 정치인이

자와할랄 네루(1889~1964)

었다. 네루가 간디를 높이 평가하고 평생 간디와 친밀한 관계를 유지하면서도 간디의 노선에 주로 비판적이었던 것은 이런 차이 때문이다.

네루가 현실 정치인이라는 것은 내면의 철학과 외면의 행동이 꼭 일치하지 않는 데서 잘 나타난다. 인도가 독립하기 전까지 사상적으로는 인도 최대 정당인 '국민회의' 좌파에 속해 있으면서도 정치 활동에서는 국민회의의 주류인 우파로부터 이탈하지 않은 것도 그가 현실 정치인이라는 사실을 잘 보여주는 대목이다.

1947년 8월 독립과 더불어 초대 총리가 된 후에도 미·소 냉전의 틈바구니 속에서 소련의 공산주의와 미국의 자본주의를 적절히 활용하는 것으로 자신의 정치적 정체성을 드러냈다. 네루는 스탈린식 공산주의나 사회주의 도그마에도 빠지지 않았지만 미국을 위시한 자본주의 진영에도 가담하지 않았다. 그것은 2차대전 후 미·소의 심각한 냉전적 대결 속에서 어느 편에 기울지 않은 제3의 길이었고 흔히 '네루주의'로 일컫는 독자 노선이었다.

네루는 자신을 "인도를 통치하는 마지막 영국인"이라고 표현했을 만큼 기질과 정신에서는 자유주의자였다. 다만 젊은 시절에 받아들인 사회주의를 포기하지 않아 제3의 길을 추구하면서도 소련의 통제경제를 도입하는 등 미소 냉전 구도 속에서 다소 어정쩡한 입장을 취했다. 6·25전쟁이나 인도차이나 전쟁에서 인도가 중간자적 교량 역할을 한 것은 제3의 길에 대한 구체적 실천이었다.

미·소 냉전시대에 미국과 거리를 두는 것만으로도 인도는 서방에 껄끄러운 존재였고 친소로 비쳤다. 하지만 유엔으로부터는 중립성을 인정받아

6·25전쟁 포로송환위원회 의장국이 되었다. 이승만 대통령은 1953년 6·25전쟁 휴전 때 중재자 역할을 하려는 인도를 격렬하게 비난했다.

인도의 특수성을 감안해 제3의 길을 모색한 현실 정치인

네루는 인도 북부 카슈미르 지역에 뿌리를 둔 부유한 브라만 계급의 후손으로 태어났다. 부친 모틸랄 네루는 영국의 식민지 인도에서 변호사로 활동하며 부와 명성을 쌓아 국민회의에서 온건파를 대표하는 정치인으로 활동했다. 국민회의는 영국의 인도 통치에 협력하는 기관의 성격을 갖고 1885년 결성되었으나 훗날 정당으로 발전하며 독립운동에서 중추적 역할을 했다.

네루는 16세 때인 1905년 식민 종주국인 영국으로 유학을 떠나 명문 기숙학교인 해로스쿨과 케임브리지대 트리니티 칼리지를 졸업했다. 영국에서 변호사 자격증을 취득해 1912년 7년 만에 귀국했다. 인도에서는 1915년 비폭력투쟁을 전개하는 간디에 매료되고 1916년 국민회의에 참여함으로써 본격적인 정치가의 길로 들어섰다.

1919년 수천 명의 인도인을 희생시킨 '암리차르 학살사건'은 그를 민족주의자로 각성시켰다. 네루는 진상 조사단의 일원으로 활동하면서 두각을 나타내 1921년 12월의 첫 투옥을 시작으로 1945년 6월까지 9차례 9년 동안 옥고를 치렀다.

6번째로 투옥 중이던 1930년 11월 그는 외동딸 인디라 간디에게 세계사에 관한 편지를 썼다. 편지는 1933년 9월까지 계속되었고 그렇게 쓰인 편지는 196통이나 되었다. 편지들은 1939년 런던에서 '세계사 편력'이라는 제목의 책으로 출판되어 오늘날까지 균형된 시각에서 동서양의 역사를 바라본 고전으로 평가받고 있다. 편지를 읽고 자란 인디라 간디는 훗날 인도의 3번째 총리가 되었다.

네루는 1929년 국민회의 의장으로 선출되어 12월 15일 인도의 완전 독립을 국민회의 목표로 선언하고 간디의 비폭력투쟁 방식을 독립의 수단으로 삼았다. 이후 투옥생활을 반복하다가 1942년 간디가 주도한 "인도를 떠나라" 구호하에 펼쳐진 반영 운동 때 마지막이자 9번째로 수감되었다. 딸 인디라 간디도 함께 옥고를 치른 이때의 감옥 생활은 3년간 이어져 2차대전이 끝난 1945년 6월에야 끝났다.

종전 후 네루는 국민회의를 중심으로 과도정부 수립에 박차를 가했다. 1946년 9월 과도정부의 총리로 선출되고 12월에는 제헌의회를 소집했다. 하지만 무슬림이 국가 분할을 주장하며 폭력사태를 일으켜 단일 국가로 독립하는 것은 사실상 불가능해졌다. 결국 1947년 6월 3일 인도를 가운데 두고 동쪽과 서쪽의 무슬림 세력권은 파키스탄이라는 이름으로 인도에서 분리·독립했다.

민주주의, 사회주의, 통일주의, 비종교주의를 4대 정책 기조로 삼아

인도는 1947년 8월 15일 독립하고 네루는 초대 총리가 되었다. 독립 당시 인도 인구는 4억 명이 넘었다. 종교적으로는 힌두교도 2억 9,600만 명, 이슬람교도 9,300만 명, 시크교도 600만 명 등으로 분포되었다. 언어는 23개의 주요 언어와 200개의 방언이 있었으며, 신분은 브라만(승려 계급), 크샤트리아(무사 계급), 바이샤(상공 계급), 수드라(노예 계급) 4개 계급으로 나뉘었고 수드라 아래에도 6,000만 명의 최하위 천민이 있었다.

이처럼 인종과 종교, 언어와 계급으로 복잡다기하게 나뉘어 있는 현실 앞에서 네루는 민주주의, 사회주의, 통일주의, 비종교주의를 4대 정책 기조로 삼았다. 힌두교·무슬림의 갈등으로 대표되는 인도의 고질적인 종파주의를 극복하기 위해 종교와 정치도 분리했다.

네루의 활동 시기는 아시아·아프리카 식민지 국가들의 독립 시기와 겹친다. 1940년대 후반부터 1950년대 초반에 걸쳐 아시아 각국이 독립하고, 1950년대 후반부터 1960년대에는 아프리카 각국이 독립을 실현했다. 특히 2차대전 후 동남아시아 국가들이 독립할 때는 이를 군사적으로 막으려는 프랑스와 네덜란드를 향해 격렬한 어조로 비난하고 유엔에 항의문을 보내 동남아시아가 재생하는 데 크게 기여했다.

네루는 '티베트에 관한 인도·중국 협정'(1954.4) 전문에 나타난 평화 5원칙을 주요 원칙으로 삼았다. 상호 간 영토 보전, 상호 불가침, 내정 불간섭, 호혜평등, 평화공존의 이 5원칙은 이후 제3세계 국가들의 중요한 외교 원칙으로 자리를 잡았다. 1955년의 반둥회의에서 제창한 '반둥 10원칙'도 이 '평화 5원칙'을 확대한 것이다. 반둥회의 후 네루는 이집트의 나세르, 중국의 주은래, 유고의 티토 등과 함께 비동맹운동을 이끈 세계적인 지도자로 평가받았다. 인도는 제3세계의 지도국으로 국격이 상승했다.

네루는 1954년 사기업 활동은 인정하되 국가경제의 기본이 되는 부문은 국가가 관리·추진한다는 구상을 천명하고 이를 1955년 1월 국민회의 강령으로 채택했다. 1956년에는 제2차 5개년 계획 속에 국가경제 건설을 목표로 삽입했다. 이후 국영 부문 건설은 소련과 동유럽의 원조와 협력에 의존하고, 민간 부문 건설은 미국을 위시한 자본주의 국가들로부터 얻어낸 지원을 활용했다.

사회주의 방식과는 다른 이런 인도의 경제 건설 방식은 제3세계 경제 개발에 하나의 모델로 주목을 받았지만 정작 인도에서는 기대만큼의 성과를 내지 못했다. 그래서 일각에서는 "인도 경제의 후진성은 네루의 유산"이라는 비판의 목소리도 높다. 독립 후 17년 동안 총리로 활동하다가 1964년 5월 27일 75세로 사망했다.

사해문서 발견

사해문서를 작성한 주인공들은 자칭 '빛의 아들'이라고 칭했던 에세네파였다.

1947년 이른 봄, 예루살렘 동쪽으로 16km 떨어진 사해 서북쪽 쿰란에서 아랍계 베두인족 양치기가 사라진 양을 찾아 바위산을 헤매고 있었다. 문득 낯선 동굴이 눈에 들어와 동굴 안으로 돌멩이를 던져 보았다. 바로 뒤 "쨍그랑" 하는 항아리 소리가 들려오자 양치기는 호기심이 발동해 동굴 안으로 들어갔다. 넓다란 동굴 안에는 8개의 큰 항아리가 있었고 그 속에는 곧 부스러질 것 같은 두루마리가 엉켜 있었다. 양치기는 자신이 1900년 만에 동굴 속으로 들어간 첫 사람인지, 그의 손에 쥐어진 두루마리가 어떤 의미가 있는지를 당연히 알지 못했다.

두루마리는 골동품상을 거쳐 시리아 정교회 소속 성 마르코 수도원의 사무엘 대주교 손에 넘겨졌다. 대주교는 고대 히브리어와 아람어로 쓰여진 두루마리가 구약성서의 원본일지 모른다고 생각해 당시로서는 거금인 24파운드에 구입, 헤브루대 수케닉 교수에게 보관을 요청했다. 수케닉은 다시 예루살렘에 있는 미국 동방연구소의 트레버 박사에게 두루마리를 보여주었고 트레버는 두루마리가 구약성서 이사야서 사본임을 확인해주었다.

1948년 2월 트레버가 두루마리를 사진으로 찍어 전 세계 유명 고고학자들에게 보내자 한 달 만인 1948년 3월 미국 존스홉킨스대의 한 고고학 교수가 사무엘 대주교에게 편지 한 통을 보내왔다. "구약성서 원본이며 기원전 100년경에 만들어진 것입니다." '20세기 성서고고학의 최대 발견'으로 일컬어지는 사해문서임이 확인된 것이다.

이 사실을 전해 들은 성서고고학자들이 추가 발굴에 관심을 보였으나 1948년 5월 제1차 중동전의 발발로 탐사를 못하다가 전쟁이 끝난 후 조직적인 탐사를 시작했다. 당시 쿰란 지역은 이스라엘이 아닌 요르단 영토에 속했다. 1952년에서 1956년까지 학자들은 쿰란 주변의 험한 바위산에서 267개의 동굴과 바위 틈을 뒤졌다. 그중 문서가 발견된 동굴은 양치기가 발견한 동굴까지 합쳐 모두 11개였고 동굴에서는 850여 개의 문서가 발견되었다. 조그만 조각까지 포함하면 2만 5,000점이나 되었다.

사해문서

20세기 성서고고학의 최대 발견

연대를 측정해보니 기원전 2세기에서 기원후 1세기 사이에 작성된 문서로, 에스더서를 제외한 구약성서 전체, 구약에 포함되지 못한 외경, 쿰란 사람들의 공동생활 규율 등이 적혀 있었다. 이사야서처럼 원형 그대로 발견된 것도 있어 학자들을 경악시켰다. 요르단 정부가 관리하던 사해문서는 1967년 요르단이 6일전쟁에서 패배하면서 이스라엘 손으로 넘어가 현재는 대부분이 이스라엘 박물관에 소장되어 있다.

사해문서의 어떤 점이 성서학자들을 흥분 속으로 몰아넣은 것일까. 그때까지의 성서가 서기 8~10세기 무렵의 사본을 바탕으로 현대어로 번역한 것인데 사해문서가 제작된 연도는 그보다 한창 전인 기원전 2세기까지 거슬러 올라간다는 점에서 성서고고학적 가치가 엄청났기 때문이다. 사본을 작성한 당시 사람들의 생활 규칙에 관한 기록까지 발견되어 예수 시대의 종교·정치·사회·문화상에 대한 많은 사실이 새롭게 밝혀졌다는 점에서도 의미가 컸다.

사해문서를 작성한 주인공들은 자칭 '빛의 아들'이라고 칭했던 에세네파였다. 이들은 성서에 자주 등장하는 바리새파, 사두개파와는 달리 쿰란 근처에 틀어박혀 기도하고 성경을 읽으면서 수많은 필사본을 만들었다. 에세네파는 서기 70년 로마의 예루살렘 함락 직전 마사다 요새로 피신했다가 그곳에서 로마군과 장기간에 걸친 마지막 항전 끝에 전원이 장렬한 최후를 맞았다. 에세네파는 로마군의 침입 소식이 전해지자 필사본을 양피지로 싼 다음 항아리에 담아 로마군의 눈에 띄지 않는 동굴 깊은 곳이나 메마른 바위 틈새에 숨겼던 것으로 추정되고 있다.

일부 학자들은 사해문서에 등장하는 한 지도자를 세례 요한이라고 주장한다. 신약은 세례 요한이 누더기 같은 옷을 입고 광야, 즉 암석 사막지대를 배회하며 청년기를 보내다가 때가 이르자 사해 가까운 요단강변에 모습을 나타낸 것으로 기록하고 있다. 세례 요한이 에세네파 특유의 회개의 징표로서 세례를 베푼 곳은 쿰란과 가까운 곳이다. 쿰란의 에세네파와 세례 요한 사이에 어떤 연관이 있는지, 또 세례 요한이 에세네파였다면 요한에게서 세례를 받은 예수 역시 에세네파의 영향을 받은 것은 아닌지 등으로 추측이 확장되면서 사해문서에 대한 의문은 더욱 커지고 있다.

나그함마디 문서

20세기에 성서와 관련된 두 개의 큰 발견이 있었다. 구약과 관련된 사해문서 발견, 신약과 관련된 나그함마디 문서 발견이다. 1945년 12월, 이집트 나일강 상류의 나그함마디에 살고 있는 7명의 소년이 사바크라는 바위산으로 올라갔다. 사바크는 층층비늘처럼 쌓인 암석층으로 질소가 함유되어 있어 예로부터 마을 사람들이 천연비료로 사용해왔다.

한 소년이 바위산의 구덩이에서 곡괭이질을 하는데 갑자기 땅 속에서 무언가 부딪히는 소리가 났다. 구덩이를 파고들어가자 1m 높이의 붉은 토기 항아리가 나타났다. 소년은 함께 간 형에게 이 사실을 알렸고 형은 보물이 들어 있을지 모른다는 기대감으로 항아리를 힘차게 내리쳤다. 1600여 년 동안 항아리 속에 갇혀 있던 인류 문명의 보고가 세상에 모습을 드러내는 순간이었다.

산산조각난 항아리 속에는 여러 개의 파피루스 다발이 한데 묶인 13개의 코덱스가 들어있었다. 상태는 건조한 사막 기후 덕에 양호했다. 코덱스는 요즈음의 책처럼 파피루스를 한쪽으로 묶어 제본한 후 그 제본된 책을 가죽 보자기로 싸고 네 귀퉁이에 달린 끈으로 둘러 묶는 것을 말한다.

13개의 코덱스 속에는 이집트의 콥트어로 쓰인 52권의 책이 제본되어 있었다. 콥트어는 이집트의 토착 유대인들이 쓰던 문자였다. 소년이 집으로 가져간 문서의 일부를 소년의 어머니가 불쏘시개로 사용할 정도로 마을 사람 누구도 문서의 가치를 알지 못했다. 문서는 골동품상을 거쳐 이곳저곳으로 흩어졌다가 현재는 대부분 이집트의 콥트 박물관에 소장되어 있다.

문서의 존재는 사해문서와 달리 20여 년간 세상에 알려지지 않았다. 정치적인 이유도 있었지만 문서의 가치를 확인한 몇몇 학자가 이집트 정부의 압수를 피하려고 문서를 공개하지 않았기 때문이다. 예상되는 기독교의 반발도 공개가 늦어진 이유 중 하나였다.

문서가 세상에 공개된 것은 번역이 끝난 1977년이었다. 4세기 후반이나 5세기 초에 사본으로 만들어진 나그함마디 문서에는 도마복음, 빌립복음, 이집트복음 등 성경에 없는 복음서들로 채워져 있었다. 기독교에서 '끔찍한 이단'이라고 정죄한 영지주의(靈知主義·그노시스) 관점에서 쓰여 초기 기독교의 모습을 이해하고 예수의 또 다른 모습을 엿볼 수 있다는 점에서 귀중한 사료로 평가받고 있다.

그노시스는 '지식'을 뜻하는 그리스어로, 보이지 않는 영적인 것을 뜻한다. 영지주의는 교육이나 경험적 관찰이 아닌 자신의 내부에 깃든 신적 계시에 의해 얻어지는 비밀스런 지식, 즉 영적인 지식을 깨달으면 육체를 초월해 구원의 길이 열린다고 본 초기 기독교의 한 갈래였다. 기독교가 로마의 국교로 공인될 때까지 이 영지주의는 기독교의 한 분파였을 뿐 이단으로까지 취급받지는 않았다. 그러나 이후 정통 기독교로 단일화되는 과정에서 서양인들이 영지주의를 배척해 지금은 이단으로 정죄되어 역사의 뒤편으로 사라졌다. 때문에 문서는 오늘날 기독교 신앙의 교리와 많은 차이를 보이고 있다.

문서들을 통해서 학자들은 어떤 내용이 현재의 기독교에서 제외되고 기독교가 막 형성되던 초기에는 지금의 기독교와 어떻게 다른 입장을 취했는지를 알게 되었다. 로마교회의 손때가 묻지 않았다는 점도 문서의 가치를 높게 해주었다. 이는 오늘날의 기독교를 발전시킨 로마인의 비위에 맞게 왜곡되거나 편집되지 않았다는 것을 의미했다. 특히 도마복음은 현재 신약성경의 4대 복음의 형성 과정에 실마리를 제공했다는 점에서 의미가 크다.

또 문서에는 예수는 고통을 겪지도 피를 흘리지도 죽지도 않았으며 따라서 죽음으로부터 부활한 것이 아니라는 의미의 글도 실려 있어 오늘날의 기독교 신약성서와는 판이하게 다른 내용을 싣고 있다. 초기 기독교는 한 가지가 아니었으며 저마다 다른 다양한 신앙 노선이 존재하고 있었다는 것을 알려준 귀중한 발견이었다.

크리스티앙 디오르 '뉴룩' 발표

풍요와 평화를 연상시켜 전쟁으로 꿈을 잃고 욕망을 절제해야 했던 전후의 여성들을 자극했다.

2차대전이 끝난 지 얼마 되지 않은 1947년 2월 12일, 파리의 라디오에서는 빵 배급을 하루 350g에서 200g으로 줄인다는 정부 발표가 흘러나왔다. 휘발유의 절대 부족으로 자동차는 드물었고 거리는 한적했다. 시민들의 사기 역시 땅에 떨어져 있었다. 그러나 그날 파리의 몽테뉴가에서는 세계 패션계의 흐름을 단번에 바꿔놓을 중대하고도 역사적인 이벤트가 있었다. 무명의 디자이너 크리스티앙 디오르(1905~1957)가 생애 처음 발표한 컬렉션이었다.

패션쇼는 전쟁과 궁핍의 시대에 실용적이고 밋밋한 옷이나 군복 같은 재킷의 '밀리터리룩'에 익숙했던 사람들에게 충격을 던져주었다. '밀리터리룩'의 어깨는 각지고 가슴 부위는 펑퍼짐했다. 여성성이라곤 찾아볼 수 없었다. '남자 같은 여자'라는 뜻의 '가르손(소년을 뜻하는 가르송을 여성형으로 바꾼 것)'이라는 신조어까지 생길 정도였다.

전쟁 기간 물자 제한에 익숙했던 디자이너들은 전쟁이 끝난 뒤에도 여전히 천을 아껴 디자인했다. 6~7m의 천으로 여성복 한 벌이 만들어졌다. 하지만 디오르는 한 벌에 약 20m의 천을 썼다. 몇 개월 뒤 미국의 패션지 '하퍼스 바자'의 편집장 카멀 스노가 디오르의 스타일을 '뉴룩(New Look)'이라고 명명하면서 뉴룩 패션은 디오르가 죽을 때까지 10년 동안 주류 여성 패션으로 자리잡았다.

뉴룩이란 이름은 새로운 형태의 의상 어디에나 붙일 법했지만 오직 디오르의 작품에만 고유 명사처럼 따라다녔다. 좁은 어깨와 부풀린 가슴, 꼭 조이는 허리선과 풍성한 스커트를 특징으로 하는 뉴룩은 풍요와 평화를 연상시켜 전쟁으로 꿈을 잃고 욕망을 절제해야 했던 전후 여성들을 자

크리스티앙 디오르의 '뉴룩'

극했다. '하퍼스 바자'지 편집장 카멀 스노가 혁신적인 디오르의 의상을 미국 소비자에게 적극 소개한 후에는 할리우드 스타들도 디오르의 옷을 즐겨 찾았다. 그 덕에 바디라인을 강조한 대담한 뉴룩 디자인이 파리를 세계 패션의 중심지로 복귀시켰다.

그러나 전쟁 후 궁핍한 생활에 시달리던 일부 파리 시민은 지나친 사치라며 비난했다. 거리에서는 뉴룩 모드를 입은 여성들이 공격받는 경우도 있었다. 하지만 디오르는 "모드는 인류의 심리적인 표현이며 인간에게 영원한 것이다. 모드야말로 우아한 마음과 아름다움을 상징하는 혼 위에 핀 인류의 희망이며 평화로의 길"이라는 자신의 패션 철학을 포기하지 않았다.

"옷을 만드는 게 아니라 모드를 만들어가는 예술가"

디오르는 프랑스의 부유한 가정에서 태어나 파리정치대에서 정치학을 전공했으나 강의실보다는 미술관과 박물관을 자주 드나들었다. 졸업 후 화랑을 열었다가 1929년 미국발 대공황으로 집안이 몰락하자 주간지 '피가로 일루스트레'에서 삽화를 그리는 일로 생계를 꾸렸다. 1938년 파리의 유명 디자이너 로베르 피케 의상실에 조수 디자이너로 발탁되고 1942년 뤼시앵 를롱의 디자인 하우스에서 활동하면서 패션에 눈을 떴다. 1946년 12월에는 41세의 늦은 나이에 자신의 쿠튀르 하우스를 열어 곧 만개할 '뉴룩 시대'를 준비했다.

디오르의 관심은 1900년 전후의 사치스럽고 자유분방했던 '라 벨 에포크(파리에서 예술 문화 패션이 꽃을 피웠던 이른바 좋은 시대)' 때 유행한 옷을 재현하는 데 있었다. 1947년 2월의 첫 컬렉션에서 혁명을 일으킨 그는 1948년 자신의 첫 번째 향수인 '미스 디오르'를 선보이고 화장품도 내놓았다. 그는 자신의 스타일을 상표로 등록하고 패션업계 최초로 라이선스 계약을 맺을 정도로 사업가로도 감각이 있었다. 지나치게 상업적이라는 비난도 받았지만 "자신의 스타일을 보호하는 것은 디자이너의 책임"이라며 일축했다.

그가 활동한 10년 동안 세계 패션사가 다시 쓰일 정도로 디오르가 남긴 그림자는 넓고도 깊었다. 그는 평론가들로부터 "옷을 만드는 게 아니라 모드를 만들어가는 예술가"라는 격찬을 받으며 영국 마거릿 공주의 성년식 드레스에서부터 에바 가드너, 잉그리드 버그먼 등 할리우드 스타들의 야회복에 이르기까지 독특한 여성미를 창조하는 디자이너로 명성을 날렸다. 에디드 피아프의 유명한 검은 드레스도, 그레이스 켈리의 웨딩드레스도 디오르의 손을 거쳤다.

디오르는 이후에도 볼륨을 상체에 집중시키는 '버티컬 라인'(1950), 웨이스트를 해방시킨 '오벌 라인'(1951)을 발표했다. 허리를 조이고 어깨를 둥글리고 스커트 길이를 짧게 해 발랄함을 강조하는 '튤립 라인'(1953)과 H라인(1954), 1955년 A라인과 Y라인, 1956년 '애로(화살) 라인'과 '마그넷 라인', 1957년 '리버티 라인'과 '스핀들 라인'을 발표하는 등 이른바 '라인' 시리즈로 성가를 높였다. 제자 중 피에르 가르댕은 개업 첫날 아침 8시 상점 문을 여는 일부터 하며 3년간 조수로 일했고 이브 생 로랑은 2년간 디오르의 재단사로 지내며 옷의 기본을 배웠다.

잭슨 폴록 '액션 페인팅' 정립

서양 회화의 전통을 거침없이 부정한 '액션 페인팅'으로 일약 미술의 새 장을 열었다.

2차대전 후 군사력과 경제력에서 세계 최강대국으로 부상한 미국은 문화 예술에도 관심을 쏟아 미국적인 가치를 지닌 미술을 뉴욕으로 끌어들였다. 그 결과 미국에서 화려하게 꽃을 피운 것이 형태를 완전히 무시하고 화가 마음 내키는 대로 그리는 '추상표현주의'다. 잭슨 폴록(1912~1956)과 윌렘 드 쿠닝으로 대표되는 추상표현주의는 2차대전이 한창일 때 초현실주의 운동이 유럽에서 미국으로 전파되어 새 바람을 일으키면서 시작되었다.

잭슨 폴록은 이 추상표현주의로 미국 미술을 유럽 미술의 예속에서 해방시키고 미국의 회화를 현대미술의 첨단으로 끌어올린 작가라는 찬사를 받았다. 또한 예술의 중심을 파리에서 뉴욕으로 옮겨 오고 '화가는 붓을 사용해야 한다'는 오랜 서구적 전통의 속박에서 기성 화가들을 해방시키는 데 일익을 담당했다.

추상표현주의는 미술사상 처음으로 전 세계를 평정한 미술사조였다. 20세기 들어 인상주의, 야수주의, 입체주의 등이 만개했지만 그것은 유럽인들만의 유행이었다. 그러나 미국에서 출발한 이 추상표현주의는 대서양을 건너 유럽을 휩쓸었고 남미와 아시아에까지 영향을 미쳤다. 폴록은 커다란 캔버스를 바닥에 펼쳐 놓고 사방으로 돌아다니며 무대에서 공연하듯 작업을 하는 이른바 '액션 페인팅'으로 추상표현주의를 추구했다.

그는 물감을 물에 타서 깡통에 부은 뒤 뿌리고 흘리고 퍼부었다. 손놀림에 따라 선과 입자는 가늘었다가 굵어지고 가까웠다가 멀어졌다. 그의 작품에서는 어떤 주관적인 자의식이 보이지 않았다. 무엇을 그릴까, 어떻게 그릴까 하는 생각도 느껴지지 않았다. 어느 쪽이 위인지 아래인지조차 구분이 안 되었다. 그는 "한참 그림을 그리고 있을 때는 내가 무엇을 하고 있는지 의식하지 못한다. 작업이 끝나고서야 비로소 내가 무엇을 했는지 알게 될 뿐이다"라고 말한 적도 있다. 그의 그림은 유럽적 전통에서는 찾아보기 힘든 거대한 스케일과 그림의 모든 부분을 고르게 채워넣는 이른바 '전면 회화'를 특징으로 했다.

잭슨 폴록(1912~1956)

잭슨 폴록은 미국 와이오밍주에서 태어나 주로 애리조나주와 로스앤젤레스에서 자랐다. 초기 작품은 멕시코의 벽화 화가인 오로스코, 리베라 등의 영향을 받았다. 아메리카 원주민에게서도 영향을 받아 토템적이고 해독할 수 없는 원시문자와 같은 그림을 그렸다. 1937년 알코올의존증으로 정신과 치료를 받고 1938년 잠시 신경쇠약을 앓은 뒤부터는 그동안 그려온 구상적인 풍경화 등에서 벗어나 반추상적인 작품으로 기울었다. 그 후 폴록은 초현실주의 회화의 영향을 받아 전통적인 회화의 주제였던 사물의 재현과 서사성을 제거해 나갔다.

오랜 서구 전통의 속박에서 기성 화가들을 해방시켜

폴록이 회화의 기본 요소인 캔버스의 평면성과 물감의 물질성에 도달하는 방법을 '드리핑 기법'으로 해결한 것은 1946년이었다. 캔버스에 물감을 붓거나 떨어뜨리는 '액션 페인팅'을 시작한 것이다. 이것이 완숙해지고 정립된 것은 1947년으로, '모든 길 다섯'과 '매혹적인 숲' 등이 그해에 완성되었다.

수백 년 동안이나 지속된, 어떤 대상을 그리던 서양 회화의 전통을 폭력적일 정도로 거침없이 부정한 '액션 페인팅'으로 폴록은 일약 미술의 새 장을 열었다. 이후 캔버스는 폴록에게 더 이상 화면이 아니라 행위의 장이었다. 폴록은 자로 잰 듯한 작품으로 시대를 풍미한 기하학적 추상에 반발해 형태를 완전히 무시하고 화가 마음 내키는 대로 그리는 추상표현주의의 대표 주자가 되었다.

1948년 1월 5일 뉴욕 베티 파슨스 미술관에서 개막된 전시회를 계기로 폴록은 '액션 페인팅' 화가로서 자리를 굳혔다. 그가 출품한 17점의 거대한 그림은 일찍이 그 누구도 보지 못한 독특한 작품이었다. 덕분에 전시회는 일대 선풍을 일으켰다. 그러나 일부 비평가들은 당혹하고 일부 미술 애호가들은 대중을 속이려는 예술적 장난이라며 분노했다. 호평과 혹평 속에 그의 작품은 모두 팔려 나갔다. 전시회 후 그는 새로운 미술 운동의 상징이 되었다. '넘버1', '넘버 10'을 완성한 1949년 '라이프'지는 그를 '생존하는 가장 위대한 미국 화가'로 꼽았다.

폴록이 가장 정력적으로 작품을 제작한 해는 1950년이었다. 그해에 그는 '연보랏빛 안개', '가을의 리듬' 등을 제작했다. 1950년 베니스 비엔날레에 출품한 그의 '그림같지 않은 그림'에 유럽인들의 관심이 쏠리면서 그는 곧 유럽에서도 유명 화가가 되었다. 유럽인들은 웬만한 정도의 추상에는 익숙해 있었으나 '액션 페인팅' 같은 그림은 처음이었다. 추상표현주의는 이렇게 미국을 떠나 세계 미술계에 정식으로 신고했다. 비엔날레를 계기로 폴록은 신대륙의 미술을 대변하는 상징적인 존재가 되었고 그의 작품은 미술관의 주요 수장품 목록에 올랐다.

그러나 10대 후반부터 마시기 시작한 술은 그를 평생의 알코올의존증 환자로 만들었고 술은 자학의 수단이자 우울증에 대한 스스로의 처방이 되었다. 그에게 술은 없어서는 안 될 존재였다. 1956년 8월 11일 차를 몰다가 사고로 44세 나이에 요절한 것도 술 때문이었다. 이 비극적인 죽음으로 그는 더욱 영웅적인 천재로, 현대미술의 혁신자로 기록되었다. 폴록으로 대표되는 추상표현주의 이후 미국은 팝아트, 개념미술, 퍼포먼스, 환경미술, 비디오아트 등 미술사의 흐름을 주도하기 시작했다.

마리아 칼라스, 이탈리아 오페라 무대 데뷔

목소리는 과거의 칼라스를 연상할 수 없을 정도로 망가진 상태였지만 칼라스는 역시 명불허전이었다.

오페라 연출가 프랑코 체피렐리는 "오페라 역사에서 칼라스 이전(Before Callas)은 기원전(BC)"이라고 마리아 칼라스(1923~1977)를 칭송했다. 그의 말을 기준으로 하면 오페라 역사에서 BC와 그 이후를 구분하는 경계는 1947년이 된다. 칼라스가 자신의 데뷔 무대가 된 이탈리아 오페라 무대에 입성한 것도, 무명의 설움을 떨쳐버리는 데 재정적 후원을 아끼지 않은 남편 조반니 바티스타 메네기니를 만난 것도 1947년이기 때문이다.

칼라스는 미국 뉴욕에서 그리스 이민자의 딸로 태어났다. 노래에 재능이 있었으나 지독한 근시에 심한 비만이어서 주목을 끌진 못했다. 하지만 어머니는 딸을 오페라 가수로 키우겠다는 일념으로 1937년 이혼 후 14살의 칼라스를 데리고 자신의 고국 그리스로 돌아갔다. 칼라스는 아테네 국립음악원에서 본격적으로 성악을 공부했다. 타고난 재능 덕에 곧 프리마돈나로 가다듬어져 아테네 오페라단에 입단했다.

자신감을 찾은 칼라스는 1945년 다시 미국으로 돌아가 오페라 무대를 두드렸으나 메트로폴리탄 오페라 오디션에서 탈락하고 어렵게 따낸 계약도 기획사의 도산으로 물거품이 되는 등 하는 일마다 순탄치 않아 결

마리아 칼라스(1923~1977)

국 이탈리아로 건너가야 했다. 이탈리아에서 베로나 오페라 음악제의 '라 조콘다' 오디션을 통과해 1947년 8월 2일 어렵게 무대에 올랐으나 극도의 긴장으로 가창력을 충분히 발휘하지 못해 기대만큼의 반향을 끌어내지는 못했다. 그래도 이 공연을 계기로 2년 후 남편이 될 메네기니와 당대 최고의 오페라 지휘자 툴리오 세라핀을 만났으니 수확이 없지는 않았다.

칼라스와 메네기니는 예술적 동지 관계를 거쳐 27세의 나이 차를 극복하고 1949년 4월 결혼했다. 남편은 칼라스가 재능을 발휘하도록 물질적 후원을 아끼지 않았다. 칼라스는 남편의 도움을 받아 유럽 각지의 무대에 섰다. 1951년에는 콧대 높은 라 스칼라 무대에도 당당히 데뷔했다. 1954년에는 90kg이나 되는 체중을 23kg이나 줄이는 데 성공, 오페라 여가수는 뚱뚱하다는 통념을 깨뜨리며 호리호리한 몸매에서도 뛰어난 목소리가 나올 수 있다는 것을 입증해 보였다.

유럽에서의 성공은 미국 무대로 이어졌다. 1954년 11월 1일 시카고 오페라 극장 무대 위의 칼라스는 7년 전 미국 무대에서 퇴짜를 맞고 화물선을 타고 이탈리아로 떠났던 그 칼라스가 아니었다. 1956년에는 벨리니의 오페라 '노르마'로 과거 자신을 거부한 뉴욕의 메트로폴리탄에서도 성공을 거두었다. 같은 해 열린 '토스카' 공연에서는 10여 차례의 커튼콜을 받는 등 무대마다 절찬을 받았다. 오스트리아 빈에서 '루치아'를 공연할 때는 1만여 명의 관객이 2,000석뿐인 좌석을 차지하기 위해 소동을 벌이기도 했다. 칼라스는 강렬하고 개성이 넘치는 목소리, 배역에 완전히 몰입하는 흡인력, 무대를 장악하는 강력한 카리스마로 이렇게 전 세계 오페라 팬들을 사로잡았다.

하지만 무대 밖의 칼라스는 변덕과 질투심, 탐욕과 우월감, 자기중심적 성격들로 인해 조용한 날이 없었다. 동료 음악가와 불화하고 극장주와 분쟁이 끊이지 않았으며 언론과는 삐걱거렸다. 1958년 1월 이탈리아 대통령이 참석한 공연 때는 몸이 아프다며 1막이 끝난 후 집으로 가버렸고 1958년 5월에는 자신을 스타로 만들어준 라 스칼라 극장의 예술감독과 크게 다퉈 결국 라 스칼라와 결별했다.

"오페라 역사에서 칼라스 이전(Before Callas)은 기원전(BC)"

무대 밖에서는 남편이 아닌 다른 남자들의 사랑을 갈구했다. 1954년 영화감독 루키노 비스콘티에게 마음을 빼앗겼다가 비스콘티가 동성애자라는 사실을 알고 마음을 접기도 했다. 칼라스의 인생행로에 중대한 변화가 찾아온 것은 1958년 파리 공연에서 그리스 선박왕 아리스토텔레스 오나시스를 만나고부터였다.

1959년 7월 오나시스가 초대한 화려하고 호화스러운 유람선의 항해 여행이 끝나갈 즈음 칼라스와 오나시스는 어느새 연인이 되어 있었다. 그녀는 자신을 세계적인 오페라 가수로 만들어준 남편에 대한 고마움도, 뚱뚱하고 유명하지도 않은 자신을 감싸 안은 남편의 사랑도, 오나시스가 아내가 있는 유부남이라는 사실도 모두 잊은 채 오나시스에게 빠져들었다.

칼라스는 결국 남편에게 이혼을 요구했다. 하지만 남편이 받아들이지 않자 오나시스와 동거에 들어가 공식적으로 오나시스의 정부가 되었다. 사랑에 빠진 칼라스는 무대보다는 상류층 파티에 빠져들고 자신의 공연 스케줄보다는 오나시스의 일정에 관심을 보였다. 노래와 무대도 멀리했다. 지인들의 권유로 1964년 다시 무대에 섰으나 이미 노래도 시들해지고 목소리도 예전 같지 않았다.

결국 칼라스는 1965년 7월 5일 로열 갈라 콘서트를 마지막으로 은퇴를 선언했다. 1966년에는 미국 시민권을 포기하고 그리스 국적을 획득하면서까지 오나시스와의 결혼을 갈망했다. 당시 그리스는 그리스정교 교회에서 결혼식을 올리지 않은 혼인은 법으로 인정하지 않았기 때문에 그리스 국적을 취득하는 순간 메네기니와의 결혼은 취소되었다. 오나시스는 값비싼 보석과 옷, 부동산을 선물하며 칼라스에게 사랑과 애정을 쏟았지만 그녀가 아기를 갖는 것만은 극구 반대했다. 이 때문에 칼라스는 43세에 임신했는데도 오나시스의 강요로 유산해야 했다.

1968년 어느 날 청천벽력 같은 소식이 날아들었다. 오나시스가 케네디 전 미 대통령의 미망인 재클린 케네디와 재혼한다는 소식이었다. 오나시스와 재클린은 1968년 10월 20일 결혼했다. 칼라스는 이후 음악 전문지보다 주간지 가십난에 더 자주 등장하는 처지가 되자 파리의 아파트에 칩거하면서 세간의 동정과 비웃음을 피해갔다. 1969년 이탈리아 영화 '메데아'에 출연하고 줄리아드 음악학교에서 후학을 가르치며 재기를 시도했지만 우울증은 좀처럼 나아지지 않았다.

그러다가 옛 동료이자 절친한 친구인 주세페 디 스테파노를 비롯한 지인들의 설득으로 1973~1974년 미국, 유럽, 아시아를 경유하는 세계 투어를 시작했다. 한국도 방문해 1974년 11월 이화여대 강당에서 '카르멘', '라보엠', '토스카' 등을 선보였다. 목소리는 과거의 칼라스를 연상할 수 없을 정도로 망가진 상태였지만 칼라스는 역시 명불허전이었다. 특유의 음악성과 표현력으로 무대를 장악한 그의 공연은 연일 성황을 이뤘다. 관객은 칼라스의 주옥같은 음악을 듣는 것이 아니라 무대에 서 있는 칼라스의 전설적인 아우라에 심취했다.

1차 투어를 통해 자신이 돌아가야 할 고향이 무대라는 것을 깨닫고 2차 투어를 계획하던 1975년 3월 또다시 충격적인 소식이 전해졌다. 마지막까지 결합을 기대한 오나시스가 죽었다는 것이다. 칼라스는 생의 의욕을 모두 상실한 채 2년 동안 파리에서 은둔하다 1977년 9월 16일 자신의 아파트에서 쓸쓸하게 53년의 생을 마감했다.

재키 로빈슨 흑인 최초로 미 메이저리그 데뷔

"인생은 구경만 하는 스포츠가 아니다"라며 과감히 차별에 맞서 새로운 역사를 썼다.

1908년 흑인 복서 잭 존슨이 흑인 최초로 세계 헤비급 챔피언 벨트를 허리에 차고 1936년 제시 오언스가 베를린 올림픽에서 육상 4관왕에 올라 히틀러의 코를 납작하게 만들어도 미국의 백인 대중이 보고 즐기는 스포츠에는 여전히 흑인의 진입을 가로막는 높은 장벽이 쳐 있었다.

장벽은 2차대전이 끝나고 대중문화가 꽃을 피우기 시작한 1940년대 중반에 이르러서야 허물어졌다. 1946년 NFL(미식축구)이 흑인 선수를 받아들인 것을 시작으로 MLB(프로야구·1947), PGA(골프·1948), NBA(농구·1949)가 문호를 개방했으며 1958년 NHL(아이스하키)이 마지막으로 흑인의 진입을 허용했다. 이로써 미국에는 흑인 스포츠 시대가 만개했다.

1947년 4월 15일은 미국의 메이저리그 역사에서 빼놓을 수 없는 날이다. 장차 미 메이저리그 최초의 흑인 선수, 최초의 흑인 신인왕, 최초의 흑인 MVP, 최초의 흑인 올스타, 최초의 흑인 명예의 전당 헌액자로 이름을 떨칠 재키 로빈슨(1919~1972)이 메이저리그 경기에 처음 출전한 날이기 때문이다.

엄밀하게 말하면 로빈슨은 미 메이저리그 최초의 흑인 선수가 아니라 20세기 최초의 흑인 선수다. 1884~1887년 사이에 15~20명의 흑인 선수가 메이저리그에서 뛴 적이 있기 때문이다. 하지만 1887년 시카고 화이트

재키 로빈슨(1919~1972)

삭스의 구단주 겸 선수이던 캡 앤슨의 선동으로 흑인 선수들이 모두 쫓겨나면서 메이저리그에는 흑인 선수들이 사라졌다. 흑인들은 1920년 5월부터 프로 선수로 다시 등장했지만 그들이 치고 달릴 수 있는 무대는 흑인들끼리만의 '니그로리그'였다.

로빈슨은 조지아주 소작농의 막내로 태어나 UCLA 시절 야구는 물론 육상, 농구, 수영 등에서 두각을 나타낸 만능 스포츠맨으로 활약했다. 그는 인종차별에도 결연히 맞섰다. 2차대전 때인 1942년 장교 양성 학교에 입학하려다가 거부당했지만 끝내 입학을 관철해 중위로 복무했으며 몽고메리 버스보이콧 운동(1955)이 있기 한참 전인데도 버스에서 흑인 자리로 옮기는 것을 거부해 군법회의에 소환되기도 했다. 인종차별을 하는 백인 동료 장교와도 싸움을 벌이다 불명예 제대할 뻔하기도 했다.

로빈슨은 1945년 제대 후 니그로리그의 캔자스시티 모낙스에서 야구 인생을 시작했다. 그때 로빈슨의 가능성을 눈여겨본 사람이 브루클린 다저스(현 LA 다저스)의 구단주 브랜치 리키였다. 그가 로빈슨을 불러 "어떤 모욕도 이겨낼 수 있는 용기를 가진 선수를 원한다"고 하자 로빈슨이 "어떤 문제도 일으키지 않겠다"고 약속함으로써 입단이 성사되었다. 사실 당시 로빈슨 말고도 입단 제의를 받은 흑인 선수가 더 있었으나 그들은 극심한 인종차별에 지레 겁을 먹고 입단을 포기한 반면 로빈슨은 "인생은 구경만 하는 스포츠가 아니다"라며 과감히 차별에 맞서 새로운 역사를 썼다.

메이저리그 전 구단이 등번호 42번을 영구결번으로 결정

로빈슨은 1946년 브루클린 다저스 산하 마이너리그팀인 몬트리올 로열

스에 소속되어 타율과 타점에서 리그 1위에 오르며 팀을 리그 우승으로 이끌었다. 그러자 리키는 이듬해 로빈슨을 메이저리그 선수로 승격시켜 1947년 4월 15일 보스턴 브레이브스와의 개막전에 출전시켰다.

로빈슨을 괴롭힌 것은 백인들의 실력이 아니라 그를 협박하고 위협한 인종차별이었다. 욕설을 퍼붓는 상대 선수, 불공정하게 경기를 진행하는 심판, 원정 경기 때 숙소와 식사 제공을 거부하는 호텔로 인해 괴로움을 겪어야 했다. 심지어 필라델피아 필리스의 감독은 소속팀 선수들에게 로빈슨에게 고의적으로 부상을 입히라는 지시를 내리기도 했다. 그러나 로빈슨은 이를 악물고 묵묵히 야구에만 전념해 데뷔 첫해에 타율 0.297, 12개 홈런, 48 타점, 29 도루를 기록하며 도루왕을 차지하고 그해 처음 제정된 신인왕을 거머쥐었다. 로빈슨의 활약에 힘입어 다저스는 7년 만에 내셔널리그 우승을 차지했다.

1949년은 로빈슨 최고의 해였다. 0.342의 타율로 수위타자에 오른 것을 비롯해 도루는 리그 1위, 타점과 안타는 2위, 득점은 3위를 기록해 내셔널리그 MVP를 수상했다. 1956년 시즌이 끝난 후 구단주가 37살이 된 로빈슨을 뉴욕 자이언츠로 트레이드하자 로빈슨은 1957년 1월 은퇴를 선언했다. 그때까지 10시즌을 뛰며 올린 성적은 통산타율 0.311에 137 홈런, 1,518 안타, 734 타점, 197 도루였다. 다저스는 그의 활약 덕에 10년간 6번이나 리그 우승을 차지해 월드시리즈에 진출하고 1955년에는 창단 처음으로 월드 시리즈 우승의 기쁨까지 맛보았다.

은퇴 후 로빈슨은 개인사업을 하면서 흑인들을 위한 일자리 찾기에 매진하고 NAACP(전미유색인종지위향상협회) 간부로 활동하며 마틴 루터 킹 목사의 열성적인 지지자로 흑인 인권 운동에 적극적으로 참여했다. 1962년 명예의 전당에 헌액되고 1972년 등번호 42번이 브루클린 다저스의 영구결번으로 지정되었다. 브로드웨이에서는 그의 인생을 다룬 뮤지컬인 'The First'가 제작되었으며 미국 우편국은 로빈슨의 우표를 발행했다. 1997년 4월 15일에는 메이저리그 전 구단이 등번호 42번을 영구결번으로 결정함으로써 인종차별에 정면으로 맞선 그의 진정한 용기를 빛내주었다.

테오도어 아도르노 '계몽의 변증법' 출간

인류는 새로운 종류의 야만 상태에 빠져든다고 갈파했다.

전 유럽을 뜨겁게 달군 1968년 5월 사태의 또 다른 영웅은 헤르베르트 마르쿠제였다. 그의 이름은 마르크스, 모택동과 함께 '3M'으로 불리며 학생들의 깃발에 선명했으나 사실 그 5월 사태에 이론적 기반을 제공한 이는 독일 철학자 테오도어 아도르노(1903~1969)였다. 그러나 아도르노는 근본적으로 비폭력주의자였기 때문에 그들의 폭력과 광기에 동참하지 않았다.

학생들은 자신들의 혁명에 동조하지 않는 아도르노를 표적으로 삼아 "상아탑에 안주해 대가주의에 빠진 이론주의자이고 부르주아 질서에 타협했다"며 아도르노를 비난했다. 1969년 4월 22일에 일어난 이른바 '아도르노 봉변 사건'도 그런 연장선에 있었다. 그날 아도르노가 강의를 하고 있을 때 가죽 재킷을 입은 3명의 여학생이 갑자기 강단에 뛰어오르더니 한 명은 66세 노교수의 머리 위에 피를 뿌리고, 또 한 명은 등 뒤에서 키스를 퍼부었다. 나머지 한 명은 풀어 젖힌 젖가슴을 들이밀었다.

아도르노는 독일 프랑크푸르트의 부유한 유대인 주류 상인의 아들로 태어났다. 어머니가 성악가이고 이모가 전문 피아니스트였던 환경 덕분에 어린 시절 일찍이 소리를 깨우쳤다. 때문에 프랑크푸르트대를 졸업하고 1924년 후설에 관한 논문으로 철학박사 학위를 받고도 작곡가를 향한 미련을 떨치지 못해 1925년 오스트리아의 빈으로 가 작곡을 배우고 당대의 유명 작곡가 쇤베르크와 교유했다.

테오도어 아도르노(1903~1969)

하지만 결국 음악가가 되겠다는 꿈을 포기하고 프랑크푸르트로 돌아와 1931년 프랑크푸르트대 강사가 되고 1933년 막스 호르크하이머가 소장으로 있는 '사회연구소' 즉 프랑크푸르트학파에 합류했다. 그 기간도 오래가지 못했다. 1933년 1월 시작된 히틀러의 집권으로 학교와 조국을 등져야 했기 때문이다.

영국을 거쳐 1938년 미국으로 이주한 아도르노는 유대적인 어감을 탈색하기 위해 유대인 아버지의 성을 감추고 어머니의 이탈리아식 성 아도르노로 바꿨다. 미국에서는 다른 망명자들과 어울리지 않고, 미국화되지도 않는 생활을 하며 집필에만 전념했다. 그 결과물이 호르크하이머와 공동으로 출판한 '계몽의 변증법'(1947)이다.

책에서 아도르노는 자연의 공포로부터 벗어나 인간을 이 세계의 주인으로 세우고자 했던 '계몽'이 이성과 문명의 이름으로 자연을 지배하고 다른 인간을 억압하는 방식으로 작동함으로써 인류는 새로운 종류의 야만 상태에 빠져든다고 갈파했다.

20세기 서구 문명의 야만성을 극도로 혐오해

이성을 기반으로 한다는 서구 문명이 파시즘의 광풍에 여지없이 무너지는 것에 충격을 받아 '합리성', '역사의 진보' 같은 개념을 부정하고, 인간에게 희망은 없다는 고통스러운 비관주의로 자신의 사상을 키워나갔다. 그는 "아우슈비츠의 비극 이후 모든 문화는 한낱 쓰레기 더미에 지나지 않는다", "아우슈비츠 이후 시를 쓴다는 것은 야만"이라며 20세기 서구 문명의 야만성을 극도로 혐오했다.

또한 자연을 지배하고 주체의 우위를 점유하려는 인간의 의지는 과학의 발달과 생산력의 증진만을 가져왔을 뿐 인간의 주체성을 말살하고 전쟁, 자연재해 등의 엄청난 피해를 가져왔으며 결국엔 도구적 이성으로 전락했다고 주장했다. 오늘날 우리가 흔히 쓰는 '문화산업'이라는 용어도 이 책에서 아도르노가 처음 사용한 개념이다.

히틀러의 탄압을 피해 미국으로 망명한 프랑크푸르트학파의 많은 철학자가 종전 후 미국에 그대로 눌러앉은 것과 달리 아도르노는 호르크하이머와 함께 1950년 프랑크푸르트로 돌아와 사회연구소를 이끌며 서서히 자신의 존재와 철학관을 세상에 드러냈다.

아도르노는 1940년대 나치의 광란과 아우슈비츠의 대학살을 토대로 '부정'과 '비판'을 자신의 철학적 화두로 삼았다. 이 연구 결과가 1966년에 출판된 '부정의 변증법'이다. 책에서 그는 나치즘은 물론 개인을 전체의 도구로 전락시키는 특정 이념이나 체제를 신랄하게 비판하고 부정했다. 마르크스·레닌주의에 대해서도 "실천과는 거리가 먼 정신적인 저항만을 강조하는 이데올로기"라고 독설을 퍼부었다.

이런 주장을 펴는 아도르노를 두고 비판도 적지 않았다. 최고 수준의 클래식 전문가가 입으로는 마르크스를 이야기하고, 휴가는 스위스 휴양지의 최고급 호텔을 찾으면서 강단에서는 위선적으로 사회변혁을 주장한다는 것이다. 여성 철학자 한나 아렌트는 "아도르노는 내가 아는 사람 가운데 가장 역겨운 인물 중 하나"라고 혹평을 하고, 누구보다 아도르노를 잘 아는 호르크하이머의 부인은 "도무지 이해하기 힘든 자아도취자"라고 깎아내렸다.

프랑크푸르트학파 이른바 '프랑크푸르트학파'는 1960~1970년대에 이뤄진 인문·사회과학 분야의 비판적 연구치고 이 학파를 언급하지 않은 것이 없을 정도로 한동안 영향력이 막강했다. 호르크하이머, 아도르노, 마르쿠제, 프롬, 벤야민, 하버마스 등 당대를 풍미한 철학자들의 이름만으로도 이 학파의 명성을 짐작할 수 있을 정도다.

학파의 태동은 바이마르공화국 때이던 1923년 2월 3일 문을 연 '사회연구소'였다. 연구소는 프랑크푸르트의 사업가 헤르만 바일과 그의 아들 펠릭스 바일의 기부로 창립되었다. 초기 사회연구소는 프랑크푸르트대와 긴밀하게 연계되어 연구소장은 이 대학에서 교수직 하나를 맡도록 되어 있었다. 법적·재정적으로는 독립적이고 자율적인 연구기관이었으나 프랑크푸르트대는 사회연구소가 창립되고 발전하는 데 비옥한 토양 역할을 했다.

사회연구소의 변천사는 1920년대의 그륀베르크 시기, 1930년대의 호르크하이머 시기, 2차대전 후의 제2세대 형성기로 나뉜다. 초대 소장 카를 그륀베르크가 이끈 1기는 주로 역사적·경험적 연구에 주력하던 시기로, 보통 '그륀베르크 잡지'라고 불리는 '사회주의와 노동운동의 역사'지를 기반으로 삼았다.

호르크하이머가 프랑크푸르트대 사회철학 교수와 2대 연구소장으로 부임한 1930년부터는 마르크스주의 사상의 기본 내용은 계승하되 1932년에 창간한 '사회연구'지를 통해 당시에 지배적이던 과학주의, 실증주의 흐름에 반대하고 마르크스의 초기 저작을 토대로 마르크스 사상을 재검토했다. 가급적 특정 정당이나 정파의 입장을 대변하지 않고 공동으로 연구작업을 함으로써 마르크스주의를 새롭게 체계화하려는 노력을 기울였다. 호르크하이머는 곧 이 학파에 가담한 아도르노, 마르쿠제, 프롬 등과 함께 기존의 마르크스주의와는 달리 사회를 문화·철학의 차원에서 바라보는 시각을 처음 일반화함으로써 프랑크푸르트학파의 진정한 창시자이자 대부로 불렸다.

인간 해방을 목표로 현대사회를 총체적으로 해명하는 데 주력

구성원 대부분이 유대인이었기 때문에 연대감과 결속력은 강했으나 그렇다고 유대인이라는 인종적 배경에 특별한 의미를 두지는 않았다. 시오니즘을 유대인 문제의 해결 방안으로 간주하지도 않았다. 이들은 더 나은 사회, 더 평등하고 정의로운 사회 추구라는 이념을 공유하며 인간 해방을 목표로 현대사회를 총체적으로 해명하는 데 주력했다. 그러나 1932년 7월 나치당이 제1당이 되고 1933년 1월 히틀러가 독일의 총리가 되면서 연구소는 스위스로 옮겨졌다가 1934년 7월 뉴욕 컬럼비아대로 이전했다.

프랑크푸르트학파가 비판이론 학파로 불린 것은 1937년 호르크하이머가 '사회연구'지 제6권에 발표한 논문 '전통이론과 비판이론'에서 연원한다. 호르크하이머에 따르면 전통이론, 즉 '부르주아 과학'은 사실과 가치가 엄격히 구분된 가치중립적이고 주관성이 철저히 배제된 객관적인 인식을 추구하며 기존의 사회질서를 옹호하고 정당화한다. 이와 달리 비판이론은 사실과 가치 그리고 객관성과 주관성은 변증법적 관계를 이룬다는 가정에서 출발하며, 사회의 심층적 구조와 법칙성을 구명하고 사회적 모순을 비판함으로써 이성적이고 합리적인 사회를 지향한다.

초기 프랑스에서 독일어로 발행되던 '사회연구'지는 전쟁으로 더 이상 유럽에서 발행할 수 없게 되자 1940년 미국에서 '철학과 사회과학 연구'지로 이름을 바꿔 출판되다가 태평양전쟁이 발발한 1941년 12월 이후 중단되었다. 연구소는 1950년 미국에서 다시 프랑크푸르트로 돌아왔다. 1950년대 말부터는 '프랑크푸르트학파'로 불리고 1960년대 후반 서방세계의 대학가를 강타한 학생운동의 이론적 배경이 되었다.

그러나 학생운동이 점차 폭력성을 더해가고 소련과 동유럽 국가 등 현실 사회주의 국가에 친화적 태도를 보이는 것에 대해 학파가 비판적인 입장을 취하면서 학생운동 세력과는 큰 갈등을 빚었다. 다만 마르쿠제만은 마르크스, 모택동과 더불어 '3M'으로 불리며 학생들로부터 선풍적인 인기를 끌었다.

프랑크푸르트학파가 제기한 비판이론은 현재까지도 철학, 사회학, 정치학, 미학, 문화비평 등 다양한 분야에서 영향을 끼치고 있다. 프랑크푸르트학파의 2세대를 대표하는 위르겐 하버마스(1929~)는 사회적 합리성의 개념을 도입함으로써 비판이론의 외연을 넓히는 데 일조했다.

윌러드 리비, 탄소14 연대측정법 개발

연구 결과에 따르면, 탄소14의 양이 반으로 줄어드는 반감기는 5,730년이다.

물질 중에는 방사선을 내면서 서서히 붕괴하는 원소가 있다. 방사성 원소가 붕괴한다는 것은 불안정한 물질이 완전히 다른 안정된 물질로 변한다는 것을 뜻한다. 예를 들어 방사성 물질 중 우라늄은 자연 상태에서 붕괴하면 납으로 변하고, 탄소14(C14)는 질소가 된다. 이런 현상을 이용해 미국의 물리학자 윌러드 리비(1908~1980)가 1947년 개발한 것이 '탄소14 연대측정법(14C dating)'이다. 이로써 나무, 석탄, 뼈, 조개껍데기, 동식물의 조직 등 한 번 살아 있었던 물질이라면 그것이 얼마나 오래된 것인지를 알 수 있게 되었다.

리비에 앞서 연대측정의 가능성을 제기한 연구자는 많았다. 영국의 물리학자 어니스트 러더퍼드는 불안정한 방사성 물질의 핵이 측정 가능한 시간 동안 자연적으로 붕괴해 안정된 물질로 변화한다는 사실을 알고

윌러드 리비(1908~1980)

1904년 지구의 나이를 측정할 수 있다고 예견했다. 미국의 화학자 버트럼 볼트우드는 1905년 방사성 측정법을 개발해 지구의 나이는 22억 년, 태양계의 나이는 50억 년이라고 주장했다. 윌러드 리비는 선배들의 이런 연구 결과를 참고하고 2차대전 중 원자폭탄 개발계획에 참여해 우라늄 동위원소를 분리하는 방법을 개발한 경험을 살려 탄소14를 이용한 연대측정법을 고안했다.

원리는 이렇다. 대기 중의 이산화탄소는 탄소(C)를 함유하고 있다. 대부분이 탄소12이고 탄소14는 지극히 미세하다. 탄소12와 탄소14의 비율은 거의 일정하지만 함유량을 비교하면 탄소14는 탄소12에 비해 약 1조분의 1밖에 안 된다. 탄소12와 탄소14 등이 함유된 이산화탄소는 광합성 작용으로 식물체 몸 안에 흡수된다. 식물은 먹이사슬에 의해 동물에게 먹히고 이 동물 역시 또 다른 동물에게 먹히는데 이 생물들은 살아 있을 때만 이산화탄소를 흡수할 뿐 죽어서는 흡수하지 못한다.

이것은 모든 생물체는 살아 있는 동안 미량의 탄소14를 계속 흡수하지만 죽은 후에는 그런 과정이 중단된다는 것을 의미한다. 죽은 생물체 안에 있는 불안정한 상태의 탄소14는 다른 방사성 물질과 마찬가지로 일정한 비율로 붕괴해 그 양이 점차 줄어드는 반면 비방사성 물질인 탄소12는 생물체가 죽어도 줄지 않고 그대로 남아 있게 된다. 이에 따라 C14와 C12의 비율은 시간이 흐르면서 변화한다. 따라서 탄소14와 탄소12의 농도를 측정·비교하면 유물의 연대를 알 수 있게 되는 것이다.

리비는 이 점에 착안해 한때 살아 있다가 죽은 생물체에 함유된 탄소량을 통해 연대를 측정했다. 먼저 연대가 알려진 세쿼이아 나무 같은 자연물을 통해 기초 자료를 쌓았다. 또 연대가 이미 알려진 이집트의 파라오

무덤에 부장되어 있던 장례용 배의 갑판 나무도 실험에 사용했다. 이런 실험 결과, 탄소14를 이용한 탄소 연대측정법이 신뢰성이 있다는 사실이 입증되었다.

탄소14와 탄소12의 농도 측정·비교로 유물 연대 알 수 있어

리비의 연구 결과에 따르면, 탄소14의 양이 반으로 줄어드는 시간은 5,730년이다. 이를 '반감기'라고 하는데 5,730년이 지나면 탄소14의 반이 붕괴해 안정된 상태의 질소 원자로 변하고 다시 5,730년이 지나면 남은 원자의 반이 또 붕괴해 질소로 변하는 과정이 자꾸 반복된다. 리비는 이런 연구 결과를 정리해 1952년 '방사성 탄소 연대측정법'을 출간했고 이 공로로 1960년 노벨 화학상을 받았다.

반감기를 '5730±40년'으로 정한 탄소 연대측정법이 학계에서 공인됨에 따라 인간의 역사, 문화의 기원과 전파, 인간 집단의 이주 방향도 추론할 수 있게 되었다. 가톨릭에서 오랫동안 예수의 수의로 알고 있던 '토리노 수의'도 연대측정법에 따라 1260년에서 1390년 사이에 만들어진 것으로 밝혀졌다.

이처럼 탄소14 연대측정법은 매우 유용했으나 측정 시 수그램이나 되는 탄소 시료가 필요하다는 게 단점이었다. 귀중한 문화재에서 수그램의 탄소 시료를 떼어낸다는 것이 간단치 않기 때문이다. 이 문제는 1970년대 후반에 등장한 '가속기 질량분석기(AMS)'를 통해 상당 부분 해결되었다. 가속기 질량분석기는 극미량의 방사성 동위원소가 정확히 얼마인지 잴 수 있는 장비다. 따라서 가속기 질량분석기를 이용하면 탄소14의 시료가 조금밖에 없어도 시료를 측정할 수 있다.

다만 연대가 7만 년이 넘어가면 유물의 연대 측정은 어려워진다. 반감기를 수차례 거치면서 탄소14가 절반의 절반의 절반으로 줄어들어 거의 남아나지 않기 때문이다. 가속기 질량분석기는 이때 또다시 진가를 발휘한다. 탄소14보다 반감기가 훨씬 긴 베릴륨10과 알루미늄26을 측정할 수 있기 때문이다. 베릴륨10은 반감기가 160만 년이고 알루미늄26은 70만 5,000년이어서 수백만 년에서 수억 년까지 연대측정이 가능하다. 때문에 탄소로는 연대측정이 불가능한 공룡 알이나 공룡 발자국 화석, 암석의 융기율 등도 알아낼 수 있다.

탄소를 이용한 연대측정법이 정한 오차범위 '±40년'도 연대측정의 정확성을 떨어뜨리는 한 요인이긴 하지만 상황과 시기에 따라 다르게 나타나는 오차도 있다. 탄소12와 탄소14의 비율이 1조 분의 1이라고 하지만 현실적으로 이 기준농도가 시기에 따라 고정적이지 않고 약간의 변화를 보이기 때문이다. 현대 연구자들은 그래서 나무의 나이테를 이용한 연륜연대측정법 등 몇 가지 방법으로 이 같은 문제를 보완하고 있다. 최근에는 화학반응을 이용한 새로운 연대측정법의 개발로 오차범위가 줄어들고는 있다. 그래도 아직까지 오차범위를 10년 단위까지 특정하는 것은 매우 어렵다.

로즈웰 UFO 추락 사건

충격적인 목격담이 잊을라치면 터져나와 '현대사 최대 미스터리 사건'으로 비화될 조짐을 보였다.

1947년 7월 2일 밤, 미국 뉴멕시코주 로즈웰 북쪽의 한 목장에 거대한 발광체 하나가 추락했다. 이튿날 목장 주인 윌리엄 브래즐이 추락 현장에서 발견한 기괴한 비행물체를 수거해 이웃에게 보여주었다. 그 이웃은 훗날 "불에도 태워보고 칼로도 잘라보았지만 타지도 긁히지도 않았다. 결코 지구상에 존재하는 물건이 아니었다"고 증언했다. 브래즐은

7월 4일 자신이 목격한 내용을 로즈웰 보안관에게 신고한 뒤 보안관과 함께 로즈웰 주둔 공군 부대에 이 사실을 알려주었다. 그 후 공군 부대가 파편을 수거하는 며칠 동안 그곳 일대의 출입은 엄격히 통제되었고 브래즐에게는 함구령이 내려졌다.

며칠 후 7월 8일 공군 부대의 한 장교가 "추락한 비행접시를 회수해 상부 기관에 이관했다"고 발표했다. 10여 일 전인 6월 24일 케네스 아널드라는 민간 조종사가 비행기를 몰고 가다 "워싱턴주 케스케이드산 인근 3,000m 상공에서 시속 2,000km 이상의 빠른 속도로 날아가는 디스크 모양의 비행물체 9개를 보았다"는 사실이 널리 알려진 터여서 공군 발표는 빠르게 확산되었다. '비행접시'라는 말은 당시 아널드 조종사가 "연 꼬리 같은 것이 마치 접시를 물 위에 던진 것처럼 빠르게 움직였다"고 말한 데서 연유하고, 'UFO(미확인 비행물체)'는 1952년 미 공군이 처음 언급하면서 일반명사화되었다.

공군의 공식적인 발표는 '로즈웰 데일리 레코드' 등 지역 언론에 보도되어 전국적으로 전파되었지만 관심은 오래가지 않았다. 이튿날 공군의 한 장성이 "잔해는 비행접시가 아니라 기상관측용 기구"라고 번복했기 때문이다. 이후 논란은 수그러들고 사건은 잊혀지는 듯했다. 하지만 충격적인 목격담이 간헐적으로 터져나와 '현대사 최대 미스터리 사건'으로 비화할 조짐을 보였다. 일부 주민은 외계인 사체를 목격했는데 공군이 어디론가 싣고 갔다고 주장했다. 결국 사람들은 미 정부가 추락한 비행접시 잔해와 외계인 사체를 비밀리에 거둬갔다는 소문을 사실로 믿었고 그렇게 세월은 흘러갔다.

사건이 다시 주목을 받은 것은 30년이 지난 1970년대 후반이었다. UFO 연구가들이 당시 신문 보도와 주민들의 증언을 토대로 "틀림없는 UFO 사건이고 미 정부가 사실을 숨기고 있다"고 공격하고 나선 것이

Leased Wire Associated Press

Roswell Daily Record

RECORD PHONES Business Office 2288 News Department 2287

RAAF Captures Flying Saucer On Ranch in Roswell Region

Claims Army Is Stacking Courts Martial

Indiana Senator Lays Protest Before Patterson

House Passes Tax Slash by Large Margin

Defeat Amendment By Demos to Remove Many from Rolls

Security Council Paves Way to Talks On Arms Reductions

No Details of Flying Disk Are Revealed

Roswell Hardware Man and Wife Report Disk Seen

Ex-King Carol Weds Mme. Lupescu

ome of Soviet Satellites, ay Attend Paris Meeting

Miners and Operators Sign Highest Wage Pact in Histor

American League Wins All-Star Game

비행접시 회수 사실을 보도한 로즈웰 데일리 레코드지(1947.7.8)

다. 그러던 중 1987년 5월 UFO 연구자들이 'MJ 12'라는 미 정부의 비밀문서를 공개하면서 또다시 큰 관심을 불러일으켰다.

비밀문서에 따르면 1947년 9월 해리 투르먼 대통령의 지시에 의해 'MJ 12'라는 암호명의 UFO 조사위원회가 구성되어 추락한 비행접시에 대한 조사를 벌이고 후임 대통령 아이젠하워에게 보고하기 위해 당시 CIA가 문서를 작성한 것으로 되어 있다. 직접적인 증거는 없었지만 이후 로즈웰 사건은 "UFO와 외계인의 존재를 입증하는 사건"으로 인식되었다.

"정부가 더 많은 비밀을 갖고 있을 것" 추측만 양산

의혹이 이처럼 눈덩이처럼 불어나자 1994년 9월 미 공군이 로즈웰 사건의 진상을 조사한 보고서를 발표했다. 냉전 초창기이던 1947년 미국과 소련이 치열한 첩보전을 전개하는 상황에서 소련의 핵실험 증거를 포착하기 위해 수립한 극비 계획 '모굴 프로젝트'의 일환으로, 당시 추락 현장에서 발견된 비행체 파편은 미국이 상공에 은밀히 쏘아 올린 레이더 교란용 특수비행선 중 하나가 고장을 일으켜 지상에 추락한 잔해이고 사체는 낙하산 훈련에 사용된 사람과 같은 크기의 실험 인형이라는 것이었다.

하지만 미 공군의 발표는 가뜩이나 뜨거운 UFO 붐에 불을 지른 격이 되었다. 그동안 단순한 기상관측용 기구라고 주장했던 미 공군이 비밀을 은폐한 사실이 드러나면서 “정부가 더 많은 비밀을 갖고 있을 것”이라는 추측만 양산한 꼴이 된 것이다. 결국 미 공군이 로즈웰 사건 조사팀을 다시 구성해 본격적인 조사에 나선 가운데 1995년 영국 UFO협회가 추락 사건 때 수거한 외계인 사체의 부검 장면이라고 주장하는 필름을 공개하면서 전 세계에 충격을 던져주었다. 필름에 나오는 외계인은 작은 키에 도마뱀 같은 눈를 가졌고 커다란 대머리에 머리털이 없었으며 손가락과 발가락이 각각 6개였다.

1997년 6월 CNN과 타임지가 공동으로 실시한 여론조사에서 80%의 미국인이 “정부가 외계인에 대한 정보를 숨기고 있다”고 응답할 정도로 사건을 둘러싼 소문이 좀처럼 가라앉지 않자 1997년 6월 24일 미 공군이 231쪽의 2차 보고서를 발표했다. “외계인은 없다. 생사는커녕 미국 비밀 군사시설 내에 포로가 된 외계인이 구금된 적도 없다. 외계인의 우주선이 지구를 침입한 일도 없다”는 게 요지였다.

다만 두 번째 보고서는 “비행체 파편은 모굴 프로젝트에 사용된 풍선 기구”라고 주장하면서도 증언자들이 목격했다는 외계인의 사체는 고공 낙하 시험에 쓰였던 사람을 닮은 실험용 인형일 것이라고 추정했다. 보고서에 따르면 당시 미국은 200m가 넘는 긴 줄에 기묘한 모양의 레이더 반사기와 음향 감지기를 매달아 소련의 핵실험이나 미사일 실험에서 나오는 전자파나 음파를 감시하는 고공용 풍선 기구를 실험했다.

“냉전 시대가 남긴 웃지 못할 해프닝”

조사팀은 미 공군이 각종 폭로에 속앓이를 하면서도 정확한 사실을 밝히지 못한 것은 이 프로젝트가 1급비밀이었기 때문이라고 해명했다. 1947년 당시 공군이 “비행접시일 가능성이 높다”고 발표했다가 하루만에 번복한 것도 당시로서는 미·소 간 첨예한 문제가 될 수 있는 첩보 프로젝트를 누설할 수 없었기 때문이라고 설명했다. 현장에서 잔해를 수거한 뒤 관련자들에게 함구령을 내리고 로즈웰 사건에 관한 기밀문서를 공개하지 못한 것도 같은 맥락이라는 것이다.

외계인 문제에 관해서는 "정부의 기밀문서에 기록이 없다"며 뚜렷한 결론을 내리진 않았으나 당시 증언자들의 주장을 종합적으로 검토한 결과 외계인 출현설의 진원지가 미 공군의 고공 탈출 실험이었을 것으로 추정했다. 조사팀에 따르면 이 실험은 1954~1959년에 고공 정찰 중의 우주선이나 항공기에서 조종사를 탈출시키는 실험이었다. 당시 미 공군은 알루미늄, 강철, 고무, 플라스틱 같은 것으로 만든 공군 조종사 복장의 실물 크기 인형 수십 개를 9,800피트 상공까지 기구로 끌어올려 투하했는데 일부가 로즈웰 부대 밖에 떨어졌다는 것이다.

그러나 과학적 근거와 충실한 조사를 통해 만들어진 두 번째 보고서도 사람들의 가슴에 남아 있는 UFO와 외계인에 대한 기대를 불식하지는 못했다. 조사 과정에서 밝혀내지 못한 부분이 많은 것도 보고서가 불신받은 이유 중 하나였다. 공군이 인형 실험을 한 1950년대와 로즈웰 사건이 일어난 1947년이 왜 시기적으로 일치하지 않는지를 설명하지 못하고 단지 "오래된 일이라 당시에 일어난 여러 사건을 로즈웰 주민들이 혼동했을 것"이라고 얼버무린 것이 가장 큰 모순으로 지적되었다.

조사팀의 발표 후 모굴 프로젝트의 책임자였던 한 퇴역 대령은 "군사기밀을 지키기 위해 우리는 그동안 침묵할 수밖에 없었다"며 "냉전 시대가 남긴 웃지 못할 해프닝"이라고 주장했다. 조사팀의 한 장교는 "이미 광신처럼 외계인의 존재를 믿는 사람들의 마음을 어떻게 돌려놓을 수 있겠느냐"는 말로 체념하는 듯한 태도를 보였다.

1948년

초대 총선과 제헌의회 구성

대한민국 헌법 제정

이승만 초대 대통령 당선과 대한민국 정부수립

유엔총회, 대한민국 승인

_ *주미 한국 대사관 창설*

_ *유엔과 한국*

조선민주주의 인민공화국 수립

김구·김규식 남북연석회의 참석차 방북

제주 4·3사건

_ *서북청년단*

여수 14연대 반란

_ *숙군(肅軍)과 박정희*

한국의 첫 하계올림픽 출전과 김성집

_ *새미 리*

김병로 초대 대법원장 취임

신격호, 롯데 창업

이인선 제작·주연 국내 첫 오페라 '춘희' 초연

이스라엘 독립과 제1차 중동전

_ *시오니즘*

소련의 베를린 육로 봉쇄

요시프 티토와 코민포름 유고 축출

킨제이 보고서 '인간 남성의 성적 행동' 출간

앨저 히스 소련 간첩으로 판명

조지 가모의 '빅뱅우주론'과 우주배경복사 발견

초대 총선과 제헌의회 구성

선거에 시동을 건 것은 유엔소총회가 결의한 '입국 가능한 지역만의 선거 실시' 결정이었다.

1948년의 5·10총선은 선거의 4대 원칙(보통·평등·비밀·직접)을 준수하며 치러진 대한민국 최초의 선거라는 점에서, 또한 제헌의회 구성과 헌법 제정 그리고 대한민국 정부 수립을 위한 첫 선거였다는 점에서 그 의미가 각별하다. 다만 선거가 남한에서만 치러지고 중간파(민족자주연맹)와 우파의 일부(한독당)가 선거에 참여하지 않은 것은 아쉬움으로 남는다. 선거는 주로 한민당과 이승만 세력(독립촉성중앙협의회) 그리고 무소속이 참여한 가운데 치러졌다. 좌파(남로당)와 고위직 친일파는 선거 참여가 원천적으로 봉쇄되었다.

선거에 시동을 건 것은 1948년 2월 26일 유엔소총회가 결의한 '입국 가능한 지역만의 선거 실시' 결정이었다. 후속 조치로 3월 1일 미 군정장관 하지 중장이 '조선인민대표 선거에 관한 포고'를 발표하고 3월 18일 미 군정이 국회의원 선거법을 공포함으로써 선거가 확정되었다. 국회의원 선거법은 과도입법의원들이 제정한 선거법을 미 군정과 유엔한국임시위원단이 손을 본 뒤 최종 확정하는 것으로 진행되었으나 이 과정에서 논란이 분분했다.

가장 큰 논란은 선거인의 연령이었다. 우파들이 기표 아닌 자서(自書) 방식의 투표를 주장한 것도 논란을 불러일으켰다. 자서 방식은 사실상 문맹자를 선거에서 배제하겠다는 의도였다. 우파들은 또한 북한에 본적을 둔 남한 거주자들의 투표를 따로 집계하여 36석을 할당하는 특별선거구 도입을 요구했다. 월남인들의 강한 반공 성향을 염두에 둔 계산이었다.

1948년 5·10총선 당시 투표 모습

미 군정과 유엔한국임시위원회는 우파 세력의 이런 장치들을 인정하지 않았다. 선거 연령은 23세에서 21세로 낮추고 투표 방식은 기표 방식으로 했으며 특별선거구는 폐지했다. 소선거구제와 다수대표제 방식은 원안 그대로 유지되고 제헌의회라는 점을 감안해 의원들의 임기는 2년으로 확정했다.

그렇다고 문제가 모두 해결된 것은 아니었다. 80%에 이르는 문맹률과 선거 제도에 대한 무지가 가장 큰 걸림돌이었다. 이런 '숫자 문맹'을 고려해 세로줄의 개수로 기호를 표기하는 '작대기 선거'를 도입하고 2개월 동안 1,200만 부가 넘는 선거 안내 책자와 삐라를 전국에 살포했다. 인구 통계가 부실한 것도 문제였다. 스스로 등록하는 사람에게만 투표권을 주도록 했지만 선거를 처음 접하는 사람들에게 선거인 등록의 필요성을 설명하는 게 쉽지 않았다. 따라서 얼마나 많은 사람을 선거인으로 등록시키고 투표에 참여시키느냐가 5·10총선의 최대 관건이었다.

선거는 선거를 통해 정당성을 확보하려는 세력과 이를 막으려는 세력 사이의 '준내전' 상황 속에 진행되었다. 미 군정이 특별경계령을 내렸지만 전국 곳곳에서 폭동과 소요가 발생했다. 특히 남로당의 선거 방해 테러가 빈발해 선거사무소와 경찰지서가 습격을 받고 철로와 통신이 파괴되었다. 좌파가 선거를 방해하기 위해 일으킨 '2·7투쟁'이 시작된 이래 5월 14일까지 피살 452명, 부상 766명, 선거사무소 및 관공서 피습 351건, 방화 및 파괴 416건, 총기 탈취 120건, 기관차 파괴 71건, 전화선 절단 541건

등 인명·재산 손실이 막대했다.

경찰이 이에 맞서 비상경계에 나선 가운데 대동청년단·서북청년단 등 우익 단체들은 집집마다 찾아다니며 투표 참가를 독려했다. 우파의 활동 중엔 무리한 동원과 강요, 백색테러도 있었다. 일부 지역에서는 경찰보조부대로 동원된 향보단 등까지 극성을 부려 자유로운 선거 분위기가 방해를 받았다. 제주도에서는 3개 선거구 중 2곳에서 4·3사건의 여파로 선거가 연기되었다. 이 같은 폭동과 소요에도 불구하고 수십 년 동안 식민지였던 국가의 첫 선거치고는 전체적으로 평온하고 질서정연하게 치러져 세계의 모범이 되었다.

유엔한국임시위원회 "조선 통일을 위한 진일보한 선거였다"

유엔한국임시위원회는 5월 13일 "완전히 만족하지는 않으나 이번 선거는 조선 통일을 위한 진일보"라는 성명을 발표했다. 또한 "자유로운 분위기 속에서 선거가 실시되었고 선출된 대표들도 남조선에 거주하는 전 조선 인구의 3분의 2의 '유효한 의사'를 대표한다"는 보고서를 채택했다. 총 813만 명의 유권자 가운데 3월 30일부터 4월 9일까지 784만 명이 선거인으로 등록하고 이 중 748만 명이 선거에 참여해 95.5%라는 높은 투표율을 기록했다. 실제 유권자수와 비교하면 투표율은 떨어지지만 등록된 선거인 대비 95.5%의 투표율은 지금까지도 깨지지 않는 총선 역사상 가장 높은 투표율로 기록되고 있다.

후보자는 48개 정당·사회단체 및 무소속에서 948명이 출마해 4.4대1의 경쟁률을 보였다. 총 의석 300석 중 북한 지역을 위해 남겨둔 100석과 제주도에서 연기된 2석을 제외한 198석을 선출한 투표 결과 무소속 85명, 독촉(독립촉성중앙협의회) 54명, 한민당 29명, 대동청년단 12명, 기타 정당 및 사회단체 18명이 당선됨으로써 외견상으로는 한민당이 선전할 것이라는 예상을 깨고 무소속이 돌풍을 일으켰다.

그러나 무소속 85명 중에는 위장한 한민당계(친한민당 성향이면서 한민당에 대한 국민의 이미지가 좋지 않아 무소속으로 출마)가 약 35명이나 되어 순수 무소속은 50명 정도에 그쳤다. 원내 활동을 토대로 실제 의석 분포를 가늠해보면 한민당 65~70명, 이승만계(독립촉성중앙협의회) 55~60명, 상대적으로 진보적인 무소속 소장파가 50명 정도였다. 따라서 제헌의회 판도는 독촉 중심의 이승만 지지 세력, 한민당 세력, 무소속 소장파 세력 등 크게 세 세력의 대립구도를 보였다. 의원들의 성향은 독촉계와 한민당이 보수적이었고 무소속은 반민특위 활동이나 농지개혁법 입안과정에서 진보적 주장을 펼쳤다.

제헌의회 개원식은 1948년 5월 31일 오후 2시 옛 중앙청 회의실에서 열렸다. 이날 실시된 국회의장 선거에서는 총 198명의 의원 중 188표의 압도적 표를 얻은 이승만이 초대 국회의장, 신익희와 김동원이 부의장으로 선출되어 비로소 3권 분립의 한 축을 이뤘다. 7월 1일 국호를 대한민국으로 결정하고 7월 17일 헌법과 정부조직법을 공포했으며 7월 20일 이승만 국회의장을 초대 대통령으로 선출했다. 초대 국회는 2년 동안 234건의 법률안을 통과시켜 대한민국 정부의 초석을 이뤘다. 반민법, 국가보안법, 농지개혁법 제정과 지방자치제 실시 등이 대표적인 업적으로 꼽힌다.

대한민국 헌법 제정

대한민국 국호가 결정되고 태극기가 국기임이 확정되었으며 국방군은 국군으로 바뀌었다.

해방 후 미 군정을 거쳐 남한만의 단독정부 구성이 가시화되고 있을 때 개별적으로 헌법 초안을 만드는 개인이나 단체가 있었다.

먼저 관심을 보인 쪽은 일제 시대 고위관리 출신들의 모임인 '행정연구회'였다. 일제 때 법률 공부를 한 사람들이 헌법 초안을 만들어야 한다는 신익희의 제안에 따라 행정연구회가 첫 모임을 연 것은 1945년 12월 17일이었다. 그들은 1946년 1월부터 3월까지 1단계 헌법 초안을 만들었다가 2년 뒤인 1948년 5월 제헌의회 구성을 앞둔 시점에 2단계 헌법 초안을 완성했다.

이승만 국회의장이 대한민국 헌법과 정부조직법 서명을 마치고 헌법 공포서를 읽고 있다(1948.7.17).

당시 행정연구회와 별개로 헌법 초안을 작성하느라 분주했던 사람은 오늘날 '대한민국 헌법의 아버지'로 불리는 유진오(1906~1987)였다. 유진오는 경성제대 법문학부 1회 졸업생으로 해방 후 과도정부 사법부 내 조선법전편찬위원회의 하부 조직으로 구성된 헌법기초위원회 위원으로 활동했다. 유진오가 홀로 헌법 초안을 작성한 것은 1948년 1월이었다.

이처럼 따로 작업을 진행하던 행정연구회와 유진오는 1948년 5월 신익희의 소개로 만나 수일 동안 헌법 초안을 비교·검토했다. 이들이 헌법 초안 최종안을 완성한 것은 제헌국회가 개원하기 불과 몇 시간 전인 5월 31일 새벽 2시였다. 세칭 '유진오안'인데, 유진오는 자신이 작성한 헌법 초안을 토대로 행정연구회와 함께 심의했기 때문에 '유진오안'이라고 불리는 것이 당연하다는 입장이지만 행정연구회 소속 최하영(1908~1978)은 다른 주장을 편다.

최하영은 도쿄제대 법문학부를 졸업하고 1933년 고등고시에 합격한 후 조선총독부에서 근무했다. 해방 직전에는 총독부 관방농상과장, 오늘날로 치면 청와대 정책수석 정도에 해당하는 요직에 있다가 해방 후 관직에서 물러나 있었다. 최하영은 '유진오안'이 사실은 행정연구회의 2단계 헌법 초안을 토대로 완성한 것이지만 자신들이 일제 때 관리를 지낸 사람들이었기 때문에 대놓고 떠드는 것이 부담스러워 사회적으로 혹평을 받지 않고 학교에서 법률을 강의한 경험을 가진 유진오의 이름으로 제헌의회 법전기초위원회에 제출토록 한 것이라고 주장했다. 최하영은 이승만 정권 때 심계원장(오늘날의 감사원장)을 지냈다.

제헌국회 개원 당일 새벽 2시에야 최종안 완성돼

제헌의원들은 제헌의회 개원일인 5월 31일 헌법, 정부조직법, 국회법 등의 제정을 위한 임시준칙을 확정했다. 임시준칙은 제헌의원 가운데 헌법 및 정부조직법 기초위원 30명과 국회법 및 국회규칙 기초위원 15명을 선출하되 이 기초위원을 선출하기 위한 10명의 전형위원을 별도로 선임하도록 규정했다. 또 헌법 제정 작업은 헌법기초위원회에서 헌법안을 기초하고 본회의에서 이를 심의·확정하는 순서로 진행되도록 규정했다.

임시준칙에 따라 전형위원들은 헌법 및 정부조직법 기초위원 30명과 국회법 기초위원 15명을 확정했다. 헌법 및 정부조직법 기초위원들은 6월 3일 첫 회의를 열고 한민당의 서상일을 위원장, 독촉계 이윤영을 부위원장으로 선출하고 유진오·권승렬·윤길중·고병국·임문환 등 10명을 전문위원으로 선임했다. 국회법 및 국회규칙 기초위원 15명은 국회법 초안을 6월 9일 본회의에서 먼저 통과시키고 개정할 내용이 있으면 헌법 제정 후 개정하기로 했다.

예상대로 문제는 헌법 제정이었다. 본격적인 심의에 앞서 헌법기초위원들을 당혹케 한 것은 6월 4일 발생한 돌발 변수였다. 당초에는 헌법기초위원회가 유진오안을 토대로 심의할 계획이었는데 권승렬 전문위원이 유진오안과 별개로 헌법 초안을 제출했기 때문이다. 권승렬은 일제 시대에 변호사로 활동하며 신간회에 참여하고 독립운동가를 변론한 인물로, 정부 수립 후 초대 검찰총장과 2대 법무부 장관을 지냈다.

권승렬안은 유진오안과 일치하는 부분이 많아 큰 문제는 없었으나 역사적 정통성을 깊이 고려하고 친일파 등에 대해 소급 처벌이 가능하도록 근거 규정을 부칙에 마련해 놓은 점 등이 유진오안과는 달랐다. 국무총리·국무회의 용어, 인민 대신 국민이라는 용어 등도 권승렬안에 따른 것이다. 헌법기초위원회는 유진오안을 심의 주축으로 삼고 권승렬안을 참고했다.

이승만, 대통령중심제 꿈 포기하지 않고 막판 뒤집기에 성공

헌법기초위원회의 조문별 토의가 6월 7일 시작된 가운데 각 정파가 촉각을 곤두세운 것은 6월 10일 시작된 권력 구조 심의였다. 내각책임제와 대통령중심제, 양원제와 단원제, 대통령 직선제와 간선제 중 각각 하나를 선택해야 했는데 유진오안의 골자는 내각책임제와 양원제였다. 그러나 한민당이 단원제를 선호해 6월 10일 단원제로 결정되었다. 대통령 선출 방식이 간선제로 결론이 난 가운데 헌법 기초위원들은 6월 11일 내각책임제를 만장일치로 결정했다.

그런데 본회의 상정을 앞두고 제헌사에서 가장 극적인 순간이 연출되었다. 기초위원들이 내각책임제를 만장일치로 결정했는데도 이승만 국회의장이 대통령중심제에 대한 꿈을 포기하지 않고 막판 뒤집기를 시도한 것이다. 이승만은 6월 21일 헌법기초위원들에게 "대통령제를 채택하지 않으면 정부에 참여하지 않고 민간에 남아 국민운동이나 하겠다"고 엄포를 놓았다. 정치적 협박에 가까운 이 말의 파장은 컸다.

이승만이 정부 구성에 참여하지 않겠다는 것은 취약한 제헌국회의 정당성을 송두리째 날려버릴 수도 있는 중대 사안이었다. 당시 이승만은 김구가 5·10총선에 불참하고 현실 정치에서 발을 뺀 상태에서 제헌의회의 정당성을 떠받치는 거의 유일한 축이었다. 이승만의 폭탄선언에 헌법기초위원회를 주도해 온 한민당의 수뇌부는 고민에 빠졌다.

결국 백관수·김도연·서상일·조병옥 등 한민당 의원들은 그날 밤 서울 계동의 김성수 집에서 회의를 열고 내각책임제를 대통령중심제로 고쳤다. 그리고 이튿날, 전날 수정한 헌법안을 헌법기초위원회 회의에 제출했다. 번안(안건을 뒤집음) 동의는 출석인원 총 22명 중 1명만이 기권하고 나머지 전원의 찬성으로 가결되었다.

헌법안이 6월 23일 본회의에 상정되자 본회의는 헌법기초위원회가 결정한 헌법 조항 전부를 매일 심의하는 식으로 진행했다. 이 과정에서 대한민국이라는 국호가 결정되고 태극기가 우리 국기임이 확정되었으며 국방군은 국군으로 명칭이 바뀌었다.

그리고 1948년 7월 12일 제28차 본회의에서 전문 10장, 103조의 헌법안이 의원들의 기립 표결로 최종 통과되었다. 헌법은 7월 16일 통과된 정부조직법과 함께 7월 17일 국회의사당에서 성대하게 공포되었다. 헌법의 서명·공포는 부칙 제99조에 따라 국회의장 이승만이 했다. 이로써 대한민국의 골격이 마침내 완성되었다.

이승만 초대 대통령 당선과 대한민국 정부수립

첫 국무회의는 비로소 대한민국 정부가 수립되었다는 감격의 상징이었다.

1948년 7월 17일 공포된 헌법에 따라 7월 20일 국회에서 초대 정·부통령을 뽑는 간접선거가 실시되었다. 참석자는 국회 재적의원

198명 중 196명이었다. 각 정파는 이승만이 될 게 뻔한 대통령직보다는 부통령과 국무총리에 관심을 보였다. 부통령은 선출직이고 국무총리는 임명직이었다. 선거 결과 이승만은 74세의 고령에도 불구하고 180표라는 압도적인 지지를 받아 초대 대통령에 당선되었다. 김구와 안재홍이 각각 13표와 2표를 얻었고, 미국 시민권을 가진 서재필에게 던진 1표는 무효표가 되었다.

이승만 대통령이 취임 선서를 하고 있다(1948.7.24).

오후에 진행된 부통령 선거에서는 이시영이 2차 투표까지 가는 접전 끝에 62표를 얻은 김구를 제치고 103표를 얻어 부통령에 당선되었다. 이로써 해방 후 절대적 영향력을 행사해온 두 지도자 중 김구는 임시정부의 법통 고수에 매달려 남한 단독정부 수립이라는 대세를 거부하다가 형해화되었고 이승만은 미국의 극동 정책에 주파수를 맞춘 덕에 대통령이 되었다.

이승만은 7월 24일 중앙청 광장에서 열린 대통령 취임식 후 내각 구성에 착수했다. 그러나 이 과정에서 한민당과 갈등을 빚어 둘 간의 관계는 회복할 수 없는 상태로 악화했다. 당시 원내에 70여 석(무소속의 한민당계 포함)을 확보하고 있던 한민당은 이승만이 압도적 다수로 대통령에 당선된 것은 자기들의 공로라고 자부하며 총리 이하 상당수의 국무위원 자리가 한민당에 배정되기를 기대했다. 한민당의 김성수 위원장도 국무총리로 입각하겠다는 뜻을 밝히고 자신을 포함한 7명의 각료 명단을 이승만에게 전달한 뒤 연락이 오기만을 기다렸다.

그러나 이승만은 7월 27일 모두의 예상과 달리 이북 출신의 조선민주

중앙청에서 거행된 대한민국 정부 수립 기념식(1948.8.15)

당 소속 이윤영을 초대 국무총리로 지명하고 국회에 인준을 요청했다. 의원들은 한결같이 놀랍다는 반응을 보였다. "기독교 신자인 이승만이 목사를 편애해 이윤영을 총리로 지명한 것"이라는 비판과 함께 국회 분위기는 전반적으로 부정적이었다.

고령에도 180표라는 압도적인 지지 받아 초대 대통령에 당선

특히 한민당은 이승만이 1945년 11월 환국한 이래 그를 대통령으로 옹립하기 위해 음으로 양으로 진력했는데 의식적으로 한민당을 홀대한 것에 실망하고 분노했다. 이승만이 당시 원내 제1당인 한민당의 김성수 위원장을 총리로 지명하지 않은 것은 김성수를 총리로 지명하게 되면 한민당의 세력이 비대해지고 그렇게 되면 앞으로 자신의 정치생명에 위험 요소가 된다고 판단했기 때문이다.

결국 국회는 한민당이 주동이 되어 찬성 59표, 반대 132표로 이윤영의 국무총리 인준안을 부결시켰다. 대통령의 직무에 대한 첫 비토였다. 이승만은 1차 총리 지명이 부결되자 민족청년단을 창설한 이범석을 2차로 지명했다. 이범석은 김성수를 직접 찾아가 협조를 요청한 것에 힘입어 8월 2일 110표 대 84표로 국회 인준을 통과했다.

8월 5일 발표된 초대 내각은 국무총리 겸 국방장관 이범석, 외무 장택상, 내무 윤치영, 재무 김도연, 법무 이인, 문교 안호상, 농림 조봉암, 상공 임영신, 사회 전진한, 교통 민희식, 체신 윤석구, 공보처장 김동성, 총무처장 김병연, 법제처장 유진오 등으로 구성되었다. 한민당 출신의 윤치영, 장택상, 이인 등이 명단에 포함되긴 했으나 이들은 이미 당적을 떠났기 때문에 순수한 한민당 출신은 김도연뿐이었다.

내각 인선에서 사람들을 가장 놀라게 한 것은 조봉암이었다. 한민당은 토지개혁법안 통과를 앞두고 있던 상황에서 공산주의 운동 경력이 있는 조봉암에 대해 적극적인 반대 입장을 표명했으나 그를 낙마시키는 데는 실패했다. 이승만을 대통령으로 만드는 데 일등공신이었던 한민당은 조각 과정에서 이렇게 이승만에게 철저하게 외면당하자 그동안의 협조 관계를 포기하고 시시비비를 가리겠다고 선언했다.

한민당은 위축된 당세를 보강하고 진보적인 국회 내 소장파와 맞설 필요성을 느껴 대한국민당의 신익희 그룹, 대동청년단의 이청천 그룹과 연대해 1949년 2월 10일 민주국민당(민국당)을 창당해 본격적인 야당의 길을 걸었다. 한편 제헌국회 내에는 한민당 말고도 이승만과 맞서는 또 하나의 야당 세력이 있었다. 상대적으로 진보적인 50여 명의 무소속 소장파 의원들이었다. 이처럼 제헌국회 내의 세력 구도는 세 세력의 쟁점에 따라 합종연횡하는 정립 구도였다.

첫 국무회의는 8월 5일 열렸다. 국무회의는 비로소 대한민국 정부가 수립되었다는 감격의 상징이었다. 첫 국무회의 후 안호상 문교장관이 이승만에게 단기를 사용하고 개천절을 국경일로 하자고 제안했다. 이승만이 이를 받아들여 제1공화국은 단기를 사용했다.

유엔총회, '대한민국 정부가 한국에 있어 유일한 정부' 결의

1948년 8월 15일 중앙청 앞 광장에서 대한민국 정부수립이 선포되었다. 중앙 단상 이승만 대통령 곁엔 연합군 최고사령관 더글러스 맥아더 원수가 앉았다. 3·1독립운동 33인 중의 한 사람인 오세창이 "신생 정부 대한민국을 갖게 된 감격 비할 바가 없다"며 식의 시작을 알렸다.

뒤이어 이 대통령이 "오늘 우리는 해방과 동시에 민국의 새로운 탄생을 경축하는 것입니다"라고 입을 열었다. 대통령은 민권과 자유, 자유와 책임, 통상과 공업 진흥, 근로자와 기업의 공존, 통일 방략 등 신생 대한민국의 포부를 밝힌 다음 '대한민국 30년 8월 15일 대통령 이승만'이란 말로 연설을 맺었다. '대한민국 30년'은 대한민국이 상해 임시정부의 법통을 계승한다는 선언이었다.

대한민국 수립에 산파역을 맡았던 유엔한국임시위원단은 1948년 10월 8일 프랑스 파리에서 개막된 제3차 유엔총회에 최종 보고서를 제출했다. 국민이 선출한 대표들에 의해 성립된 대한민국 정부의 기능이 점차 개선되고 있다는 보고서였다. 한국 문제는 총회 끝 무렵인 12월 7일 정식 의제로 다뤄져 12월 12일 "대한민국 정부가 '한국에서 유일한 그러한 정부(The only such government in Korea)'"라는 결의와 함께 통과되었다. 찬성 48 대 반대 6, 기권 1이라는 압도적 지지였다. 유엔총회의 승인에 따라 자유 우방국가들과의 외교 관계도 잇따라 수립되었다. 1949년 1월 1일 미국이 대한민국 정부를 처음 승인한 것을 시작으로 자유중국(1.4), 영국(1.18), 프랑스(2.5), 필리핀(3.3)이 뒤를 따랐다.

이처럼 험난한 여정을 거쳐 건국한 대한민국인데도 남한만의 정부라는 이유로 "체제를 불문하고 통일정부를 수립했어야 한다"는 통일지상주의자들의 주장이 아직도 우리 사회 곳곳에서 힘을 발휘하고 있는 게 현실이다. 당시나 지금이나 통일정부 수립의 당위성과 필요성을 부인하는 사람은 없다. 다만 당시의 국내·외적 조건에서 그것이 실제로 가능했겠는가에 대해서는 누구도 확신할 수 없다. 이승만의 단정 노선은 냉전에 저항하기보다는 미국에 편승하여 남한에 먼저 정부를 세우고 그것을 토대로 북한을 통일하자(북진통일)는 2단계 전략의 일환이었다.

유엔총회, 대한민국 승인

'대한민국 정부가 선거가 가능한 지역의 유일한 합법정부'라는 내용이 결의안의 골자였다.

1947년 11월 14일 제2차 유엔총회에서 유엔한국임시위원단(UNTCOK)의 구성을 결의했다. 이후 임시위원단의 관심과 활동 덕에 한국은 1948년 5월 제헌의회 선거를 무난히 치르고 같은 해 8월 대한민국 정부를 당당히 수립했다. 정부 수립 후 우리 정부의 최대 외교 현안은 1948년 9월 파리에서 개회될 제3차 유엔총회에서 정식 국가로 인정받는 일이었다. 이승만 대통령이 이 중차대한 임무를 맡을 적임자로 낙점한 것은 장면이었다.

장면은 미국에서 대학을 나와 영어에 능숙했다. 해방 후에는 남조선 과도정부 입법의원을 거쳐 제헌의원으로 활동했기 때문에 대한민국을 탄생시킨 산파 가운데 한 명이었다. 이승만은 장면의 정치적 무당파성과 종교적 배경에도 주목했다. 장면이 정치적 기반이 없는 무소속이기 때문에 잠재적 정치 라이벌인 한민당 인사들과 거리를 둘 수 있고 천주교의 평신도 대표였기 때문에 로마 교황청의 영향력을 활용할 수 있다는 점을 고려한 것이다.

이승만은 유엔의 승인을 받기 위해 투 트랙을 활용했다. 장면을 수석대표로 한 유엔총회 대표단과 조병옥을 수석대표로 한 대통령 특사단이었다. 대표단은 장면을 비롯해 장기영 차석대표, 전규홍 법률고문, 김활란 수행원 등 4명으로 구성되었다. 특사단 역시 조병옥을 비롯해 정일형 차석대표, 김우평 경제고문, 김준구 비서 등 4명이었다. 대표단과 특사단 일행은 1948년 9월 9일 김포공항을 출발했다. 대표단 4명은 도쿄와 미국을 거쳐 9월 20일 유엔총회가 열리는 파리에 도착했다. 특사단은 일본·중국·필리핀·미국·캐나다를 거쳐 10월 17일 파리에 도착, 대표단과 합류했다.

장면(중앙)을 수석대표로 한 유엔총회 대표단과 조병옥(왼쪽)을 수석대표로 한 대통령 특사단이 유엔총회 방청석에 앉아 있다.

제3차 유엔총회는 9월 21일 58개국 대표가 참석한 가운데 파리의 샤요 궁전에서 개막했다. 총회에 앞서 운영위원회는 65개의 세계 문제를 총회의 토의 사항으로 결정했다. 그중에서도 중요한 안건은 소련의 서베를린 봉쇄, 원자력 국제관리, 군비 축소, 이스라엘·팔레스타인 분쟁, 한국의 독립 승인 문제였다. 대표단은 한국이 유엔 회원국이 아니기 때문에 일반 방청석에 앉아 회의를 지켜보아야 했지만 총회장 밖에서는 틈틈이 각국 대표단을 만나 대한민국 승인의 당위성을 설명하고 설득했다.

결정적으로 힘이 된 것은 유엔 한국임시위원단

당시 유엔총회의 주된 관심사는 이스라엘·팔레스타인 분쟁이었다. 따라서 이 분쟁이 해결되지 않으면 한국 문제는 총회에 상정되지도 못한 채 다음 총회로 넘어갈 수도 있었다. 이런 상황에서 존 덜레스 미 국무장관의 지원, 교황 비오12세가 로마 교황청의 국무장관과 주프랑스 교황청 대표 등에게 한국을 도와주도록 한 지시는 회기 내 처리 가능성을 밝게 해주었다. 무엇보다 결정적으로 힘이 된 것은 유엔 한국임시위원단이었다.

임시위원단은 유엔 사무총장에게 제출한 보고서에서 "1948년의 5·10 선거에서 전체 한국민의 3분의 2를 점하는 선거민이 자유롭고 정당하게 의사 표시를 했다"며 제헌의회의 입법 활동과 대한민국 정부 형성 과정을 자세히 소개했다. 보고서는 또한 "미군이 한국 정부에 이미 정권을 이양했으며 한국 정부는 정상적인 정부 기능을 수행할 것으로 보인다"고 전망했다.

문제는 한국에서 전해오는 부정적인 소식들이었다. 1948년 10월의 여수 14연대 반란 사건, 무소속 국회의원 45명의 외국군 철퇴 주장, 여기에 11월 3일 미·소 양군 철퇴 후 통일정부를 수립하자는 김구의 담화 등이 외신을 통해 전해진 것이다. 대표단은 이런 혼란스러운 소식들을 빌미로 삼아 소련과 공산 진영이 한국을 승인하지 않을지도 모른다는 생각으로 불안해 했다. 게다가 한국 문제 토의는 유엔 총회가 개막되고 두 달이 넘도록 뒤로 미뤄지고 있었다. 한 가지 다행이라면 자유 진영이 미국을 중심으로 굳게 결속해 있다는 점이었다.

한국 문제는 총회 마지막 주인 12월 6일 정치위원회 회의에 가까스로 상정되었다. 정치위원회는 유엔 회원국 전체가 멤버였다. 정치위원회에서 한국 문제가 토의되기에 앞서 두 개의 상반된 안건을 둘러싸고 논란이 벌어졌다. 하나는 체코슬로바키아가 제의한 안건으로 북한 대표를 초청해 정치위원회 토의에 참석시키자는 것이었고, 다른 하나는 자유중국의 장개석 정부가 제의한 안건으로 대한민국 정부 대표를 위원회에 초청하되 투표권을 부여하지 않는 조건으로 한국 문제 토의에 참가시키자는 것이었다.

당시 박헌영, 홍명희 등 5명의 북한 대표단은 유엔 사무총장과 유엔총회 의장에게 한국 문제 토의에 참석시켜줄 것을 요청하는 편지를 보내고 프랑스 외무장관에게는 프랑스 입국 비자를 발급해줄 것을 요청해놓고 있었다. 그러나 유엔총회는 북한 대표단의 총회 참석 요구를 거부하고 프랑스 정부는 이들의 입국을 허가하지 않았다. 결국 북한 대표단은 체코슬로바키아에서 3개월 가까이 대기하고 있다가 북한으로 돌아갔다.

찬성 48, 반대 6, 기권 1의 압도적인 지지로 결의안 통과

두 안건에 대한 표결 결과 체코슬로바키아 안건은 부결되고 중국 안건이 가결되었다. 그동안 방청석에 앉아 있던 대표단은 그날부터 정식 대표 자격을 얻어 의석을 차지했다. 뒤이어 미국·중국·호주가 공동으로 제안한 한국 문제에 관한 결의안이 정치위원회에 회부되었다. '대한민국 정부가 선거가 가능한 지역의 유일한 합법정부'라는 내용을 골자로 한 결의안이었다.

유엔 정치위원회는 이 한국 결의안을 두고 갑론을박을 벌였다. 공산권 대표들은 번갈아가며 판에 박힌 말을 지루하게 되풀이하면서 필리버스터(의사진행 방해 연설)를 벌였다. 의사 일정을 넘겨 한국 문제 토의를 다음 회의로 미루기 위해서였다.

하지만 결의안은 12월 8일의 야간회의에서 찬성 41표, 기권 6표로 가결되었다. 한국 문제 결의안(제195호 3)이 유엔총회에 상정된 것은 총회 마지막 날인 12월 12일 오후였다. 호명식으로 진행된 표결 결과 결의안이 찬성 48, 반대 6, 기권 1이라는 압도적인 지지를 받은 시간은 오후 5시 8분이었다.

결의안의 요지는 다음과 같다. ▲유엔 한국임시위원단의 결론을 승인한다 ▲대한민국 정부가 유엔 한국임시위원단 감시하의 자유선거에 의한 합법정부라는 것을 선언한다 ▲한국 주둔 미소 점령군이 조속히 철퇴할 것을 건의한다 ▲유엔 한국위원단을 앞으로 1년간 존속시킨다 ▲한국 위원단은 30일 이내 한국에 부임해 임시위원단을 대체한다는 내용이었다.

결의안은 대한민국이 한반도 전역에 걸친 전국적 정부라는 것을 인정하지는 않았으나 대한민국 정부가 실질적으로 한반도의 유일한 합법정부임을 함축했다는 점에서 역사적으로 의미가 크다. 특히 6·25 때 유엔군의 참전 근거가 되었다는 점에서 대한민국의 생존과 직결된 더없이 중요한 외교적 성취였다.

장면은 여세를 몰아 12월 13일 대한민국의 유엔 회원국 가입을 신청했으나 소련의 거부권 행사로 안전보장이사회에서 부결되었다. 결의안 통과 후 1950년 6·25 발발 전까지 30개국 정도가 한국을 승인함으로써 한국은 당당히 독립국가로 국제 무대에 오르게 되었다.

주미 한국 대사관 창설 장면 대표가 유엔에서 역사적인 임무를 수행하고 귀국하기 위해 미국 뉴욕에 체류하고 있던 1949년 1월 5일 그를 초대 주미대사로 임명한다는 전보가 본국에서 날아들었다. 뒤이어 하버드대 정치학 석사 출신으로 미시간대에서 박사과정을 수료한 한표욱, 일제강점기 임시정부가 대미 외교 업무를 수행하기 위해 워싱턴에 설치한 구미위원부에서 활동했던 김세선이 각각 1등 서기관과 참사관으로 임명되었다.

장면은 1949년 3월 25일 해리 트루먼 대통령에게 대사 신임장을 제정했다. 1888년 1월 조선 최초의 주미공사 박정양이 스티븐 클리블랜드 대통령에게 신임장을 제정한 후 61년 만이었다. 장면은 일제 때 구미위원부 사무실이 있던 컬럼비아빌딩 1층의 방 3개를 임시 대사관저로 삼아 '대한민국 주미대사관' 간판을 내걸었다. 나라 살림이 형편없던 때라 대사관저는 월세였고 대사관 공용차는 시간당 5달러의 렌터카였다. 본국 정부와 교신도 처음에는 일반 전보를 이용할 정도로 궁색했다.

대한민국 정부 수립 후 처음 해외에 설립된 주미 한국대사관의 역할은 대미 관계에만 한정되지 않고 유엔대표부의 임무와 역할까지 수행했다. 장면은 대한민국의 유엔 승인을 관철한 경험을 살려 다른 국가들로부터 대한민국의 승인을 얻어내는 데 총력을 기울였다. 미국의 관료들을 만나 미군 철수 연기를 요청하거나 군사 원조 확대를 위한 외교 활동도 분주하게 펼쳤다.

6·25전쟁은 장면의 외교 능력이 또 한 번 발휘된 무대였다. 유엔 안보리에서는 "대한민국이 북한군의 불법 공격을 받고 있다"며 유엔의 지지를 호소하고, '미국의 소리' 방송을 통해서는 국내 동포들에게 미군 파병과 유엔 결의 내용을 설명하며 어려움을 참고 견뎌 달라고 호소했다. 트루먼 대통령에게는 국가 원수에 대한 예의도 잊은 채 "6개월 전 내가 38선 경비를 위해 무기 원조를 요청하지 않았나"라며 따졌다. 이처럼 외교적으로 큰 활약을 펼쳐 국내외에서 인기가 높아지자 이승만 대통령이 자신의 정치적 곤경을 타개하기 위한 포석으로 1951년 1월 장면을 제2대 국무총리로 임명했다. 장면의 외교관 경력이 마감되고 정치인 장면의 삶이 시작된 것이다.

유엔과 한국

한국은 1948년 8월 대한민국 정부 수립 후 유엔으로부터 많은 도움을 받았다. 그래서 붙여진 별명이 '유엔의 자식'이다. 6·25전쟁 후 우리나라는 유엔 창설일(1945.10.24)을 공휴일로 지정해 매년 성대하게 기념했다. 유엔 성냥, 유엔 찬가까지 유행했다. 유엔이 한국을 위해 한 일 가운데 대표적인 일은 신생 독립국인 대한민국이 합법적이고 정통성을 가진 새로운 자치 민주주의 국가로 탄생하는 데 요람 역할을 한 것이다.

대한민국 정부가 수립되기 전, 유엔총회의 결의로 발족된 유엔한국임시위원단(UNTCOK)은 1948년 5월 10일 치러진 총선을 감시하고, 선거 결과가 공정하고 원만하게 치러졌음을 유엔총회에 보고했다. 1948년 12월 제3차 유엔총회가 '대한민국 정부가 한국민의 정당한 선거를 통해 수립된 한반도의 유일한 합법정부'라는 것을 인정한 것에도 임시위원단의 보고서가 결정적으로 작용했다.

유엔은 6·25전쟁 때도 유엔 역사상 최초로 집단안보체제를 발동해 유엔군을 지원했다. 6·25전쟁이 한창이던 1950년 10월에는 유엔한국통일부흥위원회(UNCURK)를 발족시켜 통일 한국의 건설과 민간 구호를 지원하도록 했으며, 1950년 12월에는 유엔한국재건단(UNKRA)을 설치해 전쟁으로 붕괴된 한국 경제를 전쟁 전 수준으로 회복시키는 재건 사업을 추진했다.

유엔은 전후 복구 사업과 함께 경제 재건을 위한 5개년 계획도 1953년 수립했다. 유엔 산하기구 중 유엔아동기금과 유네스코 등은 한국의 아동과 여성을 위한 긴급구호 사업을 전개하고 예방접종을 실시했으며 피란지에 분유, 담요, 의료 등을 제공했다. 교과서 인쇄공장(후일 국정교과서주식회사)과 함께 각종 학교도 설립했다. 유엔의 다양한 재건 활동은 1950년대 말까지 계속되어 전후 복구에 크게 기여했다. 당시 원조는 한국과 미국 간의 양자 원조가 중심이었으나 적십자사를 비롯한 비정부기구와 유엔 기구들도 인도적·경제적 지원으로 한국의 재건과 발전에 기여했다.

원조 받다가 주는 나라로 변신한 세계 유일의 사례

한국에 대한 국제사회의 원조는 1960년대를 기점으로 크게 변화했다. 1950년대의 원조가 전쟁에 따른 긴급구조 및 시급한 경제 재건·복구를 위한 것이었다면 이후에는 경제 부흥을 위한 개발원조에 초점이 맞춰졌다. 1957년을 정점으로 감소한 무상원조는 1959년 말부터 유상원조로 대체되었다.

1945~1999년 한국에 지원된 공적·사적 원조의 총 규모는 127억 달러나 되었다. 유·무상 합해 미국과 일본(전후 보상금)으로부터 각각 55억 달러, 50억 달러가 들어왔고 독일(8억 3,000만), 아랍 제국(1억 2,000만), 프랑스(1억) 등이 뒤를 이었다. 한국민간구호계획(4억 5,000만), 유엔한국재건

단(1억 2,000만), 유엔개발계획(6,900만), 유니세프(1,400만) 등 유엔기구들도 총 10억 달러를 지원했다. 한국이 1995년 세계은행의 차관 대상국에서 졸업한 것은 이런 지원 덕이었다.

원조만 받던 우리나라의 원조 공여는 무역수지가 안정적으로 흑자 국면에 접어든 1980년대 중반부터 본격화했다. 1986년 유엔개발계획, 유엔공업개발기구, 유엔식량농업기구 등과 협력기금 및 신탁기금을 설치해 개발도상국에 대한 재정 지원을 시작했다. 유상원조 사업은 1987년 한국수출입은행에 300억 원의 대외경제협력기금을 조성하면서 본궤도에 올랐다. 1991년 4월에는 무상원조 전담기관으로 외무부 산하에 한국국제협력단(KOICA)도 설립했다.

유엔의 대표적 개발기구인 유엔개발계획도 2000년 우리나라를 순 기여국가로 분류했다. 유엔 관련기구는 아니지만 경제협력개발기구(OECD) 산하 개발원조위원회(DAC)의 수원국 명단에서도 제외되는 등 한국은 공식적으로 수원국의 지위에서 벗어났다. 우리나라의 대외 공적개발원조(ODA)는 1988년 서울올림픽을 거치면서 꾸준히 증가했다. 1995년 1.1억 달러에 불과하던 규모는 4.5억 달러(2006), 8.2억 달러(2009), 13.3억 달러(2011)로 크게 증가했다. 무상원조 역시 2.6억 달러(2006), 3.7억 달러(2009), 5.8억 달러(2011)나 되었다.

유엔에서 한국의 위상을 드높인 것은 2006년 10월 반기문 유엔 사무총장의 당선이었다. 유엔의 원조 대상국이던 나라가 명실상부하게 유엔을 주도하는 지도자를 배출한 것이다. 한국은 2009년 11월 25일 24개국으로 구성된 OECD 산하 개발원조위원회에 가입했다. 이는 국제 원조를 받다가 주는 나라로 성공적인 변신을 한 세계 유일의 사례라는 점에서 의미가 크다.

조선민주주의 인민공화국 수립

분단의 책임을 남한의 이승만 정권에 뒤집어씌우려 한 김일성의 책략이 제대로 먹힌 셈이다.

1948년 9월 9일 조선민주주의 인민공화국이 선포되었다. 대한민국 정부가 1개월 전인 8월 15일에 수립되었으니 얼핏 보아서는 김일성이 대한민국 정부 수립 후 통일정부가 물 건너간 것으로 생각하고 뒤늦게 북한에 단독정권을 세운 것처럼 인식되기 십상이다. 지금도 이렇게 주장하는 사람들이 있는 것을 보면 분단의 책임을 남한의 이승만 정권에 뒤집어씌우려한 김일성의 책략이 제대로 먹힌 셈이다.

사실 대한민국 건국의 모든 과정이 1948년 한 해 동안 정신없이 이뤄진 것과 달리 북한의 건국은 1945년 해방과 동시에 착수되었다. 해방 후 소련이 먼저 설치한 것은 5도행정국(1945.10)과 북조선임시인민위원회(1946.2)였다. 1년 뒤에는 정식 북조선인민위원회를 발족시켜 사실상 북한의 정부 노릇을 하게 하고 1948년 2월 8일 조선인민군을 창설했다. 결국 1948년 9월의 정권 수립은 대외용 요식행위에 불과했던 것이다. 스탈린이 1945년 9월 20일 "북한 지역에 단독정부를 수립하라"는 비밀 지령을 내렸으나 당시의 남한 정치인은 물론 미국조차 이런 사실을 알지 못했다. 이 사실은 1990년대 구 소련이 몰락하고 비밀문서가 공개된 후 알려졌다.

일본의 패망 후 소련은 동유럽을 강제로 소비에트화하거나 위성국화한 도식을 북조선에 그대로 적용한 반면 미국은 신탁통치안을 남한에 실현하기 위해 우여곡절과 혼란을 겪으며 시간만 허비했다. 소련은 1945년 10월 10일 '조선공산당 5도당 책임자 및 열성자 대회'를 열어 대회 마지막 날인 10월 13일 조선공산당 북조선분국을 결성했다. 코민테른이 정한 1국 1당 원칙에 가로막혀 자신들이 직접 영향력을 행사할 수 있는 공산당을 북한에 만들 수 없게 되자 남한에서 활동 중인 박헌영의 조선공산당으로부터 북조선 공산주의자들을 분리할 속셈으로 북조선분국을 창설한 것이다.

당시 소련 군정은 예상되는 박헌영 등 국내파들의 반발을 의식하는 한편 아직 나설 때가 아니라는 치밀한 정치적 계산에 따라 김일성을 책임비서로 내세우지는 않았다. 대신 10월 14일 '소련 해방군 환영 평양시민 군중대회'에서 김일성을 '조선 인민의 영웅'으로 소개하는 것으로 극적인 효과를 본 뒤 1945년 12월 17일 북조선분국 제3차 확대집행위원회에서 당 이름을 북조선공산당으로 바꾸고 김일성을 책임비서로 임명했다.

1946년 2월 8일에는 북조선의 행정부 역할을 하는 북조선임시인민위원회를 설치해 김일성 위원장, 김두봉 부위원장 체제를 가동했다. 이로써 김일성은 당(북조선공산당)과 정부(임시인민위원회)까지 모두 장악한 명실상부한 북한의 제1인자가 되었다. 북조선임시인민위원회는 무상몰수·무상분배를 원칙으로 하는 토지개혁법(3.5), 선거법(6.24), 주요 산업 국유화법(8.10) 등을 연이어 발표하며 북한을 소비에트 국가로 빠르게 변모시켰다.

아시아 지역 최초 사회주의 정권 출범

1946년 8월 28일에는 연안파가 주축인 조선신민당과 북조선공산당을 합당해 당명을 북조선노동당(북로당)으로 바꿨으나 김일성은 때를 기다리며 한동안 부위원장으로 머물렀다. 서울의 조선공산당 역시 북로당을 따라 1946년 11월 인민당·신민당과 합당해 남조선노동당(남로당)으로 이름을 바꾸면서 남북의 공산당은 비로소 대등한 관계가 되었다.

북한은 1946년 11월 3일 단일 후보에 대한 흑백함 투표 방식으로 북조선노동당 도·시·군 인민위원 선거를 실시하고 1947년 2월 20일 북조선 최고 입법기관인 북조선인민회의를 출범했다. 2월 22일에는 최고 집행기구인 북조선임시인민위원회에서 '임시'를 뺀 북조선인민위원회를 발족시켜 김일성을 위원장으로 선출했다. 2개월 뒤 김구·김규식을 평양으로 초대해 남한만의 단독정부 수립을 반대한 것을 보면 속으로는 북한만의 단독정부 수립에 박차를 가하면서도 겉으로는 통일정부 수립을 내세우는 척했다는 것을 알 수 있다.

김일성은 1948년 8월 대한민국 정부가 수립되자 기다렸다는 듯 본색을 드러냈다. 8월 25일에는 유권자 총수의 99.97%가 투표에 참가해 98.49%가 북로당이 지명한 단일 입후보자에게 찬성 투표를 하도록 해 남한의 국회에 해당하는 최고인민회의 대의원 212명을 선출했다. 남한까지 대표한다는 명분을 살리기 위해 황해도 해주에서 남조선인민대표자대회를 열어 360명의 남쪽 대의원도 선출했다.

남북 대의원들은 9월 2일 평양 모란봉극장에서 제1회 최고인민회의를 개최했다. 그러나 정파 간의 갈등으로 의장단을 구성하는 데 5일이나 소비하는 등 회의는 순조롭지 않았다. 9월 8일에야 남로당 위원장인 허헌을 의장, 연안파 김두봉을 상임위원장으로 선출했다. 또한 스탈린이 낙점한 김일성은 수상, 박헌영·홍명희·김책은 부수상으로 선출해 초대 내각을 구성했다. 그리고 9월 9일 오전 10시 모란봉극장에서 아시아 지역 최초로 사회주의 정권 출범을 알리는 이른바 조선민주주의 인민공화국을 선포했다. 이로써 한반도에는 두 개의 국가, 두 개의 정부가 들어서 남북 분단이 고착화되었다.

오늘날 북한에서는 조선민주주의 인민공화국 수립을 선포한 기념일인 '9·9절'을 김일성·김정일 생일 다음으로 중시하고 있다. 1990년대부터는 이름도 '국경절'로 부르고 있다. 남로당과 북로당으로 갈려 있던 노동당은 1949년 6월 30일 단일 정당으로 통합되었다. 이날 남·북 노동당은 평양에서 연합중앙위원회를 열어 당 이름을 '조선노동당'으로 바꾸고 김일성을 위원장, 박헌영을 부위원장으로 선출했다. 형식상으로는 합당이었지만 실제적으로는 남로당을 흡수한 것이고 남로당 계열이 몰락하는 시발이기도 했다. 현재 북한은 북조선분국이 설립된 10월 10일을 당 창건일로 기념하고 있다.

김구·김규식 남북연석회의 참석차 방북

북한 정권의 출범에 도움을 주면서도 대한민국 건국에는 협조하지 않은 인물로 인식되었다.

남한만의 단독선거 결정은 좌익의 반발을 부른 것은 물론 우익의 갈등까지 촉발했다. 김구와 김규식 등 주요 우익 지도자들까지 단독선거·단독정부(단선·단정)에 반대하며 북한 김일성과의 협상으로 방향을 바꿨기 때문이다. 김규식은 좌우합작 운동을 펼치다 1947년 12월 중도파 세력을 하나로 묶어 '민족자주연맹'을 결성하고 통일정부 수립에 매진했다. 민족자주연맹은 유엔한국임시위원단이 1948년 1월 서울에 도착하고 남한만의 단독선거가 구체화되자 1948년 2월 북한에 남북 협상 요청 서한을 보내기로 결정했다.

김구는 2월 10일 '3천만 동포에게 읍고함'이라는 제목의 연설문을 통해 "나는 통일된 조국을 건설하려다가 38선을 베고 쓰러질지언정 일신에 구차한 안일을 취하여 단독정부를 세우는 데는 협력하지 아니하겠다"며 단독정부 수립 반대를 분명히 했다. 두 김씨는 2월 16일 남북요인회담 개최를 요청하는 편지를 써 북한의 김일성과 김두봉에게 비밀리에 보냈다.

그 무렵 북한에서는 비밀리에 헌법 초안이 마련되고 조선인민군의 창설이 선포된 후여서 김일성 입장에서는 적절한 시기에 적절한 사람들로부터 날아온 평화 제의였다. 김일성은 1개월 이상 아무런 반응을 보이지 않고 있다가 3월 25일 평양방송을 통해 첫 반응을 보였다.

북한의 9개 정당과 단체 이름으로 발표된 '남조선 단독정부 수립을 반대하는 남조선 정당·사회단체에 고함'이라는 긴 제목의 성명문은 "남조선의 단독 선거를 반대하며 조국의 민족적 통일을 위하여 투쟁하는 남조선 정당·사회단체들을 4월 14일 평양에서 개최하는 전 조선 정당·사회단체 대표자 연석회의에 초청한다"는 내용이었다. 김일성·김두봉 명의의 정식 서한은 3월 26일 김구·김규식에게 전달되었다.

남북연석회의에 참석한 김구(오른쪽)와 김일성(1948.4.22)

김구는 남북 협상을 하자는 자신의 제안에 김일성이 남북연석회의를 하자고 응답하자 김일성의 진의를 파악하기 위해 4월 7일 2명의 밀사를 북한에 보냈다. 밀사들이 김일성을 만나 남북연석회의의 안건, 일정, 운영방식을 물었으나 김일성은 연막작전을 되풀이했다. 밀사들은 결국 진의를 파악하지 못하고 돌아왔다. 그런데도 김구는 4월 15일 북행을 선언했다. 김규식은 금방 결정하지 않고 있다가 김구의 방북 후 뒤늦게 북행길에 나섰다.

김구가 북행을 결심할 무렵 한국 문제는 유엔 결의에 의해 남한만의 단독선거, 단독정부 수립 쪽으로 사실상 기울어 있었다. 이 때문에 남한의 단독정부 수립을 외치며 세력을 급속히 넓혀가고 있는 이승만과 달리 김구의 입지는 매우 좁아진 상태였다. 김구는 아들 김신과 비서 선우진을 대동하고 4월 19일 서울을 출발했다. 오후 6시 45분 여현 근처의 38선을 넘어 황해도 남천의 여관에서 하룻밤을 잔 뒤 20일 평양에 도착했다. 김규식은 민족자주연맹 대표단과 함께 4월 21일 북행길에 올라 22일 새벽 도착했다.

"38선을 베고 쓰러질지언정 단독정부에는 협력하지 않겠다"

두 사람의 북행 사실이 알려지자 남한 사회에는 소용돌이가 쳤다. 남로당과 좌익계 정당·사회단체들은 물론 중도파 군소 정당과 상당수 지식인이 북행을 적극 지지한 반면 미 군정을 비롯해 이승만과 한민당, 그리고 우익 청년학생, 기독교단체, 이북 출신 인사들은 강력히 반대했다. 김구가 북으로 떠나는 4월 19일에는 400~500명의 청년이 몰려와 경교장 뜰에 드러누워 방북을 반대했다. 김구는 청년들에게 "너희에게 반쪽 국토를 넘겨줄 수는 없지 않느냐"고 호통을 쳤다. 그런데도 청년들이 막무가내로 방북을 가로막자 할 수 없이 경교장 뒷문을 이용해 방북을 감행했다.

전 조선 정당·사회단체 대표자연석회의(이하 연석회의)는 4월 19일 저녁 6시 모란봉극장에서 개막했다. 김구와 김규식 일행이 아직 도착하기 전이었다. 북한은 4월 23일까지 계속된 연석회의에 남북의 56개 정당·사회단체 대표 695명이 참가했다고 발표했다. 그러나 연석회의는 북측에 의해 일방적으로 진행되었다. 남북한 동포에게 보내는 미·소 양군의 즉각 철수와 단정 수립 반대 격문도 채택했다.

김구는 조소앙, 조완구, 홍명희 등과 함께 4월 22일 회의장에 나타나 "조국을 분열시키고 민족을 멸망하게 하는 단선·단정을 공동으로 분쇄해야 한다"고 역설했다. 김규식은 신병을 이유로 회의에 불참했다. 4월 27일부터 30일까지 계속된 전 조선 정당·사회단체 지도자협의회 역시 외국 군대 즉각 철수와 남한 단독선거 반대 등의 4개 항을 결의했다.

연석회의가 한창이던 4월 29일 북한은 비밀리에 북조선 인민회의 특별회의를 열어 조선민주주의 인민공화국 헌법 초안을 승인했다. 겉으로는 남한의 단독정부 수립을 반대하면서도 자신들은 단독정부 수립을 차근차근 준비하고 있었던 것이다. 그 순간에도 김일성은 김구·김규식에게 "북한은 결코 단독정권을 먼저 수립하지 않을 것"이라고 약속했다. 두 사람은 김일성의 말을 철석같이 믿었다.

김구·김규식은 4월 26일 김두봉 집에서 한 차례, 4월 30일 김일성 공관에서 또 한 차례 김일성을 만났으나 김일성의 속내를 전혀 눈치채지 못한 채 5월 5일 서울로 돌아왔다. 비슷한 시기에 북행했던 홍명희, 이극로, 김원봉 등 70여 명은 북한에 눌러 앉았다. 김구는 남한으로 돌아와 남한에 대한 북한의 전력공급 계속, 조만식의 월남 허용 등의 합의를 끌어냈다며 회의 성과를 발표했다. 그러나 김일성은 5월 14일 송전을 일방적으로 끊어 남한을 암흑천지로 만들고 조만식도 보내지 않았다.

김구와 김규식은 남조선의 단선·단정 반대, 미소 양군 철퇴 등을 계속 요구하며 5·10총선에 참여하지 않겠다는 입장을 밝혔다. 그러나 5·10총선은 비교적 성공리에 치러졌다. 총선 후에도 두 김씨는 단독선거를 인정하지 않겠다는 성명을 발표했으나 이미 메아리 없는 공허한 울림일 뿐이었다.

북측은 다시 두 김씨에게 제2차 남북 협상 참여를 요청했다. 두 김씨는 그제야 북한의 의도를 깨달았으나 이미 정치적 입지는 약화될 대로 약화된 뒤였다. 남북연석회의 참석은 결과적으로 두 김씨를 북한 정권의 출범에 도움을 주면서도 대한민국 건국에는 협조하지 않은 인물로 인식시켰다. 냉엄한 국제정치 환경을 받아들이기보다는 민족주의적 열정에 집착한 데 따른 아쉬운 북행길이었다.

제주 4·3사건

"사건 배경이 극히 복잡하고 다양한 원인이 착종되어 있어 하나의 요인으로 설명할 수 없다"

제주 4·3사건은 우리의 현대사에서 6·25전쟁 다음으로 희생자가 많은 비극적 사건이다. 오랫동안 제주도 주민의 가슴에 한으로 남아 있던 4·3사건의 실체가 정부 차원에서 규명된 것은 2000년 1월 '제주 4·3특별법'이 제정·공포되고 이 특별법에 따라 구성된 '제주 4·3사건 진상규명 및 희생자 명예회복위원회'가 수년 동안의 면밀한 조사 끝에 2003년 10월 진상조사 보고서를 발표하면서였다.

위원회는 "4·3사건은 배경이 극히 복잡하고 다양한 원인이 착종되어 있어 하나의 요인으로 설명할 수 없다"면서 결정적인 원인으로 1947년의 3·1절 발포 사건을 꼽았다. 이때부터 제주 사회가 금방 폭발할 것 같은 위기 상황으로 내몰렸고 그로부터 1년 뒤 4·3사건이 일어났다는 것이다.

3·1절 발포 사건은 1947년 3월 1일 약 3만 명의 군중이 제주읍 관덕정 부근에서 3·1절 기념식을 열고 있을 때 한 기마순경이 부근에서 놀고 있는 어린아이에게 실수로 중상을 입히고도 사과 한마디 하지 않아 이에 항의하며 시가행진을 벌이는 군중을 향해 경찰이 쏜 총에 6명이 죽고 8명이 다친 사건이다. 발포원인은 경찰이 평화적으로 행진하는 군중을 향해 발포했다는 주장, 시위대가 파출소를 파괴해 자체 방위상 발포했다는 주장으로 갈려 분명치 않다. 숨진 사람들도 3·1절 집회와 시위를 주도한 좌익이었는지 무고한 양민이었는지 정확지 않다.

이유가 무엇이든 발포 사건 후 남로당 제주도당은 조직적인 반경찰 활동을 전개했다. 제주도 전 직장의 90% 이상이 참여하는 '3·10 총파업'을 주도하고 파괴, 습격, 테러, 시위, 동맹휴업 등 갖가지 방법으로 투쟁의 강도를 높여나갔다. 미 군정은 총파업의 이유가 경찰 발포에 대한 도민의 반감과 이를 증폭시킨 남로당의 선동에 있다고 파악하긴 했으나 '경찰 발포'보다는 '남로당의 선동'에 비중을 두고 강경하게 대응했다. 이에 따라 도지사 등 고위 행정직을 전원 외지 사람들로 교체했다.

육지 경찰과 서북청년회(서청) 단원도 대거 제주로 내려가 파업 주모자에 대한 검거작전을 전개했다. 검속 한 달 만에 500여 명이 체포되고 이듬해 '4·3사건'이 일어날 때까지 2,500여 명이 구금되었다. 이처럼 민심을 수습하기보다는 강경 일변도로 대응함으로써 주민과 대립·갈등의 골이 더욱 깊어졌다. 1948년 3월에는 일선 지서에서 잇따라 3건의 고문치사 사건이 발생해 민심을 더욱 격앙시켰다.

직접적인 원인은 좌익의 무장투쟁과 군경의 과잉진압

제주 4·3사건은 이런 상황을 이용하려는 좌익의 도발로 시작되었다. 1948년 4월 3일 새벽 2시, 조직 노출로 위기 상황을 맞고 있던 남로당 제주도당의 무장대 500여 명과 1,000여 명의 동조자가 제주도 내 14개 파출소, 서북청년단(서청) 등 우익단체의 숙소, 행정기관 등을 급습하는 무장폭동을 일으켰다. 경찰·서청의 탄압 중지, 남한만의 단독선거·단독정부(단선·단정) 구성 반대, 통일정부 수립 촉구 등을 슬로건으로 내건 무장대의 봉기로 이날 하루에만 십여 명이 숨지고 수십 명이 다쳤다. 미 군정은 육지에서 경찰과 서청 단원을 증파해 사태 확산을 막으려 했으나 쉽게 수습될 기미를 보이지 않자 국방경비대를 출동시켜 진압작전을 펼쳤다.

그런 가운데 제주도 주둔 향토경비대 9연대장 김익렬 중령이 무장대 측 김달삼과 '4·28 협상'을 통해 72시간 안의 전투 중지, 무장해제, 하산한 주모자들의 신변 보장 등 3가지 조건에 합의했다. 하지만 이 합의는 우익청년단이 '오라리 방화사건'을 일으키고 김익렬 연대장이 전격 해임되면서 수포로 돌아갔다. 전국적으로 치러진 5·10 총선거도 제주도 내 3개 선거구 중 2개 선거구가 투표수 과반 미달로 무효 처리되었다. 5월 20일엔 경비대원 40여 명이 탈영해 무장대 측에 가담하고, 6월 18일에는 신임 연대장 박진경 대령이 부하 대원에게 피살당하는 사건이 발생해 사태를 더욱 악화시켰다.

그러다가 한동안은 소강 국면을 맞는 듯했다. 무장대는 김달삼 등 지도부가 1948년 8월 황해도 해주에서 열린 북한의 '해주대회'에 참가하는 동안 조직을 재편하고 있었고, 군경 토벌대는 8월 15일의 정부 수립 과정을 지켜보면서 느슨하게 진압작전을 전개했다.

그러나 소강상태는 잠시뿐이었다. 8월과 9월 남북에 독자적인 정권이 세워지면서 제주 사태는 단순한 지역 문제를 뛰어넘어 이승만 정권의 정통성에 대한 도전으로 인식되었다. 이승만 정부는 10월 11일 제주도 경비사령부를 설치해 본토의 군 병력을 증파했다. 이때 제주에 파견하려던 여수 14연대가 반란을 일으킴으로써 또 한 번 걷잡을 수 없는 소용돌이에 휘말렸다.

10월 17일 송요찬 9연대장이 "해안선으로부터 5km 이상 들어간 중산간 지대 통행자는 폭도배로 간주해 총살하겠다"는 포고문을 발표하고 11월 17일 정부가 제주도에 계엄령을 선포하면서 4·3사건은 최악의 상황으로 치달았다. 이때부터 1949년 3월까지 약 5개월 동안 산간 마을을 초토화시킨 대대적인 강경 진압작전으로 4·3사건 전체 희생자의 80%가 죽임을 당했다.

다수 양민들은 영문도 모른 채 죽어갔다. 무장대의 강요를 따르면 나중에 들이닥친 경찰에 의해 폭도로 몰려 죽었고, 경찰을 도와주면 무장대에게 반역자로 몰려 죽었다. 마을 전체가 불에 타고 주민 전체가 몰살당하기도 했다. 죽음의 그림자가 산자락에서 해안가 마을까지 뒤덮으면서 목숨을 부지하기 위해 더 많은 주민이 입산하는 악순환이 이어졌다.

정확한 피해 규모 파악되지 않아

정부는 1949년 3월 기존의 진압작전에 선무작전을 병용했다. 유재흥 제주도지구 전투사령관은 "한라산에 피신한 사람들이 귀순하면 모두 용서하겠다"는 사면 정책을 발표했다. 공포에 떨던 주민들이 하산함에 따라 미뤄진 재선거도 1949년 5월 10일 성공리에 치러지고 5월 15일 마무리 토벌을 주도한 제주도지구 전투사령부도 해체되었다. 무장대 총책 이덕구도 1949년 6월 사살됨으로써 무장대도 사실상 궤멸되었다.

그러던 중 1년 후 6·25전쟁이 발발하면서 또다시 비극이 찾아왔다. 보도연맹 가입자, 요시찰자, 입산자 가족 등이 대거 예비검속되어 죽임을 당했다. 전쟁이 끝나고 무장대의 공세가 미미해진 1954년 9월 21일 정부가 한라산 금족(禁足) 지역을 전면 해제함으로써 1947년 3·1절 발포 사건과 1948년 4월 무장봉기로 촉발된 제주 4·3사건은 7년 7개월 만에 사실상 막을 내렸다.

사태가 이렇게까지 장기화하고 수많은 양민이 죽어야 했던 이유는 어디에 있었을까? 직접적인 원인은 좌익의 무장투쟁과 군경의 과잉진압이었다. 양민의 죽음을 담보로 강경 투쟁만을 고수한 좌익 지도부의 무모함과 모험주의가 없었다면 1만 명 이상의 무고한 양민이 죽지 않을 수 있었다는 점에서 1차 책임을 묻지 않을 수 없다.

군경의 과잉진압도 비난으로부터 자유롭지 못하다. 좌익과 양민이 엄격하게 구분되지 않고 무장대가 밤낮으로 군경을 공격해오는 상황에서 크게는 막 태동한 대한민국 수호를 위해 작게는 보복이 보복을 낳는 피의 악순환 고리를 끊기 위한 불가피한 선택이었다고 할지라도 방법이 과잉진압밖에 없었느냐에 대해서는 논란의 여지가 있기 때문이다.

오래전부터 배타적이던 제주도라는 특수성 때문에 사태가 커진 측면도 있다. 해방과 함께 일본·중국 등지에서 사람들이 몰려와 15만 명이던 주민수가 33만 명으로 불어났는데 이들 중 좌익계가 많았던 것도 한 원인으로 작용했다. 남로당은 김달삼을 제주도지구당 총책으로 앉히고 학도병 출신 이덕구를 인민군 총사령관으로 삼아 각종 좌익 외곽단체를 조직했다.

이처럼 도내가 적화되고 그들의 암약으로 도내 행정 기능이 마비되는 상황이 전개되자 미 군정은 경찰·서청단원들을 보내 치안을 담당하게 했다. 그러나 말도 통하지 않는 외지인들이 도민을 가혹하게 대하고 행정기관도 방관하고 있는 사이 도민의 반감은 커치고 마찰은 빈발했다. 이런 상황을 그냥 지나칠 리 없는 좌익이 선전 선동을 강화해 미 군정에 대항하도록 부추기면서 비극이 잉태했다.

4·3사건의 정확한 피해 규모는 파악되지 않고 있다. 다만 2003년 '4·3사건 진상규명위'의 희생자 신고접수에 따르면 1만 4,000여 명(사망 1만 700여 명, 행방불명 3,100여 명, 후유장애 140여 명)이 희생된 것으로 집계되었다. 3만~8만 명의 양민이 죽었다는 소문도 있다.

서북청년단

광복 후 자유를 찾아 남하한 이북 출신의 청년들은 그들을 고향에서 쫓아낸 공산주의라면 생리적으로 거부감을 갖고 치를 떨었다. 남하 후 출신지에 따라 각각 다르게 결성된 평안청년회, 함북청년회, 황해청년회 소속 청년들은 좌익을 쳐부수는 일이라면 물불을 가리지 않았다. 가족을 버리고 단신 월남했으니 남한 사회에 동화되어 살 수도 없어 그들끼리 서로 체온을 나누고 세상을 한탄하며 살았다.

그들은 늘 극도로 흥분되어 있었다. 가슴 속에 서린 한과 울분을 터뜨릴 대상을 찾아 굶주린 늑대처럼 두리번거렸다. 공산당을 위시한 좌익들이 멋대로 날뛰고 있는 남한의 현실도 그냥 지나치지 못했다. 자칫 남한마저 공산당에 먹힐지도 모른다는 두려움도 있었다.

그들이 남한에 세운 첫 조직은 1946년 3월 6일 결성한 평남동지회다. 4

월 20일쯤 평북 출신을 중심으로 한 평안청년회가 결성된 것을 비롯해 함북청년회, 북선청년회, 황해도회 청년부 등이 잇따라 결성되었다. 곧 통합을 추진해 1946년 11월 30일 서울 YMCA 강당에서 선우기성을 중앙집행위원장으로 한 '서북청년회(서청)'를 창단하며 세를 과시했다. 서청은 남북통일, 공산당 타도, 세계 평화 공헌, 복지 균점사회 건설 등 4개 항의 행동 강령을 정해 고향으로 돌아갈 날을 손꼽아 기다리며 반공 대열에 앞장섰다.

서북청년회라는 명칭에서, '서북'을 평안남북도와 황해도를 아우르는 관서지방(서북지방)으로 해석하는 견해도 있지만 정확히 말하면 '서북'은 관서·관북의 끝자에서 딴 명칭이다. 관서는 강원 회양군과 함남 안변군의 경계에 있는 철령(685m)의 서쪽에 있는 지역, 즉 평남과 평북 지역을 가리키는 말이고 관북은 철령의 북쪽, 즉 함남과 함북을 지칭하는 지역명이다. 따라서 '서북청년회'는 이북 5도 청년들의 총동맹체였다.

전성기 때 서청 회원은 7만 명이 넘었다. 서울에만도 여러 개의 지부 아래 50여 개소의 합숙소가 있었으며 지방은 대전의 남선파견대 총본부를 비롯해 도마다 파견대가 설치되었다. 서청의 반공 성향을 포착한 미 군정은 이들을 좌익 공격의 선봉에 세웠고 이후 좌익이 준동하는 곳에는 으레 해결사로 등장했다. 서청은 좌익을 상대로 피비린내 나는 싸움을 벌였다.

이들은 거친 전위 행동대였기에 희생자도 많았다. 서청 위원장이었던 문봉제는 38선을 넘나들며 지하활동을 하다가 숨진 회원까지 합치면 희생자가 적어도 1,000여 명에 가까울 것이라고 추산했다.

하지만 서청으로 인한 폐해는 셀 수도 없이 많다. 특히 4·3사건 때가 가장 극심했다. 1947년 제주도의 3·1절 발포 사건 후 총파업이 일어났을 때 새로 부임한 도지사가 서청 단원을 경호원으로 데리고 간 것이 제주도와 서청의 첫 만남이었다. 서북청년단은 제주도민과 좌익을 엄격히 구별하지 않고 백색테러를 마구 자행했다. 서청 단원의 물불을 가리지 않는 폭력 때문에 좌익 쪽을 선택한 제주도민도 적지 않았다. 더구나 서청단원들은 정기적인 봉급이 없어 늘 빈손이었다. 때문에 공공질서가 확립되지 않은 상태에서 뇌물 수수, 공갈, 사기 등도 서슴지 않았다. 서북청년단은 당시 제주도의 유일한 신문인 제주신보까지 장악할 정도로 무소불위의 힘을 행사했다.

이후 서청은 전 광복군 총사령관 지청천이 서울에서 대동청년단을 중심으로 전국적인 청년 조직을 결성할 때 이 단체에 가입했다가 대동청년단이 곧 합동파와 합동반대파로 분열되어 심각한 내홍을 겪으면서 쇠퇴의 길을 걸었다. 대동청년단도 1948년 12월 이승만이 결성한 대한청년단에 흡수·통합되어 자연 해체되었다.

여수 14연대 반란

남로당원들이 자체적으로 계획했다는 점에서 자연발생적이고 우발적인 성격이 강했다.

전남 여수에 주둔하고 있는 국군 제14연대 소속 병사들이 제주 4·3사건을 진압하라는 출동 명령을 받고 대기 중이던 1948년 10월 19일 밤 10시쯤, 갑자기 비상나팔 소리와 몇 발인지 모를 총소리가 군부대의 밤하늘을 갈랐다. 놀란 병사들이 하나둘 연병장으로 몰려들고 있을 때 부대 곳곳에서는 벌써 피 비린내가 진동했다.

병사들이 연병장에 집결하자 연대 인사계 주임상사 지창수가 "지금 북조선 인민군이 38선을 돌파하고 서울을 향해 내려오고 있다. 조국 통일을 위해 미국의 괴뢰들을 쳐부수자"고 외쳤다. 그가 선동 연설을 하면서 목소리를 높일 때마다 병사들 사이에서 "옳소! 옳소!" 하는 호응의 함성이 울려 퍼졌다.

좌익 하사관 그룹이 주축을 이룬 주동자들은 자신들의 선동에 적극적으로 찬동하지 않거나 반대를 표명하는 군인들은 시범적으로 끌어내 그 자리에서 즉결처분했다. 20명의 장교도 대부분 현장에서 사살되었다. 나중에 밝혀진 바에 따르면 사살된 장교들 가운데 10여 명은 남로당 소속이었다. 신분을 밝히지 않은 채 서로 모르는 상태로 군대에 숨어 있다가 반란을 일으킨 지창수 상사 등 같은 좌익의 반란 주도 세력에 의해 살해된 것이다. 당시 연대장과 부연대장은 여수 읍내에 나가 있었다.

14연대가 그랬듯 당시의 군은 사실상 좌익의 피난처였다. 먹고살기 위해, 일본군의 경력을 살리기 위해 입대한 젊은이가 대부분이었지만 그 가운데는 남로당의 조직적 침투 지시를 받고 잠입한 좌익도 적지 않았다.

이런 상황에서 미 군정은 조직을 제대로 갖추지 못한 군대보다 경찰을 더 신뢰했다. 그러다 보니 남한의 치안과 경비는 경찰이 수행했고 군은 그저 그들을 보조하는 역할에 머물렀다. 군의 처우 역시 무기, 장비, 복장, 급식 등 모든 면에서 경찰에 비해 크게 떨어졌다. 이런 이유로 군인은 경찰에 대해 불만이 많았고 전국 각 지역에서 경찰과 자주 충돌했다. 군인들 중 일부는 제주 4·3사건에 대해서도 제주도 주민들이 현지 경찰에 대한 반감에서 사건을 벌인 것으로 이해했다.

14연대 반란 5개월 전에, 광주 국방경비대 제4연대 제1대대를 주축으로 창설된 14연대 장병들의 불만도 다른 군인들과 별반 다르지 않았다. 여기에 "제주도로 출동해 동족끼리 총을 겨눌 수 없다"는 좌익의 선동이 가세하면서 14연대 사병들은 순간적으로 반역에 몸을 던졌다. 반란군은 순식간에 무장을 마치고 제주 출신 김지회 중위의 인솔하에 부대 막사를 뛰쳐나가 20일 새벽 1시쯤 여수 읍내로 진입했다.

여수 읍내 좌익들과 하나가 된 그들이 먼저 표적으로 삼은 것은 여수경

여수에 투입된 진압군이 작전을 수행하고 있는 모습.
반란군과 구별하기 위해 철모에 흰색띠를 둘렀다.

찰서 등 정부 기관이었다. 곧 여수경찰서의 저지선이 무너져 여수에 피바람이 몰아쳤다. 날이 밝았을 때 여수는 이미 핏빛으로 물들어 있었다. 처형은 이튿날까지 계속되어 경찰과 가족, 우익으로 분류된 사람 수백 명이 죽창·총검·몽둥이 등으로 참혹한 죽음을 맞았다.

반란 진압 후 남한의 반공 세력 더욱 강화돼

반란군은 오전 8시 순천행 열차를 타고 북상해 순천에 파견되어 있던 2개 중대와 힘을 합쳐 순천까지 장악했다. 순천의 경찰들은 반란군이 진입하기 전에 수감 중이던 좌익 혐의자들을 미리 집단 살해했다. 반란군과 좌익들도 순천에 진입하는 즉시 경찰과 가족들을 먼저 색출해 잔혹하게 살해했다. 증오와 보복의 악순환이었다. 반란 과정에서 처형된 여수·순천의 경찰, 지주, 우익 인사만 1,600여 명이 넘었다. 반란군은 10월 21일 이웃한 광양·곡성·구례·고흥 등까지 진출해 동부전남 지역을 해방구로 삼았다.

정부는 송호성 준장을 토벌군 사령관으로 임명해 10월 21일 광주로 급파하고 10개 대대를 토벌군으로 편성했다. 토벌군은 22일 날이 밝으면서 장갑차를 앞세우고 순천 시내로 밀고 들어가 가까스로 순천을 탈환했다. 다만 23~24일의 여수 공격은 실패했다. 이 과정에서 송호성 사령관이 부상하고 취재하던 AP통신 기자가 목숨을 잃었다.

새로 부임한 원용덕 토벌군 사령관이 대대적인 여수 탈환작전에 나선 것은 10월 26일이었다. 토벌군은 여수반도를 육지에서 포위한 뒤 바다에 정박 중인 경비정에서 박격포로 포격을 퍼부었다. 여수 진입작전으로 반란군은 무력화되었으나 대신 여수 읍내는 불바다로 변하고 무고한 시민들이 목숨을 잃었다.

토벌군은 27일에야 잿더미가 된 여수 읍내를 장악했다. 이로써 여수 14연대 반란사건은 9일 만에 막을 내렸다. 그러나 이어진 부역자 색출로 좌익은 물론 무고한 민간인까지 피해를 입은 경우가 많아 냉전의 깊은 상처를 남겼다. 반란군 중 생존자는 지리산 일대로 들어가 빨치산 투쟁을 전개했다.

14연대 반란은 남로당원들이 자체적으로 계획했다는 점에서 자연발생적이고 우발적인 성격이 강했다. 군대 내 세력을 더욱 조직화한 후 거사하기를 바랐던 남로당 상층부의 뜻에 어긋난 행동이긴 했지만 이미 엎질러진 일이라 남로당 지도부는 어쩔 수 없이 반란을 지원했다. 하지만 반란 실패 후 입산한 지창수·김지회 등의 주모자들은 지리산 빨치산 대장 이현상에게 "무작정 불만 지르고 나왔다"며 책임을 추궁당하고 군사모험주의라는 질책을 받았다.

2개월 전 막 태동한 이승만 정권은 14연대 반란으로 위기를 맞는 듯했지만 다행히 반란이 바로 진압되고 주한미군의 철수까지 1949년 6월로 연기되어 전화위복의 기회가 되었다. 1948년 12월 국가보안법 제정에도 영향을 미쳐 대한민국은 빠르게 반공국가로 변모했다. 결과적으로 반란군의 소아병적 행동이 역설적이게도 남한의 반공 세력을 더욱 강화하는 데 기여한 셈이다.

14연대 반란 후 정부와 군 지도부는 군대 내부에 숨어든 좌익 문제를 제대로 해결하지 않고서는 신생 대한민국이 제대로 순항할 수 없다는 점을 깨달았다. 그런 점에서 반란은 대한민국에 되레 행운이었다. 군대 내 좌익을 척결하는 숙군(肅軍)을 마무리지어 1년 8개월 뒤 터진 6·25전쟁 때 일사불란하게 북한군에 맞설 수 있었기 때문이다.

숙군(肅軍)과 박정희

14연대 반란을 위해 광주로 급파된 토벌군 사령부에는 작전장교로 임명된 박정희 소령도 있었다. 작전계획을 잘 짠다는 소문을 듣고 송호성 사령관이 그를 선발한 것이다. 그러나 당시 박정희는 남로당의 주요 군사책임자였다.

그의 남로당 입당은 2년 전 대구 폭동으로 거슬러 올라간다. 1946년 10월 대구 폭동 때 박정희는 평소 믿고 따르던 공산주의자 형 박상희의 죽음에 분노했다. 박상희는 대구 폭동에 가담했다가 경찰이 쏜 총을 맞고 절명했다. 그때 남로당 간부들이 "남로당에 가입해 형의 원수를 갚으라"고 복수를 부추겼고 박정희는 남로당에 가입했다. 이후 박정희는 군사적 재능을 인정받아 남로당 조직도에서 상층부 자리를 차지했다. 그러나 반골 기질과 형의 죽음이 작용한 입당이다 보니 공산주의에 중독된 골수분자는 아니었다.

여수 14연대 반란 사건 후 숙군(肅軍) 수사가 시작되었을 때 박정희는 자신이 체포될 수 있다고 생각을 하면서도 달아나거나 자수하지 않았다. 결국 육군본부의 과장 요원으로 발령받아 광주에서 서울로 올라와 있던 1948년 11월 11일 숙군 수사팀에 체포되었다. 당시 숙군 책임자는 백선엽 국방부 정보국장이었고 실무 담당자는 국방부 방첩과장인 김안일 소령과 1연대 정보주임 김창룡 대위였다.

박정희는 조사 과정에서 혹독한 고문을 받기도 했지만 이미 마음의 준비를 하고 있었는지 자신이 알고 있는 군대 내 남로당 조직원들의 이름을 하나둘 털어놓았다. 덕분에 전모를 파악하지 못하고 있던 숙군 수사팀은 군대 내 남로당 조직의 윤곽을 파악할 수 있었다.

백선엽 회고록에 따르면, 박정희는 1949년 초 어느 날 육사 동기이자 방첩과장이던 김안일 소령을 통해 백선엽에게 면담을 요청했다. 백선엽은 여수 14연대 반란군 토벌사령부로 잠시 파견되었을 때 박정희 소령을 만난 적이 있긴 하지만 업무를 함께 하지 않아 잘은 모르고 있었다. 면담 자리에서 박정희는 "살려 달라"고 백선엽에게 구명을 요청했다. 백선엽은 "도와주겠다"며 박정희를 안심시켰다. 백선엽은 당시 박정희가 군사재판에서 사형 선고를 받고 수색에 있는 처형장으로 끌려갈 운명에 처해 있었다고 회고했다.

박정희의 사상적 의구심 6·25를 계기로 해소돼

백선엽은 박정희가 풀려날 만한 이유가 충분하다고 판단했다. 박정희가 남로당에서 중요 직책을 맡은 것은 분명하지만 정보국의 조사 결과 그가 다른 군인들을 포섭하고 조직에 끌어들였던 활동은 나타나지 않았다. 구체적으로 그가 군대 내부에서 남로당을 조직하고 포섭 활동을 한 흔적이 없었던 것이다. 게다가 박정희는 수사를 받는 동안 자신이 아는 군대 내 남로당 조직을 수사팀에 알려주었다. 이런 점을 감안하면 박정희의 구명은 충분한 명분이 있었다.

그러나 그를 풀어주려면 복잡한 절차가 필요했다. 백선엽은 이응준 총참모장의 재가를 얻고 미군의 양해도 얻었다. 또한 박정희를 직접 수사한 김안일 소령과 김창룡 대위를 불러 자신이 서명한 박정희 구명 사유서에 서명하도록 했다. 이렇게 해서 박정희는 1949년 1월 말 풀려났고 1949년 2월 중순 고등군법회의에서 무기징역과 파면을 선고받았다. 1949년 4월 중순에는 징역 10년으로 감형됨과 동시에 형 집행을 면죄받는 파격적인 특례를 받아 자유의 몸이 되었다. 게다가 백선엽 국장의 도움으로 비공식

문관 자격으로 정보국 전투정보과 과장으로 발령받는 특전까지 누렸다.

박정희의 사상적 의구심은 6·25를 계기로 해소되었다. 한강 인도교 폭파로 강북에 남겨진 박정희가 자진해 한강을 넘어 군에 복귀했다는 것은 박정희가 공산주의와 확실히 절연했다는 것을 자연스럽게 군 요로에 인식시킬 수 있는 계기가 되었기 때문이다. 또한 박정희의 자진 도강은 11년 뒤 그 한강을 반대방향으로 건너 정권을 장악하게 하는 역사적 선택이기도 했다.

백선엽에 따르면 숙군 수사는 1949년 7월 모두 끝났다. 그 결과 전군 8만 명 중 5% 정도가 처벌을 받았다. 적극적인 좌익 활동자와 폭력 및 파괴 행위에 가담한 사람들은 군법회의에 회부되어 엄벌에 처해졌다. 좌익 경력은 있으나 적극적으로 가담하지 않은 사람들은 정상을 참작해 가벼운 처벌에 그쳤다. 이 과정에서 사형을 받고 사라진 사람도 있었고 실형을 선고받아 복역한 사람도 있었다.

한국전쟁사는 좌익분자로 숙청된 군인을 830명, 연루된 민간인을 555명으로 집계하고 있다. 처형된 장교는 수십 명 정도였다. 그들 중에는 역사의 수레바퀴에 깔려 억울하게 숨진 사람도 있을 것이다. 하지만 짧은 시간 내에 좌익 혐의자를 색출함으로써 1년 뒤 벌어진 6·25전쟁에서 대한민국 군대는 단일대오를 형성할 수 있었다.

한국의 첫 하계올림픽 출전과 김성집

첫 출전에서 좋은 성적을 기대한다는 게 무리라는 것을 모르지 않았으나 희망까지 접을 수는 없었다.

1948년 7월 29일, 세계 59개국 4,000여 명의 선수가 참가한 제14회 올림픽이 영국 런던에서 개막되었다. 1936년의 베를린 올림픽 후

2차대전의 발발로 도쿄 올림픽(1940)과 런던 올림픽(1944)이 무산되어 12년 만에 치러진 올림픽에 처음 명함을 내민 신생국은 한국을 포함해 15개국이었다. 일본, 독일, 이탈리아는 전범국가였기 때문에 초청받지 못했고 국공내전이 한창인 중국과 소련은 스스로 참가하지 않았다.

우리나라는 대한민국 정부 수립 전의 혼란과 경제난에도 불구하고 축구, 복싱, 역도, 육상, 레슬링, 사이클, 남자농구 등 7개 종목 50명의 선수와 17명의 임원 등 총 67명이 참가했다. 문제는 경비였다. 그래서 준비한 게 액면가 100원짜리 올림픽후원권(1947.12 발행) 140만 장이었다. 공채와 복권 성격의 올림픽후원권에 걸린 1등 상금 100만 원은 쌀 한 가마니가 8,300원, 소고기 한 근이 260원 하던 당시로서는 대단히 큰 금액이었다.

선수단은 1948년 6월 21일 여권 대신 종이에 타이프로 친 신분증명서를 지참하고 종로2가 서울YMCA를 출발해 가두행진으로 서울역까지 갔다가 그곳에서 부산행 열차에 몸을 실었다. 6월 22일 부산을 출발, 일본 후쿠오카를 거쳐 6월 26일 요코하마에서 3만 톤급 대형 여객선 '제너럴 맥스'로 갈아타고 중국 상해를 거쳐 7월 2일 홍콩에 도착했다. 유럽행 항공기는 정원 40명의 4발 프로펠러 비행기뿐이어서 선수단은 1진(7.4), 2진(7.7)으로 나누어 출발했다. 그러나 그것이 끝은 아니었다. 항공기가 방콕(태국), 콜카타(인도), 바그다드(이라크), 카이로(이집트), 로마(이탈리아), 암스테르담(네덜란드)을 거쳐야 하는 머나먼 여정이었기 때문이다.

59개 참가국 중 24위

결국 21일 동안 9개국 12개 도시를 거쳐 마지막 2진이 파김치 상태로 런던에 도착한 것은 7월 11일 저녁이었다. 손기정은 부산에서 맹장수술을 마치고 홀로 먼 길을 돌아 7월 21일 도착했다. 우리 선수단은 7월 29일 개막식에 손기정을 선두로 당당하게 입장했다. 올림픽 첫 출전에서 좋은 성적을 기대한다는 게 무리라는 것을 모르지 않았으나 그래도 희망까지 접을 수는 없었다. 기적은 역시 일어나지 않았다.

홍일점인 박봉식이 투원반에서 하위권으로 탈락하고, 남자농구는 2승2패로 8강전에 오르긴 했지만 본선에서 연패를 거듭해 결국 8위에 그쳤다. 레슬링은 2일째 경기에서 4개 체급 모두 패하고, 축구는 멕시코와 첫 경기에서 5-3으로 서전을 승리로 장식했으나 2회전 경기에서 런던 올림픽 우승팀 스웨덴에게 12-0으로 대패해 탈락했다. 8월 7일의 마라톤은 1년 전 서윤복이 보스턴 마라톤을 제패한 터라 좋은 성적을 기대했으나 서윤복은 27위, 홍종오는 25위, 최윤칠은 레이스 도중 기권해 국민을 안타깝게 했다.

낭보는 기대하지 않은 곳에서 날아들었다. 8월 10일 김성집이 역도 미들급(75kg)에서 동메달을 따내 한국의 올림픽 출전 사상 첫 메달의 주인공이 된 것이다. 김성집은 추상에서 122.5kg, 인상에서 112.5kg을 기록해 3위에 바짝 달라붙었다가 마지막 용상에서 145kg을 번쩍 들어올려 총계 380kg으로 공동 3위에 올랐다. 다행히 체중이 1.92kg 적게 나가 동메달을 획득했다. 이틀 후 한수안도 복싱 플라이급에서 동메달을 획득, 두 번째 태극기를 시상대에 게양시켰다. 한국계 미국인 새미 리는 다이빙 10m 플랫폼에서 금메달을 획득했다. 8월 14일 막을 내린 런던 올림픽의 종합 순위는 1위 미국, 2위 스웨덴, 3위 프랑스였다. 한국은 59개 참가국 중 24위를 차지했다. 중국과 일본이 참가하지 않은 아시아권에서는 금메달 1개를 딴 인도 다음의 2위였다.

사실 런던 올림픽은 한국의 첫 올림픽 출전은 아니었다. 1948년 1월 30일부터 10일 동안 열렸던 스위스 생모리츠 동계올림픽에 이미 출전한 바 있기 때문이다. 한국은 단 3명뿐인 초미니 선수단으로 노메달에 그쳤지만 일본의 압제에서 해방되고 곧 정부가 수립될 독립국가라는 사실을 전 세계에 알렸다.

비록 일본 이름을 달고 출전했지만 한국인이 처음 출전한 올림픽은 1932년의 LA 올림픽이다. 마라톤과 복싱에서 일본 대표로 3명이 출전해 김은배가 마라톤에서 6위를 기록했다. 1936년 베를린 올림픽에는 손기정·남승룡 등 7명의 선수가 일본 대표로 참가해 마라톤에서 금·동메달을 휩쓸었다.

김성집(1919~)

대한민국에 최초 메달을 안겨준 김성집(1919~)은 평생을 스포츠 외길만을 걸어온 대한민국 스포츠 역사 그 자체였다. 중학교 2학년 때 역도에 입문하고 휘문고보 시절이던 1936년 일본 역도선수권대회와 베를린 올림픽 대표 선발전에서 우승했다. 하지만 조선 선수를 가급적 배제하려 한 일본체육회의 방해로 올림픽에는 출전하지 못했다. 일본은 베를린 올림픽에 역도 선수를 아예 출전시키지 않았다.

김성집은 스포츠 외길만을 걸어온 대한민국 스포츠 그 자체

김성집은 1943년 보성전문을 졸업하고 휘문고에서 체육교사로 활동하던 중 해방 후 런던 올림픽 출전이 확정되자 운동선수로는 적지 않은 29살의 나이로 출전해 동메달을 획득했다. 1952년 헬싱키 올림픽에도 출전해 올림픽 2회 연속 동메달 획득의 쾌거를 이루고 1954년 마닐라 아시안게임에서는 금메달을 목에 걸었다. 1956년 멜버른 올림픽에도 출전해 37세의 노익장을 과시하며 5위에 오르고 1958년 도쿄 아시안게임 후 은퇴해 체육 행정가로 변신했다.

대한체육회 사무총장 시절엔 민관식 대한체육회장과 함께 1966년 12월 완공한 태릉선수촌 건립을 주도했으며 1968년부터 1976년까지 대한체육회 사무총장을 지내고 1976년 9월부터 18년간 태릉선수촌장을 맡아 한국 스포츠의 부흥을 이끌었다. 선수촌장 시절엔 흐트러짐 없고 수도자처럼 절제된 생활을 했던 까닭에 '걸어다니는 시계', '태릉의 기인'으로 불렸다.

대쪽 같은 성격의 그는 1990년대 말 모교인 고려대에서 명예박사 학위를 주겠다고 했지만 "그냥 운동선수로 남아야 김성집"이라며 끝내 고사하는 일화를 남겼다. 그는 미·소 간 갈등으로 반쪽 대회가 된 1980년 모스크바 올림픽을 빼놓고는 해방 후 열린 하계올림픽에 11번, 아시아경기에 9번이나 선수·감독·임원·부단장·단장 등으로 참가하는 진기록을 세웠다. 2011년 처음 제정된 '대한민국 스포츠 영웅'에 손기정과 함께 선정되었다. 한수안은 한국 복싱팀의 효시인 해병대팀을 창단하고 프로복서 현역 시절 플라이급에서 미들급에 걸쳐 국내 1위로 군림했다.

새미 리 새미 리(1920~)는 미국 캘리포니아주 프레즈노에서 태어났다. 아버지는 사탕수수 이민자로 하와이에 정착했다가 LA에서 철도 노동자로 일하던 중 미국으로 이주한 한국인 여성과 결혼했다. 새미 리는 10대 초반부터 다이빙을 좋아했으나 당시 유색인종은 수요일 하루만 동네 공용 수영장에 들어갈 수 있어 주로 수영을 하는 백인 아이들을 수영장 밖에서 부러운 눈으로 지켜보아야 했다. 대신 수요일만 되면 가장 먼저 수영장으로 달려가 백인들이 하던 대로 따라 하며 다이빙을 몸에 익혔다.

아버지는 새미 리가 의과대에 입학해야 한다는 조건을 걸고 다이빙을 허락했다. 소수민족이 차별을 받는 미국 사회에서도 의사직만은 사람들이 필요로 하고 존경을 받을 수 있는 직업이었기 때문이다. 새미 리는 공부를 잘해 우등을 놓치지 않았다. LA 프랭클린고교에 다닐 때는 아시아계 처음으로 학생회장에 당선되었다. 하지만 인종차별이 여전해 다이빙으로 인종차별의 벽을 뚫겠다고 다짐하며 옥시덴털대에 입학했다.

새미 리(1920~)

목표는 1940년의 도쿄 올림픽이었다. 하지만 1939년 2차대전이 일어나고 올림픽이 취소되어 기회가 사라졌다. 새미 리는 대신 1942년 전미 다이빙 대회에 출전, 유색인종 최초로 우승을 차지했다. 전쟁이 끝나지 않아 런던 올림픽(1944)까지 무산되자 새미 리는 아버지의 기대대로 1946년 남가주대(USC) 의과대를 졸업하고 이비인후과 전문의가 되었다.

새미 리는 의사로 일을 하면서도 다이빙 훈련을 게을리하지 않았다. 2차대전이 끝나고 1946년 전미 다이빙 대회에서 또다시 우승하자 접었던 꿈을 다시 펼쳐 들었다. 그리고 마침내 1948년의 런던 올림픽에 출전, 남자 다이빙 3m 스프링보드에서 동메달을 땄다. 새미 리는 실망하지 않고 8월 5일 주종목인 10m 플랫폼 종목에 출전, 당시로서는 누구도 흉내낼 수 없는 3바퀴 반 공중 돌기라는 고난도 기술로 금메달을 목에 걸었다. 그의 일대기를 담은 동화책 '16년간의 16초'의 제목 그대로 16초를 위해 16년을 달려온 땀의 결실이었다.

1952년 7월 헬싱키 올림픽 때는 32살이라는 적지 않은 나이였는데도 미국의 다이빙 대표로 출전해 다이빙 10m 플랫폼 부문에서 또다시 금메달을 목에 걸었다. 그의 올림픽 2연패는 남자 다이빙 분야에서는 처음이었고 동양인 최초의 다이빙 금메달이었다. 이런 공로를 인정받아 1953년 미국의 최고 아마추어 선수에게 수여하는 '제임스 설리번상'을 아시아계 미국인으로는 최초로 수상했다. 6·25전쟁이 막바지이던 1953년 한국을 처음 방문해 군의관으로 활동하다가 1955년 의무관으로 제대했다.

새미 리는 현역에서 은퇴한 후 제자 양성에도 힘을 쏟았다. 로마 올림픽(1960)과 도쿄 올림픽(1964)에서 금메달을 딴 보브 웹스터, LA 올림픽(1984)과 서울 올림픽(1988)에서 금메달을 획득한 그레그 루가니스도 그의 제자였다. 국제수영 명예의 전당(1968)과 미국 올림픽 명예의 전당(1990)에 각각 헌액되었다.

2010년 8월 5일에는 미국 LA에 '새미 리의 날'이 선포되고 LA 한인타운에 '새미 리 스퀘어'가 지정되었다. 2011년 우리나라 초등학교 5학년 국어교과서에 그의 이야기가 실리고 2013년 11월 LA에 그의 이름을 딴 초등학교가 개교했다.

김병로 초대 대법원장 취임

자유당 정권이 수시로 사법부에 압력을 가할 때는 정면으로 맞섰다.

일제하에서 나라 없이 방황하는 '거리의 사람'이란 뜻으로 자신을 가리켜 '가인(街人)'이라고 불렀던 김병로(1887~1964). 그는 전북 순창에서 태어나 을사조약 체결 후인 1906년, 19세의 나이로 최익현의 의병에 가담해 일본군에 맞서 싸웠다. 그러나 일제의 '호남 대토벌 작전'에 가로막혀 더 이상 의병 투쟁을 할 수 없게 되자 실력 배양 운동으로 눈을 돌려 1910년 4월 일본으로 유학을 떠났다.

1913년 메이지대 법과를 졸업하고 메이지대와 주오대가 공동운영하는 법률고등연구과에서도 법률을 계속 공부했으나 조선인은 일본 변호사 시험에 응시할 수 없다는 사실을 뒤늦게 알고 1915년 7월 귀국해 경성전수학교와 보성법률상업학교에서 후학을 가르쳤다.

1919년 3·1운동 후 일제의 문화정치 표방에 따라 총독부가 조선인이라도 일정한 자격이 있으면 판사 자격을 인정해주는 것으로 방침을 바꾼 덕에 1919년 4월 부산지방법원 밀양지원 판사가 되었다. 1920년 4월 변호사로 개업한 뒤에는 변호사와 사회운동가로 분주한 나날을 보냈다. 백정들의 신분해방운동인 형평사 운동을 비롯해 소작쟁의, 노동쟁의, 동맹휴학 등 각종 사건들을 변호하는 데 동분서주했으며 1920년대의 항일운동 변호에도 늘 변호인석을 지켰다.

안창호·여운형 등 민족지도자에 대한 치안유지법 위반 사건, 김상옥 의사 사건, 광주학생운동, 6·10 만세운동, 흥사단 사건, 조선공산당과 간도공산당 사건 등 무려 100여 건에 달하는 사건을 맡아 민족변호사로 성가를 높였다. 1923년 조선민립대학 기성회 발기인으로도 이름을 올렸으며 1930년 신간회의 중앙집행위원장에 선출되어 좌우합작 운동에도 힘을 쏟았다.

해방 후 김병로는 1945년 9월 창당한 한국민주당에 참여하는 한편 좌우합작도 지지해 중도우파 김규식과 중도좌파 여운형을 상대로 좌우합작의 성사를 위한 협상을 중재했다. 당시 미 군정은 좌우합작 운동을 적극 지원했기 때문에 1946년 7월 김병로를 미 군정청의 사법부장으로 기용했다. 1947년 6월 미 군정청이 남조선과도정부로 바뀌면서 김병로는 남조선과도정부의 사법부장으로 발령을 받았다. 이후 1년여 동안 대한민국의 법을 기초하는 데 온 힘을 다했다.

김병로와 이승만이 처음 부딪친 것은 친일파 처벌 문제

김병로는 사법부 안에 기초법전의 초안을 작성할 법전 기초위원회를 조직했다. 일제 말기에 바뀐 2심제를 1948년 4월 3심제로 부활하고 법원조직법, 변호사법, 검찰청법 등을 제정하는 데 주도적으로 참여했다. 이처럼 미 군정청과 남조선과도정부의 사법부장으로 모두 2년 1개월 동안 봉직하면서 김병로는 해방된 조국의 실정에 맞게 법 체계를 갖추는 일에

김병로(1887~1964)

전념했다.

당시 법조계에서 차지하는 김병로의 위치는 거의 독보적이었다. 이 때문에 초대 대통령 이승만은 김병로를 초대 대법원장에 임명하는 것을 꺼려했다. 자신과 노선이 다른 김규식과 김병로의 좌우합작 노선이 같다는 것, 그리고 김병로의 고집을 꺾는 것이 결코 쉽지 않을 것이라는 우려가 컸기 때문이다. 그러나 초대 법무장관으로 발표된 이인이 "김병로가 대법원장이 되지 않으면 나도 법무장관을 할 수 없다"며 강력히 추천해 1948년 8월 5일 김병로를 대법원장에 임명했다. 의회는 재석 157명 가운데 가 117표, 부 31표, 기권 3표, 무효 6표라는 압도적 다수로 동의했다.

예상대로 김병로는 이승만에게 껄끄러운 존재였다. 두 지도자가 먼저 부딪친 것은 친일파 처벌 문제였다. 1949년 반민족행위특별조사위원회 특별재판장을 맡아 반민족행위자를 처벌할 때 신속·공정한 재판을 강조하는 김병로와 달리 이승만은 친일파 처벌에 미온적이었다. 이 때문에 이승만이 반민특위법 개정을 요청해도 거부했고 반민특위 활동을 이승만이 비판하면 반박하며 맞받아쳤다. 이승만은 눈엣가시 같은 김병로를 해임하고 싶었으나 탄핵이나 형벌에 의하지 아니하고는 70세 정년 혹은 10년의 임기가 보장되어 있어 마음대로 해임할 수도 없었다.

부산 피란 시절 김병로는 "온 천하가 일자리는커녕 먹을 것 입을 것이 없다"며 자주 점심을 굶거나 밀가루 죽으로 때웠다. 대법원장 공관 화장실엔 손바닥보다 작게 자른 신문지 묶음이 화장지 대신 매달렸다. 9·28 서울 수복 며칠 뒤 전남 담양의 친정으로 피란 가 있던 부인이 공비에게 무참하게 살해되었을 때도 가정일은 사적인 일이라며 일체 내색하지 않는 초연함을 보였다.

휴전 후 자유당 정권이 수시로 사법부에 압력을 가할 때는 정면으로 맞섰고, 이승만이 공개적으로 사법부를 비난할 때는 반박 담화로 사법부의 권위를 지켰다. 이렇듯 이승만과 사사건건 맞붙다가 1957년 12월, 70세 정년이 되어 9년 8개월 만에 대법원장에서 물러났다. 정년 퇴임식에서는 "정의를 위해 굶어 죽는 것이 부정을 범하는 것보다 수만 배 명예롭다"는 말을 하고 떠났다.

퇴임 후에도 김병로의 기개는 꺾이지 않았다. 1958년 12월 이른바 '2·4 보안법 파동' 때는 국회의장의 경위권 발동을 격렬하게 비난했으며 국가보안법 개정에도 명백하게 반대하는 태도를 취했다. 1961년 5·16쿠데타로 한동안 조용히 지내던 김병로가 다시 기지개를 켠 것은 쿠데타 발발과 함께 금지되었던 민간인의 정치 활동이 재개된 1963년이었다. 김병로는 윤보선을 비롯해 민주정치의 회복을 바라는 야당 지도자들과 함께 민정당을 창당해 1963년 5월 대표최고위원으로 선출되었다. 뒤이어 4·19 직후 과도정부를 이끌었던 허정의 신정당, 초대 국무총리 이범석의 민우당 등과 민정당을 통합한 '국민의당'을 창당해 대표최고위원으로 선출되었다. 이처럼 왕성한 활동을 펼치다가 1964년 1월 13일 77세를 일기로 눈을 감았다.

신격호, 롯데 창업

짝수 달은 일본에서 '시게미쓰 다케오'로, 홀수 달에는 한국에서 '신격호'로 경영 활동을 하고 있다.

신격호(1922~) 롯데그룹 회장은 외국 국적을 갖고 일본에서 가장 돈을 많이 번 기업인이다. 한국인으로 외국에 나가 가장 성공한

신격호(1922~)

입지전적인 인물이기도 하다.

신격호는 경남 울산에서 태어나 1939년 울산 농고를 졸업했다. 가난이 지겨워 1941년 달랑 83원을 갖고 무작정 일본으로 건너갔다. 이국 땅에서 어떻게든 살아남아야 했기에 닥치는 대로 신문·우유 배달, 잡역 등을 하며 와세다중학에 편입·졸업했다. 작가가 꿈이었으나 문학으로는 밥을 먹을 수 없다는 현실을 깨닫고 와세다고등공업학교 화학과에 입학했다.

1944년 졸업한 신격호의 첫 사업은 군수용 커팅오일(선반용 기름) 제조 공장이었다. 평소 신격호를 눈여겨보던 한 일본인 노인이 빌려준 6만 엔이 종잣돈이었다. 설립 초기 잘 돌아가던 공장은 1년 반쯤 지나 미군의 공습으로 잿더미가 되었다. 1945년 8월 일본이 패망했을 때 신격호가 손에 쥔 것이라고는 6만 원짜리 차용증서뿐이었다. 좌절할 신격호가 아니었다. 1946년 5월 도쿄에 숙소 겸 공장 '히카리(光)특수화학연구소'를 세워 포마드, 비누, 크림을 생산했다. 조잡하긴 했으나 물자가 부족한 시절이라 무섭게 팔려 나갔다. 신격호는 1년 반 만에 6만 엔을 모두 갚고 노인에게 보은하는 뜻으로 집 한 채를 선물했다.

당시 일본에는 껌을 씹으며 거리를 활보하는 점령군 미군이 많았다. 이를 지켜보던 일본인들 사이에도 껌을 씹는 것이 유행했다. 이 통에 껌 제조업체가 수백 군데나 난립했지만 대부분이 저질품이었다. 그래도 설탕이 오랫동안 통제 식품이고 이로 인해 사람들이 단맛에 굶주려 있었기 때문에 단맛을 내는 껌은 폭발적인 인기를 끌었다.

신격호는 1947년 4월부터 껌을 생산했다. 다른 업체들의 껌이 초산비닐에 송진을 섞어서 사카린을 묻힌 것과 달리 신격호의 껌은 소량 유통되던 멕시코산 천연 치클로 만들어져 품질경쟁에서 앞섰다. 제품을 기다리며 줄을 서는 소동이 벌어질 정도로 신격호의 껌은 큰 인기를 끌었다. 주식회사 설립을 앞두고 새로운 상호를 짓는 데 골몰하던 어느 날, 한 아이디어가 신격호의 뇌리를 스쳐 지나갔다. 괴테의 소설 '젊은 베르테르의 슬픔'에 등장하는 여주인공 '샬로테'였다. 신격호는 훗날 "롯데를 선택한 것이야말로 내 일생일대의 수확이자 걸작의 아이디어"라고 술회했다.

"사명(社名)으로 롯데를 선택한 것이야말로 내 일생일대의 수확"

'주식회사 롯데'는 신격호가 26세이던 1948년 6월 28일 창립되었다. 창립 당시 가장 인기를 끌었던 껌은 삼각형 풍선껌이었다. 껌마다 대나무 파이프를 붙였기 때문에 껌을 씹은 후 파이프 끝에 껌을 달아서 불면 비눗방울처럼 부풀었다. 제대로 된 장난감이 없던 시절, 삼각형 풍선껌은 히트 시리즈 제1탄이 되었다. 창업 5년 만에 풍선껌 시장 점유율 제1위를 차지하며 기염을 토한 신격호의 다음 목표는 풍선껌보다 시장이 훨씬 큰 '판(板)껌'이었다.

당시 판껌 시장의 점유율 1위는 하리스였다. 롯데와 하리스는 치열하게 10년 '상전'을 벌였다. 신격호는 타고난 광고 감각을 무기로 하리스를 쫓아갔다. 미국의 서부영화가 극장가를 휩쓸 때는 '카우보이 껌'을, 1951년 미일 강화조약 체결 때는 '강화 껌'을 내놓았다. 1950년대 말 일본에서 남극탐험대가 출발할 때는 '남극 껌'을 선보였다. '크리스마스 껌', '설날 껌'은 물론 심지어 조종사를 위한 '파일럿 껌'도 내놓았다.

컬러TV 방송이 시작된 1957년 5월, 롯데는 당시 가장 인기 있는 가요 프로그램의 광고를 모두 확보해 프로그램 이름을 '롯데 가요 앨범'이라고 바꿀 정도로 홍보전에도 적극적이었다. 신문, 잡지, 라디오, TV 등 모든 매체를 총동원해 '롯데 껌은 입 속의 연인'이라는 캐치프레이즈도 유행시켰다. 또한 껌 포장지 안에 '1,000만 엔 현상' 추첨권을 붙여 하리스를 바짝 추격했다. 결국 하리스는 롯데와 벌인 10년 전쟁에서 패하고 1960년대 중반 다른 회사에 흡수 합병되어 사라졌다.

1960년대 들어 롯데는 일본 껌 시장의 70%를 석권하기에 이르렀다. 신격호는 초콜릿·캔디·청량음료·아이스크림 시장에도 진출, 1960년대 말 일본 과자업계의 명문인 '메이지'와 '모리나가'를 추월해 일본 제1의 종합 과자 메이커로 우뚝 섰다.

신격호는 껌과 과자를 팔아 모은 돈으로 기회가 닿을 때마다 도쿄 변두리 땅, 황무지, 저습지 등을 꾸준히 매입했다. 1960년대에 들어 일본이 고도성장기에 진입했을 때 이 변두리땅은 신시가지의 중심부로 바뀌어 금싸라기 땅이 되었다. 신격호는 1963년 당시 국가재건최고회의 의장 박정희를 만나 투자를 제안받고 1967년 4월 서울역 앞에 롯데제과 설립을 계기로 모국 투자를 본격화했다. 호텔롯데, 롯데쇼핑, 호남석유화학 등도 창업·인수해 롯데그룹의 발판을 마련했다.

한일 양국인의 협력 사업 중 최고 성공 사례로 꼽혀

오늘날 신격호는 현대적인 유통업(롯데백화점), 한국식의 호텔업(호텔롯데)을 한국에 정착시킨 인물로 기록되고 있다. 신격호가 호텔에 투자하게 된 것도 "반도호텔과 워커힐의 적자가 크다"며 인수를 요청한 박정희 대통령의 권유에서 비롯되었다. 신격호는 반도호텔만을 인수해 그곳에 지금의 38층짜리 롯데호텔을 세웠다.

1960년대 말에는 '셔틀 경영'이라는 신조어가 만들어졌다. 짝수 달은 일본에서 '시게미쓰 다케오'란 이름으로, 홀수 달에는 한국에서 '신격호'란 이름으로 경영 활동에 나서고 있는 신격호를 가리킨 말이다. 물론 신격호는 일본인으로 귀화하지 않았다.

신격호는 일본의 역대 총리들과도 친분이 깊었다. 1985년 후쿠다 다케오 전 총리의 중매로 신격호의 차남 신동빈이 결혼했을 때 두 사람의 결혼식에 나카소네 야스히로 당시 총리와 기시 노부스케 전 총리 등 전·현직 3대 총리가 참석해 화제를 모으기도 했다. 내실 위주의 경영 철학으로 탄탄하던 롯데의 재무구조는 1997년 11월 IMF 경제위기 때 진가가 발휘되었다. 국가 부도 위기 상황에서도 롯데는 아무런 문제가 없었다. 한 걸음 더 나아가 1억 달러의 외자를 도입하고 신격호의 개인 사재 2,000만 달러를 출연해 우리나라가 외환위기를 극복하는 데 중요한 역할을 했다. 신격호의 성취는 한일 관계사에 기록된 양국인의 협력사업 중 최고의 성공 사례로 꼽히고 있다.

신격호는 1971년부터 2013년 현재까지 한 해도 빠짐없이 고향인 울산 울주군 삼동면 둔기리에서 마을 잔치를 열고 있다. 댐 건설 때문에 마을이 수몰된 고향 마을 주민을 위로하기 위해 마을 잔치를 연 것이 연례행사로 굳어진 것이다

이인선 제작·주연 국내 첫 오페라 '춘희' 초연

오페라계에 남긴 그의 발자국은 이 나라 오페라 문화의 불을 지핀 중요한 업적으로 기록되어 있다.

이인선(1906~1960)은 세브란스의전 출신의 의사였다. 하지만 타고난 목소리를 갈고닦아 1940년대 우리 음악계에서 가장 인기 있는 성악가가 되고 초창기 한국 오페라사에 초석을 놓은 인물로 기록되어 있다. 이인선이 해방 후 서둘러 '조선오페라협회'를 결성하고, 베르디의 오페라 '춘희(라트라비아타)'를 손수 우리말로 번역한 후, 1948년 1월 국내 처음으로 무대에 올린 것은 이 땅에 오페라 시대의 문을 열어젖힌 선구자적

결단이었다.

이인선은 평양에서 태어나 평양의 광성고보를 졸업하고 연희전문 문과에 입학했다. 당시 연희전문에는 음대가 없어 독학으로 음악을 공부했다. 연희전문 음악부장이던 우리나라 최초의 피아니스트 김영환에게 음악을 지도받고 연희전문의 화학과 교수 아서 베커의 부인에게 피아노를 배웠다. 이인선은 좋은 목소리를 타고나 성악 공부에도 열심이었으나 당시 국내에는 이렇다 할 성악 선생이 없어 훗날 이화여대와 중앙대의 성악 교수가 될 동생 이유선과 함께 텅 빈 교회에서 독학으로 발성 연습을 하곤 했다.

그가 공개적인 자리에서 처음 노래를 부른 것은 연희전문 1학년 때였다. 숭실전문, 이화여전, 연희전문, 세브란스의전 등 4대 전문학교 합동음악회에서도 활약이 대단했다. 그러나 이인선은 연희전문 2년을 마친 후 세브란스의전으로 학교를 옮겨 의사의 길을 걸었다. 세브란스의전을 졸업한 뒤에는 황해도 황주에서 개업의로 활동했다. 하지만 마음 속에는 제대로 성악 공부를 해야겠다는 일념으로 가득했다. 그러던 차에 당시 오케레코드 사장 이철의 재정 지원을 받아 1934년 한국인으로는 처음으로 이탈리아로 유학을 떠났다.

이인선은 밀라노에서 세계적인 테너 티토 스키파를 길러낸 케키 교수에게 정통적인 벨칸토 창법을 배우는 등 3년 동안 선진 음악을 습득하고 1937년 4월 귀국했다. 이후 서울을 비롯해 도쿄와 북경 등지에서 독창회를 열었다. 시원한 고음과 서구적 매너는 가는 곳마다 인기를 얻었다. 이를 계기로 '동양의 스키파'라는 별명을 얻었다.

광복 후 이인선은 의사와 음악 활동을 병행했다. 1947년 제자·지인들과 뜻을 모아 '한국벨칸토회'를 결성하고 배재학교 강당에서 독창회를 꾸몄다. 1948년에는 조선오페라협회를 창설하고 베르디의 오페라 '춘희(라트라비아타)'를 1월 16일부터 5일간 명동의 시공관 무대에 올렸다. 이인선이 제작·번역·남자주인공의 1인 3역을 소화한 공연에서 연주는 현제명이 설립한 고려교향악단이, 지휘는 같은 악단의 상임지휘자 임원식이 맡았다. 연출은 연극이론가 서항석이 담당하고 바리톤 오현명, 테너 황병덕 등 젊은 성악가들이 단역으로 나와 역사적인 순간에 동참했다. 합창 지도는 이인선의 동생 테너 이유선이 맡았다.

이인선(1906~1960)

초창기 한국 오페라사에 초석을 놓은 인물

오페라 전막 공연의 경우 두 사람이 주역을 맡아 교대로 출연하는 것이 통례였으나 갑자기 주역 테너 한 사람이 나오지 못하게 되는 바람에 이인선은 혼자서 남자주인공 알프레도 역을 감당하며 고군분투했다. 김자경은 소프라노 마금희와 함께 여자주인공 비올레타를 맡았으나 마금희가 공연 중반에 목에 이상이 생겨 사흘째부터는 김자경 혼자 소화하는 강행군을 했다.

공연은 전회 매진이라는 기록을 세웠지만 수익에서는 적자를 면치 못해 이인선은 집과 피아노를 처분해야 할 정도로 몸과 마음고생이 컸다. '라트라비아타'는 첫 공연의 성공에 힘입어 같은 해 4월 1일 다시 무대에 올려져 역시 성황을 이뤘다. 재공연 때는 우리나라 민간 오페라단의 효시가 되는 전문 오페라단 '국제오페라사'를 설립해 무대를 꾸몄다.

베르디의 오페라 '라트라비아타'는 알렉상드르 뒤마 피스의 소설과 희곡을 기초로 만들어졌다. '라트라비아타'는 우리말로 '방황하는 여인'으로 해석되지만 일본이 '동백 아가씨'를 뜻하는 '춘희'로 의역한 후부터 우리나라에서도 '춘희'로 불리고 있다. 일본이 '라트라비아타'를 '동백 아가씨'라는 뜻의 '춘희(椿姬)'로 부른 이유는 소설 속 여주인공이 동백꽃을 좋아하고 그를 쫓아다니는 남성들이 그녀에게 동백꽃을 선물한 데서 연유한다.

'라트라비아타'가 초연된 것은 1853년 3월 6일 이탈리아 베네치아였다. 그러나 초연은, 결핵으로 죽어가는 여주인공 비올레타 역을 우람한 체구의 배우에게 맡기는 바람에 안타까움과 슬픔이 우러나와야 할 대목에서 오히려 폭소가 터져 참담한 실패를 맛보았다. 이런 문제점들을 보완해 이듬해 5월 6일 무대에 올린 재공연은 대성공을 거뒀다. 이후 '라트라비아타'는 비제의 '카르멘'과 함께 전 세계에서 공연 횟수가 가장 많은 오페라로 기록되었다. 소프라노 마리아 칼라스는 '라트라비아타'로 이탈리아의 라스칼라 극장을 평정했고 루마니아의 소프라노 일레아나 코트루바스는 스타 탄생의 기회를 잡았다.

이인선은 자신이 우리말로 번역한 비제의 '카르멘'을 1950년 1월 두 번째로 무대에 올리고 1950년 2월 미국으로 유학을 떠나 뉴욕 메트로폴리탄 오페라단의 오디션에 동양인으로는 처음으로 합격하는 영예를 안았다. 미국의 유명 음악출판사 피셔사와도 계약을 맺어 우리 민요 '아리랑', '천안 삼거리' 등을 영어로 번역·출판함으로써 미국에 우리 민요를 소개하는 데 앞장섰다. 하지만 미국에서 예기치 않은 병을 얻어 1960년 3월 19일 켄터키주 루이빌에서 향년 54세로 세상을 떠났다. 오페라계에 남긴 그의 발자국은 이 나라 오페라 문화의 불을 지핀 중요한 업적으로 기록되어 있다.

이스라엘 독립과 제1차 중동전

너나없이 흘러내리는 눈물을 훔쳐대며 시오니즘 송가 '하티크바'를 부르기 시작했다.

1948년 5월 14일 오후 4시, 65만 유대인이 침묵과 긴장 속에서 라디오에 귀를 기울였다. 이윽고 잡음이 심한 라디오에서 신생 이스라엘의 초대 총리로 선출된 다비드 벤구리온(1886~1973)의 목소리가 흘러나왔다. 그가 떨리는 목소리로 "팔레스타인에 유대 국가를 수립하고 그 나라를 이스라엘이라고 부를 것을 선포한다"고 말하는 순간 라디오에 귀를 기울이고 있던 사람들은 너나없이 흘러내리는 눈물을 훔쳐대며 시오니즘 송가 '하티크바'를 부르기 시작했다.

그동안 팔레스타인 땅을 지배해온 영국의 고등판무관 앨런 커닝엄은 벤구리온이 독립을 선언하기 조금 전 하이파항을 떠나고 없었다. 팔레스타인을 31년간 통치해온 영국은 이렇게 작별을 고했지만 그들이 남기고 간 것은 평화가 아니라 갈등과 분쟁 그리고 피와 눈물이었다.

되돌아보면 험난했던 여정이었다. 1차대전이 한창일 때 영국이 아랍 지역을 전장으로 삼는 순간, 팔레스타인은 영토 분쟁을 넘어 문명 충돌의 진원지가 되었다. 직접적인 원인은 팔레스타인이라는 화약고를 관리하기는커녕 오히려 불을 붙인 영국의 이중성에 있었다.

1차대전이 발발하고 오스만 투르크(터키) 제국이 적국인 독일과 동맹을 맺자 영국은 그 기회를 이용해 수백 년 동안 아랍을 지배해온 터키를 몰아내기 위해 골몰했다. 그래서 발표한 것이 '맥마흔 선언'과 '밸푸어 선언'이었다. 영국은 "전쟁이 끝나면 오스만 투르크가 지배해온 팔레스타인 지역에 아랍 국가의 설립을 보장해주겠다"는 '맥마흔 선언'(1916)으로 먼저 아랍인들의 참전을 유도했다. 유대인들은 "팔레스타인에 유대 국가 설립을 도와주겠다"는 '밸푸어 선언'(1917)으로 끌어들였다.

밸푸어 선언은 이처럼 유대인에게는 한줄기 빛이었으나 팔레스타인에서 수백 년 이상 살아온 아랍인들에게는 악몽의 시작이었다. 더구나 1차대전 종전 후, 전후 문제를 처리하는 '산 레모 회의'(1920)에서 레바논과 시리아는 프랑스의 위임통치 지역이 되고 팔레스타인, 요르단, 이라크는 영국의 통치 지역으로 편입되면서 아랍인들은 영국에 대한 배신감에 치를 떨며 분노했다.

그렇다고 군사 강국인 영국을 상대할 수 없어 유대인을 표적으로 삼아 분노를 터뜨렸다. 당시 유대인들은 밸푸어 선언을 믿고 세계 곳곳에서 팔레스타인으로 속속 몰려들고 있었다. 유대인의 이주는 히틀러가 정권을 장악하고 유대인 박해를 본격적으로 시작한 1930년대 들어 급증했다.

혼란 속에서 2차대전의 전운이 감돌자 영국은 아랍인들의 지원을 끌어내기 위해 20여 년 전 구사한 기만술을 또다시 꺼내 들었다. "팔레스타인에는 단일 국가만이 존재하며 유대인의 이민자 수를 향후 5년 동안 매년 1만 5,000명으로 제한하고 5년 후에는 아예 중단한다"는 이른바 '맥도널드 백서'를 1939년 5월에 발표한 것이다.

실제로 영국은 나치의 광기를 피해 팔레스타인으로 몰려드는 유대인들의 이주를 가로막았다. 이미 팔레스타인에 정착한 유대인들은 영국의 '백서' 정책에 격분하면서도 막상 2차대전이 발발하자 영국의 정책 변화를 유도하기 위해 대거 영국군에 가담했다. 하지만 종전 후 영국은 아랍의 손을 들어주었다. '백서' 정책을 변경하지 않고 유대인들의 밀입국 러시를 저지한 것이다.

분노한 유대인들은 준군사단체인 '하가나', 사설 무장단체인 '이르군'을 중심으로 기습과 테러로 영국에 타격을 주었다. 유대인들은 팔레스타인 땅을 돌아다니며 영국군을 상대로 기습과 폭탄 공격으로 분노를 표출했다. 1946년에는 팔레스타인 지역 영국군 최고사령부가 있는 예루살렘의

'킹 데이비드 호텔'을 폭파해 80여 명의 영국인을 죽음으로 내몰았다.

아랍인들, 영국에 대한 배신감에 치 떨고 분노해

1947년에는 이른바 '엑소더스호 탈출'로 전 세계의 관심을 끌었다. 당시 영국은 팔레스타인으로 몰려드는 유대인들의 이주를 받아들이지 않고 키프로스 섬을 수용소로 활용했다. 그렇게 모아놓은 유대인 난민은 2만 6,000여 명이나 되었다. 그러자 세계 곳곳의 유대인들이 모금 활동을 벌여 이들 난민을 도왔다. 낡은 배 한 척을 구입해 한밤중에 키프로스 수용소에 있는 5,000여 명의 난민을 배에 태워 팔레스타인으로 향하게 한 것도 모금 활동의 결과였다.

'엑소더스호'로 이름 붙여진 배는 7월 18일 팔레스타인 해안에 근접했다. 영국 해군이 이들의 상륙을 막고 엑소더스호가 저지선 돌파를 시도하는 가운데 영국 해군의 발포로 3명의 유대인이 죽고 수십 명이 다쳤다. 결국 엑소더스호 난민들은 프랑스를 거쳐 독일로 보내져 집단 수용되었다.

이 소식은 엑소더스호의 무선통신사를 통해 각국으로 알려져 세계적으로 동정심을 불러일으켰다. 이런 동정은 결국 팔레스타인 분할안에 대한 약소국의 지지로 이어졌다. "시온의 대문을 활짝 열라"는 유대인과 "정책을 완화하지 말라"는 아랍인 사이에 이도저도 못하게 된 영국은 결국 위임통치를 포기하고 유엔에 갈등을 떠넘겼다. 아랍인들이 공존과 분할을 모두 거부하는 가운데 1947년 11월 29일 유엔총회는 찬성 33, 반대 13, 기권 10으로 팔레스타인을 2개의 국가로 분할하는 결의안을 가결했다. 65만 유대인과 110만 아랍인이 각각의 국가를 건설하도록 길을 터준 것이다.

미국은 아랍의 석유를 의식해 분할 대신 공존을 지지했으나 소련은 영국 세력을 하루라도 빨리 팔레스타인에서 몰아내고 싶은 마음에 팔레스

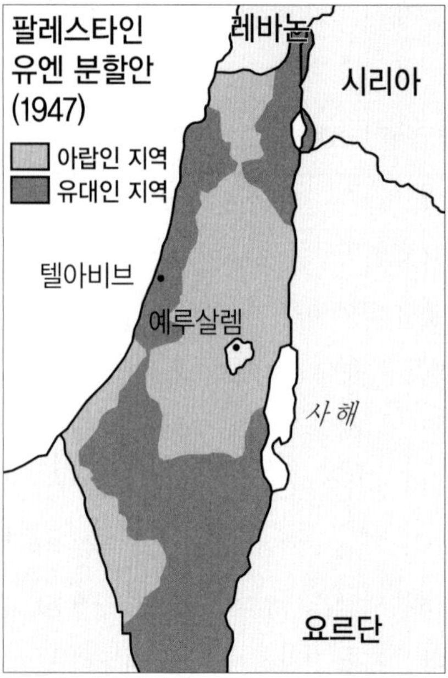

팔레스타인 분할안

타인의 분할과 이스라엘의 독립을 지지했다. 유엔의 결정은 1,800년 만에 팔레스타인에 국가를 세우게 된 유대인들에게는 벅찬 감격이었다. 반면 오랜 삶의 터전을 빼앗긴 아랍인들에게는 억누를 수 없는 분노였고 배신이었다. 아랍인들은 유대인을 공격하고 테러를 가했다. 1947년 12월 팔레스타인은 사실상 내전 상태로 빠져들었으나 영국은 무책임하게도 개입을 거부했다.

유대인들은 어렵게 확보한 땅을 빼앗기지 않으려고 안간힘을 썼다. 무기라고는 소총밖에 없었지만 분할이 결의된 후부터 독립이 선포될 때까지 6개월 동안 한 치의 땅도 내주지 않았다. 이와 달리 아랍인들은 분열된 모습을 보였다. 게다가 아랍인들은 작고 보잘것없는 이스라엘 정도는 언제든지 쫓아낼 수 있다는 자신감에 차 있었다.

이스라엘의 독립은 분쟁과 갈등, 피와 눈물의 또 다른 시작

유대인들은 유엔이 결정한 유대 국가 내의 모든 중요 도시를 장악했다. 항구도시 하이파, 아랍인 도시 야파, 시리아 국경 부근의 사파드, 그리고 예루살렘 신도시도 점령했다. 수십만 아랍인은 곧 고향으로 돌아갈 것이라는 한 가닥 희망을 품고 인근 안전지대로 이주했다. 이스라엘은 이런 과정을 거쳐 독립을 선포했으나 그것은 또 다른 분쟁과 갈등의 시작이었다.

1948년 5월 14일 밤, 이스라엘이 독립을 선포하자 아랍 제국이 신생국 이스라엘을 향해 포문을 열었다. 제1차 중동전의 막이 오른 것이다. 아랍 제국의 작전 계획은 그럴듯했지만 단순한 게 문제였다. 이스라엘 남쪽에서 이집트군 1만 명, 동쪽에서 트랜스요르단(요르단강 동쪽 팔레스타인 지역)의 아랍군단 1만 명이 이스라엘로 진격한다는 계획이었다. 북쪽에서도 레바논·시리아·이라크 군대가 진격을 준비했다. 보급품이 풍부하고 정예 병사들도 2만 명이 넘어 느긋해 하고 있는 아랍과 달리 이스라엘은 빈약한 장비 때문에 애를 태웠다. 모두 1만 정의 소총, 소총 1정당 50발의 탄환, 낡은 대포 4문, 그리고 3,600정의 기관단총이 전부였다.

이스라엘의 전략은 죽음을 무릅쓴 결사 방어였다. 달리 방도가 없었고, 승전의 희망도 희박해 보였다. 단 한 치의 땅이라도 사수하겠다는 결사 항전의 자세, 그것만이 이스라엘의 힘이었고 각오였다. 5월 14일 밤, 어둠을 틈타 이집트군이 국경을 넘어 이스라엘 네게브 사막으로 진격했다. 그러나 쉽게 승리하리라던 장담과 달리 이스라엘 정착촌의 완강한 저항에 부닥쳐 전투는 곧 교착 상태에 빠졌다.

아랍 연합군은 다행히 동부전선에서만은 눈에 띄는 전과를 올렸다. 트랜스요르단의 아랍군이 신속하게 예루살렘으로 진격해 들어가 10만 명의 유대인이 살고 있는 신도시를 포위하고 구도시를 점령한 것이다. 그러나 시간이 흐르면서 이스라엘의 완강한 저항이 힘을 발휘했다. 이스라엘은 6월 11일 포위망을 뚫고 예루살렘을 되찾았다.

양측은 1개월간의 휴전안에 동의했다. 휴전은 이스라엘에게는 천금 같은 시간이었고 아랍에게는 전쟁 실패의 책임을 두고 내분에 휩싸인 시간이었다. 아랍군의 사기는 점점 떨어진 반면 이스라엘은 휴전 기간을 최대한 이용했다. 독립 선포 전에 들여오지 못한 최신 무기들이 지급되었고 새로운 단위부대들이 편성되었다.

7월 8일 전투가 재개되었을 때 사기가 떨어진 아랍군은 엄청나게 강화된 이스라엘군과 대결해야 했다. 이스라엘군이 10일간의 공세로 아랍군을 소탕하고 이집트로 진격할 태세를 갖추었을 때 유엔의 휴전 조치로 다시 전투가 중단되었다. 그러나 이미 승패가 갈린 뒤였고 이스라엘에게는 또 한 번 힘을 비축할 수 있는 절호의 기회였다.

1948년 가을과 겨울에 치러진 전투로 이스라엘의 영토는 오히려 3분의 1이나 넓어졌다. 이 생존 투쟁에서 이스라엘은 전 인구의 1%에 해당하는 6,000명이 목숨을 잃었으나 오랜 유랑 생활 끝에 마침내 가나안 땅에 안식처를 찾았다는 가슴 벅찬 감격을 맛볼 수 있었다.

시오니즘 팔레스타인은 현재의 요르단과 이스라엘, 그리고 요르단강 서안과 가자 지구를 포함한 지중해의 동남부 지역을 지칭한다. 현지 지명은 '팔레스티나'이지만 1차대전 후 영국의 통치 지역이 되면서 영어식 표현인 '팔레스타인'으로 굳어졌다. 이곳은 땅이 비옥하거나 지정학적으로 중요한 곳도 아니었다. 그런데도 20세기 들어 이곳을 차지하려는 이민족간의 갈등, 이 갈등을 이용해 잇속을 채우려는 영국의 이중적인 태도, 2차대전 후 일방적으로 진행된 미국의 친이스라엘 정책 등으로 증오와 눈물과 보복의 땅이 되고 말았다.

유대인이 팔레스타인에 거주한 것은 기원전 15세기로 거슬러 올라간다. 기원전 11~10세기의 다윗왕과 솔로몬왕 때 전성기를 맞다가 솔로몬왕 사후 헤브라이 왕국이 북부의 이스라엘 왕국과 남쪽의 유대 왕국으로 분열되었다. 이스라엘 왕국은 기원전 8세기 후반 아시리아 제국에, 유대 왕국은 기원전 586년 신바빌로니아 왕국의 네부카드네자르 2세에 의해 멸망됨으로써 고대 이스라엘 시대는 종말을 고했다.

유대인들은 신바빌로니아 왕국의 수도인 바빌론(현재의 이라크)으로 강제 연행되어 '바빌론 유수'를 겪었으나 기원전 538년 페르시아의 다리우스 1세가 유대인들을 포로에서 해방시켜준 덕에 팔레스타인으로 돌아올 수 있었다.

테오도어 헤르츨(1860~1904)

그러나 기원후 70년, 로마 제국에 의해 신전이 파괴되고 강제로 유럽 전역으로 흩어지는 '디아스포라'를 거치면서 유대인들은 또다시 세계 각지에서 수난과 박해를 받아야 하는 고통의 시대를 겪었다. 7세기경 팔레스타인의 지배자는 이슬람 제국이었다. 12세기에는 십자군이 팔레스타인에 예루살렘 왕국을 세우는 등 기독교와 이슬람의 쟁탈전이 벌어지기도 했으나 15세기부터는 오스만 투르크 제국의 통치 지역이 되었다.

중세 말 유럽 전역에서 유대인의 거주지를 특정한 지구로 한정하는 '게토' 정책이 시작되면서 유대인 다수는 동부 유럽과 러시아 등지로 재이동했다. 서유럽에서는 시민혁명을 전후로 유대인에 대한 차별에 일부 변화가 있었으나 19세기 후반 다시 반유대주의의 대두로 불안한 삶을 살아야 했다. 동유럽에서도 17세기 중반부터 거의 200년 동안 유대인을 집단적으로 습격하고 대량 학살하는 '포그롬'이 행해져 결코 편치 못했다.

유대인의 국가 건설, 유대 민족의 활로 개척 운동이자 사상

'시오니즘' 운동이 탄생한 것은 포그롬과 반유대주의 불길이 치솟던 19세기 말이었다. 시오니즘은 유대인의 국가 건설, 유대 민족의 활로 개척 운동이자 사상이다. 유대인에 대한 차별과 박해가 유대인들로 하여금 조국 없는 민족의 서러움을 뼈저리도록 느끼게 했고 유대 민족 국가 건설의 필요성과 중요성을 깨닫게 한 것이다.

제1차 시오니스트 대회는 1897년 8월 29일 스위스 바젤에서 열렸다. 대회는 헝가리 태생의 언론인 테오도어 헤르츨(1860~1904)이 주도했다. 그의 인생에 큰 전환점이 된 사건은 '드레퓌스 사건'이었다. 헤르츨은 파리 현지에서 큰 충격을 받고 사태의 심각성을 깨달았다. 그래서 1896년 그가 쓴 책이 '유대인 국가'다. 이후 헤르츨은 유럽과 북아프리카의 유대인 사회를 찾아다니며 시오니즘 확산에 전력을 기울였다. 그래서 열린 회의가 제1회 시오니스트 총회였다.

첫 회의에는 19개국 204명의 유대인 대표가 참석했다. 첫 회의에서 '조국 시온(팔레스타인)의 언덕으로 되돌아가 새로운 국가를 건설하자'는 '바젤 선언'이 채택되었다. 이 회의가 전환점이 되어 시작된 '조국 귀환 운동'은 유대인을 하나로 뭉치게 하고 오늘날의 이스라엘을 건국하게 한 정신적인 모체가 되었다.

두 번째 회의는 참가 인원이 394명으로 늘어난 가운데 1년 뒤 열렸으며 이후 연례행사로 자리를 잡았다. 흥미로운 사실은 5번째 바젤 회의 때 영국이 당시 영국의 식민지인 아프리카 우간다를 신생 유대 국가의 땅으로 제안한 일이다. 하지만 이 안건은 사찰단이 우간다 현지를 살피고 돌아온 후 부결되었다.

결국 유대인들은 팔레스타인을 정착지로 최종 확정했다. 그들은 그곳 땅을 사들이기 위해 전 세계적으로 모금 운동을 벌였다. 또한 팔레스타인 땅에 묻히겠다는 이주민의 숫자가 급증해 팔레스타인에 터를 잡고 있던 아랍인들과의 충돌은 피할 수 없었다.

소련의 베를린 육로 봉쇄

서방 3개국과 소련의 입장이 달라 통일된 군정을 끌어내지 못하고 서로 옥신각신했다.

프랭클린 루스벨트(미국), 윈스턴 처칠(영국), 이오시프 스탈린(소련)이 이란의 테헤란에서 만나 종전 후 독일과 베를린을 각각 3개 지역으로 분할 통치하기로 합의한 것은 1943년 11월이었다. 이른바 테헤란 회담이었다. 3국은 1944년 11월에도 '런던 협정'을 체결해 영국은 독일의 쾰른과 함부르크 등이 있는 북서 지역, 미국은 프랑크푸르트와 뮌헨 등이 있는 남서 지역, 소련은 동쪽 지역을 점령하기로 합의했다. 1945년 2월의 얄타 회담에서는 프랑스를 점령군에 포함시켜 독일을 4개 지역으로 나누어 분할통치하는 데 합의했다.

종전 후 열린 1945년 7월의 포츠담 회담에서는 오데르~나이세강을 독일의 동쪽 경계로 정해 그 동쪽의 독일 지역을 폴란드로 편입했다. 이에 따라 독일의 영토는 중세 후기 수준으로 축소되었고 동부 독일에 있던 1,248만 명의 독일인은 5년에 걸쳐 독일로 강제 이주했다. 이로써 500년 이상 유지되어온 동유럽 내 독일의 역사와 문화도 사라졌다.

런던 협정(1944.11)에 의거해 4개국 점령군 사령관으로 구성된 '연합국 통제위원회'가 베를린에 설치된 것은 1945년 7월 30일이었다. 그러나 서방 3개국과 소련의 입장과 목적이 달라 통일된 군정을 끌어내지 못하고 서로 옥신각신했다. 소련은 전쟁 배상금 지급이 우선이라며 2년 안에 독일의 공장과 중장비 시설 등을 몰수하고 매년 독일이 원료 또는 완제품 형태로 배상해야 한다고 주장했다. 반면 서방 3개국은 민주주의를 기초로 한 독일 경제의 복구가 우선임을 강조했다.

1947년 1월 미국과 영국이 자국의 점령 지역을 미·영 경제통합지역으로 묶고 소련 역시 자신의 점령 지역을 소련식의 체제로 재편함에 따라

4개 연합국의 점령 지역

독일은 차츰 동독과 서독이라는 이질적인 사회체제로 바뀌어갔다. 게다가 1947년 3월 12일 미소 냉전의 신호탄이 된 '트루먼 독트린'이 발표되고 뒤이어 6월 5일에는 서유럽 재건을 목표로 한 '마셜 플랜'까지 발표되면서 독일은 동서 냉전의 각축장이 되었다.

이처럼 대립이 심화하는 가운데 서방 측은 독일 마르크화 폭락, 생산 활동 마비, 생필품 품귀 등 파탄에 직면한 서독 경제를 재건하기 위해 화폐개혁을 서둘렀다. 서독 지역의 화폐개혁은 1948년 6월 20일 이뤄져 도이체 마르크(DM)가 라이히 마르크(RM) 대신 공식 지불 수단이 되었다. 서방국가들의 이 같은 결정에 대해 소련은 '통화를 매개로 한 경제침략'이라고 비난하면서 동독 지역과 베를린 전체를 대상으로 RM 대신에 동독 마르크(DM-Ost, DDM)를 도입하는 화폐개혁을 단행하는 것으로 맞섰다.

생필품을 비행기로 공수하는 공중 물자수송 작전 펼쳐

6월 24일에는 서베를린을 일방적으로 봉쇄하는 초강수를 두었다. 유럽 동서 냉전의 신호탄이었다. 소련은 6월 23일 밤 서베를린 지역에 전력과 석탄 공급을 중단한 데 이어 6월 24일 서독과 베를린을 잇는 모든 육로·수로·철로를 봉쇄해 식량수송을 금지시켰다. 당시 베를린은 동독의 한가운데 있으면서도 정치적 상징성 때문에 동베를린은 소련, 서베를린은 서방 3개국의 공동관리하에 있었다. 이처럼 베를린이 서독과 멀리 떨어져 있다는 약점을 이용해 소련이 서베를린을 고립시키기로 한 것이다.

미국은 '육지의 고도'가 된 서베를린 주민을 위해 생필품을 비행기로 공수하는 공중 물자수송 작전을 폈다. 미국이 6월 26일부터 식량, 연료, 의약품을 공수하는 '공중가교'(루프트 브뤼케) 작전을 펼치자 소련은 7월 1일 베를린 4개국의 공동관리를 일방적으로 파기하고 베를린의 독점적 지배권을 주장했다. 이에 대해 서독 주둔 미 사령관은 "베를린이 함락되면 다음은 서독 차례"라며 결코 물러설 수 없다는 입장을 고수했다.

긴장이 고조되는 가운데 항공기가 3분마다 베를린으로 날아갔으나 봉쇄가 장기화하자 서베를린의 식량은 배급제로 바뀌고 전력 소비는 제한되었으며 공장도 하나둘 문을 닫았다. 군사적으로는 동독 주둔 소련군이 40개 사단으로 증가하고 원폭을 탑재한 미군의 B-29 폭격기들이 영국에 배치되는 등 3차대전이 곧 일어날 것 같은 위기 상황이 고조되었다. 다행히 양측의 자제로 분쟁은 베를린을 둘러싼 정치 논쟁으로만 전개되었다.

그러다가 미국을 비롯한 자본주의 국가들이 동유럽 국가들에 전략수출품 수출을 금지하는 역봉쇄를 단행하고 소련을 비난하는 국제 여론이 비등하자 소련은 봉쇄 318일 만인 1949년 5월 12일 봉쇄를 해제했다. 항공기를 이용한 물자 공급은 9월 30일까지 계속되었다. 15개월의 봉쇄 기간 중 미국과 영국은 250만 서베를린 시민을 위해 27만 7,728회의 항공기를 운항하며 211만 톤의 물품을 실어 날랐다. 이 과정에서 78

베를린의 템펠호프 공항에 상륙하는 미국의 수송기를 베를린시 아이들이 지켜보고 있다.

명이 목숨을 잃었다.

베를린 봉쇄는 무력충돌로까지 비화되지는 않았다. 그러나 베를린 봉쇄는 냉전체제를 고착시킨 결정적인 계기가 되었다. 미국은 베를린 봉쇄가 지속되던 1949년 4월 서유럽 국가들의 집단방위기구인 북대서양조약기구(NATO)를 결성했다. 이에 앞서 1948년 4월부터는 마셜 플랜에 근거해 경제원조를 시작했다.

소련은 1949년 1월 동유럽 사회주의 국가들의 경제협력기구인 코메콘(COMECON)을 결성하고 1955년 5월 바르샤바조약기구(WTO)를 출범시켜 서유럽에 맞섰다. 코메콘의 결성이 마셜 플랜에 대응하는 성격이 짙었다면 바르샤바조약기구는 북대서양조약기구에 대응하기 위한 동유럽 국가의 군사안보기구였다. 분단의 골은 이렇게 더욱 깊어졌다.

요시프 티토와 코민포름 유고 축출

독일의 유고 침공 시에는 '파르티잔'을 이끌고 독일 · 이탈리아군에 맞서 명성을 떨쳤다.

요시프 티토(1892~1980)는 구 유고연방에 속한 크로아티아 변방에서 태어나 정식 교육이라고는 초등학교 졸업이 전부였다. 15살 때부터 철공소 노동자로 전전하던 중 당시 크로아티아를 지배하고 있는 오스트리아·헝가리 군대에 편입되어 1차대전에 참전했으나 중상을 입고 러시아군에 체포(1915)되어 갖은 고초를 겪었다.

1917년 탈출한 뒤에는 러시아 페트로그라드에서 노조 활동을 하고 시베리아에서 러시아혁명에 반대하는 백군과 전투를 벌였다. 1차대전이 끝나 1920년 공산주의자가 되어 크로아티아로 돌아왔으나 조국은 여전히 19세기 전제 왕정에 머물러 있었다. 그는 조국의 공산화를 목표로 혁명에 투신했다. 하지만 1928년 체포되어 5년 동안 수감 생활을 해야 했고 이 과정에서 유고 공산당의 핵심 인물로 부상했다.

1940년 10월에는 유고슬라비아 공산당의 서기장으로 선출되고 독일이 유고를 침공한 1941년 4월부터는 '파르티잔'(빨치산)을 이끌고 독일·이탈리아군에 맞서 명성을 떨쳤다. 곧 티토의 파르티잔으로 인종과 종파 구분 없이 지원병들이 모여들자 그동안 유고슬라비아의 우익 지도자를 지지해온 영국 정부가 1943년 초를 기점으로 티토의 파르티잔을 지원하는 것으로 돌아섰다. 미국 역시 티토를 지지했다.

티토는 전쟁이 한창이던 1943년 소련에 알리지 않은 채 임시 혁명정부를 구성하면서 "유고슬라비아는 평등한 민족들로 이뤄진 공산주의 연방"이라고 선언했다. 스탈린이 이 사실을 뒤늦게 알고 분노했으나 티토는 아랑곳하지 않고 임시 혁명정부의 수반으로 독립 국가의 기틀을 마련하는 데 총력을 기울였다. 전쟁 막바지에는 유고 왕조 군대와 내전을 벌여 승리를 거뒀다.

당시 동유럽 공산당 정부 대부분은 2차대전 중 소련에 망명했다가 종전 후 소련군의 뒤를 따라 고국으로 돌아와 권좌를 차지한 사실상의 괴뢰정부였다. 반면 티토의 유고 공산당만은 자력으로 독립을 이뤄냈다는 점에서 자부심이 넘쳐났다. 그런데도 스탈린은 그 차이를 인정하지 않고 유고 공산당을 다른 동유럽 공산당과 똑같이 꼭두각시로 대했다. 1947년 창설된 제1회 코민포름 회의를 유고의 베오그라드에서 개최한 것도 유고를 공산 블록에 묶어 두려는 계산이었다.

스탈린은 티토가 그리스 공산혁명을 독자적으로 지원한 것도 못마땅하게 생각했다. 티토 역시 스탈린에 대해서는 감정이 좋지 않았다. 스탈린이 1937년 소련에 망명 중인 800여 명의 유고 공산당원을 숙청하고 2차대전 막바지에 유고 공산당보다 런던에 망명 중인 유고 국왕 정권과 교섭한 것도 불쾌하게 생각했다.

스탈린이 티토를 의심하고 티토가 스탈린과 거리를 두고 있던 1948년 6월 28일, 스탈린의 사주를 받은 코민포름이 마침내 티토의 유고 공산당을 축출하면서 둘의 관계는 더 이상 화합할 수 없는 관계로 발전했다. 유럽 각국의 공산당은 충성 경쟁을 벌이기라도 하듯 티토를 비난하며 유고와 접해 있는 국경선에서 무력 시위를 벌였다. 1949년 여름에는 소련과 동구 위성국가들이 유고슬라비아에 경제 제재 조치를 취했다. 이처럼 소련의 지원이 전면 중단되고 동유럽 공산당이 티토를 거세게 비난하면서 티토는 최대 위기를 맞았다.

스탈린식 방법으로 스탈린에 맞서

그렇다고 굴복할 티토가 아니었다. 티토는 파르티잔 시절의 독립적인 애국심을 불러일으켜 소련에 맹종하는 유고 내부의 적들을 처단했다. 1949년부터 1952년 사이 자신을 비난하거나 코민포름을 지지하는 1만 2,000여 명도 감옥에 가두었다. 스탈린의 방식으로 스탈린에 맞선 것이다. "내가 새끼 손가락을 약간만 움직이면 티토 같은 자는 없애버릴 수 있다"라고 호언장담한 스탈린이었지만 예상치 않은 티토의 반격에 어찌해 볼 도리가 없었다. 당시 티토는 공식적으로는 서방의 우산 아래 들어 있지는 않았으나 서방 세계는 소련의 무력 진압을 예의 주시했다.

티토는 스탈린의 압박에서 벗어나기 위해 활로를 모색했다. 밖으로는 그리스 공산주의자들을 지원하는 것을 중단하는 대신 미국으로부터 원조를 받았다. 6·25전쟁 때는 인도 총리 네루가 제안한 유엔과 중국 간의 중재안을 지지함으로써 스탈린을 불편하게 했다.

안으로는 노동자 자주관리를 기초로 하는 사회주의 경제를 수립하는 데 박차를 가했다. 1950년 6월 공표된 '노동자 자주관리제'는 노동자가 공장이나 기업을 자주적으로 운영·관리한다는 내용을 담고 있었다. 이른바 '유고식 시장사회주의'의 실험이었다. 결과는 성공적이었고 유고슬라비아는 공산주의 국가들 중 가장 부유한 국가가 되었다.

요시프 티토(1892~1980)

이런 상황에서 소련의 흐루시초프가 유고를 직접 방문해 티토와 화해를 시도한 것은 스탈린이 사망(1953)하고 소련에 해빙 무드가 찾아온 1955년 6월이었다. 그것은 흐루시초프가 스탈린의 잘못을 시인한다는 의미였다. 코민포름 역시 흐루시초프의 유고 방문 후 사실상 유명무실해져 1956년 4월 공식적으로 해체되었다.

최대 공적은 다민족 국가를 통일 국가로 통합한 것

티토의 독자 노선은 1960년을 전후로 한 시점에 인도의 네루, 이집트의 나세르, 인도네시아의 수카르노 등 제3세계 지도자들과 뜻을 같이하는 비동맹 외교로 결실을 이뤘다. 1961년에는 티토, 네루, 나세르 등의 제창으로 유고슬라비아의 베오그라드에서 25개 회원국으로 '비동맹운동'을 출범했다. 1962년에는 국민들의 외국 방문을 허용함으로써 해외여행 제한을 푼 유일한 공산국가가 되었다. 1960년대 중반 무렵에는 하나의 독자적인 사회주의 체제로 자리를 잡아 독자 노선을 추구했다.

무엇보다 역사·종교·문화가 서로 다른 다민족국가를 유고라는 통일국가로 통합한 것이야말로 티토의 최대 공적이었다. 티토는 다민족, 다종교, 다언어, 다문화로 이뤄진 유고슬라비아의 평화와 안정에 특히 심혈을 기울였다. 1974년 유고 연방의 분열을 막기 위해 공산당 서기장, 6개 공화국 대표, 2개 자치주 대표 등 모두 9인의 집단지도체제를 뼈대로 한 새

헌법안을 마련했다. 또한 자신이 죽은 후 벌어질지도 모를 유혈 사태를 막기 위해 지도부 간의 순번에 의거한 임기 1년의 대통령제를 도입했다. 이런 일련의 노력 덕에 유고는 안정된 모습을 보였다.

1980년 5월 4일 세상을 떠났을 때 장례식에는 세계 각국에서 동서 양 진영의 구분 없이 4명의 왕, 31명의 대통령, 22명의 총리 그리고 47명의 외무장관이 참석해 역사상 가장 많은 국가 지도자들이 참석한 장례식으로 기록되었다. 장례식 장면도 48개국에서 생중계했다.

티토는 사후에 사치한 생활이 드러나 '공산국가의 왕'이라는 비난을 들었다. 또한 '티토이즘'은 스탈린주의에 대한 저항이 아니라 본질적으로 스탈린주의를 모방해 발칸반도의 스탈린이 되려는 또 다른 스탈린주의라는 비판도 받았다. 그럼에도 티토는 냉전시대에 제3세계라는 중립지대를 만들어 식민주의 종식에 힘을 쓴 지도자였고, 냉전의 강요를 거부하며 비동맹주의를 이끈 발칸반도의 거목이었다.

킨제이 보고서 '인간 남성의 성적 행동' 출간

'배꼽 아래' 일상이 낱낱이 그 모습을 드러내는 순간 사람들은 당혹감을 감추지 못했다.

앨프리드 킨제이(1894~1956) 미국 인디애나대 교수의 전공은 곤충학이었다. 그중에서도 손톱만 한 크기의 혹벌 연구가 주전공이었다. 1920년 교수로 부임해 18년 동안 수집·분류한 혹벌 표본만 400만 개가 넘었다. 이런 그에게 삶의 진로를 바꿔놓을 중대한 변화가 찾아온 것은 1938년이었다. 인디애나대 측이 성교육 강좌의 필요성을 제기한 여학생들의 요구를 받아들여 성 강좌를 개설하면서 킨제이에게 결혼에 관한 비공식 강좌를 맡아달라고 요청한 것이다.

킨제이는 강의를 맡긴 했으나 제대로 된 과학적 자료 하나 없는 현실이 당혹스러웠다. 성에 관한 도덕적 권고와 이론들만 있을 뿐 실질적인 데이터가 거의 없었던 것이다. 인간의 성 행동보다 오히려 가축의 성 행동에 관한 자료가 더 많을 정도였다. 킨제이를 더욱 놀라게 한 것은 학생들의 성에 대한 무지였다. 여성이 성을 입에 올리는 것조차 터부시될 때였다.

그의 강의는 파격적이었다. 학생들도 열띠게 반응했다. 그러자 지역 사회가 분노했다. 대학이 속해 있는 지역의 목사연합이 강의 중단을 요구하고 의대 교수들도 공격에 합세했다. 결국 강의는 1940년 중단되었다. 다만 강의를 시작할 때 록펠러 재단의 지원을 받아 10만 명을 목표로 시작한 성력(性歷) 수집은 계속 진행되었다.

그가 선택한 방법은 1대1 대면 방식의 인터뷰였다. 인터뷰를 담당할 조사원들에게는 쇼킹한 말을 듣더라도 편안하고 친근하게 행동하도록 가르쳤다. 조사원들은 "지금까지 상대한 파트너의 수는", "자위 행위는 일주일에 몇 번", "오르가슴은 언제 느꼈나" 등의 질문을 포함해 평균 300개에서 500개에 달하는 질문을 인터뷰 대상자에게 쏟아냈다.

그렇게 10년 동안 조사한 결과는 1948년 1월 발간된 '남성의 성적 행동'이라는 제목의 '킨제이 보고서' 제1권에 수록되었다. 당초 목표인 10만 명에는 한참 못 미쳤지만 5,300여 명 남성의 솔직한 고백을 담은 보고서는 충격적인 내용들로 채워졌다. 보고서에 따르면 유부남의 30~45%는 혼외정사 경험이 있고 남성의 96%는 자위행위를 했으며 37%는 동성애 경험이 있었다. 심지어는 어린이들에게도 성생활이 있는 것으로 조사되었다.

"진화론 이래 이보다 충격적인 과학서는 없었다"

이렇게 은밀했던 성이 까발려지고 '배꼽 아래' 일상이 낱낱이 그 모습을 드러내자 사람들은 당혹감을 감추지 못하면서도 강한 호기심을 보였다. 2

앨프리드 킨제이(1894~1956)

만 5,000권의 초판이 금세 매진되고 수개월 만에 25만 부가 팔려나가 킨제이는 일약 이슈 메이커로 떠올랐다. '뉴스위크'지는 "다윈의 진화론이 세상을 둘로 갈라놓은 이래 이보다 충격적인 과학서는 없었다"며 당시의 충격을 전했다.

하지만 분노하는 편지들이 전국에서 쇄도했다. 킨제이라는 성을 가진 사람들 중 일부는 자신이 친척이 아님을 알리는 광고를 냈다. 심지어 킨제이의 아이들조차 킨제이가 자신의 아버지가 아니라고 부인했다. 그래도 킨제이는 굴하지 않고 5년 후인 1953년 9월 5,940명의 여성을 상대로 작성된 보고서를 발표해 또 한 번 세상을 충격에 빠뜨렸다.

킨제이 보고서 제2권으로 발표된 '여성의 성적 행동'은 그동안 남성보다 더 베일에 싸여 있던 여성의 성생활을 폭로했다는 점에서 5년 전의 1권보다 더 뜨거운 논란을 불러일으켰다. 여성의 62%가 자위행위를 하고 50% 정도가 혼전 성관계를 가졌으며 혼외정사나 동성애를 즐기는 기혼여성이 각각 26%와 19%라는 조사 결과는 당시에는 차마 입에 꺼낼 수 없을 정도로 민망한 내용들이었다.

여성도 남성처럼 오르가슴에 탐닉한다고는 상상도 못 하던 시절에 그동안의 고정관념이 잘못되었음을 과학적 수치로 입증한 보고서가 출판되자 이번에는 여론의 강한 질책이 이어졌다. 1953년 8월 24일자 타임지가 킨제이를 '섹스의 콜럼버스'라고 보도하긴 했지만 대부분의 언론은 "매춘부를 조사한 게 아니냐"며 비난했다.

라이프지는 "인간의 기본단위인 가족에 대한 공격이자 도덕의 부정이고 문란한 성에 대한 찬양"이라고 비난했으며 다른 신문·잡지들은 아예

책을 소개하지 않거나 책 광고마저 거부했다. "악마의 사주를 받은 것"이라고 비난하는 성직자, "미국의 가정을 파괴해 미국 사회를 전복하려는 공산주의자들에게 길을 열어주고 있다"며 매카시즘에 편승한 하원의원도 있었다. 결국 도서관 서가는 물론 서점에서도 열람과 판매가 금지되었다. 연구비를 대던 록펠러 재단마저 외부 압력을 못 이겨 지원을 중단했다.

성 문제를 학문적인 연구 대상으로 격상시켜

킨제이는 그래도 연구를 멈추지 않았다. 1권, 2권 인터뷰 대상자를 포함해 총 1만 8,000여 명까지 인터뷰를 늘리는 등 고군분투했으나 "종교적 가치판단, 사회적 금기, 법률 규제에 가려진 인간의 성생활을 객관적으로 드러내고 싶었다"는 말을 남긴 채 1956년 8월 25일 사망했다.

오늘날 킨제이 보고서에 문제가 많다는 사실은 누구나 인정하고 있다. 표본 추출, 대상 계층, 조사 지역 등에서 문제점이 제기되고 있는데 특히 자발적으로 인터뷰에 응한 사람 대부분이 자신의 성생활을 드러내기 좋아하는 개방적인 성격의 소유자일 수 있다는 점에서 강한 의문이 제기되었다. 예를 들면 동성애가 높은 비율로 나타난 것도 동성애자들이 자발적으로 면담에 응해 동성애가 나쁘지 않다는 것을 사회에 알리고 자신들 스스로 죄의식을 느끼지 않으려는 의도에서 비롯된 것이라는 추측도 그중의 하나였다.

도덕적으로 가장 논란을 일으킨 부분은 킨제이가 어린이들을 성 연구에 포함시켰을지도 모른다는 의혹이었다. 또한 조사 대상자가 백인, 중서부 중산층, 대학생들에게 치우치고 조사 자원자 중에 죄수와 성범죄자가 다수 포함되어 있어 통계적 가치로 볼 때 표본추출이 인구 전체를 대표하지 못한다는 지적도 제기되었다.

킨제이의 성적 취향도 도마에 올랐다. 양성애자이고 부부가 합의하에

서로 혼외 정사를 허용하는 등 파격적인 모습을 보였기 때문이다. 설문 조사를 하는 것만으로는 성이 차지 않아 성행위를 여러 차례 관찰한 적도 있었다.

그러나 이런 비판과 논란에도 불구하고 킨제이 보고서는 성 실태에 대한 첫 학문적 접근이었다는 점에서 오늘날 그 업적을 인정받고 있다. 성생활에 대한 고정관념을 파괴하고 성 문제를 학문적인 연구 대상으로 격상시켰다는 것이 대체적인 평가다.

앨저 히스 소련 간첩으로 판명

공소시효 만료로 간첩 혐의는 피할 수 있었지만 위증 혐의는 사실로 밝혀졌다.

미 국무부 안에서 승승장구하던 앨저 히스(1904~1996)의 운명을 반전시키는 결정적인 증언이 나온 것은 1948년 8월 3일이었다. 타임지 전 편집장 휘터커 체임버스가 미 하원 비미활동위원회에서 "나는 과거 소련의 간첩이었다. 카네기 재단의 앨저 히스 총재를 비롯해 몇몇 전직 국무부 관리도 1930년대 소련 간첩망의 일원으로 미 정부에 침투해 활약한 공산주의자들"이라고 증언한 것이다. 히스가 간첩일 수 있다는 의혹은 수년 전부터 비밀리에 제기되었으나 세상에 공표된 것은 처음이어서 일반 미국인들은 놀라움을 감추지 못했다.

앨저 히스는 미 볼티모어에서 태어나 존스홉킨스대와 하버드 법대를 졸업한 엘리트였다. 대학을 졸업한 후에는 대법관 시보를 거쳐 노동자·농민 문제를 다루는 '국제법률가협회'에 가입, 사회주의 운동에 발을 담갔다. 1933년 루스벨트 대통령의 뉴딜 정책 집행기구 중 하나인 농업조정국 법률자문관으로 공직 생활을 시작하고 1934년 군수산업의 이권 관계를 조사할 목적으로 상원에 설치된 '나이위원회'에서 활동하는 등 정부 안에서 동분서주했다. 간첩 활동을 시작한 것은 그 무렵이었다.

1936년 9월 국무부 차관보의 특별보좌관이 되었을 때는 소련의 간첩으로 활동하던 휘터커 체임버스 등이 빼낸 미국의 외교 안보 기밀을 소련으로 유출했다. 1944년에는 국무부의 핵심 부서인 특별정치국 부국장으로 승진해 전후 세계질서에 관한 계획을 입안하는 등 루스벨트 정부에서 핵심적인 역할을 하고 1945년 2월 얄타 회담에 실무자로 참여했다. 1945년 5월에는 유엔 임시 사무총장을 맡아 유엔 설치를 위한 '샌프란시스코 회담'을 준비했다.

그러던 중 1945년 가을 소련의 KGB 첩보 조직을 워싱턴에서 운영하던 엘리자베스 벤틀리를 비롯해 몇몇 소련 간첩이 신변의 위협과 공산주의에 환멸을 느껴 미국의 FBI(연방수사국)에 자수하는 일이 일어났다. 그들 입에서 앨저 히스와 해리 덱스터 화이트가 소련의 간첩이라는 사실이 흘러나왔는데도 히스는 통상 이런 일이 터지면 즉각 소련으로 탈출하는 다른 간첩과 달리 순순히 FBI의 조사를 받는 정반대의 태도를 취했다.

히스는 조사 과정에서 동부 명문대의 인맥을 이용하고 깔끔한 처신으로 위기를 넘기긴 했으나 의혹을 완전히 불식하지는 못해 국무부에서 물러났다. 그래도 그를 전폭적으로 지원하는 딘 애치슨 국무차관의 도움으로 카네기 재단 총재 자리를 차지했다.

앨저 히스 사건, 매카시즘 광풍에 단초 제공

히스가 간첩이라고 증언한 체임버스는 컬럼비아대 재학 중 공산주의를 알게 되어 1925년 미국 공산당에 가입하고 1933년 모스크바에서 첩보 훈련을 받았다. 잡지사에 근무하면서 간첩 활동을 했으나 1938년 스탈린의 대숙청 사실을 알고 활동을 포기했다. 그렇다고 자수하지는 않았다. 그러던 중 소련이 전범 국가인 나치 독일과 불가침 협정을 체결한 것에 화가 나 히스의 간첩 행위를 법무부에 신고했다. 하지만 FBI는 별다른 혐의점을 찾지 못해 조사를 중단했다.

실망한 체임버스는 이 문제를 덮고 자신의 생업에 열중했다. 그런던 중 미 하원 비미활동위원회가 1948년 7월 벤틀리와 체임버스를 증인으로 채택하자 10년간의 침묵을 깨고 히스가 간첩이라고 공개적으로 증언한 것이다. 체임버스는 비미활동위원회 청문회에서 “히스가 그의 부인에게 국무부 기밀문서를 가져다주고 부인이 타자기로 복사본을 만들면 내가 1주일에 한 번꼴로 히스 집에 들러 문서를 넘겨받아 소련 첩보원에게 전달했다”고 증언했다. 청문회에서 리처드 닉슨 의원은 히스 사건을 집요하게 물고 늘어져 전국적인 명성을 얻었다.

히스는 결백을 주장하며 체임버스를 명예훼손죄로 고소했다. 체임버스는 국무부 기밀 서류가 담겨 있는 마이크로필름을 증거물로 제시했다. 이것은 1930년대 후반 국무부에 재임하고 있던 히스가 소련 첩보원에게 넘겨주라며 타자기로 쳐서 자신에게 건네준 것이었다.

FBI는 히스가 집에서 국무부 문서를 타이핑하는 데 사용한 타자기를 찾아냈다. 마이크로필름에 담긴 기밀문서 서체와 히스가 사용했던 타자기의 서체가 같다는 사실이 확인되면서 히스는 1948년 12월 위증죄로 기소되었다. 국무부 문서를 소련에 넘기지 않았고 체임버스를 전혀 알지 못한다는 그동안의 주장이 거짓으로 드러났기 때문이다.

그런데도 히스는 공소시효 만료로 간첩 혐의를 피할 수 있었다. 그러나 위증 혐의는 사실로 밝혀져 1949년 7월 1심에서 유죄판결을 받고 1950년 1월 2심 재판에서 5년형을 선고받았다. 그 후 감형되어 1951년 3월부터 1954년 11월까지 44개월 동안 복역했다. 매카시가 국무부 내에 205명의 간첩이 있다고 폭탄선언을 한 것은 히스가 2심 판결을 받은 후 2주가 지난 1950년 2월이었다. 따라서 앨저 히스 사건은 1950년대 미국을 뒤흔든 매카시즘에 단초를 제공한 셈이다.

'반공 이데올로기 희생자' 부각했으나 5년형 선고받아

히스는 1954년 11월 출옥한 뒤에도 무죄 주장을 굽히지 않았다. 기회가 있을 때마다 체임버스의 모함, 타자기에 의한 위조, 뉴딜을 증오하는 무자비한 적들의 공격, 매카시즘 이후 전개된 히스테릭한 반공주의 물결, 악랄한 판사들 때문에 자신이 희생되었다고 주장했다. 1960년대에 미국과 서구에 신좌파 운동이 거세졌을 때는 대학을 돌아다니며 반공 이데올로기의 희생자임을 부각시켰다. 더구나 히스의 위증죄를 입증하는 데 큰 역할을 한 리처드 닉슨 대통령(1948년 청문회 당시는 상원의원)이 1974년 워터게이트 사건으로 물러나면서 많은 미국인이 히스의 무죄 주장에 공감하기 시작했다.

히스는 이런 분위기를 틈타 자신은 '야심가 닉슨의 희생양'이라고 강변했다. 히스의 지지자들은 히스가 부패한 미국의 자본주의 체제를 개혁하려고 몸부림치다가 매카시즘이라는 보수 반공 세력의 마녀사냥에 희생당한 개혁가로 선전 활동을 펼쳤다. 매카시즘이 당시 미국인들의 레드 콤플렉스에 편승한 극우 반공주의자가 벌인 정치 쇼였다는 식으로 인식되면서 앨저 히스는 매카시즘의 광풍에 희생된 진보적이고 양심적인 지식인으로 선전되었다.

앨저 히스(1904~1996)

이런 사회 분위기가 반영되어 1975년 매사추세츠주 대법원은 히스의 변호사 자격을 박탈한 결정을 번복해 변호사 자격을 회복시켜 주었다. 히스의 투쟁은 미국뿐만 아니라 전 세계 좌파들에게 하나의 횃불과 같은 상징적인 사건으로 부각되었다.

그러던 중 1978년 히스 사건에 대해 가장 철저하고 포괄적인 연구서로 평가를 받는 앨런 와인스타인의 '위증'이 발간되면서 히스의 활동에 제동이 걸렸다. 와인스타인은 히스의 간첩 행위를 조목조목 밝혀내 히스의 명예 회복 운동에 큰 타격을 안겨 주었다. 사법부는 과거 히스 재판에 불공정성이 없었다며 1982년 히스의 재심 신청을 기각했다. 연방 항소법원과 대법원도 항소와 상고를 기각했다. 1985년 영국으로 망명한 전 KGB 간부도 저서에서 히스가 1940년대에 소련을 위해 첩보 행위를 했다고 진술했다. 1991년 12월 소련의 붕괴 후 공개된 각종 코민테른 문서와 KGB 기밀문서에서도 히스가 간첩인 것으로 드러났다.

결정적으로는 1995년 7월 공개된 '베노나 프로젝트'가 히스가 명백히 간첩이었음을 증명해 주었다. 베노나 프로젝트는 2차대전 중 런던, 뉴욕, 워싱턴 등에서 입수한 상당 분량의 소련 정보국 무선통신문을 해독하는 미·영의 대규모 암호해독 작전이다. 베노나 프로젝트는 앨저 히스는 물론 영국의 핵물리학자 클라우스 푹스, 간첩으로 사형선고를 받은 로젠버그 부부, 재무부 차관보 해리 덱스터 화이트까지 소련의 간첩이었음을 확인해 주었다. 1996년 히스는 92세로 사망했으나 반세기에 걸친 그의 농간에 미국 지성계는 깊은 상처를 입었다.

조지 가모의 '빅뱅우주론'과 우주배경복사 발견

일반 대중을 위한 과학책을 20여 권이나 출판해 과학 대중화에도 많은 기여를 했다.

현재의 표준적인 우주 생성 모델은 '빅뱅'이다. 137억 년 전 무한히 작은 한 점에 모든 물질이 모여 있다가 대폭발을 거쳐 지금의 우주처럼 팽창했다는 것이 '빅뱅우주론'이다. 우주론자들은 빅뱅이 시작된 시점을 '태초'라고 부른다. 빅뱅이 있기 전 이 작은 점의 밀도와 온도는 상상할 수 없을 정도로 높았다. 물질은 지금과는 전혀 다르게 쿼크, 전자, 중성미자 등 소립자로 존재했다. 대폭발 직후에는 소립자들만의 세상이었다. 우주가 팽창하고 온도가 내려가면서 이 소립자들은 더 이상 자유롭게 돌아다니지 못하고 서로 합쳐졌다.

빅뱅이 일어나고 3분쯤 지났을 때 수소와 헬륨이 생겨났다. 이 두 원소가 핵융합을 일으켰다. 더 복잡한 원소가 만들어지고 이들이 모여 별들이 되었다. 무겁고 복잡한 원소들도 만들어졌다. 인간을 포함한 우주의 모든 물질이 이들 원소에서 비롯되었다. 소립자의 성질을 연구해 보니 우주 생성 당시에는 물질과 반물질이 똑같이 존재했다. 그러나 현재 우주에는 '물질(입자)'만 존재하고 '반물질(반입자로 이뤄짐)'은 존재하지 않는다. 반입자는 입자와 똑같은 질량을 가지지만 반대 전기를 띤다. 그런데 어느 순간 갑자기 반입자가 모두 사라졌다. 반입자가 언제 어떻게 왜 사라졌는지는 현재의 물리학으로는 알 수가 없다.

빅뱅우주론은 1929년 에드윈 허블이 밝혀낸 '우주팽창설'을 기원으로 하고 있다. 그런데 당시 우주팽창설은 2가지의 궁금증을 자아냈다. 우주가 팽창하기 전으로 돌아가면 어떤 모습일까, 또 우주가 언제까지 팽창할까였다. 이런 궁금증에 해답을 제시한 사람이 러시아 출신의 미국 물리학자 조지 가모(1904~1968)였다.

조지 가모(1904~1968)

그는 소련의 레닌그라드대와 독일의 괴팅겐대를 거쳐 덴마크의 코펜하겐 이론물리학연구소에서 닐스 보어에게 배웠다. 다시 소련으로 돌아왔으나 소련의 실상에 불만을 품고 1933년 벨기에 브뤼셀에서 개최된 물리학회 참석차 출국했다가 미국으로 망명했다. 1934년 조지워싱턴대 교수로 부임하고 1940년대 들어 우주론으로 관심을 돌렸다. 당시 우주에 대해 알려진 사실이라고는 우주 공간이 어둠으로 가득 차 있고 우주가 팽창하고 있다는 정도뿐이었다.

빅뱅우주론, 허블이 밝혀낸 우주팽창설이 기원

가모는 초기 우주는 고온고밀도 상태였으며 급격하게 팽창했다는 논문을 1946년 발표했다. 1948년 4월에는 제자 랠프 알퍼와 함께 '화학원소의 기원' 논문을 발표했다. 가모는 논문에서 자연계에 존재하는 모든 원소는 특정한 온도와 밀도의 평형상태에서 만들어지기보다는 원초적 물질이 팽창하고 냉각되는 연속적인 형성 과정을 통해서 단계적으로 만들어졌다는 주장을 폈다.

가모가 또 하나 궁금하게 생각한 것은 만일 빅뱅이 엄청난 고온 상태에서 진행되었다면 그 열에너지의 여파가 지금까지 우주 공간을 배회하고 있을지 모른다는 가설이었다. 빅뱅이 상상을 초월할 정도의 대규모로 일어났기 때문에 폭발의 잔해가 오늘날까지 복사에너지의 형태로 남아 있을 것이라는 그의 가설은 나름대로 설득력이 있었다.

이를 토대로 1948년 가모의 제자인 랠프 알퍼와 로버트 허먼이 초기 우주의 흔적인 복사선(우주배경복사)이 우주 어딘가에 남아 있으며, 그 온도는 약 5K(영하 268도)일 것이라고 추론했다. 그러나 당시의 관측 장비로는 이 희미한 에너지를 감지할 수 없었기 때문에 학계로부터 그다지 큰 관심을 끌지 못했다.

그 무렵 프레드 호일 등 케임브리지대의 천문학자들은 가모의 팽창우주론과는 정반대의 '정상우주론'을 제기했다. 정상우주론은 우주가 시·공간적으로 균일할 뿐더러 모든 방향으로 같은 비율로 늘어나기 때문에 우주는 옛날이나 지금이나 늘 같은 꼴이라는 주장이다. '빅뱅'이란 말은 정상우주론을 주장한 호일이 BBC와의 인터뷰에서 "우주가 어느 날 갑자기 '빵(bang)'하고 대폭발을 일으켰다는 이론도 있다"며 가모의 이론을 비아냥거리면서 만들어졌다.

대폭발이론은 1953년 이후 학계에서 사라졌다. 관측의 한계도 주요 이유였지만 대폭발이론에 대한 가모의 무관심과 가모에 대한 학계의 부정적 평가도 한몫했다. 가모는 엄청난 술고래였는데 주벽 때문에 학회에서 보기 흉한 모습을 종종 보이곤 했다. 결국 그의 이런 괴팍한 행동이 대폭발이론의 창시자에 대한 신뢰를 떨어뜨려 대폭발이론이 관심에서 멀어지게 된 것이다.

하지만 가모는 넘치는 아이디어를 주체하지 못해 핵물리학과 우주론, 심지어 DNA까지 연구하는 등 다방면에서 발군의 실력을 발휘한 천재 중의 천재였다. 격식에 얽매이는 것을 싫어하고 재기 넘치는 농담과 재미있는 그림으로 항상 주변 사람을 즐겁게 했다. '물리학계의 광대'로도 불리며 '이상한 나라의 톰킨스 씨'(1937) 등 일반 대중을 위한 과학책을 20여 권이나 출판해 과학의 대중화에 많은 기여를 했다.

폭발 잔해가 복사에너지 형태로 남아 있다는 가설 입증돼

1964년 미국 벨연구소에 근무하던 천체물리학자 아노 펜지어스와 로버트 윌슨은 마이크로파 탐지 실험을 하던 중 우연히 우주의 모든 방향에서 밤낮과 계절에 상관없이 관측되는 정체불명의 잡음을 수신했다. 전파 잡음은 곧 빅뱅우주론이 예언한 우주배경복사로 판명되었다. 이에 따라 빅뱅우주론이 현대 우주론의 정설로 받아들여지게 되었다. 펜지어스와 윌슨은 허블의 우주팽창 이후 최고의 관측이라고 일컬어지는 우주배경복사를 발견한 공로로 1978년 노벨 물리학상을 받았다. 우주배경복사는 빅뱅이론의 강력한 증거가 되었고 우주론자의 대다수는 빅뱅 이론을 받아들이게 되었다.

우주배경복사를 더 정확히 확인하기 위해 미국은 1989년 11월 우주배경복사 탐사선 '코비'를 발사했다. 코비가 측정한 전체 스펙트럼을 분석한 결과 우주가 처음에는 현재보다 수십만K나 더 뜨거웠다는 사실이 밝혀졌다. 코비 위성은 1992년에도 우주가 모든 방향에서 1,000분의 1 이상의 정확도로 같은 비율로 팽창하고 있다는 사실도 알려줬다. 이는 우주가 모든 방향에 대해 균일하게 팽창하고 있다는 의미가 된다.

1949년

반민특위 활동과 와해

김구 피살

_ *각종 의혹들*

국회 프락치 사건

국·공 내전과 중화인민공화국 수립

주은래 국무원 총리 겸 외교부장에 임명

동·서독 분단과 콘라트 아데나워

루드비히 에르하르트와 '라인강의 기적'

아크멧 수카르노와 인도네시아 독립

_ *반둥 평화회의*

아서 밀러 '세일즈맨의 죽음' 초연

_ *엘리아 카잔*

시몬 드 보부아르 '제2의 성' 출간

_ *계약결혼*

조지 오웰 '1984년' 출간

콘스탄틴 게오르규 '25시' 출간

반민특위 활동과 와해

일제 강점기 40년에 대한 결산치고는 옹색하기 그지없었다.

1948년 제정된 제헌 헌법 제101조는 '이 헌법을 제정한 국회는 4278년(1945년) 8월 15일 이전의 악질적인 반민족 행위를 처벌하는 특별법을 제정할 수 있다'고 명시했다. 국회가 '반민족행위처벌법 기초특별위원회'를 구성하고 이 기초위원회가 '반민족행위처벌법(반민법)'을 성안한 것은 이 헌법 조항에 근거한 것이다. 반민법은 1948년 9월 7일 198명의 의원 중 103명의 찬성으로 가까스로 통과되어 우여곡절 끝에 9월 22일 이승만 대통령에 의해 법률 제3호로 공포되었다.

이후 반민법 특별조사위원회(반민특위)에는 각 도 출신 국회의원 중 10명의 의원이 조사위원으로 참여하고 김상덕·김상돈 의원이 각각 위원장·부위원장으로 선임되었다. 이로써 말도 많고 탈도 많았던 반민특위가 정식으로 발족되었다. 반민특위 산하에는 15명의 특별재판관으로 구성된 특별재판부, 9명의 특별검찰관으로 구성된 특별검찰부를 설치해 김병로 대법원장과 권승렬 검찰총장이 각각 재판관장과 검찰관장을 맡게 했다.

반민특위 활동은 1949년 1월 5일 본격적으로 시작되어 1월 8일 화신 재벌 박흥식을 필두로 대동일보 사장 이종형(1.10), 민족대표 33인 가운데 한 명인 최린(1.13), 일제 고등계 형사 노덕술(1.25)을 검거하고, 2월 7일 최남선과 이광수를 체포했다. 이렇듯 한때 영화와 권세를 누리던 인물들이 속속 쇠고랑을 찼다.

반응은 백인백색이었다. 3월 28일 가장 먼저 재판을 받은 박흥식은 공소사실을 부인하며 "총독부에서 비행기를 헌납하라고 독촉이 성화같아

반민족행위처벌법에 따라 체포된 친일파들이 포승에 묶여 법정으로 들어서고 있다.

부득이 헌납할 수밖에 없었다"며 사업을 이유로 들었다. 박흥식은 4월 20일 병보석으로 풀려났다. 그러자 특별검찰관 전원이 사퇴서를 제출하는 보석 파동이 일어났다.

71세의 최린은 "민족의 이름으로 이 최린을 광화문 네거리에서 처단해 주십시오"라며 눈물로 참회했다. 최남선은 자기의 죄과를 뉘우친 자열서를 쓰고 법정에서는 "민족의 일원으로서 반민족의 지목을 받음은 후세에 씻기 어려운 대치욕"이라며 시종 숙연한 태도를 보였다. 경성방직을 설립한 민족자본가였으나 만주국 명예총영사를 지내 친일파로 몰린 김연수는 재판 내내 자신의 과오를 참회하는 모습을 보여 무죄를 선고받았다.

이와 달리 부인과 변명과 반발로 대응하는 자도 적지 않았다. 애국투사 강우규를 체포해 사형을 받게 한 것으로 유명한 일제 고등계 형사 출신의 김태석 전 중추원 참의원은 처음부터 끝까지 범죄 사실을 부인해 방청객들의 분노를 샀다. 그는 하도 뻔뻔스럽게 공소사실을 부인해 정신감정을 받기도 했다.

해방 후 4년 가까운 시간을 '나의 고백', '친일의 변' 등 오로지 자기 변명에 급급하던 이광수는 감옥에서도 여전히 변명으로 일관해 빈축을 샀다. 3·1운동 때는 9년간 옥살이를 할 정도로 철저한 독립운동가였으나 일제 말기 만주에서 관동군을 도와 체포된 대동일보 사장 이종형은 "기소사실의 근본부터 반대한다"며 "나를 모함하는 자들은 내가 풀리는 날 토벌하겠다"고 독기를 품었다. 노덕술은 수배 중인데도 내무장관과 외무장관의 집을 버젓이 출입하는 대담성을 보이다가 결국 검거되어 법의 심판을 받았다.

친일 세력과 비호 세력 조직적으로 반발

이처럼 반민특위가 본격적으로 활동을 펼치자 관망하던 친일 세력과 비호 세력이 조직적으로 반발했다. 이들은 풍부한 재력을 동원하고 온갖 지모와 수단을 짜내 반민법의 제정을 주도한 국회의원들을 공산당으로 몰아붙이는 등 끈질기게 방해 공작을 폈다.

"친일파 처벌은 찬성하지만 아직은 시기상조"라던 이승만 대통령은 1949년 1월 10일 반민특위 활동이 본격화하자 공정하고 냉철하게 처리할 것을 요망한다는 첫 담화를 발표했다. 자신의 심복이던 노덕술이 체포되었을 때는 특위 위원들을 불러 석방을 종용하기도 했다. 2월 2일에는 반민특위 활동이 헌법 위반이라는 내용의 두 번째 담화문을 발표하며 반민특위 활동에 찬물을 끼얹었고, 2월 15일에는 '조사위원, 특별재판관, 특별검찰관을 국회에서 선거하여 대통령이 임명한다'는 내용의 반민법 개정안을 국회에 제출했다. 한마디로 대통령이 반민특위 활동에 직접 참여하겠다는 의도를 드러낸 개정안은 그러나 2월 24일 국회에서 부결되어 이승만에게 정치적인 패배를 안겨주었다.

친일 세력들의 방해 공작은 반민특위 간부들에 대한 중상모략은 물론 군중 데모 선동, 삐라 살포, 테러 등 다양한 형태로 나타났다. 반민특위 부위원장 김상돈에 대한 공격도 그중의 하나였다. 김상돈은 반민법 제정에 열심인 소장파 의원이었다. 공격은 김상돈이 일제 때 통대(지금의 동장)를 지낸 친일파의 한 사람이었다는 폭로로 시동을 걸었다. 김상돈을 낙마시켜 반민특위의 기를 꺾어놓을 심산으로 김상돈을 해임해야 한다는 해임동의안이 국회 표결에 부쳐졌으나 부결되었다. 실패로 끝나긴 했지만 특위 위원을 테러하고 암살하려는 음모까지 발각되어 사회에 큰 충격을 주었다.

이처럼 정부의 압박에다 법정 밖에서 "반민특위는 빨갱이"라고 선전을 일삼는 친일파들의 장외투쟁 등까지 잦아지면서 특위의 위세가 현저히 약화하는 모습을 보였다. 박흥식이 보석으로 풀려나오고 최린마저 공소 취하 처분을 받아 반민특위의 사기가 떨어질 대로 떨어진 5월 20일에는 반민특위 구성에 앞장섰던 이문원, 최태규, 이구수 등 3명의 소장파 의원이 반공법 위반 혐의로 구속되는 '국회 프락치 사건'까지 터져 친일 세력들에게 국회를 공격할 좋은 구실을 만들어주었다. 국회 프락치 사건이란 미·소 철수와 평화통일을 주장하던 일부 소장파 의원들이 남로당의 사주를 받았다며 15명의 소장파 의원을 구속한 사건을 말한다.

도리어 친일파에게 추적당하는 기현상 벌어져

불리하던 국면이 유리하게 전개되자 서울시경 사찰과장 최운하가 역전을 노렸다. 그는 6월 3일 특위 본부를 포위하는 강수를 두었으나 너무 일렀는지 오히려 그 자신이 6월 4일 특위 소속 특경대에 체포되었다. 그러자 서울시경 산하 전 사찰경찰들이 들고 일어서 반민특위 간부 쇄신, 반민특위 특경대 해산, 경찰관에 대한 신분 보장 등을 요구하며 일제히 사표를 내는 사건이 벌어졌다.

기세등등해진 경찰 수뇌부는 상부의 비호를 받으며 특경대 해산 음모를 꾸몄다. 1949년 6월 6일 오전 8시쯤, 윤기병 중부경찰서장이 40여 명의 경찰을 이끌고 서울 남대문로에 위치한 반민특위 사무실에 들이닥친 것이다. 경찰은 출근하는 특위 조사관들의 무기를 압수한 뒤 사무실에 난입, 조사관들에게 주먹질과 발길질을 하면서 서류들을 찢고 직원 주소록 등을 압수했다. 김상덕 위원장과 김상돈 부위원장이 거세게 항의했지만 막무가내였다.

권승렬 특별검찰관장이 소식을 듣고 달려와 호통을 쳤으나 "상부 지시라 어쩔 수 없다"며 그 역시 권총을 빼앗기는 수모를 당했다. 이른바 '6·6 사건'으로 불린 이 사건으로 연행된 사람은 직원을 면회 온 2명의 민간인을 포함해 모두 35명이나 되었다. 연행자 중 22명은 심한 고문도 당했다. 이 사건은 반민특위의 깃발이 갈기갈기 찢겨진 충격적인 사건이면서 동시에 전전긍긍하던 친일파들이 특위 활동에 결정적인 손상을 입힌 카운터 펀치였다.

결국 반민특위는 이 사건을 계기로 활동 의욕을 잃고 더 이상 적극적인 조사 활동을 펴지 못한 채 문을 닫는 운명을 맞았다. '6·6 사건'에 이어 6월 21일부터 노일환 특위 위원, 서용길 특별검찰관, 김약수 국회부의장 등 8명의 소장파 의원이 보안법 위반 혐의로 또 구속되는 제2차 국회프락치 사건까지 일어나면서 특위는 사실상 유명무실한 존재가 되었다. 친일파를 추적하기 위해 출범한 조직이 도리어 친일파에게 추적당하는 기현상이 벌어진 것이다.

결국 7월 6일 국회가 법의 공소시효를 1950년 6월에서 1949년 8월 31일로 단축하는 반민법 개정안을 압도적인 표 차로 가결함으로써 반민특위 활동은 8월 31일 종지부를 찍었다. 실제로는 개정안이 가결된 이튿날 특위위원 전원과 특별검찰관이 사표를 제출함으로써 사실상 생명이 다한 것이나 마찬가지였다.

활동 기간 중 반민특위는 682건의 친일 행위를 조사해 408건의 영장을 발부하고 559건을 검찰에 송치했으며 221건을 기소했다. 이 중 12명이 실형을 선고받았으나 5명은 집행유예, 나머지 7명은 형 집행정지 등으로 1950년 봄까지 모두 석방됨으로써 친일파 단죄는 흐지부지 넘어갔다. 일제 강점기 40년에 대한 결산치고는 옹색하기 그지없었다.

김구 피살

장례는 7월 5일 국민장으로 치러져 효창공원에 안장되었다. 진상도 그의 안장과 함께 묻혀버렸다.

1949년 6월 26일 낮 12시 30분. 서울 경교장 2층에서 갑자기 4발의 총성이 울렸다. 육군 포병 소위 안두희가 백범 김구를 향해 방아쇠를 당긴 비극의 총소리였다. 김구는 책상 모서리에 얼굴을 비스듬히 대고 쓰러졌다. 바닥에는 선혈이 낭자했다. 1발은 인중을, 또 1발은 목을 관통했다. 다른 2발은 각각 앞가슴과 하복부를 뚫고 지나갔다. 일제 식민통치의 암울한 시대를 밝혀온 민족의 등불이자 큰 스승이 꿈에 그리던 조국에서 그것도 동포의 손에 이유도 모른 채 죽음을 맞은 것이다. 그날 김구는 낯이 익은 안두희로부터 면담 신청을 받고 경교장 2층 거실로 불러 단독으로 접견 중이었다.

73세 노혁명가의 목숨을 앗아간 안두희는 총소리에 놀라 뛰어 올라온 경호원에게 손에 권총을 쥔 채 계단을 내려오며 "내가 죽였다"라고 태연하게 말하고는 순순히 검거에 응했다. 안두희는 헌병대로 끌려갔다. 백주대낮에 일어난 일이고 범인도 현장에서 체포되었으니 사건의 전모가 바로 드러나는 게 상식이었다. 그러나 '보이지 않는 손들'의 비호로 사건의 실체가 가려진 채 사건 관련자들의 주장과 반박과 변명만 무성해 아직도 논란과 의혹이 가시지 않고 있다.

안두희가 살아 있는 동안 계속 말을 뒤집어 진상 규명을 혼란에 빠뜨리게 한 것이 1차 원인이었지만 안두희가 진상을 털어놓지 않아도 거리낌없이 대로를 활보할 수 있도록 한 이승만 자유당 정부의 묵인·방조·비호가 더 큰 원인이었다. 자유당 정권이 붕괴한 후에는 '공소시효 만료'라는 법적인 한계까지 작용해 수사를 가로막았다.

이렇게 저렇게 세월이 흘러 관련자들이 죽거나 도주하면서 사건은 명쾌하게 정리되지 않은 채 미궁에 빠진 것처럼 보이지만 사실은 사건의 윤곽이 대충 드러난 상태다. 안두희의 범행을 사주한

김구 장례식(1949.7.5)

배후, 범행 후 안두희를 비호했던 세력들의 이름 역시 대부분 거명되었다. 다만 국가기관의 공식 발표가 없고 배후·비호 세력들이 법망을 피해 모두 달아났기 때문에 미진하게 느껴질 뿐이다.

이승만 대통령에 대해서도 심증은 가는데 결정적인 물증이 발견되지 않아 해결보다는 미해결의 이미지가 더 크게 부각된 측면도 있다. 이승만과의 연관성에 대해서는 지금도 각종 설과 추측이 난무할 뿐 구체적인 증거는 나오지 않고 있다. 직접적으로 관련이 있는 것으로 드러난다면 사후에라도 당연히 역사의 심판을 받아야 한다. 백범의 장례는 7월 5일 온 국민의 애도 속에 국민장으로 치러져 효창공원에 안장되었다. 진상도 그의 안장과 함께 묻혀버렸다.

안두희 석방은 이승만 정부의 묵인·방조가 아니고서는 불가능

첫 수사 결과가 발표된 것은 사건 발생 후 1시간 30분이 지난 오후 2시였다. "김구 한독당 위원장이 정체불명의 괴한에게 저격당해 절명. 범인은 현장에서 체포. 배후를 엄중 조사하겠으나 단독 범행인 것 같다"는 내용의 수사 결과가 전봉덕 헌병대 부사령관의 이름으로 발표되었다. 헌병대는 범인이 분명 '안두희'라는 명찰을 단 포병 소위였는데도 '정체불명의 괴한'이라고 발표했다. 이틀 후에는 채병덕 육군 참모총장이 "이번 범행

이 군과는 하등 관련이 없다"고 담화를 발표했다. 세 번째 공식 발표는 사건 원인을 한독당의 내분으로 거의 기정사실화했다.

이승만 대통령은 7월 2일 문상을 가기 위해 경교장으로 향하기 전 "순전히 어떤 행동 노선이 조국을 위해 더 유익한 길인가를 놓고 당내 의견 차이에서 빚어진 비극이라고 본다"고 특별성명을 발표했다. 이 대통령의 발표는 사건의 결론을 내린 사실상의 지침서가 되었다.

최종 수사 결과는 7월 20일 발표되었다. "안두희는 한독당에 가입한 후 6번이나 김구를 직접 만나 지도를 받아오다, 백범의 사상과 한독당의 정치 노선에 회의를 갖게 되었다. 특히 한독당의 내부 조직이 대한민국 정부를 전복하고 소련의 주장대로 미군의 완전 철수를 추진하고 있다는 사실을 알고, 탈당하려 했다. 하지만 탈당 후 테러를 당할 것을 우려해 끝내 김구를 살해했다." 정부 차원의 수사는 이렇게 종결되었다.

안두희는 헌병대를 거쳐 특무대로 이첩된 후 특별대우를 받았다. 8월 3일 시작해 4일 만에 끝난 재판에서 무기징역형을 선고받았으나 그해 11월 15년으로 감형되었다. 그리고 6·25 발발 이틀 만에 '잔형 집행정지 처분'을 받고 석방되어 1950년 7월 육군 소위로 복귀했다. 2개월이 지난 9월에는 중위, 1951년 3월에는 대위로 진급했다. 그러나 1951년 8월 서인환 의원(무소속)이 안두희의 출옥에 시비를 제기하자 1951년 12월 25일 소령 진급과 함께 군복을 벗었다.

이후 헌병총사령관이 된 원용덕의 문관으로 일하다 한때는 서울 명동에서 건설회사 부사장으로 행세했다. 1956년에는 강원도 양구에서 군납공장을 차려 강원도에서 세금을 두 번째로 많이 낼 만큼 돈을 벌기도 했다. 1955년 11월에는 '시역의 고민'이라는 책자에서 자신의 저격을 '애국충정'으로 호도하는 여유를 보였다.

진상을 규명하기 위한 노력은 1960년 4·19 의거로 자유당 정권이 무너진 뒤 다시 시동이 걸렸다. 1960년 6월 '백범 살해 진상규명투쟁위원회'가 결성된 것을 시발로, 의혹을 규명해야 한다는 목소리가 높아지면서 안두희는 쫓기는 신세가 되었다. 암살 음모의 각본을 작성한 것으로 알려진 자유당 시절의 정보 브로커 김지웅도 1960년 8월 일본으로 밀항했다.

진상규명투쟁위원회는 활동 10개월 만인 1961년 4월 '악의 진상'이란 보고서를 발표했다. 이 발표가 있기 열흘 전 위원회 간사 김용희는 서울 도심에서 4·19 직후 잠적한 안두희를 발견해 격투 끝에 붙잡아 서울지검에 넘겼다. 그러나 '처벌 시효'라는 현실의 벽이 가로막아 안두희는 법망을 빠져나왔다.

그렇다고 '역사의 시효'에서까지 자유로울 수는 없었다. 이때부터 법 테두리를 벗어나는 폭력을 사용해서라도 응징해야 한다고 주장하는 '민간 추적자'들이 등장했다. 1965년 12월 강원도 양구에서 곽태영에게 폭행을 당해 뇌 수술을 받았고 1987년 3월 권중희로부터 백주에 노상에서 각목으로 구타를 당했다. 이들 말고도 '추적자'들은 10여 명에 이른다.

안두희는 1~2년이 멀다 하고 집을 옮겨다녔다. 1968년부터 1986년까지 12번이나 이사했다. 몇 차례 미국 이민을 시도했으나 "해외 도주를 막아야 한다"는 비난 여론으로 번번이 무산되었다. 1992년에는 권중희에 의해 거의 반강제로 서울 효창공원 내 백범 묘소 앞으로 끌려가 뒤늦은 회한의 울음을 토해냈지만 열릴 듯 말 듯 하던 '진실의 입'은 끝내 열리지 않았다.

그러던 중 1996년 10월 23일 버스 운전기사 박기서가 휘두른 '정의봉'에 머리를 맞고 살해되었다. 살해되기 전 1992년 6월 그를 추적해온 김석용을 만나 1년 동안 녹음 테이프 121개 분량을 녹음해 '마지막 증언'을 남겼다. 이 증언에서 안두희는 백범 암살을 지시한 인물은 당시 포병사령관 장은산이라고 자백했다.

각종 의혹들

▲헌병대 출동

사건이 일어난 후 경교장 측에서 가장 먼저 연락한 곳은 인근의 서대문경찰서와 적십자병원이었다. 그런데 경찰과 의사보다 헌병들이 먼저 나타나 안두희를 연행해 갔다. 필동에 있는 헌병사령부가 연락도 받지 않은 상태에서 어떻게 알고 가장 먼저 현장에 나타난 것일까. 당연히 의심을 살 만한 대목이지만 당시 안두희를 연행한 헌병 책임자는 "사고 순간 인근 적십자병원에 있다가 이 사실을 알았다"며 우연임을 강조했다.

의혹은 이것 말고도 많았다. 사건 당시 헌병사령부 당직사관은 "백범이 피격되기 전인 11시 20분쯤 비상소집이 걸린 사실을 당직 일지에 기록했다"고 증언했다가 파면을 당했다. 서울지검장 최대교는 피격 소식을 접하고 경교장으로 달려갔으나 정문 입구에서 헌병들에게 저지당했다고 증언했다.

피격 당일 성묘를 갔던 임정 계열의 헌병사령관 장흥 대령은 피격 소식을 듣고 급히 귀대했으나 안두희가 의무실에 누워 있는 것을 보고 지하 감방으로 보냈다가 사건 발생 이틀 만에 해임되어 강원도 병사구사령관으로 좌천되었다.

▲수사와 재판

수사는 안두희의 신병을 처음 확보한 헌병대에서 맡았다. 그런데 안두희는 아무런 감시나 신문도 받지 않은 채 의무실에서 시간을 보냈다. 이틀 후에는 채병덕 육군 참모총장이 일명 특무대로 불리는 육군 정보국 특수정보대(SIS)로 안두희를 옮기도록 지시했다. 특무대장 김안일 소령에게는 "안두희 사건을 취급하지도 말고 곁에도 가지 말라"는 명령이 떨어졌다. 김 소령은 얼마 안 되어 원주의 6사단으로 전보되었다.

안두희는 계속 묵비권을 행사하다 후임 특무대장 김창룡, 정치 브로커 김지웅과 면회 후 '단독 범행'이라고 주장했다. 김창룡은 숙직실을 개조한 특별 감방을 마련해주고 술·담배 등을 제공했다. 수사 흐름은 '한독당 내분'으로 윤곽이 잡혀갔다. 서울지검장 최대교는 "안두희를 한독당에 입당시킨 김학규 등 민간인 7명에 대한 구속 영장을 당시 검찰총장이 서울지법원장에게 직접 청구해 발부받는 희한한 일도 있었다"고 증언했다.

▲이승만 관련

이승만을 암살 배후로 의심하는 이유는 크게 세 가지다. 1949년이라는 시점에서 김구가 이승만의 유일한 라이벌이었다는 점이 첫 번째 이유다. 이승만이 정적 제거 차원에서 암살을 지시했을 가능성이 높다고 보는 것이다. 그러나 당시 김구는 1948년 4월 남북협상을 위해 평양을 다녀온 뒤 정치적 입지가 극도로 축소되어 있고 남한만의 단독정부에도 참여하지 않아 현실 정치에서 별다른 힘을 행사하지 못했다는 점에서 설득력이 약하다.

두 번째 이유는 안두희에 대한 이승만의 미온적인 처리다. 민족 지도자를 살해한 현행범이 불과 1년도 안 되어 석방되고 심지어 현역 군인으로 다시 채용되어도 수수방관한 이승만의 태도는 이승만 사주설을 뒷받침하는 핵심적인 정황으로 작용하고 있다.

세 번째 이유는 1992년 9월 안두희가 "사건발생 1주일 전인 1949년 6월 20일경 경무대에서 이승만을 만났을 때 이승만이 '얘기 많이 들었다. 높은 사람이 시키는 대로 일 잘하고 말 잘 들으라'며 격려했다"고 말한 증언이다. 안두희는 그러나 곧 이 진술을 부인했다. 이처럼 이승만과 관련된 안두희의 증언은 앞뒤가 맞지 않아 신뢰하기 어려운 측면이 있다. 하지만 안두희가 범행 후 활개치도록 방치한 것은 이승만 정부의 묵인과 방조가 아니고서는 불가능하다는 점에서 이승만은 결코 비난으로부터 자유롭지 못하다.

국회 프락치 사건

서대문형무소에서 풀려난 의원들 가운데 1명을 제외한 모든 의원은 월북하거나 납북되었다.

반민특위 출범(1948.10)은 분노에 찬 국민의 친일 청산 의지가 강력하게 작용한 결과였다. 여기에 60여 명이나 되는 소장파 제헌의원들의 적극적인 활약상도 반민특위 출범의 요인으로 빼놓을 수 없다. 이들 소장파 의원들은 특정 정파에 소속되지 않은 채 1948년 10월부터 미·소 양군 철수, 한·미 협정 반대 등을 내세우며 사사건건 이승만 정부의 발목을 잡았다.

소장파 의원들은 한동안 동인회, 청구회, 성인회로 나뉘어 활동하다가 곧 동인회와 서인회를 합친 '동성회'가 구심점이 되었다. 이들의 주장은 공교롭게도 남로당의 주장과 일치하는 것이 많았다. 그들은 외국군 철수 긴급동의안도 1948년 10월 13일 국회에 상정했다. 1949년 3월 19일에는 같은 내용의 진언서를 유엔한국위원단에 제출했다.

이처럼 소장파 의원들의 활동이 활발하게 전개되던 1949년 4월 초 서울시경 사찰과 수사진이 남로당의 아지트가 있는 충무로 2가의 한 건물을 급습했다. 산더미 같은 각종 자료에서 수사관들의 눈길을 끈 것은 '주주총회 보고서'였다. 암호로 작성된 '주주총회 보고서'를 해독해 보니 뜻밖에도 주로 소장파 의원들의 원내 활동 등이 적혀 있었다. 보고서에서 헌법은 '정관', 대통령은 '사장', 국회의원은 '주주', 외국군은 '외자', 국민은 '소비자', 정부는 '회사'를 의미했다. 국회의원 주주들의 이름은 '한(韓)',

'산(山)', '원(元)'과 같이 외자를 썼고 소장파 서클인 동성회는 '동화상사'로 표시되었다.

더 깊숙한 수사를 위해 군·검·경 관계자 회의가 1949년 중순 서울 필동 헌병사령부에서 비밀리에 열렸다. 회의 결과, 보고서에 오르내린 소장파 의원들을 수사하는 것으로 방침이 정해졌다. 몇몇 소장파 의원의 뒤를 추적해보니 남로당의 이삼혁 등과 접촉하고 있음이 포착되었다. 수사진은 1949년 5월 17일 이구수·최태규 의원, 5월 18일 이문원 의원을 검거해 국가보안법 혐의로 구속했다. 이들 세 의원에 대한 석방 결의안이 국회에 제출되었으나 5월 24일 184명 중 88명 찬성, 95명 반대, 1명 기권으로 부결되었다.

경찰의 촉수가 전방위로 뻗친 가운데 6월 16일 정재한이라는 여인이 경기도 개성에서 검거되었다. 정재한은 광주리 장수로 가장해 개성에서 남로당의 비밀문서를 북한의 접선책에게 전달하려던 참이었다. 정재한을 다그친 결과 1947년 12월부터 개성을 거쳐 20여 차례 북한을 왕래하다가 경비가 강화된 1949년 2월부터는 비밀문서를 개성의 접선책에게 건네온 것으로 밝혀졌다. 경찰은 정재한의 음부에서 쪽지를 찾아냈다.

그녀를 수사한 오제도 서울지검 검사는 당시 상황을 이렇게 설명했다. "누런 종이 너댓 장으로 된 암호 문서에는 쉽게 읽을 수 없는 괴상한 단어들이 깨알같이 빽빽이 적혀 있었다. 최운하 서울시경 사찰과장이 암호문을 해독해 보니 남로당의 특수 공작원들이 노일환·이문원 등의 소장파 의원들을 포섭하고 외국군 철퇴 등 정치 공작을 수행 중이라는 내용이 들어 있었다."

검경은 이 사건을 '국회 프락치 사건'으로 규정하고 6월 19일 특별수사본부를 헌병사령부에 설치했다. 그 후 수사본부는 6월 21일과 22일 노일환, 강욱중, 김옥주, 김병회, 박윤원, 황윤호 등 6명의 의원을 구속하고 6

월 25일에도 김약수 국회부의장을 구속했다. 검거는 8월까지 계속 이어졌다. 8월 10일 원장길, 배중혁, 김영기, 김익노, 차경모 5명 의원을 상대로 구속영장을 신청했으나 법원의 기각으로 배중혁·차경모 2명만 구속되었다. 8월 14일에는 서용길, 신성균, 김봉두 세 의원이 추가로 검거되어 구속된 소장파 의원은 모두 15명으로 늘어났다.

소장파 의원들의 대량 검거 많은 시빗거리 낳아

1949년 11월 17일부터 1950년 3월까지 열린 재판에는 당초 구속된 15명의 의원 중 13명이 회부되었다. 검찰은 "노일환은 1948년 10월 남로당의 이삼혁에게 포섭되어 자금을 받아 남로당에 가입하고 이문원은 1949년 1월 그에게 접근한 하사복(이삼혁과 동일 인물)과 수차례 술자리를 갖다가 친해져 남로당에 입당했다"고 주장했다. 이에 대해 노일환은 "헌병대에서 협박에 못 이겨 남로당에 가입했다고 진술한 것은 맞지만 실제로는 가입한 적이 없다"며 진술을 번복했다. 이문원은 "무소속으로 정치자금이 없어 하사복을 이용하려고 한 것일 뿐 남로당에 가입하지 않았다"고 주장했다.

모두 16차례에 걸친 재판 끝에 1950년 3월 14일 1심 판결이 내려졌다. 노일환·이문원에게는 징역 10년, 김약수·박윤원에게는 8년, 김옥주 등 4명에게는 6년, 최태규 등 5명에게는 3년이 선고되었다. 징역형을 선고받은 소장파 의원들은 전원 항소했다. 그런데 재판이 진행되던 중 6·25전쟁이 일어났다. 북한이 서울을 점령한 뒤 서대문형무소에서 풀려난 의원들 가운데 서용길을 제외한 모든 의원은 월북하거나 납북되었다. 서용길은 6·25 후 공소 취하로 간주되어 무죄가 되었고 월북·납북 의원 대부분은 1950년대 말 북에서 숙청당했다. 이로써 이른바 '국회 프락치 사건'은 정확한 사실이 규명되지 않은 채 미궁에 빠졌다.

6·25전쟁 발발로 정확한 사실 규명되지 않은 채 미궁에 빠져

배경이 무엇이든 국회 프락치 사건은 결과적으로 원내의 3대 압력 세력의 하나이던 소장파 무소속 그룹을 몰락시키고 야당의 지위에 있던 한민당의 세를 급격하게 키웠다는 점에서 한국 정치계에 미친 파장이 컸다. 또한 소장파 의원들이 반민특위 활동에 적극적이었다는 점에서 반민특위를 무력화하기 위한 음모가 아니었느냐는 조작설이 강하게 제기되었다.

조작설을 주장하는 측은 비밀 보고문 입수의 발단이 된 정재한 여인이 끝내 증인으로 나오지 않는 등 공소사실을 입증하는 증거가 없어 사건의 진실성이 의심된다고 주장했다. 게다가 소장파 의원들을 프락치로 포섭하고 각종 지령을 내렸다는 이삼혁(별칭 하사복) 등 남로당의 거물급은 체포되지 않고 기껏 문서 전달 관계자 등 송사리급만 잡혀 사건의 실체를 파악할 수 없는데도 의원들을 북한의 프락치로 몰고갔다고 항변했다. 주한 미 대사관 문정관을 지낸 그레고리 헨더슨도 훗날 자신의 저서 '한국의 소용돌이'(1968)에서 "6·25로 석방된 후 피고들의 거동으로 비춰 2명 정도가 유죄이고 나머지는 공산주의자와 아무 접촉이 없었던 것으로 보인다"는 견해를 밝혔다.

조작설을 일축하는 강력한 근거들이 새롭게 제기된 것은 그로부터 40여 년이 지난 뒤였다. 1993년 러시아 정부가 우리 정부에 제공한 구 소련 극비 문서도 그 중의 하나였다. 북한 주재 소련 대사로 활동한 테렌티 스티코프가 1949년 9월 스탈린에게 보낸 극비문서에 따르면, 소장파 의원들은 북한 노동당의 지령에 따라 남조선에서 시행되는 미국 정책 및 남조선 정부 당국의 권위를 무너뜨리기 위해 여러 요구 사항을 제기한 것으로 나타나 있다.

1997년 5월 26일자 북한의 로동신문 기사 역시 조작설을 부인하는 주요 근거로 인용되고 있다. 당시 로동신문은 "성시백 동지는 1948년 가을부터 국회 안에 민족적 감정과 반미의식을 가지고 있는 국회의원들로 진지를 구축하고, 이들이 포섭한 국회 부의장과 수십 명의 국회의원들로 하여금 외군철퇴 요청안과 남북화평 통일안을 발표케 했다"고 보도했다. 성시백은 북한의 지하 공작원으로 활동하다가 1950년 5월 체포되어 6·25 전쟁 발발 후 처형된 인물이다.

국·공 내전과 중화인민공화국 수립

결국 국민당의 초기 승리는 서서히 비관적으로 바뀌고 민심은 공산당 쪽으로 기울었다.

일본이 마침내 항복을 선언하기 6일 전인 1945년 8월 9일, 150만 명의 소련군이 탱크 5,000여 대를 앞세워 물밀듯이 중소 국경을 돌파했다. 일본 관동군 사령관은 8월 18일 소련에 항복을 선언하고 9월 2일 항복문서에 서명했다. 이로써 128만 명의 관동군은 손에서 총을 내려놓아야 했고 중국의 동북 3성은 15년 만에 해방되었다. 그러자 무주공산이나 다름없게 된 동북 지역을 둘러싸고 국민당과 공산당 정부가 막판 혈전에 돌입했다.

선수를 친 것은 공산군이었다. 공산당 중앙은 당 간부와 신사군·팔로군을 대거 산동성에 집결시켜 그곳에서 목선을 이용해 발해만을 건너도록 했다. 공산군은 동북 지역의 광대한 농촌과 중소도시는 물론 교통선을 하나둘 장악했다. 이에 질세라 수십만 명의 국민당군도 미군으로부터 지원받은 군함과 수송기를 동원해 동북으로 집결했다.

이처럼 양측 군대의 대거 이동으로 내전 발발의 가능성이 높아진 가운데 국민당의 장개석이 평화의 제스처를 취했다. 자신의 점령지인 중경에서 건국 방안을 협의하자고 모택동에게 제안한 것이다. 모택동은 회담을 거부했다가는 자칫 평화를 거부하고 인민의 단결을 깨는 내전 세력으로 비난을 받을까봐 마지못해 회담에 응했다. 모택동이 안전을 담보하기 위해 주중 미국 대사 패트릭 헐리와 함께 적지인 중경으로 날아간 것은 8월 28일이었다. 이후 43일 동안 장개석과 국·공 평화를 위한 교섭을 벌였다.

모택동이 북경 천안문광장에서 중화인민공화국의 수립을 선포하고 있다(1949.10.1).

회담 결과는 10월 10일 체결된 '쌍십 협정'에서 드러났다. 남부의 8개 해방구에서 홍군 철수, 홍군을 10분의 1 규모인 20개 사단으로 축소, 공산당과 중도 세력이 참가하는 정치협상회의 개최 등이 협정의 골자였다. 그러나 회담이 끝나자마자 국민당군은 중국 본토에서 만주 방면으로 연결되는 육상교통로의 관문인 산해관(11월)과 장춘·심양·하얼빈 등 대도시(12월)를 점령하는 이중적인 태도를 보였다. 공산군은 대도시를 벗어나 농촌과 중소도시를 거점으로 삼는 전략을 더욱 강화했다.

국민당군이 이처럼 내전에 준하는 공격을 멈추지 않자 학생을 비롯한 각계 인사들이 쌍십 협정 준수와 내전 중지를 요구하는 시위를 대대적으로 벌였다. 그러자 미국의 특사로 파견된 조지 마셜 전 육군참모총장이 조정에 나서 1946년 1월 10일 국공 양당의 정전협정을 성사시켰다. 쌍방은 곧 휴전에 들어갔고 양측의 모든 군대는 이동이 중지되었다.

그러나 정전협정은 오래가지 못했다. 양측의 이해가 부딪치면서 무력 충돌이 불가피한 데다 소련군이 1946년 5월 대련을 제외한 전 지역에서 철수를 완료하면서 동북 지역은 내전 속으로 급속히 빨려 들어갔다. 1946년 6월 26일 국민당군이 정치협상 결의와 정전협정을 파기하고 200만 명에 가까운 병력으로 동북 지역을 비롯해 중국 전역에서 공산당의 거점인 해방구와 홍군을 공격하면서 마침내 중국의 운명을 가르는 국공 내전이 시작되었다.

무주공산의 동북 3성을 둘러싸고 막판 혈전 벌여

내전 발발 당시 국민당군의 병력은 430만 명이나 되고 무기는 미국의 지원을 받아 압도적으로 우세했다. 점령 지역의 인구는 3억 명 이상이었다. 공산당 병력은 팔로군과 신사군을 합친 128만 명에 19개 성의 해방구 민병 200만 명이 전부여서 국민당군에 비해 현격히 약세였다. 공산당에 소속된 인구도 1억 3,000만 명에 불과했다. 내전 발발 후 국민당군은 열하성(1946.8)을 장악하고 중국 공산당의 심장부이자 상징인 연안(1947.3)을 점령함으로써 바야흐로 국민당 정부의 승리가 손에 잡히는 듯했다.

문제는 내전으로 인해 급등한 인플레 때문에 국민당 지배 지역의 민중이 기아 상태에 빠지고 경제가 파탄으로 치달았다는 데 있었다. 통화가치는 수직으로 하락하고 국민당의 부정부패는 극에 달했다. 공산당이 주도한 도시 노동자와 학생·지식인의 항의 시위는 무력으로 진압되었다. 반면 공산당의 해방구에서는 토지개혁이 이뤄져 농민들이 자기 땅을 가지고 부패한 관리들에게 착취당하는 일도 사라졌다. 악질 지주와 일본에 부역한 사람 등도 1만 5,000여 명이나 처단되었다.

전술적으로도 공산군은 임표, 주은래, 팽덕회 등 군사 능력이 탁월한 지휘관들이 한 가지 목표만을 향해 서로 협력하며 달려간 반면 국민당군은 파벌로 극심한 분열 양상을 보였다. 고위 장교들은 전투보다 착복에만 신경을 썼고 중앙군과 지방군 간 파벌 대립, 중앙군 내에서도 직계와 방계 간의 대립이 극심해 효율적인 전투를 수행하지 못했다. 미군이 국민당에 제공한 최신 무기도 국민당의 부정과 부패로 공산당 수중에 넘어가는 일이 비일비재했다. 소련군도 동북에서 철군하면서 일본군으로부터 노획한 무기를 그대로 공산군에 넘겨주었다. 결국 국민당의 초기 승리는 서서히 비관적으로 바뀌고 민심은 공산당 쪽으로 기울었다.

자신감을 얻은 공산당은 1947년 7월 전략적 방어 단계에서 전략적 공세 단계로 전환했다. 1948년 들어서는 동북 지역의 대도시 장춘·길림·심양 등을 포위하고 빼앗겼던 연안을 탈환한 뒤 남쪽으로 밀고 내려갔다. 결정적인 전투는 1948년 가을부터 전개되었다. 1948년 9월 12일부터 11월 2일까지 52일간 계속된 요령·심양 전투에서 중공군은 47만 명의 국민당군을 섬멸하고 동북 지방의 절대 다수 지역을 수중에 넣었다. 11월 2일의 심양 입성은 중화인민공화국 개국의 전주곡이었다.

"중화인민공화국이 오늘 여기에 수립되었다"

중국 중부의 철도 요충지 회해에서 1948년 11월 6일부터 1949년 1월 10일까지 벌어진 회해 전투는 내전 이래 가장 큰 대전이었고 세계적으로도 최대 규모 전투 중 하나였다. 50만의 공산군과 50만의 국민당 정부 정규군이 65일간 혈전을 벌인 회해 전투에서 국민당군은 거의 궤멸되었다. 이로써 양자강 중하류 이북의 드넓은 지역도 공산당 수중에 떨어졌다.

패색이 짙어지자 장개석은 1949년 1월 자신의 남경정부 권력을 그대로 두는 것을 전제로 한 평화를 제의했다. 하지만 승기를 잡은 모택동은 장개석을 포함한 전쟁 범죄자 처벌, 군대 재편성, 토지개혁 등 장개석이 지킬 수 없는 8개 항의 조건으로 응수해 사실상 평화 제의를 뿌리쳤다.

모택동이 중국의 상징인 북경에 평화적으로 입성한 것은 1949년 3월 23일이었다. 홍비(紅匪)로 몰려 22년 동안 중국 전역을 떠돌며 2만 5,000리 장정 등 생사를 넘나든 투쟁 끝에 이뤄낸 가슴 벅찬 순간이었다. 공산당은 1949년 4월 최후의 공격을 시작해 4월 20일 양자강을 건너 4월 23일

중화민국의 수도 남경에 진입했다. 이어 항주·상해·서안(5월) 등을 함락하고 신강·내몽고(6~7월) 등 서북 전체도 장악했다. 8월에는 호남·호북·복건성, 10월에는 광동성 등 화남 지역, 11월에는 사천·귀주성 등도 함락했다. 더 이상 오갈 데가 없어진 장개석은 중경과 성도를 거쳐 1949년 12월 10일 대만으로 달아났다.

내전이 진행 중이긴 했으나 사실상 끝난 것이나 다름없던 1949년 9월 21일 공산당 대표들이 인민정치협상회의를 열어 10일 동안 국기·국가를 제정하고 신정부의 조직을 구성했다. 9월 29일에는 '인민민주주의가 중화인민공화국 건국의 정치적 토대라는 점에 만장일치로 합의한다'는 공동강령을 통과시켰다. 10월 1일에는 모택동 주석, 유소기 부주석, 주덕 인민해방군 총사령관, 주은래 국무원 총리 겸 외교부장으로 구성된 새 정부가 천안문 광장에서 건국 선포식을 열었다.

모택동이 천안문 성루 누상에 모습을 드러낸 것은 10월 1일 오후 3시였다. 천안문에는 모택동의 거대한 사진이 걸려 있고 군중으로 가득한 광장 곳곳에는 깃발이 펄럭였다. 이윽고 모택동이 30만 명의 군중을 향해 외쳤다. "중화인민공화국이 오늘 여기에 수립되었다." 곧 장엄한 선율의 의용군행진곡이 연주되고 28발의 예포가 발사되는 가운데 오성홍기가 게양되었다. 예포 28발은 공산당이 걸어온 28년의 간난의 세월을 상징했다.

주은래 국무원 총리 겸 외교부장에 임명

키신저는 "주은래보다 더 강렬한 인물을 만나본 적이 없다"고 평가했다.

장개석의 '상해 반공 쿠데타'로 중국 공산당이 큰 타격을 입은 1927년, 모택동과 주은래는 각각 다른 장소에서 봉기했다. 주은래

(1898~1976)는 1927년 8월 1일 하룡, 엽정, 주덕 등과 함께 '남창 기의'를 주도하고 모택동(1893~1976)은 9월 9일 호남성 장사에서 '추수 봉기'를 일으켰다. 그러나 두 봉기 모두 처참한 실패로 끝나 모택동은 정강산으로 피하고 주은래는 상해로 잠적했다.

이후 주은래는 공산당 정치국 상무위원 겸 중앙군사위 부주석이 되어 중국 공산당 최고 지도부의 일원으로 활동한 반면 모택동은 주은래보다 서열이 낮은 정치국 위원과 서금을 수도로 한 중화소비에트의 주석으로 활동했다.

1934년 대장정이 시작될 무렵에도 주은래는 당 3역의 한 사람으로 여전히 모택동보다 지위가 높았다. 그러나 대장정 중에 열린 '준의 회의'(1935.1)에서 모택동이 당의 주도권을 장악함으로써 두 사람의 위치는 역전되었다. 대장정을 마친 후인 1935년 11월 중국 공산당 중앙상무위가 서북혁명군 군사위를 발족하면서 모택동은 주석, 주은래와 팽덕회는 부주석에 임명함으로써 모택동과 주은래의 지위는 공식적으로 역전되었다. 주은래는 그 후 죽는 날까지 모택동을 보필하며 '영원한 2인자'의 길을 걸었다.

주은래는 중국 강소성 회안에서 태어나 천진에서 고등학교를 졸업하고 1917년 일본으로 유학을 떠났다. 일본에서 마르크스주의를 접하고 돌아왔을 때 중국에서는 바야흐로 5·4 운동(1919)이 치열하게 전개되고 있었다. 주은래는 시위에 주도적으로 참여하는 한편 1919년 9월 남개대에 입학했으나 계속된 시위 주동으로 1920년 1월 구속되었다. 석방 후에는 1920년 11월 프랑스로 유학을 떠나 1921년 7월 결성된 중국 공산당의 유럽 지부 조직책으로 활동했다.

1924년 9월 중국으로 돌아와 그해 11월 국민당의 장개석이 초대 교장으로 활동하고 있는 황포군관학교 정치부 주임으로 임명되어 장개석과 첫 인연을 맺었다. 황포군관학교는 1924년 1월 중국 공산당이 손문의 국

주은래(1898~1976)

민당과 제1차 국공합작을 성사시켜 설립한 군사 교육기관이었다. 27살이던 1925년 8월에는 21살의 혁명가 등영초와 결혼하고 1926년 말에는 상해로 잠입해 파업과 무장봉기로 상해를 장악(1927.3)했다.

그러나 장개석은 국공합작이 여전히 유효한 것을 이용해 북벌군을 이끌고 아무런 제지 없이 상해에 무혈 입성하더니 4월 12일 새벽을 기해 파업 중인 노동자를 무장해제하고 폭동으로 맞서는 공산당원에게는 기관총을 난사하는 이른바 '상해 반공 쿠데타'를 일으켰다. 이로써 위태롭게 이어가던 제1차 국공합작도 사실상 깨지고 말았다. 주은래는 목숨을 부지한 채 상해를 빠져나왔다.

모택동의 변덕과 광기 속에서 주요 인재 보호하는 데 진력

중국 공산당은 1927년 7월 임시 정치국 상무회의를 열어 강서성 남창에서 국민당 정부를 상대로 봉기할 것을 결의하고 주은래를 봉기 지도자로 임명했다. '남창 기의'는 1927년 8월 1일 새벽, 주은래를 비롯한 주덕, 하룡, 류백승 등의 지휘로 시작되어 초반에는 성공했으나 결국 실패로 끝을 맺었다. 하지만 이후 이 부대는 모택동 부대와 합쳐져 중국 농공홍군 제4군이 되어 중국 인민해방군의 뿌리가 되었다. 오늘날 중국은 이 8월 1일을 인민해방군의 창립일로 기념하고 있다.

'남창 기의' 실패 후 주은래는 장개석의 국민당 정부가 장악하고 있는 상해에서 지하공작을 벌이다가 모택동과 주덕이 조성한 혁명 근거지 강서로 1931년 이동했다. 당시 주은래는 정통 레닌주의에 따라 '도시에서의 노동자 무장봉기'를 주장한 반면 모택동은 '농촌에서의 농민 무장봉기'를 고집했다. 하지만 주은래는 모택동과 대화를 나누는 과정에서 소련 유학파인 박고와 이덕(오토 브라운) 등 다른 공산당 지도부와 달리 조금씩 모택동의 전술을 이해하기 시작했다.

대장정 후 주은래의 탁월한 협상 능력이 발휘된 것은 1936년 12월의 서안사변이었다. 주은래는 서안사변을 계기로 제2차 국공합작을 끌어내 존망의 기로에 있던 공산당을 구하고 중국 통일의 기초를 닦았다. 주은래는 1944년 5월의 중국 공산당 대회에서도 모택동에게 결정적으로 유리한 역할을 함으로써 모택동의 신뢰를 쌓았다. 주덕, 유소기, 모택동 등의 주석단 가운데 최다 득표자를 주석으로 삼기로 한 회의 투표 결과 유소기가 1위, 주덕이 2위로 나왔는데도 주은래는 모택동에게 주석을 맡기자고 주장해 관철했다.

1949년 10월 1일 마침내 중화인민공화국 수립이 선포되었을 때 모택동은 주은래를 국무원 총리 겸 외교부장에 임명해 그동안 주은래가 보여준 탁월한 외교 능력과 충성심에 보답했다. 이후 '포스트 모택동'을 노리던 팽덕회의 실각, 유소기·임표의 죽음, 등소평의 부침에도 주은래만은 절대 한눈을 팔지 않고 모택동을 보필하며 중국 현대화의 초석을 쌓아나갔다.

주은래는 모택동의 변덕과 광기 속에서 주요 인재들을 보호하는 데 진력함으로써 모택동의 다음 시대를 여는 가교 역할도 했다. 특히 문화대혁명으로 5년간 쫓겨나 있던 등소평이 복권되어 미래의 중국을 구상할 수 있었던 데는 주은래의 역할이 컸다. 주은래와 등소평의 관계는 1920년대 프랑스 유학 시절부터 각별했다. 두 사람은 모택동의 폭압 정치 속에서도 서로 밀어주고 끌어주는 혁명의 동지이자 이념의 동반자였다.

'영원한 서민 총리'로 불리며 사랑과 존경받아

주은래가 2인자로 마지막 불꽃을 피운 시기는 암에 걸린 채 치열한 생을 이어가던 1972~76년이었다. 미국·일본과 수교, 베트남전 마무리, 문화대혁명의 폐허 속에서 국가경제를 재건하는 데 불철주야 노력하면서도 모택동의 사후에 대비해 추방당한 등소평을 재기용하고 문화혁명 4인방을 무력화시키며 국가 노선을 개방과 실용 쪽으로 전환하는 데 혼신의 힘을 쏟았다.

주은래는 1974년 6월 입원한 병상에서도 일을 멈추지 않았다. 1976년 1월 세상을 떠나기 전까지 587일간 병원에 있으면서 14번의 크고 작은 수술을 받는 와중에도 머리맡에는 늘 서류 더미가 수북이 쌓여 있었고 사람들을 만나 산적한 일들을 처리했다. 1975년 12월 하순부터는 병세가 위중해 때때로 혼수상태에 빠졌다.

부인 등영초는 주은래의 곁을 지키며 병상일지를 썼다. 그런데 병상일지에는 '모택동의 영원한 2인자'라는 그동안의 이미지와는 다른 내용이 있었다. 일지에 따르면 주은래는 모택동을 중국의 지도자로 추대한 것을 크게 후회했다. "국가가 매우 불행하다. 건국 26년인데 6억 인구가 밥도 제대로 못 먹고 있다. 공산당만 노래하고 지도자 찬양만 하는데 이것은 공산당 실패의 한 장면이다"라고 했고, 1944년 모택동을 주석으로 추대한 것에 대해서도 "과오를 범했다"며 후회한 것으로 알려졌다.

주은래는 1976년 1월 8일 사망했다. 자신의 명예보다 국가의 미래를 위해 혁명가 모택동을 탄생시키고 모택동의 오류와 책임까지도 오롯이 떠안으며 자신을 낮춘 위대한 2인자의 리더십을 보여주다가 78년의 생을 마감한 것이다.

주은래는 27년 동안 총리로 활동하다 죽었는데도 재산은 물론 자식까지 없었다. 유해는 유언대로 화장 후 발해만 상공에 뿌려졌다. 주은래가 눈을 감은 1976년 1월 8일 미국 뉴욕의 유엔본부는 유엔 역사상 처음으로 유엔기를 조기로 게양했다. 닉슨은 모택동과 주은래를 이렇게 비교했다. "모택동이 없었다면 중국의 혁명은 결코 불붙지 않았을 것이다. 하지만 주은래가 없었다면 그 불은 재가 되고 말았을 것이다." 주은래는 생전의 청빈한 삶과 근면 성실한 공직 생활로 지금도 '영원한 서민 총리'로 불리며 중국인의 사랑과 존경을 받고 있다.

동·서독 분단과 콘라트 아데나워

동서독 양쪽에 각기 별개의 정권이 들어서는 것만이 예정된 수순이었다.

2차대전 후 독일의 운명은 독일을 분할 점령한 미국, 영국, 프랑스, 소련 등 4개국 손에 달려 있었다. 더구나 미·영·불 서방 3개국과 소련의 계산이 달라 분단으로 치달을 가능성이 높았다. 그런데도 독일은 패전의 멍에를 뒤집어썼기 때문에 스스로 운명을 개척할 권한이 없었다. 4국의 협력 관계는 1947년에서 1948년으로 해가 바뀌는 전환점에서 사실상 끝나고 있었고 분단은 기정사실화되었다.

서방 3개국 중 미국을 제외한 영국과 프랑스는 1948년 3월 17일 벨기에, 네덜란드, 룩셈부르크와 훗날 북대서양조약기구로 발전할 공동방위조약(브뤼셀 조약)을 체결했다. 소련을 배제한 브뤼셀 조약으로 전승 4개국의 공동통치는 사실상 끝난 것이나 다름없었다. 동서독 양쪽에 각기 별개의 정권이 들어서는 것만이 예정된 수순이었다.

당시 서독에는 주의회 선거를 통해 주정부가 구성되어 있었다. 그러나 각 주의 총리는 독일이 통일되고 주권이 회복될 때까지 제헌의회를 소집하거나 헌법을 제정할 생각이 없었다. 분단을 초래했다는 비난과 책임을 피하고 싶어서였다. 그러나 미·영·불 3개 연합국이 헌법 제정을 요구하자 헌법 대신 통일이 될 때까지만 효력이 있는 기본법을 제정하기로 했

콘라트 아데나워(1876~1967)

다. 향후 통일이 되면 헌법을 새롭게 제정한다는 취지였다.

제헌의회 격인 '의회위원회'는 3개국 점령 지역의 11개주에서 선출된 65명의 대표로 구성되었다. 의회위원회는 1948년 9월 1일 본에서 연 첫 모임에서 기독교민주당 대표 콘라트 아데나워를 의장으로 선출하고 1949년 5월 8일 기본법을 표결에 부쳐 53대 12로 채택했다. 기본법은 5월 12일 서방 연합군 사령관의 승인을 거쳐 5월 23일 공포되었다. 독일연방공화국(서독)이 탄생한 것이다. 그에 앞서 5월 10일에는 연방의회 선거법을 통과시키고 인구 15만 명의 대학 도시 본을 연방공화국의 임시 수도로 결정했다.

8월 14일의 총선에서 기독교민주당(기민당)/기독교사회당(기사당)은 31%의 지지율로 총 402석의 연방의회 의석 중 139석을 확보해 제1당이 되었다. 제1당으로 예상했던 사회민주당(사민당)은 29.2%의 지지로 131석을 얻는 데 그쳤다. 9월 15일 기민당/기사당은 자유민주당(자민당)과 연합해 테오도어 호이스 자민당 대표를 연방 대통령으로, 기민당의 콘라드 아데나워를 연방 총리로 선출했다. 이렇게 구성된 서독 정부는 입법, 행정, 사법에 관한 권한을 행사할 수 있었으나 완전한 주권을 행사하지는 못했다. 미·영·불 연합국에 의해 군대와 무장이 금지되고 대외무역과 외환관리가 규제를 받았기 때문이다.

동독은 1945년 여름부터 경제구조와 사회조직을 소련식으로 바꿔나갔다. 마르크스 레닌주의가 사회의 기본 이념이 되고 주요 산업이 국유화되었다. 정당은 1945년 6월 창당된 공산당, 사민당, 기민당 등이 있었으나 총선을 앞두고 공산당이 선거에서 승리하지 못할 것 같자 1946년 4월 공산당과 사민당을 합쳐 독일사회주의통일당(SED)을 창당했다. 이름만 바꿔었을 뿐 사실상의 공산당이었다.

SED는 1946년 10월의 주 의회 선거에서 47.6%의 지지를 얻었다. 1948년 3월에 구성된 독일인민위원회는 그해 10월 독일민주공화국의 헌법 초안을 승인하고 1949년 3월 19일 헌법을 의결했다. 1949년 10월 7일 마침내 헌법이 발효됨으로써 '독일민주공화국'(동독)도 탄생했다. 이로써 독일은 공식적으로 분단국가가 되었다. 곧 빌헬름 피크를 동독의 초대 대통령으로 하고, 오토 그로테볼을 총리로 하는 새 정부가 세워졌으나 실질적인 권력은 당 정치국 의장인 제1서기 발터 울브리히트가 장악했다.

아데나워의 지향점은 연방주의와 유럽의 안정

서독의 초대 총리로 선출된 콘라트 아데나워(1876~1967)는 쾰른의 독실한 가톨릭 가정에서 태어나 프라이부르크대에서 법학 공부를 시작하고 뮌헨대를 거쳐 1897년 본대를 졸업했다. 쾰른시 배석판사와 쾰른 시의원을 거쳐 1차대전이 한창이던 1917년 쾰른 시장으로 부임했다. 시장 재임 시절 그는 베를린 중심의 중앙집권주의와 군국주의를 혐오했다. 이웃 국가들과 위험한 그네타기를 하는 과거 프로이센의 외교적 기회주의도 못마땅하게 여겼다. 독일의 불행과 유럽의 불안이 프로이센 독일에서 비롯되었다는 판단 때문이었다.

아데나워는 중앙집권주의에 반대하는 연방주의를 정치 목표로 삼으면서 한편으로는 유럽의 안정을 궁극적인 지향점으로 설정했다. 그러려면 숙적인 독일과 프랑스를 화해시키고 유럽의 평화를 담보해야 했다. 하지만 1933년 1월 히틀러가 정권을 잡으면서 곧 쾰른시장에서 쫓겨났다. 이후 은둔하다가 1944년 체포되어 4개월 동안 강제수용소에 수감되었다.

2차대전 후 전개된 서방 3개국의 연방국가 구상은 평소 아데나워가 꿈

꿔온 정치체제와 맥을 같이했다. 4개 연합국의 분할 점령도 쾰른시 시장이던 1919년부터 구상해온 '서독연방국가'와 유사했다. 더구나 그가 그토록 혐오하던 프로이센 독일 땅은 대부분 소련 점령 치하에 들어갔고 수도 베를린은 4개국 점령지구로 분할되어 수도 기능이 거세되었다.

아데나워는 2차대전 후 쾰른에 진주한 미군 사령관에 의해 쾰른 시장으로 복직했으나 1945년 10월 영국 군정에 의해 다시 해임되었다. 두 번째로 시장직에서 쫓겨난 아데나워는 행정 직무에서 벗어나자 연방적 차원의 큰 정치 무대에 자신의 역량을 발휘하고 에너지를 쏟아부었다. 1946년 개신교와 가톨릭의 연합정당인 '기독교민주당'을 창당하고 당수로 지내다가 1949년 9월 15일 402석의 연방의회 의석 중 한 표가 많은 202석을 얻어 신생국가 서독의 총리로 당선되었다.

73세에 총리가 된 아데나워는 평소의 구상대로 비프로이센, 비군국주의, 평화 우호적인 새 연방주의 공화국을 추진했다. 서독의 첫 수도가 프랑크푸르트가 아니라 인구 15만의 본으로 결정된 것도 분리주의를 꾀하는 아데나워의 입김이 작용한 결과였다. 총리 취임 후 아데나워가 외교의 제1순위로 삼은 것은 오랫동안 갈등해온 프랑스와의 화해였다. 그 자신이 발의하고 주창한 유럽경제공동체도 성사시켰다. 또한 냉전의 도래를 간파하고 서방 편에 서서 반공을 추구했다. 대독 전승국인 소련과는 국교를 맺으면서도 동독과 국교를 맺은 다른 나라와는 국교를 맺지 않는다는 '할슈타인 원칙'을 고수했다.

사실 그의 친서방 정책은 독일의 민족주의적 입장에서 볼 때는 쉽게 받아들이기 힘든 것이었다. 당시 독일인의 가장 큰 염원이 분단 독일의 통일이었기 때문이다. 서독이 냉전의 구도 속에서 일방적으로 서방세계에 통합된다면 소련이 독일의 조속한 통일을 결코 허락하지 않을 것이라는 사실은 자명했다. 이런 이유로 통일의 달성을 우선적으로 생각한 정치 세력들은 아데나워의 친서방 정책을 맹렬히 비난했다.

그러나 아데나워는 조속한 통일보다는 서독이 주권을 회복하는 것과 서방 세계에 안전하게 정착하는 것을 최우선으로 여겼기 때문에 서독을 서방세계에 통합하려는 외교정책을 일관되게 추진했다. 이런 외교정책은 멀리 떨어진 한국의 이승만 대통령과 흡사했다.

'역사상 가장 위대한 독일인'으로 꼽혀

아데나워의 확고한 지도력은 전쟁으로 폐허가 된 서독이 '라인강의 기적'을 이루는 데 초석이 되었다. 그는 '라인강 기적의 아버지' 루드비히 에르하르트를 경제장관으로 기용하고 14년 동안 지원해 급속한 경제성장을 이루는 견인차 역할을 했다. 그 덕에 1949년 총선에서 지지율이 31%에 불과하던 기민당/기사당은 '라인강의 기적'이 최고조에 달한 1957년 총선에서 50.2%의 지지율을 획득함으로써 서독 연방의회에서 과반수를 차지하는 독일 의정사상 초유의 정당이 되었다.

14년 동안 총리로 재직한 아데나워의 뒤를 이어 총리가 된 인물도 에르하르트였다. 하지만 아데나워는 에르하르트가 후임자가 되는 것을 원치 않아 한동안 에르하르트의 총리 진출을 온갖 술수로 가로막았다. 두 사람의 대립과 갈등은 1957년 1월 아데나워가 강행한 연금 개혁 때 첨예하게 나타났다. 아데나워는 1959년 에르하르트가 총리직을 승계하지 못하도록 손을 쓰기까지 했다.

그런 가운데 1961년 가을의 총선은 기민당에 위기감을 심어주었다. 결국 기민당은 총선에서 절대다수 확보에 실패해 자유민주당과 연립정부를 세웠다. 이후 지방선거에서 기민당이 연이어 패배하자 기민당 내 반아데나워 목소리에 힘이 실렸다. 다가올 1965년 총선 때 자칫 사민당에 정권을 내줄지도 모른다는 우려감이 기민당 내에 팽배했다. 기민당 의원들은 아데나워에게 압력을 가해 총리직에서 물러날 것을 요구했다. 그리고 국민에게 인기가 높은 에르하르트를 대안으로 내세웠다. 결국 아데나워는 오랫동안 소망하던 상호 협력 조약을 프랑스와 체결한 후 1963년 10월 총리직에서 물러났다. 에르하르트는 아데나워의 퇴임과 동시에 총리로 선출되었다.

오늘날 아데나워는 '독일연방공화국의 아버지', 에르하르트는 '라인강 기적의 아버지'로 불린다. 두 사람에 대한 독일인들의 존경은 유로화 사용 전, 마르크 동전 중 유일하게 인물이 새겨진 2마르크짜리 동전 뒷면에 둘이 등장하는 것으로 잘 나타나 있다. 2003년 독일의 ZDF TV가 독일인 300만 명을 상대로 "역사상 가장 위대한 독일인이 누구냐"고 물었을 때 독일인들은 아데나워 총리를 역사상 가장 위대한 독일인으로 꼽았다. 2위는 종교개혁가 마틴 루터였고 3위는 칼 마르크스였다.

루드비히 에르하르트와 '라인강의 기적'

초기에는 혼란도 적지 않았다. 억눌렸던 구매 욕구가 한꺼번에 분출하면서 부작용이 생긴 것이다.

이른바 '라인강의 기적'은 콘라트 아데나워(1876~1967) 내각에서 14년 동안 경제장관으로 재임한 루드비히 에르하르트(1897~1977)가 주도해 이뤄낸 결실이다. 에르하르트는 독일 바이에른주의 작은 도시 퓌르트에서 직물 상인의 아들로 태어났다. 1916년 1차대전에 참전했다가 포탄에 맞아 중상을 당했다. 이후 나타나는 다소 부자연스러운 모습은 그때의 부상으로 인한 것이다.

종전 후 뉘른베르크대에 입학해 경영학 석사학위(1922)를 취득하고 프랑크푸르트대에서 박사학위(1925)를 받았다. 한동안 가업을 잇다가 뉘른베르크 경제연구소에서 근무했으나 1942년 나치가 노동전선에 가입할 것을 종용해 연구소를 떠났다.

전쟁이 아직 끝나지 않은 1944년에는 '전비 조달과 국채 정비'라는 제목의 전후 경제 재건 보고서를 작성해 미래에 대비했다. 전쟁이 끝난 1945년 10월 미 점령군에 의해 바이에른주의 경제장관으로 발탁되었으나 1946년 주의회 선거 결과 기독교사회당과 사회민주당의 연립정부가 들어서 공직에서 물러났다가 1948년 3월 미·영 점령 지역의 경제국장으로 다시 발탁되었다.

패전 독일의 경제 상황은 비참과 혼란 그 자체였다. 1,000만 명이나 되는 난민이 길거리를 떠돌아 다녔고 국민의 60%는 영양실조에 시달렸다. 미군을 비롯한 점령군의 통제경제에 따라 식량과 소비재는 배급제였으며 원료와 주요 원자재는 할당제였다. 수출입도 통제를 받았다. 이처럼 물자가 부족하고 혼란한 상황에서는 국가가 경제를 통제해야 난국이 극복된다는 게 다수 의견이었다. 사회민주당과 노동조합은 물론 기독교민주당 내 좌파 인사들도 사회주의적 경제 질서를 옹호했다.

하지만 에르하르트는 국가에 의한 통제경제에서 벗어나야 국가 경제가 살아난다고 믿었다. 그는 사회주의 경제 또는 생산수단의 국유화를 강화해야 한다고 주장하는 사람들을 '기적을 믿는 사람들', '현실을 모르는 공상가들'이라고 비판하면서 국가의 경제 통제라는 족쇄를 제거하는 것만이 경제 재건을 위한 가장 확실한 대안임을 분명히 했다.

그의 구상은 평소 그가 체계화한 '사회적 시장경제'에 뿌리를 두고 있다. 이는 중앙정부의 통제경제를 철폐하고 수요와 공급에 따른 시장경제를 중시하는 경제철학이었다. 그렇다고 자유방임 경제와는 달라 독점을 방지하고 자유로운 경쟁을 보장하기 위한 정부의 개입은 필요하다고 보았다. 노조의 권력이 지나치게 강해 공정 경쟁을 저해할 때도 국가가 개

루드비히 에르하르트(1897~1977)

입해야 한다고 믿었다.

그가 경제 재건의 첫걸음으로 우선한 것은 화폐개혁이었다. 그의 주장이 반영된 화폐개혁은 1948년 6월 20일 발표되었다. 같은 날 에르하르트는 점령군 측과 아무런 상의 없이 가격 및 경제통제에 관한 조치들을 전격적으로 철폐했다. 이후 암시장이 사라지고 가게에는 상품들로 가득 찼으며 공장 굴뚝에서는 연기가 솟아올랐다. 공업 생산은 1948년 말까지 50%나 증가했다. 미국의 마셜 플랜이 지원한 상당량의 원조도 경제 활력에 숨통을 틔워주었다.

경제철학은 중앙정부의 통제를 철폐하는 '사회적 시장경제'

하지만 초기에는 혼란도 적지 않았다. 억눌렸던 구매 욕구가 한꺼번에 분출하면서 부작용이 생겼다. 화폐개혁과 통제 시스템의 폐지로 물가가 오르면서도 경기가 침체하는 스태그플레이션에 빠지고 실업률이 상승했다. 노동자의 임금동결도 반발을 불러 급기야 1948년 11월 925만 명의 노동자가 참여한 전국적인 총파업이 일어났다. 사회민주당을 비롯한 시장경제 비판자들은 다시 통제경제로 돌아갈 것을 요구했다. 에르하르트의 '사회적 시장경제' 정책의 위기였고 서독 경제의 위기였다. 그러나 에르하르트는 가격통제를 다시 도입한다면 비참했던 과거로 다시 돌아가는 것이라며 기존의 정책을 고집했다.

이런 와중에도 정치 일정은 착착 진행되어 1949년 8월 14일 서독 최초의 총선이 치러지고 아데나워를 주축으로 한 기민당/기사당이 제1당이 되었다. 에르하르트 역시 기독교민주당 후보로 출마해 당선되었다. 1949

년 9월 아데나워 내각이 성립되었을 때 에르하르트는 경제장관에 임명되었다. 그래도 경제는 완전히 호전되지 않았고 1950년 1분기 실업율은 12.2%로 증가했다.

그런 가운데 천우신조의 기회가 찾아왔다. 1950년 6월 극동의 작은 나라 한국에서 6·25전쟁이 발발한 것이다. 그 덕에 1952년 수출이 수입을 초과했다. 2차대전을 일으킨 전범국가 독일과 일본이 6·25전쟁을 통해 기사회생하는 발판을 마련한 것은 아이러니였다. 1950년대 중반으로 접어들면서 독일 경제는 탄탄한 성장의 발판을 토대로 뿌리가 견고해졌다. 물가는 안정되고 화폐개혁 이전인 1948년 6월 1.99마르크이던 근로자들의 시간당 평균임금은 1950년 2.38마르크까지 상승했다. 생산이 증대하고 고용이 늘어나 실업률이 떨어졌다.

노사 관계가 안정되자 기업은 서독의 전통적인 기술력을 바탕으로 품질 향상을 꾀했다. 1952년 320억 달러이던 서독의 국민총생산은 10년 뒤인 1962년 890억 달러로 3배 가까이 증가하고 유럽 최고의 경제대국으로 등장하며서 '라인강의 기적'을 이뤄냈다. 1949년에서 1962년까지 연평균 1인당 생산량 증가율은 미국(1.6%)과 영국(2.4%)보다 훨씬 높은 6.8%로 세계를 놀라게 했다.

에르하르트는 1963년 4월 기독교민주당 총리 후보가 되어 그해 10월 아데나워의 퇴임과 동시에 총리로 선출되었다. 1964년 12월 박정희 대통령이 차관을 얻기 위해 28시간이나 걸려 서독을 방문했을 때 "고속도로를 닦으십시오. 그 동맥을 질주할 자동차를 만들 산업도 필요합니다. 자동차를 만들려면 철이 필요하니 제철산업을 하십시오"라고 충고를 해준 이가 에르하르트 총리였다.

서독이 1973년의 오일쇼크를 이겨낼 수 있었던 것도 에르하르트 때부터 쌓아온 인적 자원 개발, 산학 연대, 기술혁신 덕분이었다. 1979년에는 국민총생산 6,000억 달러를 넘어서고 1만 837달러의 1인당 국민소득은 9,595달러의 세계 초강대국 미국을 추월했다.

아크멧 수카르노와 인도네시아 독립

권력 기반을 강화하기 위해 반식민주의와 반봉건주의 기치 아래 9개 정당의 '나사콤' 체제를 구축했다.

인도네시아가 300여 년의 식민지 생활을 청산하고 독립을 선언한 것은 1945년 8월 17일이었다. 초대 대통령에는 그동안 네덜란드에 맞서 독립운동을 벌여온 아크멧 수카르노(1901~1970)가 추대되었다. 그는 네덜란드 통치기인 1929년부터 2년간, 1933년부터 또다시 8년간 투옥되었던 강골의 독립운동가였다. 2차대전이 한창이던 1942년 인도네시아를 점령한 일본 덕에 풀려났을 때는 네덜란드로부터 완전 독립을 꿈꾸며 일본군에 협력했다.

인도네시아인들은 일본의 패배로 태평양전쟁이 끝나자마자 독립을 선언했다. 그러나 네덜란드는 인도네시아의 독립을 인정하지 않고 무력으로 재차 식민지화를 노렸다. 하지만 인도네시아인들이 완강하게 저항하고 국제사회도 이를 비난하자 1949년 5월 점령 도시 반환, 정전, 헤이그 회담 개최 등을 약속하며 한 발 뒤로 물러났다.

헤이그 회담(1949.8~11)에서 네덜란드가 서부 뉴기니아를 제외한 인도네시아의 주권을 연방공화국에게 이양하기로 인도네시아와 합의함에 따라 인도네시아 연방공화국은 1949년 12월 27일 성립되었다. 그러나 정식 독립국가 출범은 네덜란드와 합의한 '네덜란드·인도네시아 연합' 때문에 한동안 지연되다가 1950년 8월 17일 이뤄졌다. 이에 따라 1949년의 연방헌법은 폐지되고 서구식 의회제도를 골자로 한 헌법이 제정되었다.

정치·외교적으로는 이처럼 독립했지만 네덜란드의 경제적 이익이 그대로 남아 있고 경제난과 빈곤, 지역 분리주의, 지역 갈등으로 경제적 독립은 요원했다. 정국도 좀처럼 안정되지 않았다. 1945년 제정된 임시헌법에서 강력한 권한을 보장받았다가 여러 정파의 반발로 1950년 헌법 제정 때 권한의 상당 부분을 총리와 내각에 넘겨주어야 했던 수카르노 대통령과 내각의 불화 때문이었다.

아크멧 수카르노(1901~1970)

수카르노는 1955년 반둥회의에서 제3세계의 지도자로 부상하자 서구식 의회주의 대신 대중에 의존하는 정치를 추구했다. 1957년 2월에는 "27종의 다양한 종족, 3,000여 개의 섬, 90%가 회교도인 1억의 인도네시아에서는 내가 민주주의를 교도(敎導)해야 한다"며 '교도 민주주의'를 제창했다.

서구 의회민주주의가 정치·경제·사회·문화적 조건이 다른 인도네시아의 실정에는 맞지 않는다는 명분을 내세워 교도 민주주의를 제창했지만 사실은 장기 집권 계획의 일환이었다. 수카르노는 장기 집권의 실현을 위해 두 가지를 제안했다. 공산당을 포함해 상호 협력 내각을 구성하는 것과 수카르노 자신이 주도하는 최고통치기구 '국민협의회'를 조직하는 것이었다.

수카르노는 1959년 2월 대통령에게 강력한 권한을 부여하는 1945년 헌법의 부활을 요구했다. 그러나 의회가 거부하자 1959년 7월 의회를 해산하고 대통령 포고를 통해 1945년 헌법의 부활을 선언했다. 뒤이어 권력 기반을 강화하기 위해 반식민주의와 반봉건주의 기치 아래 9개 정당의 '나사콤' 체제를 구축했다.

'나사콤(NASAKOM)'은 자신이 소속된 국민당을 비롯한 3개 민족주의 정당(NAS · Nationalism), 5개 이슬람교 정당(A · Agama), 공산당(KOM · Komunism)을 연합한 것이다. 이후 주지사 임면권, 국민협의회 의원 임면권, 정당 해산권 등이 그의 손에 쥐어졌고 선거에 의한 국가기구는 사라졌다. 반대 정당들은 해산되고 비판적인 언론사는 문을 닫았다. 외교적으로는 비동맹국과 협력을 강화하고 소련과 중국에 밀착했다.

"사회체제를 해체하는 데는 전문가였으나 재건할 줄 모르는 인물"

수카르노는 1962년 군부와 이슬람 세력의 반발을 부르게 될 공산당 당수 아이디트의 무임소장관 임명을 강행했다. 유일신 알라를 섬기는 이슬람의 입장에서 공산주의의 무신론은 도저히 용납할 수 없었다. 인도네시아 경제권을 장악하고 있는 중국 화교에게 반감을 품고 있던 국민들도 인도네시아 공산당의 친중 노선을 받아들일 수 없었다.

이런 가운데 1963년 5월 수카르노는 형식적인 대통령 선출 권한을 갖고 있는 국민협의회에 의해 종신 대통령으로 추대되었다. 1963년 11월 인도네시아의 회원자격을 박탈한 국제올림픽위원회(IOC)에 맞서 제1회 가네포(신흥국경기대회)를 열고 1964년 1월 유엔을 탈퇴해 자신의 존재를 세계에 과시했다. 1965년 5월에는 육·해·공군과 경찰 외에 제5군으로 노농민병대를 창설했다. 하지만 이 결정은 공산당과 앙숙이던 군부의 격렬한 반발을 불렀다.

이런 상황에서 1965년 9·30 친공 쿠데타가 일어났다. 군부에 제압당할 것을 우려한 공산당이 군에 대해 선제공격을 가한 9·30 쿠데타가 발발하자 수카르노는 쿠데타를 배후 조종하거나 최소한 묵시적으로 동조했다는 의혹에 휩싸였다. 쿠데타는 수하르토 소장에 의해 3일 만에 진압되었고 이후 실권은 수하르토에게 넘어갔다. 수카르노는 1967년 권좌에서 물러나 1970년 6월 숨을 거뒀다. 닉슨은 "내가 알고 있던 혁명 지도자들 중 사회체제를 해체하는 데는 전문가였으나 그것을 재건할 줄 몰랐던 가장 대표적인 인물이었다"고 평했다.

수카르노는 여성 편력으로도 유명했다. 평소 "나는 조국과 국민과 여성과 예술, 그리고 내 자신을 사랑하는 탐미주의자였다"라고 말했던 것처럼 수카르노와 여성은 떼놓을 수 없는 관계였다. 1927년 비밀결사 인도네시아 국민당을 조직할 때도 수백 명의 창녀를 당원으로 가입시켜 스파이 노릇을 하도록 할 만큼 여성에 대해서는 독특한 시각을 갖고 있었다.

회교도인 그는 회교도 법칙에 따라 정식 부인을 넷까지만 두어야 했는데도 부인을 5명이나 두었다. 세 번째 부인인 데위는 일본인으로 도쿄의 나이트클럽의 여급 생활을 하다가 수카르노를 만나 1962년 결혼했다. 평소 "여자란 고무나무 같아서 서른 고개를 넘으면 쓸모가 없어진다"고 말해왔듯 부인이나 연인들은 한결같이 젊은 여성이었다.

반둥 평화회의

1954년 7월 인도차이나 전쟁이 프랑스의 패배로 끝나자 세계에는 2차대전 이후 처음으로 총성이 들리지 않았다. 인도차이나 전쟁의 종막이 아시아 각국에 새로운 희망과 자신감을 심어준 가운데 인도네시아 반둥에서 제3세계 국가들끼리의 첫 대규모 국제대회가 열렸다. 아시아 23개국과 아프리카 6개국 대표 320여 명이 1955년 4월 18일 모인 첫 '아시아·아프리카 회의'는 참가국이 속한 아시아·아프리카의 대륙 이름을 따 'AA 회의'라고도 하고 회의가 열린 도시 이름을 따 '반둥회의'라고도 불렸다.

회의는 2차대전 후 잇따라 독립한 구 식민지 국가들이 처음으로 한 자리에 모인 뜻깊은 자리였다. 수 세기 동안 유럽과 북미 열강의 식민주의와 제국주의에 시달려온 아시아·아프리카의 민중이 외세에 대한 저항을 집단적으로 선언했다는 데도 큰 의미가 있었다. 회의를 처음 발기한 나라는 '콜롬보 그룹'으로 불리던 인도네시아, 인도, 파키스탄, 스리랑카, 미얀마 5개국이었다. 이들 주최 측은 남·북한을 포함해 대만, 남아공, 이스라엘 등 어느 한 진영에 현저하게 치우쳤거나 인종차별적인 국가를 제외하고 아시아·아프리카 대부분의 국가를 초청했다. 그러면서도 그 얼마 전 티베트를 무력으로 강제 병합하고 공산주의 국가가 된 중국은 포함시켰다. 참가국의 공통점은 식민지 경험과 가난이었다.

캄보디아의 시아누크 국왕, 이집트의 나세르 대통령, 아프리카 사하라 사막 남쪽의 첫 흑인 대통령 콰메 은크루마(가나)도 참석했지만 언론의 스포트라이트는 인도의 네루, 중국의 주은래, 인도네시아의 수카르노에 집중되었고 이들은 회의 후 국제적 인물로 부상했다.

개최국인 인도네시아의 수카르노 대통령은 개막 연설에서 "인류 역사상 최초로 유색인들이 대륙을 넘어 회합을 했고 침묵하던 사람들이 목소리를 다시 찾았다"고 역설했다.

회의의 가장 큰 쟁점은 동유럽과 중앙아시아에 대한 소련의 정책을 서방 제국주의와 같은 성격의 것으로 보아야 하는가였다. 격론 끝에 결국 모든 형태의 제국주의를 비난하는 결의안이 채택됨으로써 소련 역시 비판의 대상이 되었다. 그래도 회의 내내 미국은 불편한 심기를 감추지 않았다.

회의는 4월 24일 '세계 평화와 국제 협력 증진에 관한 선언'을 발표하고 폐막되었다. '반둥 10원칙'이라고도 불리는 이 선언은 비동맹, 중립주의, 상호 협력 등의 정신을 담은 것으로 '제3세계'라는 새로운 세력의 등장을 세계에 알렸다는 데 큰 의미가 있다. 그러나 반둥 회의장에서 드러난 각국의 상이한 이해관계는 곧이어 발생한 중국·인도 국경분쟁, 중·소 분쟁 등으로 더욱 첨예하게 대립되어 결국 알제리에서 개최될 예정이던 제2차 아시아·아프리카 회의는 무산되었다.

아서 밀러 '세일즈맨의 죽음' 초연

"미국의 양심"이라는 평을 들었으나 사후에는 떳떳지 않은 개인사가 밝혀지기도 했다.

아서 밀러(1915~2005)는 유진 오닐, 테네시 윌리엄스와 더불어 20세기 미국을 대표하는 극작가다. 그는 미국 뉴욕의 맨해튼에서 유대계 폴란드 이민자의 아들로 태어나 10대 중반까지는 의류 회사를 경영하는 아버지 덕에 중산층의 생활을 했다. 하지만 16살 때 닥친 대공황(1929)으로 집안은 곤두박질쳤다. 밀러는 몰락하는 아버지의 사업을 도우며 세일즈맨들의 비참한 모습을 목격했다. 고등학교를 졸업한 뒤에는 자동차 부품 공장에서 일을 하다가 1934년 9월 미시간대에 입학했다.

밀러는 자신의 희곡이 대학 문학상에 뽑힌 것에 고무되어 희곡작가의 길을 걷기로 결심했다. 대학 졸업 후 밀러가 쓴 희곡들은 브로드웨이에서 모두 퇴짜를 맞았다. 다행히 6번째 작품 '억세게 운 좋은 남자'가 1944년 브로드웨이 극장에 올려지긴 했으나 불과 4회 만에 막을 내려 밀러에게 실망을 안겨주었다.

밀러는 또다시 도전했다. 그 결과 7번째 작품 '모두가 나의 아들'이 당시 최고 연출가로 각광을 받고 있는 엘리아 카잔의 연출로 1947년 1월 브로드웨이에 올려졌다. 이번에는 평론가들로부터 호평을 받아 그해 10대 희곡에 선정되고 생애 처음으로 토니상과 뉴욕 연극비평가협회상을 수상하는 기쁨을 누렸다. 그해 12월까지 모두 328회 공연된 '모두가 나의 아들' 성공 덕에 밀러는 이름이 널리 알려지고 수입도 좋아졌다.

밀러는 다음 작품으로 청소년기에 목격한 세일즈맨의 비참한 생활상을 소재로 희곡을 썼다. 평범한 영업사원의 삶을 통해 자본주의의 비정한 모습을 고발한 희곡은 1948년 8월 '그의 머릿속 내부'라는 제목으로 카잔에게 보내졌다. 카잔이 제목을 바꿔 연출한 '세일즈맨의 죽음'이 뉴욕 브

아서 밀러(1915~2005)

로드웨이의 모로스코 극장 무대에 올려진 것은 1949년 2월 10일이었다.

주인공 윌슨 로먼(Lowman=low man)은 이름이 암시하듯 사회조직의 말단에서 평생 일만 하다 비참하게 늙어가는 소시민이다. 평생 동안 세일즈맨으로 전국을 누비고 다니다가 대공황으로 해고되자 창업자 2세인 젊은 사장에게 항변한다. "이 회사에 34년을 봉직했는데 지금은 보험료조차 낼 수 없는 형편입니다. 오렌지 속만 까먹고 껍데기는 내다 버리실 참입니까. 사람은 과일 나부랭이가 아니지 않습니까." 그래도 해고가 확정되자 로먼은 그동안 다퉈온 아들과 화해한 뒤, 어느 날 밤 아들에게 보험금을 물려주기 위해 자동차를 과속으로 몰아 자살을 선택한다. 연극은 장례식 날 아내가 "집의 할부금도 다 갚고 모든 것이 해결된 지금, 정작 이 집에 살 사람이 없다"며 울부짖는 것으로 끝을 맺는다.

현대사회의 비정한 생리를 날카롭게 해부

비평가들은 "무자비한 자본주의의 고발", "세계 연극의 금자탑"이라며 찬사를 아끼지 않았다. 관객은 아메리칸 드림의 붕괴에 눈물을 흘렸다. 당시 미국의 최대 백화점 체인의 회장인 버나드 김벌은 이 연극을 관람하고 감동한 나머지 바로 그날 밤, 자기 회사는 더는 노령을 이유로 직원들을 해고하지 않겠다는 결정을 내렸다는 유명한 일화가 있다.

밀러는 2년 동안 무려 742회나 공연된 '세일즈맨의 죽음'의 성공 덕에 브로드웨이 사상 처음으로 3대 메이저상인 퓰리처 연극상, 뉴욕 연극비평가협회상, 토니상의 베스트 작가상 등 주요 상을 휩쓸며 국제적인 명성을 얻었다. 하지만 매카시즘의 잣대를 들이대는 비평가들은 "감상주의와 멜로드라마, 마르크시스트적 선전물"이라며 비판했다.

무엇보다 그를 아프게 한 것은 절친한 동료이면서 '세일즈맨…'을 연출한 엘리아 카잔의 밀고였다. 카잔이 1952년 미 하원의 비미활동위원회 청문회에 불려가 권력과 할리우드 영화 자본의 압력을 이기지 못하고 1930년대에 공산당 활동을 했던 8명의 동료 이름을 댄 것이다.

밀러는 카잔이 동료들을 팔아넘긴 것에 분노했다. 매사추세츠주 세일럼으로 달려가 17세기 그곳에서 자행된 마녀사냥에 대해 조사했다. 그리고 매카시즘의 광기를 우회적으로 비판한 '크루서블(시련)'을 완성해 1953년 1월 22일 무대에 올렸다. '크루서블'은 밀러에게 1953년 토니상을 안겨주었다.

하지만 밀러는 미 정부에 의해 1954년 벨기에 브뤼셀에서 개막된 '크루서블' 공연 참가를 저지당하고 1956년 비미활동위원회 청문회에 불려가 공산당원 동료들의 이름을 대라는 추궁에 시달리는 수모를 겪어야 했다. 밀러는 1930년대 공산당에 입당했던 약점이 있었으나 의원들의 요구를 거부했다. 이 때문에 의회 모독죄로 기소되어 벌금과 30일간의 구류 선고를 받고 블랙리스트 등재와 함께 여권 말소 처분을 받았다.

청문회 기간 중 사람들의 눈길을 끈 것은 밀러가 아니라 그의 곁을 지킨 할리우드 최고 인기 배우 마릴린 먼로였다. 빨갱이 사냥이 한창 벌어지고 있는 할리우드에서 시대를 역류하는 밀러와 사랑에 빠진다는 것은 먼로에게도 위험한 일이었다. 그러나 먼로는 밀러를 선택했고 밀러의 재판비용을 댔다.

1956년 6월 20일에 이뤄진 두 사람의 결혼은 "미국의 위대한 두뇌와 위대한 육체의 결합"이라는 언론의 스포트라이트를 받으며 세인의 주목을 끌었다. 밀러는 회고록에서 1951년 1월 먼로와 처음 만났을 때의 순간을 이렇게 회고했다. "우리가 악수를 나눴을 때 먼로의 몸이 움직이는 충격이 내 안으로 파고들었다.”

“미국의 위대한 두뇌와 위대한 육체의 결합”

먼로에게 밀러는 그때까지 할리우드에서 만난 사람 중에 자신을 여배우로 진지하게 대해준 유일한 사람이었다. 먼로는 밀러를 만난 이후 지적 욕망에 눈을 떴다. 대학 부설 평생교육원에 등록해 문학 강좌도 들었다.

밀러에게는 “내게도 존경할 수 있는 사람이 있었으면 좋겠다”고 간접적으로 사랑을 고백하는 편지를 썼다. 밀러가 “존경할 사람이 꼭 필요하다면 링컨을 선택하라”고 답장을 보냈을 때는 밀러의 말을 곧이곧대로 받아들여 ‘링컨 전기’를 사서 줄을 쳐가며 열심히 읽었다. 먼로는 밀러와 5년간 살면서 두 번 유산을 했다.

밀러는 먼로를 위해 영화 시나리오 ‘어울리지 못하는 사람들’을 썼다. 그러나 두 사람은 먼로, 클라크 게이블, 몽고메리 클리프트 등이 출연한 영화 촬영을 끝내고 1961년 2월 이혼 서류에 도장을 찍었다. 밀러는 1962년 2월 사진작가와 결혼했으나 아버지 같은 든든한 보호막을 잃어버린 먼로의 정신 질환은 더욱 악화되었다. 결국 먼로는 1962년 8월 자살로 생을 마감했다. 먼로의 자살 후 밀러는 먼로와의 결혼 생활을 바탕으로 한 ‘몰락 이후’(1964)를 발표해 죽음을 애도했다.

밀러는 매카시즘이 잠잠해지자 국제펜클럽 회장으로 활동하며 옛 소련과 동유럽권 작가들을 위해 투쟁하고, 베트남전 반전운동에도 정력적으로 나서는 등 행동하는 지성인의 면모를 보였다. 2005년 2월 10일 그가 90세로 세상과 작별했을 때 뉴욕 브로드웨이 극장가는 2월 11일 오후 8시에 불을 껐다 켰다 하는 것으로 그를 추모했다. 영국 ‘인디펜던트’지는 2월 11일자 신문 1면을 통째로 비우는 파격적인 편집으로 밀러를 애도했다.

이처럼 생전에는 현대사회의 비정한 생리를 날카롭게 해부하며 당대의 사회문제를 전면에 부각해 "미국의 양심", "위대한 극작가"라는 평을 들었던 밀러였으나 사후에는 떳떳지 않은 개인사가 밝혀지기도 했다. 다운증후군에 걸린 채 1966년에 태어난 아들을 출생한 지 며칠 만에 양육기관에 보내 자신의 일생에서 지워버리고 평생 만나기를 거부한 것은 물론 자서전에서조차 아들의 존재를 전혀 언급하지 않은 사실이 사후에 드러난 것이다.

엘리아 카잔

엘리아 카잔(1909~2003)은 할리우드의 거장이었다. 연극 연출의 마술사였으며 신인 배우들의 조련사였다. 그러나 그의 재능과는 별개로 카잔 개인에 대한 평가는 1952년 4월 10일 미 하원 비미활동위원회의 청문회 출석을 경계로 확연히 달라진다. 청문회에서 1934년부터 1936년까지 자신이 공산당원으로 활동한 사실을 고백한 것까지는 좋았으나 회유와 협박을 이기지 못하고 함께 공산당에 참여한 8명 동료의 이름을 대고, 4월 11일자 뉴욕타임스에 "할리우드에서 공산주의자를 색출하라"고 선언했기 때문이다.

관점에 따라 밀고일 수도, 전향일 수도 있는 그의 변은 간명했다. "공산당 동료를 보호하려고 내 일까지 포기하고 싶지는 않다." 물론 비겁자로 불린 사람은 그만이 아니었다. 월트 디즈니, 로버트 테일러, 게리 쿠퍼, 잭 워너, 그리고 훗날 대통령이 될 배우 로널드 레이건에 이르기까지 많은 사람이 빨갱이 사냥에 협조했다. 청문회 이후 카잔은 계속 연극·영화 제작에 매진했으나 동료들의 손가락질은 피하지 못했다.

카잔은 터키 태생의 그리스인이었다. 어려서 미국으로 이주해 예일대에서 연극을 공부하고 1947년 '액터스 스튜디오'를 뉴욕에 열어 '메소드 연기법'을 가르쳤다. 러시아 연출가가 창안한 '메소드 연기법'은 배우가

엘리아 카잔(1909~2003)

기계적으로 정해진 배역을 연기하는 것이 아니라 정신과 육체를 배역에 완전히 몰입시키는 연기법으로 카잔은 이 연기법을 이용해 말런 브랜도, 제임스 딘, 내털리 우드, 알 파치노, 로버트 드니로 등 무명의 배우를 연기파 스타로 키웠다.

특히 뛰어난 연출력으로 그가 손을 대는 연극·영화마다 호평을 받으며 대성공을 거뒀다. 테네시 윌리엄스가 각본을 쓴 '욕망이라는 이름의 전차'(1947), '세일즈맨의 죽음'(1949) 초연도 그의 손을 거치면서 빛을 발했다. 할리우드에는 '브루클린에서 자라는 나무'(1945)로 데뷔했다. 유대인에 대한 편견과 차별을 소재로 한 '신사협정'(1947)으로 아카데미 감독상 등 4개 부문의 상을 휩쓸고, '욕망이라는 이름의 전차'(1951)로 아카데미 여우주연상·남우조연상·여우조연상·미술상 등을 독식하며 기염을 토했다.

1952년의 청문회 증언 후, 자신의 정치적 변화를 강변하는 듯한 작품들을 내놓았는데도 작품마다 최고의 찬사를 받았다. 말런 브랜도와 앤서니 퀸의 불꽃 튀는 연기 대결이 볼 만한 '혁명아 사파타'(1952)에선 "혁명은 전체주의 이면"이라고 주장하고, 말런 브랜도가 주연을 맡은 '워터 프론트'(1954)에선 노동조합의 부패를 정부에 고발하는 주인공을 통해 자신의 행동을 정당화했다.

영화 마지막에서 말런 브랜도가 "난 내가 한 일을 후회하지 않아"라고 외치는 장면은 누가 보아도 카잔의 변명처럼 보였으나 아카데미는 이 뛰어난 영화에 작품상·감독상·남우주연상 등 8개 부문 트로피를 안겨주면서 그의 변신과 변절에 면죄부를 주었다. 제임스 딘을 청춘의 우상으로 만든 '에덴의 동쪽'(1955)도, 신인배우 워런 비티가 당시 인기 절정이던 내털리 우드와 호흡을 맞췄던 '초원의 빛'(1961)도 그의 빛나는 작품들이다.

1952년 그의 밀고로 당시 영화계 동료들이 느꼈던 상처와 분노는 47년이 지난 뒤에도 지워지지 않았다. 1999년 아카데미상 시상식에서 카잔이 특별공로상을 수상할 때 상당수의 영화계 후배들이 박수도 치지 않은 채 앉아 있거나 식장 밖에서 "블랙리스트를 표백하지 말라"며 수상을 반대하는 집단행동을 보인 것이다. 카잔은 그래도 주눅 들지 않았다. "내 행동이 옳았고 죄의식을 느끼지 않는다"며 자신의 말과 행동에 자신감을 보였다.

시몬 드 보부아르 '제2의 성' 출간

1960년대에 몰아친 제2차 여성해방운동의 이론적 토대가 되었다.

시몬 드 보부아르(1908~1986)는 '모호함의 윤리학'을 쓴 철학자로, '초대받은 여자' '타인의 피' '레 망다랭' 등을 쓴 소설가로, 무엇보다 불후의 저작 '제2의 성'을 쓴 에세이스트로 독립된 자기 영역을 확실히 개척한 엘리트 여성이었다. 하지만 그는 장 폴 사르트르(1905~1980)의 그림자로부터 평생 동안 자유롭지 못했다. 그런데도 보부아르에게는 자신의 말대로 "순수한 의식이며 자유 그 자체"인 사르트르가 곁에 있다는 것만으로도 힘이 되고 창작의 활력소가 되었다.

애인이자 친구였고, 동지이자 스승이었으며 경쟁자이자 공모자였던 두 사람의 첫 만남은 소르본대 시절이던 1929년 7월에 이뤄졌다. 철학 교수 자격시험을 준비하던 두 사람은 나란히 수석(사르트르)과 차석(보부아르)으로 시험에 합격, 지적인 상대로서도 손색이 없었다.

1945년 10월 사르트르가 프랑스 지성계를 대표하는 '현대'지를 창간할 때 보부아르도 편집위원으로 참여해 함께 당대의 지성계를 풍미하고, 길

시몬 드 보부아르(1908~1986)

거리 투쟁에 나섰다. 두 사람은 서로의 원고를 가장 먼저 읽고 검토하는 사이였다. 사르트르가 세상을 떠난 이듬해에 쓴 '작별 의식'만이 보부아르가 쓴 책들 가운데 출간되기 전 사르트르가 읽어보지 못한 유일한 책이었다. 둘은 죽어서도 파리 몽파르나스 묘지에 함께 묻혀 부부보다 질긴 인연을 이어갔다.

보부아르는 몰락해가는 상류 부르주아 가정에서 태어났다. 소르본대 시절 보부아르는 자신의 생을 온전히 자기 것으로 만들기 위해 "모든 경계와 구분을 부정하고, 자신의 계급으로부터 빠져나오겠다"며 자신을 다그쳤다. 1929년 21살 때 치른 철학 교수 자격시험에는 차석이자 최연소로 합격했다. 공식적인 수석은 사르트르였지만 당시 심사위원들은 실제로는 보부아르가 더 뛰어나다는 데 동의한 것으로 알려져 있다. 이후 교사로 활동했으나 보부아르를 잘 따르던 여학생의 부모가 "보부아르가 문란한 생활로 제자들에게 나쁜 영향을 미친다"며 학교 당국에 진정을 내는 바람에 1943년 여름 해고되었다. 보부아르는 이후 전업 작가가 되었다.

"여자는 태어나는 것이 아니라 만들어지는 것"

보부아르는 사르트르의 명성에는 미치지 못해 자칫 사르트르의 아류로 평가받을 수도 있었으나 사르트르의 그 어떤 저작물보다 더 위대한 불후의 명저를 남기면서 비로소 독립된 존재로 이름을 떨칠 수 있었다. 그것은 1949년 6월에 출판된 에세이집 '제2의 성'이었다.

'남성과 여성의 차이는 생물학적인 것이 아니고 문화적·사회적 영향에서 생겨난 결과'로 요약되는 '제2의 성'은 신체 조건, 역사, 신화 등 다양한 이론적 관점에서 여성을 고찰한 1권, 유년기부터 성년에 이르기까지 여자가 어떻게 만들어지고 억압되는가를 살핀 2권으로 구성되었다. 정신분석, 유물론, 창녀·레즈비언, 노년 문제에 이르기까지 여성에 관한 거의 모든 것을 백과사전식으로 다룬 이 책의 기본 명제는 "여성은 남성을 주체로 한 문명에 의해서 '타자'이자 2차적인 존재로 취급되고 있는 존재"라는 주장이었다.

'여자는 태어나는 것이 아니라 만들어지는 것', '성경의 이념도 남성의 여성 장악에 적지 않게 기여' 등 당시의 전통적 규범으로는 감히 입에 올리기 어려운 메시지를 담다 보니 여성에겐 자아를 일깨우는 각성제 역할을 한 반면 종교계와 남성들에겐 묵과할 수 없는 도전으로 받아들여졌다. 알베르 카뮈는 "프랑스의 수컷을 조롱했다"고 비난을 퍼부었고, 교황청은 금서 목록에 올렸으며 프랑수아 모리아크는 "포르노"라고 혹평했다. 좌파들마저 "여성해방은 계급해방을 통해서만 가능한 것"이라며 몰아붙였다.

남성들의 이런 비판과 혹평에도 불구하고 여성들은 출간 1주 만에 2만 부를 구입해 열렬한 호응으로 화답했다. 1953년에 나온 영역본이 200만 부 이상 팔리는 등 전 세계적으로도 열풍을 일으켜 1960년대에 몰아친 제2차 여성해방운동의 이론적 토대가 되었다.

이후에도 자전적 4부작 '얌전한 처녀의 회상'(1958), '나이의 힘'(1960), '사물의 힘'(1963), '총결산'(1972) 등을 통해 자신의 삶은 물론 프랑스 현대 지성사의 한 시대를 기록했다. 그는 개인의 내면에 머무는 실존철학에 그치지 않고 '앙가주망', 즉 적극적인 참여를 추구하는 실존철학을 추구했다. 사회의 불의와 부정에 항의하고 시위에 참여하는 등 행동하는 지성의 면모를 보여주었다. 프랑스 공산당과 함께할 때도 있었지만 현실 공산주의에 환멸을 느끼고 독자 노선을 추구했다.

1970년대부터는 여성해방운동에 적극 참여해 낙태와 피임 자유화, 노동 현장에서의 여성 노동자 권익 보호, 가정 폭력 근절 등을 위해 앞장섰다. 이런 그의 업적을 인정해 1998년 '타임'지는 20세기에 인간의 삶과 정신을 바꿔놓은 10대 논픽션 중 한 권으로 '제2의 성'을 선정해 이 위대한 여성에게 경의를 표했다. 프랑스도 2006년 7월 파리의 센 강에 세워진 37번째 다리에 여성으로는 처음으로 보부아르의 이름을 붙여 업적을 기리고 있다.

계약결혼

먼저 프러포즈를 한 쪽은 사르트르였다. 1929년 두 사람은 "결혼도 하지 않고 자식도 낳지 않으며 서로에게 완벽한 자유를 허용"하는 2년간의 결혼계약을 맺었다. 키가 158cm밖에 되지 않는 사르트르에 비하면 보부아르는 호리호리한 금발로 사르트르보다 머리 하나가 컸다. 더구나 사르트르는 4살 때 독감에 걸려 오른쪽 눈을 사용하지 못하는 외눈박이였고 외모도 볼품이 없었다. 그가 내세울 것이라고는 뛰어난 머리와 지식이었다. 그래도 "나보다 완전하고 나와 닮은꼴"을 찾던 보부아르에게는 사르트르가 이상형이었다.

처음 보부아르를 만났을 때 사르트르는 "여러 여자와 자고 싶다"는 욕망을 솔직히 털어놓았다. 자신의 신조는 "여행, 일부다처, 투명성"이라고 했다. 다른 사람과의 사랑을 허용하는 대신 모든 사실을 숨김없이 털어놓자는 파격적인 계약결혼을 제안했을 때 두 사람은 "우리는 본질적으로 서로 사랑하고 있다. 그러나 우리 두 사람은 살아가면서 경험하게 되는 우발적인 사랑의 감정을 거부하지 않는 것 역시 좋은 생각이라는 데 의견을 같이했다"며 계약결혼을 정의했다. 그러나 계약결혼의 자유분방함으로 두 사람의 애정 관계는 미묘하고 복잡하게 얽혔고 이 때문에 보부아르가 받은 상처가 컸다.

사르트르는 어려서부터 여자를 좋아한 마초(남성 우월주의자)였다. 툭하면 다른 여성과 사랑을 나누었다. 평소 "사랑은 여성 최대의 덫"이라는 주장을 펴온 보부아르였지만 그녀 역시 나름의 연애 철학을 내세워 맞바람을 피웠다. 사르트르의 여자 중 보부아르의 제자가 많았다는 점에서 보부아르는 결과적으로 뚜쟁이 역할을 한 셈이 되었다.

사르트르는 계약결혼의 조건대로 새로 사귄 여성들을 무덤덤하게 대화와 편지로 보부아르에게 알려주었다. 그것만으로도 보부아르는 상처를 입었지만 정말 그녀를 힘들게 한 것은 그녀의 맞바람이나 애정 행각을 알고도 사르트르가 보인 냉담과 무관심이었다. 보부아르는 사르트르의 상대 여성 중 한 명을 자신의 소설 '초대받은 여자'에 등장시켜 소설 속에서 죽여버리기까지 했다.

보부아르에게 심한 사랑의 열병을 앓게 한 이는 미국 소설가 넬슨 올그런이었다. 올그런 앞에만 서면 보부아르는 작아졌고 사랑의 본능에 호소하는 한 명의 여인이었다. 보부아르는 1947년 미국 방문 중에 이혼남이자 좌파 지식인이던 올그런을 만나 정신없이 빠져들었다. 물론 사르트르도 그 무렵 프랑스를 방문 중인 한 미국 여성과 사랑을 나누고 있었다.

보부아르는 프랑스로 돌아와서도 올그런과의 육체적 결합을 방해하는 대서양을 탓하며 수시로 연정의 편지를 보냈다. 올그런의 답장도 뜨거웠다. 편지로만 보면 보부아르는 여성해방을 쟁취하기 위한 전투적 여성이라기보다 이제 막 사랑에 눈뜬 농염한 여인네 모습이었다.

보부아르는 편지에서 올그런을 "나의 유일한 남편"이라 부르며 자신은 그의 아내라고 했다. 또한 "당신의 시카고 집 주위에 전기울타리를 세우고 당신의 몸과 입술에 독을 발라 놓을 거예요. 당신이 어떤 여자든지 건드리기만 하면 죽게 말이에요"라고도 썼다.

이처럼 편지로 뜨거운 사랑을 나누었지만 두 사람의 결합은 이뤄지지 않았다. 올그런이 전 부인과 재결합하고 보부아르도 자신의 분신과도 같은 사르트르를 떠날 수 없었기 때문이다. 결국 두 사람은 17년 동안 편지를 주고받다가 1964년 올그런의 요청으로 관계를 끊었다.

사르트르는 죽는 날까지 여자 문제로 보부아르를 괴롭혔다. 사르트르가 1965년 그의 애인 중 한 명을 비밀리에 딸로 입양해 자신의 저작권을 포함한 모든 것과 자신의 원고를 사후에 출간할 권리를 모조리 건네준 것이다. 보부아르로서는 최후의 배신이었다.

조지 오웰 '1984년' 출간

소설 '1984년'에서 조지 오웰이 분노한 것은 개인의 자유와 존엄을 파괴하는 전체주의 권력이었다.

조지 오웰(1903~1950)은 1936년 스페인 내전에 참전할 때만 해도 사회주의에 가까운 무정부주의자였다. 그러나 내전을 통해 공산당의 야만성을 경험한 뒤에는 전체주의 권력을 고발하는 작품을 쓰고 종국에는 반공주의자로 돌아섰다.

오웰은 영국의 식민지 인도에서 태어났다. 4살 때 영국으로 돌아와 1921년 명문학교 이튼스쿨을 졸업했다. 통상적 수순인 옥스퍼드대나 케임브리지대 진학을 접고 영국의 식민지 버마(미얀마)로 건너가 1922년부터 5년간 식민지 경찰로 근무했다. 그때의 경험을 통해 그는 제국주의의 모순과 한계를 절감했다.

버마에서 귀국한 뒤에는 밑바닥 생활을 자처했다. 수년 동안 파리와 런던에서 체험한 접시 닦기와 노숙자 등 떠돌이 바닥 생활은 이후 그의 작품을 관통하는 핵심 주제가 되었다. 1931년 성탄절 직전엔 구치소에 들어가려고 빈속에 위스키를 병째 마시고 경찰 앞에서 쓰러지기도 했다.

그가 '조지 오웰'이라는 필명으로 처음 주목을 받은 작품은 1933년 발표한 자전소설 '파리와 런던의 밑바닥 생활'이었다. '조지 오웰'은 영국의 수호성인 '조지'에, 그가 즐겨 찾던 '오웰강'에서 딴 필명이다. 영국 북부 탄광촌 체험을 토대로 쓴 '위건 부두로 가는 길'(1936)은 "실업을 다룬 세미다큐멘터리의 위대한 고전"이라는 격찬을 받았다. 그는 이 소설에서 노동계급의 신산한 삶을 담기도 했지만 2부에서는 당시 좌파 지식인들을 통렬히 비판했다. 이후에도 오웰은 방송국 직원, 교사, 책방 직원, 잡화점 주인 등의 직업을 전전하며 소설과 에세이를 꾸준히 발표했다.

1936년 12월에는 아내와 함께 스페인 내전에 참전해 공화국군 중에서도 가장 많은 사상자를 낸 마르크스주의 통일노동당(POUM) 산하 의용군에 소속되어 프랑코의 파시즘과 싸웠다. 그가 속한 민병대는 진정한 동지애를 상징하는 곳이었다. 무기도 빈약하고 훈련도 받지 못한 청소년이 대부분이었지만 지위 고하를 막론하고 그들은 친구였으며 동지였다. 우정과 헌신에 기초한 평등 공동체가 감동적으로 살아있었다. 이런 모습에 감동한 오웰은 본국으로 보낸 한 편지에서 "이전에는 전혀 믿지 않았던 사회주의를 마침내 진정으로 믿게 되었습니다"라고 썼다.

오웰이 싸운 것은 이데올로기가 아니라 '자유'라는 대의

그렇다고 맹목적이고 경직된 골수 공산주의자는 아니었다. 1937년 5월 20일 적군이 쏜 총탄에 목을 맞으면서까지 그가 싸운 것은 이데올로기가 아니라 '자유'라는 대의였다. 후방에서 총상을 치료하고 있을 무렵 파시스트에 대한 항쟁의 주도권이 스탈린의 지시를 받는 공산주의자들에게 넘어가면서 오웰을 분노케 하는 일이 벌어졌다. 공산주의자들이 민병대에 참전한 무정부주의자들을 파시스트의 앞잡이로 몰아세워 수천 명을 살해하거나 고문한 것이다.

오웰은 목숨을 겨우 부지한 채 아내와 함께 현지를 탈출해 런던으로 돌

조지 오웰(1903~1950)

아왔다. 그러나 런던의 지식인들 역시 다른 유럽의 지식인들과 마찬가지로 공산주의 실상에 대해서는 까막눈이었다. 그들은 소련이 비공산당 정파와 지도자들에게 자행한 무차별적 투옥과 사형, 무장해제를 믿으려 하지 않았다. 일부 지식인은 진실을 알고 있으면서도 묵인하거나 외면했다.

오웰은 1938년 내전에 참가한 사람들의 순수한 이상과 열망을 감동적으로 그린 '카탈로니아 찬가'를 발표해 공산주의자들의 만행을 폭로했다. 책은 출간 15년이 지나도록 초판 1,500부조차 팔리지 않았지만 오늘날에는 스페인 내전에 관해 가장 신뢰할 만한 기록 가운데 하나로 꼽히고 있다. 오웰이 2차대전 직후 칼럼에 쓴 '냉전'이란 용어와, 오웰의 이름에서 파생된 '오웰리언(Orwellian)'은 '전체주의적인'이란 뜻으로 사전에도 올라 있다.

오웰은 1940년대에 대표작 '동물농장'과 '1984년'을 발표해 중견 작가로서의 입지를 확고히 했다. '동물농장'(1945)에서는 평등을 지향한다는 목적 아래 또다시 불평등을 만들어내는 인간의 모습을 동물농장에 비유하며 소련의 전체주의를 적나라하게 고발했다. 원고는 1944년 2월 탈고했지만 출판은 수차례 퇴짜를 맞았다. 당시 런던의 출판계를 장악한 좌파에게 스탈린을 건드리는 것은 일종의 불경이었다. 결국 출판은 전쟁이 끝난 1945년 8월 17일 이뤄졌다.

사회적 폭력의 관점에서 자본주의와 공산주의 모두 비판

'1984년'(1949)은 대표적인 반유토피아 소설로 꼽히며 비평가들로부터 극단의 찬사와 비난을 받았다. 주인공 윈스턴 스미스가 1984년 4월 4일 일기를 쓰는 것으로 시작되는 소설은 '오세아니아', '유라시아', '이스트아시아' 등 3개 초강대국이 서로 전쟁을 벌이며 대치 중인 상황에서 오세아니아라는 가상의 세계를 중심 무대로 삼고 있다.

오세아니아는 인간의 자유와 개인의 사고까지 감시하는 전체주의가 지배하는 억압적 사회이며 뒤집힌 유토피아 즉 '디스토피아'의 세계다. 권력의 정점에는 당이 만든 가공의 인물 '빅 브라더'가 있다. '빅 브라더가 당신을 주시하고 있다'는 포스터의 문구가 결코 엄포가 아니라 현실인 것은 개인의 모든 활동 영역을 감시하고 도청하는 텔레스크린과 마이크로폰이 곳곳에 설치되어 있기 때문이다. 불만스러운 표정을 짓는 '표정죄'라도 지으면 어디선가 '사상경찰'이 나타나 처벌한다.

개인의 일기조차 단죄하는 그런 사회에서 주인공은 일기를 쓰는 소극적인 저항으로 반역을 도모하고 당의 전복을 꾀한다. 그곳에서는 쾌락이 인간의 행복한 본능을 끌어내고 증오를 무디게 한다는 이유를 들어 남녀의 사랑 또한 '사상죄'로 단죄한다. 하지만 윈스턴은 당이 금지한 사랑에 도전한다. 그는 사람은 생각의 자유가 있고 인간의 마음이나 머릿속까지는 통제할 수 없다는 생각으로 사랑을 했으나 결국 두 연인은 사상경찰에 체포되어 고문을 받고 서로를 배반하게 된다. 결국에는 당의 한 요원이 쏜 총에 맞아 죽는 것으로 끝이 나는 소설에서 조지 오웰이 분노한 것은 개인의 자유와 존엄을 파괴하는 전체주의 권력이었다.

'1984년'은 사회적 폭력의 관점에서 자본주의와 공산주의 모두 비판한 소설이었는데도 우리나라에서는 한동안 소련의 공산주의만을 비판하는 정치소설로 오해되어 대표적인 반공문학으로 소비되었다. '동물농장'과 '1984년'이 미 해외정보국의 재정 지원을 받아 한국에서 세계 최초로 번역되었다는 사실도 이와 무관하지 않았다.

오웰은 47세의 이른 나이인 1950년 1월 21일 폐결핵으로 숨졌다. 숨지기 전인 1949년 찰리 채플린, 버나드 쇼, E.H. 카 등 공산주의자로 의심되는 위험인물 38명의 명단이 들어 있는 이른바 '오웰 리스트'를 영국 정보부에 넘겨주는 것으로 자신의 이념적 성향을 분명히 드러냈다.

콘스탄틴 게오르규 '25시' 출간

집에 무궁화를 심어놓고 한국을 4차례나 방문할 정도로 한국을 깊이 이해하고 사랑했다.

콘스탄틴 비르질 게오르규(1916~1992)는 인간의 가치와 자유의 소중함을 일깨우는 데 평생을 바친 작가이자 신부였다. 그는 소외받고 천대받는 사람들을 소설에 등장시켜 인간이 안고 있는 문제의 본질을 파헤치고 서구 기계문명의 한계를 지적했다.

게오르규는 루마니아 그리스정교회의 성직자 집안에서 태어났다. 아버지도 신부였으나 무산계급을 돌보는 바람에 집안은 늘 쪼들렸다. 결국 게오르규는 신학교를 포기하고 학비를 면제받는 왕립 중학교에 입학했다. 졸업 후에는 고학으로 부쿠레슈티대에서 신학과 철학을 공부했다. 재학 시절 틈틈이 시를 쓰고 발표해 일찌감치 시인의 명성을 얻었다.

그 무렵 루마니아는 500여 년에 걸친 오스만 투르크 제국의 지배를 벗어나 영국과 프랑스가 옹립한 왕이 통치하고 있었다. 1939년 9월 2차대전이 발발한 후에는 친독일 친파시스트들의 횡포가 심해졌다. 전쟁 발발 3주 만에 아르만드 칼리네스코 총리가 친파시스트들에게 피살되어 민주정권도 무너졌다. 게오르규는 이에 격분해 '아르만드 칼리네스코'라는 제목의 저항시집을 발간했다가 친파시스트들에 의해 시집이 소각되고 간신히 목숨을 건지는 곤경을 겪었다.

1940년 루마니아에 들어선 파시스트 정권이 독일·이탈리아와 3국동맹을 맺고 연합국의 일원인 소련을 상대로 전쟁을 벌이면서 게오르규도 징집되었다. 1944년 8월 소련의 붉은 군대가 루마니아를 점령해 파시스트 정권을 무너뜨리고 1945년 3월 공산 괴뢰정권을 세우자 게오르규는 아내와 함께 독일로 망명했다. 그러나 독일도 곧 연합군과 소련군에게 점령되는 바람에 게오르규는 연합군의 적성국가인 루마니아 출신이라는 이유로 부인과 함께 2년 동안 수감되었다. 석방 후 1948년 프랑스로 망명한 뒤에는 공산 치하에 시달리고 있는 조국 루마니아의 현실을 보고 철저한 반공주의자가 되었다.

콘스탄틴 게오르규(1916~1992)

1949년 5월 처녀작 '25시'를 프랑스어로 출판함으로써 일약 세계적인 작가로 부상하고 자유를 향한 실존적 열정의 상징으로 떠올랐다. '25시'는 나치 독일과 사회주의 소련에 의해 유린당한 약소국가의 참담한 비극을 순박한 농민의 눈을 통해 증언한 소설이다.

주인공 요한 모리츠는 평범한 농부였으나 독일의 지배하에 있는 루마니아 왕국이 히틀러의 명령에 따라 유대인을 집단 수용할 때 영문도 모른 채 유대인 캠프에 수용되었다. 수용소를 탈출해 헝가리를 거쳐 독일로 갔을 때는 엉뚱하게도 게르만 민족의 정통파인 '영웅족'으로 판정을 받아 연합군 포로들을 감시하는 임무를 맡았다. 그곳을 탈출해 미군의 주둔지로 갔을 때는 적성국가의 시민이라는 이유로 수용소에 갇혀 13년간이나 수난의 날들을 보내야 했다.

'25시' 발간 후 자유를 향한 실존적 열정의 상징으로 떠올라

이처럼 유대인, 루마니아인, 동구인, 적성국가 국민이라는 이유로 고문당하고 강제노동을 해야 했던 주인공의 수난은 곧 약소민족이 겪어야 했던 수난과 운명을 상징했다. 인간 부재의 이런 상황을 작가는 '25시'라는 말로 표현했다. 그것은 마지막 시간이 지나가 버린 후의 폐허의 시간, 즉 '메시아가 와도 구원해 줄 수 없는' 절망의 시간이다. 기계와 획일주의의 노예가 되어 인간성이 사멸해 버린 절망의 시간이기도 하다.

게오르규는 '25시'에서 서구 사회는 고귀한 3가지 유산을 잃었다고 갈파했다. 첫째는 그리스인들이 물려준 아름다움에 대한 사랑과 존경, 둘째는 기독교가 가르쳐준 인간에 대한 사랑과 존경, 셋째는 로마인들이 보여준 정의에 대한 사랑과 존중이다. '25시'는 이처럼 훌륭한 유산을 버리고 오로지 능률과 지배만을 추구해 인간 상실로 치닫는 서양문명의 시계를 가리켰다. 게오르규는 '25시'의 속편 격인 '제2의 기회'(1952)에서 현대인이 부닥치는 또 하나의 절망을 증언해 세계 문단에서 중요 지위를 확보했다.

그 무렵 게오르규에게 또다시 불행한 일이 벌어졌다. 2차대전 중에 루마니아 인근 지역인 베사라비아에서 자행된 학살 사건을 규탄한 그의 작품이 뒤늦게 발견된 것이다. 학살 사건은 반파시스트파가 친독파이며 친파시스트인 철위단을 소탕할 때 주민들까지 학살한 것으로 주민 3분의 1이 희생된 참혹한 사건이었다.

게오르규는 학살당한 주민들을 위해 '불붙는 드니에스터 강변'이라는 작품을 써서 학살자의 불의를 고발했다. 그러자 과거 친파시스트가 그의 책을 불에 태웠듯이 이번에는 반파시스트가 그의 책을 불살랐다. 그를 비난하는 편지가 파리의 집에 수북이 쌓이고 거리를 다니지 못할 정도로 박해를 받았다. 그는 훗날 "만약 그때 사람들을 위한 글을 쓰지 않았다면 나는 시인이라고 할 수 없다"며 시인의 사명을 강조했다. 1963년 5월에는 그리스정교회로부터 신부 서품을 받아 사제 신분으로도 루마니아 공산 독재와 투쟁했다.

게오르규는 집 정원에 무궁화를 심어놓고 1974년 3월부터 4차례나 한국을 방문할 정도로 한국의 분단 현실을 깊이 이해하고 한국을 사랑했다. 그러나 그의 한국 예찬은 때로는 곤혹감을 느끼게 할 정도로 일방적인 면도 있었다. 1987년에 쓴 '한국-극동의 아름다운 미지의 나라'에서 전두환 대통령을 미화하고 광주민주화운동을 북한의 사주로 여긴 것이다.

| 후기 |

'20세기 이야기'가 나오기까지

2000년 3월 5일 조선일보가 개최한 '21세기 한민족 대항해시대' 특별전이 예술의전당에서 열렸습니다. 제목만 보면 마치 21세기 해양대국을 기치로 내세운 전시회 같지만 실은 20세기를 회고하는 전시회였습니다. 당시 저는 실무자로 전시회에 참여했습니다. 그런데 준비 과정에서 20세기에 대해 모르는 것이 너무 많다는 것을 알게 되었습니다. 알고 있는 것도 깊이가 없어 결국 총체적으로 자괴감에 빠졌습니다.

사실 그 몇 년 전부터 시오노 나나미의 '로마인 이야기'를 계기로 세계사에 푹 빠져 있었는데도 정작 제가 숨 쉬고 있는 20세기에 대해 무지했던 겁니다. 전시회가 끝난 후 20세기에 관심을 가졌습니다. 관련 책만 편식했습니다. 그렇게 1년 반 정도가 지나고 나니 20세기를 정리하고 싶다는 욕심이 생겼습니다. 1~2권짜리 분량의 '20세기 소사전'이 목표였습니다. 그런데 관련 자료를 모으고 있던 2002년 11월 어느 날 신문사에선 '흔치 않은 일'이 일어났습니다.

김태익 당시 조선일보 문화부장이 '오늘의 소사' 성격의 글을 신문에 연재하면 어떻겠냐고 제안한 것입니다. '흔치 않은 일'이라고 한 것은 취재 기자도 아니고 신문에 글을 써 본 적도 없는 사람에게 전국의 수백만 독자를 상대로 '오늘의 소사'를 연재하라고 했기 때문입니다. 이 결정은 누가 보아도 상식에서 벗어난 모험이었습니다. 변용식 당시 편집국장이 문화부장의 결정을 받아들인 것도 뜻밖이었습니다.

'흔치 않은 일'은 '역사 속의 오늘'이란 제목으로 구체화되어 2002년 12월 2일부터 조선일보 지면의 한 귀퉁이에서 매일 독자와 만났습니다. 준비가 충분치 않은 상태에서 갑작스럽게 시작되고, 연재 말고도 고유의 업무를 따로 해야 했기 때문에 하루하루가 고역이었습니다. 시간에 쫓겨 내용이 만족스럽지 않은 날도 있었습니다. 결국 '역사 속의 오늘'은 회사의 결정에 따라 연재를 시작한 지 2개월도 채 지나지 않은 2003년 1월 29일자를 끝으로 중단되었습니다.

그런데 다음날부터 놀라운 일이 벌어졌습니다. '역사 속의 오늘'을 계속 연재하라는 독자들의 전화가 연일 빗발쳤던 것입니다. 결국 회사는 십수일이 지난 2월 10일 '역사 속의 오늘'을 부활했습니다. 그때 전화를 했던 독자가 이 책을 읽고 있다면 이 자리를 빌려 진심으로 감사하다는 말씀을 전합니다. 이 분들이 없었다면 필시 글에 대한 흥미를 잃어버렸거나 역사에 대한 관심을 접었을 테고 결국 '20세기 이야기'(전 10권)도 세상에 나오지 못했을 겁니다.

연재 중 답답한 것은 또 있었습니다. 원고지 7~8장 안에 매일 두 꼭지씩의 국내외 사건·사실이나 인물을 소개해야 했는데 그럴 때마다 발단, 전개과정, 의미, 영향 등을 제대로 짚어주기에는 지면이 부족했던 겁니다. 그러다 보니 꼭 소개해야 할 부분조차 포기할 때도 많았습니다. 그렇다고 신문 특성상 지면을 늘릴 수도 없어 나중에 꼭 보완하리라 마음먹고 연재를 이어갔습니다. 조선일보 연재는 이런 우여곡절을 거쳐 1년 만인 2003년 11월 29일에 끝을 맺었습니다. '역사 속의 오늘'은 2004년 9월부터 2006년 8월까지 2년 동안 또다시 주간조선의 지면을 통해 독자들과 만났습니다.

'20세기 소사전'을 정리해보고 싶다는 당초의 구상을 실천에 옮긴 것은 조선일보 연재가 끝난 후인 2004년 초부터였습니다. 본격적으로 자료를 수집하고 원고를 쓰는데 그동안 알지 못했던 새로운 사실들이 불쑥불쑥 튀어나왔습니다. 내공이 부족했던 겁니다. 점차 욕심이 커지고 범위가 넓어졌습니다. 결국 '20세기 소사전'은 '20세기의 모든 것'으로 확장되었습니다. 책 권수는 1~2권에서 10권으로 늘어나고 2~3년이면 끝날 줄 알았던 작업 기간은 그 몇 배인 8년을 훌쩍 뛰어넘었습니다.

마지막으로 이 책이 나오기까지 심적·물적으로 도움을 주신 분들께 감사의 말을 전합니다. 글을 쓸 수 있도록 계기를 마련해 준 김태익 당시 조선일보 문화부장과 변용식 편집국장, 원고를 꼼꼼히 읽고 격려해준 이희용 연합뉴스 부장과 김정일 외환은행 지점장, 책을 출판하는 과정에서 여러모로 도움을 준 김애숙 한길합동 법무사, 장진한 A플러스어문연구소 대표, 서필봉 새터출판사 대표, 이민재 제이소프트 대표, 최중홍 문화일보 부국장, 김남호 나모에디트 대표 등이 그들입니다. 종로·정독도서관의 사서, 교보문고 매장 직원들께도 감사의 뜻을 전합니다.

'20세기 이야기'(전10권) 첫 권을 내며

2012년 12월 1일

김정형

찾아보기

ㅂ

ㅈ